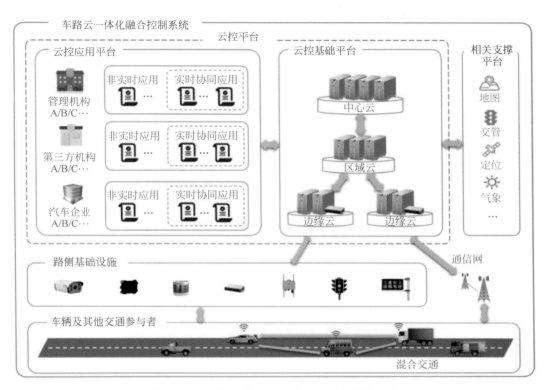

图 1-9　车路云一体化融合控制系统架构及组成

图 1-10　自动驾驶环境感知示例

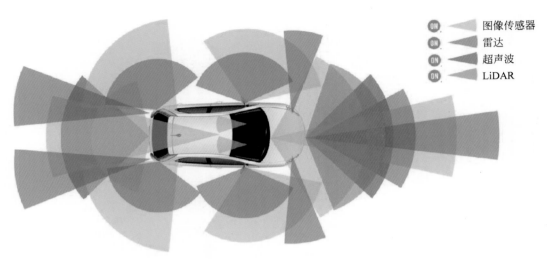

图像传感器
雷达
超声波
LiDAR

(a) 自主式环境感知

(b) 协同式环境感知

图 1-44　环境感知技术

汽车自动驾驶

Automotive Autonomous Driving

杨殿阁　黄　晋　江　昆
李升波　王　红　许　庆　编著
杨蒙蒙　于伟光　高博麟

清华大学出版社
北京

内 容 简 介

本书全面、系统地讲解了汽车自动驾驶相关技术,从汽车自动驾驶技术概述和开发基础开始,系统地论述了汽车自动驾驶涉及的车联网、地图与定位、融合感知、决策规划、车辆控制以及测试与评价技术,融入了当前汽车自动驾驶研究领域与商用领域的前沿技术。

本书内容涉及面较广,且面向汽车自动驾驶的实际开发过程。本书可作为高等院校本科高年级车辆工程及其他相关专业的教材,也可作为教师及相关领域研究人员和技术人员的参考书。

图书在版编目(CIP)数据

汽车自动驾驶/杨殿阁等编著. —北京:清华大学出版社,2022.5
ISBN 978-7-302-58358-5

Ⅰ.①汽… Ⅱ.①杨… Ⅲ.①汽车驾驶—自动驾驶系统 Ⅳ.①U463.61

中国版本图书馆 CIP 数据核字(2021)第 111112 号

责任编辑:黄 芝 李 燕
封面设计:傅瑞学
责任校对:刘玉霞
责任印制:宋 林

出版发行:清华大学出版社
  网 址:http://www.tup.com.cn,http://www.wqbook.com
  地 址:北京清华大学学研大厦 A 座 邮 编:100084
  社 总 机:010-83470000 邮 购:010-62786544
  投稿与读者服务:010-62776969,c-service@tup.tsinghua.edu.cn
  质量反馈:010-62772015,zhiliang@tup.tsinghua.edu.cn
  课件下载:http://www.tup.com.cn,010-83470236
印 装 者:三河市龙大印装有限公司
经 销:全国新华书店
开 本:185mm×260mm 印 张:32.75 插 页:1 字 数:797 千字
版 次:2022 年 7 月第 1 版 印 次:2022 年 7 月第 1 次印刷
印 数:1～2500
定 价:99.80 元

产品编号:091082-01

当前,全球新一轮科技革命和产业变革加速推进,大数据、云计算、人工智能和5G等新一代信息技术日新月异。自动驾驶汽车作为多领域关键技术融合的产物,已成为产业技术的战略制高点,迎来传统车企、互联网企业和高校等空前的研发热潮。自动驾驶可以提供更安全、更节能、更高效、更舒适的出行体验,是未来汽车发展的必然趋势,其突飞猛进的发展也将引领交通运输领域的系统性变革和产业化升级,极大改变目前基于传统的人、车、路、环境的道路出行方式和运输组织模式。在自动驾驶技术加速发展与跨界融合这一背景下,自动驾驶汽车人才逐渐成为"刚需",企业对自动驾驶汽车人才的需求也呈现出爆发性增长的趋势。然而,目前的自动驾驶汽车人才短缺,需求与匹配存在较大偏离,领军人才、具有IT背景的专业人才和"卡脖子"关键技术领域的复合型人才供给严重不足,成为制约我国自动驾驶技术发展的主要因素。自动驾驶汽车人才培养改革势在必行,发现、培养和输送自动驾驶汽车领域急需人才,需要政府、高校和企业全方位协同参与,是整个汽车行业的共同责任。而自动驾驶教材便是一个很好的切入点。因此,中国汽车工程学会作为中国汽车工业传播新思想、传播交流新技术、宣传新理念的重要力量,同样认为亟须建立一套立足技术前沿、知识体系完整、具有一定专业性的自动驾驶教材体系,这也是国内从事自动驾驶理论研究与技术应用的各知名院校、企业及科研机构共同的期望。

　　高校教材是高等学校教育教学的基本依据,是培养学生的重要载体。清华大学车辆与运载学院杨殿阁教授带领的自动驾驶课题组围绕汽车自动驾驶核心领域,聚焦高精度定位、高精地图、感知与认知、决策与控制、多车协同等核心技术研究,已取得丰硕成果,在领域内具有深厚的学术积淀。本套书知识结构系统完整、深入浅出、理论结合实践、叙述融合实例,为后续自动驾驶相关教材的编写提供了参考与典范。全套书分为理论教材和实践教材,构建了汽车自动驾驶开发的知识体系。理论教材从自动驾驶汽车开发角度切入,系统论述了车联网、地图与定位、融合感知、决策规划及测试评价等方面的内容,帮助读者打造扎实而宽广的自动驾驶基础知识储备;实验教材为读者提供了自动驾驶开发的实践平台,将以理论为主体的知识传授转换为以实验为主体的开发训练,环环相扣,力求对读者知识、能力、素质并重的系统培养。本套书面向自动驾驶的实际开发过程,体系架构完整、逻辑清晰、内容翔实,为高校在自动驾驶领域的教学与人才培养提供一个较好的工具;为刚步入自动驾驶世界的学生读者开启一扇门;为深耕自动驾驶领域的研究人员提供有价值的技术参考资料。

中国工程院院士、中国汽车工程学会理事长

李　骏

2022年2月

经过半个多世纪的发展,人工智能已经越过了简单模仿人类行为的阶段,发展为探索人类活动规律,构建智能人工系统,并对人类智能行为机理与规律进行探索拓展的学科。自21世纪初深度学习算法诞生,人工智能技术应用快速发展。近十年来,数据的爆发式增长为人工智能的发展提供了更广阔的土壤。人工智能将同信息技术一样,逐渐渗透进各个行业,开启新时代的经济增长引擎。中国人工智能产业起步相对较晚,但产业布局、技术研究等环节正处于快速发展期,行业巨头公司正逐渐完善人工智能的产业链布局,而大量涌现的创业公司将持续在垂直领域深入探索。其中,汽车产业是我国国民经济的重要支柱,其产业链长、技术涉及面广、跨领域关联度大,在经济和社会发展中发挥着重要作用;汽车的设计、生产、销售等业务,在世界经济活动中占有重要地位。而自动驾驶作为当前汽车产业的重要发展方向以及人类交通方式的重要变革手段,是人工智能产业落地的重要载体。

长久以来,汽车被视为一种机械产品,驾驶人作为汽车的操作者,担负着依据道路环境控制车辆行驶的任务。然而,随着城市化进程加速,全球机动车保有量迅速增加,继续沿用传统的"人驾驶车"的模式将带来能源、环境、拥堵、安全等一系列社会问题。因此,自动驾驶是汽车技术发展的必然趋势。近年来,自动驾驶技术有了长足进步,高校的重点研究以及产业界的大力投入,促进了技术的革新与应用。从学术界的角度看,自动驾驶技术成为研究热点之一,由于自动驾驶技术的知识交叉性特点,其包含的学术领域也获得了巨大的关注:更多的研究集中在智能决策控制、高精地图及智能导航、SLAM等研究领域,并且成果丰硕。最新的研究成果不断应用于自动驾驶汽车,形成科研成果与落地应用的良性循环。从产业界的角度看,针对自动驾驶汽车的投入不断加大,自动驾驶技术的应用刺激了新的产业链形成:自动驾驶汽车支撑了包括芯片、传感器、车载计算单元、智能控制器、电池等整套产业链,自动驾驶技术的产品落地,刺激产业链中每一环节的发展。

百度是国内在自动驾驶领域探索的先驱者之一。在长期坚定地保持高强度的研发投入下,近年来百度自动驾驶业务快速成长,在基础研究、基础技术和底层创新方面迎来多项硕果。同样,清华大学在自动驾驶人才和技术基础上都有着悠远深厚的历史沉淀。其中,杨殿阁老师带领的自动驾驶实验室经过多年深耕,在车-路-云多模态感知融合理论、自动驾驶的安全决策机理、复杂交通场景下的车辆协同控制等方面建树颇丰。2019年以来,百度自动驾驶团队与杨殿阁老师课题组深度合作,在清华大学开设"汽车自动驾驶"本科生课程,基于Apollo自动驾驶平台开发了一套具备自动驾驶能力的模型小车、上位机、通信与定位设备的沙盘教学实验系统,使学生在学习自动驾驶相关理论的同时,能够亲自参与到自动驾驶算法的开发与调试过程中来。本套教材充分吸收了本课程的教学与实践积累,在自动驾驶领域向广大读者传授第一手经验。

　　本套书作为汽车自动驾驶的体系化教材,强调了自动驾驶汽车的智能网联属性,并与传统车辆工程的控制等典型问题进行了结合。课程体系设置合理,教材从汽车自动驾驶技术概述和开发基础开始,系统地论述了汽车自动驾驶开发规程中涉及的车联网、地图与定位、融合感知、决策规划、车辆控制以及测试与评价方面内容,环环相扣,循序渐进,并融入了当前汽车自动驾驶研究领域与商用领域的前沿技术。与理论教材配套的实验教材给读者提供了自动驾驶汽车开发的实践平台,体现了自动驾驶技术要求软硬件结合的开发特点;读者在对理论与算法理解的基础上,还可以在实际的开发环境中掌握自动驾驶的基本开发流程及开发工具的使用与调试方法,形成初步的自动驾驶系统开发能力。

中国工程院外籍院士、清华大学智能产业研究院院长

张亚勤

2022 年 2 月

前言

随着科技的进步与发展,以智能化、网联化为重要特征的全球新一轮科技革命和产业变革正蓬勃兴起,人工智能与新一代信息技术的快速发展将推动人类生产、生活方式发生深刻变化。在智能化时代,智能网联汽车是人工智能、移动互联网、新一代信息技术、能源存储等技术的综合性应用平台,是城市智能交通系统的重要环节,是构建绿色生态社会的核心要素。其意义不仅在于汽车产品与技术的升级,更有可能带来汽车及相关产业生态和价值链体系的重塑,是国际公认的未来发展方向和关注焦点之一。

第 1 章作为概述章节,首先介绍智能网联汽车的相关概念,并对智能网联汽车的结构、智能网联汽车自动驾驶关键技术进行简要阐述,最后介绍汽车自动驾驶技术的发展状态,便于读者对后续章节的学习。

第 2 章介绍汽车自动驾驶开发的相关内容,针对开发过程中计算平台、操作系统、软件架构与中间件、开发语言与工具链等内容进行系统阐述;并对与自动驾驶开发关系密切的机器学习与深度学习的相关概念进行详细介绍;最后引入自动驾驶仿真平台与几种常用仿真软件的操作方法。

第 3 章介绍车联网的关键技术,包括网联通信技术和关键的理论知识。在网联通信技术部分,主要介绍 DSRC 技术和 C-V2X 技术及其具体的应用;在关键理论知识部分,主要介绍信息论、图论、博弈论这三种对车联网领域十分重要的基础理论。

第 4 章介绍自动驾驶地图及定位技术的相关知识点,主要讲解自动驾驶地图的基本概念、格式规范、地图制图技术等内容,以及空间定位技术,包括卫星定位、惯导定位、组合定位、SLAM 定位和室内定位技术。

第 5 章介绍汽车自动驾驶融合感知方面的技术,在重点讲解视觉传感器、毫米波雷达和激光雷达三种主流传感器的原理及主要的数据处理算法的基础上,阐述多源信息融合的主流方法,包括目标级感知信息融合、数据级信息深度融合、多车协同感知等内容。

第 6 章介绍汽车自动驾驶决策和规划的相关内容,重点介绍分解式决策方法和集中式决策方法。其中,分解式决策方法主要介绍交通场景理解、参与者运动预测、驾驶行为选择和驾驶轨迹规划等内容;集中式决策方法主要介绍监督学习型和强化学习型两种决策方法。

第 7 章介绍自动驾驶控制的相关技术,在介绍基本概念后,重点讲解车辆动力学建模相关知识,以及车辆动力学控制器的设计,包括纵横向控制原理、基于 PID 与 MPC 的轨迹跟踪及其下层控制等内容;最后简要介绍驾驶辅助、车路协同与编队控制等前沿控制技术,并提供了参考案例。

第 8 章从自动驾驶测试评价的定义出发，介绍自动驾驶的相关法律规范现状，依据测试场景和测试手段的不同分别介绍不同的测试方法，以及不同评价目的、内容和对象的评价方法，并简要介绍国内外自动驾驶测试场地的现状。

智能汽车是一个汇集众多高新技术的综合系统，作为智能汽车关键环节的自动驾驶是汽车产业与新一代信息技术深度融合的产物，是当前汽车与交通出行领域智能化和网联化发展的主要方向，是解决交通安全、道路拥堵、能源消耗等问题的重要手段，是智能网联汽车发展的核心基础技术，其依赖于环境感知技术、地图与定位技术、智能决策技术、控制执行技术、车联网技术、电子架构与计算平台、信息安全技术等一系列高新技术的创新和突破，涉及多领域、多学科的融合交叉。

人们已经针对自动驾驶汽车的开发积累了初步经验。本书试图从自动驾驶汽车开发的角度切入，系统地论述汽车自动驾驶开发过程中涉及的车联网、地图与定位、融合感知、决策规划、车辆控制以及测试与评价方面的内容，融入当前汽车自动驾驶研究领域与商用领域中的前沿技术，力图让读者对自动驾驶汽车涉及的技术与开发手段产生较为深刻的认识。

参与本书编著的除杨殿阁、黄晋、江昆、李升波、王红、许庆、杨蒙蒙、于伟光、高博麟外，还有陈俊杰、贾一帆、张蔚、苏炎召、刘茂林、殷玉明、曹重、王云龙、孟天闯、周伟韬、杨泽宇、胡展溢、李惠乾、李星宇、张博维、宋碧娅、王莹、杨登科、刘尧、卢政也、王俊懿、焦新宇、张晓龙、陈鑫鑫、温拓朴、周韬华、唐雪薇、邹文俊、廖在豪、谢根金、张聪生、李静轩、杨凯、彭亮、付峥、黄健强、王思佳等。

由于编著者水平有限，本书难免有疏漏之处，恳请各位读者和同行批评指正。

编著者

2022 年 2 月

目录

CONTENTS ≫≫≫≫

第1章

汽车自动驾驶技术概述

引言

当前，以智能化、网联化为重要特征的全球新一轮科技革命和产业变革正蓬勃兴起，人工智能与新一代信息技术的快速发展将推动人类生产方式和生活方式发生深刻变化。在智能化时代，智能网联汽车是人工智能、移动互联网、新一代信息技术、交通能源系统等技术的综合性应用平台，是城市智能交通系统的重要环节，是构建绿色生态社会的核心要素，其意义不仅在于汽车产品与技术的升级，更有可能带来汽车及相关产业生态和价值链体系的重塑，是国际公认的未来发展方向和关注焦点之一。

本章首先介绍智能网联汽车的基本概念，包括智能网联汽车的定义、智能化与网联化分级，以及与智能交通系统的关系等相关内容，使读者对智能网联汽车有初步的了解；其次，针对智能网联汽车的结构、智能网联汽车自动驾驶关键技术等进行简要介绍，便于读者对后续章节的学习；最后，介绍汽车自动驾驶技术的发展状况，包括汽车自动驾驶技术的发展历史、现状以及趋势等。本章的框架结构如图 1-1 所示。

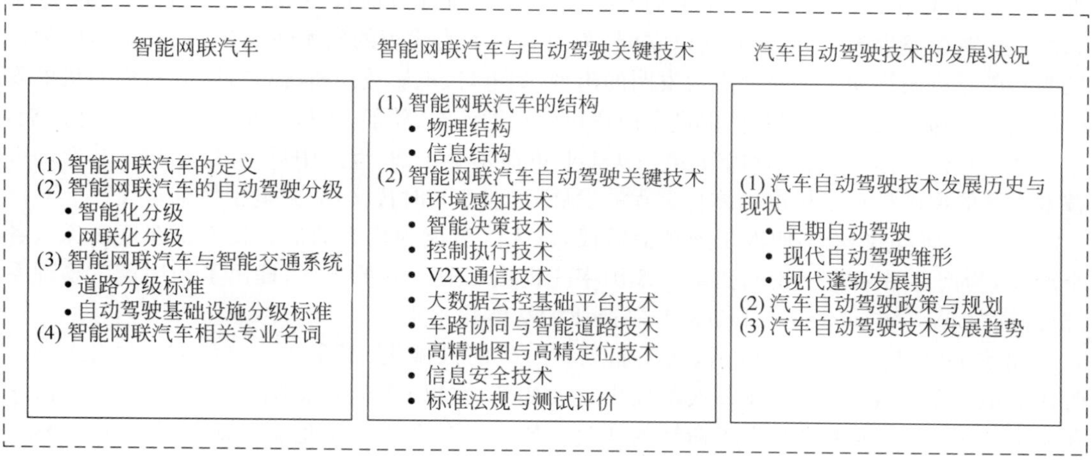

智能网联汽车	智能网联汽车与自动驾驶关键技术	汽车自动驾驶技术的发展状况
(1) 智能网联汽车的定义 (2) 智能网联汽车的自动驾驶分级 　• 智能化分级 　• 网联化分级 (3) 智能网联汽车与智能交通系统 　• 道路分级标准 　• 自动驾驶基础设施分级标准 (4) 智能网联汽车相关专业名词	(1) 智能网联汽车的结构 　• 物理结构 　• 信息结构 (2) 智能网联汽车自动驾驶关键技术 　• 环境感知技术 　• 智能决策技术 　• 控制执行技术 　• V2X通信技术 　• 大数据云控基础平台技术 　• 车路协同与智能道路技术 　• 高精地图与高精定位技术 　• 信息安全技术 　• 标准法规与测试评价	(1) 汽车自动驾驶技术发展历史与现状 　• 早期自动驾驶 　• 现代自动驾驶雏形 　• 现代蓬勃发展期 (2) 汽车自动驾驶政策与规划 (3) 汽车自动驾驶技术发展趋势

图 1-1　本章框架结构

学习目标

- 了解智能网联汽车的相关基础知识,熟悉智能网联汽车的定义及结构。
- 了解智能网联汽车的分级标准。
- 了解智能网联汽车的自动驾驶关键技术。
- 了解汽车自动驾驶技术的发展历史、现状与趋势。

第1章学习素材

1.1　智能网联汽车

　　本节主要描述智能网联汽车的定义、智能网联汽车的智能化与网联化分级;概述智能网联汽车与智能交通系统的联系、中国关于智能网联道路和自动驾驶基础设施的分级标准;此外,对智能网联汽车和智能交通系统中的一些常用名词进行解释。

1.1.1　智能网联汽车的定义

　　人类历史上出现过三次工业革命,对应着工业1.0时代、工业2.0时代和工业3.0时代。每一次工业革命都极大地促进了生产力的发展,推动人类的生产、生活方式发生深刻的变化。第一次工业革命发生于18世纪后期的英国,蒸汽机的出现推动了机器和大工厂制的大规模出现与应用,开创了以机器替代手工劳动的时代,因而工业1.0时代也被称为"蒸汽机时代";第二次工业革命发生于19世纪后期以欧洲、美国和日本为代表的资本主义地区和国家,电力的发明和广泛应用推动了一系列重大发明的出现,如电灯、电影放映机等,与此同时,内燃机的发明解决了交通工具的动力问题,促进了内燃机驱动的汽车、轮船、飞机等交通工具的飞速发展,工业2.0时代又称为"电气时代";第三次工业革命发生于20世纪中后期,信息技术和新能源技术领域的突破推动了机电一体化进程的发展,工业3.0时代又称为"电子信息时代"。

　　当前,我们正处于第四次工业革命阶段,以人工智能为代表的信息技术正在逐渐深入各个产业,为产业带来新一轮的变革。德国率先提出工业4.0的概念,提出了利用信息物理系统(cyber-physical system,CPS)提升制造业的智能化水平。

　　如图1-2(见文前彩图)所示,从工业1.0时代的机械化、工业2.0时代的电气化到3.0时代的电子信息化,汽车工业每次都发生重大变革,在以CPS为标志的工业4.0时代,汽车在未来的20~30年中将发生革命性的变化。传统汽车产业正在迎来一场全新的技术变革,即"新四化":电动化(低碳化)、智能化、网联化和共享化。智能网联汽车作为汇聚上述特色的全新技术发展平台,打造了全新的交通服务模式,构成了新型城市智能交通系统重要的组成部分,是推动智能交通、智慧城市的重要技术载体,目前已形成全球性的发展趋势,成为前沿研究热点。

图 1-2 汽车工业的发展历程

不同国家和地区对智能网联汽车有着不同的定义,我国普遍采用智能网联汽车 (intelligent&connected vehicle,ICV)的概念,而美国则习惯于使用自动驾驶汽车 (autonomous vehicle,self-driving vehicle)的概念。两国分别从技术层面和人为操作层面进行描述,尽管定义上有所不同,但所代表的含义却接近。表 1-1 给出了中国汽车工程学会和美国高速公路安全管理局(National Highway Yraffic Dafety Sdministration,NHTSA)对于智能网联汽车的定义。

表 1-1 不同机构对于智能网联汽车的定义

机 构	定 义
中国汽车工程学会	智能网联汽车是指搭载先进的车载传感器、控制器、执行器等装置,并融合现代通信与网络技术,实现车与人、车、路、云端等智能信息交换、共享,具备复杂环境感知、智能决策、协同控制等功能,可实现"安全、高效、舒适、节能"行驶,并最终可实现替代人来操作的新一代汽车
美国 NHTSA	自动驾驶汽车是指在没有驾驶人直接输入来控制转向、加速和制动的情况下,系统能够进行驾驶操作的车辆。在自动驾驶模式下,驾驶人不需要持续性地关注车辆行驶的车道

中国汽车工程学会从汽车硬件结构、应当具备的功能以及最终应当达到的目标三个方面对智能网联汽车进行了定义。在硬件结构方面,智能网联汽车应当搭载有先进的传感器、控制器和执行器等装置,同时也应包含支持信息交互的通信与网络设备;在功能方面,智能网联汽车应当具备环境感知功能、智能决策功能、协同控制功能,以及与人、车、路、云之间的通信功能;在预期目标方面,智能网联汽车所追求的是更加安全、高效、舒适、节能,最终替代驾驶人完成驾驶。

美国 NHTSA 给出的定义则更加关注于自动驾驶汽车应当达到的预期目标,即自动驾驶系统能够取代驾驶人完成驾驶操作,在自动驾驶过程中无须驾驶人进行干预。这也是自动驾驶汽车所期望达到的终极目标。

1.1.2 智能网联汽车的自动驾驶分级

智能网联汽车包括智能化与网联化两个技术层面,其分级也可对应地按照智能化与网联化两个层面区分。在智能化层面,美国 NHTSA、国际汽车工程师学会(SAE(society of automotive engineer）international）、中国汽车标准化技术委员会等组织已经给出了各自的分级方案，三者对自动驾驶的分级标准如表 1-2 至表 1-4 所示。

表 1-2　美国 NHTSA 自动驾驶分级标准

智能化等级	等级名称	等级定义
0	无自动化 （no automation）	传统的驾驶人手动驾驶车辆，包括带有自动报警系统或自动辅助控制装置的车辆，如前照灯、转向灯
1	特定功能自动化 （function-specific automation）	包含一个或多个独立的自动控制功能，如自适应巡航控制、电子稳定控制和紧急情况下的动态制动
2	组合功能自动化 （combined function automation）	包含两个或两个以上的自主控制功能，并且能够通过多个功能的整合减少驾驶人的驾驶控制，但在紧急情况下驾驶人必须能够在没有警告的情况下重新接管车辆控制
3	限定条件自动驾驶 （limited self-driving automation）	驾驶人可以在限定工况下放弃对车辆的完全控制，但必须能够在接收到系统的警告信号后重新手动控制车辆
4	完全自动驾驶 （full self-driving automation）	整个行驶过程中车辆控制功能完全自动化，在任何情况下都不需要驾驶人重新进行手动控制

表 1-3　SAE J3016 自动驾驶分级标准

智能化等级	等级名称	等级定义	驾驶操作	周边监控	支援	系统作用域
0	无自动化 （no automation）	由驾驶人全权操控汽车，在行驶过程中可以得到警告或干预系统的辅助	驾驶人	驾驶人	驾驶人	无
1	驾驶辅助 （driver assistance，DA）	通过驾驶环境对方向盘和加减速中的一项操作提供驾驶支持，其他驾驶动作由驾驶人操作	驾驶人＋系统	驾驶人	驾驶人	部分
2	部分自动化 （partial automation，PA）	通过驾驶环境对方向盘和加减速中的多项操作提供驾驶支持，其他驾驶动作由驾驶人操作	驾驶人＋系统	驾驶人	驾驶人	部分
3	有条件自动化 （conditional automation，CA）	由系统完成所有的驾驶操作，根据系统请求，驾驶人提供合适的应答	系统	系统	驾驶人	部分
4	高度自动化 （high automation，HA）	由系统完成所有的驾驶操作，根据系统请求，驾驶人不一定需要对所有的系统请求都做出应答	系统	系统	系统	部分
5	完全自动化 （full automation，FA）	在所有驾驶人可以应付的道路和环境条件下均可由自动驾驶系统自主完成所有的驾驶操作	系统	系统	系统	全域

表 1-4　中国智能网联汽车自动驾驶分级标准

驾驶环境	智能化等级	等级名称	等级定义	控制	监视	失效应对	设计运行范围	典型场景
人监控驾驶环境	1	驾驶辅助（driver assistance, DA）	在特定的设计运行范围内,自动驾驶系统持续执行横向或纵向运动控制的动态驾驶任务(不同时执行横向和纵向运动控制),剩余的动态驾驶任务由驾驶人执行	人与系统	人	人	有限制	自适应巡航、车道保持等
	2	部分自动驾驶（partial automation, PA）	在特定的设计运行范围内,自动驾驶系统持续执行横向和纵向运动控制的动态驾驶任务,驾驶人执行失效应对和监视自动驾驶系统	系统	人	人	有限制	交通拥堵辅助、协同式自适应巡航、自动泊车等
驾驶自动化系统监控驾驶环境	3	有条件自动驾驶（conditional automation, CA）	在特定的设计运行范围内,自动驾驶系统持续执行整个动态驾驶任务,当自动驾驶系统发出接管请求或车辆其他系统出现故障时,用户需要接管系统并做出正确响应	系统	系统	人	有限制	高速公路有条件自动驾驶、交通拥堵自动驾驶、商用车队列自动驾驶等
	4	高度自动驾驶（high automation, HA）	在特定的设计运行范围内,自动驾驶系统持续执行整个动态驾驶任务和负责失效应对,不需要用户接管	系统	系统	系统	有限制	高速公路高度自动驾驶、城市/近郊自动驾驶、特定场景自动驾驶、代客泊车等
	5	完全自动驾驶（full automation, FA）	自动驾驶系统无条件地(没有特定的设计运行范围限制)持续执行整个动态驾驶任务与失效应对,不需要用户接管	系统	系统	系统	无限制	所有行驶场景

美国交通部在 SAE J3016 自动驾驶分级标准发布之后,很快放弃了 NHTSA 的五级标准,而选用了 SAE J3016 标准。在对自动驾驶汽车的分级描述上,二者的共同点在于两个标准均把车辆是否具备对于转向、加速、制动这些关键功能的控制能力作为区分不同等级的关键因素。同时二者也存在着较大的差异,美国 NHTSA 自动驾驶汽车分级标准对于不同等级的描述较为笼统,SAE J3016 则更加强调动态驾驶任务的概念,通过动态驾驶任务由驾驶人执行还是车辆系统执行对不同的等级进行区分,对于各个等级的描述也更加清晰。

无论是在中国的汽车自动驾驶分级标准中还是在美国 SAE J3016 自动驾驶分级标准中,L3 级的自动驾驶,即人机共驾都是一个分水岭式的存在。对于 L2 级及以下的自动驾驶,由驾驶人主要负责完成环境监测,这意味着驾驶人需要时刻关注周围的环境,并在感知出现问题时立即做出修正和响应,自动驾驶系统提供的只是辅助驾驶功能。而对于 L3 级及以上的自动驾驶,环境监测主要由系统完成,即系统负责实时感知获取周围的环境信息,这时驾驶人不需要时刻关注驾驶环境,手和眼睛都可以短暂地从驾驶任务中脱离出来。值得注意的是,SAE J3016 中对于 L3 级的定义与中国的分级定义差异较大,SAE J3016 对于 L3 级自动驾驶的定义并未限定场景,这意味着在任何场景下驾驶人都可以暂时脱离驾驶任务,但在系统发出操作请求时驾驶人需要随时能够接管驾驶任务。而在中国的 L3 级自动驾驶定义中,则更加强调特定场景的限定条件,即驾驶人仅能在特定的设计运行范围内,暂时脱离对环境的监测和驾驶操作,但仍需随时准备着在系统发出操作请求时接管驾驶任务。

下面以中国智能网联汽车自动驾驶分级标准为例,对各个级别的自动驾驶功能进行详细介绍。标准中定义驾驶过程中的三个主要参与者为驾驶人、驾驶自动化系统以及其他车辆系统和组件。如表 1-5 所示,按照动态驾驶任务、监视和判断、失效应对(也可称为"动态驾驶任务支援")这几项任务由驾驶人还是自动化系统完成,以及自动化系统运行的设计适用范围,将自动驾驶汽车分为 L0 至 L5 六个级别。

表 1-5　自动驾驶汽车分级相关术语定义

定 义 名 称	缩写	定 义
动态驾驶任务 (dynamic driving task)	DDT	汽车在道路上行驶所需的所有实时操作和决策行为。动态驾驶任务又可以分为车辆控制、监视和判断两项任务。其中车辆控制主要包括通过方向盘来对车辆进行横向运动操作及通过加速和减速来对车辆进行纵向运动操作
监视和判断 (object and event detection and response)	OEDR	通过对车辆周围物体和事件进行检测感知和认知,从而对车辆周围环境进行监测和执行对应判断
失效应对(动态驾驶任务支援)	DDT fallback	当系统性的失效发生或者出现超过系统原有的设计范围之外的情况时,给出最小化风险的解决方法
设计运行范围 (operational design domain)	ODD	自动驾驶系统可以安全运行的条件,包括天气环境、道路情况(直路、弯路半径)、车速、车流量等

L0 级-无自动驾驶:完全由驾驶人掌控车辆,车辆没有智能化功能。车辆控制、监视和判断、失效应对均由驾驶人完成,系统只在部分监视和判断中提供警告信息,无典型工况。

L1 级-驾驶辅助：系统获取车辆周围环境信息，执行纵向控制（加减速）或横向控制（转向），其他驾驶操作都由驾驶人完成。L1 级与 L0 级的区别在于系统可以在某些时候介入车辆控制任务。车辆控制由驾驶人和系统共同完成，系统只在某些时候介入横向控制或纵向控制的其中一项，驾驶人完成监视和判断以及失效应对。典型工况为车辆在结构化道路内行驶，如高速公路无车道干涉路段。图 1-3 所示属于 L1 级的自动驾驶功能有车道偏离预警（横向控制）、主动避撞（纵向控制）、定速巡航（纵向控制）等。

图 1-3　车道偏离预警与主动避撞

　　L2 级-部分自动驾驶：系统同时具有纵向和横向的自动控制，在系统开启过程中，驾驶人可以不操作方向盘、加速踏板和制动踏板，但需要观察周围情况并提供安全操作。L2 级与 L1 级的区别在于系统具备同时对多项功能进行控制的能力。车辆控制由驾驶人和系统共同完成，系统在开启过程中同时介入横向控制（方向盘）和纵向控制（加速、制动），监视和判断、失效应对由驾驶人完成。典型工况包括高速公路及市区无车道干涉路段，变换车道、环岛绕行、拥堵跟车等。属于 L2 级的自动驾驶功能有自动泊车、自动变道、自适应巡航以及车道保持等，如图 1-4 所示。

图 1-4　自动泊车与自动变道

　　L3 级-有条件自动驾驶：系统在限定的场景内能够完成所有的动态驾驶任务，但是要求驾驶人时刻准备在系统失效或者超出 ODD 时接管驾驶任务。L3 级与 L2 级的区别在于环境监测也由系统完成。车辆控制在系统运行过程中完全由系统完成，但在系统失效或超出 ODD 时由驾驶人接管，监视和判断由系统完成，失效应对由驾驶人完成。典型工况为高速公路正常行驶工况以及市区无车道干涉路段。属于 L3 级的自动驾驶功能有高速公路的 Autopilot 自动驾驶等，如图 1-5 所示。

图 1-5　高速公路 Autopilot 自动驾驶

　　L4 级-高度自动驾驶：系统在特定环境下完成所有驾驶任务，系统会向驾驶人提出响应请求，但驾驶人可以选择不进行响应。L4 级与 L3 级的区别在于失效应对由系统代替驾驶人完成，实现在一定条件下的无人自动驾驶。车辆控制、监视和判断、失效应对均由系统完成。典型工况为高速公路全部工况及市区有车道干涉路段。如图 1-6 所示，属于 L4 级的自动驾驶功能有 RoboTaxi、矿山、港口的无人卡车等。

图 1-6　RoboTaxi 与无人卡车

　　L5 级-完全自动驾驶：系统可以完成所有交通场景下的驾驶任务，不需要驾驶人介入。L5 级与 L4 级的区别在于典型工况扩大至所有行驶工况。车辆控制、监视和判断、失效应对均由系统完成，典型工况为所有行驶工况。奥迪汽车发布的 L5 级自动驾驶概念车如图 1-7 所示。

图 1-7　奥迪 L5 级自动驾驶概念车

　　在网联化层面，按照网联通信内容的不同，中国汽车业界将其划分为网联辅助信息交互、网联协同感知、网联协同决策与控制三个等级，如表 1-6 所示。

表 1-6　中国智能网联汽车网联化分级标准

网联化等级	等级名称	等 级 定 义	典型信息	传输需求	典型场景	车辆控制主体
1	网联辅助信息交互	基于车-路、车-后台通信,实现导航等辅助信息的获取以及车辆行驶与驾驶人操作等数据的上传	地图、交通流量、交通标志、油耗、里程等信息	传输实时性、可靠性要求较低	交通信息提醒、车载信息服务、天气信息提醒、紧急呼叫服务等	人
2	网联协同感知	基于车-车、车-路、车-人、车-后台通信,实时获取车辆周边交通环境信息,与车载传感器的感知信息融合,作为自车决策与控制系统的输入	周边车辆/行人/非机动车位置、交通信号灯相位、道路预警等数字化信息	传输实时性、可靠性要求较高	道路湿滑预警、交通事故预警、紧急制动预警、特殊车辆避让等	人/系统
3	网联协同决策与控制	基于车-车、车-路、车-人、车-云平台通信,实时并可靠获取车辆周边交通环境信息及车辆决策信息,车-车、车-路等各交通参与者之间信息进行交互融合,达到智能协同,从而实现车-车、车-路等各交通参与者之间的协同决策与控制	车-车、车-路、车-云间的协同感知、决策与控制信息	传输实时性、可靠性要求最高	引导行驶速度、车辆间距、车道选择、协作式编队、交叉路口通行、匝道汇入等	人/系统

1.1.3　智能网联汽车与智能交通系统

智能交通系统(intelligent transportation system,ITS)是指将通信技术、信息技术、控制技术、传感技术以及计算机技术等先进技术有效地集中运用到整个交通体系,从而能够在大范围内实现实时、准确、高效的运输与管理的交通系统,如图 1-8 所示。它不仅包

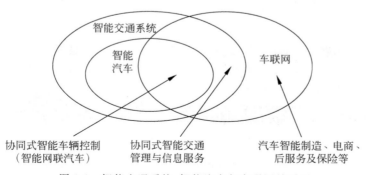

图 1-8　智能交通系统、智能汽车与车联网关系图

括车辆,还包括道路、行人等一系列基础设施与交通参与者。智能汽车是智能交通系统的子系统之一,是整个智能交通系统的一个有机组成,也是智能交通系统最重要的调控对象之一。

智能交通系统、智能汽车和车联网三者之间存在着紧密的关联。首先,智能汽车是智能交通系统的重要组成部分;其次,车联网面向道路交通,以车辆为网络终端,为交通参与者提供信息服务,同时为交通管理者提供决策支持,是物联网技术在智能交通领域的延伸。

目前,智能交通系统还难以全面获取交通状态,及时侦测道路情况,准确了解交通主体参与者的运行状况,以及根据车路状况和彼此交互的相关状态为出行者提供更有效的交通信息。车联网为上述问题提供了有效的解决方案,从技术上来说,车联网是以车内网、车际网和车载移动互联网为基础,按照约定的通信协议和数据交互标准,在 V-X(V:车,X:车、路、行人及互联网等)之间,进行无线通信和信息交换的大系统网络。其中,车内网是指通过应用成熟的车载总线技术建立一个标准化的整车网络;车际网是指基于 DSRC/LTE-V 技术的"车-车""车-路"无线局域网。车载移动互联网是指车载终端通过 4G/5G 等通信技术与互联网进行无线连接。

基于智能网联汽车的发展,车联网有望打造成为车路云一体化融合控制系统(system of coordinated control by vehicle-road-cloud integration),如图 1-9(见文前彩图)所示,其利用新一代信息与通信技术,将人、车、路、云的物理层、信息层、应用层连为一体,进行融合感

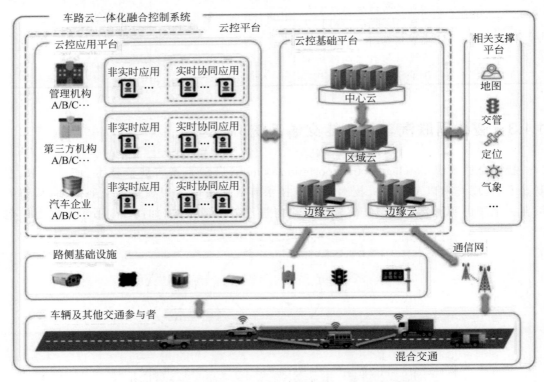

图 1-9　车路云一体化融合控制系统架构及组成(见彩插)

知、决策与控制,实现车辆行驶和交通运行安全、效率等性能综合提升,也可称为智能网联汽车云控系统,或简称云控系统(cloud control system,CCS)。它是解决当前汽车与交通产业发展问题、适应中国标准的新型车路云一体化协同系统。

在道路基础设施方面,为更好地配合智能网联汽车的发展,根据中国公路学会自动驾驶工作委员会、自动驾驶标准化工作委员会发布的《智能网联道路系统分级定义与解读报告》,道路基础设施也对应分为 L0 至 L5 六个级别,如表 1-7 所示。

表 1-7　中国智能网联道路分级标准

等级	要素	等 级 定 义	服务对象
L0	无信息化、无智能化、无自动化	传统道路信息管理方式,即交通基础设施与单个车辆系统之间无信息交互	驾驶人
L1	初步数字化、初步智能化、初步自动化	交通基础设施能够为单个自动驾驶车辆提供离线自动驾驶低精度信息,如前方交通事故信息、交通等信号配时信息、道路限速值、道路施工信息等	驾驶人和车辆
L2	部分网联化、部分智能化、部分自动化	交通基础设施具备复杂感知和深度预测功能,通过与车辆系统进行信息交互(包括 I2X,infrastructure to everything),可以支持较高空间和时间解析度的自动化驾驶辅助和交通管理,对车辆智能化等级没有要求	驾驶人和车辆
L3	基于交通基础设施的有条件自动驾驶、高度网联化	高度网联化的交通基础设施可以在数毫秒内为单个自动驾驶车辆(自动化等级 1.5 及以上)提供周围车辆的动态信息和控制指令,可以在包括专用车道的主要道路上实现有条件的自动化驾驶。遇到特殊情况时需要驾驶人接管车辆进行控制	驾驶人和车辆
L4	基于交通基础设施的高度自动驾驶	交通基础设施为自动驾驶车辆(自动化等级 1.5 及以上)提供详细的驾驶指令,可以在特定场景区域(如预先设定的时空域)实现高度自动化驾驶。遇到特殊情况时由交通基础设施系统进行控制,不需要驾驶人接管	车辆
L5	基于交通基础设施的完全自动驾驶	交通基础设施可以满足所有单个自动驾驶车辆(自动化等级 1.5 及以上)在所有场景下完全感知、预测、决策、控制、通信等,并优化部署整个交通基础设施网络,实现完全自动驾驶。完全自动驾驶所需的子系统无须在自动驾驶车辆设置备份系统,提供全主动安全功能。遇到特殊情况,由交通基础设施系统进行控制,不需要驾驶人接管	车辆

欧盟对于道路基础设施也有着清晰的分级标准。根据欧洲道路交通咨询委员会 2019 年发布的自动驾驶基础设施分级标准(infrastructure support levels for automated driving,ISAD),自动驾驶基础设施按照从高到低分为 A~E 五个等级,如表 1-8 所示。

表 1-8 德国自动驾驶基础设施分级标准

设施	等级	等级名称	包含信息			
			带有静态道路标志的数字地图	可变信息交通标志、事故信息、预警信息、天气	微观交通状况信息	引导信息,包括车速、车道建议等
数字基础设施	A	协同驾驶	有	有	有	有
	B	协同感知	有	有	有	无
	C	动态数字信息	有	有	无	无
常规基础设施	D	静态数字信息	有	无	无	无
	E	常规基础设施	无	无	无	无

1.1.4 智能网联汽车相关专业名词

在智能网联汽车与智能交通系统中,存在一些常用的专业名词,下面对后续章节会经常出现的名词进行如下解释。

(1) 智能网联汽车:智能网联汽车(intelligent&connected vehicle,ICV)是指搭载先进的车载传感器、控制器、执行器等装置,并融合现代通信与网络技术,实现车与 X(人、车、路、云端等)智能信息交互、共享,具备复杂环境感知、智能决策、协同控制等功能,可实现安全、高效、舒适、节能行驶,并最终可实现替代人来操作的新一代汽车。

(2) 防抱死制动系统:防抱死制动系统(antilock brake system,ABS)的作用是在汽车制动时,自动调节制动器的制动力大小,使车轮处于边滚边滑(滑移率在 20% 左右)的状态而不被抱死,以保证车轮与地面的附着力始终保持在最大值。

(3) 自适应巡航:自适应巡航(adaptive cruise control,ACC)是一种车辆的巡航控制系统,可自动调节车速以保持与前方车辆的安全距离。自适应巡航的控制基于车载传感器提供的前车信息,传感器类型包括毫米波雷达、激光传感器或摄像头。根据 SAE international 的定义,具有自适应巡航功能的车辆被认为是 L1 级自动驾驶汽车。当与其他驾驶辅助功能(如车道保持)组合使用时,则被认为是 L2 级自动驾驶汽车。

(4) 盲区监测系统:盲区监测系统(blind spot information system,BLIS)又被称为并线辅助系统,是汽车上的一种辅助安全设备,主要功能是扫描后视镜盲区,通过雷达探测车辆两侧的后视镜盲区中的超车车辆,对驾驶人以提醒,从而避免在变道过程中由于后视镜盲区而发生交通事故。

(5) 电子稳定性控制:电子稳定性控制(electronic stability control,ESC)是一种主动安全系统,是汽车防抱死制动系统和牵引力控制系统功能的进一步扩展,增加了车辆转向行驶时横摆率传感器、侧向加速度传感器和方向盘转角传感器,通过控制单元(electronic control unit,ECU)控制前后、左右车轮的驱动力和制动力,确保车辆行驶的侧向稳定性。

(6) 车道偏离预警:车道偏离预警(lane departure warning,LDW)是一种通过报警的方式辅助驾驶人减少汽车因车道偏离而发生交通事故的系统。当车道偏离系统开启时,摄像头(一般安置在车身侧面或后视镜位置)会时刻采集行驶车道的标识线,通过图像处理获得汽车在当前车道中的位置参数,当检测到汽车偏离车道时,传感器会及时收集车辆数据和驾驶人的操作状态,然后由控制器发出警报信号。

(7) 前向碰撞预警:前向碰撞预警(forward collision warning,FCW)是一种旨在防止或减小碰撞严重程度的汽车安全系统。FCW 通过雷达系统监测前方车辆,判断自车与前车之间的距离、方位及相对速度,当存在潜在碰撞危险时对驾驶人发出警报信号。

(8) 自动紧急制动:自动紧急制动(autonomous emergency braking,AEB)是一种汽车主动安全技术,主要由测距模块、ECU 模块和制动模块三部分组成。AEB 采用雷达探测自车与前车之间的距离,经由 ECU 模块对探测距离与安全距离进行比较并做出响应,当探测距离小于安全距离时进行自动制动,保障行车安全。

(9) 电子制动辅助:电子制动辅助(emergency brake assist,EBA)是一种在紧急情况下增加制动压力的汽车制动技术。EBA 通过驾驶人踩下制动踏板的速度和力判断是否正在执行紧急制动,并在紧急情况下启动全部制动力以缩短制动距离,避免碰撞。

(10) 车道保持辅助:车道保持辅助(lane keeping assist,LKA)是一种辅助驾驶人使得车辆保持在固定车道内的智能驾驶辅助系统。LKA 通过前视摄像头检测车道标识线,并在车辆接近车道线时向方向盘施加微小扭矩主动操控车辆回到车道中央,如果车辆即将越过车道线,将通过声音信号警告驾驶人。

(11) 电动助力转向:电动助力转向(electric power steering,EPS)是一种新的动力转向技术,EPS 系统主要由转矩传感器、车速传感器、电动机、减速机构和电子控制单元等组成,由电动助力机直接提供转向助力,省去了传统液压动力转向系统所必需的动力转向油泵、软管、液压油、传送带、装于发动机上的皮带轮等,具有节能环保、调整简便、装配灵活、效率较高等优点。此外,EPS 能够根据行驶工况的不同执行不同的控制策略以提供最佳转向助力,从而减轻驾驶人的操作强度。

(12) 智能泊车辅助:智能泊车辅助(intelligent parking assist,IPA)是用于汽车泊车或倒车时的安全辅助装置,利用车载传感器(一般为超声波雷达或摄像头)识别有效泊车空间,并能通过 ECU 控制车辆进行泊车。最常用的泊车辅助系统是倒车雷达系统,也有使用声呐传感器的,其作用是在倒车时,帮助驾驶人感知后视镜盲区并提醒后方障碍物。

(13) 牵引力控制系统:牵引力控制系统(traction control system,TCS)是通过比较驱动轮转速与从动轮转速来判定驱动轮是否发生打滑现象,当前者大于后者时,通过调节驱动轮的驱动力与节气门开度来抑制驱动轮转速的一种防滑控制系统。TCS 使汽车在各种行驶状况下都能获得最佳牵引力,从而提高汽车行驶稳定性、加速性和爬坡能力。

(14) 智能前照灯控制:智能前照灯控制(adaptive front light,AFL)可依照不同的路况、环境、车速及天气状况,自动调整车灯的照明范围及角度,在使车灯照射范围更远,但又不影响其他用路人视线的情况下,以提供驾驶人与对向来车更安全及舒适的照明,从过去弯道辅助照明系统的主动转向式前照灯,到现在结合传感器的多颗 LED 智能型前照灯,都属于此系统的范畴。

(15) 驾驶人监测系统:驾驶人监测系统(driver monitoring system,DMS)是一种基于驾驶人生理反应特征的驾驶人疲劳监测预警系统。疲劳检测预警系统通过图像、脉搏传感器等方式获取驾驶人生理特征,采用人工智能算法分析驾驶人疲劳程度,当系统检测到驾驶人处于瞌睡状态时，及时发出警报提醒，并启动振动坐垫、提神气味发生器等提醒配件。

（16）夜视系统：夜视系统（night vision system，NVS）是一种源自军事用途的汽车驾驶辅助系统。在该辅助系统的帮助下，驾驶人在夜间或弱光线的驾驶过程中将获得更高的可见能力，它能够针对潜在危险向驾驶人提供更加全面、准确的信息或发出早期警告。夜视系统在夜间可以将车灯照射范围以外的潜在危险情况显示在挡风玻璃上，从而开阔驾驶人的视野，避免交通事故的发生。夜视系统也可以帮助驾驶人在夜间会车出现眩光时看清前方情况。

1.2　智能网联汽车与自动驾驶关键技术

本节首先从物理结构和信息架构两方面介绍智能网联汽车的结构，然后简要介绍智能网联汽车的自动驾驶关键技术。各关键技术将在后续章节进行详细介绍。

1.2.1　智能网联汽车的结构

1. 整车物理结构

整车物理结构是指车辆物理层面上的硬件结构。智能网联汽车整车物理结构主要可分为环境感知系统、决策规划系统、控制系统、车身及座舱、动力系统、底盘、电气设备等。

1）环境感知系统

环境感知系统主要包括车辆状态感知、交通环境状态感知、驾驶人检测、车辆同所有交通参与者（vehicle to everything，V2X）网联通信等，基于激光雷达点去目标检测算法的车辆周围环境感知效果如图 1-10（见文前彩图）所示。

图 1-10　自动驾驶环境感知示例（见彩插）

（1）车辆状态感知主要包括车辆速度传感器、加速度传感器、角度传感器、定位系统等，主要功能是获取车辆行驶速度、姿态方位等信息，为车辆提供有效数据。

（2）交通环境状态感知依赖于环境感知传感器及相应的感知技术。图 1-11 是环境感知系统传感器的一种布局，部分传感器的感知范围示意图如图 1-12 所示。按照获取交通环境信息的途径，可将这些传感器分为被动环境传感器与主动环境传感器两类：被动环境传感器自身不会发射信号，而是通过接收外部反射或辐射的信号从而获取环境信息，主要包括相机等视觉传感器和麦克风阵列等听觉传感器；主动环境传感器主动向外部环境发射信号进行环境感知，主要包括激光雷达、毫米波雷达、超声波雷达等。同时，不同传感器可通过数据融合技术克服单一传感器的缺陷，提升环境感知的综合性能。

图 1-11　环境感知系统传感器的布局

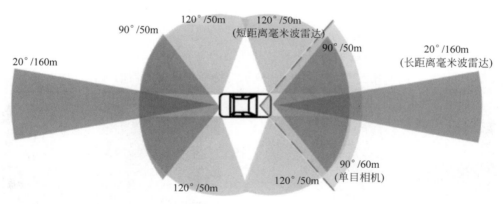

图 1-12　部分传感器的感知范围示意图

（3）驾驶人检测目前主要有手握方向盘检测和视线检测。手握方向盘检测通过在方向盘上嵌入传感器或在转向柱上加装转矩传感器来判断驾驶人的手是否离开方向盘，视线检测通过图像传感器实现对驾驶人的眼睛、表情、头部动作等细节的监控来对其状态进行监测。

V2X 是将车辆与一切事物相连接的新一代信息通信技术，强调车辆、道路、使用者三者之间的联系，主要利用射频识别、拍照设备、云服务器等获得实时路况、道路信息、行人信息等一系列交通信息，使自车能够与外界车辆（vehicle to vehicle，V2V，车-车通信）、设施

（vehicle to infrastructure，V2I，车-路通信）、行人（vehicle to pedestrian，V2P，车人通信）等交通参与要素进行有机联系与通信。通过 V2X 低时延、高可靠的交互方式，能够实现车辆的超视距感知，提升车辆在视线盲区的感知力，不受风雪、下雨等环境的影响，提高了环境感知系统的精确性与可靠性。

2）决策规划系统

决策规划系统硬件主要是高性能的计算单元，如 CPUs、GPUs、FPGAs、ASICs 等，如图 1-13 所示。车辆在行驶过程中，计算单元负责实时接收并处理传感器采集的数据。

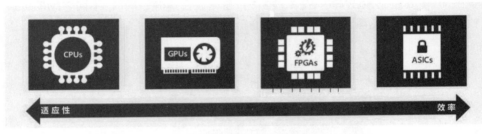

图 1-13　决策规划系统硬件

在自动驾驶算法初研阶段可采用工控机（industrial personal computer，IPC）集中计算。工控机如图 1-14 所示。自动驾驶工控机的集中式计算架构可以较少地考虑硬件整体设计，因而有利于初期算法的集中研发。但工控机也有体积大、功耗高、不适于量产的缺点，因此限制了更进一步的应用。

嵌入式域控制器是更适用于算法较成熟后的自动驾驶计算解决方案。未来自动驾驶汽车的功能复杂度远远高于传统汽车，所需的计算量也不在同一个级别，通过将汽车功能分为多个功能域，如车身域控制器、动力总成域控制器、车载信息娱乐域控制器、自动驾驶域控制器等，每个功能域都有一个域控制器负责该功能域的主要计算，在保障安全性的同时能减少各个模块与功能之间的相互干扰。图 1-15 所示为特斯拉域控制器的硬件设计。

图 1-14　工控机（百度 Nuvo-5095GC 系列）

图 1-15　特斯拉域控制器的硬件设计

此外，可以融合固化的算法制作专用芯片，通过专用芯片有效集成传感器和算法，直接处理传感器收集的原始数据，实现传感器内部的边缘计算，减轻后端计算平台的计算负荷，同时也能够降低功耗和体积。

3）控制系统

控制系统的主要任务是对车辆进行横纵向控制，使车辆能够按照规划的速度和轨迹曲线行驶。目前控制系统多采用传统的控制方法，如比例-积分-微分（proportional-integralderivative,PID)控制、模糊控制、自适应控制、模型预测控制(model predictive control,MPC)等。

车辆控制包括传动系统、制动系统、转向系统等控制执行装置及其控制算法。与传统车辆相比,自动驾驶控制技术将更多地用电信号控制车辆转向、制动、加速等,因此需要进行底盘线控改装,但目前已具备自适应巡航控制、紧急制动、自动泊车等驾驶辅助功能的车辆可借用原有系统而不必过多改装,通过车载网络,如 CAN(controller area network,控制器局域网)总线即可实现系统连接。

传统汽车主要采用机械传动和液压传动两种传动方式,其缺点是传动效率低、结构复杂,难以满足自动驾驶需求。随着车辆电子化和智能化的发展,线控技术将电子元件代替部分机械连接,实现执行机构和操纵机构的机械解耦,将驾驶人的驾驶意图转换为电信号,通过电缆传输到执行机构进行精确控制。线控技术具有实时性好、运行高效和精度高等特点。目前线控技术主要包括线控制动、线控转向和线控节气门,如图 1-16 所示。

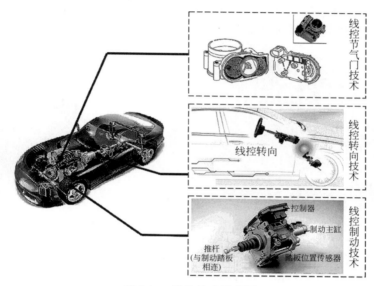

图 1-16　线控技术示意图

线控节气门如图 1-17 所示,其主要功能是通过位置传感器传递制动踏板深浅和快慢的电信号,发送给发动机控制器进行优化控制。线控节气门也称为电子节气门,其技术已经成

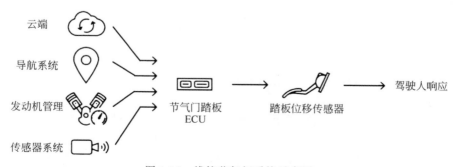

图 1-17　线控节气门系统示意图

熟并得到广泛应用,凡具有定速巡航功能的车辆都配备有线控节气门。线控节气门通过踏板位置传感器将踏板位置信号传送给电子控制单元(electronic control unit,ECU),ECU 将计算出的节气门开度信息传递给伺服电机来驱动控制节气门。线控节气门控制系统主要由加速踏板、踏板位移传感器、ECU、伺服电机和执行机构组成。

线控转向的主要功能是将驾驶意图中的方向盘转角转换为数字信号并传递给 ECU,ECU 通过转向电机控制转向轮转动,实现驾驶人的转向意图。线控转向技术尚未普及推广,少量企业开始探索性应用,如图 1-18 所示的日产旗下英菲尼迪 Q50 是首批使用线控转向的量产车辆。目前,车上广泛使用的是电动助力转向(EPS),EPS 与线控转向的主要差异是 EPS 由电机提供转向助力,根据方向盘转角信号使伺服电机输出相应扭矩;而线控转向不存在方向盘和转向轮之间的机械连接,ECU 折算方向盘转角为驱动力数据,由电机驱动转向机转动车轮。

目前线控制动主要有两种技术路线,分别是液压式线控制动(electronic hydraulic brake,EHB)和机械式线控制动(electronic mechanical brake,EMB)。图 1-19 所示为博世(Bosch)的液压式线控制动系统 iBooster。

图 1-18　英菲尼迪 Q50 线控转向系统　　　　图 1-19　博世的液压式线控制动系统 iBooster

EHB 是在传统液压制动器的基础上发展而来的,通过踏板位移传感器,将驾驶人的制动动作转换为电信号,发送到控制单元驱动电机完成液压执行机构的制动动作。液压的电控化比较困难,不容易与其他电控系统整合。EMB 通过电机驱动机械活塞制动,不存在液压系统。EMB 响应时间迅速、结构紧凑、电子化程度高,易于整合进自动驾驶系统,但是对可靠性要求较高,电能消耗较大,容易发生高温失效。

汽车线控技术涉及的关键技术较多,由于传感器是线控系统组成的基本单元,传感器技术是线控技术中重要的一环。汽车电子控制系统应用效果的良好呈现,需要传感器进行信息采集以及反馈精度。此外,总线技术也是线控技术的一个重要部分,主要用于车辆功能统筹,对信息通信和系统调和的能力要求较强。随着技术水平的不断提高,触发协议以及 FlexRay、Byteflight 等总线标准成为比较权威的标准。

4) 车身及座舱

车身包括车窗、车门、驾驶舱、乘客舱、发动机舱、行李舱等,如图 1-20 所示。按照承载方式的不同,车身主要分为非承载式车身和承载式车身,轿车多采用承载式车身结构。

在车身系统中,随着汽车智能化、网联化的发展,兼具驾驶舱、乘客舱功能的智能座舱遇到的挑战最大。未来,智能网联汽车座舱承载着更直接、更多样的用户需求,将成为用户的

图 1-20　车身总成

第三生活空间。同时,新一代通信技术、人工智能、大数据、人机交互、汽车芯片与操作系统等技术的进步将进一步推动汽车座舱向智能化不断发展,智能座舱将成为智能网联汽车硬件架构的重要组成部分。智能座舱主要包括座舱内饰与座舱电子:座舱内饰包括座椅、灯光、空调、车内主被动安全装置等;座舱电子主要是车内使用的电子系统,包括音乐、屏幕、生态软件等,如图 1-21 所示为沃尔沃 360C 概念车的智能座舱。

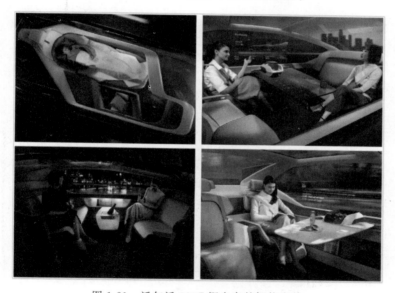

图 1-21　沃尔沃 360C 概念车的智能座舱

5) 动力系统

传统汽车的动力系统主要以发动机为主,发动机是传统汽车的心脏,为汽车提供动力。根据动力来源的不同,发动机可主要分为柴油发动机和汽油发动机。发动机的总体结构一般由两大机构、五大系组成,即曲柄连杆机构、配气机构、燃料供给系、润滑系、冷却系、点火系、启动系。

近年来,各国相继出台了在未来禁售传统燃油车、支持新能源汽车的政策计划。新能源汽车是重要的发展趋势。新能源汽车主要包括纯电动汽车(electric vehicle,EV)、插电式混合动力汽车(plug-in hybrid electric vehicle,PHEV)与燃料电池汽车(fuel cell vehicle,FCV)。

相比传统汽车以发动机为主的动力系统,新能源汽车电动化动力系统可以更好地支持智能网联汽车自动驾驶的实现,下面简要介绍以上三种不同类型新能源汽车的动力系统组成。

(1) 纯电动汽车动力系统。

纯电动汽车的动力系统主要由电源系统、电驱动系统、辅助系统三部分组成,如图 1-22所示为保时捷纯电动跑车 Taycan。纯电动汽车的动力系统结构组成如图 1-23 所示。

图 1-22　保时捷纯电动跑车 Taycan

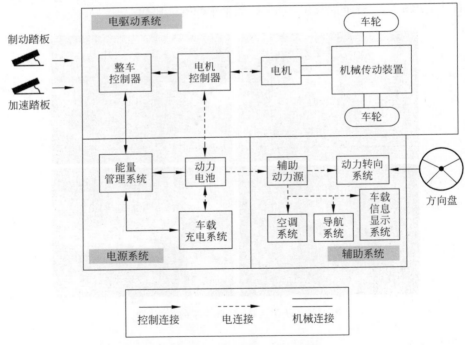

图 1-23　纯电动汽车的动力系统结构组成

① 电源系统主要由动力电池、能量管理系统、车载充电系统等组成。动力电池提供动力,是能量的存储装置;能量管理系统实时监控动力电池的使用情况,检测动力电池状态参数,并对动力电池进行调温控制,避免电池过充、过放电;车载充电系统将电网供电制式转换为动力电池充电要求的制式。

② 电驱动系统是电动汽车的核心,主要功能是将动力电池中的电能转化为动能,从而

驱动汽车行驶,并能在汽车下坡或减速制动时进行反馈制动。整车控制器是电驱动系统的控制中心,能采集并处理加速踏板信号、制动踏板信号及其他部件信号,向电机控制器发出具体的控制指令,从而控制电机为电动汽车提供转矩,执行启动、加速、减速、制动等动作。

③ 辅助系统主要包括辅助动力源、车载信息显示系统、导航系统、动力转向系统、空调系统等,主要功能是提高汽车的操纵性和乘车人的舒适性。

(2) 插电式混合动力汽车动力系统。

插电式混合动力汽车被认为是混合动力汽车技术在业界和学术界的重大进步,是指可使用外接电源为车辆动力电池充电的混合动力汽车,因此兼具发动机与电机两套动力系统,如图 1-24 所示为宝马 i8 混动汽车,如图 1-25 所示为比亚迪 DM 3.0 动力架构。

图 1-24　宝马 i8 混动汽车

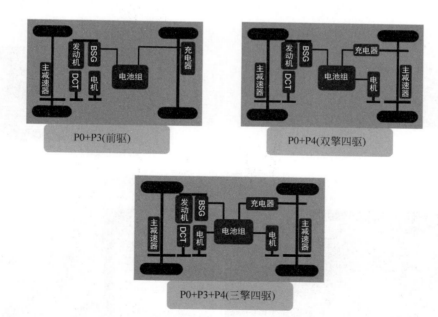

图 1-25　比亚迪 DM 3.0 动力架构

发动机和电动机动力系统既可独立工作,也可协同工作,整体能耗效率很高。车辆在纯电模式下行驶不会消耗燃油,当电池电量较低时(如荷电状态约为 15% 时),车辆会强制启动发动机作为优先驱动源。插电式混合动力汽车的动力系统一般包括内燃机、内燃机控制器、燃油箱、动力电池、电机、电机控制器、整车控制器、机械传动装置、外接充电控制单元等，如图 1-26 所示。

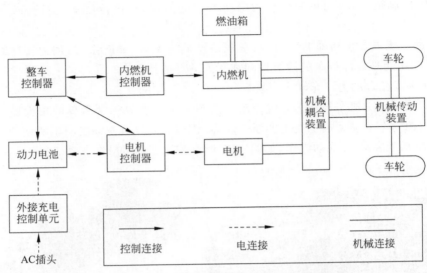

图 1-26　插电式混合动力汽车动力系统结构组成

（3）燃料电池汽车动力系统。

图 1-27、图 1-28 所示为国内外的部分燃料电池乘用车和商用车。燃料电池汽车的动力系统主要由燃料电池发动机、动力电池、DC/DC 变换器、DC/AC 变换器和电机组成，如图 1-29 所示。

(a) 本田氢燃料电池乘用车Clarity

(b) 现代氢燃料电池乘用车Nexo

图 1-27　燃料电池乘用车

(a) 清华大学氢燃料电池客车

(b) 福田氢燃料电池物流车

图 1-28　燃料电池商用车

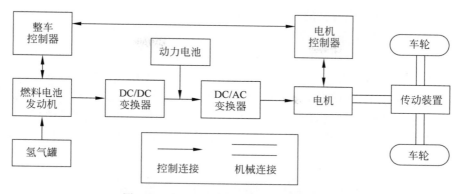

图 1-29　燃料电池汽车动力系统结构组成

与传统内燃机汽车使用相比,燃料电池汽车的主要动力来源为燃料电池发动机,动力电池作为辅助电源,电机作为原动机。整车能量来源为氢气,存储在车辆的氢气罐中。燃料电池发动机将能量转换为电能为车辆提供动力,同时将多余的电能存储在动力电池中。DC/DC 变换器作为燃料电池发动机输出的直流变换器,将输出电压转换后与动力电池连接。DC/AC 变换器起到系统总线上的电能变换的作用,将电能转换为满足直流无刷永磁电机运行的电能。最后电机通过传动装置输送动力到车轮。

相比传统内燃机汽车动力系统,燃料电池汽车动力系统具有以下优点:能源进行直接转换而无须燃烧;无活动部件,运行噪声小且具有燃料灵活性;降低空气污染,减少约 75% 的二氧化碳与其他有毒物质排放等。

6) 底盘

底盘的功能是支撑、安装汽车动力系统及其各部件、总成,形成汽车的整体造型,承受动力,保证正常行驶。按照功能的不同,底盘可分为传动系、转向系、行驶系、制动系四个部分,如图 1-30 所示。

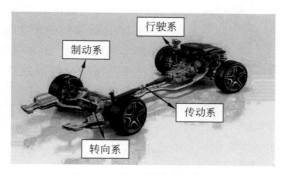

图 1-30　汽车底盘结构组成

传动系负责将动力系统提供的动力传递到驱动轮,具备减速、变速、倒驶、必要时切断动力、轮间和轴间差速的功能。转向系负责改变或保持车辆行驶或倒退方向,使得驾驶人能够按照意图控制车辆的行驶方向。行驶系负责将传动系提供的动力转换为车辆行驶的牵引力,缓和不平路面造成的冲击,吸收行驶过程中的震动,承受车辆各部件的重力和力矩,保证车辆的可靠行驶等。制动系负责使汽车能够按照驾驶人意图使车辆减速或停车,保证下坡行驶的车速稳定,保证停止行驶的车辆能够稳定驻车等。

智能网联汽车在整车底盘构造上与传统汽车底盘区别不大,仍以传动系、转向系、行驶系、制动系为主要组成。但随着自动驾驶技术的逐渐成熟、智能化等级的不断提高,智能网联汽车的底盘也将面临重大变革,比如可能取消驾驶舱、采用轮毂电机结构等。

沃尔沃卡车在 2018 年推出了一款纯电动自动驾驶卡车 Vera,如图 1-31 所示。使用自动驾驶的电动卡车能够提高运输效率,更安全、更环保。纯电动自动驾驶卡车 Vera 在设计和使用上都做出了大胆的突破,不仅拥有时尚动感的外观设计,还取消了传统交通运输车辆必备的驾驶室。

图 1-31　取消驾驶室的纯电动自动驾驶卡车 Vera

轮毂电机是指在车轮内安装的电机,其最大特点是取消了复杂的动力传动装置,将动力系统、传动系统和制动系统集成设计为一体,整车结构更为简单,提高了传动效率。此外,各轮毂电机独立可控,响应迅速,同时更易于实现电气制动。Protean Drive 轮毂电机如图 1-32 所示。

图 1-32　Protean Drive 轮毂电机

7）电气设备

汽车电气设备主要由三部分组成,包括电源系统、用电设备以及相关配电装置。电源系统的主要功能为供电、发电和存储电量,主要包括蓄电池和发电机。蓄电池的主要功能是在发动机不工作或低速运转时向发动机点火系统及其他用电设备供电;当用电设备过多时,蓄电池协助发电机向用电设备供电。用电设备主要包括发动机的起动系统、汽油机的点火系统、灯光与信号系统、信息显示系统、辅助电气系统、电子控制系统等。

2. 整车信息架构

智能网联汽车的整车信息架构是指车辆中涉及车内外信息通信、软件功能等的结构,主要包括整车电子电气架构及车载网络、车联网等。

1）整车电子电气架构及车载网络

车辆配置的不断丰富使电子电气系统成本不断提升,进而提升了对电子电气系统优化的需求,于是,电子电气架构(electric & electrical architecture,EEA)的概念应运而生,取代了传统意义上的原理线束设计。EEA 概念最初由德尔福公司提出,在传统意义上是指汽车电子电气的总布置,即包括车辆的电子电气系统、中央电器盒、连接器、电子电气分配系统等设计为一体的整体电子电气解决方案。

EEA 立足顶层设计层面,在满足法规标准、功能性能、研发成本、生产装配等多方面约束的前提下,设计出综合最优的电子电气技术方案。电子电气系统大多以平台化的模式进行开发,其优点是开发灵活性大大增加,便于复用、扩展等。

整车电气架构设计的核心内容是研究汽车电气系统的"组成"和"交互"问题,"交互"分为硬线信号交互和网络信号交互。由于现代汽车上带有网络接口的电子控制器单元日益增多,网络信号交互已占有绝对优势,因此车载网络是进行整车电气架构设计时需要重点关注的关键技术。

传统汽车电子电气架构的发展历程主要经历了三个阶段,具体架构发展历程如图 1-33 所示。

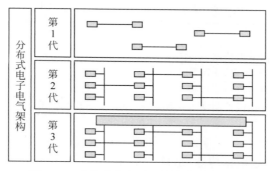

图 1-33 传统汽车电子电气架构发展历程

在第 1 代分布式电子电气架构中,汽车上的电子产品应用较少,汽车上每增加一个新的传感器或应用程序,就需要增加一个独立的电子控制单元及传感电路,控制单元之间也不能相互通信,这种点对点的链接方式很低效。随着汽车电子功能越来越复杂,电子产品数量迅速增多,所需的控制单元数量和电路连接数量呈指数级增加,所需的线束也急剧增多,第 1 代电子电气架构逐渐被淘汰。

第 2 代分布式电子电气架构仍基于独立功能的控制单元,但实现了功能模块化,根据功能的不同,电子电气架构分为几个不同的独立的功能子系统网络,包括车身系统、信息娱乐系统、动力总成系统、底盘系统等。根据控制单元的类型,通过定义各控制单元之间的网络传输种类,建立控制单元之间的通信链路,实现同一功能子系统中控制单元的相互通信、数据与功能共享。但不同功能子系统之间的通信受限,仅存在少量的数据交互通信。

第 3 代分布式电子电气架构在上述功能子系统的基础上,增加了中央网关来承担不同网络总线类型之间的协议转换工作,同时参与各网段的网络管理,根据实际需求控制路由时序,实现更广泛的不同功能子系统之间的通信,如图 1-34 所示。

车载通信网络与电子电气架构的发展密切相关,主要车载通信网络类型及其作用如表 1-9 所示。

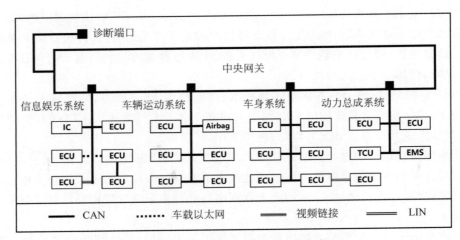

图 1-34 第 3 代分布式电子电气架构

表 1-9 主要车载通信网络类型及其作用

车载网络类型	主 要 作 用	最大传输速度
CAN	控制数据传输	1Mb/s
LIN	车门、天窗、座椅等控制	20Kb/s
MOST	多媒体流数据传输	150Mb/s
FlexRay	可容错线控动等底盘系统应用、辅助驾驶应用	10Mb/s

车内主要通信网络节点及其增长趋势如图 1-35 所示。控制器局域网络 CAN 是汽车专用总线标准,主要用于控制数据传输,是目前在汽车行业应用最广泛的标准,最大传输速度约为 1Mb/s。本地互联网络(local interconnect network,LIN)是一种低成本通用串行总线,其最大传输速度约为 20Kb/s,主要用于车门、天窗、座椅等控制。面向媒体的系统传输总线(media oriented system transport,MOST)具有较大的最大带宽,约 150Mb/s,主要用

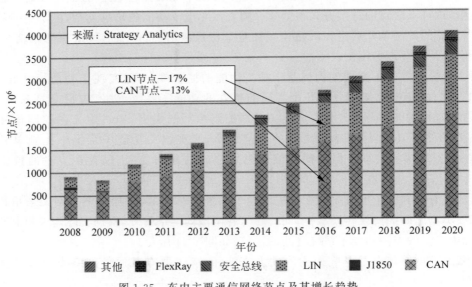

图 1-35 车内主要通信网络节点及其增长趋势

于多媒体数据流传输。FlexRay 车载网络基于时间触发,能够有效管理多重安全和舒适功能,主要用于容错环境下的线控制动等底盘系统应用。

基于总线网络的分布式电子电气架构所带来的通信和共享功能,使汽车产业产生了巨大的变革,大大推动了汽车电子电气的发展。但随着汽车的飞速发展和更新换代,目前这种分布式电子电气架构的缺点和局限性也逐渐暴露。

首先,独立功能的控制单元来自不同的供应商,其嵌入式软件和底层代码各不相同,不仅导致巨大的冗余,也让整车企业在维护更新控制单元方面存在巨大的困难;其次,汽车信息娱乐系统、高级驾驶辅助系统(advanced driving assistant system,ADAS)等迅速发展,使控制单元数量不断增多;最后,云与大数据的发展需求等对高带宽和低时延的需求显著增长,目前的总线网络已远远不能满足这些需求,汽车行业亟须新一代的汽车电子电气架构和车载网络。

智能网联汽车需加入激光雷达、毫米波雷达、摄像头等大量传感器,因此汽车电子电气架构从数据传输协议、智能驾驶系统的冗余性设计到软件框架都需要重新设计,以满足智能网联汽车的高数据传输量、人机交互功能以及智能驾驶安全性。对于整车企业来说,汽车电子电气架构改变带来的不仅仅是像零部件企业那样进行业务结构调整,还需要车企调整产业链条。

传统汽车的控制单元数量不断增多,如图 1-36(见文前彩图)所示。在传统汽车电子电气架构中,车辆的电子电气部件大部分都是以硬线方式连接的,或者是由局部的 LIN 和 CAN 协议的连接方式组成的。这种方式不仅会增加线束长度和重量,也会增加布线工艺和成本。有数据显示,一辆中高端汽车的线束系统成本大约为 600 美元,重量大约为 60kg,长度大约为 5000m。按照原有电子架构,在智能驾驶时代需要的线束长度会更长。而对于续航和价格都高度敏感、同时在智能化浪潮中肩负更多数据传输压力的电动汽车来说,简化传统电子架构已经迫在眉睫。因此,在新型电动汽车的正向开发中,随着芯片、电子元器件等成本的下降,整车企业都在以车载以太网和域控制器为核心器件对汽车电子电气架构进行模块化设计。大幅度缩减线束长度可以降低电线电阻,进而减少能量损耗,对于提升续航将会起到积极作用。

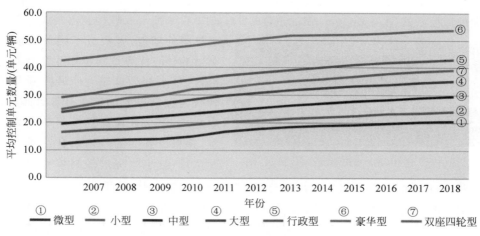

来源:Strategy Analytics

图 1-36　不同等级汽车中控制单元数量的增长趋势

　　CAN 总线的出现改善了当时电子电气架构的效率与互操作性,也显著降低了系统的复杂度,减少了布线数量。CAN 总线技术非常稳定,可以让车辆的设计拥有更高的灵活度。尽管 CAN 总线已经开始承担更多功能,但由于智能网联车辆传感器数据的急剧增加,要求电子电气架构与车载网络能够支撑大量软件功能,并具备强大的信息处理计算能力,以满足自动驾驶系统高带宽、低延迟等需求。CAN 总线暂无法满足上述需求。同时,CAN 总线架构的带宽和吞吐量均相对有限,也难以应对未来车辆在数据流处理、网络安全等方面的需求。

　　目前在发展中的一种汽车电子电气架构是基于域控制器和以太网通信网络的集中式电子电气架构,如图 1-37 所示。这种集中式电子电气架构表现出很高的集成度,可以将多个系统的功能集成在一起,具有启动价格低、复杂度低、易于标准化的优势,在很大程度上能改善传统电子电气架构及车载网络的问题,以满足智能网联汽车需求。

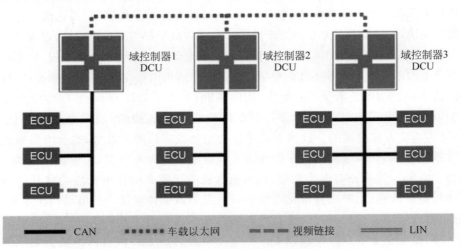

图 1-37　集中式电子电气架构

　　这种集中电子电气架构仍然按照功能关联程度划分不同的功能域,但每个功能域都包含强大的域控制器(domain control unit,DCU),如图 1-38 所示。域控制器集成了复杂且相对集中的功能,并集成了网关功能。域控制器的核心优势是其芯片计算能力的大幅提升,强大的计算能力使域控制器能够接管域内控制单元的信息计算处理功能,集中汇总、统一处理运算控制单元的数据信息,并将处理后的数据信息发回给控制单元执行,这也将促进控制单元的整合程度

图 1-38　域控制器

不断上升。目前来看多颗/多核芯片以及冗余架构将是域控制器的主流设计方案。另外,主要功能配置的模块化、各功能域之间的接口标准化也能大幅提升电子电气架构设计的灵活性,能够匹配更多的功能需求和配置变化,降低某单一系统变化对其他模块的影响。

　　目前,这种基于域控制器的集中式电子电气架构以特斯拉为代表。特斯拉 Model 3 采用了类似智能手机的集中式电子电气架构,使用一个中央处理器和操作系统管理不同的子

域和控制单元,控制整车所有硬件。基于域控制器的集中式电子电气架构分为三部分:中央计算模块、左车身控制单元、右车身控制单元。中央计算模块主要包括信息娱乐系统、高级辅助驾驶系统、车内外通信等;左车身控制单元和右车身控制单元共同负责车身便利性系统、底盘安全系统和动力系统。这种集中式电子电气架构能够支撑空中下载(over the air,OTA)技术的实现,即远程对涉及车辆零部件的功能进行控制和升级,相比之下,传统汽车 OTA 只能局限于信息娱乐系统中的地图等功能。图 1-39 所示为一种 OTA 车端架构,通过 OTA 技术,汽车不再是一个功能固化的产品,而是能够不断进化的有生命力的产品。

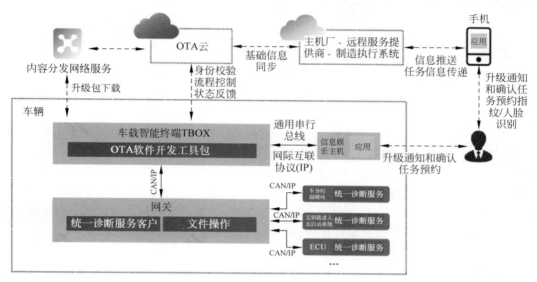

图 1-39　一种 OTA 车端架构

特斯拉的集中式电子电气架构能够促进软硬件解耦,缩短软件开发周期,使用高性能中央处理器能够集中算力,减少车辆内部冗余,未来将有可能利用云端进一步增强和集中算力。此外,车载网络使用高带宽、低延迟、超高可靠性的以太网替代传统 CAN 总线,其内部线束长度大大精简,由原来的 3000m 缩减为 1500m,十分有利于车辆轻量化。

基于域控制器的集中式电子电气架构使用以太网作为主干通信网络,在域控制器下面可保留如 CAN、LIN 等传统车载网络,以节约成本。

以太网是 20 世纪 70 年代研发的一种基带局域网(local area network,LAN)技术,经历了多年的发展,成为当前应用最普遍的局域网技术。1983 年,IEEE 802.3 工作组制定了以太网技术标准,从最初 10Mb/s 的以太网开始,逐步发展出快速以太网(100Mb/s)、千兆以太网(1Gb/s)、万兆以太网(10Gb/s)以及 100Gb/s 以太网等多种版本。以太网技术不仅支持双绞线的铜线传输介质,也支持光纤传输。

在进入汽车领域之前,以太网就已经获得了广泛应用,随着近年来汽车电子化的快速发展,车内电子产品数量逐年增加,复杂度日益提高,以太网具备的技术优势促使其很好地满足汽车制造商对车内互联网络的需求。首先,以太网具备高带宽,能够满足新一代汽车的需求,传统车载网络如 CAN、LIN、FlexRay 等带宽太低,无法满足信息娱乐系统、ADAS 等对高带宽的需求,MOST 的带宽高达 150Mb/s,但常用架构为多设备共享带宽,当系统存在某个占据大量带宽的功能应用时,其余功能的带宽就无法得到保障。车载以太网有两个主要规范：开放联盟 BroadR-Reach 和 100Base-T1。BroadR-Reach 协议的传输介质是一对简单的双绞线，带宽能达到 100Mb/s；100Base-T1 是 IEEE 针对 100Mb/s 车载以太网的规范，与 BroadR-Reach 几乎相同。以太网采用灵活的星型连接拓扑结构，如图 1-40 所示，因此每

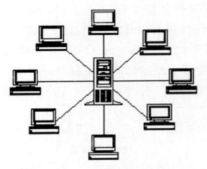

图 1-40　星型连接拓扑结构

条链路可专享 100Mb/s 及以上的带宽。其次，以太网标准开放、简单。目前的车载网络大多是封闭的标准，汽车难以与外界进行通信和网络连接，而以太网是一种开放的标准，适应未来汽车与外界大量通信和网络连接的发展趋势。最后，以太网灵活、带宽可扩展，非常适合连接各个子系统，促进车载系统的网络化运营管理。此外，使用以太网能够降低时间成本、生产成本和服务成本，有利于促进产业落地。有数据显示，上传 81Mb 的更新数据，CAN 需要约 10h，而以太网上传 1Gb 的数据仅需要 20min 左右。

以太网时间敏感网络（time-sensitive networking，TSN）是车载以太网通信协议模型中的数据链路层协议标准，能确保实时关键数据的传输，TSN 使通用以太网进入工业和汽车领域。TSN 消除了传统以太网由于交通拥堵导致的不确定性。TSN 具有四大部件：时间同步、低时延、超高可靠性、特定资源管理，如图 1-41 所示。TSN 通过建立通用的时间敏感机制，实现网络数据传输的时间同步；利用数据整形，可实现微秒级的低时延；利用帧复制和消除，确保容错，强制实现超高可靠性；此外还具有灵活的资源管理机制。

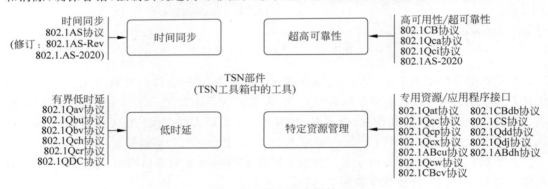

图 1-41　TSN 四大部件

车载以太网仍然在快速发展中，目前 IEEE 已批准一项关于 IEEE 802.3 的汽车千兆比特标准项目，于 2019 年夏天开始标准研讨，首批原型预计将于 2021 年年底推出。

基于域控制器的集中式电子电气架构和基于车载以太网的车载网络能够满足智能网联汽车对信息处理计算能力、网络带宽的新需求，促进车辆端实现超强的集中式计算能力，支撑持续的软件应用升级，并且能够促进融合云计算技术，将部分功能如非隐私或非安全相关数据处理等转移至云端，增强与云端配合的分布式计算能力，进一步解放车辆端算力。因此，基于域控制器的集中式电子电气架构和基于车载以太网的车载网络很可能将成为未来智能网联汽车的电子电气架构与车载网络。

2）车联网

车联网是智能网联汽车整车信息架构里的重要一环。搭载了车联网的车辆上装载有电子标签，通过无线射频等识别技术，提取利用信息网络平台上车辆的相关信息，并能对车辆运行状态提供监管和服务。车联网的主要特性包括节点特性、移动特性和数据流特性。节点特性表现为具有强大的计算能力、存储能力、几乎无能力限制等；移动特性表现为网络拓扑变化快、节点移动速度快、移动轨迹可预测等；数据流特性表现为实时路况信息、突然增大的通信载荷等。

车联网体系架构与物联网有许多共同之处，可主要分为感知层、网络层、应用层三个部分，如图 1-42 所示。

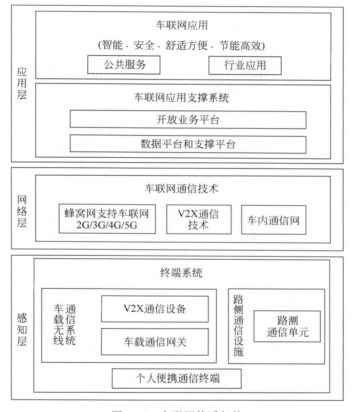

图 1-42　车联网体系架构

（1）感知层主要负责车辆自身与交通环境状态的感知与采集，通过车载无线通信系统、路侧通信设施以及个人便携通信终端，实时地感知和采集车辆运行状况、交通运控状态、道路周边环境、天气变化情况等。

（2）网络层主要负责整合感知层获取的数据，利用蜂窝网络、V2X 等通信技术，实现车与车、车与路、车与平台、车与人等的全方位网络连接和信息交互，为应用层提供信息传输服务，实现远距离通信和远程控制的目的。

（3）应用层主要负责实现人机交互通信功能，通过车载信息系统，获取交通信息、汽车状况和互联网信息，实现智能交通管理、车辆安全控制、交通信息发布等功能，为个人、企业、政府提供应用服务。

1.2.2　智能网联汽车自动驾驶关键技术

近年来,众多整车制造、信息通信企业都在加大智能网联汽车技术研发的投入,各国政府加快不同自动驾驶等级车辆示范推广与商业应用,技术快速迭代、新技术新应用层出不穷。一方面,围绕单车智能,多种高精度、新型传感器取得突破,复杂环境感知精度提高、适用范围拓展、性价比提升,同时,决策、控制执行技术同步发展;另一方面,围绕车路协同应用的 V2X 通信技术、云控交互技术以及路侧端关键技术的商业化加快,网联化和智能化融合式发展路径得到国内外产业界的广泛认同。此外,整车制造商开始在高精地图与高精度定位技术、信息安全等领域不断加大集成应用。如图 1-43 所示为智能网联汽车关键技术架构。

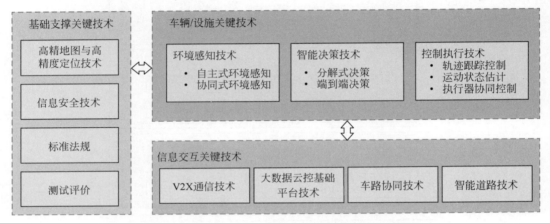

图 1-43　智能网联汽车关键技术架构

1. 车辆/设施关键技术

1）环境感知技术

环境感知技术是指通过各种传感器对车辆行驶环境进行动态感知和认知,为车辆提供数字化的已知驾驶环境信息,为决策模块提供输入,是实现自动驾驶功能的必要基础。如图 1-44(见文前彩图)所示,根据感知传感器来源的不同可分为自主式环境感知和协同式环

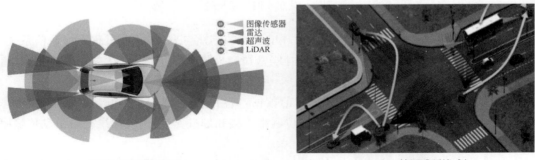

(a) 自主式环境感知　　　　　　　　　　　(b) 协同式环境感知

图 1-44　环境感知技术(见彩插)

境感知。自主式环境感知是利用多传感器融合等技术来获得车辆行驶环境的有用信息,如道路环境状况、车道状况、周边车辆的速度信息、车流信息、行车标志信息、车辆自身状态等。协同式环境感知是通过"车-车""车-路"等通信技术实现与智能车载设备的感知信息交互,从而使系统获取更全面、丰富的行车环境信息。

2）智能决策技术

智能决策技术的主要任务是根据汽车传感器的输入,制定当前时刻的汽车行驶策略(如直行、变道、超车等),为控制执行模块提供期望参考量,类似驾驶人的大脑。智能决策是自动驾驶技术中的关键技术之一,其难点在于以下四点。①复杂性(sophisticated):交通参与者多,道路类型多,规则约束多;②动态性(dynamic):行人/自行车/机动车/交通信号灯均运动,自动驾驶车辆面临的情况瞬息万变;③随机性(stochastic):机动车、非机动车、自行车、行人的意图和行为难以预测;④博弈性(game-based interactive):自动驾驶车辆与交通参与者(行人、机动车等)的行为是互相影响/制约的。如图 1-45 所示,决策规划系统可以分为分解式决策和端到端式决策两类模式。分解式决策是一种智能驾驶系统各模块间次序分明的感知-规划-决策结构,当给定目标和约束条件后,规划决策就根据即时建立的局部环境模型和已有的全局环境模型决定出下一步的行动,进而依次完成整个任务。端到端决策是一种根据图像等原始信息输入直接得到控制量的方法。

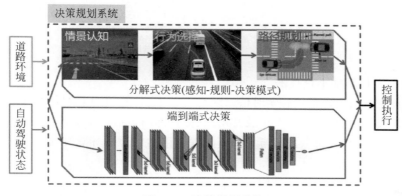

图 1-45　决策规划系统

3）控制执行技术

自动驾驶轨迹跟踪控制执行技术是使自动驾驶车辆能够准确跟踪期望轨迹的技术,即根据期望轨迹信息、车辆动力学模型及相应的控制算法,设计合理的目标函数和约束,实时求解控制指令,是智能车辆研究领域中的核心问题之一。自动驾驶轨迹跟踪控制逻辑如图 1-46 所示。

2. 信息交互关键技术

1）V2X 通信技术

V2X 通信技术是车辆与外界进行信息交换的技术,是物联网技术面向交通领域的典型应用。如图 1-47 所示,V2X 通信技术以车内网、车际网和车载移动互联网为基础,在车辆、行人、交通设施和互联网云端进行无线传输和信息交互,支撑智能网联汽车获取更丰富的感知信息,提升驾驶安全性,提高交通效率。

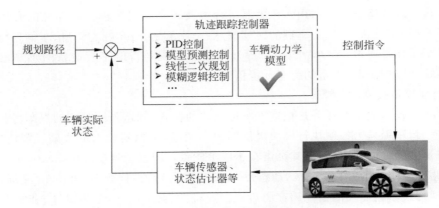

图 1-46　自动驾驶轨迹跟踪控制逻辑

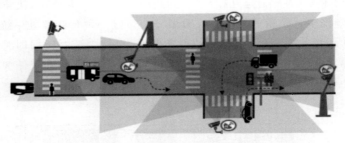

图 1-47　车联网系统示意图

2）大数据云控基础平台技术

大数据云控基础平台是具有实时信息融合与共享、计算、应用编排、数据分析和信息安全等基础服务机制，为智能网联汽车及其用户、监管部门等提供车辆运行、道路基础设施、交通环境、交通管理等实时动态数据与大规模网联应用实时协同计算环境的智能网联驾驶基础设施（见图 1-48）。

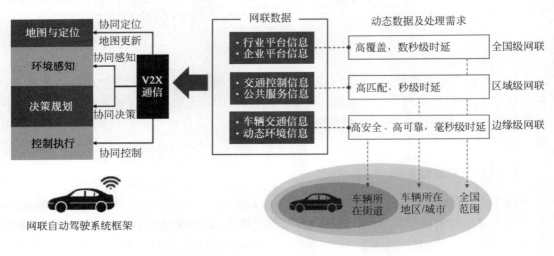

图 1-48　云平台功能设计

3）车路协同及智能道路技术

车路协同技术包含车路融合感知技术、车路融合辅助定位技术、车路协同决策自动驾驶技术等。通过网联化与智能化相结合，有效扩展单车感知能力，可以从宏观交通角度对车辆进行广域协同控制，降低自动驾驶汽车总体成本，最终达到系统资源优化利用、提高道路交通安全、缓解交通拥堵的目标。智能道路是指为用户提供交通服务的物质和信息工程设施，是保证交通活动正常运行的公共服务系统，主要包括公路结构构造物（如路基、路面、桥涵、隧道等）、交通工程及沿线附属设施（如道路标志、标线、标牌等）、能源系统、通信系统、信息平台（如监控系统、传感系统、设施专用通信信息网、导航、路侧系统等现代化装备系统等），以支撑和服务于道路与交通系统智能化功能。

3．基础支撑关键技术

1）高精地图与高精度定位技术

自动驾驶地图不再简单地为驾驶人提供辅助信息，还为车辆提供大地坐标的地理空间要素信息，是自动驾驶环境感知信息的重要来源。自动驾驶地图已成为车上一种必不可少的传感器和感知容器，具备全天候可靠的特性。高精度的定位技术则为车辆提供准确的位置信息，使车辆与地图可以实现准确匹配。图 1-49 展示了地图发展演进的历程，经历了数字化地图、导航电子地图、ADAS 地图到高精地图的变化，地图的精度也从米级发展到亚米级，再到厘米级。

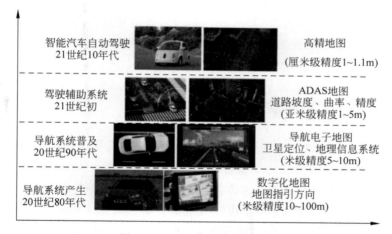

图 1-49　地图发展演进的历程

2）信息安全技术

信息安全技术是避免智能网联汽车受到网络攻击，保障整车网络安全的技术。信息安全已成为制约智能网联汽车大规模发展的重要因素。当前急需出台信息安全标准与评价体系，建立数据存储安全、传输安全、应用安全三维度的信息安全体系，建设国家智能网联汽车信息安全强制标准与评价体系，建立国家层面的车辆信息安全数据库，实现信息安全防护系统的实时更新。汽车信息安全保障实施过程如图 1-50 所示。

3）标准法规与测试评价

一个完整的交通系统由人、车、路、环境共同组成，其中环境包括社会环境和道路环境，

图 1-50　汽车信息安全保障实施过程

交通相关标准法规和交通共识则是社会环境的重要组成,驾驶立法的背后是法理体系和伦理道德体系的重构。同时,完整的测试评价方法和体系是保证相关自动驾驶技术实用的重要保障。

1.3　汽车自动驾驶技术的发展状况

在本节中,将首先以时间为主线,对近百年的自动驾驶技术的发展历史与现状进行整理;然后分别对不同国家的自动驾驶政策与规划进行介绍;最后对自动驾驶的未来发展趋势进行展望。

1.3.1　汽车自动驾驶发展历史与现状

车辆智能化及自动驾驶是汽车技术发展的必然趋势。近年来,自动驾驶技术有了长足进步,以 Waymo 智能车为代表的新型自动驾驶技术标志着车辆智能化研究步入新阶段。事实上,自动驾驶汽车的历史比许多读者的想象可能要长,其发展历史脉络如图 1-51 所示,在本书出版的 100 年前(20 世纪 20 年代),就出现了第一辆自动驾驶车辆的雏形。本节将对自动驾驶车辆近百年的发展历程进行介绍,并着重介绍我国在自动驾驶领域的发展历程。

1. 最早的自动驾驶:1920—1950 年

车辆智能化及自动驾驶技术起始于 20 世纪 20 年代。1925 年,第一辆自动驾驶汽车 American Wonder 问世,如图 1-52 所示,在这一实验中,工程师弗朗西斯·P. 胡迪纳 (Francis P. Houdini)坐在另一辆汽车上,并通过发射无线电波控制着自动驾驶汽车。

1939 年,通用汽车在世界博览会上赞助了诺曼·贝尔·格德斯(Norman Bel Geddes)的 Futurama 展览,该展览对早期的自动驾驶车辆进行了描绘,展示了无线电控制的电动汽车是通过从车道中嵌入电路产生的电磁场推动的。格德斯后来在他的 *Magic Motorways* (《魔术高速公路》,1940 年)一书中概述了他的远见,促进了高速公路设计和运输的发展,其

● 1925年，第一辆自动驾驶汽车——American Wonder 问世

● 1953年，通用汽车和RCA建造了自动高速公路试验场

● 20世纪60年代，英国的运输和道路研究实验室测试了无人驾驶的雪铁龙DS

● 20世纪80年代，德国联邦国防军大学埃恩斯特·迪克曼斯及其团队设计了一辆由视觉引导的奔驰自动驾驶面包车

● 1987年，HRL实验室（原休斯研究实验室）在ALV上展示了首个越野地图和基于传感器的自主导航

● 1991年，美国国会通过了ISTEA运输授权法案，建立了全国自动公路系统协会（NAHSC）

● 1995年，美国卡内基-梅隆大学研制的NavLab系列智能车辆项目完成了5000km的越野旅行，其中98.2%的路程是自动驾驶

● 2000年开始，自动驾驶技术在各国开始蓬勃发展

● 2004年，美国国防高级研究计划局举办了DARPA自动驾驶挑战赛。DARPA挑战赛共举办了三届，是世界上第一个自动驾驶汽车长距离比赛

● 2005年，有三辆自动驾驶车辆完成了DARPA挑战赛

● 2009年，谷歌开始研发自动驾驶车辆；首届中国智能汽车未来挑战赛在西安举行

● 2010年，意大利帕尔马大学的自动驾驶车辆从意大利行驶至中国上海，共行驶了16 000km

● 2011年7月14日，红旗HQ3首次完成了从长沙到武汉286km的高速全程无人驾驶试验

● 2013年，宝马、奥迪、福特、日产开始自动驾驶技术的研发
● 2014年，谷歌完成了自动驾驶车辆的原型，Tesla发布了Autopilot
● 2015年，长安完成2000 km超级无人驾驶测试项目

● 2018年，奥迪发布首款L3级别量产车；华为牵头完成中国首例高速场景车路协同测试

● 2019年，自动驾驶出租车队Robotaxi在中国长沙开始试运营

● 2020年，大量搭载自动驾驶设备的车辆上市销售

图 1-51　自动驾驶汽车的发展历史脉络

图 1-52　第一辆自动驾驶汽车 American Wonder

主张应从驾驶过程中脱离人员操控,并预测这些进步将在 1960 年成为现实。

1953 年,通用汽车和 RCA 建造了自动高速公路试验场。这一时期的智能车主要通过磁传感器跟踪预埋在地面的钢线,通过声波控制速度和转向,相当于在固定轨道上自动行驶,车辆的环境感知能力仍较弱,不具备自主选择道路的能力,不能在普通道路上自动行驶。

2. 现代自动驾驶技术的雏形和基础：1960—2000 年

20 世纪 60 年代,美国俄亥俄州立大学的通信与控制系统实验室启动了开发无人驾驶汽车的项目,该汽车由嵌入在车道中的电子设备激活。该项目负责人 Robert L. Cosgriff 博士在 1966 年宣称,该系统可以在 15 年内在公共道路上安装。20 世纪 60 年代,英国的运输和道路研究实验室测试了无人驾驶的雪铁龙 DS,雪铁龙 DS 与嵌入道路的电缆相互作用,以每小时 80 英里(约 130km/h)的速度通过测试轨道,在任何天气条件下都不会出现速度或方向偏差,并且比人工控制要有效得多。另外,20 世纪六七十年代,Bendix 公司开发并测试了无人驾驶汽车,这些汽车由埋入式电缆供电和控制,路边的通信器中继计算机消息。美国斯坦福大学展示了其人工智能实验室推车,一种小型轮式机器人。

20 世纪 80 年代,一辆由视觉引导的奔驰自动驾驶面包车,由德国慕尼黑联邦国防军大学埃恩斯特·迪克曼斯和他的团队设计。这辆自动驾驶面包车在德国慕尼黑实现了每小时 39 英里(约 63km/h)的行驶速度(在没有环境车辆的情况下)。随后,由美国国防部高级研究计划局(DARPA)资助的美国自动驾驶汽车项目资助马里兰大学、卡内基-梅隆大学、密歇根州环境研究所、马丁·玛丽埃塔和 SRI International 开发相关的新技术。ALV 项目第一个部署了用于自动驾驶的激光雷达传感器。在该项目中,一个机器人以每小时 19 英里(约 31km/h)的速度驾驶自动驾驶车辆。1987 年,HRL 实验室(原休斯研究实验室)在 ALV 上展示了首个越野地图和基于传感器的自主导航。该车辆在包含坡度陡峭、沟壑、大块岩石和植被的复杂地形上以每小时 1.9 英里(约 3.1km/h)的速度行驶超过了 2000 英尺(约 610m)。1989 年,卡内基-梅隆大学第一次使用神经网络成功地操纵和控制自动驾驶汽车。

1986 年,美国加利福尼亚州开展了名为 PATH 的智能交通系统研究项目,其中汽车自动驾驶系统的研究是以加州大学伯克利分校为主,包括横向控制和保持车间距离的车队列纵向行驶控制。横向控制主要利用埋设在行驶路线上的永久磁铁列来保持车线,以减小车道宽度,从而增加道路容量。队列控制包括车间距离和车速控制,可以减小车间距离,从而增加道路的容量,减小碰撞损坏。1997 年 8 月,在与通用汽车的合作下,PATH 项目在加利福尼亚州圣地亚哥展示了队列自动驾驶,队列由 8 辆行驶在专用车道上的汽车组成,如图 1-53所示。

图 1-53　PATH 项目队列自动驾驶

3. 自动驾驶技术的蓬勃发展期:2000 年至今

从 2000 年开始至今,自动驾驶技术在各国都得到了大力的发展。

2004 年,美国国防部高级研究计划局(DARPA)希望自动驾驶汽车能够用于战场之中,拯救士兵生命,因此举办了"自动驾驶挑战赛"。事实上,DARPA 挑战赛共举办了三届,是世界上第一场自动驾驶汽车长距离比赛,部分参赛的自动驾驶车辆如图 1-54 所示。第一届比赛于 2004 年在美国的莫哈韦沙漠地区举行,路线总长为 240km。此外,美国国会批准了

图 1-54　DARPA 挑战赛中的自动驾驶车辆

100万美元作为首个完成挑战车辆的奖金。遗憾的是,没有车辆完成比赛。卡内基-梅隆大学的汽车"沙尘暴"(改良的悍马)是自动驾驶距离最远的车辆,完成了11.78km。不幸的是,它急转弯后被挂在一块岩石上,无法继续前进。第二届比赛于2005年10月8日上午6点40分开始,全长212km,比赛奖金高达200万美元。相比于第一届比赛,此次比赛的道路更陡、更窄。在报名的23支车队中,5支队伍跑完了全程,其中斯坦福大学的Stanley和卡内基-梅隆大学的Sandstorm、Highlander分别获得前三名。第三届比赛称为"城市挑战",于2007年11月3日在乔治空军基地举行,前三名的奖金分别为200万美元、100万美元和50万美元。此次比赛在96km的城市道路上进行,需要在6h内完成,并且必须遵守所有交通规则。最后,在53个注册团队中有11个团队通过了资格测试,6个团队完成了整个赛程。卡内基-梅隆大学、斯坦福大学和弗吉尼亚理工大学的自动驾驶车辆获得了前三名。

　　DARPA的三届挑战赛确立了卡内基-梅隆大学和斯坦福大学在自动驾驶领域的地位。由参加比赛的科学家创立或加入的自动驾驶公司现已发展成为业内知名的自动驾驶公司。如Waymo、General Cruise、Aurora、Argo AI、Nuro、Zoox等。

　　丰富的奖金和先进的技术含量使得这三届自动驾驶挑战赛吸引了来自计算机编程和工程公司、整车厂、大学,甚至加利福尼亚州的高中等数十支团队。这激发了各行各业的杰出创造力,并加速了军事自动驾驶技术的发展。

　　从2004年没有团队完成比赛,到2005年几乎所有决赛团队都超过了2004年的最佳成绩,然后在2007年,仍然有团队在更严格的规则下完成了比赛。这仅仅用了三年时间,自动驾驶技术的飞速发展令人惊叹。

　　随后,大量的商业公司,如谷歌(Google)、优步(Uber)、苹果(Apple)等加入了自动驾驶技术的研发中。

　　2009年,谷歌X实验室的建立开启了一个新时代,代表着科技公司开始进行自动驾驶车辆的研发。2014年,谷歌发布了自动驾驶车辆,这辆车于2015年在加利福尼亚州进行了实际道路测试。2016年12月,谷歌自动驾驶项目独立为谷歌母公司Alphabet旗下子公司Waymo,约翰·克拉夫奇克(John Krafcik)担任首席执行官至今。克拉夫奇克的加入缓解了Waymo与传统汽车商的关系,在职期间促成了与众多车企的战略合作,使Waymo在成长期"左右逢源",脱颖而出。2018年,谷歌在亚利桑那州的Early Rider项目中首次在部分车辆中不设置安全员,乘客开始真正乘坐完全自动驾驶汽车。为了安全起见,中间座位顶部也预留了急停和通信按钮,让乘客自己充当安全员。到了2018年10月,Waymo官方宣布旗下自动驾驶汽车在公共道路的测试里程突破1000万英里($1.609×10^6$km)。2018年12月5日,Waymo正式在美国推出付费自动驾驶出租车服务——Waymo One,自动驾驶汽车商业化进程再添里程碑事件。2020年10月,Waymo One正式面向一般公众开放取消安全员的自动驾驶出租车,成功实现了取消安全员和向公众收费两大跨越。瑞银集团曾预测,到2030年,Waymo将占到全球自动驾驶汽车行业60%的市场份额,收入将高达1140亿美元,估值将达到750亿至1350亿美元。

　　车企方面,从2013年开始,宝马(BMW)、奥迪(Audi)、福特(Ford)、日产(Nissan)等汽车企业纷纷开始进行相关技术的研发,自动驾驶车辆的技术发展开始成为业界热门。事实上,在这些车企中,奔驰与自动驾驶的渊源最长。早在20世纪80年代至90年代,梅赛德斯·奔驰(Mercedes-Benz)就开始测试自动驾驶技术,该技术可以使车辆自行加速、制动和转向，并可以确保驾驶安全。最早的项目称为普罗米修斯项目，是当时世界上最大的自动驾驶技术项目，总成本约为 7.49 亿欧元。但由于当时计算机硬件的发展水平有限，梅赛德斯·奔驰首先将 Vario 面包车用作测试车，如图 1-55 所示，通过由 4 个具有不同焦距的摄像机组成的 Saccadic Vision 系统，计算机评估和分析实时图像。当技术逐渐成熟后，奔驰也陆续向量产车中投放半自动及自动驾驶辅助功能：从 2007 年开始为旗下部分车型提供盲点辅助(blind spot assist)系统，2010 年升级为主动盲点辅助(active blind spot assist)系统，该系统也可以与车道保持辅助系统实现互补。在 2016 年年初的拉斯维加斯国际消费电子展(CES)前夕，新型 E 级轿车获得了美国内华达州和全球首个乘用车自动驾驶执照，这意味着它可以实现 100% 的自动驾驶。除美国外，梅赛德斯-奔驰改装的 S500 无人驾驶测试车也已经过测试，可以在德国曼海姆和距离 100 多 km 的普福尔茨海姆之间进行自动驾驶。

2015 年 10 月，特斯拉推出了半自动驾驶系统 Autopilot，如图 1-56 所示。Autopilot 是第一个投入商用的自动驾驶技术，自 2014 年发布以来，Autopilot 凭借其完整的功能定义，基于众包数据的持续学习算法和软件升级，已成为世界上最大的(单个)自动驾驶系统，2014 年 10 月之后，默认情况下，出厂时将在每台 Model S、Model X 和 Model 3 上安装 Autopilot 的硬件。截至 2019 年第三季度末，特斯拉已在全球交付了近 790 000 辆汽车，其中 740 000 辆装有 Autopilot 硬件。

图 1-55　测试车：梅赛德斯·奔驰 Vario

图 1-56　特斯拉半自动驾驶系统 Autopilot

2016 年，通用汽车公司收购了自动驾驶技术创业公司 Cruise Automation，正式进入自动驾驶领域。

2018 款奥迪 A8 是全球首款量产搭载 L3 级的自动驾驶系统的车型，如图 1-57 所示，其目的是使驾驶人在拥堵路况下可以获得最大限度的解放。全车共有 12 个超声波传感器、4 个全景摄像头、1 个前置摄像头、4 个中程雷达、1 个远程雷达、1 个红外摄像机，然而除了常规用于自动驾驶系统中的这些传感器外，奥迪 A8 还成为首家将激光扫描设备用于自动驾驶系统的量产车。该款车型包括了三项技术：①奥迪人工智能交通拥堵导航(traffic jam pilot)系统；②奥迪人工智能远程停车导航(Audi AI remote parking pilot)系统；③奥迪人工智能远程车库导航(Audi AI remote garage pilot)系统。奥迪的人工智能交通拥堵导航系统是 L3 级自动驾驶系统，在某些特定情况下，该系统将接管奥迪 A8 的驾驶控制，并且驾驶人不需要连续监视车辆的驾驶和操作，仅在车载系统发出提示后，驾驶人才需要重新控制车辆。

与车企先从 L2、L3 级开始进行自动驾驶研究不同，大量科技公司和创业公司直接瞄准了 L4 级的自动驾驶技术。2016 年 8 月，nuTonomy 成为新加坡第一家在试点项目下推出

图 1-57　奥迪 A8 自动驾驶汽车

自动驾驶出租车的公司。美国公司 Zoox 自 2014 年成立以来,已累计融资 7.9 亿美元,是资金最雄厚的自动驾驶初创企业之一。Zoox 公司致力于设想和构建先进的移动出行体验,以支持未来城市出行需求。该公司在美国加利福尼亚州公布的 2018 公路测试数据中,以 4.95×10^3 km 位居测试里程第 5 位。美国公司 Aurora 成立于 2016 年,已累计融资 6.2 亿美元。Aurora 公司希望通过软件和硬件解决改变人员和货物的运输方式,推动下一次运输革命。该公司的重点在于软件研发,通过提高传感器的性能,优化自动驾驶算法。2020 年 1 月,Aurora 公司与大众汽车和现代汽车达成合作,为其提供自主研发的自动驾驶软件。

4. 中国的自动驾驶发展历程

我国自动驾驶汽车的发展起源于 20 世纪 80 年代,中国开始研究智能移动机器人。1980 年国家立项了"遥控驾驶的防核化侦察车"项目,哈尔滨工业大学、沈阳自动化研究所和国防科技大学三家单位参与了该项目。"八五"期间,由清华大学、北京理工大学、国防科技大学等五家单位联合研制成功了 ATB-1(Autonomous Test Bed-1)无人车,这是我国第一辆能够自主行驶的测试样车,其行驶速度可以达到 21km/h。在"九五"期间成功开发了 ATB-2 无人驾驶汽车。与 ATB-1 相比,其功能得到了大大增强,直线速度可以达到 21m/s。ATB-3 于 2005 年成功开发,并在环境感知和轨迹跟踪能力方面得到了进一步加强。

"863 计划"实施后,在国家自然科学基金会的支持下,许多大学和机构开始研究无人驾驶汽车。1986 年,清华大学计算机系开始研发自动驾驶汽车,成立了智能技术与系统国家重点实验室 THMR 课题组,先后开发了多代自动驾驶汽车原型,研制的 THMR-5 智能车创造了超过 150km/h 的记录,被评为 2003 年公众最关注的中国十件科技大事之一,攻克了高速下车道线识别技术、车体控制技术以及方向盘转角检测技术等一系列关键技术。THMR-5 智能车如图 1-58 所示。清华大学车辆与运载学院(清华大学汽车工程系)自 2000 年起研制了数代 THASV 实验车辆,THASV-I 实验车如图 1-59 所示,包含了前向避障与报警辅助驾驶系统、自适应巡航系统和车道保持系统等多个子系统。

国防科技大学自动化研究所无人驾驶技术课题组从 20 世纪 80 年代末期开始,先后研制了多辆 CITAVT 系列无人驾驶车辆。2001 年 9 月,国防科技大学与中国第一汽车集团合作,研发了红旗 CA7460 自主驾驶汽车,实现了车速为 170km/h 的高速公路车道跟踪驾

图 1-58　清华大学研制的 THMR-5 智能车

图 1-59　清华大学研制的 THASV-I 实验车

驶,并具备了超车功能(被超车辆为受控目标)。吉林大学智能车辆课题组自 20 世纪 90 年代开始研制出了数代 JUTIV 系列智能车辆,以计算机为中心,视觉作为导航方式,实现对路面标志识别和导航。西安交通大学人工智能与机器人研究所智能车辆课题组研发的智能汽车实验平台 Springrobot 如图 1-60 所示,于 2005 年 10 月在敦煌"新丝绸之路"活动中完成演示,实现了道路偏离预警、前向避障等辅助功能。

图 1-60　西安交通大学研发的 Springrobot 智能汽车实验平台

2009 年,首届中国"智能汽车未来挑战赛"在西安举行,吸引了清华大学、北京理工大学、武汉大学、湖南大学、西安交通大学、上海交通大学、国防科技大学等科研单位参加比赛。

"智能汽车未来挑战赛"与美国国防部高级研究计划局在 2004 年组织的"自动驾驶挑战赛"相同,极大地促进了无人驾驶技术的发展。

传统车企如一汽、长安、上汽、广汽等都在无人驾驶领域进行了大量投入。2011 年7 月,一汽与国防科技大学联合研发的红旗 HQ3 无人驾驶汽车(图 1-61)完成了长沙到武汉共计 286km 的高速无人驾驶,克服了雨、雾等复杂天气,创造了我国无人驾驶车辆在复杂交通场景下的自动驾驶新纪录。2015 年 4 月,红旗发布新一代智能互联系统,包括手机叫车、自动泊车和编队行驶等功能。

图 1-61　红旗 HQ3

长安汽车和清华大学团队于 2014 年合作研发了用于高速公路、城市道路两种工况的自动驾驶车辆平台,2016 年 4 月 17 日,长安汽车利用该平台完成了 2000km 超级无人驾驶测试项目。历时近 6 天,途经四川、陕西、河南、河北等多个省市及地区后,最终抵达北京。长安无人驾驶汽车如图 1-62 所示。

图 1-62　长安无人驾驶汽车

上汽集团在 2013 年开始进行无人驾驶系统关键技术研究,已在高速/城区无人驾驶技术、无人驾驶控制技术、V2X 关键技术、高精地图技术方面形成了深厚的技术积累。同时开展了封闭试验场、高速公路、特定园区及城区、地面及地下停车场等应用场景下的无人驾驶技术研究。2018 年 3 月,上汽集团被授予国内第一张智能网联汽车道路测试用牌照。上汽集团研发的无人驾驶汽车 iGS 如图 1-63 所示。

我国众多互联网企业,如百度、华为、阿里巴巴、腾讯等公司也纷纷加入无人驾驶技术的研发中。百度的无人驾驶车项目于 2013 年起步,成立了深度学习研究院,技术核心是"百度

图 1-63　上汽集团研发的无人驾驶汽车 iGS

汽车大脑",包括高精地图、定位、感知、智能决策与控制四大模块。2015 年年底,百度无人驾驶车在国内首次实现城市道路、环路及高速道路混合路况下的全自动驾驶测试,实现变道、超车、上下匝道等复杂驾驶动作,测试最高时速 100km/h。2016 年年底,在乌镇世界互联网大会上,18 辆百度无人驾驶车首次在全开放城市道路的复杂路况下实现自动驾驶试运营。2017 年 4 月,百度发布"Apollo(阿波罗)"计划,开放一个完整的软硬件服务系统。2018 年 4 月,百度在长沙开启无人驾驶出租车 Robotaxi 服务。同年 7 月,百度和金龙客车合作的全球首款 L4 级量产无人驾驶巴士"阿波龙"正式量产下线。截至 2021 年 6 月 30 日,百度 Apollo L4 级自动驾驶测试里程超 1.2×10^6 km,已获得 278 张自动驾驶测试牌照。百度无人驾驶巴士"阿波龙"如图 1-64 所示。

图 1-64　百度无人驾驶巴士"阿波龙"

2018 年年底,华为携手北京市首都公路发展集团有限公司、奥迪中国完成全国首例实际高速公路场景的车路协同测试,如图 1-65 所示,测试内容包括速度达到 80km/h 的 L4 级自动驾驶和提升高速公路行车安全的智能辅助驾驶,整个测试基于 C-V2X(蜂窝网络的 V2X)。

2020 年 4 月,阿里达摩院发布了全球首个自动驾驶"混合式仿真测试平台",如图 1-66 所示。平台采用虚拟与现实结合的仿真技术,可灵活增加极端路测场景变量,以解决极端场

图 1-65　高速公路场景车路协同测试

景数据不足的问题。该平台只需 30s 即可模拟完成雨雪、夜间等场景的构建,每日虚拟测试里程可超过 8×10^5 km,能大幅提升 AI 模型的训练效率。

图 1-66　混合式仿真测试平台

除上述互联网企业外,近些年还涌现了如小马智行、初速度、驭势科技、文远知行等多家自动驾驶创业公司。2018 年 6 月,小马智行成为首家获得北京自动驾驶路测牌照的创业企业。2019 年 10 月,小马智行与现代汽车联合宣布,在美国加利福尼亚州推出面向普通公众的自动驾驶出租车常态化服务。初速度定位于打造自动驾驶大脑,2019 年 4 月正式获得苏州第一张路测牌照,并在 2020 年 6 月取得苏州首个自动驾驶出租车示范应用牌照。驭势科技致力于打造面向未来的出行和物流,2019 年 12 月,驭势科技 L4 级自动驾驶物流车在香港国际机场开启常态化运营,实现航班旅客行李的无人运输,是全球首个在机场实际环境运行的自动驾驶物流车。2019 年 11 月,文远知行启动面向公众开放的自动驾驶出租车服务,在广州开始常态化运营。2020 年 7 月,文远知行获得全国首个智能网联汽车远程测试许可,在广州路测范围内,正式进行开放道路的自动驾驶路测。

在低速无人车领域,国内也有大量企业实现了产品化落地,包括智行者、新石器、苏宁、美团、京东、菜鸟等。例如,清华大学车辆与运载学院学生创业团队创办的智行者,其研发的蜗必达小车集激光雷达、摄像头、超声波雷达等传感器于一体,可实现自主清扫作业或物流运输。该车作为清扫车可自主在路面完成清扫、洒水、垃圾收集等工作,目前已在北京、上海等多地应用,作为物流车可实现特定区域内的物流运输,如化身为清图小智效力清华图书馆,如图 1-67 所示,解决了清华两个图书馆之间的书籍运输问题。

图 1-67　智行者无人驾驶物流车

1.3.2　汽车自动驾驶政策与规划

1.3.1 节对自动驾驶车辆近百年的发展历史和现状进行了介绍。其中,近年来,随着人工智能和自动化技术的蓬勃发展,各国都在大力开展自动驾驶相关技术的研发和试验,并取得了丰硕的成果。本节将对多国自动驾驶的政策、法规、技术路线、测试场地等进行详细的介绍。

1. 美国

美国智能汽车的发展,尤其是网联化功能的发展依托于 ITS 的整体发展,由美国交通部统一规划主导。2004 年的 DARPA 挑战赛引领了自动驾驶技术落地的热潮。其中,大量互联网企业所在的加利福尼亚州硅谷是世界智能汽车研究的技术高地,密歇根大学建设的世界首个智能汽车测试场 Mcity 示范区已成为世界性标杆,如图 1-68 所示。测试场占地 32 英亩(相当于 $12.9 \times 10^3 \, \mathrm{m}^2$),斥资 1000 万美元,是世界上第一座专为测试无人驾驶汽车、V2V/V2I 车联网技术而打造的,经过环境变量控制设计的模拟小镇。Mcity 目前是商业化运营,可同时容纳两家公司进行测试。2015 年,美国政府推出了 ITS Strategic Plan(智能交通系统战略规划),明确发展网联汽车和更先进的自动化车辆技术。美国交通部 2016 年 6 月发布了《联邦自动驾驶政策:加速道路安全变革》,这是业界首份关于自动驾驶设计开发、测试和运行的完整性政策文件。

2017 年 9 月,美国交通部发布的《自动驾驶系统:安全愿景 2.0》在延续第 1 版政策相关内容的基础上,进一步明确了自动驾驶开发者的自我安全评估的构成要素,另外为州政府的自动驾驶立法和监管提供了技术协助。此外,2018 年 10 月发布的《为未来交通做准备:自动驾驶汽车 3.0》,提出多模式地面交通的自动驾驶技术开发和应用,涉及个人用车、公共

图 1-68　世界首个智能汽车测试场 Mcity 示范区

交通、商业运输卡车、轨道交通等多模式交通系统并提出联邦政府针对自动驾驶发展的 6 项原则。

2020 年 1 月 8 日，拉斯维加斯 CES 展期间，交通部公布《确保美国自动驾驶汽车技术的领导地位：自动驾驶汽车 4.0》，与前 3 版政策均由交通部制定和发布不同，该计划由总统行政办公室、科技政策办公室、美国交通部共同制定和发布，核心主题是强调统一和协作，全力推动自动驾驶的发展以确保美国的领先地位。

在整个发展过程中，美国的各个机构通力合作，政府整合了交通部、司法部、国土安全部、能源部、联邦通信委员会等在内的 38 个联邦政府部门、机构，推动联邦政府间及与州政府、地方政府、学术界、技术开发者之间的协作。同时，也提出了自动驾驶技术发展的 10 项原则，包括保护用户和公众：安全优先；强调网络安全；确保隐私和数据安全；增强移动出行和便利性；推动有效市场：保持技术中立；保护美国的创新和创造力；法规现代化；促进协作：推行统一的标准和政策；确保一致的联邦监管方法；提高对交通系统层面的影响等。

除了国家层面外，美国多州积极推进无人驾驶法规的制定，其中道路测试是自动驾驶汽车法律法规的核心。已有加利福尼亚州、密歇根州、俄亥俄州、佛罗里达州、亚利桑那州、宾夕法尼亚州、弗吉尼亚州、马萨诸塞州、内华达州以及华盛顿等颁布了道路测试法规。

按照上路测试是否需要许可，以及是否需要安全驾驶员同行这两条基本原则，可以分为三大类：第一类采取上路许可的原则，即需要申请测试许可，但是不强制需要安全驾驶员同行；第二类采取普遍授权的原则，即不需要申请测试许可，也不需要安全驾驶员同行；第三类采取循序渐进的原则，即需要申请测试许可，也需要安全驾驶员同行。

内华达州是全美第一个接纳自动驾驶的州，早在 2011 年，该州便通过了自动驾驶汽车合法化的法律，颁布了一系列的相关管理法规，其中包括自动驾驶汽车概念的界定、申请路测的流程等，并开始接受大家对于实地测试的申请。

2012 年 9 月在加利福尼亚州，由州长杰里·布朗签署了允许自动驾驶汽车合法上路的SB1298 法案。在之后的几年内，加利福尼亚州车辆管理局（DMV）允许测试车辆在驾驶室内不设置安全驾驶员的情况下上路。密歇根州、佛罗里达州、宾夕法尼亚州和内华达州、加利福尼亚州类似，均采取上路许可的原则。

而俄亥俄州、亚利桑那州、弗吉尼亚州、华盛顿采取普遍授权的原则，准许在州内任何公共道路上测试自动驾驶汽车,包括驾驶室内不设置安全驾驶员;还准许传统汽车厂商以及科技型公司在州中任何公共道路上开展车辆共享等商业运营服务,甚至还允许企业将自动驾驶汽车销售给用户。另外一些州采取循序渐进的原则,例如马萨诸塞州。

美国有 60 多座自动驾驶试验场。2017 年 1 月 19 日,美国交通部指定了十个国家级"自动驾驶汽车试验场"。虽然美国交通部基于中立客观的原则,不对各地的研发和测试活动进行褒贬评价,也不会特别偏向某一个或某几个自动驾驶试验场,并最终在《自动驾驶汽车 3.0:为未来交通做准备》中取消了上述十个试验场的名义,但是这些试验场依旧是美国自动驾驶试验场的典型代表。

加利福尼亚州车辆管理局要求所有在该州测试自动驾驶汽车的汽车制造商、科技公司和初创公司都要提交年度报告,反映该公司当年自动驾驶行驶模式下的行驶里程、人工干预频率/车内驾驶人接管干预次数(disengagements)。disengagements 是由于系统故障或交通、天气和道路出现特殊情况,自动驾驶汽车需要脱离自动驾驶模式(接受人工干预),并交给驾驶人控制。disengagements 可以作为间接判断自动驾驶技术好坏的标准,即技术越好,接管干预次数越少;技术越差,接管干预次数越多。2015 年,只有 7 家公司向 DMV 提交了报告,包含 71 辆车;2016 年,11 家公司,103 辆车;2017 年,19 家公司,235 辆车;2018 年,公司数量达到 48 家,包含 496 辆车。测试里程方面也是如此,2017 年只有 815 963km,2018 年达到 3 258 074km,增长近 300%。

自动驾驶技术在美国也最先落地。2019 年 7 月,Waymo 开始在凤凰城提供 RoboTaxi 服务,上线的第一个月内,运送了 6299 名乘客,出车 4678 次,行驶 96 377 km,这些无人车平均每天会提供 156 次出行服务。2020 年 2 月 6 日,自动驾驶配送公司 Nuro 的二代车型 R2 经由美国交通部批准,率先获得了《联邦机动车辆安全标准》(FMVSS)的豁免权。

2. 日本

日本是首个法律明确规定允许 L3 级自动驾驶车辆上路的国家。2019 年 5 月,日本议会审议通过新的《道路交通法》,允许 L3 级自动驾驶车辆上路,并决定在 2020 年 4 月 1 日正式实施,为实现自动驾驶的落地应用规定了安全标准。《道路交通法》修正案涉及的对象是在一定条件下由系统负责驾驶,紧急时由驾驶人操作的 L3 级自动驾驶汽车。根据修正案,驾驶人能够在自动驾驶功能开启时使用手机、吃东西,但不能喝酒、睡觉。《道路交通法》对 L3 级自驾车的各项技术参数也提出了要求:例如自动驾驶系统运行的最高速度为 60km/h;自驾车传感器的向前检测范围必须为 46m 以上;横向检测范围至少能够覆盖相邻车道的整个宽度。

2020 年 5 月发布的《实现自动驾驶的行动报告和政策》4.0 版中,日本政府具体提出分短期(2020—2022 年)、中期(2023—2025 年)、长期(2026 年以后)三个阶段实现小型载人车辆出行、城市区域出租车出行、快速公交系统(BRT)服务及特定区域和干线物流运输服务等自动驾驶发展目标。目标在 2020 年实现私家车在高速公路的 L3 级自动驾驶,在 2025 年实现私家车和卡车运输在高速公路的 L4 级自动驾驶。4.0 版中按照不同行驶环境、车速等要素,对自动驾驶场景进行分类,将行驶环境按照封闭程度分为封闭空间、限定空间、汽车专用空间、交通环境完善空间、混合空间五类。此外,车速、地形、道路、环境、交通状况、时间段等也会作为补充要素条件。

在商业化应用方面,2020年4月,BOLDLY宣布将在茨城县境町开展无人驾驶巴士商业化,并导入远程监控系统Dispatcher,用以管理公交车位置信息,控制紧急情况下的车辆停车、警报信息管理和分析、乘客状态检测等,目标在2022年后实现无人驾驶。Tier IV开发了开源自动驾驶平台Autoware。该平台支持从地图绘制到软件仿真等几乎所有功能,还提供订阅访问数据集和学习培训等服务,已被全球200多个组织采用。Tier IV与Mobility Technologies共同研发的自动驾驶车辆,将在2022年后实现商业化,提供配车应用、港口服务等。本田汽车L3级自动驾驶技术获日本国土交通省正式发出的全国第一张认证,日后配有相关技术的车款将可于特定条件下代替驾驶人驾驶车辆。丰田汽车作为东京奥运会的合作伙伴,提供e-Palette自动驾驶出行服务车作为奥运村内的接驳车辆(见图1-69)。

图1-69　丰田e-Palette自动驾驶出行服务车

3. 欧盟

欧盟相关国家在自动驾驶方面同样有着长远的布局。2013年,欧盟提出大型研发框架计划——Horizon 2020,重点支持了协作式智能交通C-ITS、交通车辆安全性与网联化、物流、数据共享等相关技术。2014年,欧盟启动了"协作式智能交通走廊",建立跨越荷兰、德国、奥地利三国的ITS和智能汽车发展模式。2015年和2016年,欧盟分别发布了《欧洲自动驾驶智能系统技术路线》和《合作智能交通系统战略》,促进ITS服务的部署和落地。2018年5月,欧盟发布未来出行战略,力争到2030年普及完全自动驾驶。

在国家层面,德国是世界上第一个制定自动驾驶伦理规则并进行立法的国家。2017年6月,德国颁布了全球首部自动驾驶道路交通法规《道路交通法修订案》,允许自动驾驶系统在特定条件下代替人类驾驶汽车,该法规规定了自动驾驶汽车道路测试条件,并区分了不同责任主体的权利和义务。为此,德国率先开放了A9高速公路的部分路段进行自动驾驶技术测试。2019年9月,德国在柏林市中心开展自动驾驶测试,五辆L3级自动驾驶汽车在市区行驶。2021年5月,德国联邦委员会通过一项立法,允许L4级无人驾驶汽车于2022年出现在德国的公共道路。法国早在2014年2月就公布了自动驾驶汽车路线图,政府投资1亿欧元在接下来的三年内开展自动驾驶汽车测试,并实现全国数千千米道路的联网。2016年8月,法国通过了允许汽车厂商进行自动驾驶汽车道路测试的法令,但对测试路段和测试等级有明确的要求。2021年2月更新的法国自动驾驶汽车国家战略(第2版)旨在加快自动驾驶技术的发展,使法国在2022—2025年成为欧洲部署自动驾驶出行服务的首选地。在荷兰,2016年1月,全球首辆自动驾驶摆渡车在荷兰上路。根据毕马威会计事务所在2018年和2019年发布的驾驶成熟度指数报告显示,荷兰均居于首位。瑞典方面,AstaZero主动安全测试区自2014年8月已投入运营,在占地面积3000亩(约$2 \times 10^4 \, \text{m}^2$)的区域内几乎能够模拟任何实际交通场景,测试区包括主实验中心、多车道道路、城市道路以及城郊道路等,测试重点为自动驾驶技术和刹车技术,并对驾驶人注意力机制进行研究。

4. 英国

英国早在 2010 年就指定了智慧交通技术路线图。在自动驾驶方面,业界和政府已投入超过 5 亿英镑用于智能网联和自动驾驶汽车的研发和测试,已建立四个主要试验场和三条试验高速公路,拥有超过 80 个合作研发项目。2015 年 7 月,英国发布自动驾驶汽车测试守则,规定自动驾驶测试的安全要求和相关责任。2017 年 8 月,英国发布了智能网联汽车网络安全核心原则,规定了智能网联汽车、智能交通系统和供应链的关键基本原则,确保车辆安全和数据的安全存储。英国政府支持的奋进项目(Project Endeavor)自 2020 年 10 月开展测试工作,旨在加速自动驾驶技术的大规模部署,为英国的自动驾驶商业化落地提供经验。

5. 新加坡

在亚洲国家方面,2014 年 8 月,新加坡陆路交通管理局和新加坡科技研究局合作发起《新加坡自动驾驶汽车计划》,成立新加坡自动驾驶汽车动议委员会,用于监管自动驾驶汽车的研究和测试,并从 2015 年 1 月开始在纬壹科技城开放了近 5km 的路段,提供给符合要求的无人驾驶汽车测试使用。2017 年 2 月,新加坡对交通法进行修订,允许自动驾驶汽车进行公共道路测试。同年 11 月,新加坡交通运输部表示,预计从 2022 年起在公共道路上部署自动驾驶公交车。2017 年年底,由新加坡国家陆路运输管理局、新加坡南洋理工大学等共同开发的 CETRAN 智能车测试中心开放,是东南亚地区第一个自动驾驶测试中心,可以模拟热带降雨和洪水状况。2019 年,新加坡发布了高级别自动驾驶汽车应用的国家准则《自动驾驶汽车技术参考准则》,为汽车企业和开发商提供了指导规范。毕马威会计事务所在 2020 年发布的驾驶成熟度指数报告显示,新加坡居于首位。

6. 韩国

韩国同样紧跟自动驾驶技术发展潮流。2016 年 11 月,韩国政府宣布允许自动驾驶汽车上路测试,韩国国土交通部在京畿道华城市汽车安全研究院建设自动驾驶汽车试验场地(K-City),自动驾驶车辆可以在场地内的各种场景和道路环境中重复试验和测试。K-City 占地面积 $3.6 \times 10^4 \mathrm{m}^2$,包括公交车道、高速公路和自动停车区。2019 年 10 月,韩国产业通商资源部等多个部委联合发布了"2030 未来汽车产业发展战略",构建无人驾驶管理体系及路网系统。2020 年 1 月,韩国国土交通部发布《自动驾驶汽车安全标准》,成为首个针对 L3 级自动驾驶制定安全标准的国家。标准主要涉及车道保持、驾驶人监控、紧急制动、自动减速等功能。2020 年 12 月,韩国政府发布自动驾驶汽车安全运行准则,包括伦理准则、网络安全准则、生产与安全准则,确保自动驾驶系统的安全性。2021 年 6 月,韩国政府自动驾驶研发工作组披露,政府计划投入 854.4 亿韩元用于 53 个项目,以期在 2027 年在主要道路上实现 L4 级及更高级别自动驾驶的商业化。

7. 中国

在我国,工业和信息化部、交通运输部、科学技术部等对智能驾驶的发展极为重视。工业和信息化部自 2011 年开展物联网专项,重点研发智能传感、先进通信、边缘计算等智能网联汽车相关领域；交通运输部联合出台智能网联汽车道路测试管理规范，同时联合制定智能交通发展实施方案，规划了我国智能交通的总体框架；科学技术部在车联网、车路协同等方面进行了多个国家立项和政策支持。

2015年5月，国务院印发《中国制造2025》规划，提出了智能网联汽车的长远期发展目标和发展重点。此后，国内智能网联汽车发展总体分为两个方向。

一是工业和信息化部主导智能网联汽车相关技术标准推动行业发展。2017年4月，工业和信息化部等部委发布《汽车产业中长期发展规划》，提出加大智能网联汽车关键技术攻关、开展智能网联汽车示范推广。同年12月，发布《国家车联网产业标准体系建设指南（智能网联汽车）》，提出分阶段建立我国智能网联汽车标准体系战略目标。2018—2020年，工业和信息化部连续印发了智能网联汽车标准化工作要点，推进和落实智能网联汽车技术标准研究与制定，推进产品管理和应用示范标准，同时深化国际标准法规交流与合作。2020年11月，由工业和信息化部最新发布的《新能源汽车产业发展规划（2021—2035年）》提议，目标到2025年，高级别自动驾驶（L4）智能网联汽车实现限定区域和特定场景的商业化应用。2021年7月，发布《关于加强智能网联汽车生产企业及产品准入管理的意见》，从加强数据和网络安全管理、规范软件在线升级以及加强产品管理等方面提出了具体意见。

二是国家发展和改革委员会主导产业发展战略。2020年2月，国家发展和改革委员会、工业和信息化部等部门联合公布了《智能汽车创新发展战略》，提出构建协同开放的智能汽车技术创新体系、构建跨界融合的智能汽车产业生态体系、构建先进完备的智能汽车基础设施体系、构建系统完善的智能汽车法规标准体系、构建科学规范的智能汽车产品监管体系、构建全面高效的智能汽车网络安全体系。2025年实现中国标准智能汽车的技术创新、产业生态、基础设施、法规标准、产品监管和网络安全体系基本形成。展望2035年到2050年，中国标准智能汽车体系全面建成、更加完善。国家政府层面出台的一系列政策文件对汽车智能化、网联化技术发展和产业应用起到了积极的作用。

我国地方层面普遍推进先行先试的政策。在三部委联合发布道路测试管理规范前，已有北京、上海、重庆、福建平潭、河北保定、深圳6个地方出台了相关规定或征求意见稿，北京、上海、杭州、深圳、广州、福建平潭等地开放了道路实测，越来越多的城市启用自动驾驶测试场。

针对智能网联汽车，包括第三方机构评价规程i-VISTA中国智能汽车指数等在内，对ADAS及L2级的评价体系也越发系统性和严格化，媒体及消费者关注度也进一步提高。而政策、标准及评价体系的完善和规范，大概率会促使自动驾驶技术的良性发展，并逐渐深入人心，使得智能网联车在国内迎来新的发展机遇。

在2022年的北京冬奥会上，自动驾驶技术也将向全世界展示。2018年8月，清华大学车辆与运载学院接受了北京市科学技术委员会委托，组建校企政府联合技术团队，开发面向2022年北京冬奥会服务的L4级智能汽车，并研究为首钢园区全天候多车型自动驾驶技术的开发提供技术保障。自项目启动以来，清华大学车辆与运载学院技术团队针对冬季奥运会天气特征、人车混流复杂交通场景，组织联合团队攻关自动驾驶核心技术，研究自动驾驶专用车道、智能交通信号灯、无线充电位等技术，打造可复制、可转移的自动驾驶园区模板。冬奥会首钢园区包括了3个奥运训练中心和1个比赛场地。2018—2021年，首钢园区内会展开多种车型的L4级自动驾驶示范应用，这些示范应用成果将服务于园区冬奥会期间的日常运营需求。到 2021 年 3 月,首钢奥运园区将实现园区社会公开道路、园区内部道路全覆盖的全天候多车型 L4 级无人自动驾驶典型功能示范。车型主要包括:无人客车、无人清扫车、无人物流车、无人 MINI 客车、无人 MINI 清扫车、无人 MINI 物流配送车、智能共享轿车 7 类无人驾驶车型,相关车辆将由福田和智行者等单位生产制造,北汽和小鹏汽车等通过协作方式为示范提供车辆平台。届时,首钢园区内外可支撑自动驾驶功能示范的道路总里程将超过 10km,带信号路口超过 5 个。通过园区高精定位服务的覆盖、支持地基增强等定位技术,自动驾驶车辆正常行驶状态下实现相对位置误差不超过 15cm。

1.3.3 汽车自动驾驶技术发展趋势

近年来,人工智能和自动驾驶技术发展之快,完全超出了人们的想象。几年前还停留在测试验证阶段的自动驾驶汽车,如今,离我们的日常生活已并不遥远了。近几年来,许多国家的厂商获批在高速公路和城市道路上进行自动驾驶的测试。在这种情况下,自动驾驶汽车的未来会如何发展? 本节从不同方面对汽车自动驾驶的发展趋势进行了展望。

1. 软硬件协同发展

在自动驾驶计算平台方面,对于诸如自动驾驶之类的复杂任务,在设计软件时,还必须考虑匹配硬件设备,包括性能、功耗和功能安全性。为了确保自动驾驶的实时要求,需要确保软件响应的最大延迟在可接受的范围内,因此对计算资源的要求变得非常高。目前,自动驾驶软件的计算量已达到 10TOPS(万亿次操作/秒)级别,这使自动驾驶的研发不得不重新思考相应的计算架构。实际上,整个数字半导体和计算行业的工业驱动力正在从商业电子产品转向自动驾驶,后者需要比手机多两个数量级的计算能力。由于这种需求,软硬件协同设计会成为新的发展趋势。

新的自动驾驶计算平台实际上是对算法和软件需求的回应。例如,为了更好地支持深度卷积神经网络的超大规模矩阵运算,计算平台需要考虑如何使用二值化方法来减少计算时间。对于硬件乘法器,如何重新设计缓存机制以避免输入输出带宽成为整个计算系统进步的瓶颈。为了满足功能安全性的要求,需要硬件级虚拟化,这需要在处理器体系结构设计方面考虑多核、虚拟机监视器、设备输入输出请求管理等。

2. 大数据的重要性逐渐增加

随着云时代的到来,大数据的应用越来越彰显其优势。唯有在互联基础上实现大数据分析与计算,才能保障智能网联汽车真正拥有充分的“智能”,因此大数据是未来自动驾驶系统的核心竞争力之一,具体体现在以下三方面。

(1)海量场景测试。自动驾驶的商业化应用需要通过海量的场景数据进行算法训练,通过云端存储和大数据的处理,可快速搭建虚拟开发和测试环境,大幅提高算法迭代效率。同时,依托大数据的分析能力,基于场景数据发掘极端测试场景,提升自动驾驶系统的可靠性。

(2)人类驾驶习惯学习。通过机器学习利用驾驶大数据建立驾驶人模型,从而获取驾驶数据的内在特征信息,进而描述驾驶人的决策过程。最终提升自动驾驶系统的决策能力,更加贴近人类的驾驶习惯。

（3）自动驾驶地图更新。目前以数量与资源均有限的高成本专业采集车进行集中式高精地图更新，地图更新成本高，制图周期长，难以满足地图实时更新的需求。利用半社会化商用车和私家车在行驶过程中采集数据并传送至云端进行数据更新的众包式更新方式成为一种新的发展趋势。随着搭载环境感知相关传感器的量产汽车普及率越来越高，海量车载环境感知数据为自动驾驶地图更新提供了数据基础。

3. 车路协同技术进一步发展

在智能交通系统方面，车路协同相关技术将会得到进一步的发展。车路协同是指通过新一代无线通信和互联网技术，即车对车（V2V）、车对路（V2I）、车对人（V2P）、车对平台（V2N），信息交互在车辆和 X 之间实现全面的网络连接，并在全时空动态交通信息收集和融合的基础上，进行主动的车辆安全控制和道路协同管理，以全面实现人、车辆和道路的有效协作。

基于我国采用的 C-V2X 技术路线，国内已基本完成 LTE-V2X 标准体系建设和核心标准规范，政府和企业两方也正在推动 LTE-V2X 的产业化进程。根据百度智能汽车事业部的预测，车路协同系统能使自动驾驶研发成本降低 30%，接管数下降 62%，预计能让自动驾驶提前 2～3 年在中国落地。与单车智能相比，V2X 增加了路侧设备和云的部署，可以有效降低自车智能的技术难度，其中，路侧设备通过路边设备感知周围交通的静态和动态信息，对车辆的路况数据进行精确分析，然后实时传输到车辆终端，以形成协同决策。首先，由于在路边安装了传感设备，因此可以降低汽车硬件的成本，同时也相当于形成"上帝视野"，可以解决视觉范围之外的问题，并确保高级自动驾驶的安全性；其次，云端可以通过收集大量数据来训练自动驾驶算法，支持全球信息存储和共享，互连业务流以及优化自动驾驶车辆的路径。

因此，在未来，智能网联汽车将成为主流产品。车-路、车-车网联协同系统已经成为各国发展的热点，是自动驾驶实现的重要技术路径。

4. 人工智能算法的重要性逐渐提升

自动驾驶中的人工智能算法包含了三个要素：算法、算力和数据。近十年来，人工智能的技术突破，很大程度上得益于大数据以及大规模运算能力的提升，真正让深度学习这项"老"技术焕发了新生，突破了一项又一项感知能力。追溯到 2006 年，Geoffrey Hinton 和他的学生在 *Science* 上提出基于深度信念网络（deep belief network，DBN）可使用非监督学习的训练算法，随后 2012 年深度神经网络技术在 ImageNet 中取得了突破性进展。

近年来，自动驾驶在感知、决策中运用了大量的人工智能算法，但这些算法并不能够支持全场景的高级别自动驾驶。为了实现全自动驾驶，就需要让自动驾驶车辆具备认知智能。让机器具备认知智能是指让机器能够像人一样思考，而这种思考能力具体体现在机器能够理解数据、理解语言进而理解现实世界的能力；体现在机器能够解释数据、解释过程进而解释现象的能力；体现在推理、规划等一系列人类所独有的认知能力上。从感知智能通向认知智能的道路中，自然语言处理与知识图谱技术起到了重要作用。但不可忽视的是，认知智能乃至通用人工智能的实现，是需要多学科的共同进步才能完成的。将来，高级别的认知人工智能算法应用于自动驾驶领域,必将帮助我们实现高级别的自动驾驶。

5. 法律法规进一步完善

当前相关法律关于交通事故责任的认定,都是以驾驶人的驾驶行为制定的。而自动驾驶车辆通过算法自主做出驾驶行为打破了这一法律假设,这对以人的行为为基础构成的法律规则提出了根本的挑战。责任的界定存在矛盾,一方面,当事故是因为自动驾驶算法故障导致的,那么生产者、销售者需要承担产品责任;另一方面,尽管用户不进行直接的驾驶,但作为自动驾驶汽车的保有人,应当部分承担相关的风险。随着自动驾驶车辆数量和覆盖范围的进一步增加,各国政府必将对事故责任界定进行进一步的讨论和立法。

除事故责任界定之外,随着自动驾驶车辆逐渐大范围地上路运行,对适配场地的选择及道路设施的搭建也应有法律法规支撑。此外,由于自动驾驶车辆的特殊属性,相比于传统互联网应用,更需要信息安全方面的保证,因此对于自动驾驶车辆的信息安全相关法律也将进一步完善。

在具体的自动驾驶功能方面,自动驾驶车辆涉及对环境的感知和描述,涉及传统测绘法的管辖范围,高精地图的数据采集、编制加工等应需要具有测绘资质的单位来承担。同时,自动驾驶车辆日常运行中各项数据应被收集,用作政府管理部门责任认定的依据。随着自动驾驶车辆的进一步大范围应用,这些法规未来也将进一步完善。

习题

1. 简述四次工业技术革命的特点,以及第四次工业革命对传统汽车产业有何变革和影响。

2. 简述中国和美国对智能网联汽车定义的异同。

3. 中国的汽车自动驾驶分级标准和美国 SAE J3016 自动驾驶分级标准有何异同?

4. 中国智能网联汽车自动驾驶分级标准中,请列写 L3 级与 L4 级的差异。

5. 智能交通系统中,车联网的作用有哪些?

6. 中国智能网联道路分级标准中,请列写 L3 级与 L4 级的差异。

7. 智能网联汽车自动驾驶关键技术包括哪些内容?请梳理各关键技术模块的相互联系。

8. 智能网联汽车的物理结构及整车信息架构有哪些?分别简述各部分内容。

9. 智能网联汽车未来可能的动力系统有哪些?

10. 智能网联汽车的物理结构中,感知、决策、控制系统各包含哪些内容?

11. 第三代分布式电子电气架构相较于之前有何不同?

12. 集中式电子电气架构的特点是什么,存在什么优势?

13. 我国自动驾驶发展路线和其他国家有何异同?

14. 未来自动驾驶的发展趋势有哪些?还会有哪些可能的发展方向?

15. 最早实现 L5 级自动驾驶的应用场景有哪些?简述理由。

16. 目前商用车辆搭载的辅助自动驾驶功能有哪些?

参考文献

[1]　国汽智能网联汽车研究院,启迪云控,清华大学,等.车路云一体化融合控制系统白皮书[R].北京:中国智能网联汽车产业创新联盟,2020.

[2]　李克强,李家文,常雪阳,等.智能网联汽车云控系统原理及其典型应用[J].汽车安全与节能学报,2020(3):261-275.

[3]　温昕.欧洲发布网联自动驾驶路线图[J].智能网联汽车,2019(5):14-15.

[4]　MERRILL G P. The first one hundred years of american geology[M]. New York:Hafner Publishing Company,1924.

[5]　杨殿阁,李克强,郑四发,等.智能交通系统中的汽车技术[J].汽车工程,2003(3):223-226.

[6]　清华大学汽车工程系,中国汽车工业协会.中国智能汽车发展战略研究报告[R].北京:中国汽车工业协会,2015.

[7]　张男.2020—2023中国高级自动驾驶产业发展趋势研究[R].北京:亿欧智库,2020.

[8]　LASI H,FETTKE P,KEMPER H G, et al. Industry 4. 0[J]. Business & information systems engineering,2014,6(4):239-242.

[9]　智能网联汽车产业技术路线图编写小组.智能网联汽车技术路线图[R].北京:中华人民共和国工业和信息化部,2020.

[10]　王建强,王昕.智能网联汽车体系结构与关键技术[J].长安大学学报(社会科学版),2017,19(6):18-25.

[11]　Automated driving systems[EB/OL]. [2020-11-28]. https://www. nhtsa. gov/es/vehicle-manufacturers/automated-driving-systems.

[12]　Taxonomy and definitions for terms related to on-road motor vehicle automated driving systems [EB/OL]. [2020-02-29]. https://www. sae. org/standards/content/j3016_201401/.

[13]　TAKADA K,TANAKA Y,IGARASHI A,et al. Road/automobile communication system(RACS) and its economic effect[R]. Toronto:Vehicle Navigation and Information Systems Conference,1989,15-21.

[14]　Cooperative vehicle-infrastructure systems [EB/OL]. [2020-11-08]. https://trimis. ec. europa. eu/project/cooperative-vehicle-infrastructure-systems.

[15]　FleetNet-internet on the road[EB/OL]. [2020-05-04]. https://uk. nec. com/en GB/en/documents/Fleetnet flyer. pdf.

[16]　中国自动驾驶道路分级或将有"标"可依:《智能网联道路系统分级定义及解读报告(征求意见稿)》发布 [EB/OL]. (2019-09-26)[2020-11-09]. http://gast-auto. com/industrial-strategy/ZS-CY-20190926-01. html.

[17]　CARRERAS A,DAURA X,ERHART J,et al. Road infrastructure support levels for automated driving[R]. Hamburg:ITS World Congress,2018.

[18]　安森美半导体全面的智能感知方案助力汽车行业从半自动驾驶迈向全自动驾驶[EB/OL]. (2018-11-29)[2020-11-09]. http://ic. big-bit. com/news/297622. html.

[19]　McKinsey. Rethinking car software and electronics architecture[EB/OL]. (2018-02-14)[2020-12-01]. https://www. linkedin. com/pulse/rethinking-car-software-electronics-architecture-suk-lee-winsor.

[20]　中国汽车工程学会.节能与新能源汽车技术路线图[M].北京:机械工业出版社,2016.

[21]　China-SAE. Technology roadmap for energy saving and new energy vehicles [M]. Beijing:Mechanical Industry Press,2016.

[22]　李克强,戴一凡,李升波,等.智能网联汽车(ICV)技术的发展现状及趋势[J].汽车安全与节能学报,2017,8(1):1-14.

［23］ EPAM. Decoupling hardware from software in the next generation of connected vehicles［R］. Pennsylvania,USA：EPAM,2018.

［24］ 陈家瑞.汽车构造：下册［M］.北京：机械工业出版社,2002.

［25］ ZORPETTE G. The smart hybrid［J］. IEEE Spectrum,2004,41(1)：44-51.

［26］ RAJASHEKARA K. Propulsion system strategies for fuel cell vehicles［R］. New York：SAE Technical Paper,2000.

［27］ PADEN B,CAP M,YONG S Z,et al. A survey of motion planning and control techniques for self-driving urban vehicles［J］. IEEE Transactions on Intelligent Vehicles,2016,1(1)：33-55.

［28］ VAN B J,O'BRIEN M,GRUYER D,et al. Autonomous vehicle perception：the technology of today and tomorrow［J］. Transportation research part C：emerging technologies,2018,89：384-406.

［29］ CHEN S,HU J,SHI Y,et al. Vehicle-to-everything（V2X）services supported by LTE-based systems and 5G［J］. IEEE Communications Standards Magazine,2017,1(2)：70-76.

［30］ GRACE R,BYRNE V E,BIERMAN D M,et al. A drowsy driver detection system for heavy ehicles［C］. San Diego：Digital Avionics Systems Conference,1998.

［31］ LIU S,TANG J,ZHANG Z,et al. Computer architectures for autonomous driving［J］. Computer,2017,50(8)：18-25.

［32］ 李升波,李克强,王建强,等.非奇异快速的终端滑模控制方法［J］.信息与控制,2009,38(1)：1-8.

［33］ WANG Y,BIN Y,LI K. Longitudinal acceleration tracking control of low speed heavy-duty vehicles［J］. Tsinghua Sci & Tech,2008,13(5)：636-643.

［34］ HELLSTROM E,IVARSSON M. Look-ahead control for heavy trucks to minimize trip time and fuel consumption［J］. Contr Eng Practice,2008,17(2)：245-254.

［35］ FERRARA A,PISU P. Minimum sensor second-order sliding mode longitudinal control of passenger vehicles［J］. IEEE Trans Intell Transp Syst,2004,5(1)：20-32.

［36］ 郑赟,方寅亮,吴钊.智能座舱发展趋势白皮书［R］.上海：罗兰贝格管理咨询,2019.

［37］ FARSI M,RATCLIFF K,BARBOSA M. An overview of controller area network［J］. Computing & Control Engineering Journal,1999,10(3)：113-120.

［38］ RUFF M. Evolution of local interconnect network（LIN）solutions［J］. IEEE 58th Vehicular Technology Conference,2003：3382-3389.

［39］ COOPERATION M. Media oriented system transport-MOST specification［J］. Rev,2004,3：76185.

［40］ MAKOWITZ R,TEMPLE C. FlexRay-a communication network for automotive control systems［J］. 2006 IEEE International Workshop on Factory Communication Systems,2006：207-212.

［41］ BROOKHUIS K,DE W,JANSSEN W. Behavioural impacts of advanced driver assistance systems-an overview［J］. European Journal of Transport and Infrastructure Research,2019,1(3).

［42］ STOLZ W,KORNHAAS R,KRAUSE R,et al. Domain control units-the solution for future E/E architectures?［R］. New York：SAE Technical Paper,2010.

［43］ 连一席.特斯拉研究报告：用软件定义汽车［R］.广州：恒大研究院,2019.

［44］ METCALFE R,BOGGS D R. Ethernet：Distributed packet switching for local computer networks［J］. Communications of the ACM,1976,19(7)：395-404.

［45］ DITZEL G A,DIDIER P. Time sensitive network protocols and use in ethernet/ip systems［C］. ODVA Industry Conference & 17th Annual Meeting,2015：1-24.

［46］ HEINECKE H,SCHNELLE K,FENNEL H,et al. Automotive open system architecture-an industry-wide initiative to manage the complexity of emerging automotive e/e-architectures［R］. New York：SAE Technical Paper,2004.

［47］ FÜRST S,SPOKESPERSON A. Autosar the next generation-the adaptive platform［J］. CARS@ EDCC2015,2015.

[48] 赵世佳. 汽车产业进入"软件定义"时代[J]. 中国工业评论, 2018(Z1): 42-49.

[49] HANNES H, KENNETH P. LABERTEAUX, et al. A tutorial survey on vehicular ad hoc networks [J]. IEEE Communications Magazine, 2008(6): 164-171.

[50] 程刚, 郭达. 车联网现状与发展研究[J]. 移动通信, 2011(17): 20-23.

[51] KEVIN C, UICHIN L, MARIO G, et al. Geo-opportunistic routing for vehicular networks[J]. IEEE Communications Magazine, 2010(5): 164-170.

[52] IMT-2020(5G)推进组 C-V2X 工作组. 车联网白皮书[R]. 北京: 中国信息通信研究院, 2020.

[53] 《中国公路学报》编辑部. Review on China's automotive engineering research progress: 2017[J]. 中国公路学报, 2017, 030(6): 1-197.

[54] WEBER J. Automotive development processes: processes for successful customer oriented vehicle development[M]. Berlin: Springer Science & Business Media, 2009.

[55] 任开明, 李纪舟, 刘玲艳, 等. 车联网通信技术发展现状及趋势研究[J]. 通信技术, 2015(5): 5-11.

[56] AMiner. 自动驾驶与人工智能研究报告[R]. 北京: 清华大学计算机系中国工程科技知识中心, 2018.

[57] 《汽车与安全》编辑部. 自动驾驶汽车的概念和历史[J]. 汽车与安全, 2018.

[58] 鲁嘉淇. 汽车自动驾驶的发展[J]. 中国科技纵横, 2017, 000(4): 221-222.

[59] 卜艺浦. 自动驾驶的现状分析与实现过程[J]. 时代汽车, 2018, 301(10): 15-16.

[60] 杜明宇. 自动驾驶综述[J]. 中国科技纵横, 2018(6): 215-216.

[61] 陈大明, 孟海华, 汤天波. 全球自动驾驶发展现状与趋势(上)[J]. 华东科技, 2014, 000(10): 68-70.

[62] 章军辉, 陈大鹏, 李庆. 自动驾驶技术研究现状及发展趋势[J]. 科学技术与工程, 2020, 20(9): 37-46.

[63] 北京市高级别自动驾驶示范区. 日本 L3 以上自动驾驶发展现状和路线图[EB/OL]. (2020-12-17) [2020-12-30]. https://mp. weixin. qq. com/s/sy5vAnqtJMscy9WEpz6fXw.

[64] 智车科技. 疫情下的砥砺前行: 2020 年欧美日自动驾驶进展回顾[EB/OL]. (2020-12-05)[2020-12-29]. https://mp. weixin. qq. com/s/lSOp6MIt8_wvve67NfeHNw.

[65] 石娟, 曲辅凡, 郭魁元. 自动驾驶法律法规现状分析及展望[J]. 汽车工程师, 2017, 000(10): 11-13.

[66] 李克强, 戴一凡. 智能网联汽车的现状与未来[N]. 学习时报, 2017-04-24(3).

[67] 本刊综合. 车联网前程远大——2019 年车联网产业发展报告[J]. 中国公路, 2019, 537(5): 42-47.

[68] 李德毅, 赵菲, 刘萌, 等. 自动驾驶量产的难点分析及展望[J]. 武汉大学学报(信息科学版), 2018, 43 (12): 1775-1779.

[69] 熊伟铭, 张觉慧, 任纪良, 等. 燃料电池汽车整车集成的关键技术[J]. 上海汽车, 2007(8): 3-6.

[70] 赵玉娟. 智能网联汽车发展现状与思考[J]. 汽车与安全, 2018, 247(7): 97-100.

[71] 袁建华, 王敏, 陆文杰, 等. 国外自动驾驶测试示范区现状[J]. 汽车与安全, 2018, 00(3): 40-48.

[72] 刘杰. 各国自动驾驶政策概况及特征[N]. 人民邮电. 2018-12-14(7).

[73] 自动驾驶汽车线控技术深度解析[EB/OL]. (2018-04-28) [2020-01-18]. http://www. 360doc. com/content/18/0428/20/30375878_749512420. shtml.

[74] 李巍, 张丽静, 王燕芳. 车载以太网技术及标准化[J]. 电信网技术, 2016(6): 1-5.

[75] 李卿, 孔凡忠, 李克强. 实现《中国制造 2025》需加快发展智能汽车[N]. 中国汽车报, 2016-03-28(4).

汽车自动驾驶开发基础

引言

自动驾驶是汽车产业与人工智能、物联网、高性能计算等新一代信息技术深度融合的产物；是当前汽车与交通出行领域智能化和网联化发展的主要方向；是解决交通安全、道路拥堵、能源消耗等问题的重要手段；是智能网联汽车发展的核心基础技术。汽车自动驾驶的开发是一项庞大的系统工程，是多个领域前沿技术的融合体，涵盖芯片、操作系统、V2X通信、云控等信息与通信技术（information communications technology，ICT），定位导航、感知、决策规划、控制等功能模块技术，以及驱动、转向、制动等车辆底层控制技术，需要满足高安全、高可靠等要求。

本章主要介绍汽车自动驾驶开发的相关内容，首先对自动驾驶计算平台及操作系统进行介绍，然后讨论自动驾驶开发平台工具，接着对与自动驾驶开发关系密切的机器学习与深度学习的相关概念进行详细讲解，最后介绍汽车自动驾驶仿真平台与几种常用的仿真软件操作方法。本章的框架结构如图 2-1 所示。

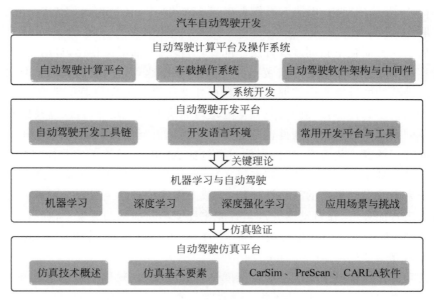

图 2-1　本章框架结构

学习目标

- 了解汽车自动驾驶的开发过程与方式。
- 了解汽车自动驾驶开发依托的计算平台、操作系统、软件架构与常用中间件。
- 了解汽车自动驾驶的工具链、常用开发语言以及开发平台。
- 掌握汽车自动驾驶相关的机器学习与深度学习理论基础。
- 熟悉汽车自动驾驶仿真平台,掌握几种常用仿真软件的操作方法。

第 2 章学习素材

2.1　汽车自动驾驶开发概述

由于汽车自动驾驶涉及的理论体系广、设计开发技术的复杂度高,因此自动驾驶开发工具链、中间件、开发语言、仿真平台等的出现大大方便了自动驾驶汽车核心功能模块的开发工作。当前整车控制器算力无法支撑自动驾驶功能模块的正常运行,以 CAN 通信为主的车载通信网络也无法满足自动驾驶越来越高的通信需求,因此,为了满足自动驾驶开发算力与通信带宽高的要求,面向自动驾驶的新一代计算平台与操作系统也得到了迅速的发展。汽车开放系统架构(automotive open system architecture,AUTOSAR)、百度 Apollo 等软件架构、机器人操作系统(robot operating system,ROS)、清华大学开放式智能互联车(open intelligent connected vehicle,OpenICV)、百度 Cyber RT 等中间件的出现与发展也大大简化了自动驾驶开发。此外,与传统车辆平台相比,自动驾驶车辆平台包含了多种感知类传感器,如摄像头、激光雷达、毫米波雷达等,也涵盖了 V2X 网联功能。

自动驾驶的计算平台需要更强的数据处理能力与更高的通信带宽,以满足来自自动驾驶感知系统多源传感器等的大量数据处理与通信需求。此外,自动驾驶感知、决策、规划、控制等不同模块算法对计算硬件也存在异构化需求。当前的自动驾驶汽车多数采用 CPU 搭配协处理器的异构化方案,架构硬件主要包括 AI 单元、计算单元和控制单元三部分。

自动驾驶车载操作系统将朝着层次化、模块化和平台化的方向发展,未来车载操作系统在车企中具有极其重要的战略性地位,车载操作系统必须绝对安全可靠,并且在功能上内置高级人工智能算法,在自动驾驶汽车智能化程度不断加深的背景下,拥有可靠的车载操作系统将是实现自动驾驶的关键。常见的自动驾驶操作系统包括嵌入式、类 UNIX、Windows 等。

自动驾驶汽车电子系统功能复杂度呈指数级增长,软件功能的好坏正成为推动行业发展创新的强力因素。然而,传统汽车软件架构存在诸多缺陷,如软硬件耦合、应用软件开发与测试对硬件平台的依赖性大、嵌入式软件系统不支持硬件抽象、软件代码重用性差等。为了解决上述问题和提升开发效率,逐渐发展出以汽车开放系统架构、百度 Apollo 为代表的自动驾驶软件架构,以及以 ROS、清华大学 OpenICV、百度 Cyber RT 为代表的自动驾驶中间件。

自动驾驶开发工具链是自动驾驶开发过程中用到的开发工具集合。针对复杂的自动驾驶系统,使用工具链开发、测试和验证软件功能,能够大大提升开发效率。自动驾驶软件开发主要使用高级语言,如 C++、Python 等。在开发过程中,基于开发平台模块化部署的方式可以极大提高研发效率并节约成本,目前常用的自动驾驶开发平台主要有百度 Apollo、Autoware、NVIDIA DRIVE、华为移动数据中心(mobile data center,MDC)等,常用的开发工具包括 Vim 编辑器、开源分布式版本控制系统 Git、开源应用容器引擎 Docker 等。

近年来,机器学习、深度学习等人工智能理论取得了丰富的研究成果,在自动驾驶汽车环境感知(如车道线检测与分割、交通目标检测等)、决策规划(如深度确定性策略梯度等)等方面得到了广泛的应用,大大推动了自动驾驶汽车的开发,提升了自动驾驶汽车的智能化水平。

自动驾驶仿真软件能够模拟实车行驶场景,无须搭建复杂的真实环境和硬件,即可验证自动驾驶算法,进而节省开发成本和开发时间,有效改善了自动驾驶实车测试成本高、安全难保障、场景难复现、真值难获取等问题。目前,成熟的自动驾驶仿真软件包括 CarSim、PreScan 和 CARLA 等。

2.2 自动驾驶计算平台及操作系统

自动驾驶的目标是让计算机代替驾驶人,完成感知、决策、控制等任务,而自动驾驶操作系统和计算平台分别是实现这一目标的软、硬件关键环节。

2.2.1 自动驾驶计算平台

本节从自动驾驶计算平台的需求出发,分别对数据处理与通信,以及硬件异构化需求进行介绍,并介绍了车载计算平台的发展,最后具体分析典型嵌入式车载计算平台的解决方案。

1. 面向自动驾驶的计算平台需求

1) 数据处理与通信需求

自动驾驶汽车感知系统采用多源异构传感器。多源传感器产生大量数据。以视觉感知系统为例,视觉感知系统包括多台相机,例如,实现基本车载环视功能至少需要 4 台鱼眼相机,一套车载环视系统所产生的数据量如表 2-1 所示。视觉感知系统需要提供环视、车辆与行人检测、车道线检测、交通标识识别等信息,常用的视觉处理算法大多基于卷积神经网络(convolutional neural network,CNN),其每个卷积层的运算量由式(2-1)确定,与卷积层数、图像大小、图像个数等有关。

表 2-1 实现基本车载环视功能所需的数据量

相机数量	相机类型	单台相机采集频率	单帧图片储存空间	车载环视功能每秒产生的数据量
4 台	鱼眼相机	20Hz	0.375MB	30~50MB

$$运算量＝2×卷积核数×卷积核大小×图像个数×图像大小 \qquad (2-1)$$

数据的处理和传输对计算平台的计算能力（下称"算力"）和通信带宽提出了很高的要求。运算量和算力的大小都通过每秒浮点运算次数（floating-point operations per second, FLOPS）表示，大数量级的算力单位如表 2-2 所示。

表 2-2　大数量级的算力单位及其含义

算 力 单 位	含 义
MFLOPS(Mega FLOPS)	10^6 次的浮点运算
GFLOPS(Giga FLOPS)	10^9 次的浮点运算
TFLOPS(Tera FLOPS)	10^{12} 次的浮点运算
PFLOPS(Peta FLOPS)	10^{15} 次的浮点运算

常用的图像处理网络如 AlexNet 处理单帧 512×256 像素的图像需要 3GFLOPS 算力，ResNet residual neural network 则需要 45GFLOPS 算力，因此处理整车环视系统 4 台相机每秒共 80 帧图像，使用 AlexNet 需要 240GFLOPS 算力，ResNet 需要 3.6TFLOPS 算力。另一种高级别自动驾驶常用的传感器激光雷达也对数据处理平台的算力及带宽提出了很高的要求。例如，一台 Velodyne HDL-64E 型激光雷达每转一圈会产生 2MB 数据，激光雷达转动频率为 10r/s，即产生数据量约为 20MB/s。激光雷达数据处理常用的 PointNet 算法处理单帧数据需要约 1.8GFLOPS 算力，处理 10 帧/s 的数据则需要约 18GFLOPS 算力。

2）硬件异构化需求

自动驾驶汽车中应用了感知、定位、决策规划以及控制算法，这些算法对算力、实时性和安全性的需求程度不同。表 2-3 给出了不同算法的计算硬件需求对比。

表 2-3　不同算法的计算硬件需求对比

自动驾驶算法分类	相 关 算 法	计算硬件需求
感知算法	视觉识别	高算力
	点云识别	高算力
	传感器深度融合	高算力
	目标融合	灵活通用
定位算法	组合导航定位	灵活通用
	同步定位与建图	高算力
	地图匹配定位	高算力
决策规划算法	全局规划	灵活通用
	决策与路径规划	灵活通用
控制算法	比例、积分、微分控制	高安全性
	模型预测控制	高安全性

从表 2-3 看出，自动驾驶应用的多样算法对计算硬件提出了不同的需求。感知和定位通常基于神经网络算法，神经网络算法计算模式单一且易于并行计算，但对算力要求较高，因此需要专用处理器加速计算，传统感知和定位算法计算量较小，但是其分支较多，不利于并行计算，因此需要灵活性高的通用架构；决策规划算法对算法实时性要求较高，通常采用

多核通用处理器；控制算法对安全等级要求较高。除此之外，汽车的物理特性、计算平台的功耗特性等方面都意味着车载计算平台必须拥有非常高的能效比（能效比为算力与功率的比值，表示单位能耗所产生的算力）水准。显然，单一的计算硬件无法满足这些需求，因此计算平台多采用异构化的计算方案。以奥迪 A8 搭载的 zFAS 计算平台为例，它包括了 4 个核心元件：英飞凌的 Aurix TC297T 处理器负责监测计算平台运行状态，使整个平台达到 D 级汽车安全完整性等级（automotive safety integration level，ASIL）标准；英特尔 Altera 公司的 Cyclone V 处理器负责目标识别融合、地图融合、自动泊车、预制动、激光雷达传感器数据处理；英伟达的 K1 处理器负责驾驶人状态检测；Mobileye 公司的 EyeQ3 处理器负责交通信号识别、行人检测、碰撞报警、光线探测和车道线识别。

2. 车载计算平台发展及基本架构

1）车载计算平台发展

传统汽车 ECU 多采用多核 CPU（central processing unit）作为处理单元，CPU 适用于串行计算，算力低，无法满足自动驾驶汽车的计算需求。此外，传统车载网络大多采用 CAN 网络，而 CAN 网络最大传输速度为 1Mb/s，其带宽无法满足自动驾驶汽车的需求。

自动驾驶汽车对高算力平台的需求推动了车载计算平台的演变，车载计算平台的发展趋势如图 2-2 所示。传统汽车 ECU 采用传统的 ARM（advanced risc machine）架构处理器。自动驾驶早期原型开发中多采用工控机，包括 x86 通用处理器和用于加速计算的 GPU（graphic processing unit），而工控机体积较大，功耗较高且稳定性不足，不满足车规要求。应用于量产自动驾驶车型的计算平台多采用异构化嵌入式架构，包括基于 ARM 架构的通用处理器和用于加速计算的专用处理器。

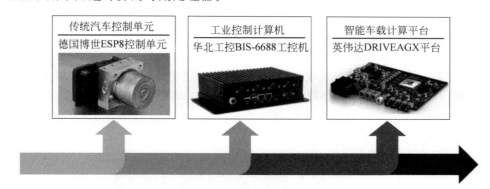

图 2-2　车载计算平台的发展趋势

2）车载计算平台基本架构

车载计算平台包含计算处理单元、存储管理单元、接口通信单元及 V2X 通信单元等硬件组成模块，如图 2-3 所示。硬件处理平台、软件平台和算法应用共同组成一套完整的软硬件系统，以支持自动驾驶汽车的"智能"及"网联"计算处理需求。

3. 嵌入式车载计算平台

自动驾驶复杂算法需求推动计算平台异构化，"CPU＋协处理器"是当前自动驾驶汽车

图 2-3　车载计算平台基本架构

计算平台的一种典型异构化方案,其中 CPU 负责系统主控与顺序计算,协处理器用于辅助 CPU 进行运算密集部分的加速处理。处理器根据应用领域分类可为通用处理器、专用处理器和数字信号处理器。专用处理器和数字信号处理器用于加速计算,包括 GPU、ASIC(application specific integrated circuit,专用集成电路)、FPGA(field programmable gate array,现场可编程逻辑门阵列)和 DSP(digital signal processing,数字信号处理)四类。专用处理器可针对特定计算需求进行定制,定制化程度越高,计算能效比越高,灵活性越差。这四类自动驾驶计算平台的特点如表 2-4 所示。

表 2-4　四类典型自动驾驶计算平台特点对比

类型	算力	灵活性与通用性	能效比	开发成本	开发周期
基于 GPU	高	高	低	低	短
基于 ASIC	高	低	高	高	长
基于 FPGA	高	中	中	中	中
基于 DSP	低	高	低	低	短

1)基于 GPU 的车载计算平台方案

GPU 是用于图形处理的专业处理器,它由数以千计的核心组成。如图 2-4 所示,GPU 的核心比 CPU 的核心更小也更高效,这样的基础结构使得 GPU 可以支撑大量并行运算,在多重任务、并行运算等场景的处理能力上,GPU 的性能是 CPU 的数十到数百倍。与此同时,GPU 较为通用的特征以及相对完整的配套软件生态保证了它具有较强的灵活性,从而对算法的兼容程度更高。

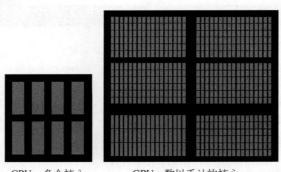

CPU:多个核心　　　　GPU:数以千计的核心

图 2-4　CPU 与 GPU 架构对比

NVIDIA 公司基于 GPU 推出 Drive 系列平台,第一代 Drive 系列产品 PX 主要面向 L1 和 L2 级自动驾驶,包括自动巡航和自动泊车场景,算力能达到 1TFLOPS,芯片采用 28nm 生产工艺;第二代 Drive 系列产品 PX2 可支持 L2 和 L3 级自动驾驶,算力能达到 20TFLOPS,芯片采用 16nm 生产工艺;第三代产品 Xavier 主要面向 L3 和 L4 级自动驾驶,其片上系统由 8 核 CPU、加速芯片和图像处理模块组成,算力能达到 30TFLOPS,而同代中的另一款产品 Pegasus 则面向 L5 级自动驾驶,其算力更是达到了 320TFLOPS,且芯片采用 12nm 生产工艺。

　　NVIDIA 公司的 Jetson 系列是另一款基于 GPU 的计算平台,第一代产品 Jetson Nano 是一种功能强大的小型计算器,其算力能达到 0.5TFLOPS,运行功率仅为 5W;第二代产品 Jetson TX2 主要面向工业机器人和医疗设备等应用场景,其算力能达到 1.3TFLOPS,运行功率仅为 7.2W;第三代 Jetson Xavier NX 主要面向无人机、自动光学检测等应用场景,其算力可达 21TFLOPS,运行功率为 15W;第四代产品 Jetson AGV Xavier 主要面向工厂系统和大型工业 UAV(无人驾驶飞机)等应用场景,其算力可达 32TFLOPS,运行功率为 30W。

　　然而,目前 GPU 平台存在的主要问题是其功耗非常高,以 Pegasus 产品为例,其运行功率高达 500W,能效比为 0.64TFLOPS/W,在车载环境中必须通过水冷模式来进行降温。受驾驶环境、车身物理特性及相关车规的限制,车载计算平台必须实现非常高的能效比,设计定制化的计算平台方案,成为提供更高能效比计算平台的一种可行路径。

　　2)基于 ASIC 的车载计算平台方案

　　ASIC 通过使用定制化的逻辑电路进行运算加速,能更有针对性地进行硬件层次的优化,从而获得更好的性能与能效比。但是 ASIC 芯片的设计和制造需要大量的资金、较长的研发和工程周期,并且 ASIC 类芯片一旦定制则难以进行修改,因此它很难快速适应算法的变化。

　　Mobileye 公司基于 ASIC 推出了 EyeQ 系列产品,如图 2-5 所示。其第一代和第二代产品针对 L1 级自动驾驶,算力分别为 0.0044TFLOPS 和 0.026TFLOPS;第三代产品 EyeQ3 面向 L2 级自动驾驶,算力为 0.256TFLOPS;第四代产品 EyeQ4 面向 L4 级自动驾驶,算力能达到 2.5TFLOPS,芯片生产工艺也从 40nm 下降至 28nm;其最新推出的第五代产品则面向 L4 和 L5 级自动驾驶,算力可达到 24TFLOPS,芯片采用 7nm 生产工艺,能效比达到了 2.4TFLOPS/W。

图 2-5　基于 ASIC 的车载计算平台:EyeQ

　　其他基于 ASIC 的计算平台还包括特斯拉和地平线的相关产品:特斯拉推出的全自动驾驶 AI 芯片可适用于全级别自动驾驶,其算力能达到 36.8TFLOPS,芯片采用 14nm 生产工艺,并且拥有两个神经网络加速器;地平线推出的征程系列产品,满足自动驾驶视觉感知、视觉建图定位、视觉 ADAS 等智能驾驶场景的需求,面向 L3 级以上自动驾驶,该系列产品算力能达到 4TFLOPS,能效比达到了 2TFLOPS/W。

3）基于 FPGA 的车载计算平台方案

FPGA 是一种半定制的电路，它由逻辑单元、输入输出单元和可编程连接单元组成，图 2-6 展示了 FPGA 芯片的架构，FPGA 采用了逻辑单元阵列（logic cell array，LCA）这一概念，内部主要包括可配置逻辑模块（configurable logic block，CLB）、输入输出模块（input output block，IOB）、内部连线、开关盒子（switch box，SB）和连接盒子（connect box，CB）五个部分。FPGA 能实现并行计算，因此具有较高的算力。与更早出现的可编程器件相比，FPGA 拥有更多的门电路数量。与 GPU 相比，FPGA 和 ASIC 因为其定制化的性质，可提升计算通路利用效率，优化数据流，减少片外存储的访问，从而明显提升计算处理效率，保证更高的能效比，同时也会因定制化而具有更长的迭代开发周期和更高的开发成本。与 ASIC 相比，FPGA 由于具有可编程的特点，在一定程度上保证了系统的可修改性，因此降低了因算法升级带来的系统不兼容的风险，所以自动驾驶企业往往先采用 FPGA 方案进行产品实现，然后在进一步明确应用领域需求和客户市场规模的情况下，再实现 ASIC 的方案并对原有产品进行迭代。

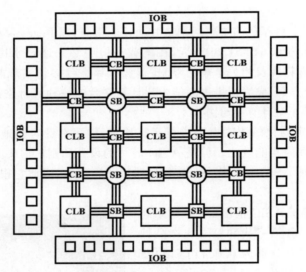

图 2-6　FPGA 芯片架构

英特尔公司推出的 Intel GO 系列自动驾驶开发平台面向 L3 级以上自动驾驶，其加速器卡部分采用 FPGA 方案，利用其片上丰富的硬浮点 DSP 乘法器单元及存储资源，能提供最高 1.5TFLOPS 算力。

采埃孚公司的 Pro AI 系列是另一款基于 FPGA 的车载计算平台。该系列第一代产品基于 NVIDIA Drive PX2 平台，可支持 L2 级自动驾驶；第二代产品基于 NVIDIA Xavier 平台，可支持 L3 级自动驾驶，其算力可达 30 TFLOPS。第三代产品支持模块化架构，可集成多款不同的芯片，如 Pro AI Gen3 平台就包含三块性能主板，集成了 NVIDIA Xavier GPU 以及赛灵思公司推出的 Xilinx Zynq 系列 FPGA 芯片，具有可拓展的计算能力和自带的图像处理器，可支持 L4 级自动驾驶，其算力可达 150TFLOPS。

4）基于 DSP 的车载计算平台方案

DSP 是一种用于实时数字信号处理的微处理器。DSP 芯片的内部采用程序和数据分开的哈佛结构,具有专门的硬件乘法器,广泛采用流水线操作,提供特殊的 DSP 指令,可以用来快速地实现各种数字信号处理算法。DSP 被广泛应用于电信系统,用于匹配电信系统计算需求的 DSP 计算平台通常不会多于 32 个核。核数量的限制使得 DSP 计算性能较低,主要用于 L1 和 L2 级自动驾驶。对于部分在通信领域的传统厂商而言,出于其 DSP 技术方面的深厚积累,在进军智能驾驶计算平台领域时选择使用 DSP 的方案作为过渡成为一种快速可行的选择。

NXP 公司发布的自动驾驶平台 BlueBox,如图 2-7 所示,其搭载的核心芯片是 S32V234,包含有特制的高性能图形处理加速引擎与高性能的 ARM 处理内核。BlueBox 可实现的主要功能包括传感器、执行器管理和故障检验等,是一款具有车规级可靠性、安全性的处理平台,可应用于 L2 ～ L4 级别的自动驾驶计算平台。BlueBox 平台将之前彼此隔离的单个传感器节点和处理器进行了功能上的结合,在技术成熟度和可应用程度上要好于部分其他自动驾驶计算平台。

图 2-7　基于 DSP 的自动驾驶平台：BlueBox

德州仪器公司推出的 TDA3x 处理器面向 L4 和 L5 级自动驾驶,它基于一种可扩展的异构计算结构,该架构包括定点与浮点双 DSP 内核、拥有嵌入式视觉引擎(embedded vision engine,EVE)的完全可编程加速器、双 ARM 内核以及一个图像信号处理器(image signal processing,ISP)和外设主机。与前一代的版本 TDA2x 相比,去掉了单核的 Cortex-A15 处理器核心,但在其他协同处理器上强化了性能,以满足车用安全上的需求,同时又具备较高的成本效益。

2.2.2　车载操作系统

自动驾驶汽车的操作系统负责管理车辆对四周物体的识别、车辆定位及路径规划等功能,它是实现无人驾驶的关键。由于自动驾驶汽车具有强安全关联属性,若操作系统功能欠佳,其代价不仅是工作效率低下,而且关乎生命安全,所以自动驾驶汽车的操作系统在监控支配汽车时的反应需要精确到微秒级,能够实时感知周围环境并规划出新的解决方案。

车载操作系统(automotive operating system,AOS)是管理车载计算机硬件与软件资源的计算机程序,需要处理如管理与配置内存、决定系统资源供需的优先次序、控制输入设备与输出设备、操作网络与管理系统文件等基本事务。按照用户界面和使用环境,操作系统可分为批处理系统、分时系统和实时系统;按照功能特性,可分为个人操作系统、网络操作系统、分布式操作系统和嵌入式操作系统。

1. 嵌入式操作系统

嵌入式操作系统(embedded operating system,EOS)是指用于嵌入式系统的操作系统。

嵌入式操作系统是一种用途广泛的系统软件,通常包括与硬件相关的底层驱动软件、系统内核、设备驱动接口、通信协议、图形界面、标准化浏览器等。嵌入式操作系统负责全部软、硬件资源的分配、任务调度,控制、协调并发活动,具有以下特点:①系统内核小,适用于资源相对有限的嵌入式系统;②专用性强,与硬件结合紧密;③系统精简,利于控制成本和系统安全;④多任务操作系统,方便合理地调度多任务及利用系统资源、系统函数、专用库函数接口;⑤高实时性。

嵌入式操作系统由硬件和软件两部分组成,硬件层包含嵌入式微处理器、存储器(SDRAM、ROM、Flash 等)、通用设备接口和 I/O 接口(如 A/D、D/A、I/O 等),其中嵌入式微处理器是嵌入式系统硬件层的核心。嵌入式操作系统软件体系是面向嵌入式系统特定的硬件体系和用户要求设计的,是嵌入式操作系统的重要组成部分,分为驱动层、操作系统层、中间件层和应用层四部分,如图 2-8 所示。

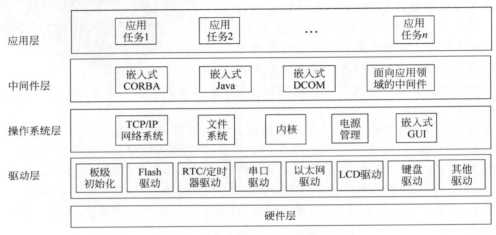

图 2-8 嵌入式操作系统的软件体系

目前,常见的嵌入式操作系统有:μCOS/-Ⅱ、嵌入式 Linux、Windows Embedded、VxWorks 等。

2. 实时操作系统

实时操作系统(real-time operating system,RTOS)是确保在规定时间内完成指定功能的系统,即当外部数据或请求到来之时,在微秒级的时间内做出中断响应,并且交由 CPU 进行处理。实时操作系统最显著的特点是可及时提供响应和具有高可靠性,适用于嵌入式设备和有实时性要求的系统。

实时操作系统又可以分为硬实时(hard real-time)和软实时(soft real-time)操作系统,划分依据为对"实时"的要求程度。硬实时系统存在刚性时间限制,它不允许任何超出时限的错误。在硬实时操作系统中,系统必须绝对满足每一次时限的要求,错过一次时限可能会造成严重的系统错误;而软实时操作系统出于平均性能等方面的约束,错过个别时限是允许的,并不会造成严重的系统错误,但必须在一定限度内。因此硬实时要求在规定的时间内必须完成操作,软实时则只要按照任务的优先级,尽可能快地完成操作即可。以下分别介绍实时操作系统的基本概念与运行原理。

　　1）基本概念

　　(1) 代码临界阶段：在一段时间内，只允许一个线程或进程进行独占时访问的代码段，其他所有试图访问该代码段的进程都必须等待。

　　(2) 资源：进程所占用的任何实体。

　　(3) 共享资源：可以被多个进程共享的一次具体活动，以进程或线程的方式存在，拥有自己的地址空间（包括文本、数据和堆栈共同使用的实体），通过一系列操作达到某一目的。例如，使用打印机打印出一串字符。拥有四种常见状态：休眠态、就绪态、运行态、挂起态。

　　(4) 任务切换：当系统中存在两个或两个以上任务时，处于就绪态任务需要抢占运行态任务，或者运行态任务执行完毕，需要让出 CPU 控制权而进行的切换操作；当前占据 CPU 使用权的任务存入栈区，将下一个即将开始的任务装入 CPU 寄存器，开始运行。

　　(5) 内核：操作系统的核心，是硬件层和软件层的交互媒介，提供操作系统的基本功能。负责任务管理、CPU 调度、设备驱动、内存管理等，可以分为抢占式和非抢占式。

　　(6) 调度：当多个进程向同一资源发出请求时，由于访问互斥性，必须按照一定优先次序对唯一性资源进行分配。

　　(7) 进程：是支持程序执行的机制，可以理解为程序对数据或请求的处理过程。

　　(8) 线程：操作系统能够运行运算调度的最小单位，一个进程可以并发多个线程，每条线程并行执行不同任务。

　　2）优先级

　　优先级根据运行过程是否恒定，分为静态优先级和动态优先级。在实际应用过程中，通常会遇到优先级翻转的问题，导致优先级较低的进程长时间占据共享资源，阻塞了高优先级任务的运行。目前，有"优先级天花板"和"优先级继承"两种方法可以解决这个问题：第一种方法是在所有申请同一共享资源的任务中选出一个最高优先级，把这个优先级赋给每一个申请该资源的任务，即不让某一个资源的优先级成为影响最高优先级任务运行的关键因素；第二种方法是当出现高优先级任务被低优先级任务占用临界区资源时，在一定时间内将低优先级任务提高到与高优先级任务相同的级别，缺点是每一项新任务到来时，都需要进行判断。

　　3）互斥

　　共享内存的意义在于可以让进程之间的通信变得方便、迅速，但是当一个进程对该区域进行读写时，为了防止脏读脏写，必须保证访问的互斥性，即其余请求访问该内存区域的进程必须等待，直到此内存块被释放。实现互斥访问一般包括软件和硬件两种方法，软件方法比较著名的有 Dekker 算法（是由荷兰数学家 Dekker 提出的一种解决并发进程互斥与同步的软件实现方法）和 Peterson 算法（是一个实现互斥锁的并发程序设计算法，可以控制两个线程访问一个共享的单用户资源而不发生访问冲突，Gary L. Peterson 于 1981 年提出此算法）；硬件方法主要通过特殊指令来达到保护临界区的目的，包括等待、自旋锁、开关中断指令、测试并加锁指令、交换指令等。每一种方案都有利有弊，以开关中断指令为例，其特点是简单高效，但是代价高，不利于发挥 CPU 的并发能力，并且只适用于单核处理器，仅仅适用于操作系统本身，而无法适用于应用程序。

　　4）任务切换时间

　　任务切换时间是衡量一个实时操作系统实时性能的重要指标之一，其取决于 CPU 需要等待入栈的寄存器个数。CPU 寄存器个数越多,则切换时间越长,任务切换的状态如图 2-9 所示。

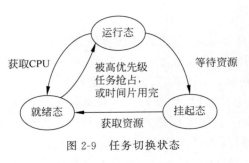

图 2-9　任务切换状态

引起挂起的原因多种多样:由于不断创建新任务,当系统资源尤其是内存资源已经不能满足进程运行的要求时,必须把某些进程挂起,对换到磁盘对换区中,释放它占有的某些资源,起到平滑系统负荷的目的;也可能系统出现故障,需要暂时挂起一些进程,以便故障消除后再解除挂起并恢复进程运行;此外,用户在调试程序过程中,可以请求挂起其进程,以便进行某种检查或修改。

5) 中断响应时间

中断响应时间是另一个衡量实时操作系统实时性能的重要指标,其主要由关中断的最长时间、保护 CPU 内部寄存器的时间、进入终端服务函数的执行时间、开始执行中断服务程序(interrupt service routines,ISR)的第一条指令时间构成。

6) 调度算法

目前,常见的调度算法有以下两种。

(1) 时间片轮转调度算法:当有两个或多个就绪任务具有相同优先级时,内核允许任务运行事先确定的一段时间,该段时间叫时间片,然后切换给另一个任务。

(2) 基于优先级的调度算法:给每个任务都赋予优先级,任务越重要,赋予的优先级越高。在任务调度时,在所有处于就绪状态的任务中选择优先级最高的那个任务去运行。

3. 准实时操作系统

所谓准实时操作系统,是使一台计算机采用时间片轮转的方式同时为几个、几十个甚至几百个用户服务的一种操作系统。为把计算机与许多终端用户连接起来,准实时操作系统将系统处理时间与内存空间按一定时间间隔,轮流地切换给各终端用户的程序使用。由于时间间隔很短,每个用户都感觉自己像在独占计算机一样。准实时操作能够有效增加资源使用率。

准实时操作系统有以下几个特征。

(1) 交互性(同时性):用户与系统进行人机对话。用户在终端上可以直接输入、调试和运行自己的程序,在本机上修改程序中的错误,直接获得结果。

(2) 多路性(多用户同时性):多用户同时在各自终端上使用同一 CPU 和其他资源,充分发挥系统的效率。

(3) 独立性:用户可彼此独立操作,互不干扰,互不混淆。

(4) 及时性:用户在短时间内可以得到系统的及时回答。其中影响响应时间的因素主要有:终端的数目、时间片的大小、信息交换量、信息交换速度等。

准实时操作系统典型的例子就是 UNIX 和 Linux 的操作系统,其可以同时连接多个终端,并且每隔一段时间就重新扫描进程,重新分配进程的优先级,动态分配系统资源。

4．车载操作系统

车载操作系统分为车载娱乐信息操作系统和汽车电子控制操作系统,前者强调人机交互,后者强调安全可靠。车载娱乐信息操作系统包括开源的 Android、Linux 和商业软件 Windows CE、QNX、Wind River、Micro-Itron、GENIVI,它们都属于嵌入式实时操作系统。汽车电子控制操作系统有 OSEK 和 AUTOSAR 两个主要的汽车电子软件标准,提供解决方案的企业主要包括:Vector、KPIT、ETAS、DS、Elektrobit(Continental)和 Mentor Graphics(Siemens)等。

1)Windows CE

Windows CE 是微软公司嵌入式、移动计算平台的基础,是一个开放的、可升级的 32 位嵌入式实时操作系统,具有模块化、结构化、基于 Win32 应用程序接口和与处理器无关等特点。

早在 1995 年,微软公司基于 Windows CE 推出了 Windows Auto 项目,进入智能操作系统领域。Windows Auto 本身并不是一个车载系统,它是专门为汽车平台设计的一个嵌入式系统的底层系统,具备各种基本的计算能力与数据端口。其历经十几年的演进,成为 Windows Embedded Automotive,是专门针对汽车电子而开发的一款操作系统,Windows Embedded Automotive 包含大量集成中间件组件以及数百种随 Windows Embedded CE 提供的组件,从而使基于 Windows Embedded Automotive 的系统可以应用于多种不同的汽车品牌和型号。

以 Windows CE 6.0 为例,如图 2-10 所示,其体系结构分为硬件层、硬件抽象层(OME 层)、操作系统层和应用层,这四层相互配合完成从应用程序的调用到对硬件层的操作交互。

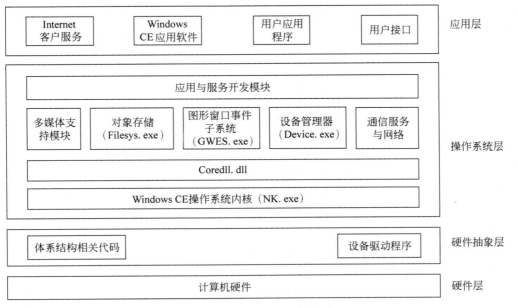

图 2-10　Windows CE 6.0 层次体系结构

虽然 Windows CE 嵌入式系统具有稳定性、可塑性以及拓展功能,但随着移动互联网的兴起,受限于非开放性的特点,逐渐呈现出被时代淘汰的趋势。

2) QNX

QNX(quick UNIX)是一种商用的遵从 POSIX(portable operating system interface,可移植操作系统接口)规范的类 UNIX 嵌入式硬实时操作系统,具有实时、微内核、基于优先级、消息传递、抢占式多任务、多用户、容错能力等特点。QNX 最早开发于 1980 年,目标市场是嵌入式实时控制领域,是目前广泛应用的汽车嵌入式内核系统。到目前为止,QNX 的前装市场占有率超过 75%,全球有超过 230 种车型使用 QNX 系统,大部分主流豪华车的操作系统,都是由 QNX 提供的嵌入式底层。

相比于 Windows、Linux 等大型操作系统,其微内核只提供进程调度、进程间通信、底层网络通信和中断处理四种服务,其他服务在用户空间内运行,组件之间能避免相互影响,在遇到故障时也能重启。与线程不同,微内核本身不会被调度执行。处理器只在微内核中执行系统调用、异常、硬件中断响应等。以 QNX Neutrino 实时操作系统为例,内部每一个应用程序、驱动程序、协议栈和文件系统都在内核外部运行,其中任何一个系统发生问题时,实时操作系统会立即停止此系统的运行并重启,其他所有系统和内核运行不受影响。图 2-11 所示为 QNX Neutrino 微内核架构,QNX Neutrino 实时操作系统微内核管理一组协作的进程,充当一个“软件总线”的角色,可以在需要时动态地插入和移除系统模块。

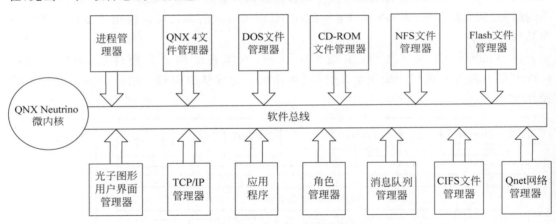

图 2-11　QNX Neutrino 微内核架构

在具有高可靠性内核的基础上,QNX 的创新设计使它同样具有很高的效率。QNX 是 UNIX 的同胞异构体,保持了和 UNIX 的高度相似性,绝大多数 UNIX 或 Linux 应用程序可以在 QNX 下直接编译生成。这意味着数量众多的、稳定成熟的 UNIX、Linux 应用可以直接移植到 QNX 这个更加稳定、高效的实时嵌入式平台上来。

3) Linux

Linux 操作系统是基于开源代码的类 UNIX 操作系统,是一个基于 POSIX 和 UNIX 的多用户、多任务、支持多线程和多 CPU 的操作系统。目前,Linux 系统占据着大约 20% 的市场份额,推广主力来自两个组织:一是 GENIVI 联盟,由宝马、通用、雪铁龙等整车企业,德尔福、伟世通等零部件企业,以及英特尔等 170 家企业共同发起成立,推动基于 Linux 的开源车载系统的普及,其成员可基于 GENIVI 平台自由定制,打造独特的人机界面;二是

Linux 基金会,其推出了 AGL(Automotive Grade Linux)免费开源操作系统,主要应用在车载娱乐信息系统上,未来将涉足包括仪表显示器、车联网、ADAS 和自动驾驶等应用领域。

相比于其他操作系统,Linux 是开源程序,可自由修改且稳定,以及易于裁剪;可自由传播,无任何商业化版权制约;适合 Intel 等 x86 CPU 系列架构的计算机;同时 Linux 与 UNIX 系统兼容,具备 UNIX 的几乎所有优秀特性。常见的 Linux 发行版本有 Debian、Fedora、CentOS、SUSE、Mandriva、Ubuntu 等。利用 Linux 系统的众多优点,可以把它应用于嵌入式系统。

由图 2-12 可以看出,Linux 是一个分层的体系结构,位于硬件层之上,由用户空间和内核空间组成。其中高位的物理内存由内核空间占用,这部分内存只限运行在内核态的进程访问;低位的物理内存由用户空间使用,进程对用户空间的访问是相互隔离的,某一时刻占据 CPU 的进程,拥有整个虚拟内存空间。所有实时应用,都需要在极短的反应时间内,满足系统的任务处理需求。

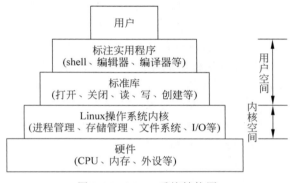

图 2-12　Linux 系统结构图

2.2.3　自动驾驶软件架构与中间件

1. 汽车软件架构与中间件概述

汽车软件架构是指架构在汽车硬件之上所有软件的总体结构。从架构组成来看,汽车软件一般包含基础软件(basic software)、应用软件(application software)等。

基础软件又主要包括操作系统(operating system)和中间件(middleware)等。

操作系统主要负责管理系统中的各种软硬件资源,控制用户和应用程序的工作流程,操作系统是架构在硬件上的第一层软件,是基础软件和应用程序运行的基础。

中间件则处于操作系统和应用软件之间,在操作系统之上,应用软件之下,主要作用是为应用软件提供运行与开发的环境,提供必要的功能和服务,如数据管理、应用服务、消息传递、身份验证和应用程序接口(application programming interface,API)管理等。中间件是应用、数据与用户之间的纽带,可以帮助开发人员更有效地构建应用软件。

常用的自动驾驶中间件有 ROS 系统、百度 Cyber RT、清华大学 OpenICV、DDS(data distribution service,数据分发服务)等。除此之外,一些汽车制造商拥有专用的中间件,如 TITUS/DBKOM 通信堆是戴姆勒的专有中间件,它根据一个客户端/服务器模型,使组件间的合作标准化。Volcano 是最初与沃尔沃公司合作开发的 Mentor Graphics 公司的商业产品。Volcano 目标程序包(VTP)包括一个通信层和对于分布在 CAN 和/或 LIN 上的应用程序的一套离线配置工具,旨在提供信号映射到网络带宽优化下的帧内,并确保由调度分析技术得到一个具备可预见性和可确定性的实时通信系统。

应用软件主要定义和实现具体的汽车电子功能,与用户需求直接相关,如控制前照灯、空调等部件正常运作,以及车载信息娱乐系统中的导航、音乐软件等。

从发展历史来看,汽车已从最初单纯的机械设备逐步演变为包含大量软件的分布式网络物理系统。世界上第一辆汽车不包含任何软件,直至 20 世纪 70 年代,汽车才引入第一个包含软件的电子燃油喷射系统。此时的软件通常都是嵌入式软件,与特定功能应用强结合;软件架构一般是整体式,即软件与硬件耦合在一起。到了 20 世纪 90 年代,汽车引入了更多电子软件产品,如 GPS 导航系统、自适应巡航控制系统等,此时整车软件架构开始变得分散化。这种不断分散化的趋势延续到 21 世纪初,汽车控制软件的开发规模不断增长。

如今,以人工智能技术与新一代信息通信技术为代表的新一轮科技革命进程,使新技术集成应用最佳载体之一的汽车正加速向智能化转型,整车电子系统功能复杂度呈指数级上升。数据显示,2016 年主流车型包含的软件代码行数达到约 1.5 亿行。在整车技术发展与创新方面,技术与工程核心正逐渐从传统的硬件层面转移到软件层面,软件功能正成为推动行业发展创新的强力因素。此外,大众汽车表示,软件将占未来汽车创新的 90% 左右,到2030 年,软件开发成本预计将占整车开发成本的一半左右。汽车已经从单纯的运输载人工具转变成一个集生活娱乐功能、舒适安全并行、高新科技涌现的智能设备。对汽车厂商来说,利用软件系统来控制汽车架构,既有利于实现创新升级,又能促进汽车轻量化,降低生产成本。

然而,传统汽车软件架构存在诸多缺陷。首先,传统汽车电子系统的软件和硬件大多耦合在一起,ECU 应用软件的开发测试对硬件平台的依赖度大,嵌入式软件系统也不支持硬件抽象,硬件平台各式各样,难以统一和重用;其次,软硬件耦合的架构为软件开发测试带来了很大的难度与不便,灵活性差,应用程序的可移植性差,软件开发的代码重用性差,完全无法满足当前汽车更新换代越来越频繁的需求,并且软件的模块化极其有限,在兼容性上也存在很多缺陷,大大降低了软件的开发效率;此外,自动驾驶汽车各种电子软件功能系统中包含的复杂的控制交互与实时响应,也需要更高级的软件架构和中间件来支持。本章后续将主要介绍常用的自动驾驶软件架构与中间件。

2. 常用自动驾驶软件架构

1) AUTOSAR

AUTOSAR 是一家专注于制定汽车电子软件标准的联盟。2003 年,AUTOSAR 由全球汽车制造商、部件供应商及其他电子、半导体和软件系统公司联合建立,此后,各成员企业保持合作伙伴关系,致力于为汽车工业开发一个开放的、标准的软件架构。

AUTOSAR 能够实现日益复杂的汽车软件需求,通过提供软件产品共性代码使制造商共享软件组件,再进一步根据不同产品完善差异化部分,从而实现在不同的硬件平台上使用相似的软件方案,并为车载计算单元引入操作系统。AUTOSAR 大大简化了软件开发流程,降低了软件开发难度,促进了汽车电子系统软件的交换更新,为高效管理车辆复杂软件系统提供了一个有力平台。

事实上,在引入 AUTOSAR 之前,OSEK(德语:offenesysteme and derenschnittstellen fur dieelektronikimkraftfahr-zeug,汽车电子开放式系统及其接口)/VDX(vehicle distributed executive,汽车分布式运行)系统也在推进车载软件标准化。然而,由于汽车制造商使用不同的专用平台、推荐平台或 ECU 供应商自身的平台,硬件等的抽象方法也各不相同,因此其应用范围受到了限制。目前,AUTOSAR 作为汽车电子行业的新兴标准,正逐步取代 OSEK/VDK 规范,国内外一致选择将原有符合 OSEK/VDX 规范的操作系统平滑升级至符合 AUTOSAR 规范的版本。

传统 ECU 架构的主要缺点为抽象程度低、基础软件模块少;而 AUTOSAR 规范抽象程度更高,并划分了更多基础模块。总体上,AUTOSAR 软件架构采用分层标准,如图 2-13 所示,在最高抽象级别上被抽象成三个软件层,实现应用软件和硬件模块的解耦,自上而下分别为:应用软件层、RTE(runtime environment,运行时环境)层、基础软件层。

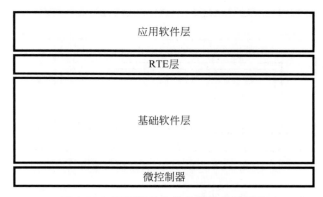

图 2-13　AUTOSAR 软件架构分层标准

(1) 应用软件层。

应用软件层处于 AUTOSAR 的最上层,与用户需求直接相关,通过对外界提供接口为用户提供具体的功能和服务。应用软件层由软件组件(software component,SWC)组成,应用软件层中的功能也由各个软件组件来实现,具体来说,软件组件中封装了部分或全部汽车电子功能,其中包括对其具体模块功能的实现以及对应描述。应用软件层与汽车硬件系统没有连接,对外界仅开放定义好的功能接口,如控制汽车前照灯、空调等部件的运作,以及信息娱乐系统中的导航软件、音乐软件。

(2) RTE 层。

中间件 RTE 是具体在每个 ECU 上对虚拟功能总线(virtual function bus,VFB)接口的实现,是对于每个 ECU 特定生成的。VFB 是底层基础软件与网络拓扑结构的抽象,是 AUTOSAR 提供的所有通信机制的集合。具体来说,VFB 描述的是软件部件间的数据类型、端口接口、端口类型和连接,表达出各个软件部件的基本通信属性和通信关系。通过 VFB 可以实现同一 ECU 内部的软件部件相互连接,以及不同 ECU 的软件部件相互连接。

应用软件层与其他软件的信息交互主要有两种:一种是应用软件层内部不同模块之间的信息交互;另一种是应用软件层模块同基础软件之间的信息交互。RTE 就是应用软件层内部以及应用软件层与基础软件层之间交互的桥梁,实现软件组件间、基础软件间以及软件组件与基础软件之间的通信。RTE 封装了基础软件层的通信和服务，为应用软件层组件提供了标准化的基础软件和通信接口，从而使应用软件层可以通过 RTE 接口函数调用基础软件的服务；此外，RTE 抽象了 ECU 之间的通信，即 RTE 可以通过使用标准化的接口将其统一为软件组件之间的通信，从而解决了应用软件层和基础软件层之间的耦合性，当底层硬件改动时，应用软件层可以不用进行改动。因此，RTE 层是 AUTOSAR 标准化的关键，从某种意义上来看，设计符合 AUTOSAR 规范的系统其实就是设计中间件 RTE。

（3）基础软件层。

基础软件层主要与硬件相关，通过对基础软件层进行标准化，汽车厂商可专注于开发有竞争力的上层应用软件，而无须过多关心底层基础软件与硬件。根据功能的不同，基础软件层进一步可划分为服务层、ECU 抽象层、微控制器抽象层和复杂驱动层，如图 2-14 所示。

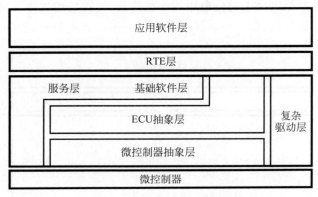

图 2-14　AUTOSAR 层面示意图

① 服务层由一系列基础软件组件构成，包括系统服务、存储器服务、通信服务等，主要提供操作系统、网络通信、内存管理、诊断、ECU 状态管理模块等基础服务，对应用层功能提供辅助支持。

② ECU 抽象层将 ECU 结构进行了抽象，主要提供 ECU 应用相关的服务。该层软件直接实现了 ECU 的应用层功能，可以读取传感器状态、执行控制器输出等。

③ 微控制器抽象层是实现不同硬件接口统一化的特殊层，是对 ECU 所使用的主控芯片的抽象，与芯片的实现紧密相关，是 ECU 软件的最底层部分，直接和主控芯片及外设芯片进行交互。微控制器抽象层软件模块主要由各个驱动程序构成，如 CAN 驱动程序、LIN 驱动程序、MCU（microcontroller unit，微控制单元）驱动程序等，通过微控制器抽象层可将硬件封装起来，避免上层软件直接对微控制器的寄存器进行操作。

④ 复杂驱动层主要面向处理复杂硬件信号、执行复杂硬件动作的 ECU，如发动机控制、ABS 等，这些功能相关的软件很难抽象出来适用于所有类型 ECU，其与 ECU 应用及 ECU 所使用的硬件紧密相关，是 AUTOSAR 中无法在不同 ECU 平台上移植的部分。

AUTOSAR 的分层式设计，用于支持完整的软件和硬件模块的独立性，中间 RTE 作为虚拟功能总线 VFB 的实现，隔离了上层的应用层与下层的基础软件层，摆脱了以往 ECU 软件开发与验证时对硬件系统的依赖。硬件层仅与基础软件层直接相关，完全独立于应用软件层，既能促进位于 RTE 之下的基础软件层实现标准化，又方便汽车厂商无须特别关注基础软件层，只需专注于开发特定的上层应用软件；提高了系统整合能力，特别是标准化交互接口以及软件组件模型的定义提高了各层的软件复用能力,从而减少了开发成本,提高了系统集成与产品推出的速度。

自动驾驶汽车需要实时处理大量数据,其电子电气架构要求具备高性能计算的控制器,控制器算力及通信带宽需进行巨大升级。实现高吞吐量、高通信带宽的高性能计算能力,除了需要硬件架构上,如异构多核处理器、GPU 加速等的支持,也需要适配新的软件架构来支持跨平台的计算处理能力、高性能微控制器的计算以及远程诊断等。此外,V2X 通信涉及动态通信及大量数据的有效分配,比如及时获取交通路况需要第三方合作伙伴参与,因此需要新的软件架构支持云交互以及非 AUTOSAR 系统的集成。自动驾驶车辆云端互连还需要专用安全手段的支持,以确保云交互和车载系统的通信安全。AUTOSAR 一般是指 Classic 平台,然而,AUTOSAR Classic 架构无法适应上述新的需求,因此在其基础上又诞生了 AUTOSAR Adaptive。AUTOSAR Adaptive 体系架构主要包括应用层、运行层(AUTOSAR run-time for adaptive,ARA)、基础服务层,如图 2-15 所示。

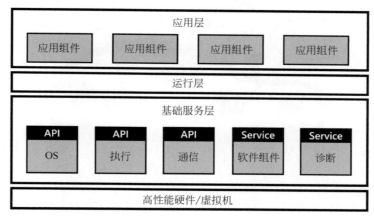

图 2-15 AUTOSAR Adaptive 体系架构

此外,表 2-5 列举了一些 AUTOSAR Classic 与 AUTOSAR Adaptive 的主要区别。与 AUTOSAR Classic 相比,AUTOSAR Adaptive 面向高性能计算处理器架构,其硬件层的算力更高,具有更高的吞吐量。AUTOSAR Classic 基于信号通信,发送者只负责将信号发送出去,接收者只需接收目标信号即可,这种方式适用于有限大小控制数据的应用场景;AUTOSAR Adaptive 基于服务通信,接收者作为客户端查找、订阅服务,发送者作为服务提供者按照需求为订阅者提供服务和信息,这种方式大大提高了通信效率而降低了负载,适用于自动驾驶等需要大量数据动态交互的场景。

表 2-5 AUTOSAR Classic 与 AUTOSAR Adaptive 架构对比

比较项	AUTOSAR Classic	AUTOSAR Adaptive
主要编程语言	C 语言	C++
实时性	硬实时	软实时
通信方式	基于信号	基于服务
主要通信网络	CAN、LIN 等	以太网
适用场景	传统 ECU,如 ECM、VCU、BMS、MCU 等	自动驾驶、辅助驾驶、车联网

AUTOSAR Classic 支持高安全性和高实时性的应用场景,适用于部署运行深度嵌入式的软件功能。AUTOSAR Adaptive 在保证安全等级、降低小部分实时性的情况下,能够满足非实时性的架构系统软件的需求,并大大提高了高性能计算处理能力,支持大数据的并行处理、智能互联应用功能的开发,适用于高性能计算功能。因此,AUTOSAR Classic 架构及 AUTOSAR Adaptive 架构针对不同的应用场景可实现二者的共存和协作。

自动驾驶汽车将采用同时包含 AUTOSAR Classic 以及 AUTOSAR Adaptive 的异构软件架构,如图 2-16 所示,继承软件分层控制思想,实现软硬件解耦,注重应用软件标准化,并由车载操作系统为各类服务生态提供接口,掌控用户交互界面。

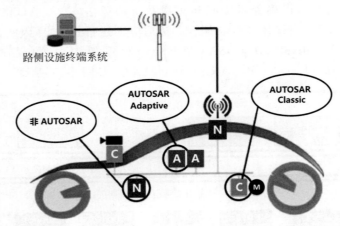

图 2-16　同时包含 AUTOSAR Classic 与 AUTOSAR Adaptive 的异构软件架构

2) Apollo 软件架构

Apollo 是百度面向汽车行业及自动驾驶领域合作伙伴发布的软件平台,旨在向汽车行业及自动驾驶领域的合作伙伴提供一个开放、完整、安全的软件平台。Apollo 平台是一套完整的软硬件和服务系统,包括车辆平台、硬件平台、软件平台、云端数据服务四大部分。

Apollo 的开放性和完整性有助于汽车行业及自动驾驶领域的合作伙伴整合自身车辆及硬件系统,快速搭建起一套属于自己的自动驾驶系统。与封闭系统相比,开源的 Apollo 平台项目的参与者越多,积累的行驶数据就越多,就能以更快的速度成熟,从而推动自动驾驶行业快速发展。

Apollo 软件架构如图 2-17 所示,主要模块有感知模块、预测模块、决策规划模块、控制模块、高精地图模块、定位模块、CANBus 模块、导航模块、监控模块、人机交互(HMI)模块

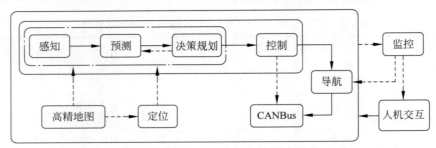

图 2-17　Apollo 软件架构

等,此外也包括校准模块、可视化模块、驱动模块、端到端强化学习模块等。在Apollo平台下,自动驾驶系统首先根据起点和终点规划出全局路径(routing),在行驶过程中持续感知(perception)当前环境,并对下一步发展进行预测,采集到的信息作为规划模块(planning)输入,规划车辆行驶轨迹,控制模块(control)将轨迹数据转换成对车辆的控制信号,通过车辆CANBus模块控制车辆。各个模块的主要功能如下。

(1) 感知模块:感知获取激光雷达点云数据与摄像头原始数据等,此外,交通灯检测也需要依赖定位以及高精地图。

(2) 预测模块:预测感知到的障碍物的未来运动轨迹,输出预测消息。

(3) 决策规划模块:接收全局路径后,根据从感知模块得到的环境信息(包括其他车辆、行人等障碍物信息、道路交通标志、红绿灯等交通规则信息)以及自车当前行驶路径等状态信息,做出具体的行为决策(变道超车、跟车行驶、让行、停车、进出站等)。根据行驶目标规划车辆具体行驶轨迹,并避开障碍物。

(4) 控制模块:基于决策规划输出与车身状态,用控制算法输出转向、制动、加速等控制指令。

(5) 高精地图模块:输出结构化地图信息,如车道线、十字路口等,可准确表征路面特征。

(6) 定位模块:聚合各种数据以定位自动驾驶车辆。

(7) CANBus模块:反馈车辆当前的状态(航向、角度、速度等),并且发送指令到执行机构。

(8) 导航模块:输入包括地图信息各起点、终点地址,输出一个全局的导航信息。

(9) 监控模块:包括硬件在内的车辆中所有模块的监控系统。

(10) 人机交互模块:可视化自动驾驶模块输出,为用户提供人机交互界面,以查看硬件状态,打开或关闭模块等。

(11) 校准模块:实现对传感器的校准和标定,包括激光雷达、毫米波雷达、摄像头等。

(12) 可视化模块:查看规划的轨迹及实时的转向、制动和节气门信息。

(13) 驱动模块:GNSS(global navigation satellite system,全球导航卫星系统)设备驱动,包括NovAtel、Applanix、U-Box、激光雷达、Velodyne驱动等,用于读取传感器内容并输出对应消息。

(14) 端到端强化学习模拟:使用强化学习算法直接学习人类司机的驾驶行为,由传感器的输入信息直接决定车的行为。

3) 其他常用软件架构

除了上述软件架构平台,自动驾驶领域还存在一些其他软件平台,如ElektroBit公司(简称EB)推出的ADTF(assist automotive data and time-triggered framework模块化的ADAS开发环境平台)、KogMo-RTDB(real-time database for cognitive automobiles)等。

(1) ADTF是由全球知名汽车软件工具提供商Elektrobit公司推出的模块化ADAS开发环境平台,是目前用于ADAS系统开发和测试的最常用软件架构,能帮助ADAS软件开发者快速完成软件开发。ADTF是一种具有分布式进程链的实时系统,支持同步、异步数据处理,各进程链之间的通信可通过事件、服务呼叫等方式实现。ADTF支持通过自定义模块进行扩展,也提供设备驱动、MATLAB/Simulink插件等工具箱,提高开发效率。此外,ADTF 也支持离线系统的仿真和调试。

（2）KogMo-RTDB 是用于慕尼黑认知汽车（cognitive automobiles）项目中联合图像和知识处理的具有实时功能的软件体系结构部分，是认知系统集成框架的关键组件。KogMo-RTDB 允许在中心位置发布系统内的所有相关数据，发布的信息被打包成一个对象，而对象作为数据库处理的最小单元。KogMo-RTDB 为对象的插入、更新和删除提供了统一的接口，并为数据对象提供了动态内存分配。对象在共享内存中可保留一段时间，并串行化写入存储中。如果发布对象没有受到有意保护，则可以由所有其他软件模块访问。模块还可以搜索并等待数据，可以允许其他模块更新其对象的数据。在分布式系统中，KogMo-RTDB 不通过网络协议进行通信。另外，KogMo-RTDB 需要额外的工具用于记录和回放数据。

3. 常用自动驾驶中间件

1）ROS 系统

（1）ROS 概述。

ROS 是一种开源的机器人操作系统，或次级操作系统。它能提供类似操作系统所提供的功能，例如，硬件抽象描述、底层驱动程序管理、共用功能的执行、程序间的消息传递、程序发行包管理。它也提供一些工具程序和库用于获取、建立、编写和运行多机整合的程序。ROS 是通信机制、工具软件包、机器人高层技能以及机器人生态系统的集合体。

ROS 架构包含三个层次，分别是基于 Linux 系统的 OS 层、实现 ROS 核心通信机制以及众多机器人开发库的中间层、在 ROS Master 的管理下保证功能节点正常运行的应用层。ROS 具有三种通信机制，分别是基于发布/订阅的主题通信、基于客户端/服务器的服务通信及基于 RPC 的参数服务器。

（2）ROS 工作原理。

从计算图的角度看，ROS 系统软件的功能模块以节点为单位独立运行，可以分布于多个相同或不同的主机中，在系统运行时通过端对端的拓扑结构进行连接。以下对 ROS 架构主要概念进行介绍。

① 节点（node）：节点是一些执行运算任务的进程。ROS 利用规模可增长的方式使代码模块化：一个典型系统由很多节点组成。当许多节点同时进行时，可以方便地将端对端的通信绘制成一个图表，在这个图表中，进程就是图中的节点，而端对端的连接关系由其中的弧线连接表现。

② 消息（message）：节点之间通过传送消息进行通信。每个消息都是一个严格的数据结构。

③ 主题（topic）：消息以一种发布/订阅的方式传递。一个节点可以针对一个给定的主题发布消息，一个节点针对某个主题关注与订阅特定类型的数据，可能同时有多个节点发布或订阅同一个主题的消息，发布者和订阅者不了解彼此的存在。

④ 服务（service）：基于客户端/服务器模型，包含两个部分的通信数据类型，一个用于请求，另一个用于应答，类似于 Web 服务器。

⑤ 节点管理器（node master）：通过远程过程调用提供登记列表和对其他计算图标的查找功能，帮助 ROS 节点之间相互查找、建立连接，同时还为系统提供参数服务器，管理全

局参数。

（3）ROS 系统特点。

ROS 的核心为分布式网络，使用了基于 TCP/IP 的通信方式，实现了模块间点对点的松耦合连接，可以执行若干种类型的通信，包括基于主题的异步数据流通信、基于服务的同步数据流通信、参数服务器上的数据存储等。总体来讲，ROS 主要有以下几个优点。

① 点对点设计：在 ROS 中，每一个进程都以一个节点的形式运行，可以分布于多个不同的主机。这种点对点的设计可以分散定位、导航等功能带来的实时计算压力，适应多机器人的协同工作。

② 支持多种编程语言：ROS 使用简洁、中立的定义语言描述模块之间的消息接口，即不依赖某一种编程语言。目前已经支持 Python、C++、Java、Octave 和 LISP 等多种不同的语言，也可以同时使用这些语言完成不同模块的编程。

③ 架构精简、集成度高：ROS 框架具有的模块化特点使得每个功能节点都可以进行单独编译，并且使用统一的消息接口让模块的移植、复用更加便捷。同时，ROS 开源社区中移植、集成了大量已有开源项目中的代码，如 OpenCV 库（open source computer vision library，开源计算机视觉库）、PCL（point cloud library，点云库）等，开发者可以使用丰富的资源实现机器人应用的快速开发。

④ 免费并且开源：ROS 遵照的 BSD 许可给使用者较大的自由，允许其修改和重新发布其中的应用代码，甚至可以进行商业化的开发与销售。

⑤ 工具包丰富：移动机器人的开发往往需要一些友好的可视化工具和仿真软件，ROS 采用组件化的方法将这些工具和软件集成到系统中并可以作为一个组件直接使用。

同时，ROS 系统也存在以下缺点。

① ROS 采用中心化的通信管理，中心节点统一管理通信，中心节点死机将会导致整个通信节点失效，通信体系的可靠性不高。

② ROS 针对机器人开发提供了大量的功能和工具库，在车载嵌入式平台上应用的计算效率不高。

③ ROS 更适合科研和开源用户使用，如果在工业场景应用（如无人驾驶）还需要做优化和定制，如 Apollo 和 Autoware。

2）OpenICV 系统

（1）OpenICV 系统概述。

OpenICV 软件平台是由清华大学针对 ROS 平台兼容性不足和通信效率不高的特点开发的一款多操作系统兼容的开源自动驾驶软件平台，在保障优秀的跨平台兼容性的同时开源了全部的源代码，供任何希望在 OpenICV 软件平台上进行自动驾驶功能配置和开发的人员使用，弥补了国内此类产品的空缺。

同时，随着汽车智能化的进一步提高以及机器学习、人工智能技术的发展，智能汽车需要一个具有强大计算能力、跨操作系统、兼容不同智能硬件的软件平台。OpenICV 自动驾驶软件平台的根本任务和功能在于为应用算法模块提供运行环境、数据交互、任务管理等服务。目前，传统的 AUTOSAR 还是作为车控领域的标准，车载操作系统主要有 Linux、Android 等通用操作系统，而这些系统也无法用于 ECU 中。OpenICV 是一款多系统兼容的软件平台，在这样一个集成的平台上，有利于更多智能功能的实现，进一步提升了通用化。

（2）OpenICV 工作原理。

考虑到自动驾驶算法的实时性，OpenICV 设计并配置了节点间通信的循环读写机制，以取代 ROS 中基于套接字（socket）的通信机制，以获得更高的速度。考虑到单个自动驾驶车辆内是集中式计算而不是分布式计算的特点，OpenICV 不采用主节点管理节点间的通信。而是通过配置文件实现通信管理，有效解决了主节点故障问题。通过编写和修改配置文件，可以方便地创建和删除节点之间的数据路径，从而支持多种自动驾驶算法。当系统在线运行时，固定数据路径提供了安全和高速的节点间通信的潜力。

OpenICV 采用模块化开发，包括通信接口、传感器驱动、执行器驱动、数据存储管理和自动驾驶算法五个模块库，如图 2-18 所示。

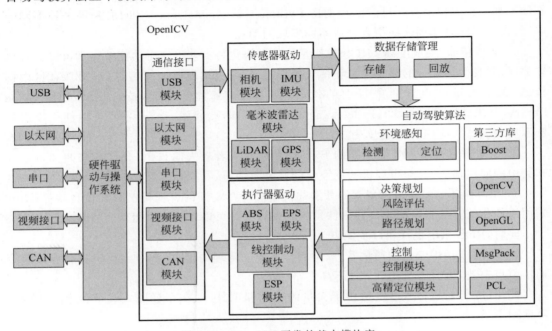

图 2-18　OpenICV 开发的基本模块库

① 通信接口模块库：通信接口模块库用于支持自动驾驶系统中传感器、执行器和底层硬件驱动程序之间的通信，包括 CAN/CAN FD、以太网、USB 等。

② 传感器驱动模块库：传感器驱动模块库包含相机、GPS、毫米波雷达、激光雷达、IMU（intertial measurement unit，惯性测量单元）等常用传感器模块，它是为支持各种传感器的应用而设计的。

③ 执行器驱动模块库：执行器驱动模块库包含常用执行器的通信协议，如 EPS、ABS、线控制动等，主要用于实现执行器与算法之间的通信。

④ 数据管理模块库：负责存储和回放传感器获取的各种数据，包括图像、点云、GPS 等。

⑤ 自动驾驶算法模块库：用于提供各种应用算法，包含自动驾驶系统中常用的算法模块，具体有环境感知、决策规划和底盘控制等。

此外，OpenICV 设计了高效、多样化的模块间通信方式，采用线程间通信和进程间通信两种模式,保证重要信息的低时延传输,图 2-19 所示为 ROS 与 OpenICV 的通信方式对比。

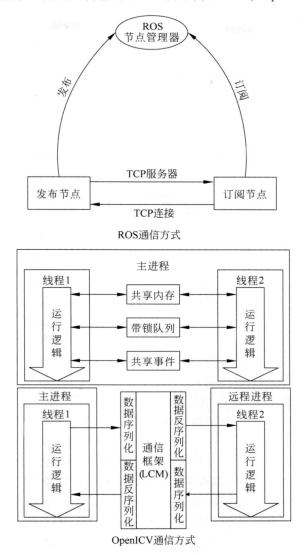

图 2-19　ROS 与 OpenICV 的通信方式对比

（3）OpenICV 系统特点。

OpenICV 自动驾驶软件平台能够在 Linux、Windows、AUTOSAR OS（QNX）等大多数主流操作系统上进行配置和应用,内部定义了高效的信息传递模式与精确的时间戳管理体系,能够支持当前自动驾驶车辆上所配备的大多数传感器类型与通信接口类型。OpenICV 系统的特点有以下四个。①兼容性:OpenICV 支持 Linux、Windows、AUTOSAR OS 等多种操作系统,可实现跨平台信息传递和功能协调;②实时性:设计了高效、多样化的模块间通信方式,采用线程间通信和进程间通信两种模式,保证重要信息的低时延传输;③同步性:精确的时间戳管理体系,保证数据时间的低误差同步;④模块库:丰富的通信模块库和硬件模块库,支持 GPS、IMU、相机、毫米雷达波、激光雷达等传感器,支持 CAN、以太网、

USB、串口模型等通信接口。

3）百度 Cyber RT

（1）Cyber RT 概述。

Cyber RT 是全球首个面向自动驾驶的高性能开源计算框架，在 Apollo 3.5 版本中正式发布。Cyber RT 系统是 Apollo 开源软件平台层的一部分，作为运行时计算框架，处于实时操作系统和应用模块之间。Cyber RT 作为基础平台，支持流畅高效地运行所有应用模块，其工作流程如图 2-20 所示。

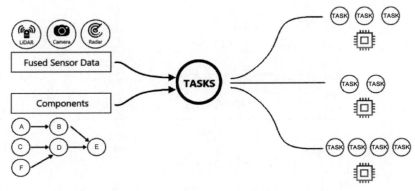

图 2-20　Cyber RT 工作流程图

Cyber RT 框架核心理念是基于组件的，组件有预先设定的输入输出。实际上，每个组件都代表一个专用的算法模块。框架可以根据所有预定义的组件生成有向无环图（directed acyclic graph，DAG）。在运行时刻，框架把融合好的传感器数据和预定义的组件打包在一起形成用户级轻量任务，之后，框架的调度器可以根据资源可用性和任务优先级来派发这些任务。

（2）Cyber RT 工作原理。

Cyber RT 系统的架构是由一系列具有特定输入和输出的组件构成，每个组件都包含一个特定的算法模块来处理一组数据的输入并生成一组输出。Cyber RT 框架建立在这些组件之上，从组件中提取依赖项并通过 DAG 依赖关系图将它们连接在一起。以下对 Cyber RT 计算框架的拓扑组件、通信组件以及调度组件进行简单介绍。

① Cyber RT 计算框架拓扑组件。

在图论中，如果一个有向图从任意顶点出发无法经过若干条边回到该点，则这个图是一个 DAG 图，如图 2-21 所示。可以看出，有向无环图的特点是去中心化，在一个分布有众多节点的系统中，每个节点都具有相对独立的特征。节点之间彼此可以自由连接，避免了因中心故障将影响整个系统的情况发生，从而形成更扁平化、平等性的系统拓扑结构。

在自动驾驶系统的实际应用中，核心算法包括点云预处理算法、障碍物检测算法、点云定位算法、决策控制算法等。这些算法在 Cyber RT 框架下相互解耦，被封装成独立可拆分的计算任务单元，任务单元之间彼此相互独立，只是通过输入和输出完成数据链路连接。

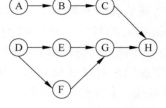

图 2-21　DAG 图

② Cyber RT 计算框架通信组件。

Cyber RT 中定义并封装好了一系列计算框架通信组件,不仅通信效率高,使用简单,还可以满足不同场景不同功能的通信要求。下面介绍 Cyber RT 中的一些基本通信组件概念。

- 节点(node):在 Cyber RT 框架中,节点是最基础的单元,每个节点都有各自独立的算法程序,如点云预处理算法、障碍物检测算法等。
- 信道(channel):为完成节点之间通信所建立的信息传输通道。
- 服务(service):服务是 Cyber RT 中的另一种通信方式,与信道通信相同,基于服务的通信也需要有消息的收发节点。

③ Cyber RT 计算框架调度组件。

Cyber RT 将自动驾驶所有算法处理任务封装成一个最小计算单元,模块策略开发只需要定义算法以及算法的输入输出,模块之间的数据通信、服务调用、数据接口等放到优先级队列中由框架进行全局统一管理调度。Cyber RT 调度系统的调度策略主要分为classic(经典)策略和 choreography(编排)策略,根据 DAG 文件描述生成自动驾驶模块算法拓扑链路,通过读取算法上下游依赖,确定算法执行先后顺序,然后分配执行单元进行运算。

classic 调度策略是 Cyber RT 较为通用的调度策略,当车上的 DAG 结构不清楚时,优先使用该策略。该策略可以指定每个节点的优先级,可以设置节点的运行在哪些处理器上,当设置好之后,这些节点便会按照设定优先级的顺序,按照默认的调度策略运行在设置的处理器上,系统会根据任务量的大小自动分配在不同的处理器上运行,使每个处理器运行的负担较为均衡。

编排策略是基于对车上任务足够熟悉,根据任务的依赖执行关系、任务的执行时长、任务 CPU 消耗情况、消息频率等,对任务进行编排。同样除了可以设置经典策略中的线程数目、编排方式之外,还可以设置每个线程的优先级、线程的调度策略等。

(3) Cyber RT 系统特点。

Cyber RT 作为面向自动驾驶的高性能开源计算框架,可显著提升研发效率,自适应设计易于部署,框架高效可靠,可以帮助客户实现更快速度的搭载与落地。主要有如下特点。

① 轻量级、平台无关。基于自动驾驶业务现状深度定制,精简可靠。框架与底层实现剥离,平台可移植性强。

② 采用 DAG 拓扑框架件,可使上层模块灵活配置。模块可定义独立的算法,以及输入输出、异常处理等,可根据配置文件动态生成计算流程图并执行。

③ 封装了简单高效的通信组件,可以满足不同驾驶场景下的信息传输需求。

④ 可实现任务的全局调度。通过计算流程图的数据依赖,进行任务的全局调度。

⑤ 细粒度的资源隔离。根据功能对系统各组件进行计算、存储、输入输出等资源的预分配,运行时根据系统情况实时调整,兼顾稳定与高效。

4) DDS

(1) DDS 概述。

DDS 是一种针对实时应用程序需求的中间件技术。使用以数据为中心的发布/订阅模型,DDS 可以处理不可靠网络中的自动发现、可靠性、冗余性等问题。它将资源状况、对资源的期待程度、网络状况等都用服务品质(quality of service,QoS)参数来描述,大大增强了通信的实时性、灵活性和可靠性。

(2) DDS 工作原理。

DDS 的目标在于为分布式系统提供高效、可靠、实时的数据分发服务。通信的参与者可以使用 DDS 高效地读写数据。底层 DDS 负责分发消息,使得每一个参与者都能够得到消息最新的值。服务提供了一个虚拟的"数据空间"供参与者读写数据。DDS 规范标准化了分布式实时系统中数据发布、传递和接收的接口和行为,定义了以数据为中心的发布/订阅机制,DDS 规范使用 UML 来定义服务,提供一个与具体平台无关的模型,从而可以映射到多种具体实际的平台和编程语言。此外,DDS 规范还定义了大量的 QoS 策略,使得 DDS 可以很好地配置和利用系统资源,协调可预测性与执行效率之间的平衡,以及能支持复杂多变的数据流需求等。

DDS 规范分为两层:以数据为中心的分布/订阅(data-centric publish/subscribe,DCPS)层和数据本地重构层(data local reconstruction layer,DLRL)。DCPS 是 DDS 规范的核心和基础,负责数据的传输,并将恰当的信息传递给恰当的接收者。通过提供相关 QoS 策略,实现对 DDS 服务行为的控制。DLRL 建立在 DCPS 之上,是一个可选部分,将发布/订阅层提供的服务进行抽象,与底层服务建立映射关系,将数据的发布/订阅服务集成到应用层,在本地自动重构数据,分布式数据可为本地和远程对象共享。DDS 的分层结构如图 2-22 所示。

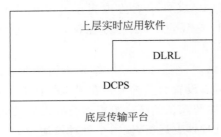

图 2-22 DDS 的分层结构

(3) DDS 系统特点。

DDS 规范支持高性能实时系统,可以实现信息的实时可用性。同时,QoS 要求贯穿整个信息发布/订阅过程中,体现了 DDS 的优越性。DDS 为实时环境下以数据为中心的分布式应用提供了实时、灵活、可靠的通信服务,具有以下特点:①引入全局数据空间概念,提高了通信效率;②以数据为中心,降低了网络延迟;③用 QoS 控制服务行为,增加了通信灵活性;④用 UDP/IP 协议,增大了网络吞吐率;⑤进行动态配置,提高了数据传送能力。

同时,DDS 系统还存在以下缺点:①不能保证传输的可靠性,不适合对可靠性要求非常严格的系统;②为了让 DLRL 与 DCPS 层之间进行整合,需要对它们之间的映射关系进行复杂的描述,工作烦琐复杂;③当参与者没有提供对象索引时,通过 DLRL 就无法更新响应的数据,这样就失去 DCPS 层对实例的灵活性。

2.3 自动驾驶开发平台简介

自动驾驶系统开发是一个复杂的过程,因此需要专用的开发平台支持。本节首先总体介绍汽车自动驾驶的开发工具链;然后在此基础上,详细介绍开发语言以及常用的开发平台与工具。

2.3.1　自动驾驶开发工具链

自动驾驶开发工具链是自动驾驶开发过程中用到的工具集合。自动驾驶开发人员使用工具链来开发、测试和验证基于软件的自动驾驶功能,如自动控制车辆速度,区分行人和塑料袋,预测物体的未来运动,或者识别潜在的障碍物等。工具链是保证自动驾驶应用程序功能性与安全性的必需品。

1. 自动驾驶开发工具链分类

自动驾驶系统开发是一个复杂的过程,大致可分为车载软件系统开发、自动驾驶算法仿真验证等主要部分。图 2-23 展示了自动驾驶开发过程中所需的工具链,大致可分为三类:车载软件系统开发工具链、自动驾驶仿真平台工具链以及其他工具链。

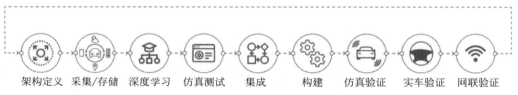

架构定义　采集/存储　深度学习　仿真测试　集成　构建　仿真验证　实车验证　网联验证

图 2-23　自动驾驶开发全过程所需工具链

1) 车载软件系统开发工具链

车载软件系统开发工具链是在车载软件系统开发过程中用到的工具集合,以 AUTOSAR 架构软件开发工具链为例,具体又可以分为系统级设计工具、软件组件级设计工具、ECU 级配置工具。系统级设计工具主要完成软件组件框架(包括端口、端口接口、数据类型、运行实体、触发事件等)的设计定义及其框架代码生成;软件组件间通信端口的连接;硬件拓扑及网络拓扑设计;导入 DBC、LDF 和 FIBEX 等传统网络描述性文件进行软件组件向 ECU 的映射以及数据至系统信号的映射;实现待配置 ECU 信息抽取(ECU Extract)等工作。常见系统级设计工具有博世集团 ETAS 的 ISOLAR-A、dSPACE 公司的 SystemDesk、恒润科技的 EAS. SwcDeveloper 等。软件组件级设计工具主要完成软件组件内部行为(internal behaviour,IB),即控制算法逻辑的设计建模、AI 算法的设计与部署,以及符合车载软件架构规范的代码与软件组件描述性文件的生成工作等。博世集团 ETAS 的 ASCET、dSPACE 公司的 TargetLink、Mathwork 公司的 MATLAB/Simulink 都是常见的软件组件级设计工具。ECU 级配置工具主要完成 ECU 配置及其代码生成。常见的 ECU 级配置工具主要有:博世集团 ETAS 的 RTA 系列、ElektroBit 公司的 EB tresos 系列、恒润科技的 EAS. Configurator 等。

2) 自动驾驶仿真平台工具链

由于严格的安全性要求,自动驾驶功能需要经过严格的测试。然而,纯物理测试会大量增加成本和时间消耗。要以 95% 的信心证明自动驾驶汽车的故障率低于驾驶人的故障率,需要经过 110 亿英里(约 177 亿 km)的道路测试。另外,物理测试永远不足以应付可能出现的所有危险情况。因此,必须进行大量的虚拟仿真来支持自动驾驶汽车技术的测试验证。自动驾驶仿真平台一般是多个软件组成的工具链,主要包含:仿真环境工具、仿真车辆工具、仿真传感器工具以及仿真控制器工具。仿真环境工具提供高仿真的道路、天气、环境车、行人等静/动态环境元素。通常,天气、环境车、行人都是预存的 3D 数据模型。道路是需要根据试验需求进行定制设计(地图绘制或地图导入)。仿真车辆工具提供能反映实际车辆物理属性的车辆模型。车辆模型在考虑车辆动态系统高阶特性、强非线性、计算高效性和实时性的基础上,体现了方向盘、制动、节气门等车辆输入与车辆运动状态变化输出的映射关系。仿真传感器工具提供了相机、毫米波雷达、激光雷达、地图/GPS 等常用车载传感器的仿真模型。仿真传感器需体现实际传感器的模型参数以及噪声模型参数。仿真控制器需模拟代码在嵌入式设备上的运行效果,提供灵活的执行器和传感器通信接口以及代码运行环境。

　　3) 其他工具链

　　除了车载软件系统开发和自动驾驶仿真过程,自动驾驶开发还会用到以下工具:代码编辑、编译、管理相关工具;自动驾驶实车测试调试工具,如单片机调试工具、通信调试工具等;以及项目管理相关办公工具。另外,随着智能汽车网联化技术的发展,车辆网联功能开发的相关工具链也会逐步成熟。

2. 集成工具链开发

　　目前已有能大致涵盖自动驾驶开发、测试和验证全过程的数百种开源或闭源的工具,但是这些工具是高度分散独立的,只有少数工具之间能有效交互。因此,为了提升自动驾驶开发效率,有必要搭建涵盖全开发流程的集成工具链。

　　博世和微软公司合作提出的 OpenADx 项目旨在通过制定车辆系统和测试环境中使用软件的开放接口标准,解决当前各种工具之间交互性、兼容性差的问题,形成自动驾驶开发集成工具链。OpenADx 提出了一种集成工具链开发途径:通过工具链的集成、调整、开发过程打造自动驾驶集成工具链。具体地,集成市场上现有的成熟工具产品,并根据需要调整现有工具,另开发其余所需工具。

2.3.2　汽车自动驾驶开发语言概述

　　计算机编程语言包括机器语言、汇编语言和高级语言,其中机器语言和汇编语言更加符合机器的思考方式,执行效率高,而以 C、C++、Python、Java 等为代表的高级语言则符合人类的思考方式,开发效率高。从整体上,汽车自动驾驶是一个感知-规划-控制的闭环,感知方面的相机、雷达、地图信息等自定义行为在嵌入式平台上进行,一般使用 C、C++进行开发。规划部分是汽车自动驾驶的关键部分,涉及海量数据分析以及策略制定,Python 已经有成熟的模型将基础的理论算法进行集成,具有传统机器学习框架的训练模型,能够很好地将感知数据进行分析,进而制定合理的驾驶策略。

1. C 语言

　　C 语言在最初面世时是过程性语言,强调的是编程的算法。过程化编程首先要确定计算机应采取的操作,然后使用编程语言来实现这些操作。

　　1) 基本特性

　　随着程序规模的扩大,早期的程序语言(如 FORTRAN 和 BASIC)都会遇到组织方面的问题。例如,程序经常使用分支语句,根据某种测试的结果,执行一组或另一组指令。很多旧式程序的执行路径很混乱,几乎不可能通过阅读程序来理解,而修改这种程序更是难上加难。为了解决这种问题,计算机科学家开发了一种更有序的编程方法——结构化编程,C 语言具有使用这种方法的特性。例如,结构化编程将分支(决定接下来应执行哪个指令)限制为一小组行为良好的结构。C 语言词汇表中包含了这些结构:for 循环、while 循环、do…while 循环和 if…else 语句。另一个新原则是自顶向下的设计,在 C 语言中,将大型程序分解成小型、便于管理的任务。如果其中一项任务仍然过大,则将它分解为更小的任务,这一过程将一直持续下去,直到将程序划分为小型的、易于编写的模块。C 语言的设计鼓励开发者开发程序单元(函数)来表示各个任务模块。

C 语言具有低级语言的特点。与汇编语言的功能和描述方法相近,C 语言可以通过地址运算、二进制数位运算等,对硬件端口等资源直接操作,实现计算机资源的充分利用。因此,C 语言既具有高级语言便于学习的特点,又有机器语言或汇编语言对硬件的操作能力;既可作为系统描述语言,又可作为通用的程序设计语言。

C 语言具有丰富的数据类型。数据类型越多,数据的表达能力就越强。C 语言具有现代语言的各种数据类型,如字符型、整型、实型、数组、指针、结构体和共用体等,可以实现诸如链表、堆栈、队列、树等各种复杂的数据结构,其中指针使参数的传递简单、迅速,节省内存。

程序代码具有良好的可移植性。由于系统库函数和预处理程序将可能出现的与机器有关的因素与源程序隔开,便于在不同的 C 语言编译系统之间重新定义有关内容,即 C 语言程序可以从一个环境中不经改动或稍加改动就移植到另一个完全不同的环境中运行,从而显著减少了程序移植的工作强度。

2) 存在不足

(1) C 语言缺少面向对象编程(object oriented programming,OOP)功能。虽然结构化编程的理念提高了程序的清晰度、可靠性,并使之便于维护,但在编写大型程序时,仍面临挑战。

(2) C 语言不支持命名空间(namespace)。命名空间表示标识符(identifier)的可见范围,一个标识符可在多个命名空间中定义,它在不同命名空间中的含义是互不相干的。这样,在一个新的命名空间中可定义任何标识符,而不会与任何存在其他命名空间的已有标识符发生冲突。

(3) C 程序错误较隐蔽。C 语言的灵活性使得编写程序时更容易出现逻辑错误,与汇编语言类似,C 语言的编译器不检查这样的错误,需要在程序运行时发现。

2. C++

C++ 是在 C 语言基础上开发的一种集面向对象、泛型编程(generic programming,GP)和过程化编程于一体的编程语言,是 C 语言的超集。

1) 基本特性

(1) 面向对象编程:C++ 在支持过程式编程的同时,也支持面向对象编程。过程式编程是一种以执行程序操作的过程或函数为中心编写软件的方法,程序的数据通常存储在变量中,与过程是分开的。随着程序变得越来越复杂,程序数据与运行代码的分离可能会出现问题。例如,程序规范经常发生变化,需要更改数据格式或者重新设计数据结构,当数据结构变化时,对数据进行操作的代码也需要更改为相应的格式。这个问题促成了过程式编程向面向对象编程的转变。OOP 以创建和使用对象为中心。一个对象就是一个软件实体,它将数据和程序在一个单元中组合起来。对象的数据项,也称为其属性,存储在成员变量中。对象执行的过程被称为其成员函数。将对象的数据和过程绑定在一起则被称为封装。面向对象是 C++ 中最核心也是体现 C++ 价值的一个部分。

(2)泛型编程:所谓泛型编程就是独立于任何特定类型的方式编写代码,使用泛型程序时,需要提供具体程序实例所操作的类型或者值。C++ 通过函数模板和类模板来实现泛型编程。函数模板是一种特殊的函数,可以通过不同类型进行调用,它是 C++ 中重要的代码复用方式,在实际使用时通过 template 关键字来声明使用模板,然后通过 typename 关键字来定义模板类型。其实编译器对函数模板进行了两次编译,第一次编译时,首先检查函数模板本身有没有语法错误;第二次编译时,会去找调用函数模板的代码,然后通过代码的真正参数,来生成真正的函数。类模板就是将泛型思想应用于类,通常应用于数据结构方面,使得类的实现不再关注数据元素的具体类型,只关注需要实现的功能。编译器对类模板处理方法和函数模板相同,都进行两次编译。

2) 存在不足

(1)C++ 内存管理问题:在 C 语言中,虽然可通过库函数 malloc 和 free 来分配和释放内存,但却是非常危险的内存管理方法。malloc 函数可分配指定大小的内存空间,并返回该内存块的首地址。free 函数则根据指定的地址释放内存块。但是经常会出现内存分配未成功就使用、分配成功未初始化就引用、操作越过内存块边界、忘记释放不再使用的内存、释放了内存但没有设置为 NULL 从而产生“野指针”、再次释放已经释放的内存块等问题。C++ 为了与 C 完全兼容,允许使用库函数 malloc 和 free,这就给高质量的程序设计带来了很大的安全隐患。虽然 C++ 增加了两个运算符 new 和 delete,但其用法与 malloc 和 free 相同,它们返回的仍然是对象的地址,而不是对象的“句柄”。当分配的对象在程序运行过程需要在内存中移动时,其地址就会发生变化,就给程序维护增加了非常大的难度。

(2)C++ 的向下兼容问题:向下兼容面向对象技术是软件界非常有意义的一项技术。为了与 C 兼容,C++ 被迫作出了很多重大的设计妥协,导致语言过分华丽、过分复杂。C++ 过于依赖 C,是面向对象与传统的面向过程相结合的产物。

3. Python

Python 简单易学的特点催生了庞大的用户群体和活跃社区。在机器学习中,利用 Python 可以享受很多便捷的数学运算第三方库,如 NumPy、SciPy,在可视化方面有 MatplotLib 和 SeaBorn,结构化数据操作可以通过 Pandas 得到 R 语言(用于统计分析、绘图的语言和操作环境)一般的体验,针对各种垂直领域,如图像、语音、文本在预处理阶段都有很成熟的库可以调用。

1) 基本特性

Python 是免费的开源自由软件。Python 遵循 GPL 协议,不管是用于个人还是商业用途,开发人员都无须支付任何费用,也不用担心版权问题。作为开源软件,程序员可以获得 Python 源代码,以研究其内部细节,并可加以修改使其对目标更有针对性;也可将 Python 嵌入系统或随产品一起发布,甚至销售 Python 的源代码,都没有任何限制。

Python 是面向对象的。面向对象是现代高级程序设计语言的一个重要特征。多态、运算符重载、继承和多重继承等 OOP 的主要特征也在 Python 的类模块中得到很好的支持。得益于 Python 简洁的语法和数据类型系统，Python 中的 OOP 也变得极为简单，比其他语言容易。OOP 是 Python 的一个重要特征，初学者也不必为此感到担心。Python 同样支持传统的面向过程的编程模式，完全可以在具有一定基础之后再深入 Python 的 OOP。

Python 具有良好的跨平台特性。Python 是用 ANSI C 实现的，C 语言因是跨平台的，并具有良好的可移植性，因此成为经典的程序设计语言。这意味着 Python 也具有良好的跨平台特性，可在目前所有的主流平台上编译和运行。所以在 Windows 下编程的 Python 程序，可以轻松地在 Linux 等其他系统中运行。因为 Python 是开源的，可以轻松地将其移植到各种不同平台，包括：Linux、Windows、FreeBSD、Macintosh、Solaris、OS/2、Amiga、AROS、AS/400、BeOS、OS/390、z/OS、Palm OS、QNX、VMS、Psion、Acom RISC OS、VxWorks、PlayStation、Sharp Zaurus、Windows CE、PocketPC、Symbian、Android 和 iOS 等平台。

Python 的命令行是交互式的。Python 可以单步直译运行。运行 Python 解释器或 IDLE(integrated development and learning enviroment,集成开发和学习环境)进入交互式命令行的环境，如图 2-24 所示，可在提示符号>>>旁输入代码，然后按 Enter 键。

在功能方面，Python 具有很强的操作性：第一是动态数据类型，Python 在代码运行过程中跟踪变量的数据类型，不需要在代码中声明变量的类型，也不要求在使用之前对变量进行类型声明；第二是自动内存管

```
>>> print("Hello, Python!")
Hello, Python!
```
图 2-24　Python 交互式命令行

理，Python 具有良好的内存管理机制，意味着程序运行具有更高的性能，Python 程序员无须关心内存的使用和管理，Python 自动分配和回收内存；第三是支持大型程序，通过子模块、类和异常等工具，可以将 Python 应用于大型程序开发；第四是内置数据结构，Python 提供了常用数据结构支持，例如，列表、字段、字符串等都属于 Python 内置对象，同时，Python 也实现了各种数据结构的标准操作，如合并、分片、排序和映射等；第五是内置库，Python 提供丰富的标准库，从正则表达式匹配到网络等，使 Python 可以实现多种应用；第六是第三方工具的集成，Python 很容易集成第三方工具，通过各种扩展包将其应用到各种不同领域。

另外，Python 支持胶水语言(混合编程)。胶水语言是连接软件组件的程序设计语言。Python 经常用作将不同语言编写的程序"粘"在一起的胶水语言。谷歌公司内部的很多项目使用 C++编写性能要求极高的部分，然后用 Python 调用相应的模块。标准版本的 Python 是用 C 来编译的，又称为 Cpython，除此之外，还有 Java 和.NET 实现版本。Java 实现版本，解释器完全用 Java 写成，名为 Jython。尽管和标准版的有区别，但是很小，而且启动环境也完全相同。Jython 的优点包括：①只要有虚拟机，就可以运行 Jython；②拥有访问 Java 包与类库的能力；③为 Java 开发环境提供了脚本引擎；④鼓励 Python 到 Java 的开发，NET 实现版本，用 C#语言完成，名为 IronPython 和 Jython 类似；⑤告别括号，Python 使用缩进而不是括号来进行代码段标识，减少了视觉上的混乱，并且使程序变短，从而提高了程序的可读性。

2) 存在不足

Python 运行速度不够快。Python 是解释型语言，运行时需要一行行转换成 CPU 理解

的机器码。在 Python 语言的执行速度上,一方面,网络或磁盘的延迟,会抵消部分 Python 本身消耗的时间;另一方面,因为 Python 特别容易和 C 结合起来,因此,可以通过分离一部分需要优化速度的应用,将其转换为编译好的扩展,并在整个系统中使用 Python 脚本将这部分应用连接起来,以提高程序的整体效率。

Python 代码不能加密。源码都是以名文形式存放的。

PythonGIL 限制并发。当 Python 默认解释器要执行字节码时,需先申请 Python 全局解释器锁(global interpreter lock,GIL)。这意味着,如果试图通过多线程扩展应用程序,将总是被这个全局解释器锁限制。

2.3.3　常用开发平台与工具

在自动驾驶开发过程中,选用合适的平台与工具能够减少重复代码的编写,使得开发更加方便、高效。针对自动驾驶开发,众多研究机构与企业分别推出了各种平台与工具,本节主要介绍一些常用的自动驾驶开发平台与软件开发工具。

1. 常用开发平台

自动驾驶开发平台是各自动驾驶功能模块集中配置的管理平台,用于模块化开发和管理不同部件功能。这种基于开发平台模块化部署的方式可以极大提升研发效率并节约成本。国内外各大互联网企业、零部件厂商以及车企都在致力于自动驾驶平台的研发,根据各自的优势,推出的自动驾驶平台的侧重点也有所不同。已推出的自动驾驶平台中,既包含具备完整自动驾驶技术方案及应用平台的整体开放平台,如百度 Apollo 开发平台和 Autoware 开发平台;又包含计算平台、移动开发平台、通信平台、硬件平台、功能封装模块平台、仿真平台等几大类。表 2-6 列出了一些具有代表性的自动驾驶开发平台。

表 2-6　具有代表性的自动驾驶开发平台

平台类型	平台名称	功能介绍
整体开放平台	百度 Apollo	提供开放、完整、安全的自动驾驶开源平台,帮助开发者结合车辆和硬件平台快速搭建完整的自动驾驶系统
	Autoware	一体化自动驾驶开源平台,适用于城市、高速公路、限定区域自动驾驶
高性能运算平台	NVIDIA DRIVE	提供从底层运算、操作系统层、软件算法层以及应用层在内的全套可定制的解决方案
	Intel GO	包括 CPU、FPGA 及面向深度学习的硬件加速技术的灵活架构
	华为 MDC(Mobile Data Center,移动数据中心)	包括硬件平台、软件平台、工具链和安全平台,可以基于该平台部署不同的应用软件以满足不同应用场景的要求
	高通 Snapdragon Ride	最高支持 L5 自动驾驶,采用可扩展且模块化的异构多核 CPU,能够根据自动驾驶的细分市场的需求进行匹配,并提供业界领先的散热效率

续表

平台类型	平台名称	功能介绍
移动开发平台	丰田 e-Palette	根据用户的需求,开放平台的控制功能,合作商可以安装自己的自动驾驶子系统,更像是一个可以更换不同车体的移动底盘
模块化软硬件技术平台	伟世通 DriveCore	能够给主机厂提供一个模块化可扩展平台,可用于对象分类、检测、路径规划和执行开发人工智能和机器学习算法
模块化软硬件技术平台	恩智浦 Automated Driver Kit	提供软件支持的自动驾驶应用开发和测试平台。借助该套件,汽车制造商和供应商能够在开放灵活的平台上快速开放、测试和部署自动驾驶算法和应用
模块化软硬件技术平台	禾多科技轩辕平台	提供包括线控能力、传感器和计算设备、基础软件三大部分,支持 L2～L5 的自动驾驶开发工作
仿真环境平台	微软 AirSim	提供交通场景、车辆动力学和感知仿真环境,用于测试人工智能系统的安全性,保证自动驾驶汽车的安全

1) Apollo 开发平台

Apollo 是百度发布的面向汽车行业及自动驾驶领域的合作伙伴提供的软件平台,旨在向汽车行业和自动驾驶领域的合作伙伴提供一个开放、完整、安全的软件平台,帮助它们结合车辆和硬件系统,快速搭建一套属于自己的完整的自动驾驶系统。

(1) Apollo 发展历程。

2017 年 4 月,百度正式开源 Apollo 自动驾驶平台,让更多开发者可以参与到这项技术中,推动了整个自动驾驶行业的发展。2017 年 7 月,在百度 AI 开发者大会上,百度首次对外公布 Apollo 详细的开放路线图,如图 2-25 所示。从 Apollo 1.0 开始,目前已发展到 Apollo 5.5,可以在数据、框架和算法技术层面帮助对自动驾驶感兴趣的开发者迅速搭建一套整车自动驾驶环境。

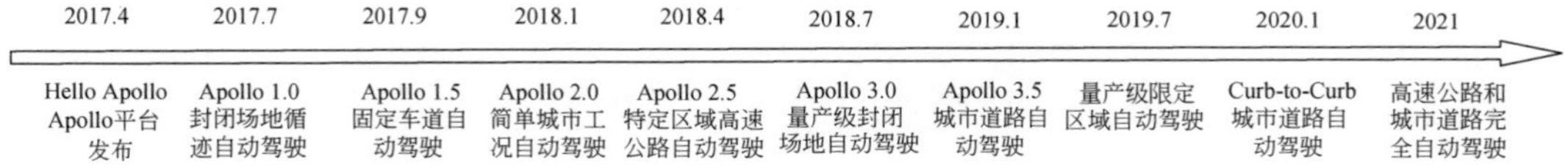

图 2-25　百度 Apollo 开放路线图

(2) Apollo 技术架构。

Apollo 技术框架分为四层,分别为云端服务平台、开源软件平台、开源硬件平台、车辆认证平台,如图 2-26 所示。

① 云端服务平台:包括高精地图、仿真平台、量产服务组件、数据流水线、安全平台、OTA 模块、小度助手和 V2X 模块。

② 开源软件平台:包括 RTOS、承载所有模块的 Cyber RT 框架层、地图引擎与定位、感知、预测、规划、控制、HMI 和 V2X 适配器。

③ 开源硬件平台:包括车载计算单元、GPS/IMU、摄像头、激光雷达、毫米波雷达、超声波雷达、HMI(human machine interface,人机接口)设备、黑盒子等。

④ 车辆认证平台:指一辆开放了接口标准的线控车辆。

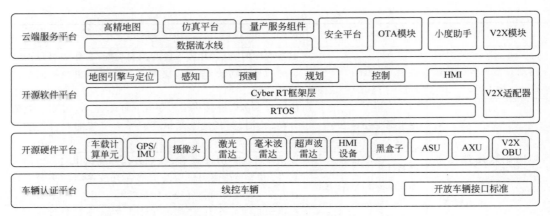

图 2-26　百度 Apollo 技术架构

2）Autoware

Autoware 是日本名古屋大学开发的用于自动驾驶汽车的"一体化"开源软件。Autoware 主要适用场景为城市道路,也可以应用于高速公路等路况,平台功能模块如图 2-27 所示。

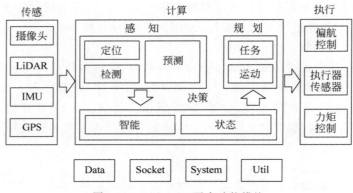

图 2-27　Autoware 平台功能模块

（1）传感模块。

Autoware 支持摄像头、LiDAR、IMU 和 GPS 等传感器。从技术上讲,只要提供了传感器驱动程序软件,Autoware 几乎可以适配所有类型的上述传感器。

（2）计算模块。

Autoware 的计算模块包含感知、决策、规划三个部分。

① 感知部分:包含定位、检测和预测功能。通过三维地图和 SLAM 算法结合 GNSS 和 IMU 进行定位,基于摄像头和 LiDAR 数据利用融合算法和神经网络处理实现目标检测,最后根据定位和检测结果完成预测。

② 决策部分:感知和规划之间的桥梁。根据感知结果,Autoware 采用基于规则的方法进行驾驶行为决策,根据有限状态机选择合适的规划功能。

③ 规划部分:其作用是根据感知和决策的结果制定全局任务和局部运动规划。全局任务通常在自动驾驶车辆启动或重启时制定,而局部运动则根据状态变化实时更新。

（3）执行模块。

Autoware 已经在许多线控车辆上部署和测试,其执行模块输出一组速度、角速度、车轮转角和曲率数据。这些数据作为控制信号通过车辆接口发送给控制器,进而控制车辆转向和加减速。

3）NVIDIA DRIVE

NVIDIA DRIVE 涵盖从云端到车辆的自动驾驶开发解决方案,帮助开发者收集数据、训练神经网络以及测试、验证和操控自动驾驶汽车。该平台为开放式自动驾驶平台,包含计算平台、开源软件栈以及数据中心,能支持从 L2～L5 级的自动驾驶。

（1）计算平台。

NVIDIA DRIVE AGX 是一款专门为自动驾驶设计的 AI 计算平台,包含三种配置:为 L2 级 ADAS 系统以及 L3 级自动驾驶系统设计的 DRIVE AGX Xavier,具有 30 TOPS 的性能;为 L4 级高度自动驾驶和 L5 级完全自动驾驶打造的 DRIVE AGX Pegasus,为安全的无人驾驶提供 320TOPS 的运算性能;以及可以集成到测试车辆中的完整传感器和计算平台配置 DRIVE Hyperion。

（2）开源软件栈。

NVIDIA DRIVE 开源软件栈框架结构如图 2-28 所示。

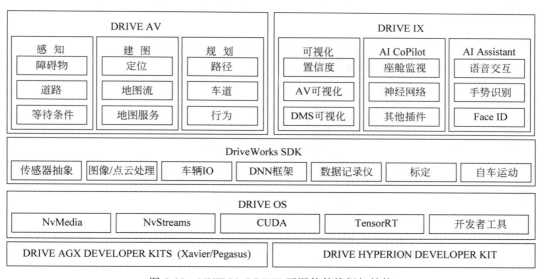

图 2-28　NVIDIA DRIVE 开源软件栈框架结构

DRIVE OS 是 DRIVE 软件栈的基础,是针对加速计算速率推出的安全操作系统,满足汽车安全最高等级 ASIL-D,包括用于传感器输入处理的 NvMedia、用于高效并行计算的 NVIDIA CUDA 库、用于实时 AI 推理的 TensorRT,以及可访问硬件引擎的其他开发者工具和模块。

DriveWorks SDK 在 DRIVE OS 之上提供对自动驾驶汽车开发至关重要的中间件功能。这些功能包括传感器抽象层(Sensor abstraction layer,SAL)与传感器插件、数据记录仪、车辆 I/O 支持和深度神经网络(deep neural net,DNN)框架。

DRIVE AV 软件栈包含感知、建图和规划部分,及各种经过真实驾驶数据训练的深度神经网络。

DRIVE IX 是一个开放的软件平台,为 AI 智能座舱解决方案提供舱内感知应用,还可提供深度神经网络实现驾驶人和乘车人监控功能、AR/VR 可视化以及车辆与乘车人自然语言交互。DRIVE IX 还可实现车队监控、基于事件的舱内记录以及卡车远程操作功能。

(3) 数据中心。

DRIVE DGX 深度学习服务器是一个集成的软硬件系统,通过优化组合算力、软件和性能来支持 AI 模型训练。

DRIVE Constellation 是一个由两个并排服务器组成的自动驾驶车辆仿真平台,其中一台服务器 DRIVE Constellation Simulator 使用 NVIDIA GPU 运行 DRIVE Sim 软件,用以生成在虚拟世界中车辆行驶的传感器结果;另外一台服务器 DRIVE Constellation Vehicle 搭载了 DRIVE AGX Pegasus,用于接收传感器仿真数据并进行决策,再将车辆控制指令发回模拟器,实现闭环测试过程。

4) 华为 MDC

华为 MDC 智能驾驶计算平台包含四大组成部分:硬件平台、平台软件、工具链和安全,如图 2-29 所示。不同的解决方案合作伙伴可以基于华为的 MDC 智能驾驶计算平台部署不同的应用软件,满足不同应用场景的要求。针对不同级别的自动驾驶算法,通过使用一套软件架构和不同硬件配置,能够支持 L3～L5 级自动驾驶算法的平滑演进升级。

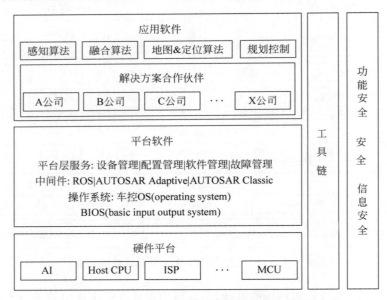

图 2-29 华为 MDC 智能驾驶计算平台架构

(1) 硬件平台。

MDC 智能驾驶计算平台内部分为计算单元和安全 MCU 模块两部分。计算单元内部包括 CPU 处理器、AI 处理器、图像处理器和存储处理器等全自研芯片。CPU 处理器基于华为自研的 ARM 处理器鲲鹏 920s,主要提供一些整型计算,可以用来部署后融合、定位、规划控制等软件算法。AI 处理器为华为自研的升腾 310 处理器,基于达芬奇 AI 架构,可以提供 16TOPS@INT8(八位整型精度下处理器性能达到 16TOPS)的算力,主要用来做 AI

计算。

此外,MDC 硬件平台开放了丰富的接口,可以对接多类传感器、通信部件、车机信息娱乐系统(IVI)及线控 ECU 等。

(2) 平台软件。

MDC 平台为开发者提供了覆盖从操作系统(OS)到云服务的全栈软件平台,主要包括车控 OS、自适应软件组件和自适应软件服务三部分。车控 OS 采用华为自研微内核操作系统——越影 OS,该操作系统使用华为鸿蒙操作系统微内核,兼容 Linux 系统,即可以将在 Linux 系统下开发的自动驾驶应用直接迁移到 MDC 软件平台上运行;自适应软件组件为华为自研的软件中间件,包含通信中间件、AI 算子库、加速资源等。此外,MDC 软件平台提供了一系列供上层自动驾驶应用调用的服务接口,包括软件配置、设备管理、故障管理等服务。

(3) 开发工具链。

MDC 平台工具链是面向 MDC 平台的智能驾驶应用开发工具集,主要由三个工具组成,分别为用于 AI 应用开发的 Mind Studio、用于系统配置的 MDC Manifest Configurator 和用于代码集成开发的 MDC Development Studio。

① 在 AI 应用开发方面,Mind Studio 提供了 AI 模型转换功能、算子开发功能及拖拽式应用开发功能,所提供的模型转换功能支持将 TensorFlow 或 Caffe 模型转换为升腾 310 芯片所支持的格式。

② MDC Manifest Configurator 是一个遵循 Adaptive AUTOSAR 平台标准的配置工具,支持数据类型定义、服务接口创建、通信设计、网络配置以及应用配置等功能。

③ MDC Development Studio 除了提供了与普通 C++ 集成开发环境(integrated development environment,IDE)类似的代码编辑、编译、工程管理等功能外,还提供了兼容 Adaptive AUTOSAR 平台的代码自动生成功能,以及遵循 Adaptive AUTOSAR 平台规范的 MDC 软件开发工具包(software development kit,SDK)。

(4) 安全。

MDC 平台已经通过 ISO 26262 车规功能安全管理认证,平台安全包含功能安全和信息安全两方面。功能安全整体设计目标为 ASIL-D 级且带有失效处理,保证能在自动驾驶车硬件出现问题时避免车辆失控;信息安全方面,MDC 平台对接口安全、通信安全、软件/固件安全、硬件安全进行了威胁分析,并提供了解决方案。

2. 常用开发工具

在自动驾驶软件开发过程中,有一些通用的工具,可以在不同平台上使用,使得开发更快速便捷。表 2-7 列举了一些常用的自动驾驶软件开发工具,包括集成开发环境、文本编辑、版本控制、虚拟机和容器、远程连接和代码单元测试。

表 2-7　自动驾驶常用软件开发工具举例

功　　能	举　　例
集成开发环境	Microsoft Visual Studio、Eclipse、Xcode
文本编辑	vi/vim、Emacs、Sublime Text

续表

功　　能	举　　例
版本控制	Git、CVS、Subversion
虚拟机和容器	Docker、VMware、VirtualBox
远程连接	Secure Shell、Teamview、PuTTY
代码单元测试	Gtest、TestNgpp、CppUnit

1) Microsoft Visual Studio

Microsoft Visual Studio(VS)是美国微软公司的开发工具包系列产品。VS 是一个基本完整的开发工具集,包括了整个软件生命周期中所需要的大部分工具,如 UML 工具、代码管控工具、集成开发环境等。VisualStudio 是目前最流行的 Windows 平台应用程序的集成开发环境。

2) vi/vim

vi 编辑器是所有类 UNIX 系统下标准的编辑器,相当于 Windows 系统的记事本。vim 是从 vi 发展出来的一个文本编辑器,其代码补全、编译及错误跳转等功能使编程更加方便,和 Emacs 并列成为类 UNIX 系统用户最喜欢的文本编辑器。

vim 的设计理念是命令的组合,具有命令模式、输入模式和底线命令模式三种模式。用户刚刚启动 vim 时为命令模式,此时键盘输入会被识别为命令,而非字符。在输入模式中,可以对文本进行编辑,按 Esc 键退出输入模式,切换到命令模式。在命令模式下按下“:”(英文冒号)就进入了底线命令模式,该模式下可以输入单个或多个字符的命令,实现丰富的功能。

3) Git

Git 是一个版本控制系统(version control system,VCS),用于记录一个或若干文件内容变化,以便将来查阅特定版本的修订情况。有了版本控制系统,就可以不用担心文件丢失和误修改,可以随意回到历史记录的某个时刻。与早期的 CVS、Subversion 等集中式版本控制系统不同,Git 采用了分布式版本库的方式,无须服务器端软件支持,使源代码的发布和交流极其方便。

GitHub 是一个面向开源及私有软件项目的托管平台,仅支持 Git 作为唯一的版本库格式进行托管。许多公司的自动驾驶开源平台及项目源码均在 GitHub 上进行托管,如 Apollo、Autoware 等。

4) Docker

Docker 是一个开源的应用容器引擎,基于 Go 语言并遵从 Apache 2.0 协议开源。Docker 可以让开发者打包他们的应用以及依赖包到一个轻量级、可移植的容器中,然后发布到任何流行的 Linux 机器上,也可以实现虚拟化。容器完全使用沙箱机制,相互之间不会有任何接口,更重要的是容器性能开销极低。在自动驾驶开发领域,开发人员常利用 Docker 构建灵活的基础架构,对代码进行持续集成和部署,加速开发过程。

5) Secure Shell

Secure Shell(SSH)是由 IETF(the Internet engineering task force)制定的建立在应用层基础上的安全网络协议。它是专为远程登录会话和其他网络服务提供安全性的协议,可有效弥补网络中的漏洞。SSH 只是一种协议,存在多种实现方式,既有商业实现也有开源实现。OpenSSH 是 Linux 系统流行的 SSH 开源实现，在 Windows 系统下使用 SSH 则需要借助软件，如 PuTTY、XShell 等。

6) Gtest

单元测试是软件开发过程中的一种质量保证手段。最初是想模仿对硬件芯片做单元测试那样，在软件中也能对小的软件单元进行测试，从而保证软件中某个局部设计的正确性。自动驾驶汽车软件开发过程中，需要对编写的 C++ 代码进行单元测试以保证各部分功能正确性。Gtest 是一个跨平台的 C++ 单元测试框架，由谷歌公司发布，提供了丰富的断言、致命和非致命判断、参数化、"死亡测试"等，能够在对源代码有最少修改的情况下进行单元测试，让调试过程更具体。

2.4 机器学习与自动驾驶

汽车实现自动驾驶需要具有两方面的能力，一是汽车能够像人一样对环境进行智能地感知、判断、推理、决断和记忆；二是汽车能够进行车辆自动控制。为实现这两方面的能力，自动驾驶技术一般包括环境感知、决策规划和车辆控制三大部分。而随着车载传感器及控制器采集数据的快速增长，人工进行数据分析以及设定驾驶规则的方式难以适应日趋复杂的自动驾驶情况。机器学习方法能够从海量的数据中挖掘出其隐含的知识，已经被广泛应用于自动驾驶的各种解决方案。

2.4.1 机器学习概述

机器学习作为实现人工智能的一种手段，近年来日益流行。本节将介绍机器学习中的重要概念、方法分类、深度学习的基本概念等。人工智能、机器学习和深度学习之间的关系，如图 2-30 所示。

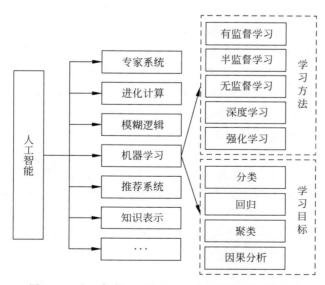

图 2-30 人工智能、机器学习和深度学习之间的关系

1. 机器学习的定义与基本术语

首先，从人工智能出发来介绍机器学习。人工智能是一门研究用于模拟、延伸和拓展人类智能的理论和方法的学科。根据实现效果，可以将人工智能分为强人工智能和弱人工智能。强人工智能是指机器能够实现推理、独立思考、解决未知问题并且拥有自我意识和价值观；弱人工智能是指机器不能真正实现自我思考、推理和解决问题，它们只是看起来像拥有了智能。虽然科幻电影中大多描绘的是强人工智能，但是目前人们做出的努力只是集中在弱人工智能部分，只能赋予机器感知环境的能力，而这部分的成功主要归功于一种实现人工智能的方法——机器学习。

机器学习（machine learning，ML）指让机器通过学习数据来获得某种知识，从而获得解决问题的能力。从学科的角度出发，机器学习往往指一类通过学习数据来完成任务的算法。其实，这种通过学习数据来解决问题的思路还是源于人类思考的方式。我们经常会听到很多的俗语，如"朝霞不出门，晚霞行千里""瑞雪兆丰年""干冬湿年"等，这些都体现了从古至今人类的智慧。那么为什么朝霞出现就会下雨，晚霞出现天气就会晴朗呢？原因就在于人类具有很强大的归纳能力，根据每天的观察和总结，慢慢"训练"出了这样一种分辨是否下雨的"分类器"。

针对机器学习的定义，Mitchell 给出了一个更形式化的说明：对于一个任务（task）T 和性能指标（performance metric）P，如果程序通过经验（experience）E 在任务 T 上的指标 P 获得了提升，那么我们就说针对 T 和 P，程序对 E 进行了学习。例如，T：自动驾驶；P：从出发点到目的地的碰撞次数、行驶时间、耗油量等；E：有驾驶规则的行驶环境数据集。

了解了机器学习的定义之后，再来关注所有机器学习算法都会涉及的一些概念。以"预测下雨"为例，在预测之前，肯定需要获取一些特征（feature）或属性（attribute），例如，是否出现了朝霞、是否出现了晚霞、温度、空气湿度、云量，甚至是卫星云图，等等。通常，为了能够进行数学计算，需要将这些特征表示为一个 d 维的特征向量（feature vector），记作 $x = [x_1, x_2, \cdots, x_d]^T$，向量的每一个维度代表一个特征，总共选取了 d 个特征。

这样的特征有无穷多种，但是并不是每一种都对最终的判断有帮助。所以，为了通过学习来了解哪些特征是有帮助的，以及这些特征取哪些值时会下雨，还要获得它们对应的标签（label）。标签可以是连续值，如下雨量、持续时间等；标签也可以是离散的，如是否会下雨。标签的选取通常与需要完成的任务有关。当标签是连续值时，这样的机器学习任务称为回归（regression）问题；当标签是有限数量的离散值时，机器学习任务称为分类（classification）问题；当标签是标记序列时，这样的机器学习任务称为标注（tagging）问题。标注问题可以看成是分类问题的一种。

一组记录好的特征值以及它的标签称为一个样本（sample）或实例（instance），例如，特征：（出现朝霞，没有晚霞，空气湿度为 50%），标签：（下雨）。一组样本构成的集合称为数据集（dataset）。

现在再回顾机器学习的定义，为了能够在任务 T 上提高性能 P，需要学习某种经验 E。这里，需要学习的就是数据集，而为了确定性能 P 是否能够提高，还需要一个不同的数据集来测量性能 P。因此，数据集需要分为两部分：用于学习的数据集称为训练集（training set）；用于测试最终性能 P 的数据集称为测试集（test set）。为了保证学习的有效性，需要保证这两个集合不相交。

数据集中的样本还需要保证一个基本的特性——独立同分布（identically and independently distributed，IID）假设，即每一个样本都需要独立地从相同的数据分布中提取。"独立"保证了任意两个样本之间不存在依赖关系；"同分布"保证了数据分布的统一，从而在训练集上的训练结果对于测试集也是适用的。例如，当训练集的数据都是"地球的天气"，而测试集中都是"火星的天气"，很显然这是不合理的。

机器学习的重点是如何更好地利用这些数据。给定训练集，我们希望算法能够拟合一个函数 $f(x,\theta)$ 来完成从输入特征向量到标签的映射。对于连续的标签或者非概率模型，通常会直接拟合标签的值，如式（2-2）所示。

$$\hat{y} = f(x,\theta) \tag{2-2}$$

其中：θ 为算法模型可学习的参数。对于离散的标签或者概率模型，通常会拟合一个条件概率分布函数，如式（2-3）所示，用于预测每一类的概率值。

$$p(\hat{y} \mid x) = f(x,\theta) \tag{2-3}$$

为了获得这样的一组模型参数 θ，需要有一套学习算法（learning algorithm）来优化函数映射，这个优化的过程就称为学习（learning）或者训练（training），这个需要拟合的函数就称为模型（model）。学习的目的就在于找到一个最好的模型，而这样一个模型应当是输入空间至输出空间映射集合中的一个映射，这个映射集合称为假设空间（hypothesis space）。换句话说，学习的目的就在于从这个假设空间中选择出一个最好的元素。

2. 机器学习方法概述

机器学习按照学习方法来分类，可以分为监督学习、无监督学习、半监督学习、深度学习和强化学习等内容。需要注意的是，这几种方法并不是非此即彼的关系，而是可以相互交叉的。例如，深度学习中的任务有监督学习的方法，也有无监督学习的方法；深度学习和强化学习可以相互结合，称为深度强化学习。

首先，监督学习（supervised learning）又称有教师学习，是指利用带标签的样本来优化算法的参数，使其性能提高的过程。监督学习利用的数据集不仅包含特征，还包含标签。根据这些标签，可以设计一种学习策略（损失函数）来优化模型。监督学习也是目前使用最广、效果最好的一种学习方式。监督学习的优点是模型性能往往较好，精度高；缺点是需要人为的参与，对数据集的标定工作耗时耗力，获取大量标记的数据成本很高。常见的监督学习方法包括决策树、支持向量机（support vector machine，SVM）以及贝叶斯网络等。

表 2-8 列出了传统机器学习方法中一些代表性的监督学习方法及其学习策略、优化方法。

无监督学习（unsupervised learning）又称为无教师学习，是指算法根据没有标签的样本来解决各种问题的过程。现实生活中经常会出现如下情况：①缺乏足够的先验知识，有些数据难以标注；②人工标注的成本太高；③有无穷多的可行解，无法确定哪一种最优或者这些解都是可接受的。因此，我们希望机器或者算法能够脱离人为的标签，来完成这些任务，或者是辅助完成这样的任务。在无监督学习中，数据集中的样本只有特征，没有标签。近年来，无监督学习受到越来越多的关注。无监督学习因为不需要人参与，所以训练数据量可以更大。在传统机器学习算法中，聚类算法和主成分分析（principal component analysis，PCA）是两个最有代表性的无监督学习算法。

表 2-8 传统机器学习方法中的部分监督学习方法

方 法	试用任务	学习策略	损失函数	优化算法
感知机(现行分类器)	二分类	最小化误分点到分类超平面的距离	平方损失	随机梯度下降
朴素贝叶斯(NB)	多分类	极大后验概率估计	对数似然损失	概率计算公式
决策树(DT)	多分类或回归	正则化极大似然估计	对数似然损失	特征选择,生成,剪枝
最大熵模型(ME)	多分类	正则化极大似然估计	逻辑斯蒂损失	改进迭代尺度法等
支持向量机(SVM)	二分类	最小正则化合页损失,软间隔最大化	合页损失	序列最小最优化算法
提升方法(Boosting)	二分类	极小化加法模型的指数损失	指数损失	前向分步加法算法
隐马尔可夫模型(HMM)	标注问题	极大后验概率估计	对数似然损失	最大期望算法等
条件随机场(CRF)	标注问题	正则化极大似然估计	对数似然损失	改进迭代尺度法等

图 2-31 展示了 K-means 聚类算法的结果。对于同样的特征点,使用不同的迭代初始值可能会得到完全不同的结果。这也反映了无监督学习算法的一个问题——难以衡量高维数据的相似度,直观的评价标准还是具有人为的主观性。

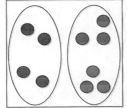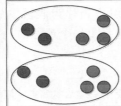

图 2-31 K-means 聚类算法的结果

半监督学习(semi-supervised learning)是有监督学习和无监督学习相结合的一种学习方法,它既利用了有标签的数据,也利用了没有标签的数据,因此人为的参与度较少,同时准确度也比较高。半监督学习有三个常用的基本假设:平滑假设(smoothness assumption)、聚类假设(cluster assumption)和流形假设(manifold assumption)。究其根本,这三个假设说的都是一回事——对于两个样本,如果它们在稠密区域距离很近或者位于同一簇中时,它们的标签有很大概率相同。作为通过这样的假设设计出的算法,半监督学习可以得到比只用带标签数据的监督学习更好的结果。

监督学习、无监督学习和半监督学习都是以是否有数据的标签来分类的,而深度学习和强化学习是按照算法模型的结构和功能进行划分的。

深度学习(deep learning)是指深层的人工神经网络结构,这种结构通过深度的网络不断提取高层次的特征来达到非常优秀的效果。深度学习是一种基于数据表征学习的方法,动机在于模拟人脑的分析过程,从底层特征到高层特征一一建模。深度学习有几种比较有代表性的网络结构,如前馈神经网络——多层感知机(multi-layer perception,MLP)和卷积神经网络,反馈神经网络——循环神经网络(recurrent neural network,RNN)。这些结构根据其特点有不同的功能,同时也可以组合起来使用,以更好地利用它们各自的特点。

深度学习也有监督学习、无监督学习和半监督学习之分。在众多深度学习模型中,监督学习方法占大多数(虽然有些方法称为无监督深度学习,实际是通过一些其他的方法间接地获得标签,而不是人为标定标签),包括卷积神经网络、循环神经网络和多层感知机完成的大多数分类、回归等任务;无监督深度学习方法也是近期的研究热点,包括编码解码器

（encoder-decoder）、生成对抗网络（generative adversarial network，GAN）、深度信念网络（deep belief network，DBN）和深度玻耳兹曼机（deep boltzmann machine，DBM）等结构完成的特征降维和概率分布估计等任务。

目前，深度学习在很多任务上都达到了非常好的效果。例如，基于卷积神经网络的图像识别、物体检测、语义分割等任务；基于循环神经网络的动作检测、语音识别、机器翻译等任务。然而，深度学习也有很多的缺点：网络的可解释性不强——大多数的网络结构并不能让人清楚地知道每一层学习到的是什么；训练代价太大——动辄几天的训练时间和大量的运算加速器让人难以接受；优化困难——深层的结构让基于梯度的优化变得艰难等。当然这些问题目前也有大量研究人员尝试解决。例如，人工推演网络的参数、使用预训练的网络参数来加速训练等。

强化学习（reinforcement learning）又称为再励学习，是通过智能体（agent），以试错的方式进行的学习。不同于之前所讲的有监督学习与无监督学习，强化学习并不需要真实的标签来指导模型修改。它通过智能体不断与环境进行交互获得奖励者惩罚，目标是使智能体最终获得的奖励值最大。

强化学习非常适合于那些没有绝对的正确标准的任务，如棋牌类对弈、公路自动驾驶策略、游戏中的人机对战等。这里以自动驾驶中的决策过程为例，汽车从出发地驶往目的地的路线并没有绝对的正确标准，因此很难人为地规定学习的标签，只能给予它一些正确和错误的规则。例如，"与其他车发生碰撞"会受到惩罚而"安全无事故地到达了目的地"则会得到奖励。通过这些奖励和惩罚的措施，让智能体"自发"地决定应该如何行驶才能获得最大的奖励。因此，强化学习和一句老话很像——不管黑猫白猫，抓住老鼠的就是好猫。

强化学习是一种思想，它突破了传统"问题只有唯一答案"的想法，成为目前火热的解决决策问题的一种机器学习算法。在解决问题的过程中，强化学习经常会与深度学习相结合，从而使模型获取强大的特征提取和综合能力，这种模型被称为深度强化学习（deep reinforcement learning）。

2.4.2　深度学习简介

深度学习是人工神经网络的一个分支，具有深度网络结构的人工神经网络是深度学习最早的网络模型。"深度学习"这一概念最早由杰弗里·辛顿以及他的学生鲁斯兰·萨拉赫丁诺夫于 2006 年正式提出，如今，深度学习相关算法已广泛应用于多个领域，取得了良好的效果。

1. 深度学习的起源与发展

美国数学家沃尔特·皮茨（W. Pitts）与心理学家沃伦·麦克洛克（W. McCulloch）于1943 年首次提出人工神经网络的概念，并实现了对人工神经网络中神经元的理论建模，从而开启了对人工神经网络的研究历程。1949 年，加拿大著名心理学家唐纳德·奥尔丁·赫布（D. Olding Hebb）提出了人工神经网络的学习规则——Hebb 学习规则。1957 年，美国康奈尔航空实验室计算机科学家兼心理学家弗兰克·罗森布莱特（F. Rosenblatt）提出了感知器（perceptron）模型，其被视为是最早的具有简单结构的人工神经网络模型，模型参数则是基于 Hebb 学习规则或最小二乘法进行训练优化。

参照图 2-32,感知机是一种只含有一层神经元的前向人工神经网络,并采用阈值型函数作为激活函数。当感知机模型经过训练后,其对一组输入响应可以输出 1 或 0 的结果值,从而实现对输入响应的分类。但感知机模型只能够处理简单的二元线性分类问题,分类能力非常有限,无法处理如异或(XOR)等线性不可分问题。

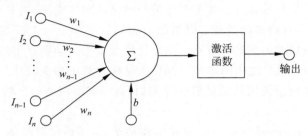

图 2-32　单层感知机结构

尽管感知机在问世之初被认为具有良好的发展潜力,但其最终被证明难以用来解决诸多模式识别问题。1969 年,"AI 之父"马文·明斯基(Marvin Minsky)和 LOGO 语言创始人西蒙·派珀特(Seymour Papery)等人深入分析了单层感知机计算的局限性,证明感知机模型无法处理简单的异或(XOR)等线性不可分问题。但多层神经网络能够解决线性不可分问题,通过在单层感知机的输入层和输出层之间增加隐藏层神经元从而构成多层感知机,隐藏层可采用多种类型的激活函数实现对输入数据的非线性映射,目的是通过凸域划分实现对输入样本的正确分类。常见的激活函数包括 Sigmoid 函数、Tanh 函数、ReLU 函数等,多层感知机结构如图 2-33 所示。

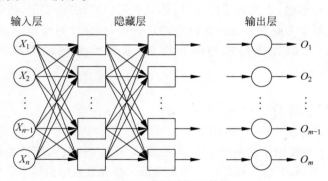

图 2-33　多层感知机结构

一方面,随着隐藏层层数的增加,多层感知机能够表示出任意形状的凸域,从而可以解决比较复杂的非线性分类问题;另一方面,尽管多层感知机是一种较为理想的分类器模型,但其所包含的各隐藏层神经元节点并不存在相对应的期望输出值,因此难以使用单层感知机的学习规则对多层感知机进行训练。与此同时,明斯基和派珀特等人也提出了上述的感知机所面临的瓶颈问题,并指出从理论上无法证明将单层感知机模型扩展到多层网络结构是有意义的,这导致学术界对人工神经网络的研究自此转入了低潮期。

1982 年,美国加州理工学院物理学家约翰·霍普菲尔德(John J. Hopfield)提出了一种结合存储系统和二元系统的循环神经网络,称为 Hopfield 网络。其通过引入"计算能量函数"的概念,把神经网络看作一种动态系统,从而证明了这种动态系统的稳定性。但

Hopfield 网络存在训练过程容易陷入局部最小值的问题,因此在问世后并未引起很大的轰动。1986 年,大卫·鲁姆哈特(David E. Rumelhart)与杰弗里·辛顿(Geoffrey Hinton)等人提出了适用于多层感知器(MLP)训练的误差反向传播(back propagation,BP)算法,有效解决了多层神经网络的参数学习问题,进而引发了对人工神经网络的第二次研究热潮。

受限于 20 世纪 80 年代的计算机硬件发展水平,具有多隐含层结构的人工神经网络的参数训练过程耗时较长。此外,在采用反向传播算法进行 BP 神经网络参数训练的过程中往往存在梯度弥散(gradient diffusion)现象,而且这种现象随着网络层数的增加越来越严重,这在很大程度上制约了神经网络的发展。此外,20 世纪 90 年代中期研究人员陆续提出以支持向量机(support vector machine,SVM)为代表的浅层机器学习算法,并在处理分类、回归等问题时取得了良好效果,这也导致对人工神经网络的研究再次进入了低潮期。

2006 年,多伦多大学教授杰弗里·辛顿(Geoffrey Hinton)与他的学生鲁斯兰·萨拉赫丁诺夫(Ruslan Salakhutdinov)正式提出了深度学习的概念。他们在 *Science* 上发表的论文中提出,针对深度神经网络参数难以通过训练达到最优的问题,可以采用逐层训练的方法加以解决,并将前一层训练好的参数作为后一层训练过程中的初始化参数。随后,辛顿提出了深度信念网络(deep belief nets,DBN),其由一系列受限玻尔兹曼机(restricted Boltzmann machine,RBM)构成,并提出非监督贪心逐层训练算法对其进行训练,打破了长期以来深度神经网络难以训练的瓶颈难题,重新引起了学术界对于神经网络的关注,由此掀起深度学习快速发展的浪潮。

2012 年,在著名的 ImageNet 图像识别大赛中,杰弗里·辛顿带领研究团队采用所提出的深度学习模型 AlexNet 一举夺冠。AlexNet 网络使用了 ReLU 激活函数,从而解决了梯度消失问题,并在模型训练过程中借助 GPU 极大地提高了运算速度。同年 6 月,谷歌首席架构师 Jeff Dean 和斯坦福大学教授 AndrewNg 所主导的 GoogleBrain 项目,共采用了 16 万个 CPU 来构建深层神经网络,并将网络应用于图像和语音识别,取得了良好的效果。此外,深度学习在搜索领域也逐渐获得广泛关注。

2016 年 3 月,由谷歌公司下属的 DeepMind 公司开发的人工智能围棋软件 AlphaGo 与韩国围棋世界冠军李世石进行了围棋人机大战,并最终以 4∶1 的总比分获胜;自 2016 年年末至 2017 年年初,AlphaGo 在中国棋类网站上以"大师(Master)"为注册账号与中日韩数十位围棋高手进行快棋对决,连赢 60 局无一败绩;2017 年 5 月,在中国乌镇举办的围棋峰会上,AlphaGo 与当时排名世界第一的世界围棋冠军柯洁对弈,并以 3∶0 的总比分获胜。目前,深度学习已在机器视觉、自然语言处理、工业大数据分析等领域得到了广泛应用。

2. 深度神经网络的结构

通常情况下,深度神经网络(DNN)由"神经元-层-网络"三级结构组成。神经元(unit)是以人类大脑为灵感进行仿生设计得到的神经网络基本计算单元;层(layer)是由若干神经元所组成的组合体,层中所包含的神经元以特定结构相连接,从而实现不同尺度的特征提取与表示;网络(network)则是由不同功能的层在深度方向上相互连接构成的,旨在完成各种具体任务。

神经元是人工神经网络中的基本计算单元,通常由 1 个线性变换和 1 个激活函数组成,其输出结果为连续变量(与之不同,玻尔兹曼机的神经元输出值为布尔型变量,即 0 或 1)。

层是网络进行特征提取与表示的关键结构,通常包括全连接层、卷积-池化层、循环结构层、标准化层、玻尔兹曼层等,其中前三者是神经网络的常用结构。

全连接结构是神经网络中最基础的一种层结构,全连接结构中相邻层所有神经元之间均相互连接,而同一层的神经元之间不相连,如图 2-33 所示。然而,对于一个深度神经网络来说,大量使用全连接结构将导致模型参数呈几何倍数增长,这不仅使网络极易出现过拟合问题,而且在训练过程常常陷入局部最优。

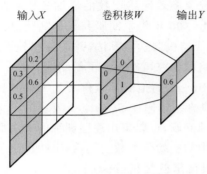

图 2-34　单通道二维卷积操作

卷积-池化层是卷积神经网络中的核心结构,在卷积神经网络中,卷积层与池化层通常组合起来使用。卷积-池化层结构一般由两个子层构成:卷积层和池化层。卷积核是卷积层的关键,其本质上是 1 个线性滤波器。不同的卷积核代表了不同的特征提取能力。在卷积结构中,网络上下层之间不再全部直接连接,同一层将共用一个或多个卷积核,因此可以大大减少模型的参数量。图像处理过程常用图 2-34 所示的二维卷积结构,不仅经常使用二维卷积核,很多情况下也会用到三维卷积核。图 2-34 所示二维卷积核的具体计算过程为每个卷积核与输入特征图(feature map)的局部区域进行对应元素相乘,并对所有乘积进行加和,从而输出一个标量。此外,卷积核按照所设定的滑动步幅(stride)扫过输入特征图,并在此过程中逐步使用卷积操作,将全部卷积结果组合得到最终的输出特征图。

图 2-35 展示了三维卷积核的计算过程。为提高特征提取的能力,输入特征图具有多个通道(channel),三维卷积核通常也选择对等的厚度,即卷积计算是两个三维矩阵的元素相乘并求和。与二维卷积的不同之处在于,输入图像多了一个 depth 维度,故单幅图像输入大小为(1,depth,height,width),卷积核也多了一个 k_d 维度,因此卷积核在输入三维图像的空间维度 height、width 和 depth 维度上均进行滑窗操作,每次滑窗与(k_d,k_h,k_w)窗口内的像素值进行相关操作,都得到输出三维图像中的一个值。每个卷积核都将多通道的输入特征图卷积为单个通道的输出特征图,不同的三维卷积核将生成输出特征图的不同通道。

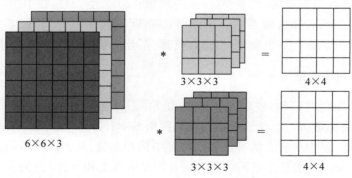

$$n \times n \times n_c \ * \ f \times f \times n_c = (n+2p-f+1) \times (n+2p-f+1) \times n_c'$$
$$6 \times 6 \times 3 \ * \ 3 \times 3 \times 3 = 4 \times 4 \times 2$$

图 2-35　三维卷积核的计算过程

　　池化又称为下采样(down sampling),其作用是对卷积操作结果进行压缩,旨在减小参数量的同时保留其空间特征,降低特征图维度以避免过拟合现象。其思想是将卷积层输出的特征图划分为多个无重叠的子区域,在每个子区域内分别计算原始输出结果的统计值,并将其作为该区域的实际输出结果。常见子区域统计量计算方法有三种:①最大池化(max-pooling),即选择子区域中元素的最大值作为输出值;②平均池化(meanpooling),即计算子区域所有元素的平均值作为输出值;③随机池化(stochastic-pooling),即按照子区域内各元素值大小相对应的概率选取子区域的某一个元素值作为输出值。在这三种统计量计算方法中,平均池化可以减小卷积操作的估计方差,从而较好地保留图像中的背景信息;最大池化能减小卷积操作的估计偏差,保留更多的图像纹理信息;随机池化的性能则介于二者之间。

　　循环结构层是 RNN 的核心构成。如图 2-36 所示,除了一般的全连接结构之外,循环结构层中还存在一组用于时延反馈的全连接结构,即同时具有前向传播与循环流动两个信息传递方向。循环结构层的输出结果不仅与当前输入有关,还受到该层历史输出结果的影响。因此,该结构可对序列化数据进行建模,具备对长时间序列数据进行识别及预测的能力。然而,循环结构层在对模型参数进行训练的过程中存在着误差梯度容易随着时间循环过程快速衰减或发散的问题。

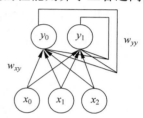

图 2-36　RNN 循环结构

　　为解决循环结构长时训练过程中的梯度消失问题,Hochreiter 和 Schmidhuber 于 1997 年提出了长短时记忆(long short-term memory,LSTM)结构。在基础的循环结构中,每个神经元仅有一个输出状态,而长短时记忆结构增加了另外一个细胞(cell)状态(长期状态),并通过三个门(gate)结构实现对这两种信息的动态控制。这里提到的“门”实际是指一个全连接层(基于 Sigmoid 激活函数实现门控功能,当激活函数的输出结果近似为 0 时表示“门关闭”,输出结果近似为 1 时表示“门打开”),通常包括输入门、遗忘门与输出门。2014 年,Cho 等人进一步提出门控循环网络(gated recurrent unit,GRU),把长短时记忆中的遗忘门和输入门替换为更新门,结构更加简单,计算效率大幅提升。

　　网络(network)是由同一类型或不同类型的层沿深度方向相互连接构成。以卷积-池化层为主体的神经网络称为卷积神经网络(CNN),以循环结构层为主体的神经网络称为循环神经网络(RNN),这两类网络是当前深度学习领域极具代表性的模型。面向不同的任务(如图像处理、机器翻译、语音识别等),研究人员通常会针对性地提出不同的网络模型,这是导致神经网络类型多样化的一个重要原因。

3. 深度学习模型概述

　　卷积神经网络(CNN)是深度学习领域一种常见的网络架构,其思想源自生物的自然视觉认知机制。1959 年,神经科学家 Hubel 与 Wiesel 发现动物视觉皮层细胞具有检测光学信号的功能,并由此提出了“感受野”的概念。在此研究启发下,日本计算机科学家 Kunihiko Fukushima 于 1980 年提出了 neocognitron 模式识别机制,其可视为 CNN 的前身。

　　20 世纪 90 年代,LeCun 等人设计了一种多层的人工神经网络——LeNet,可以对手写数字做分类。LeNet 是浅层 CNN 的经典代表,由 2 个卷积层与 2 个全连接层组成,其首次将卷积的概念引入神经网络,利用卷积、参数共享、下采样等操作提取特征,最后再使用全连接层进行分类识别,和其他神经网络一样,LeNet 也能使用 BP 算法训练。

典型的 CNN 体系结构通常包括卷积和池化层的交替,最后是一个或多个全连接层。在某些情况下,全连接层替换为全局平均池化层。除了学习的各个阶段外,还结合了不同的正则化单元,如批次归一化和 dropout 方法,以优化 CNN 性能。卷积神经网络由三部分构成:第一部分是输入层;第二部分由 n 个卷积层和池化层的组合组成;第三部分由一个全连接的多层感知机分类器构成。下面以 AlexNet 为例简要介绍 CNN 的工作过程。

AlexNet 是 2012 年由 Hinton 领导的研究小组提出的网络模型,并获得了 2012 年的 ILSVRC 冠军,其结构如图 2-37 所示。与 LeNet 相比,其引入了全新的深层结构和 dropout 方法,该模型共有 8 个参数层,包含 5 个卷积层,其中 3 个卷积后与最大池化层相连接,最后与 3 个全连接层相连。

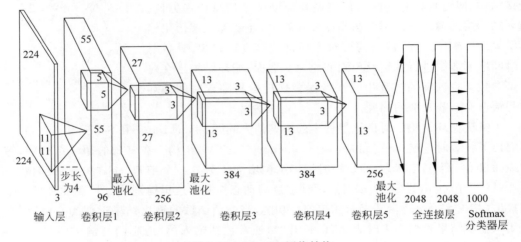

图 2-37　AlexNet 网络结构

AlexNet 第一层卷积层使用 96 个 11×11 大小的卷积核,步长为 4,经过卷积操作后,输出的单个特征图尺寸为 55×55。第二至五层卷积层卷积核数量分别为 256、384、384、256,其中第二层卷积核尺寸为 5×5,第三至五层卷积层均采用 3×3 卷积核。输入图像经过第五层卷积层之后又经过了一层最大池化层处理,此时的特征图尺寸为 $6 \times 6 \times 256$。第六至八层参数层为全连接层,前两层有 4096 个神经元,第八层包含 1000 神经元,其输出结果经过 softmax 函数处理后表示输入图像属于 1000 个类别的概率,其中概率值最高的类别作为输入图像最有可能的类别。为提高运行速度和提高网络运行规模,AlexNet 实验中采用双 GPU 的设计模式,即每一个 GPU 负责一半的运算处理。

借鉴 AlexNet 的设计思想,Szegedy 等人进一步将卷积结构增加到 22 层,且引入了并联式结构,设计了 GoogLeNet 网络。该网络并联结构使用 4 种不同类型的卷积-池化层,从而增加了整个网络的宽度,可提取多尺度的特征图,并获得 2014 年 ILSVRC 冠军。第 1 代 GoogLeNet 又称 Inception-V1,目前已升级到第 4 代,该系列网络还包括引入 ResNet 的残差结构的 Inception-ResNet-v1 以及 Inception-ResNet-v2 等模型。

2014 年,牛津大学 Visual Geometry Group 研究组提出了 VGG 网络,其将 AlexNet 中

所采用的 11×11 以及 7×7 等大尺寸卷积核替代为采用若干个连续的 3×3 卷积核,在保证具有相同感知野的条件下,提升了网络的深度,在多个视觉任务上均表现优秀,证明了卷积神经网络的深度增加和小卷积核的使用对网络的最终分类识别效果有很大的作用,VGG-16 网络结构如图 2-38 所示。

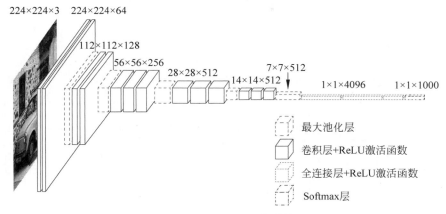

图 2-38　VGG-16 网络结构

在构建卷积网络时,网络的深度越高,可抽取的特征层次就越丰富、越抽象,但同时也存在"网络退化"问题。因此,2015 年微软亚洲研究院的 Kaiming He 等人提出了 ResNet,通过引入"恒等快捷连接"(identity shortcut connection),实现输入信息的跨层传输,解决了深度网络的退化问题,通过额外增加 1 条跨层的直接通道,将输入层直接与卷积层的输出进行加和,将卷积层层数增加至 151 层;同时在小的 CIFAR10 数据集上尝试设计了更深的 ResNet,在保证模型效果的情况下网络深度最多达到了 1202 层。

此外,为解决高精度网络模型过大带来的存储与计算效率低下的问题,Howard 等人使用了逐通道的卷积(depth-wise convolution),每个卷积核仅对 1 个通道的数据进行卷积,并采用 1×1 卷积来组合通道卷积的输出。由于减少了网络计算量,使得模型大小仅约 16MB,可在手机等嵌入式设备上运行,拓展了 CNN 的应用范围。

除上述 CNN 经典模型外,还有一些其他的 CNN 模型也在近年来陆续被提出,如 ResNeXt、Xception、DenseNet、SENet 以及 SqueezeNet 等模型,不断促进 CNN 的发展与应用。

以 CNN 为代表的前馈神经网络(feed-forward neural network,FNN)的特点是网络结构上不存在环或者回路,网络的输出和模型本身不存在反馈连接,数据从输入层开始逐层通过网络,直到输出层,所有的观测值都是相互独立地进行处理。然而许多数据中富含大量的上下文信息,彼此之间有复杂的关联性,如音频、视频和文本等,因此 FNN 在许多任务中具有很大的局限性。

循环神经网络(recurrent neural network,RNN)由 John Hopfield 提出的 Hopfield 网络演变而来。因为实现困难,其在提出时并没有被广泛应用。此外,在当前预测位置和相关信息之间的间隔不断增大时,简单 RNN 有可能会丧失学习到如此远距离的信息的能力,而当有用信息的间隔大小不一时,RNN 的性能也会受到限制。在这种情况下,1997 年 Hochreiter 和 Schmidhuber 提出了 LSTM。LSTM 是一种拥有三个"门"结构的特殊网络结构,可以学习长期依赖信息,比标准的循环神经网络表现更好。

图 2-39 所示为 RNN 的典型网络结构,x 表示输入层的值;s 表示隐藏层的值;U 代表输入层到隐藏层的权重矩阵;o 表示输出层的值;V 代表隐藏层到输出层的权重矩阵;W 代表相邻时间步隐藏层之间的权重矩阵。由 RNN 网络结构可以看出,RNN 隐藏层的值 s 不仅仅取决于当前时间步的输入 x,还与前一时间步隐藏层的值有关。

$$s_t = f(Ux_t + Ws_{t-1}) \tag{2-4}$$

$$o_t = g(Vs_t) \tag{2-5}$$

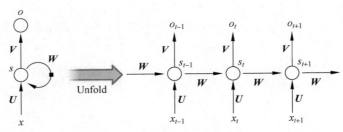

图 2-39　RNN 典型网络结构

RNN 反向传播算法的思路和 DNN 是一样的,即通过梯度下降法多次迭代,得到合适的 RNN 模型参数 U、W、V、b、c,其中 b 和 c 表示隐藏层和输出层的偏置量。由于 RNN 是基于时间反向传播,所以 RNN 的反向传播有时也叫作 BPTT(back-propagation through time,随时间反向传播)。这里的 BPTT 和 DNN 也有很大的不同点,即这里所有的 U、W、V、b、c 在序列的各个位置是共享的。RNN 主要适用于序列数据处理问题,如文本生成、机器翻译、语音识别、图像描述等,典型 RNN 网络模型概述如下。

最基本的 RNN 即将若干循环结构层叠加使用,构成堆叠 RNN(stacked RNN),结构如图 2-40 所示。Graves 等人构建了多层循环结构堆叠的深度 RNN,并用于语音识别任务,在经过端到端的训练并进行适当的正则化后,模型在 TIMIT(声学-音素连续语音语料库)音素识别基准测试中取得了 17.7% 的低错误率。

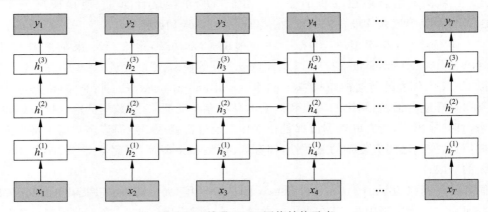

图 2-40　堆叠 RNN 网络结构示意

在基础 RNN 中,状态的传输是从前往后单向的。然而在有些问题中,当前时刻的输出不仅和之前的状态有关系,也和之后的状态相关。基于此,Schuster 和 Paliwal 等人于 1997

年提出了同时考虑历史信息与未来信息的双向 RNN。由两个独立的 RNN 组合而成,共享同一输入层,隐藏层之间没有连接:一个是正时序的循环连接,另一个是逆时序的循环连接,二者之间不共享权值。网络输出根据这两个隐藏层的结果进行综合估计。但该模型存在输入延迟,不适用于高实时性任务。

理论上,RNN 是可以将以前的信息在当前的任务中进行利用的,然而随着时间步的增加,预测的误差沿着神经网络逐层反向传播,因此随着离输出越来越远,每层的梯度大小会呈指数增长或减小,从而导致梯度爆炸或消失,这使得 RNN 模型很难学习到输入序列中的长距离依赖关系。LSTM 模型在普通 RNN 基础上,在隐藏层各神经单元中增加记忆单元,从而使时间序列上的记忆信息可控,每次在隐藏层各单元间传递时通过几个可控门(遗忘门、输入门、候选门、输出门),可以控制之前信息和当前信息的记忆和遗忘程度,从而使 RNN 网络具备了长期记忆功能。在此基础上,GRU 作为 LSTM 的一种变体,将遗忘门和输入门合成了一个单一的更新门;同样还混合了细胞状态和隐藏状态,加诸其他一些改动,使得最终的模型比标准的 LSTM 模型要简单,节省计算时间。

上述 CNN 和 RNN 均属于判别模型(discriminative model),即通过已知数据直接学习预测模型,推断输入数据所具备的一些属性。与此对应的是生成模型(generative model),即通过学习数据及其对应属性的联合概率分布,利用指定属性生成符合该分布的新数据。GAN 典型是深度学习与生成模型的结合点,是深度学习的当前热点方向之一。GAN 将对抗博弈的思想引入机器学习领域,博弈的双方为判别模型和生成模型。其中,判别模型的职责是准确区分真实数据和生成数据,而生成模型负责生成符合真实数据概率分布的新数据,GAN 典型网络结构如图 2-41 所示。通过判别模型和生成模型两个神经网络的对抗训练,生成对抗网络能够有效地生成符合真实数据分布的新数据。生成对抗网络主要用于样本数据概率分布的建模,并生成与训练数据相同分布的新数据。例如,生成图像、语音、文字等。目前,GAN 的主要应用领域包括图像与视觉领域以及自然语言处理领域。例如,图像超分、还原遮挡或破损图像、基于文本描述生成图像等,同时也衍生了许多改进模型,如 DCGAN、InfoGAN、CycleGAN 以及 ACGAN 等。

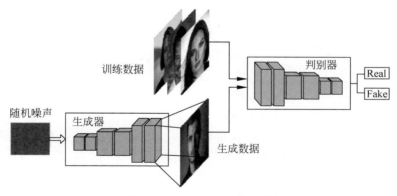

图 2-41　GAN 典型网络结构

当前,深度学习的热潮一方面归因于计算能力的提升,另一方面受益于海量的可用数据,但是目前仍处于弱人工智能阶段,有待进一步发展与提升。

2.4.3 深度强化学习

1. 强化学习概述

强化学习最早由 Minsky 在 1954 年提出,作为机器学习领域的一个研究热点,已经广泛应用于工业制造、仿真模拟、机器人控制、优化与调度、游戏博弈等领域。强化学习的基本思想是通过最大化智能体(agent)从环境中获得的累计奖赏值,以学习到完成目标的最优策略。因此强化学习的方法更加侧重于学习解决问题的策略。为便于理解,首先对强化学习中常出现的一些概念进行解释。

智能体:是强化学习系统中决策和学习的主体,其根据在时间步 t 时所接收到的环境观测 o_t,选取针对性的动作 a_t,从而改变环境状态 s_t,并接收环境对智能体行为给出的相应奖励信号 r_t,此时完成一次完整的迭代。

环境:是与智能体进行交互的对象,其可能是确定、已知的,也可能是不确定、未知的,受到智能体的动作影响会发生状态的改变。环境与智能体的关系如图 2-42 所示。

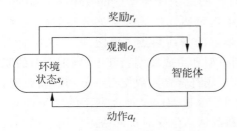

图 2-42 环境与智能体的关系

策略:智能体根据接收到的不同环境观测决定所选取的动作,策略则是对智能体行为的描述,它告诉智能体应该为每个可能的状态选择哪些动作,策略可以是确定性的,也可以是不确定性的。

奖励:环境对于智能体动作的反馈,分为正奖励和负奖励,强化学习系统的学习目标就是通过对策略的学习来最大化预期奖励。

根据任务的不同,强化学习任务可以分为单智能体任务与多智能体任务、回合制任务与连续性(非回合制)任务、确定性环境任务和非确定性环境任务等;而从算法角度,可以将强化学习算法分为同策学习算法与异策学习算法、有模型学习算法与无模型学习算法、回合更新算法与时序差分更新算法等。

形式上,强化学习可以被描述为马尔可夫决策过程(Markov decision process,MDP),其中包括:

- 状态集合 S,以及初始状态的概率分布 $p(s_0)$;
- 动作集合 A;
- 转换动态(transition dynamics) $T(s_{t+1}|s_t,a_t)$,表示 t 时刻的一个状态-动作对与 $t+1$ 时刻的状态之间的映射关系;
- 即时/瞬时奖励函数 $R(s_t,a_t,s_{t+1})$;
- 折扣因子 $\gamma \in [0,1]$,其值越低表示越注重即时奖励,越高表示越重视长期奖励。

一般来说,策略 $\pi:S \rightarrow p(A=a|S)$ 表示从状态到动作概率分布的映射,对于回合制的 MDP 过程,在每个步长为 T 的回合结束之后,状态会重置,该回合中所包含的状态、行为和奖励序列就构成了一个策略轨迹(trajectory or rollout)。每个策略轨迹下累积回报 R 表示为:

$$R = \sum_{t=0}^{T-1} \gamma^t r_{t+1} \tag{2-6}$$

其中：r_t 为第 t 步的回报；γ 为折扣因子，$0 \leqslant \gamma < 1$。平均型回报的定义如下式所示。

$$\bar{R} = \lim_{t \to +\infty} E\left[\frac{1}{t}\sum_{\tau=0}^{t} r_\tau\right] \tag{2-7}$$

强化学习的目标就是找出使得最终的回报最大最优策略 π^*：

$$\pi^* = \arg\max_\pi E[R \mid \pi] \tag{2-8}$$

在此基础上，对于给定的策略 π，在状态 s 下采用策略 π 的预期回报定义为状态价值函数 $v_\pi(s)$：

$$v_\pi(s) = E[R \mid s,\pi] \tag{2-9}$$

在状态 s 下选取动作 a 之后，再执行策略 s 的预期回报称为动作价值函数 $q_\pi(s,a)$：

$$q_\pi(s,a) = E_\pi[R \mid s,a,\pi] \tag{2-10}$$

状态价值函数和动作价值函数都可以用贝尔曼方程来表示，最优策略可以通过求解最优值函数得到，而最优值函数的求解过程就是优化贝尔曼方程的过程。对于小规模的 MDP 而言，可以直接求解价值函数，而针对大规模的 MDP，则需要采用迭代方法优化贝尔曼方程，常用的迭代方法有动态规划法、蒙特卡洛法和时间差分法，这三种方法都属于表格求解方法（tabular solution method）。

动态规划法先基于策略评估计算出给定策略 π 的优劣程度，之后采用策略迭代算法获得策略 π 的最优价值函数，并根据最优价值函数确定最优策略。然而动态规划法的使用前提是环境模型已知，即 MDP 已知，而这一条件对于大多数强化学习任务来说是难以满足的。蒙特卡洛法可用于免模型的强化学习任务，即无须事先已知 MDP 中的状态决策概率，其通过智能体与环境的交互过程，采集经验轨迹信息，并采用离线学习的方式求解最优策略，导致蒙特卡洛方法的学习效率难以满足实际任务的需求。时间差分法与蒙特卡洛法类似，都基于采样数据对当前价值函数进行估计，但时间差分法采用动态规划法中的自举（bootstrapping）方式对当前的价值函数进行计算，而不是像蒙特卡洛法那样需要在每次实验结束后才能计算相应的价值函数。

上述表格求解方法需要系统对状态和动作价值函数开辟空间进行存储，对状态价值 v_π 和动作价值 q_π 的检索往往需要进行查表操作，当状态值或动作值数量较多时会大幅降低查表操作的效率，而且多次迭代也无法保证价值函数在计算过程中能够正确地收敛，当无法精确获得状态价值或动作价值时，可以通过近似求解方法寻找价值函数的近似函数来近似原函数，在保证求解结果有效性的前提下能够大大降低计算的规模和复杂度。近似求解法可分为三个方向：①值函数近似求解，即对价值函数进行近似，包括递增式值函数近似法和批处理式值函数近似法；②策略梯度，即对策略函数进行近似并求解其梯度，包括有限差分策略梯度法、蒙特卡洛策略梯度法和演员-评论家策略梯度法；③学习与规划方法，即基于模型的求解方法，基于采样的方式通过函数模拟环境模型，通常与免模型的强化学习方法进行结合，如 Dyna 算法。这些方法也为深度强化学习的出现夯实了基础。

2. 深度强化学习概述

随着科技的发展，在越来越多复杂的现实场景任务中，需要利用深度学习来自动学习大规模输入数据的抽象表征，使得智能体能够充分感知更加复杂的环境状态并建立更加复杂的行动策略,进而提高强化学习算法的求解与泛化能力。由此形成了人工智能领域新的研究热点,即深度强化学习。

深度强化学习融合了强化学习的决策优势和深度学习的感知优势,通过强化学习定义问题和优化目标,通过深度学习求解策略函数或价值函数,并基于 BP 算法优化目标函数。深度强化学习中的智能体对自身知识的构建和学习都直接来自原始输入信息,无须任何人工编码和领域知识。因此深度强化学习是一种端对端(end-to-end)的感知与控制系统,具有很强的通用性。其学习过程可以描述为:①在每个时刻智能体与环境交互得到一个高维度的观察,并利用深度学习方法来感知观察,以得到具体的状态特征表示;②基于预期回报来评价各动作的价值函数,并通过某种策略将当前状态映射为相应的动作;③环境对此动作做出反应,并得到下一个观察。通过不断循环以上过程,最终可以得到实现目标的最优策略,深度强化学习的一般框架如图 2-43 所示。

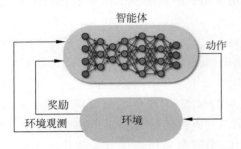

图 2-43　深度强化学习的一般框架

谷歌旗下的人工智能企业 DeepMind 于 2013 年提出了首个深度强化学习模型——深度 Q 网络(deep Q-network,DQN),并在 2015 年进一步完善了 DQN 算法神经网络结构,如图 2-44 所示。DQN 把神经网络与时间差分法中的 Q-learning 算法相结合,基于 Q-learning 算法构造目标函数,利用 CNN 输出动作对应的价值,并通过经验回放机制解决了数据间相关性和非静态分布的问题。

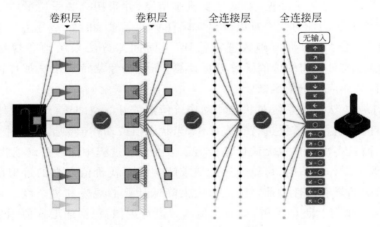

图 2-44　DQN 算法神经网络结构

DQN 算法在 Atrati 游戏中取得了令人惊讶的实战表现,并由此引发了业界对深度强化学习的关注,并在随后提出了更先进的 DQN 改进版本,如将动作选择和价值估计进行解耦的 Double DQN、具有优先级经验回放机制的 Prioritized DQN、引入竞争网络的 Dueling DQN 等。但 DQN 无法处理连续动作控制任务,这大大限制了 DQN 的应用范围。针对这一缺陷,研究者们又随后提出了用于处理连续动作控制任务的 DDPG(deep deterministic policy gradient,深度确定性策略梯度)算法,基于异步方式提升学习效率的 A3C(actor-critic,演员-评论家)算法,以及融合各版本 DQN 优势的 Rainbow 算法等深度强化学习方法。

　　DDPG 算法将深度神经网络与确定性策略梯度算法进行融合,以 A3C 算法为基本架构,采用 CNN 作为策略函数和动作价值函数的近似,演员和评论家均包含在线策略和目标策略两个网络模型,演员负责策略网络,评论家负责价值网络。基于异步强化学习的思想,Mnih 等人提出了异步优势的 A3C 算法,该框架使以基于价值的强化学习方法(如 Q-learning 算法)作为评论家,以基于策略的强化学习方法(如策略梯度法)作为演员,使用神经网络对价值函数和策略函数进行拟合,并采用异步的梯度下降算法优化深度网络,多个并行的智能体与多个环境进行独立地交互,进行独立的训练学习,提升性能的同时也加快了训练速度,A3C 算法结构如图 2-45 所示。

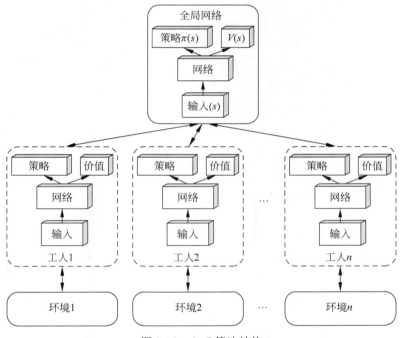

图 2-45　A3C 算法结构

　　Rainbow 算法对多个 DQN 算法的扩展版本进行了融合,通过引入多步奖励分布、优先级经验回放机制、竞争网络等技术,并将原来神经网络中的原有损失函数修改为基于 KL 散度的损失函数,增加了模型的学习能力,极大地扩大了深度强化学习的应用范围,实现了更为通用的深度强化学习框架。实际测试中,在 57 个 Atari 游戏中有 40 场游戏的表现超越了人类平均水平,在与各类 DQN 方法的对比中,Rainbow 算法的优势在 700 万帧后开始显现,在 4400 万帧后其表现大幅领先。

　　近年来,随着各种深度强化学习算法被陆续提出,深度强化学习在机器人、游戏等领域取得了突破性的进展,其中最具代表性的成果之一是由 DeepMind 团队研发的 AlphaGo 围棋程序。AlphaGo 先后战胜了欧洲围棋冠军樊麾、世界围棋冠军李世石以及当今世界围棋等级分排名第一的柯洁,是第一款战胜人类职业选手的围棋程序。2016 年 DeepMind 在 *Nature* 上正式公开了 AlphaGo,如图 2-46 所示,此后 AlphaGo 一直处于进化中,不到两年的时间，AlphaGo 就从需要人类棋谱进行监督学习的 AlphaGo Lee（战胜李世石的版本）发展到了无须任何专家知识、只需经过 3 天自我对弈就能以 100：0 的比分轻松战胜 AlphaGo Lee 的 AlphaGo Zero。最终形式的 AlphaGo Zero 使用了 40 个残差网络，训练时间约为 40 天，在自我对弈的过程中，共产生约 2900 万盘的自我对弈棋谱。与初期 AlphaGo 版本相比，AlphaGo Zero 大幅减小了对计算资源的需求，共使用了 4 个 TPU，在单机上运行，但能力却有大幅提升。随着越来越多的人关注深度强化学习，深度强化学习将会得到进一步的发展，能够解决的问题将会更多。

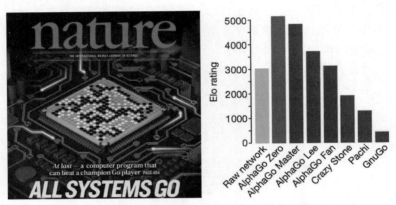

图 2-46　*Nature* 对 AlphaGo 的介绍（左）及不同版本围棋程序棋力对比（右）

2.4.4　机器学习平台介绍

机器学习算法已经被应用到越来越多的工作和生活领域，如人脸识别、产品推荐、摄像监视等。但要做到高效、便捷地使用机器学习算法及模型并不容易，机器学习平台中集成了一系列便于机器学习应用的必要功能，如数据处理/训练、模型快速部署、模型实时监控等，促进了机器学习算法的推广应用。表 2-9 中列举了目前比较常见的机器学习平台及其特点。

表 2-9　常见的机器学习平台及其特点

平台名称	开发团队	平台特点
Caffe	伯克利视觉和学习中心	模型及优化通过配置进行定义；模块化设计，便于扩展
TensorFlow	Google Brain	具有可视化和序列化的内置模块；支持多 GPU 并行
Keras	Google Brain	支持多 GPU 和分布式训练；支持多种后端引擎
Mxnet	DMLC	支持命令和符号编程；支持多 CPU/GPU 分布式训练
PyTorch	Facebook	基于动态图机制，代码简洁灵活；面向对象的接口设计
飞桨	百度	支持产业级超大规模模型训练；兼容其他开源框架模型

下面对两种典型的机器学习平台 TensorFlow 和飞桨进行详细介绍。

1. TensorFlow

在常见的机器学习平台中，TensorFlow 是当前最流行的框架之一。自从 2015 年 11 月开源以来，TensorFlow 迅速在众多的机器学习框架中脱颖而出，在 GitHub 上聚集了超多的人气。TensorFlow 系统构架分为两部分,其中前端部分主要提供编程模型,负责构造计算图,提供 Python、C++、Java、Go 等多种编程语言支持;后端部分主要提供运行时环境,负责执行计算图,采用 C++ 实现。

和一般常用的命令式(imperative)编程模式中明确输入变量,根据程序逻辑逐步运算的过程不同,TensorFlow 采用的是符号式(symbolic)编程模式,将计算过程抽象为计算图,所有输入节点、运算节点和输出节点均符号化处理,首先构建由符号构成的静态计算图,如图 2-47 所示,要运行这个计算图,需要开启一个会话(session),在会话中实际运行这个计算图。

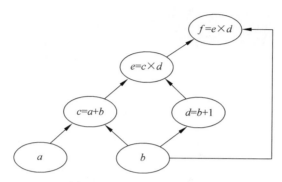

图 2-47　TensorFlow 计算图

TensorFlow 中的基本概念介绍如下。

(1) 计算图(graph)。计算图包含了一个计算任务中的所有变量及运算方式。TensorFlow 计算图是静态的,意味着计算图每个节点输入和输出的张量类型在构建时已经被固定下来,在会话中这个计算图才可以真正运行。

(2) 张量(tensor)。张量可以被理解为一个 n 维矩阵,所有类型的数据,包括标量、矢量和矩阵等都是特殊类型的张量。TensorFlow 中所有的输入输出变量都是张量,并提供创建张量函数的方法,以及导数的自动计算功能。

(3) 变量(variable)。当一个值在会话中需要更新时,可以将其定义为变量,如将神经网络中的权重声明为变量。变量在使用前需要被显式地初始化,在训练后可以将其写入磁盘。

(4) 会话(session)。会话对象用来实现计算图的执行,主要任务是在图运算时分配 CPU 或 GPU。会话对象封装了评估张量和操作对象的环境,不同张量对象的值仅在会话对象中被初始化、访问和保存。

(5) 运算(operation, OP)。运算是计算图中所包含的一种节点类型,每个运算都接受 0 到多个张量,执行计算,输出 0 到多个张量。会话将计算图的运算分配到 CPU 或 GPU 等计算单元,并提供相关的计算方法,并且会返回运算的结果。

TensorFlow 的系统架构分为前端、后端两部分,前端模块负责提供编程模型以及构造计算图;后端模块提供运行时环境并执行计算图。其中,client 是前端主要组成部件,基于 TensorFlow 编程接口构造计算图,并通过会话连接 TensorFlow 后端,启动计算图的执行过程。对于每个任务,TensorFlow 都将启动一个 Worker Service。Worker Service 基于计算图中节点之间的关系,根据当前的可用的硬件环境(GPU/CPU),调用运算的内核完成运算,同时可基于分布式运行时环境与其他 Worker Service 进行运算结果的动态传输。

2. 飞桨

飞桨（PaddlePaddle）以百度多年的深度学习技术研究和产业应用为基础，集深度学习核心训练和预测框架、基础模型库、端到端开发套件、工具组件和服务平台于一体，是国内首个全面开源开放、技术领先、功能完备的产业级深度学习平台；也是目前国内唯一功能完备、成熟稳定的深度学习平台，其全景生态布局图如图 2-48 所示。

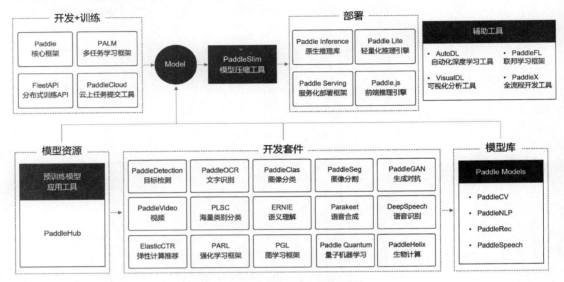

图 2-48　飞桨全景生态布局图

截至目前，飞桨平台已经拥有超过 150 多万个开发者，有超过 6 万家企业在平台上创建了超过 16 万个模型。相比国内外其他开源深度学习框架，飞桨具备以下领先优势。

（1）飞桨具有便捷的开发接口，同时支持声明式和命令式编程，兼具开发的灵活性和高性能。

（2）飞桨支持产业级超大规模深度学习模型的训练，支持千亿特征、万亿参数、数百节点的开源大规模训练，支持大规模参数服务器技术领先的、开源的 TensorFlow 和 PyTorch 等框架。

（3）飞桨支持多端多平台的高性能推理部署，兼容其他开源框架训练的模型，还可以轻松部署到不同架构的平台设备上，飞桨的推理速度也是全面领先的，对于国产硬件的支持也超过 TensorFlow 和 PyTorch。

（4）飞桨提供覆盖多领域的产业级开源模型库，官方支持 100 多个经过产业实践长期打磨的主流模型，同时开源开放 200 多个预训练模型，其中，机器视觉、自然语言理解、强化学习等多领域模型曾在国际竞赛中夺得 20 多项第一。

飞桨提供的服务平台和工具组件包括如下。

（1）PaddleHub：PaddleHub 是飞桨生态下的预训练模型管理工具，旨在让飞桨生态下的开发者更便捷地享受到大规模预训练模型的价值。通过 PaddleHub，用户可以便捷地获取飞桨生态下的预训练模型，从而方便地管理模型和使用模型以实现一键预测。目前，PaddleHub 上的预训练模型涵盖了图像分类、目标检测、词法分析、语义模型、情感分析、语言模型、视频分类、图像生成、图像分割等主流模型。

（2）X2Paddle：X2Paddle 支持将其他深度学习框架训练得到的模型转换为飞桨模型。目前已实现 TensorFlow、Caffe 和 ONNX 框架下的多个主流 CV 模型，可以在 X2Paddle-Model-Zoo 中查看已经测试过的模型，也可以在 OP-LIST 中查看目前 X2Paddle 支持的命令列表。

（3）PARL：PARL 是百度推出的高性能且灵活的强化学习框架。它有诸多特点，针对许多有影响力的强化学习算法，PARL 可以稳定地重现算法的结果；支持数千个 CPU 和多个 GPU 的高性能并行训练；可复用性强，用户无须自己重新实现算法，通过复用框架提供的算法即可方便地把经典强化学习算法应用到具体场景中；扩展性良好，当用户想调研新的算法时，可以通过继承平台提供的基类快速实现自己的强化学习算法。

（4）EasyDL：EasyDL 是百度推出的定制化深度学习的训练和服务平台，可以帮助零算法基础的用户定制高精度 AI 模型，目前提供图像分类、物体检测、图像分割等多个应用场景的定制解决方案。相对于传统深度学习的应用，EasyDL 具有可视化操作、高精度效果、端云结合以及支持高质量训练数据的采集与标注等优势。

2.4.5　应用场景与挑战

随着硬件计算能力的快速发展以及对深度网络轻量化研究取得的成果，深度学习正在逐步渗透到越来越多的领域中，推动着社会的发展。在诸如生物医疗、智能制造、无人驾驶等领域，深度学习正发挥着越来越重要的作用，尤其在无人驾驶领域，基于深度学习的方法在环境感知以及规划决策等方面已经取得了丰富的研究成果，推动着无人驾驶领域的发展。

1. 自动驾驶领域应用场景

1）车道线检测与分割

车道线检测是无人驾驶系统感知模块的重要组成部分，为自动巡航、车道保持等操作提供必要的信息。传统算法最大的弊端在于场景的适应性不好，而采用深度学习的方法进行车道线的检测可以通过网络自动学习到车道线的多尺度特征，使车道线拟合结果更佳。因此，近年来越来越多基于深度学习的车道线检测与分割模型被提出，如 EL-GAN、LaneNet、LineNet、SCNN 等，不断提升车道线检测与分割领域的识别精度与稳定性。基于深度学习的车道线检测实验结果如图 2-49 所示。

2）交通目标检测

交通目标分为动态目标和静态目标，其中动态目标包括车辆（轿车、卡车、电动车）、行人等，动态目标检测的难度在于遮挡情况较多、头朝向以及多目标追踪难度大。静态目标包括交通信号灯、交通标志等，该类目标检测的难点是红绿灯、交通标识属于小物体检测，像素占比小，而且交通标识种类众多，样本集存在类别数量不均匀的情况。当前，基于深度学习的方法已成为目标检测领域的主流方法，效果远超传统方法，许多性能优秀的目标识别模型被设计出来，如 R-CNN 系列模型（R-CNN、Fast R-CNN、Faster R-CNN）、SSD、YOLO系列（YOLO v1～v4）等，不断刷新目标检测精度与速度，如图 2-50 所示为基于深度学习的交通目标图像检测结果。

图 2-49　基于深度学习的车道线检测实验结果

图 2-50　基于深度学习的交通目标图像检测结果

3）自动驾驶决策规划

自动驾驶决策规划是指在给定感知模块解析出的环境信息的条件下如何控制汽车的行为达到驾驶的目标。现有的无人驾驶的决策模块一般是根据规则构建的,虽然基于规则的构建可以应付大部分的驾驶情况,但对于驾驶中可能出现的各种各样的突发情况,基于规则的决策系统不可能枚举所有突发情况。因此,越来越多的研究人员开始研究基于深度强化学习的自动驾驶决策规划方法,通过将深度学习的感知能力和强化学习的决策能力相结合,可以直接根据输入的信息进行决策控制,其更接近人类思维方式,是实现成熟 L4 级自动驾驶解决方案的一种可行思路。例如,美国 UC Berkeley 大学的 Rausch 等人提出了基于视觉的决策方法,该方法直接根据从前置摄像头获得的图像预测转向角;北京航空航天大学的 Zong 等人通过 DDPG 算法实现自动躲避障碍物,并可学习车辆的转向角和加速度值;卡内基-梅隆大学的 Yilun Chen 等人提出了一种基于分层的深度强化学习算法来进行密集交通中的车道变化行为决策,通过将整体行为分解为多个子策略,模型可以学习到更快、更安全的车道变更动作,同时将时空注意机制应用于深度强化学习架构,从而使得车辆实现更平滑的车道变换行为,其方法架构如图 2-51 所示。

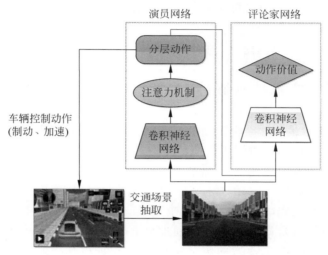

图 2-51　基于分层深度强化学习算法的车道变换行为决策

2. 深度学习面临的挑战

尽管如今深度学习在诸如机器视觉、自然语言处理(NLP)、数据生成等领域取得了瞩目的成果,但仍面临着许多挑战。

首先,对大部分深度模型进行深入的理论分析存在困难。深度模型的结构设计缺乏统一原则,通常取决于不同的任务目的,难以对要想得到表现足够优秀的深度模型所需的训练样本量与计算资源,以及模型理想优化方法的选择等问题进行理论分析。而且各种深度模型的学习算法在不同模型上收敛速度参差不齐,模型优化算法的性能仍需要进一步研究。在实际应用中,部署一个深度学习模型和算法非常困难,需要有相当的工程经验和技巧来调节各超参数的取值。

其次,深度学习模型需要从大量的样本中学习其中包含的抽象概念,导致训练一个深度学习模型通常需要大量人工标注的数据,而很多时候人工标注数据的成本是非常昂贵的,并且对一些刚开始引入深度学习方法的应用领域而言,如医学领域中,很难找到大规模的标注的数据。

再次,深度学习的迁移能力有限。通过大量数据和优化算法的训练可以很好地完成某一项任务,但每个应用任务必须使用自己的数据集进行单独训练,即使对于与以前类似的任务也是如此。到目前为止,还没有比较好的办法可以将训练从一种情况转移到另一种情况。从而导致深度学习在应用任务和测试集上面表现很好,但在试图泛化到其他任务或者推断到其训练集之外的数据时,深度学习模型的效果会出现不同程度的退化。

最后,深度学习还存在"黑箱"问题。其复杂的神经网络中具有大量的参数。用人们理解的方式评估各个节点对决策的贡献是非常困难的,这种不透明可能导致严重的偏见问题。而且,深度学习与先验知识难以整合,从而导致深度学习很难解决开放性问题,无法像人类那样准确地进行推理。

2.5　汽车自动驾驶仿真平台

自动驾驶系统仿真是自动驾驶车辆开发的基础工具,也是自动驾驶车辆测试的基础技术之一,因此仿真平台在汽车自动驾驶开发中具有重要意义。本节首先介绍自动驾驶仿真技术和仿真软件的发展及基本内容;在此基础上,详细介绍典型自动驾驶仿真软件。

2.5.1　自动驾驶仿真技术概述

自动驾驶仿真平台是针对自动驾驶算法开发过程中面临的自动驾驶车辆实车测试成本高、实车测试安全难保障、实车测试场景难复现、实车测试真值难获取等问题而设计的。通过仿真平台模拟来发现并解决问题,而不需要真实的环境和硬件,可以极大节省成本和时间。

自动驾驶仿真技术是计算机仿真技术在汽车领域的应用,比传统高级驾驶辅助系统的研发更为复杂,对系统在解耦和架构上的要求更高。类似其他通用的仿真平台,它必须尽可能的真实,其关键问题就是将系统模型化,通过数学建模的方式将真实世界进行数字化还原和泛化,从而建立正确、可靠、有效的仿真模型,这是保证仿真结果具有高可信度的关键和前提。

自动驾驶车辆仿真平台的功能包括静态场景还原、动态案例仿真、传感器仿真、车辆动力学仿真等,并能够较为容易地接入自动驾驶感知和决策控制系统。环境感知仿真技术是无人驾驶汽车行驶的基础,车辆控制仿真技术是无人驾驶汽车行驶的核心,这两项技术共同构成自动驾驶汽车仿真平台的关键技术。自动驾驶仿真平台归结起来有三部分:第一,通过传感器仿真对拟真环境和动态场景进行感知识别;第二,在融合多方面感知信息的基础上,通过决策规划算法并结合外界场景信息,预测场景中交通参与者的轨迹,规划车辆运行轨迹,将车辆融入交通流中;第三,根据决策规划的轨迹目标,通过控制执行算法来控制车辆的驱动、制动和转向等驾驶动作,调节车辆行驶速度、位置和方向等状态,以保证汽车的安全性、操纵性和稳定性,如图 2-52 所示。自动驾驶仿真需要大量的算法支持,而算法研发本来就是不断迭代的过程,在算法不成熟的情况下,为了配合自动驾驶汽车的功能和性能开发,需要遵循从纯模型的仿真,到半实物的仿真,再到封闭场地和道路测试,并最终走向开放场地和道路测试这一开发流程。

自动驾驶仿真技术对自动驾驶的发展具有重要意义。首先,仿真是自动驾驶研发测试的基础关键技术。自动驾驶软件开发、自动驾驶系统及整车的验证与集成,在很大程度上都依托于计算机仿真提供共性技术的支撑,仿真测试已经成为大多数企业研发自动驾驶系统的共同需求。其次,仿真虚拟测试可以保证自动驾驶车辆安全上路。仿真虚拟测试为软件算法的迭代提供了基础的训练数据,为不安全行为的识别和处理提供了量化的测试环境,为风险控制策略提供了早期快速的评价工具。自动驾驶仿真技术可以帮助认证机构完善对汽

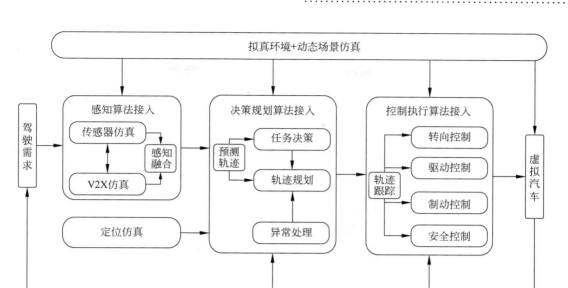

图 2-52　自动驾驶仿真平台

车智能化软件产品的认证过程与监管方法,弥补目前偏重实车路试的不足。最后,仿真测试技术是自动驾驶技术发展的必然结果。以往的仿真软件不能很好地支持自动驾驶感知决策算法的迭代与测试,对复杂场景的构建也缺乏相应自动化技术;而自动驾驶开发平台,以及满足自动驾驶算法开发与整车系统集成的商业化仿真软件将成为研发链条上的底层基础工具之一。智能网联汽车已经进化为信息物理系统的一部分,仿真软件也将形成智能网联汽车与智能交通的中央数据平台。自动驾驶仿真技术不仅帮助人工智能算法安全应用于智能汽车,未来也是车队运营、道路设施与智慧交通的管理平台。

随着自动驾驶仿真技术的发展,汽车自动驾驶仿真软件也逐渐成熟。目前典型的自动驾驶仿真软件包括 CarSim、Prescan 和 CARLA,以下分别进行介绍。

2.5.2　自动驾驶仿真的基本要素

随着 ADAS 和自动驾驶的发展,自动驾驶仿真软件也经历了几个发展阶段。早期仿真软件的主要关注点在车辆本身,主要以动力学仿真为主,用来在车辆开发的过程中对整车的动力、制动、转向等进行仿真,如 CarSim。伴随着各种 ADAS 功能的开发,可以提供简单道路环境,含有车、行人以及简单完美传感器模型的辅助 ADAS 开发的仿真软件开始出现,比如 Prescan、CARLA 等。这些仿真软件一般都单机运行,主要关注功能验证,并不对场景和传感器的真实程度有太高的要求。随着以 Waymo 为代表的一系列目标为 L4 级自动驾驶初创公司的成立和发展,例如,以 Waymo 自建的 Carcraft 仿真环境在补充实际路测中取得的重要作用日益显现,出现了一批以使用高精地图、真实数据回放,甚至游戏引擎进行高真实感虚拟环境重建的仿真平台。

仿真软件的基本原理是在仿真场景内,将真实控制器中的算法重建,结合传感器仿真等技术,完成对算法的测试和验证。现在自动驾驶仿真系统的构成已经很复杂,各仿真软件都有各自的优势和研发重点,搭建完整的仿真系统也越来越需要多个软件的互相配合。

自动驾驶仿真平台包含环境仿真、车辆仿真、传感器仿真、控制系统仿真四个主要元素，如图 2-53 所示。环境仿真包括道路/路边、天气、环境车、行人等静、动态元素；车辆仿真提供能反映实际车辆物理属性的车辆模型，包括悬架系统、转向系统、动力系统、轮胎等；传感器仿真包括相机、毫米波雷达、激光雷达、地图/GPS 等；控制系统仿真提供虚拟控制器、传感器通信接口、执行器通信接口等。

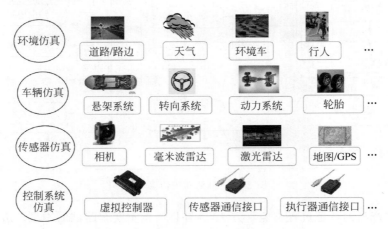

图 2-53　自动驾驶仿真平台的主要元素

1. 环境仿真

要模拟车辆所在的环境，就需要把真实世界投影到虚拟世界，并构造真实世界的物理规律。虚拟场景的构建通常包括道路（中心线、车道线，路面材质等）、交通元素（交通信号灯与交通标志牌）、交通参与者（机动车，非机动车与行人等）、道路周边元素（路灯、车站、垃圾箱、绿化带、建筑物等）。总之，虚拟世界要尽可能地满足真实世界的物理规律。

自动驾驶汽车环境仿真可以依靠环境渲染技术，其典型应用是在游戏场景中。环境仿真和游戏场景非常相似，因此可以将自动驾驶中的场景复制到游戏场景中，然后模拟自动驾驶中各种传感器采集游戏场景中的数据。目前根据游戏引擎开发的主流仿真软件有 Udacity、CARLA、AirSim 等。其中 Udacity 是基于 Unity 引擎开发的自动驾驶仿真平台，CARLA 和 AirSim 是基于游戏引擎 Unreal4 开发的自动驾驶仿真平台。三维渲染是通过计算机把三维模型网格呈现为图像的过程。天气、环境车、行人都是预存三维数据模型。渲染中的道路可以根据试验需求进行定制设计，可以进行地图数据的导入，在设置道路时需要考虑道路网结构、车道网结构、道路曲率、坡度、路面附着系数等。Unity 是一个实时三维互动内容创作和运营平台，包括游戏开发、美术、建筑、汽车设计、影视制作等都可以通过 Unity 实现，如图 2-54 所示为 Unity 下的车辆渲染效果。

2. 车辆仿真

车辆仿真要高度还原车辆动力学模型，建模需要考虑动态系统高阶特性以及计算的高效性和实时性。车辆进行动力学仿真，一般需要将车辆模型参数化，包括车体模型、轮胎模型、制动系统模型、转向系统模型、动力系统模型、传动系统模型、空气动力学模型、硬件 I/O 接口模型等，使用这些复杂的车辆参数，可以保证车辆的仿真精度，使被控对象更接近于真

图 2-54　Unity 下的车辆渲染效果

实的对象。

通过描述车辆的动力学特性,车辆动力学仿真软件可以预测车辆性能,解释现有设计中存在的问题并找出解决方案,由此产生一个最佳的设计方案。车辆动力学仿真研究内容与评价指标包括:动力性、经济性、安全性、平顺性和操纵稳定性等。通过仿真,可以对车辆的各个模块进行测试,也可以方便地建立特殊场景,完成真实世界中难以进行的测试。

目前,车辆动力学仿真软件有很多,主流的有 ADAMS、CarSim 和 Cruise 等。ADAMS 可做多体动力学仿真,其中 car 模块高度集成了汽车常用的动力学仿真功能,可以做悬架的 K&C 特性仿真等。对于结构复杂、不能直接得出其特性的机械结构,ADAMS 能进行精确的分析。建立的模型可以将每个零件的动力学都考虑进来,且能够导入柔性模型,仿真高频振动等。例如,对于车辆的悬架系统,需要确定装配硬点坐标位置、杆件的质量与几何形状、衬套的刚度、阻尼等,然后得到悬架的运动学和力学特性曲线,模拟出试验结果。如图 2-55(a)所示为 ADAMS 中的车辆动力学仿真。CarSim 主要从整车角度进行仿真,它内建了相当数量的车辆模型,并且这些模型都含有丰富的参数设置,方便用户快速使用,如图 2-55(b)所示为 CarSim 中的车辆动力学仿真。Cruise 主要进行动力性、经济性方面的仿真。ADAMS 和 CarSim 配合起来可以进行操控稳定性和平顺性的仿真。

(a) ADAMS中的车辆动力学仿真

(b) CarSim中的车辆动力学仿真

图 2-55　ADAMS 与 CarSim 的车辆动力学仿真

3. 传感器仿真

　　自动驾驶车辆是通过激光雷达、毫米波雷达、摄像头、导航定位系统等对外界的环境进行感知识别。激光雷达是一种先进的光学遥感设备,它通过发射一束激光,然后根据接收反射的时间间隔确定目标物体的实际距离。激光雷达仿真的思路是参照真实激光雷达的扫描方式,模拟每一条真实雷达射线的发射,与场景中所有物体求交。毫米波雷达通过发射无线电信号并接收反射信号来测定汽车车身周围的物理环境信息。相比激光雷达,毫米波雷达精度低、可视范围偏小,一般需要多个雷达组合使用。毫米波雷达仿真一般会根据配置的视场角和分辨率信息,向不同方向发射一系列虚拟连续调频毫米波,并接收目标的反射信号。不同车辆的雷达回波强度可使用微表面模型能量辐射计算方式,由车辆模型以及车辆朝向、材质等计算。车载摄像头通过采集图像,将图像转化为二维数据;然后,对采集的图像进行识别,通过匹配算法识别车辆、行人、交通标志等;最后,依据目标物体的运行模式,估算目标物体与本车的相对距离。摄像头仿真的思路为,基于环境物体的几何空间信息构建对象的三维模型,并根据物体的真实材质与纹理,通过计算机图形学对三维模型添加颜色与光学属性等。一般会使用 UnrealEngine 或者 Unity 等基于物理的渲染引擎来实现,通过坐标系转换的方法,将三维空间中的点通过透视关系变换为图像上的点。之后,还需要对相机镜头的结构与光学特性进行建模,并对内部数据采集过程进行仿真。如图 2-56 所示为通过仿真传感器构建理想图片的过程示意图。

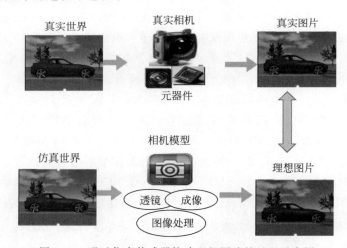

图 2-56　通过仿真传感器构建理想图片的过程示意图

　　多传感器信息融合是自动驾驶的关键技术,它是利用组合在一起的信息来更加准确地感知周围的环境,例如,可以采用雷达和摄像头的传感信息融合。使用不同的传感器数据进行融合也可为感知系统额外提供一定冗余度。

4. 控制系统仿真

　　在控制系统的研发过程中,通常先进行仿真研究,目的在于研究技术的可行性,缩短产品的研发周期,降低研发费用。MATLAB、SABER 等仿真工具自应用以来,对控制系统的研发提供了极大的帮助。然而,在传统的研发流程中,大部分采用纯数学仿真,这种仿真结果的置信度有限。随着仿真技术的发展,引入了新的设计理念,出现了快速控制原型(Rapid Control Prototyping,RCP)技术,即虚拟控制器加真实控制对象,是系统的一种半实物仿真。由于快速控制原型在开发效率、开发速度上的优势,在汽车等领域得到推崇。快速原型硬件平台也逐渐通用化,诞生了大量的实时仿真设备,支持系统快速控制原型的开发。dSPACE、ConCurrent、RT-LAB、xPC 等实时仿真产品在汽车等领域有很多应用实例。这些仿真软件通信接口的灵活度决定了其联合其他软件的潜力,仿真软件可以提供 API 来让第三方软件获取仿真的输入输出。

基于 MATLAB/Simulink 的快速控制原型仿真系统是一种开发控制策略的有效方法。在控制策略的开发过程中,用户先在 MATLAB/Simulink 提供的软件环境里进行建模和仿真。然后利用 MATLAB/Simulink 提供的自动代码生成功能,将控制策略模型自动生成标准 C 代码,经过编译下载到一个标准的嵌入式硬件平台加以执行,而这个标准硬件平台与真实的受控对象连接。代码下载到控制器上后,可以驱动真实的受控对象工作,从而在真实环境下验证控制策略。在算法的验证过程中,通过网络、上位机还可以实时修改控制策略的参数,实现在线调参,从而有效克服传统控制器开发方式的缺陷,加快产品开发进度。图 2-57 所示为基于 MATLAB 的快速控制原型仿真系统组成。

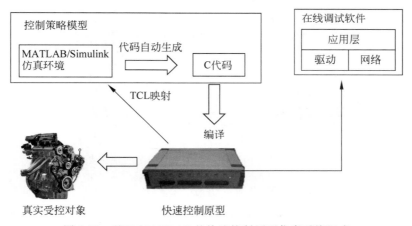

图 2-57　基于 MATLAB 的快速控制原型仿真系统组成

2.5.3　CarSim 软件介绍

1. 软件概况

CarSim 是美国机械仿真公司(Mechanical Simulation Corporation)生产和分销的一种商业软件包,发布于 1996 年,使用的技术源自美国密歇根州安阿伯市的密歇根大学交通研究所(UMTRI),图 2-58 所示为 CarSim 仿真软件的图标。经过汽车工程师在实践中长达 20 年的验证,CarSim 已经成为分析车辆动力学的首选工具之一。

图 2-58　CarSim 仿真软件的图标

　　CarSim 是专门针对车辆动力学的仿真软件,可以仿真车辆对驾驶人、路面及空气动力学输入的响应,主要用来预测和仿真汽车整车的操纵稳定性、制动性、平顺性、动力性和经济性,同时被广泛地应用于现代汽车控制系统的开发。CarSim 可以方便灵活地定义试验环境和试验过程,详细地定义整车各系统的特性参数和特性文件。CarSim 基于的基础软件称为VehicleSim,与之相关的车辆仿真产品还有 TruckSim 和 BikeSim。Carsim 主要针对轿车、轻型货车、轻型多用途运输车及 SUV,TruckSim 主要针对多轴和双轮胎的卡车,BikeSim主要针对两轮摩托车。

　　CarSim 使用参数和变量的组合来表示车辆,参数表示可测量的特性,如尺寸和惯性特性。CarSim 支持 ADAS 和 AV(autonomous vehicle)场景,同时它拥有数据库、用户界面和文档。浏览器中各个界面对应的数据库文件夹中存储着不同车辆、环境和程序数据。CarSim 拥有丰富的数据集,其完整的数学模型由各种数据集部件组装而成,图 2-59 所示为车辆数据集的组装过程示意图。

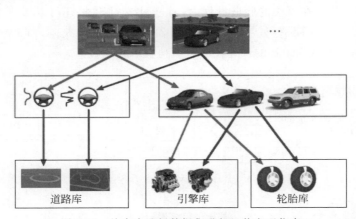

图 2-59　从库中选择数据集进行组装实现仿真

　　CarSim 可以实现自动驾驶车辆的场景仿真、车辆仿真、传感器仿真以及联合仿真。在场景仿真方面,CarSim 可以建立整车和道路模型,同时可以把仿真结果生成动画,并允许构建复杂的场景;CarSim 可对交通车辆、建筑物、信号、行人、自行车等模型进行设置。在车辆仿真方面,CarSim 预设了许多模型,省去了结构化软件(如 ADAMS)的建模调试和用户编程建立数学模型等一系列烦琐过程,只要将已有模型组合在一起,调整参数即可进行仿真。在传感器仿真方面,CarSim 具有直观的用户界面和强大的分析工具,支持车辆传感器和交互式交通进行 V2V 和 ADAS 开发;CarSim 支持跟踪传感器(摄像头、雷达、超声波等)的仿真。此外,CarSim 具有丰富的车辆动力学模型及参数设置接口、车辆动力学状态输出接口和输入接口,方便用户将 CarSim 与自己的软硬件平台进行集成。CarSim 也可作为独立应用程序,提供了 Simulink、Dspace、RT-lab、Labview 等 API 接口。

2. 主要功能说明

1) CarSim 的主界面

　　如图 2-60 所示,在 CarSim 的主页面可以设置仿真数据、查看仿真结果,对现有的车辆示例进行新的仿真,或者通过复制和修改现有的示例来创建新的仿真。可以运用 Carsim 的

GUI 界面进行仿真设置。首先是参数设置,包含车辆型号的设置与测试流程设置;其次是外部接口设置,用于联合仿真软件的输入输出配置。

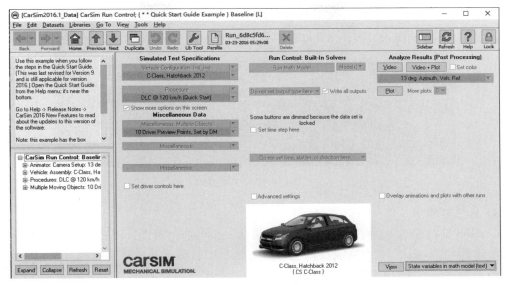

图 2-60 CarSim 运行主界面

2)环境模型

CarSim 新版本在 ADAS 和自动驾驶开发方面进行了加强,添加了更多的三维资源,如交通标识牌、行人等,并支持导入高精地图。同时 CarSim 也提供了一个 Unreal 引擎插件,可以和 Unreal 引擎进行联合仿真。CarSim 支持多达 200 个环境中可检测到的目标,包括交通车辆、建筑物、标志、行人、自行车等,如图 2-61 所示。这些对象可以定位在任何位置,并支持多种运动控制选项,如位置、速度控制、加速度控制等。

图 2-61 建筑物、红绿灯、公交车和行人的场景

3)道路模型

为了模拟 ADAS 场景,有时必须引入交叉口和复杂道路等真实三维模型,如图 2-62 所

示是 CarSim 生成的环形交叉路口。CarSim 支持使用基于 S-L 路径坐标系的近 200 个路面（S 是桩号，即沿路径的纵向距离，L 是垂直于路径的横向距离）。

图 2-62　环形交叉路口

4）传感器模型

CarSim 支持多达 99 种传感器（摄像头、雷达、超声波等）模型。传感器检测计算考虑了环境的遮挡特性，图 2-63 中直线显示了将前方汽车中的传感器连接到目标对象，其中摩托车阻挡了对墙的检测，墙和摩托车都阻挡了对坡道上卡车的检测。

图 2-63　对象可以阻挡其他对象的检测

5）联合仿真

CarSim 内含一组 Simulink S 函数，用于将 CarSim 求解器连接到 Simulink 模型。S 函数模块通过导入和导出变量连接到 Simulink 模型的其余部分，这些变量在 CarSim 中被激活，以满足 Simulink 模型的要求。当 Simulink 模型运行时，S 函数加载 CarSim 求解器，并与 Simulink 交换每个时间步长的 I/O 数据。一旦仿真完成，VS Visualizer 可用于进一步分析数据和查看动画视频。

2.5.4　SimcenterPreScan 软件介绍

1. 软件概况

SimcenterPrescan 是西门子工业软件自动驾驶业务单元的专业仿真平台，诞生于 2006 年，是行业内最早专注于 ADAS 与自动驾驶系统仿真的工具，主要用于 OEM 主机厂以及零部件供应商的产品研发和仿真测试。

SimcenterPrescan 以物理模型为基础,支持基于摄像头、雷达、激光雷达、GPS/IMU、V2X 等多种传感器的 ADAS 和自动驾驶系统的开发和仿真测试。图 2-64 所示为 Prescan 2017 年至今的产品发布时间线及主要更新内容。近两年新增的主要功能有:Unreal 渲染引擎、云平台解决方案、OpenScenario 导入、C++仿真接口、支持 NI 实时系统等。

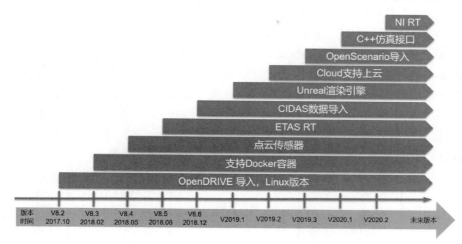

图 2-64　Prescan 软件版本更新历史概要

1) Prescan 主要组成部分

基于 SimcenterPrescan 的 ADAS/AD 仿真系统主要分为四个主要组成部分:场景仿真、车辆仿真、传感器仿真以及联合仿真。

在场景仿真方面,Prescan 有自带的场景模型库,使用者可以通过手动拖放或者调用 API 指令的方式,自由组合模型来搭建所需的场景,对于元素库中没有的元素,Prescan 支持从外部导入 CAD 数模来扩充模型库。除此之外,Prescan 还支持导入多种场景数据来快速搭建场景,如 OpenDRIVE 高精地图数据、OpenScenario 动态场景数据、OpenStreetMap 开源地图数据、IBEO 激光雷达目标数据、CIDAS/GIDAS 深度交通事故数据等。值得一提的是 Prescan 软件本身内置了 130 多个交通场景可供参考、使用,场景覆盖了不同的 ADAS 功能,如 AEB、ACC、LDW、LKA、TSR、APA 等,以及不同的法规测试标准场景,如 Euro NCAP、NHTSA、ISO、ADAC 等。

在车辆仿真方面,Prescan 有内置的三维车辆动力学模型,包括动力总成、传动系统、转向系统、制动系统、悬架系统等模型,可以满足大部分 ADAS/AD 系统的仿真需求,如果对动力学模型有更高精度的要求,软件也支持与第三方动力学仿真工具或自建的模型进行联合仿真,如 SimcenterAMESim、Carsim、Simulink 模型等。

在传感器仿真方面,Prescan 提供多达 19 种传感器模型,包括自动驾驶行业内会用到的毫米波雷达、激光雷达、摄像头、V2X 传感器等,并且具有能够为用户提供真值作为训练素材以及进行结果比对的真值传感器,如深度摄像头、图像分割传感器、车道线传感器等。

在联合仿真部分,Prescan 与 MATLAB/Simulink 平台深度集成,并且在 2019 年开放了 C++仿真接口。开放的架构大大增强了平台的延展性,使用户可以更加方便地实现算法集成,进行测试验证。

总的来说,使用 SimcenterPrescan,工程师可以通过几个简单的步骤虚拟验证 ADAS 和自动驾驶功能,在很短的时间内搭建好闭环仿真环境。首先,用户可以通过导入场景数据或手动搭建的方式创建所需的场景工况,包含路网、建筑物、交通环境、交通参与者等元素;然后,根据实际的车辆参数在虚拟环境中建立主车的动力学模型,为主车添加传感器模型,完成布置以及内部参数设置,传感器模型可以将虚拟场景中感知到的结果,如目标级的障碍物信息、激光雷达原始点云信息、摄像头图像信息发送给被测算法,被测算法将感知结果作为输入,进行数据融合以及决策规划控制,并且将控制指令发送给车辆底盘模型;最后,车辆模型根据接收到的控制信号,如转向、节气门、制动、挡位等进行计算,做出响应,并且将更新后的车辆位置姿态发送回场景中,新的车辆位置姿态会影响传感器的感知结果,这样就形成一个 ADAS/自动驾驶的闭环仿真,如图 2-65 所示。这样,工程师就完成了一个仿真环境的搭建,这个仿真实验可以在多个操作系统和硬件平台上运行,并且可以通过修改场景参数衍生出海量测试用例对系统进行大规模的测试验证。

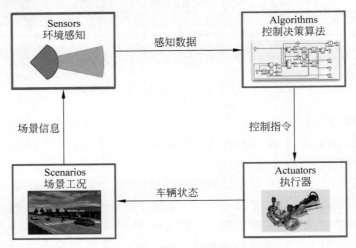

图 2-65　ADAS/自动驾驶的闭环仿真

2) Prescan 用户模块

Prescan 软件包含四个用户模块:Prescan GUI、Prescan Sim、Prescan Viewer 以及 Prescan Process Manager,如图 2-66 所示。

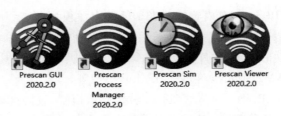

图 2-66　Prescan 软件平台的各个用户模块

Prescan GUI:Prescan GUI(graphical user interface)是 Prescan 仿真平台的图形化操作界面,负责仿真前处理,用来完成整个场景的搭建和编辑。仿真场景通常包含静态和动态两部分,静态部分包括路网、建筑物、交通设施、天气、光照条件等,动态部分包括交通参与者

（如车辆、行人）等。虚拟场景中的动态交通参与者都可作为被控对象，并且可以添加动力学模型以及布置传感器模型。

Prescan Sim：通过 Prescan Sim 可以打开 Simulink，其中与 Prescan 环境的仿真接口会自动配置完成，工程师可以直接进行后续的算法集成和调试工作。作为汽车行业最重要的系统仿真工具，MATLAB/Simulink 内置大量的库函数和算法可供直接调用，直观的模块化开发环境提升了工作效率，通过与 MATLAB/Simulink 的深度集成，Prescan 仿真平台的延展性也大大增强。

Prescan Viewer：Prescan Viewer 是 Prescan 仿真的三维可视化界面，如图 2-67 所示。用户可以通过它更加直观地看到仿真世界中正在发生什么，观测点可以自由设置，如驾驶人视角、车载前视摄像头视角、空中俯瞰视角等。Prescan Viewer 同时也支持将仿真画面导出成图片或是视频进行回放。

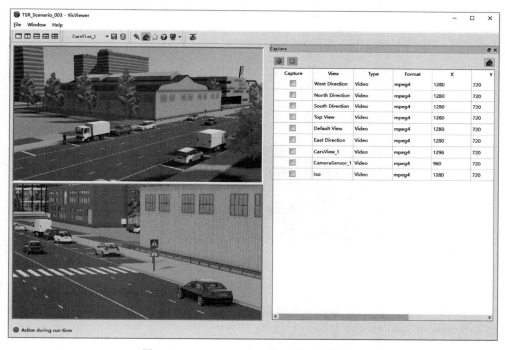

图 2-67　PrescanViewer 的三维可视化界面

Prescan Process Manager：Prescan Process Manager 是 Prescan 的任务管理器，通过它可以更加方便快速地启动、关闭或者强制关闭上面三个用户模块。

除了上述四个模块外，Prescan 还有一个后台运行的核心模块——Simulation Scheduler，可以看作整个仿真平台的引擎，所有的传感器模型以及交通参与者的位置姿态都是通过它调用计算资源进行计算的，并且可将结果实时交互给 MATLAB/Simulink 或 C++仿真接口。各模块间关系是在前处理工具 GUI 中完成场景搭建，通过 Simulink/C++运行工程文件，Prescan Scheduler 负责使传感器获取虚拟场景信息，实时发送感知数据到算法及动力学模型/执行器，经过计算再将更新后的交通参与者位置姿态回传给 Prescan Scheduler，Prescan Viewer 实时接收 Scheduler 数据更新画面，形成闭环。

2. 主要功能说明

1）场景仿真

（1）道路模型。

Prescan 拥有丰富的道路模型库，操作方便，可以通过图形化的界面对道路的形状、外观进行编辑，以及对路网进行拼接。形状设置方面通用的参数有道路位置、朝向、长度、首端及尾端侧倾角、车道宽度、车道数量、行驶方向、道路厚度、路侧人行道宽度及高度、能否被传感器检测到、路基宽度、限速等，具体到不同的道路模型有不同的参数设置，道路模型可分为三类，分别为直道、弯道和路口类。外观部分的设置包括车道线及路面的设置。

（2）交通场景模型。

交通场景模型包括交通标志牌、交通信号灯、路面交通标识、道路附属设施（如减速带、龙门架、锥桶、护栏、石墩等）、周围建筑、树木/灌木等场景要素，模型均可配置传感器响应特性。用户可通过图形化界面拖放的方式进行场景搭建，如图 2-68 所示。

图 2-68　交通场景搭建

（3）天气场景模型。

天气场景模型包括雨、雪、雾等天气设置，可以通过参数化定义雨雪密度、颗粒大小、下落速度和方向等来设置不同程度的天气状况，如暴雪、大雪、中雪、小雪和不同能见度的雾天等，如图 2-69 所示。天气状况具有环境衰减模型，会干扰雷达、摄像头等传感器的输出，实现不同天气状况下的仿真测试。

(a) 雾天场景　　　　　　　　　　　　　　(b) 雪天场景

图 2-69　天气场景搭建

（4）光照条件仿真。

考虑环境光、多光源、阴影、反射、物体表面材质等不同因素,支持非贴图形式的天空环境光模型,可以设置具有物理影响的太阳光源模型(见图 2-70),以及车灯、路灯等人造光源模型,场景的光照条件会影响摄像头传感器的输出,实现不同光照条件下的仿真测试。

图 2-70　太阳光源模型

（5）交通参与者模型。

Prescan 拥有商用车、乘用车、摩托车及行人等交通参与者模型库,同时支持导入外部车辆的三维模型。能够设置交通参与者的多种属性,如动力学/执行器模型、雷达 RCS 模型、车灯、外观颜色、材质等;自带 43 个交通道路参与者及执行器,包括轿车、摩托车和卡车库,如图 2-71 所示。

图 2-71　车辆模型库

（6）行人模型库。

包括男性、女性、儿童,可仿真不同姿态(如静止、行走、奔跑、推自行车、推童车、打伞等),可定义行人上衣、裤子及鞋子的颜色和材质,行人模型具有传感器响应特性,如图 2-72所示。

（7）渲染引擎。

Prescan 支持使用 Unreal Engine 4(虚幻引擎 4)进行场景渲染,如图 2-73 所示,该引擎

图 2-72 行人模型库

采用了最新的即时光线追踪、HDR 光照、虚拟位移等新技术,搭配高性能显卡,可以实时运算出 CG 级的电影画面。更好的光照、纹理、材质渲染可以为视觉类仿真测试提供更高保真度的仿真画面。

图 2-73 Unreal 渲染下的 PreScan 仿真画面

(8) 快速场景复现。

支持导入 OpenDRIVE 高精地图数据、OpenScenario 动态场景数据、OpenStreetMap 开源地图数据。支持导入中国及德国的深度交通事故数据 CIDAS/GIDAS(chinese/germanin-depthaccident study)复现动态场景。支持导入 IBEO 激光雷达感知获取到的目标数据。支持采用非标方式,通过脚本读取 JSON 文件,调用 Prescan API 接口导入动态场景。

2) 车辆仿真

(1) 车辆模型。

PreScan 有自带的车辆动力学模型,其基于自行车模型,车身具有 6 个自由度,分别为沿 x、y、z 三轴的速度及绕三轴的旋转角度。用户可以对动力学模型进行参数化配置,包括五部分:整车动力学、传动系统、发动机、悬挂系统、转向系统。Prescan 的车辆模型可以输出:GPS 信息(经纬度、海拔),位置、车身姿态(航向角、俯仰角、翻滚角)、三轴的速度/加速度/角速度,以及动力学参数配置中提到的各种参数。

(2) 驾驶人模型。

PreScan 具有驾驶人模型,可以实现车辆的路径跟随控制。模型的输入有期望车速、当前车速、规划路径、当前位置与路径横向偏移量,以及转向系统参数(轮胎侧偏刚度、转向角传动比)等;输出方向盘转角、节气门、制动等参数到动力学模型。驾驶人模型的参数配置有预瞄时间、延迟时间、方向盘转角速率等。

3）传感器仿真

Prescan 拥有丰富的传感器仿真模型库，包括单目/双目摄像头、鱼眼摄像头、毫米波雷达、激光雷达、超声波雷达、IMU/GPS、V2X 传感器等应用于车辆自动驾驶系统的传感器，如图 2-74 所示。通过配置传感器安装位置及内部参数，主车的自动驾驶系统可以获取到虚拟场景中的环境信息。面向不同应用场景，Prescan 可以提供不同种类的传感器模型，包括理想传感器、真值传感器、细节传感器以及物理传感器。下面对四种传感器类型中比较有代表性的传感器进行说明。

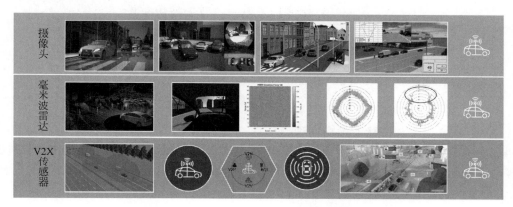

图 2-74　摄像头、毫米波雷达、V2X 传感器模型

（1）理想传感器（idealized sensor）。

GPS/IMU 传感器：Prescan 中交通参与者默认自带的传感器模型，可以输出自身基于 Prescan 场景全局坐标系的位置信息以及 GPS 定位信息，可以输出自身车速、航向角、横摆角速率等信息。

AIR(actor information receiver)传感器：Prescan 中的 AIR 传感器输出场景中目标物的准确信息，可以用来对决策、控制等类型的算法做快速验证。用户可以配置 AIR 传感器的安装位置、安装角度、探测距离、视场角、探测方式（输出传感器安装位置到目标物质心/几何中心/矩形框体表面的距离）。AIR 传感器的输出为目标级别的信息，相当于传感器原始数据经过感知算法处理后得到的结果，可以输出目标物相对距离、水平相对角度、垂向相对角度、目标物 ID、目标物绝对速度以及目标物航向角。

（2）真值传感器（ground truth sensor）。

真值传感器可以提供 Prescan 虚拟环境中场景的真值，如场景中车道线信息、环境点云信息、场景深度信息、场景语义分割信息、目标物信息等。真值信息可以作为标准答案验证算法，也可用于深度学习算法训练，如将场景的图像语义分割数据作为真值标注给到深度学习算法做训练。

车道线传感器：车道线传感器可以输出探测范围内的车道线信息，Prescan 有三种车道线传感器，分别为 Legacy Lane Marker Sensor、Lane Marker Sensor 以及 Analytical Lane Marker Sensor，分别可以输出车道线特征信息、车道线等间距节点信息以及车道线拟合曲线多项式。

点云传感器：点云传感器可以输出探测范围内的场景点云信息（见图 2-75），作为真值传感器，它不考虑激光雷达的运动畸变，在一个计算步长中输出 FoV 内的所有点云信息。用户可以配置点云传感器的安装位置、探测距离、视场角、扫描频率、输出分辨率、精度等。点云传感器可以输出点云位置、反射强度、到探测点距离、相对速度、目标物 ID。

图 2-75　探测出的场景点云信息

景深摄像头：景深摄像头输出图像帧信息，不像摄像头模型输出图像帧 RGB 数据，景深摄像头图像帧上的各个像素值为场景深度值，也就是摄像头安装位置到场景环境的距离。景深摄像头可以设置安装位置、角度、视场角、探测距离、输出图像分辨率、帧率等，如图 2-76 所示。

图 2-76　景深摄像头输出的图像信息

图像分割摄像头：与景深摄像头类似，图像分割摄像头同样输出场景的图像帧信息，其像素值组成不同色块用来区分不同目标物或不同类型的目标物。图像分割摄像头可以设置安装位置、角度、视场角 FoV、探测距离、输出图像分辨率、帧率、工作模式（按照不同类型/目标分割场景）。

（3）细节传感器（detailed sensor）。

摄像头：可以通过拖放的方式在车辆上添加摄像头模型，摄像头的参数设置有五个部分，分别为 System、Basic、Misalignment、Drift、Camera Effects，可以分别设置摄像头模型的安装位置、基本参数、失准、漂移以及镜头效果。

毫米波与激光雷达：Prescan 中 Radar&Lidar 模型的基本公式可以在 ESA（european space agency）官网获取，具体链接可参考 Prescan 用户手册。毫米波和激光雷达模型在该基本模型上加入了其物理特性的考量，例如毫米波雷达考虑天线能量密度的各向异性、不同目标物的 RCS 雷达反射横截面积，激光雷达会考虑波长-介质透光率-物体表面反射率等因素。在 Prescan 中用户可以设置毫米波雷达的安装位置、FoV 视场角、波束数量&位置、探测距离、扫描频率、扫描方式、天线增益图、毫米波频段、环境衰减、最大可检测目标数、分辨率、噪声和漂移等。毫米波雷达模型可以输出探测点的相对距离、相对角度、相对速度、能量损失、激活波束 ID 等信息。

超声波雷达：Prescan 中的超声波雷达模型公式可以参考用户手册，总的来说，该模型考虑超声波能量的各向异性，空气中传播衰减情况（温度、湿度、气压）以及物体表面的反射率。

V2X 传感器：PreScan V2X 传感器包含多个通信模型，可以在车端或路端配置发送天线，接收天线或收发天线，以仿真不同类型的车-车通信设备与车-路通信设备。

（4）物理传感器（physics based sensor）。

物理摄像头（physics based camera，PBC）：基于物理的摄像头模型包含从光源、环境传播到镜头以及最终成像器件等各个环节的仿真。物理摄像头模型通过建立更高的光谱分辨率以及高分辨率的光强度值的模型，从而获得更大的光谱范围，以及光谱的精确分布，提高模型准确度。

物理毫米波雷达（physics based radar，PBR）：物理毫米波雷达模型插件，在雷达信号 ADC 数模转换层，综合使用通过光线追踪和信号发生器这两个技术模块，在 Presan 场景模型中仿真产生雷达接收到的原始数据。另外，该插件提供一个简化的雷达信号处理模块，将 AD 数模层信号处理成距离多普勒速度数据。

4）联合仿真

（1）操作系统。

支持 Windows 操作系统上的仿真场景编辑、运行，生成仿真测试结果数据及报告；支持 Linux 操作系统及 Docker 下的仿真场景运行及生成仿真测试结果数据及报告。软件可与硬件在环仿真实验室、实时平台、驾驶模拟仪等设备集成，并相互验证，提供一个完整的用于系统开发、测试的软硬件环境，具有良好的扩展性和兼容性。

（2）仿真集成开发平台。

MATLAB&Simulink：Prescan 与 MATLAB&Simulink 无缝对接，在 Prescan 中搭建好场景后，编译后可直接生成相应的 Simulink 控制模型，也可在 Simulink 环境中进行算法开发、集成和调试工作。

C++仿真接口：从 2019.3 版本开始，Prescan 开放了 C++仿真接口，主要包含两部分功能：①可以通过 C++API 对仿真场景进行修改、编辑；②可以使用 C++接口与算法直接耦合，且可以通过 C++编译器将实验编译为可执行文件，运行仿真。

（3）常用的联合仿真工具。

动力学模型：Prescan 可以与第三方动力学仿真软件进行联合仿真，如 SimcenterAMEsim、Carsim、VeDYNA、CarRealTime 等。在 Prescan Demo 库中有内置好的仿真接口模板可供直接使用。

交通流模型：Prescan 可以与第三方交通流仿真软件 PTV Vissim 以及 SUMO 进行联合仿真（见图 2-77）。Prescan 搭建好的路网可以一键导入 Vissim；使用 SUMO 需要导入同一份 OSM 或 OpenDRIVE 数据同步路网。

自动化测试工具：Prescan 的自动化测试能力建立在 API 接口上，可以通过 m 语言以

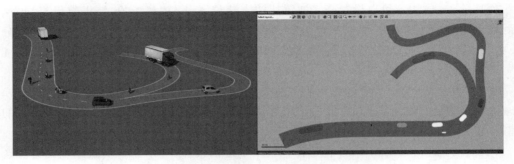

图 2-77　大规模交通流仿真

及 cpp 直接修改 Prescan 工程文件,第三方软件也可通过调用 Prescan API 接口对场景参数进行批量化修改,如 Simcenter HEEDS、ECU TEST 等。

2.5.5　CARLA 软件介绍

1. 软件概况

CARLA 全称是 CAR Learning to Act,旨在为无人驾驶系统的开发、验证与训练提供仿真环境。CARLA 仿真平台内置了城市、郊区、高速、乡村等多种无人驾驶地图,相机、激光雷达、卫星定位系统、IMU 等多种传感器类型,以及数十种车辆模型与行人模型,能够构建丰富随机的无人驾驶汽车驾驶环境,如图 2-78 所示为 CARLA 仿真器效果展示。该平台同时开放了大量环境设置接口,具有很强的自由度,可以根据需求设定无人驾驶汽车的动静态环境、传感器模型、车辆动力学模型、天气、地图等,以满足不同研究人员的需求。另外,该仿真系统配套开发了随机交通流生成、场景测试、场景记录等工具,以便于研发人员使用。

图 2-78　CARLA 仿真器效果展示

CARLA 仿真器于 2018 年 3 月发布第一版,目前仍然根据自动驾驶的发展进行更新迭代。CARLA 团队开放了全部源代码,可供高校科研人员以及自动驾驶公司免费使用。CARLA 仿真器由于其逼真的仿真效果、全代码开源的特性、配套工具的完备性,是目前无人驾驶领域重要的仿真软件之一。

使用 CARLA 仿真器需要了解 CARLA 的几个基本组成元素,包括世界与服务器、环境要素与模型、地图与导航、传感器与数据四个部分。

1）世界与服务端口

CARLA 仿真平台在启动后不能直接交互,而是提供了一个观察 CARLA 创建的仿真环境的窗口,定义为"世界(World)",在没有任何指令的情况下,该"世界"中的所有元素是可以自主运行的,这也构成了无人驾驶汽车的驾驶环境。

CARLA 在启动时,将创建一个服务端口(Client),该服务端口具有特定的 IP 地址与端口号。开发人员可以使用 CARLA 提供的 API,获取仿真世界中的信息或对仿真世界中的要素状态进行调整,通过这种方法可以控制仿真环境中的自车与环境车辆,图 2-79 所示为 CARLA 中各模块关系示意图。

图 2-79　CARLA 各模块关系示意图

2）环境要素与模型

CARLA 世界中的组成要素包括:车辆、行人、传感器、监控器以及交通信号等,每一个要素均具有独立的运行逻辑。CARLA 仿真器将这些要素均定义为 Actor,而每一类要素的基本模型都定义为 blueprints,通过调整每个要素的基本模型参数可以调整每一个要素。在生成环境要素时,通过定义基本模型可以定义环境要素的类别与属性信息。

3）地图与导航

CARLA 中内置了 8 张驾驶地图,这些地图均是由 OpenDRIVE 1.4 格式进行存储的。地图是由道路、车道以及链接区域组成的(见图 2-80),平台提供的 API 接口可以自适应地读取这些地图信息。CARLA 中内置了导航系统,能够提供从起点到终点的全局轨迹,该轨迹是由一系列的路点构成。

图 2-80　CARLA 中 Town03 地图

4）传感器和数据

CARLA 中的每个传感器也都是一种环境要素,该环境要素是采用事件触发机制设计的,当收到信号后,传感器能够自动存储或发送信息。通过 CARLA 的服务端口访问该传感器元素时,能够实时获取传感器发送的数据,因此可以模拟无人驾驶汽车上的传感器。

目前 CARLA 内置的传感器类型包括相机(RGB 相机、深度相机、要素分割相机)、卫星定位、IMU、激光雷达、毫米波雷达等常见车辆传感器,另外能够设置碰撞检测传感器、车道偏离传感器、安全性分析传感器、周围环境物体状态传感器等用于算法开发的传感器类型。

2. 主要功能说明

1) CARLA 主界面

CARLA 的运行和开发环境以 Linux 为主,目前也提供了 Windows 版本,后文将重点针对在 Linux 环境中的使用方法进行介绍。图 2-81 所示为 CARLA 的启动界面。此时,CARLA 仿真世界被成功开启,出现的窗口即为观察该 CARLA 仿真世界的窗口,刚启动的仿真世界是一个空的城市,需要通过其他配置在里面增加更多的行人、车辆等要素;接着是建立与 CARLA 环境的链接。为了获取 CARLA 仿真世界的信息,并对这个仿真世界进行配置与调整,需要首先从服务端口中获得 CARLA 仿真世界对象。CARLA 提供了 Python 的 API。仿真世界中的所有信息均可以通过 carla_world 获取,也可以通过访问 carla_world 对仿真环境的配置与元素状态进行设定。

图 2-81 CARLA 的启动界面

2) 仿真环境

CARLA 启动时的环境配置(包括天气、时间、地图等)均采用默认配置,为了对无人驾驶汽车进行更丰富的测试,可以对仿真环境的天气、时间、地图等进行进一步配置。

(1) 天气配置。

CARLA 中内置了多种天气设置,包括正午晴天、夕阳骤雨等(见图 2-82)。这些天气均可以直接在命令行中进行配置,配置指令为 ./PythonAPI/util/config. py -weather{ClearNoon, HardRainSunset}。另外,也可以在 Python API 接口对 CARLA 仿真世界的天气进行精细化设置,包括能见度、太阳光角度、太阳强度、路面积水、雨水强度、雾浓度等信息。

(2) 时序信息配置。

CARLA 仿真环境的时间系统具有两种模式,分别为以固定时间步长运行的同步模式,以及以连续时间运行的异步模式。在启动同步模式的情况下,可以在不考虑算法效率的情况下运行算法,用以在不同的硬件计算能力的情况下验证算法表现,异步模式则更接近真实

图 2-82　CARLA 仿真世界中的不同天气

世界的运行模式。CARLA 的同步模式设置以及步长设置均是通过 Python API 完成的。

（3）地图配置。

CARLA 仿真环境中包括了 8 张内置地图，每张内置地图均包含了道路属性信息以及路侧环境（树木、建筑物、广告牌等）。在启动 CARLA 后，可以直接通过命令行修改地图，由于 CARLA 中内置的 8 张地图已经覆盖了多数驾驶场景所需要的道路结构，因此可以选择地图的一部分进行无人驾驶汽车的算法验证。此外，CARLA 也提供了重新建立一个新的地图的工具与方法。建设一个新地图首先利用 Road Runners 软件可视化地生成矢量地图信息，其中地图使用.xodr（OpenDRIVE 格式）进行存储，其他图形文件使用.fbx 与.xml 进行存储。将这些文件导入 Unreal Engine 中，即可获得一张新的 CARLA 地图。建立一张新的地图需要对地图结构、环境物体进行精细化建模，因此较烦琐，具体细节可以参考官方文档，如图 2-83 所示为 CARLA 仿真器中的清华地图与二校门。

图 2-83　CARLA 仿真器中的清华地图与二校门

3）交通环境

CARLA 的仿真世界在启动并完成配置后是一座空城，需要加入车辆、行人等使其变成一个具有交通流的仿真环境。CARLA 程序中有一个生成动态环境的例程，直接在命令行运行 ./PythonAPI/examples/spawn_npc.py-n 80 指令即可生成大量环境物体。为了能够根据需求在对应的位置生成环境要素，并控制每一个环境要素，CARLA 仿真环境也可以利用 Python0020 API 生成环境车辆与环境行人，如图 2-84 所示。

图 2-84　CARLA 仿真器中的环境车与行人

4）自车传感器

传感器是一种特殊的 Actor，每个传感器都能够主动获取环境数据，生成传感器信息。这些信息以事件触发的形式发送给自动驾驶汽车。传感器的生成方法与车辆、行人等的生成方法类似。

（1）相机。

相机能够从环境中获取图像信息，CARLA 可以设置三种不同类型的相机，获取不同类型的图像，分别为 RGB 相机（sensor.camera.rgb）、深度相机（sensor.camera.depth），以及语义分割相机（sensor.camera.semantic_segmentation）。

RBG 相机输出的图像中每个像素值代表颜色，深度相机输出的图像中每个像素值代表距离，语义分割相机中的每个像素值代表类别。

（2）激光雷达。

激光雷达（sensor.lidar.ray_cast）传感器模拟使用光线投射实现的旋转激光雷达，如图 2-85 所示为 CARLA 中的激光雷达点云信号。通过为分布在垂直视场中的每个通道都添加一个激光器来计算点，然后模拟旋转，计算激光雷达旋转该帧的水平角度，并对每个激光器应生成该帧的每个点进行光线投射。激光雷达的输出信号以 carla.LidarMeasurement 的格式存储。

（3）卫星定位。

卫星定位（sensor.other.gnss）是指能够输出车辆卫星定位信号的传感器。相比于直接从 carla_world 接口获取环境要素绝对位置，卫星定位传感器能够模拟定位误差，以及用经纬度的方法进行车辆定位。有助于快速从仿真测试向实车测试迁移。卫星定位的输出格式为 carla.GNSSMeasurement。

图 2-85 CARLA 中的激光雷达点云信号

（4）IMU（sensor. other. imu）。

IMU 用于测量物体三轴姿态角（或角速率）以及加速度，IMU 的输出信号格式为 carla . IMUMeasurement。

（5）碰撞传感器与环境物体传感器（sensor. other. obstacle）。

为便于获取车辆发生碰撞的情况，CARLA 中设置了一个碰撞传感器（sensor. other . collision），该传感器在识别到车辆发生碰撞时，会向外发出信号，该信号可用于无人驾驶系统的测试与训练，该信号的输出格式为 carla. CollisionEvent。碰撞传感器在对应元素上安装即可，无须额外配置。

无人驾驶汽车进行算法测试或训练时，需要实时获取环境真值信息，CARLA 提供了获取环境真值信息的传感器，输出格式为 carla. ObstacleDetectionEvent。

5）自车行驶控制

自动驾驶汽车中的每一辆车均可通过 Python API 接口控制。车辆的动力学模型会影响无人驾驶汽车控制算法的表现，即给定方向盘、节气门、制动等信号后的车辆驾驶表现。CARLA 内置了 26 种车辆模型供选择，包括卡车、轿车、自行车等，如图 2-86 所示，不同车辆模型有不同的动力学参数。

图 2-86 CARLA 中的部分车辆模型

CARLA 提供了调整车辆动力学模型的接口,可以对车轮及车身进行自主配置,包括换挡时间、轮胎模型、轴距、载荷分配等参数。

习题

一、选择题

1. 基于卷积神经网络的视觉处理算法对自动驾驶计算平台硬件的需求主要体现在(　　)方面。

　　A. 高算力　　　　　　B. 灵活通用　　　　　C. 高安全性　　　　D. 高能效比

2. 下列操作系统强调交互性的是(　　)。

　　A. 批处理系统　　　　B. 分时系统　　　　　C. 实时系统　　　　D. 网络操作系统

3. 若进程 P 一旦被唤醒就投入运行,则系统可能是(　　)。

　　A. 分时系统,进程 P 的优先级最高

　　B. 抢占调度方式,就绪队列上的所有进程的优先级皆比 P 低

　　C. 就绪队列为空队列

　　D. 抢占调度方式,P 的优先级高于当前运行的进程

4. 传统软件架构的软硬件关系通常是(　　)的,而 AUTOSAR 架构下的软硬件关系是(　　)的。

　　A. 耦合　　　　　　　B. 解耦

5. 下列说法正确的是(　　)。

　　A. Python 是汇编语言的一种

　　B. 全局解释器锁只允许同一时间执行一个线程

　　C. 计算机程序解释运行方式的运行效率高于编译运行方式

　　D. 面向对象程序设计包括封装、继承、多态等多种特性

6. 关于 Python 的特点,下列说法错误的是(　　)。

　　A. 是一种面向对象的静态类型语言

　　B. 程序运行效率低于 C++

　　C. 具有良好的跨平台特性

　　D. 解释方式运行程序

7. (　　)软件属于自动驾驶软件开发工具中的版本控制工具。

　　A. Emacs　　　　　　B. Subversion　　　　C. PuTTy　　　　　D. Gtest

8. (　　)自动驾驶开发平台主打技术为环境仿真。

　　A. 丰田 e-Palette　　　　　　　　　　B. 伟世通 DriveCore

　　C. 高通 SnapdragonRide　　　　　　　D. 微软 AirSim

9. 下列机器学习方法中不属于监督学习方法的是(　　)。

　　A. 决策树　　　　　　B. 支持向量机　　　　C. K-means 聚类　　D. 朴素贝叶斯

10. 下列不属于机器学习常用激活函数的是(　　)。

　　A. Sigmoid 函数　　　B. ReLU 函数　　　　C. cos 函数　　　　D. tanh 函数

11. 在卷积神经网络中,实现了非线性映射操作的是(　　)。

    A. 卷积操作　　　　B. 激活函数　　　C. 随机梯度下降　　D. 全连接操作

12. 深度学习面临的挑战不包括(　　)。

    A. 标注数据代价昂贵　　　　　　　B. "黑箱"问题

    C. 理论不完善　　　　　　　　　　D. 模型可移植性差

13. 关于自动驾驶仿真软件,以下说法正确的是(　　)。

    A. 仿真传感器的数据越接近真值越好

    B. 车辆动力学模型越复杂越好

    C. 通过调用 API 可以实现多软件联合仿真

    D. 仿真场景不能导入真实地图

14. 关于 CarSim 的描述正确的有(　　)。

    A. 很适合于标准化的车身稳定性仿真测试

    B. 很适合于视觉车道线检测算法仿真测试

    C. 可以辅助四轮独立转向系统的设计

    D. 可以辅助光滑路面紧急制动系统的设计

二、填空题

1. 汽车的_____特性、计算平台的_____特性等方面都要求车载计算平台拥有很高的能效比水准。

2. 与更早出现的可编程器件相比,FPGA 拥有更多的_____数量。

3. 操作系统的基本特征是 _____、_____、_____、_____。

4. OpenICV 采用_____开发,包括_____、_____、_____、_____和_____五个模块。

5. AUTOSAR 软件架构在最高抽象级别上被抽象成三个软件层,分别是_____、_____和_____。

6. 百度 Apollo 开发平台技术框架由_____、_____、_____和_____四部分组成。

7. vim 的设计理念是命令的组合,具有_____、_____和_____三种模式。

8. 机器学习任务中,标签是连续值时称为_____问题;当标签是有限数量的离散值时称为_____问题;当标签是标记序列时称为_____问题。

9. 机器学习中,一组样本构成的集合称为_____,其中用于学习的数据集称为_____,用于测试最终模型性能的数据集称为_____。

10. 卷积神经网络通过采用_____以及_____,从而大幅降低了网络中的参数数量。

11. 生成对抗网络(GAN)是一种新型网络结构,其基于二人零和博弈思想,博弈的双方分别称为_____和_____。

12. 自动驾驶软件仿真平台包含的仿真元素为_____、_____、_____、_____。

三、思考题

1. 奥迪 A8 搭载的 zFAS 计算平台,其所包含的 4 个核心元件分别体现对应自动驾驶计算平台的什么需求?

2. 采埃孚公司的 Pro AI 系列第三代产品是如何同时实现高算力与定制化性质的?

3. 请简述 AUTOSAR Classic 与 AUTOSAR Adaptive 的主要区别。

4. ROS Master 在系统中的作用是什么?

5. 请列举 3 个常用自动驾驶平台,并简述其特点。

6. 简述 Autoware 的组成模块及其功能。

7. 在深度学习训练过程中,出现梯度消失或爆炸问题的原因是什么,如何解决?

8. 在使用深度学习处理具体任务时,需要综合考虑哪些影响因素?

9. 自动驾驶系统的计算机仿真是自动驾驶车辆测试和试验的基础关键技术,也是未来行业定义自动驾驶车辆相关开发与准入技术标准的基础工具,自动驾驶技术对自动驾驶行业发展有哪些影响?

10. 简要说明本节所介绍的三种典型自动驾驶仿真软件的特点,并选择感兴趣的仿真软件进行上机操作。

参考文献

[1] 杨世春,肖赟,夏黎明,等. 自动驾驶汽车平台技术基础[M]. 北京:清华大学出版社,2020.

[2] 甄先通,黄坚,王亮,等. 自动驾驶汽车环境感知[M]. 北京:清华大学出版社,2020:32.

[3] 魏秀参. 解析深度学习:卷积神经网络原理与视觉实践[M]. 北京:电子工业出版社,2018:56.

[4] 陈慧岩,熊光明,龚建伟. 车辆信息技术[M]. 北京:北京理工大学出版社,2013:6.

[5] 余贵珍,周彬,王阳,等. 自动驾驶系统设计及应用[M]. 北京:清华大学出版社,2020.

[6] 任慰. 以实时操作系统为中心的嵌入式系统平台化设计研究[D]. 武汉:华中科技大学,2013.

[7] 魏学哲,戴海峰. 汽车嵌入式系统原理、设计与实现[M]. 北京:电子工业出版社,2010.

[8] 王琼,苏丹. 智能网联汽车操作系统发展研究[J]. 信息通信技术与政策,2019(9):57-60.

[9] 罗宇,邹鹏,邓圣兰. 操作系统[M]. 4 版. 北京:电子工业出版社,2015.

[10] 胡春旭. ROS 机器人开发实践[M]. 北京:机械工业出版社,2018.

[11] 彭鹏菲,任雄伟,龚立. 军事系统建模与仿真[M]. 北京:国防工业出版社,2016.

[12] 朱华勇,张庆杰,沈林成,等. 分布式系统实时发布订阅数据分发技术[M]. 北京:国防工业出版社,2013.

[13] What is the autonomous driving toolchain?[EB/OL]. (2020-08-11)[2020-12-7]. https://blog.bosch-si.com/developer/autonomous-driving-toolchain/.

[14] 单忠伟,宋柯,章桐. 符合 AUTOSAR 规范的汽车软件开发工具链及其应用流程[J]. 机电一体化,2018:47-52.

[15] ANDREA L,DANIEL W,JAVIER I G. Validation and verification of automated systems [M]. Switzerland:Springer,2020.

[16] EDSGER W D,CAR H,DAHL O J. Structured programming [M]. Pittsburgh:Academic Press,1972.

[17] KERNIGHAN B W,RITCHIE D M. The C programming language[M]. Upper Saddle River:Prentice Hall,2006.

[18] ANDERSEN L O. Program analysis and specialization for the C programming language[D]. Cophenhagen：University of Cophenhagen,1994.

[19] ALEXANDRESCU A. Modern C++ design：generic programming and design patterns applied[M]. New Jersey：Addison-Wesley,2001.

[20] MUSSER D R,DERGE G J,SAINI A. STL tutorial and reference guide：C++ programming with the standard template library[M]. New Jersey：Addison-Wesley Professional,2009.

[21] Autoware：自动驾驶汽车开源软件[EB/OL]. (2020-07-18)[2020-08-04]. https://github.com/Autoware-AI/autoware.ai.

[22] 百度 Apollo 平台[EB/OL]. [2020-08-04]. https://apollo.auto/developer_cn.html.

[23] Apollo 5.5 代码实现点到点城市自动驾驶能力[EB/OL]. (2019-07-22)[2020-08-04]. https://baijiahao.baidu.com/s? id=1672886679941603953&wfr=spider&for=pc.

[24] CES2020：高通推出自动驾驶平台 Snapdragon Ride[EB/OL]. (2020-01-07)[2020-08-04]. https://tech.sina.com.cn/it/2020-01-07/doc-iihnzhha0773646.shtml.

[25] 初识华为 MDC 智能驾驶计算平台[EB/OL]. (2020-03-27)[2020-08-04]. https://blog.csdn.net/xiaoxiao123jun/article/details/104978706.

[26] MDC 智能驾驶开发者课程[EB/OL]. [2020-08-20]. https://education.huaweicloud.com/courses/course-v1：HuaweiX+CBUCNXS018+Self-paced/about.

[27] RUMELHART D E,HINTON G E,WILLIAMS R J. Learning representations by back-propagating errors[J]. Cognitive modeling,1988,5(3)：1.

[28] GEOFFERY E H,SALAKHUTDINOV R R. Reducing the dimensionality of data with neural networks[J]. Science,2006,313(5786)：504-507.

[29] KRIZHEVSKY A,SUTSKEVER I,HINTON G E. ImageNet classification with deep convolutional neural networks[J]. Advances in Neural Information Processing Systems,2012,25(2)：2012.

[30] DUCHI J,HAZAN E,SINGER Y. Adaptive subgradient methods for online learning and stochastic optimization[J]. Journal of Machine Learning Research,2011,12：2121-2159.

[31] SIMONYAN K,ZISSERMAN A. Very deep convolutional networks for large-scale image recognition[J]. Computer Ence,2014.

[32] HOCHREITER S,SCHMIDHUBER J. Long short-term memory[J]. Neural Computation,1997,9(8)：1735-1780.

[33] REN S,HE K,GIRSHICK R,et al. Faster R-CNN：towards real-time object detection with region proposal networks[J]. IEEE Transactions on Pattern Analysis & Machine Intelligence,2017,39(6)：1137-1149.

[34] LIU W,ANGUELOV D,ERHAN D,et al. SSD：single shot multibox detector[C]. European Conference on Computer Vision. Springer International Publishing,2016.

[35] REDMON J,DIVVALA S,GIRSHICK R,et al. You only look once：unified,real-time object detection[C]. Computer Vision & Pattern Recognition. IEEE,2016.

[36] 李升波,关阳,侯廉,等. 深度神经网络的关键技术及其在自动驾驶领域的应用[J]. 汽车安全与节能学报,2019(2)：119-145.

[37] SILVER D,SCHRITTWIESER J,SIMONYAN K,et al. Mastering the game of Go without human knowledge[J]. Nature,2017,550(7676)：354-359.

[38] 自动驾驶仿真平台[EB/OL]. (2018-12-31)[2020-08-04]. http://zhuanlan.zhihu.com/p/5736409.

[39] 袁晶鑫. 基于 CarSim 的智能车辆路径跟踪控制算法研究[D]. 吉林：吉林大学,2019：13-28.

[40] 丁荣军. 快速控制原型技术的发展现状[J]. 机车电传动,2010.

[41] 马睿博. 基于深度学习的电力系统静态稳定性预测[D]. 北京：北京邮电大学,2018.

[42] 刘鑫丽. 基于深度学习的视频压缩方法研究与实现[D]. 哈尔滨：哈尔滨工业大学,2018.

［43］　赵越棋.机器人实时控制平台研究与实现［D］.北京：中国科学院大学（中国科学院沈阳计算技术研究所），2018.

［44］　侯廉.面向自动驾驶应用的周车轨迹群体交互式预测［D］.北京：清华大学，2019.

［45］　深度学习发展及粗略介绍［EB/OL］.（2016-07-20）［2020-08-10］.https://www.cnblogs.com/jhding/p/5687549.html.

［46］　深度学习的发展历史及应用现状［EB/OL］.（2017-05-22）［2020-08-10］.https://blog.csdn.net/lqfarmer/article/details/72622348.

［47］　赵博.深度异步残差网络及在路网交通流预测中的应用［D］.北京：北京交通大学，2018.

［48］　刘全，翟建伟，章宗长，等.深度强化学习综述［J］.计算机学报，2018，41（1）：1-27.

［49］　卢宏涛，张秦川.深度卷积神经网络在计算机视觉中的应用研究综述［J］.数据采集与处理，2016，31（1）：1-17.

车联网技术

引言

车联网技术源于物联网技术和移动互联技术,随着通信技术的发展,特别是5G 技术的出现,车联网领域已成为当今社会发展的新热点。作为车辆与交通技术发展的重要方向,同时作为现代智能交通系统的重要组成部分,车联网的发展将给汽车产业带来巨大的革新与颠覆。

本章首先对车联网技术做简单的概述,其中包括车联网的概念及内涵、车联网的要素和关键技术,以及车联网的发展历史;然后展开介绍车联网的关键技术:网联通信技术和关键的理论知识。在网联通信技术小节,主要介绍 DSRC (dericated short-range communication,专用短程通信)技术和 C-V2X(cellular V2X,蜂窝车联网)技术以及具体的应用;在关键理论知识小节,介绍信息论、图论、博弈论这三种对于车联网领域十分重要的基础理论。信息论将主要讲述信息论的基础知识以及如何建立网联信道模型,图论将介绍图论的基础知识以及如何用图论来建立网联车辆的通信模型以及冲突模型,博弈论将介绍博弈论的基础知识以及如何建立网联车辆的博弈模型。本章的框架结构如图 3-1 所示。

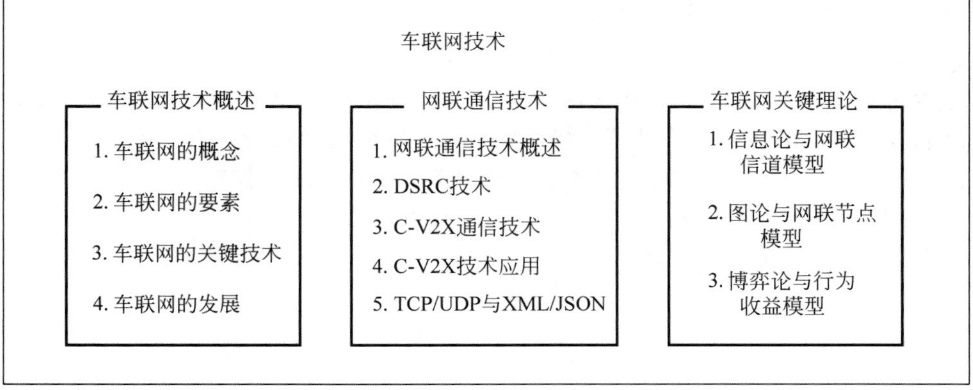

车联网技术

车联网技术概述	网联通信技术	车联网关键理论
1. 车联网的概念	1. 网联通信技术概述	1.信息论与网联 信道模型
2. 车联网的要素	2. DSRC技术	
3. 车联网的关键技术	3. C-V2X通信技术	2.图论与网联节点 模型
4. 车联网的发展	4. C-V2X技术应用	
	5. TCP/UDP与XML/JSON	3.博弈论与行为 收益模型

图 3-1　本章框架结构

学习目标

- 了解车联网技术的概念、内涵、要素、关键技术以及发展历史。
- 了解车联网中网联信道与通信技术,对比中西方车联网发展路线与优缺点。
- 了解信息论的基础知识以及如何建立非理想通信下的信道模型与控制方程。
- 了解图论基础知识以及如何建立网联车辆通信、冲突模型。
- 了解博弈论基础知识以及如何建立网联车辆的行为收益模型。

第 3 章学习素材

3.1　车联网技术概述

　　车联网能够通过车-车通信、车-路通信、车-服务平台实时联通以及网联协同技术,方便有效地实现交通管理、规划与控制,从而提高驾驶人与行人的安全性,提高交通运行效率,减少环境污染。总而言之,车联网作为一个有潜力的新兴产业,对智慧交通的构建与产业升级具有非常重要的意义。本节首先介绍车联网的概念、与几个常见相关概念的关系与异同点;其次,详细介绍车联网的组成要素与功能;最后,阐述车联网的发展与趋势。

3.1.1　车联网的概念

　　车联网是以车内网、车载移动互联网和车际网为基础,按照约定的通信协议和数据交互标准,在车-X(X:车、路、行人及互联网等)之间,进行无线通信和信息交换的大系统网络。其中,车内网是指通过应用成熟的总线技术建立一个标准化的整车网络;车载移动互联网是指车载终端通过 4G/5G 等通信技术与互联网进行无线连接;车际网是指基于 DSRC/LTE-V 技术的"车-车""车-路"无线局域网。三网通过光纤等媒介与基础数据中心相连接,以能够实现智能交通管理、智能动态信息服务和车辆智能化控制。

3.1.2　车联网的要素

1. 整体架构

　　车联网主要由终端、中间层和云平台三大要素构成,其整体架构如图 3-2 所示。终端是具有车内通信、车-车通信、车-路通信等的泛在通信终端,通过车载和路侧智能传感器采集与获取车辆的智能信息,感知行车状态与环境,基于通信与中心计算实现车与路的协同控制;中间层主要包括高精地图与定位功能,以及软件、硬件的中间件,用于解决车与车、车与路、车与网、车与人等的互联互通,实现车辆自组网及多种异构网络之间的通信与漫游,在功能和性能上保障实时性、可服务性与网络泛在性,同时它也是公网与专网的统一体;云平台是一个云架构的信息平台,是多源海量信息的汇聚,包括虚拟化、安全认证、实时交互、海量存储等云计算功能,其应用系统也是围绕车辆的数据汇聚、计算、调度、监控、管理与应用的复合体系。

图 3-2　车联网整体架构

2. 路侧基础设施

路侧基础设施通常布置于路侧杆件上,主要包括路侧单元(road side unit,RSU)、路侧计算单元(roadside computing unit,RCU)和路侧感知设备(如摄像头、毫米波雷达、激光雷达)、交通信号设施(如红绿灯)等,以实现车路互联互通、环境感知、局部辅助定位、交通信号实时获取等功能。

3. 通信网

车联网系统的通信网包括无线接入网、承载网和核心网等。云控系统集成异构通信网络,使用标准化通信机制,实现智能网联汽车、路侧设备与三级云的广泛互联通信。无线接入网提供车辆与周边环境的多样化通信能力,实现车与路侧基础设施(V2I)通信、车间直通(V2V)通信、车与人(V2P)通信、车与网络(V2N)/边缘云的通信。路侧设备与云控基础平台各级云由多级有线网络承载。利用 5G、软件定义网络、时间敏感网络、高精度定位网络等先进通信技术手段实现互联的高可靠性、高性能与高灵活性。

4. 车辆及其他交通参与者

不同网联化和智能化等级车辆是数据采集对象和服务对象。在数据采集方面,对于具有联网能力的车辆,系统既可以直接通过车辆网联设备采集车辆动态基础数据,也可以间接通过路侧智能感知获得车辆动态数据;对于不具有网联能力的车辆,则间接通过路侧智能感知获得车辆动态数据。在云控服务方面,对于 L3 级及以上驾驶自动化等级的车辆,可以直接接收云控平台输出的协同决策与控制数据,再由其车载智能计算平台或控制器做出响应;对于 L2 级及以下驾驶自动化等级的车辆,间接接收云控平台输出的协同决策数据,再由其车载人机交互平台接收决策,并由单车或驾驶人完成控制;与车辆类似地,其他交通参与者包括行人、骑行人等。可以通过路侧智能系统采集其他交通参与者位置与速度信息,也可以通过在基础平台已注册的其他交通参与者所携带的定位设备采集其位置与速度信息,并基于云端融合感知向这些已注册的其他交通参与者提供安全预警服务。

3.1.3　车联网的关键技术

车联网技术是智能网联汽车的技术支撑,实现 V2X 信息交互,将无人驾驶的概念与车联网有效结合对智能网联汽车的发展是十分有帮助的。这就要求车联网需要包括如下关键技术。

1. 融合感知技术

智能网联汽车需要大量的数据支持,这些数据由车载的各种传感器进行采集。传统意义上自动驾驶通常使用车载计算单元对单车采集数据进行处理。而在车联网环境下,车辆以及路测传感器共同采集数据,最终传输给中央处理器进行信息的融合、筛选、处理。各类传感器通过采集系统组成一个庞大的数据采集系统,动态采集一切车联网所需要的数据,如车辆位置、交通状况、障碍信息环境参数等,经过计算机处理后传输到后续功能模块。

2. 边缘云技术

低时延与高可靠性是车联网技术最主要的两个需求。在时延需求上,辅助驾驶要求 $20\sim100\text{ms}$,而自动驾驶要求时延低至 3ms。边缘云是在现有移动网络中能够实现低时延需求的技术之一。边缘云通过将本地云平台下沉在基站侧,为移动终端提供低时延业务。在紧急情况时,通过 LTE 蜂窝网络和 MEC(multi-access edge computing,多接入边缘计算)车联网平台的本地计算,给车载单元(on board unit,OBU)发出警告等信息,与现有网络相比,车-车时延可降低至 20ms 以内,大幅度减少车主反应时间。此外,通过 MEC 车联网平台还可实现路径优化分析、行车与停车引导、安全辅助信息推送和区域交通服务指引等功能。

3. 通信技术

以 5G 网络为代表的通信弥补了传统移动通信网络存在的传输带宽不足、网络时延较大等缺陷,具有高速度、低时延等优点。5G 车联网与自动驾驶结合,可显著降低系统响应的时间,进一步提升整车的性能,提高信息传输的精准性,以及降低对高精度传感器的依赖,从而降低成本。同时 5G 网络为无人驾驶和车联网技术提供了更广阔的平台,能够有效提高无人驾驶的智能化和探测的精准度,从而降低交通事故的发生率。

4. 信息安全技术

作为低时延、高可靠通信的重要应用,车联网的信息安全问题同样受到重视。随着车联网应用范围的不断扩大,安全攻击也相应增多。在车联网"端-管-云"的基本网络架构下,每个环节都是信息安全的防护重点。车联网产业链较长,涉及终端设备、通信设备以及云端管理和服务平台,涉及的厂商有元器件供应商、设备生产商、整车厂商、软硬件技术提供商、通信服务商、信息服务提供商等,包括控制安全、数据安全、功能安全等各个方面。

5. 资源调度技术

车联网系统需要运行大量应用以服务于智能网联汽车及交通系统各种场景。为消解高并发下各应用在资源使用上的冲突和物理世界车辆行为的冲突,系统要根据应用对实时性、通信方式、资源使用与运行方式等方面的要求,选择服务的运行地点及所分配的资源,保障服务按需、实时可靠地运行,保障所服务车辆的行车安全。相关技术工作包括:以平台统一管理或自行管理的方式进行负载均衡、生命周期管理,并利用领域特定的规则引擎按需调用云端车辆感知共享、增强安全预警、车辆在线诊断、高精度动态地图、辅助驾驶、车载信息增强以及全局协同等资源。

3.1.4 车联网的发展

从时间上来看,车联网的发展最早可追溯到 20 世纪 60 年代,日本率先开始车间通信的研究,并于 20 世纪 80 年代开发了车路通信系统(road automobile communication system,RACS)。随后美国和欧洲也迅速跟进,在 20 世纪 90 年代末期和 21 世纪初展开了多个车联网项目,如 2000 年的欧洲 FleetNet 项目、2004 年美国 VII 项目、2006 年欧洲车路协同 CVIS 项目等。我国在 2007 年颁布了基于 DSRC 的中华人民共和国国家标准《电子收费 专用短程通信 第 1 部分:物理层》(GB/T 20851.1—2019),是国内最早的车联网相关文件,随后清华大学智能车路协同 863 项目于 2009 年正式启动,同年,多家企业推出了车载信息服务系统,因此 2009 年也被称为车联网元年。2010 年我国首次提出了"车联网"概念,成立了车载信息服务产业应用联盟。在随后的十年内,中国车联网产业发展迅速,在北京、上海、广州、重庆、长沙等地区接连建立了智能网联汽车示范基地。目前,结合先进的 5G 通信技术和广大的内需市场,国内车联网产业仍有巨大的发展潜力。

车联网演进大致可分为三阶段:第一阶段是车企主导的功能性车载信息服务阶段,基于无线网络通信技术,以车为主体,利用无线通信技术,与外部网络相连接,实现车与外在信息资源之间单向或双向传输的互动系统,从而实现远距离和车辆的信息交互与业务管理。第二阶段是智能网联服务阶段,主要参与者为车辆驾驶人、整车厂和图商。如图 3-3 所示,车载传感器信息上传云端,更新地理信息,同地图+地理+交通信息相互匹配,控制车辆将采取适应前方道路的驾驶模式和驾驶速度。第三阶段是智慧出行服务阶段,在该阶段将实现完全自动驾驶,网联化技术用于自动驾驶将成为行业共识。目前正处于智能网联服务阶

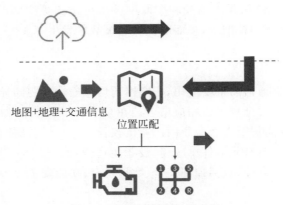

地图+地理+交通信息

位置匹配

图 3-3 智能网联服务示意图

段,随着 LTE-V2X 技术的不断突破,有望实现 L3/L4 级的自动驾驶。

总而言之,目前车联网的发展已经初具规模,并且形成了完整的发展路径。在未来,车联网发展将呈现如下三大趋势。

(1)智能网联汽车将成为主流产品。车-路、车-车网联协同系统已经成为现阶段各国发展的重点,也已成为市场竞争制胜的关键因素。我国在智能汽车领域的基础技术、研发水平、相关产业链基础还相对薄弱,目前仍处于辅助驾驶阶段,未来将逐步向部分自动驾驶、高度自动驾驶和无人驾驶过渡。

(2)车联网与大数据云计算相融合。车联网能够将车辆本身信息、车辆位置信息、驾驶人信息、天气情况、交通状况等数据搜集起来,通过大数据分析,能够获取深层次的洞察。此外,基于车联网对于数据处理实时性的要求,车联网移动云服务也将得到广泛应用。

(3)跨界合作和服务创新日益显著。随着生态系统的健全,除了智能网联汽车本身的技术之外,车联网将提供更加多样化的服务,包括先进的人机交互技术等,并向 O2O(online to offonline)与汽车后市场渗透,跨界合作和服务创新将日益显著。

3.2 网联通信技术

3.2.1 网联通信技术概述

目前,车联网的网联通信标准主要包括专用短程通信(dedicated short-range communication,DSRC)和蜂窝车联网(cellular V2X,C-V2X)两大标准。

DSRC 是一种高效、专用的车辆无线通信技术,于 1998 年由美国提出,它是以 IEEE 802.11p 为基础扩充而来。DSRC 协议栈如图 3-4 所示。DSRC 是智能交通系统领域中专门用于 OBU 与 RSU 的通信技术,其中,RSU 通过车-路信息传输与 OBU 进行双向通信,以获取当前交通信息。同时,RSU 还与云端平台相连接,通过光纤或者行动网络进行信息传输。在车联网环境中,通信速度和通信质量将直接影响行车安全,而由于车联网环境十分复杂,通信速度和质量往往受到汽车数量、通信距离、恶劣天气等影响,这就要求车联网安全应用相关通信网络必须具备高移动性和低延迟率。根据 IEEE 规定,安全应用通信延迟容许范围在 50ms 内,最多不超过 100ms,允许接收信息后有足够的反应时间。美国高速公路安全管理局力推 DSRC,目标是为消费者提供安全、效率、便捷三大方面的优质服务。安全方面,中轻型车辆将避免 80% 的交通事故,重型车辆避免 71% 的事故;效率方面,交通堵塞将减少 60%,短途运输效率提高 70%,现有道路通行能力提高 2～3 倍;便捷方面,停车次数可减少 30%,行车时间降低 13%～45%,实现降低油耗 15%。

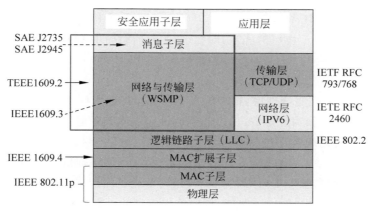

图 3-4 DSRC 协议栈示意图

在标准进程与导入方面,DSRC 发展较成熟,美国、欧洲等国家和地区已提出相关标准规格,LTE-V 目前已在 3GPP 进入标准制定流程,在布建上 DSRC 由于需要安装新的路侧设备,将增加导入成本与时间。LTE-V 则能够整合既有的基地台装置,不需要大量布建新基础建设,可缩短导入时间,两者之间互有优势。在技术层面上,根据福特在 2018 年 4 月的 5GAA 会议上发布的测试报告,福特联合大唐和高通两家企业进行了实际道路性能测试。结果表明,保证测试环境相同的情况下,当通信距离大于 400m 小于 1200m 时,LTE-V 相比于 DSRC 系统误码率有明显降低,并且在通信性能的可靠性和稳定性方面也有明显的优势。在持续演进和发展层面,C-V2X 向前包含了 Rel-14 LTE-V2X 和 Rel-15 LTE-V2X,向后包括了 NR-V2X,而 DSRC 的演进路线相对来说并不明确。在商用层面上,DSRC 发展时间较久,并且美国政府治理力度也很大。根据政策,美国希望 2022 年能够有 70% 的新生产车辆装备有 DSRC 系统,2023 年则达到覆盖率 100%。此外,DSRC 经过多年的测试验证,其可行性有保障。相对来说,C-V2X 潜力更高,更多的是后发优势。

目前,DSRC 产业链更为成熟,但 LTE-V 可能后来居上。在具体国家市场,要结合该国在本领域的基础与技术领导地位,如美国-DSRC 主导、中国-C-V2X 主导,未来可能形成两者共存的局面。

为发挥标准在车联网产业生态环境构建中的顶层设计和引领规范作用,工业和信息化部联合国家标准化管理委员会共同组织制定了《国家车联网产业标准体系建设指南》系列文件,包括总体要求、智能网联汽车、信息通信和电子产品与服务分册,并相继正式印发。其中信息通信和智能网联汽车分册分别从通信技术演进和智能网联汽车应用的角度明确了 LTE-V2X 和 5G-V2X 的技术选择标准。国内各标准组织的相关标准化工作已支持形成我国 C-V2X 标准体系,包括应用定义及需求、总体技术要求、关键技术、信息安全等多方面。但是,大部分标准是分散在不同的团体组织或行业标准化委员会内来开展研究制定的,仍然需要相互之间的统筹协同,加快推进形成体系完整的统一国家标准。

3.2.2　DSRC 技术

1. DSRC 基础

DSRC 协议主要由 IEEE 802.11p 与 IEEE 1609 两个协议族的若干协议组成。其中 IEEE 802.11p 构成 DSRC 协议的底层,即物理层与介质访问控制层(media access control,MAC)层,IEEE 1609 族构成 DSRC 协议的中层。DSRC 的高层则是由应用层协议 SAE J2735 和 SAE J2945.1 组成。

DSRC 协议的最底层是物理层,物理层主要考虑如何在不同传输媒体上进行数据传输,确定传输媒体接口特性和物理参数,尽可能规避传输媒体或者通信手段之间的差异,使上层的数据链路层只需要完成本层的协议和服务。物理层还需要提供数据传输、同步、定时功能,以实现连接、数据传输以及传输方式转换。此外,物理层还提供了信道切换与选择功能,并定义了上/下层链路参数和 DSRC 协议物理层与数据链路层接口参数。

DSRC 协议的中间层为数据链路层,该层负责信息的可靠传输,提供差错控制和流量控制,使之对上层表现为一条无差错链路,定义通信帧的具体结构,提供实现相应功能的程序和程序单元。该层分为 LLC(逻辑链路控制)子层和 MAC(介质访问控制)子层。

DSRC 上层为应用层。应用层用于解决具体应用问题,通过不同主机、不同进程之间通信来协同完成,因此其最主要的功能为定义通信规则,并为这些 DSRC 应用提供通信接口,包括传送内核(T-KE)、广播内核(B-KE)、初始化内核(I-KE)。其中,T-KE 负责在两个用户之间传送信息;I-KE 主要根据规定提供有效服务,进行通信的初始化。

2. DSRC 关键技术

1) 信道复用技术

信道复用是指利用一条信道同时传送多个不同数据流的方法,以提高传输线路的利用率。一般来说,RSU 对于数据的处理能力是要远大于 OBU 的,也就是说,RSU 可以同时处理多个 OBU 数据。要想实现上述功能,通信协议的物理层和数据链路层必须提供相应的多址访问控制机制,以支持多个 OBU 能够在同一时间段内访问 RSU。信道复用技术大体可分为频分复用和时分复用两种。

(1) 频分复用。

频分复用是让所有用户在同一段时间内占用不同的带宽资源的一种复用技术。由于公共信道所具有的频带要宽于传输信号,故可以将公共信道的频带划分为几个比较窄的频带,并单独构成一个信道给用户分配传输信息。当用户被分配到一定频带之后,会在通信过程中一直占用这个频带。经过上述处理,一条频带宽度固定的公共信道就可以传输由不同用户产生的互不相关的信号组成的复合信号。

根据中华人民共和国国家标准《电子收费　专用短程通信　第 1 部分:物理层》(GB/T 20851.1—2019)的定义和规范,物理层包括了上行链路和下行链路两个通信信道,物理层每条链路应包括 A 类和 B 类两类要求,分别对应 ETC 应用和在 ETC 应用基础之上的数据传输应用。两类应用都规定了信道 1 的载波频率：上行 5.790GHz、下行 5.830GHz；信道 2 的载波频率：上行 5.800GHz、下行 5.840GHz。信道占用带宽≤5MHz,相同方向的相邻信道间相差大约 5MHz,同一信道上行链路和下行链路载波频谱之间间隔大约 40MHz。不同频率的信道往往用在不同的区域盖上,这里指不同的车道。在实际应用时,为实现频分复用,可以让相邻车道使用不同信道,并交替设置信道。这样在理想情况下,即使是相邻信道也不存在互相干扰,问题的重点就转移到了每条车道上的 RSU 如何处理其覆盖区域内的其他 OBU。

（2）时分复用。

与频分复用类似,时分复用是让所有用户在不同时间占用同样频带宽度的一种复用技术。这种技术将若干用户设备接到一个公共信道上,将信道在时间上划分为一段一段等长的时间段,称之为时分复用帧。每个使用这条信道的用户在每个时分复用帧上占用固定序号的时隙。每个用户所占用的时隙周期性地出现,出现周期即为时分复用帧的长度。当某个设备开始工作时,这个设备就会和公共信道连接,并断开其他设备的使用,直到下一个时分复用帧的时隙起始时刻,将信道的使用权分配给下一个设备。等到分配完所有设备,即时间走过了一个时分复用帧,然后重新开始。这种复用技术保证了不同用户信号传输时可以互不干扰。

上述时分复用方法称为同步时分复用。但实际的信道传输过程往往并不是理想的,当某一个用户在某个时隙由于各种原因无法传输数据或者无数据传输时,只能让这段时隙处于空闲状态,其他用户无法使用这段资源,导致信道利用率不高。异步时分复用又称为统计时分复用,是一种能够明显提高信道利用率的时分复用技术,其核心思想在于动态地按需分配时隙。复用器无须为每个连接的用户设备分配专门的时隙,而是各个用户当需要传输数据时,将数据发往集中器的输入缓存上,集中器将会按顺序依次扫描输入缓存,将数据放入时分复用帧中,对于没有输入的缓存将直接跳过,直至一个时分复用帧数据已满,进行发送。因此,异步时分复用需要缓冲数据存储器、寻址、控制等复杂技术,但是却可以大大提高信道的使用效率。

2）协议配置

前面已经说过,根据《电子收费　专用短程通信　第 1 部分：物理层》（GB/T 20851.1—2019)的规范,物理层包括上层和下层两组信道,每个信道对应了 A、B 两类要求,其他参数都可以根据类别和信道得到。这样,将物理层配置分为 A 类信道 1 的配置、B 类信道 1 的配置、A 类信道 2 的配置、B 类信道 2 的配置,配置都采用 8 位二进制编码。物理层载波频率、杂波发射等要求主要参考《关于使用 5.8GHz 频段频率事宜的通知》,并定义了频分双工通信方式。

数据链路层主要由《电子收费　专用短程通信　第 2 部分：数据链路层》（GB/T 20851.2—2019)所规范,主要规定了数据链路层的主要参数、信息帧以及 MAC 子层和 LLC 子层的要求。MAC 子层主要提供下行链路、上行链路、公共上行链路、专用上行链路几个链路窗口的时间窗口的申请和分配。为了在实际应用中降低设备复杂度,减少或避免应用层干预,做出了如下规定。

（1）设备应该支持确认和非确认命令,非确认命令请求可以由 RSU 和 OBU 主动发起,但确认命令请求只能由 RSU 主动发起。

（2）专用链路时间窗口只能由不带链路协议数据单元（link protocol data unit，LPDU）的数据链路层帧申请，并且只能通过公用上行链路时间窗口申请。

DSRC 应用层协议配置由《电子收费　专用短程通信　第 3 部分：应用层》（GB/T 20851.3—2019）进行规范，主要规定了初始化内核、传送内核以及广播内核所提供的服务。每个服务包括 request、indication、response、confirm 四个原语，落实到具体服务通过"命令.原语"进行使用，对应规定如下。

（1）设备应该支持确认和非确认的请求，但请求只能由 RSU 主动发起，响应只能由 OBU 完成。

（2）不支持 Dsrc-EID、DSRC Application Entity ID、Profile、Action Type 和 FileID 等数据取值范围和列表长度的扩展。

（3）ST 中的 ApplicationList 应该包含一个 AID 序列，但不列出 EID 和其他相关参数；VST 中的 ApplicationList 应该包含 AID、EID 和其他参数序列。

3. DSRC 技术应用

一套 DSRC 系统由车上装备的 OBU、路侧部署的 RSU，以及专用短距离无线通信协议三部分组成。其中，OBU 类似移动终端，相比之下 OBU 的通信方式不同，且处理能力更强；RSU 指固定的路侧通信设备。DSRC 系统一般具有车-路通信和车-车通信两种通信模式，其中车-路通信常见采用基于单跳的 Ad Hoc 网络模型，车辆间通信常见采用的是基于多跳的 Ad Hoc 网络模型，车、路通信自治，无须集中协调。

1）车-路通信

现有基于 DSRC 的车-路通信主要面向车辆的非安全性应用。最具代表性的就是 ETC 系统，其主要利用了安装在车辆前挡风玻璃上的电子标签和收费处的微波天线进行专用短程通信，实现自动收费和调度功能。

除此之外，基于 DSRC 的车-路通信还广泛应用于电子地图下载以及交通调度等功能，OBU 通过与 RSU 建立通信关系，RSU 与交通网络或者互联网连接，从而获得电子地图信息或者局部交通信息。

2）车-车通信

车-车通信是车辆安全性应用的主要通信方式。将 DSRC 技术应用于交通安全领域能够提高交通的安全系数，减少交通事故的发生，降低直接和非直接的经济损失，以及减少地面交通网络的拥塞。主要包括了两类场景：第一种为环境感知，即传感器收集有关其他车辆和障碍物的位置信息、速度信息、朝向信息等，并将这些信息以定期的方式发送至邻近的车辆上；第二种为预警消息，如当自车发生故障或者前方发生意外而导致需要紧急制动时，需要将此次事故迅速地传播给后方跟随的车辆，提醒它们前方存在危险区域。此外，车-车通信还应用于弯道控制、队列管理和安全超车等功能。

3.2.3　C-V2X 通信技术

1. C-V2X 通信基础

车联网和智能网联汽车概念的提出和技术的推进，给汽车和交通行业引入了新的革命性理念。2015 年,3GPP 在 Rel.14 版本中启动了基于 LTE 系统的 V2X 服务标准研究,即 LTE-V2X,国内多家通信企业(华为、大唐、中兴)参与了 LTE-V 标准的制定和研发。2016 年 9 月,首版涵盖了 V2V 和 V2I 的 V2X 标准发布;2017 年 6 月,进一步增强型 V2X 操作方案发布。在 Rel.14 中,V2V 通信基于 D2D(device-to-device)通信,其为 Rel.12 和 Rel.13 版本中的 Proximity Services (ProSe)近距离通信技术的一部分。新的 D2D 接口被命名为 PC5 接口,以实现可支持 V2X 要求的增强型功能,这些增强型功能包括:支持高达 500km/h 的相对车速、支持 eNB 覆盖范围内的同步操作、提升资源分配性能、拥塞控制和流量管理等。

在 Rel.14 中,LTE-V2X 主要有两种操作模式:通过 PC5 接口点对点通信(V2V)和通过 LTE-Uu 与网络通信(V2N)。基于 PC5 接口的 V2V 通信也包括两种模式:管理模式(PC5 Mode 3)和非管理模式(PC5 Mode 4),当网络参与车辆调度时称为管理模式,当车辆独立于网络时称为非管理模式。在非管理模式下,基于车辆间的分布式算法来进行流量调度和干扰管理;在管理模式下,通过 Uu(user to network interface/universal)接口的控制信令由基站(eNB)辅助进行流量调度和干扰管理。

C-V2X 是 LTE 技术的进一步延伸,它是专门为车辆间通信而设计的一种 V2X 通信协议标准,相比之下,C-V2X 容量更大,可靠性更强。C-V2X 中,V2V 网络主要包括演进分组核心网、演进地面无线接入网和车载设备三部分。其中,演进分组核心网和演进地面无线接入网仍然使用 LTE 的架构协议。对于演进地面无线接入网,eNode 在网络层传输采用 IP 协议,通过 X2 接口进行连接,并可以实现越区切换数据包和信令。而车载设备则在 LTE 架构的基础上,将自身作为移动收发设备,通过空口和基站连接。由于 V2V 网络整体上仍然沿用 LTE 的网络结构设计,其实现只需要升级现有的网络设备和安全机制即可。eNode 架构全称为 Evolved Node,即演进型 Node,顾名思义,它是 Node 在移动通信系统层面上的演进。相比于 Node,eNode 与多个移动管理实体和业务网关进行连接,增加了无线网络控制器的物理层、媒体接入控制子层等功能。此外,eNode 还可以进行移动性管理和无线资源管理,换句话说,eNode 可以实现接入网的所有功能。

目前基于 LTE 的 V2N 已经覆盖了很多车联网应用场景,如交通信息提示、地图更新、OTA 固件更新。未来 V2V 和 V2I 将广泛应用于车联网的低时延、远距离通信场景,C-V2X 依托成熟的蜂窝网络生态,将在未来自动驾驶领域发挥关键的作用。

2. C-V2X 关键技术

C-V2X 具备清晰的 5G 演进路径,并支持前向及后向兼容。与 4G 技术相比,5G 数据传输的速率和网络时延提高了 10 倍,而传输时间间隔(TTI)却从 1ms 降到了 0.2ms,网络的容量和基站的密度也都大幅增加。5G 需要具备比 4G 更高的性能,支持 0.1～1Gb/s 的用户体验速率,100 万/km² 的连接数密度,毫秒级的端到端时延,10Tb/s/km² 的流量密度,500km/h 以上的移动性和数十 Gb/s 的峰值速率。其中,用户体验速率、连接数密度和时延为 5G 最基本的三个性能指标。同时,5G 还需要大幅提高网络部署和运营的效率,相比 4G,频谱效率提升 5～15 倍,能效和成本效率提升百倍以上,性能需求和效率需求共同定义了 5G 的关键能力。

1) 基于正交频分复用优化的波形和多址接入

5GNR 设计过程中最重要的一项决定,就是采用基于 OFDM(orthogonal frequency

division multiplexing，正交频分复用）优化的波形和多址接入（Optimized OFDM-based waveforms and multiple access）技术，因其可扩展至大带宽应用，而具有高频谱效率和较低的数据复杂性，因此能够很好地满足 5G 要求。OFDM 技术可实现多种增强功能，例如，通过加窗或滤波增强频率本地化、在不同用户与服务间提高多路传输效率，以及创建单载波 OFDM 波形，实现高能效上行链路传输。

OFDM 系统把高速数据流分散到各并行的正交子载波上传输，使得每个用于去调制子载波的数据符号周期扩大为原始数据符号周期的 N 倍，因此时延扩展与符号周期的比值亦同样降低 N 倍。若从时域分析，OFDM 可以表示为式（3-1）所示。

$$x(t) = \mathrm{Re}\left\{ \sum_{i=0}^{N-1} d_i \, \mathrm{rect}\left(t - t_s - \frac{T}{2} \right) \exp\left[\mathrm{j}2\pi\left(f_c + \frac{i}{T} \right)(t - t_s) \right] \right\} \tag{3-1}$$

其中：N 为子载波个数；T 表示 OFDM 符号的时间周期；d_i 是每个子载波的数据符号；f_c 是第零个子载波的载波频率；t_s 是 OFDM 符号的起始时间。若对其中一子载波数据进行解调，即在时间周期内进行积分，则根据指数函数的积分准则，所得的解调结果仍然是原数据符号。

2）软件定义网络

软件定义网络（software defined network，SDN）是一种新型的网络架构，也是一种设计思想。SDN 并不是一种具体的技术，而是一种广泛的概念，即网络硬件可以通过集中控制器的软件平台进行软件管理、可编程化控制底层硬件、分离网络控制平面和数据转发平面的网络都可以称为 SDN。通过 SDN 可以实现对网络资源的按需分配。在 SDN 中，网络设备实现了与其他业务解耦，只负责数据转发。控制器中的操作系统为独立的网络操作系统，对不同业务、不同网络协议进行统一处理和适配。更重要的是，网络的操作系统和服务更加虚拟化，即可以通过编程实现。与传统网络相比，SDN 具有如下能力。

（1）控制和转发分离。网络架构被拆分为控制和转发两个平面。转发平面由受控转发设备组成，转发方式和业务逻辑在控制平面上由集中控制器进行整体调度，并将信息发送回转发平面。

（2）开放接口。可以通过控制平面所提供的开放接口进行编程，实现网络的集中管理，无须关注底层实现原理和细节。

因此，相比于传统网络，SDN 具有更好的扩展性和开放性，方便人们进行开发和维护。此外，由于其集中控制的特性，可以简化很多协议处理流程。

3）多输入多输出

多输入多输出（multi input multi output，MIMO）是指在发射端和接收端分别使用多个发射天线和接收天线，使信号通过发射端与接收端的多个天线传送和接收，从而提高信道容量或改善通信质量。MIMO 利用了多径传播（multipath propagation），在不增加频谱资源和天线发射功率的情况下，可以成倍地提高系统信道容量，显示出明显的优势，被视为新一代移动通信的核心技术。MIMO 大致分为如下两类。

（1）空间分集：空间分集是一种通过让发射端和接收端的天线位置不同，在发射端发送相同信息，利用场强随空间位置变化而随机变化的性质，当空间位置差距足够大时，不同电磁波信号衰落的相关性极小，可看作相互独立的信号，从而实现分集的一种技术。目前在多输入多输出系统中，时分组码技术和波束成形技术是最常见的两种技术。其中，时分组码是一种在时域上进行编码,在频域上进行共轭运算的编码形式,最基本的就是二天线的 Alamouti 方案;波束成形则是一种对各路信号加权求和而形成期望信号的一种经典方法。

(2)空分复用:面对日益增长的流量需求,无论是大量扩建、部署新设备还是修改终端规格都需要耗费大量成本,且无法快速实现,因此空分复用成为解决该问题的关键技术和有效途径。空分复用是一种能够在不增加频谱带宽的条件下,利用自适应天线阵列间距较大、不同方向阵列波束互不影响的性质,让同一频段在不同的空间内提供不同的数据流,从而大大提升频谱利用率的一种技术。由于在信道维度上增加了空间域维度,相同时间内同一频率下的波束在不同空间上有足够的区分度,使得不同发射端传送的信号之间能够相互区别,在接收端无须增加额外的频率或者时间便能够加以区分。此外,空分复用技术能够提高信道容量,并且能够在发射端无法获得信道信息的条件下使用。

4)同时同频全双工

在空中接口方面,同时同频全双工(co-time co-frequency full duplexing,CCFD)技术能够在相同频率同时收发电磁波信号,相对于现在广泛应用的时分双工和频分双工,频谱效率有望提升一倍。采用 CCFD 的无线通信系统,首先要清楚发射机和接收机的节点对于有用信号都是干扰源,要求接收点在工作的同时还能消除干扰,并且能够抑制干扰,大大降低对有用信号的干扰,因此 CCFD 的关键技术在于干扰的最大幅度消除,一般来说,抵消方式有如下三种。

(1)天线干扰消除。两根发射天线和一根接收天线就是目前天线干扰消除原理的设备。当满足发射天线发射信号的波长是两根发射天线距离的半波长的奇数倍时,通过两根天线的信号会以相反的相位到达天线的接收点,这样会使干扰信号自行干涉相消,这样,接收天线收到的自干扰信号就会大大减弱,再利用噪声信号消除电路和数字域消除技术,就可以达到预期目标。

(2)射频干扰消除。射频干扰消除的重点是调节干扰参考信号的相位和幅度,从而达到精确干扰消除的目的,这样干扰消除的重点是自适应调节。MIMO 技术可以与射频干扰消除技术同时使用,然而在多天线情况下的高阶 MIMO 难以实现。

(3)数字干扰消除。在同频全双工系统进行数字自干扰时,自干扰的信息为已知,因此相比传统的数字对消,省去了需先解出不期望的发射机信息的过程。对数字干扰消除进行清晰的了解,可以建立一个 ADC(analog-to-digital converter,模拟/数字转换器)量化进行数字通过对消实现同频全双工的 M-QAM(multiple quadrature amplitude modulation,多进制正交幅度调制)的系统模型。

3.2.4　C-V2X 技术应用

车-路-云协同技术可以有效提高出行安全性和出行效率。通过将所有交通参与者,包括出行者、车辆、道路基础设施和云端有机结合,对交通参与者状态信息进行数字化采集和计算,实现不同交通参与者间的信息交互和协同管理。在大规模智能交通系统中,C-V2X 作为信息交互基础,具有重要的地位。不同场景下对于 C-V2X 的时延、通信距离、精度等指标都有不同的要求,因此基础设施部署也有所不同。目前,C-V2X 主要应用于高速公路、城市道路和自动驾驶园区三大场景。

1. 高速公路

目前高速公路基础通信设施相对城市环境较少,且车辆行驶速度高,车辆行驶安全要求高,因此对通信时延、通信距离有相对较高的要求。对于一般情况,应基于 V2V 通信,进行车-车之间的协同驾驶,通过协同其他车辆速度,为车辆变道、超车提供足够空间。当发生紧急事件时,例如,车辆故障、交通事故、异常驾驶行为且不能及时实施纠正时,应基于 V2V 对下游车辆进行及时预警,并向路侧或者云端的交通管控平台发送警报,及时通知进行处理,再通过路侧通信进行交通疏导。这也要求 RSU 之间有快速信息交换机制,并可针对具体事件推送相应消息。

2. 城市道路

城市道路特点为车速相对较低、交通参与者多、交通参与者类别多、行为关系复杂。在这种复杂的交通环境下,要充分考虑多种情况,除了对通信时延、通信距离的要求外,还对通信质量有较高的要求。例如,对于无信号路口协同通行的情况,常见通过与 RSU 相连的感知系统识别车辆状态以及车辆驾驶意图,基于当前路口整体交通流信息进行统一调度,并将规划信息和控制信号下发给通行车辆。此外,城市道路中还有许多行驶盲区问题,如倒车出库等情况,此时由 OBU 设备将当前车辆状态和意图发送给附近的 RSU,基于动态环境感知信息判断周围车辆存在冲突的可能性,则将警告信号和调度结果发送给对应车辆,消解车辆冲突。

3. 自动驾驶园区

自动驾驶最先可能落地的场景就是相对封闭、有相对固定路线的物流园区、港口、办公场所等。在这些场景,可以投入成本建设相对完善的基础设施,这些基础设施可以为自动驾驶车辆提供超视距感知服务和大规模数据计算服务,极大地降低自动驾驶车辆自身的成本、算力要求以及功耗,让自动驾驶车辆更加轻量化、小型化。在园区内部的自动驾驶行驶路线上,可以部署路侧传感器,从上帝视角来对交通参与者的状态进行感知,降低单车传感器的成本。同时还可以在道路两侧部署计算单元,利用边缘计算技术协同规划车辆的行驶路径,将规划后的结果通过部署在道路两侧的路侧单元发送给车辆,这样既降低了车辆的计算成本,又实现了有效协同。此外,在交叉路口等复杂的交通场景下,可以使用 5G 技术进行远程人工接管。

此外,在园区运营早期,需要对园区内所有的道路基础设施和车辆进行全方位的监督与管理,这可以通过 C-V2X 进行实现。通过构建园区内的通信网络和数字网络,快速感知并处理普通交通事件和突发事件,提供远程动态控制和应急处置功能。

3.2.5　TCP/UDP 与 XML/JSON

TCP/IP(transmission control protocol/internet protocol,传输控制协议/网际协议)是指能够在多个不同网络间实现的协议簇,由它构成了目前最大的开放的互联网络系统——因特网。TCP/IP 模型包括四个独立的层次,自上而下分别为应用层、传输层、互联网络层、网络接入层。TCP(transmission control protocol,传输控制协议)和 UDP(user datagram protocol,用户数据报协议)均属于传输层协议,是 TCP/IP 的核心,这两种协议有着不同的特点与不同的应用场景。

TCP 是一种面向连接的、可靠的、基于字节流的传输层通信协议,定义了两台计算机之间进行可靠的传输而交换的数据和确认信息的格式,以及计算机为了确保数据的正确到达而采取的措施。

TCP 连接的过程称为"握手"。每实现一次 TCP 连接,都需要在客户端和服务器端进行如下三次握手。

(1)在建立 TCP 连接时,客户端向服务器发送请求报文段,首部的同步位信号 SYN=1,客户端此时进入 SYN-SENT 状态。

(2)服务器收到请求信号后,向客户端发送同意连接的确认信号,在确认报文段中令 SYN=1,ACK=1,服务器进入 SYN-RCVD 状态。

(3)当客户端收到确认信号后,还会向服务器返回一个确认信号,ACK=1,此时客户端进入 ESTABLISHED 状态。

值得注意的是,服务器在收到最后一次"握手"之后,也会进入 ESTABLISED 状态。类似地,把 TCP 的释放过程称为"挥手"。每次 TCP 连接的释放,都需要在客户端和服务器端进行如下四次挥手。

(1)在数据传输结束后,客户端发送连接释放报文段,同时停止数据发送,关闭 TCP 连接,令首部终止控制位 FIN=1,此时客户端进入 FIN-WAIT-1 状态。

(2)服务器端收到信号后向客户端发送一个 ACK 确认信号,并进入 CLOSE-WAIT 状态。此时服务器仍可以向客户端传输数据。客户端进入 FIN-WAIT-2 状态。

(3)当服务器无数据需要传输时,服务器会向客户端发送释放报文段,并使 FIN=1,此时服务器进入 LAST-ACK 状态。

(4)客户端收到服务器的释放信号后,在确认报文段中令 ACK=1,进入 TIME-WAIT 状态,此时服务器进入 CLOSED 状态。在经过了一段时间后,客户端进入 CLOSED 状态。

UDP 是一种面向无连接的传输层通信协议,由于传输数据不建立连接,也就不需要维护连接状态,包括收发状态等,因此可以实现多对一、一对多和一对一的信息传递。UDP 不能对数据进行分组、组装,报文发送以后,无法得知报文是否安全完整地到达,即使数据丢失或数据出错时也不会要求重新传输,这也使得 UDP 建立的连接的延迟会比以 TCP 建立的连接的延迟更低。

对比两种协议可知,TCP 具有可靠、能保证数据顺序和正确性的优点,但是速度较慢,所以主要应用于对传输精确性要求较高,对传输速度敏感度较低的场景,如密码的登录。而 UDP 具有发送速度更快、延迟更低、实时性更好的优点,更加适用于数据量大而精确度要求不高的场景,如视频、直播等。

XML(extensible markup language),全称为可扩展标记语言,是一种标准通用标记语言,用于描述网络上的数据内容和结构,其本质是包含了数据以及数据说明的文本格式规范。它继承了标准通用标记语言的大部分功能,同时保证为了用户友好性,XML 通过重新定义标准通用标记语言的一些参数和内部值,去掉一些标准通用标记语言中使用率低的功能。同时,为了使网站设计者能够定义自己的文档类型,XML 保留了标准通用标记语言的结构化功能,XML 同时也推出了一种新的文档类型,开发者可以省去定义文档类型的操作。

举个例子,假如需传输小明的信息,内容为 Xiao Ming,eighteen,Tsinghua University,用于描述姓名、年龄以及学校,用 xml 来表示为:

```
< person >
    < name value = " Xiao Ming " />
    < age value = " eighteen " />
    < school value = " Tsinghua University " />
</ person >
```

JSON(javascript object notation)是一种轻量级的数据交互格式,采用完全独立于编程语言的文本格式来存储和表示数据,数据类型主要包括:number、boolean、string、null、array 和 object 六种。相比于 XML 格式,JSON 没有结束标签,书写更短,读写的速度更快。简洁和清晰的层次结构使得 JSON 成为理想的数据交换语言,易于人们阅读和编写,同时也易于机器解析和生成,并能有效地提升网络传输效率。

如前面例子中小明的信息,若用 JSON 格式来书写,可表示为:

```
{
    " name " : " Xiao Ming ",
    " age " : " eighteen ",
    " school " : " Tsinghua University "
}
```

由这个例子也可以看出,相较于 XML 格式,JSON 格式在编码和传输时也更为方便。事实上,尽管 JSON 格式在 Web Service 中推广还属于初级阶段,但已经展现出广阔的发展前景,未来必将成为主流数据的交换格式。

3.3 车联网应用技术

在网联条件下,行驶在道路上的车辆不再是相互孤立的个体,而是通过无线通信网络连接组成了多车系统。在多车系统中,网联车辆可基于车-车通信和车-路通信获取通信范围内其他网联车辆和道路的信息,并利用该信息进行分布式的决策与控制,从而实现整个系统的协同控制。其中,通信网络会影响多车系统中车辆间的信息传输关系与质量,也会影响车辆间的通信距离与通信拓扑结构,进而影响多车系统的网络化控制性能。对于该问题,可以用图论的方法来对车-车之间的通信网络进行建模分析;通过纠错编码方案进行有效、可靠的数据传输;用博弈论的方法来预测其他交通参与者的行为。本节将重点介绍图论、信息论与博弈论三大车联网的基础理论。

3.3.1 信息论与网联信道模型

1. 信息论基础知识

Claude Shannon(克劳德·香农)在 1948 年发表的论文 *A Mathematical Theory of*

Communication 的引言中提出："通信中的基本问题就是在某一点精确或近似地再生另一点选择的信息。"在这篇论文中，提出了"熵"的概念，用不确定性来度量信息，奠定了信息论的基础。

信息论是研究信息的基本性质、度量方法及信息的有效处理和可靠传输的一般规律的科学。通过寻找信息传输过程中的共同规律，提高信息传输的可靠性、有效性、保密性和认证性，使信息传输系统最优化。通信系统的组成如图 3-5 所示，主要包括了信源、信道和信宿三大部分。信源是信息的产生和发送者，发出的信息为消息（message），包括无失真的文本消息、数据等以及允许失真的语音、图像、影视信息等。信息（信号）传输的通道为信道，实际信道包括电缆、光纤、微波、无线通信等。存储介质包括 U 盘、光盘等。信宿是信息的接收者，信源与信宿通过信道进行连接。而信道是有容量的，即信道的最大理论信息传输速率，信道只能用低于信道容量的速率来可靠地传输信息，否则就会出现错误。此外，信道中通常会有噪声干扰，使传输的消息失真。因此，如何使信宿尽可能准确地接收到信源发送的信息是需要解决的问题。

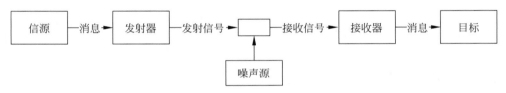

图 3-5　通信系统的组成

编码是解决上述问题的一个重要方法，主要可分为信源编码和信道编码。信源编码的作用之一是，设法减少码元数目和降低码元速率，即通常所说的数据压缩。码元速率将直接影响传输所占的带宽，而传输带宽又直接反映了通信的有效性。作用之二是，当信息源给出的是模拟信号时，信源编码器将其转换成数字信号，以实现模拟信号的数字化传输。模拟信号数字化传输有两种方式：脉冲编码调制（pulse code modulation，PCM）和增量调制（ΔM）。脉冲编码调制简称脉码调制，是一种用一组二进制数字代码来代替连续信号的抽样值，从而实现通信的方式。由于这种通信方式抗干扰能力强，它在光纤通信、数字微波通信、卫星通信中均获得了极为广泛的应用。增量调制是传输差值编码，同样可传输模拟信号所含的信息。此差值又称"增量"，其值可正可负。这种用差值编码进行通信的方式，称为增量调制，主要用于军方通信。信源编码为了减少信源输出符号序列中的剩余度、提高符号的平均信息量，而对信源输出的符号序列施行变换。具体说，就是针对信源输出符号序列的统计特性来寻找某种方法，把信源输出符号序列变换为最短的码字序列，使后者的各码元所载荷的平均信息量最大，同时又能保证无失真地恢复原来的符号序列。

信道编码是为保证信息传输的可靠性、提高传输质量而设计的一种编码。信道编码的实质就是在信息码中增加一定数量的多余码元（称为监督码元），使它们满足一定的约束关系，这样由信息码元和监督码元共同组成一个由信道传输的码字，使码字具有一定的抗干扰能力。

前面已经介绍，编码能够有效解决信道干扰等问题，提升信息传输的可靠性。但是如何找到这样一种编码，能够从编码定理的意义上来说性能好，同时比较容易实现，是一个需要解决的重要问题。线性码就是这样一种码，下面将详细介绍线性码的定义及性质。

定义有限域 F_q 和有限域上的 n 维线性空间 $V_n(F_q)$，若 C 为 $V_n(F_q)$ 的一个子空间，那么称 C 为一个 q 元线性码。线性码是非常重要的分组码，是讨论各类码的基础。一般来说，线性码的编码和译码都比较简单，且更容易定义。线性码中有 n 个码元，其中 k 个信息码元，$(n-k)$ 个监督码元，可表示为 (n,k) 线性码。一个 (n,k) 线性码 C 完全可以由任意一组 k 个线性无关的码字来描述。如果将这一组码字排列成一个 $k \times n$ 维矩阵 G，则称 G 为 C 的生成矩阵。更普遍的是：令 C 是 F_q 上的一个 (n,k) 线性码，一个行空间等于 C 的 $k \times n$ 阶矩阵 G 称为 C 的生成矩阵。相反地，如果 G 是元素取自 F_q 的一个矩阵，则它的行空间称为由 G 生成的码。

线性码的另一个优点是编码易于实现。一个 (n,k) 线性码有 q^k 个码字，如果假设这些信息表示为 q^k 个 k 维 $\boldsymbol{u}=(u_1,u_2,\cdots,u_k) \in V_k(F_q)$，并且 $\boldsymbol{G}$ 中各行是线性无关的，则将信息 $\boldsymbol{u}$ 映射为码字 x 的一个映射规则是

$$\boldsymbol{u} \rightarrow \boldsymbol{uG} \tag{3-2}$$

例如，一个 $(5,3)$ 线性码 C 具有生成矩阵：

$$\boldsymbol{G} = \begin{bmatrix} 1 & 1 & 1 & 0 & 0 \\ 0 & 0 & 1 & 1 & 0 \\ 1 & 1 & 1 & 1 & 1 \end{bmatrix} \tag{3-3}$$

利用该生成矩阵，将映射（3-2）变为：

$$(u_1,u_2,u_3) \rightarrow (u_1',u_2',u_3',u_4',u_5') \tag{3-4}$$

其中：

$$\begin{cases} u_1' = u_1 + u_3 \\ u_2' = u_1 + u_3 \\ u_3' = u_1 + u_2 + u_3 \\ u_4' = u_2 + u_3 \\ u_5' = u_3 \end{cases} \tag{3-5}$$

设 C 和 C' 是两个线性码，$\boldsymbol{G}$ 和 $\boldsymbol{G}'$ 是两个生成矩阵，若存在置换矩阵 $\boldsymbol{P}$ 使 $\boldsymbol{G}=\boldsymbol{G}'\boldsymbol{P}$，则称 C 和 C' 是等价码。在等价意义下，每个 (n,k) 线性码都有一个型为 $(\boldsymbol{I}_k \vdots \bigstar)$ 的生成矩阵，其中 $\boldsymbol{I}_k$ 是 $k \times k$ 阶单位矩阵，称其为标准生成矩阵。在无记忆信道上，将任意生成矩阵置换为标准生成矩阵，其生成码的性能不发生改变。

此外，对应每一个线性码，都存在一个更有价值的矩阵，称之为校验矩阵。在介绍校验矩阵之前，首先引入形式内积的概念。

若在 $\bar{V}(n,q)$ 上取一组基 $(\xi_1,\xi_2,\cdots,\xi_n)$，则称 $\bar{V}(n,q)$ 上的双线性函数：

$$(\alpha,\beta) = \left(\sum_{i=1}^{n} a_i \xi_i, \sum_{j=1}^{n} b_j \xi_j \right) = \sum_{i=1}^{n} a_i b_i \tag{3-6}$$

称为 n 维线性空间上的形式内积。对形式内积，引入子空间 C 的正交补：

$$C^{\perp} = \{\xi \in \bar{V}(n,q) \mid (\xi,C)=0\} \tag{3-7}$$

若 C 为 $\bar{V}(n,q)$ 的一个 k 维子空间，(n,k) 线性码 C 的正交补 $C^{\perp}$ 定义了另一个线性码，称为线性码 C 的对偶码，$C^{\perp}$ 的生成矩阵 $\boldsymbol{H}$ 称为码 C 的校验矩阵。下面来求 $C^{\perp}$ 的生成矩阵：取定子空间 C 的一组基为 $\alpha_1,\alpha_2,\cdots,\alpha_k$，由式（3-7）可知，当且仅当 $(\xi,\alpha_i)=0$ 时，$\xi=$

$\sum\limits_{j=1}^{n} z_j \xi_j \in C^{\perp}$，即：

$$(\xi, \alpha_i) = \left(\sum_{j=1}^{n} z_j \xi_j , \sum_{k=1}^{n} a_{ik} \xi_k \right) = \sum_{j=1}^{n} a_{ij} z_j = 0 \tag{3-8}$$

记 $z = (z_1, z_2, \cdots, z_n)$，则式 (3-8) 可表示为 $Gz^{\mathrm{T}} = 0$。因此：

$$C^{\perp} = \left\{ \xi \in \bar{V}(n, q) \mid \xi = \sum_{j=1}^{n} z_j \xi_j , Gz^{\mathrm{T}} = 0 \right\} \tag{3-9}$$

由齐次线性方程组解的理论可知，方程 $Gz^{\mathrm{T}} = 0$ 的解空间是 $n - k$ 维子空间，取一组基础解系 $\eta_1, \eta_2, \cdots, \eta_{n-k}$，定义秩为 $n - k$ 的 $(n-k) \times n$ 矩阵：

$$H = \begin{bmatrix} \eta_1 \\ \eta_2 \\ \vdots \\ \eta_{n-k} \end{bmatrix} \tag{3-10}$$

满足

$$GH^{\mathrm{T}} = 0 \tag{3-11}$$

因此，对每个原数字信息 u 得到的线性码字 $x = uG$ 可知，当且仅当 $Hx^{\mathrm{T}} = 0$ 时，$x \in C$，故可以用矩阵 H 来检验 x 是否为 C 中的码字。

更直接的，令 C 是 F_q 上的一个 (n, k) 线性码，如果当且仅当 $x \in C$ 时，矩阵 H 具有性质 $Hx^{\mathrm{T}} = 0$，则称矩阵 H 为码 C 的一致校验矩阵。

若 $(I_k \vdots A)$ 为 q 元 (n, k) 线性码 C 的生成矩阵的标准型，则其检验矩阵 $H = (-A^{\mathrm{T}} \vdots I_{n-k})$。如果生成矩阵 G 不具有这种形式，则可先通过置换将 G 转换为标准形式，再对所得的 $(-A^{\mathrm{T}} \vdots I_{n-k})$ 型矩阵进行逆置换得到校验矩阵 H。

目前为止，对于线性码的讨论还未涉及信道输出符号集 A_y 或者信道特性，假定 $A_y = F_q$，即输入和输出符号集相同。因此，若传输的是 $x = (x_1, x_2, \cdots, x_n) \in V_n(F_q)$，那么接收向量 $y = (y_1, y_2, \cdots, y_n) \in V_n(F_q)$，二者的差值 $z = y - x$ 称为错误图案，若 $z_i \neq 0$，就称在第 i 个位置上出现了一个错误。此时，前文所引入的校验矩阵 H 被证明是译码的有效工具。假设传输 x，则必然满足 $Hx^{\mathrm{T}} = 0$，因此当传输发生错误时，即 $z \neq 0$，那么很有可能 $Hy^{\mathrm{T}} \neq 0$，此时称向量 $s = Hy^{\mathrm{T}}$ 为伴随式，它只依赖于错误图案 z 而不依赖于所传输的码字，即：

$$s = Hy^{\mathrm{T}} = Hz^{\mathrm{T}} \tag{3-12}$$

当知道 z 后，可根据已知的接收向量 y 求得传输信息 $x = y - z$。

2. 网联信息编码

汉明码（Hamming code）和循环码是两种典型的线性码。

1）汉明码

汉明码也称作海明码，由理查德·卫斯里·汉明于 1950 年发明，在通信领域有广泛的应用。汉明码是一种错误纠正码，可以用来检测并且纠正数据从发送端发往接收端中发生的错误。

汉明码的发明者汉明在 20 世纪 40 年代晚期,运用贝尔模型 V(Bell Model V)计算机在贝尔实验室工作,由于输入端依靠打孔卡,难免会造成一些读取错误。在工作日,当机器检测到错误时将停止并闪灯,此时操作员可以解决这个错误。但在周末和下班期间,没有操作员的情况下,机器只会简单地转移到下一个工作。汉明在周末工作,他对于不可靠的读卡机发生错误后,总是不得不重新启动程序变得越来越沮丧。在接下来的几年中,他为了解决侦错的问题,开发了功能日益强大的侦错算法。时至今日,汉明码仍在 ECC(error-collecting code) memory 上显示其应用价值。

介绍汉明码之前,首先定义两个向量 $\boldsymbol{x}$ 和 $\boldsymbol{y}$ 的汉明距离如下,两个等长向量之间的汉明距离是两个向量对应位置的不同元素的个数,即:

$$d_H(\boldsymbol{x},\boldsymbol{y})=w_H(\boldsymbol{y}-\boldsymbol{x}) \tag{3-13}$$

式中,$w_H(\cdot)$ 表示汉明重量,即向量中元素不为 0 的个数。从另一方面看,汉明距离度量了通过替换元素的方式将向量 $\boldsymbol{x}$ 变成 $\boldsymbol{y}$ 所需的最小的替换次数。汉明距离和汉明码的纠错能力之间有非常重要的关系。令 $C=\{x_1,x_2,\cdots,x_M\}$ 是码长为 n 的码,假设希望能够纠正汉明重量 $w_H(z)\leqslant e$ 的所有错误图案,即当发送 x_i 时,接收到 $\boldsymbol{y}=x_i+z$ 且 $w_H(z)\leqslant e$,希望译码器的输出 $\hat{x}=x_i$。假设每个码字以等概率发送,那么接收方猜测发送码字的最佳策略是选出与 $\boldsymbol{y}$ 距离最近的码字。如图 3-6 所示,通过这种方法能够纠正所有 $w_H(z)\leqslant e$ 的错误图案的充要条件是每一对码字的汉明距离都要大于或等于 $2e+1$,换句话说,两个半径为 e 的汉明球体不相交。定义码 C 的最小距离:

$$d_{min}(C)=\min\{d_H(x,x') \mid x,x'\in C,x\neq x'\} \tag{3-14}$$

并有定理:码 $C=\{x_1,x_2,\cdots,x_M\}$ 能够纠正 $w_H(z)\leqslant e$ 的所有错误图案,当且仅当 $d_{min}(C)\geqslant 2e+1$。

图 3-6　汉明球体示意图

当 C 为线性码时,对于任意 $x\neq x'\in C$,$x-x'\in C$ 也一定是 C 中的非 0 码字。也就是说,线性码的最小距离和它的最小汉明重量是等价的,即 $d_{min}(C)=w_{min}(C)$。因此,要计算 (n,k) 线性码的 d_{min},只需要计算 $|C|-1$ 个汉明重量 $w_H(x)$ 即可。按照前面定理计算,需要计算 $[|C|(|C|-1)]/2$ 个码字间的汉明距离,相比之下,大大增加了计算量。

下面给出一个更为简单计算线性码 d_{min} 的定理:如果 C 是 F_q 上的一个 (n,k) 线性码,具有校验矩阵 $\boldsymbol{H}$,则 $d_{min}(C)$ 等于 $\boldsymbol{H}$ 中线性相关列的最小数目。因此如果 $\boldsymbol{H}$ 的任意 $2t$ 及更少的列组成的子集都是线性无关的,则这个码能够纠正所有汉明重量小于或等于 t 的错误图案。

证明:C 的码字是满足 $\boldsymbol{H}\boldsymbol{x}^T=0$ 的所有向量 $\boldsymbol{x}\in V_n(F_q)$。设 $\boldsymbol{H}=(c_1,c_2,\cdots,c_n)$,则 $\boldsymbol{H}\boldsymbol{x}^T=x_1c_1+x_2c_2+\cdots+x_nc_n=0$。也就是说,一个汉明重量为 w 的码 x 产生了 w 个线性相关列,反之亦成立。

举例来说,假设一个 $(7,4)$ 线性码 C_0 具有生成矩阵:

$$\boldsymbol{G}_0 = \begin{bmatrix} 1 & 0 & 0 & 0 & 0 & 1 & 1 \\ 0 & 1 & 0 & 0 & 1 & 0 & 1 \\ 0 & 0 & 1 & 0 & 1 & 1 & 0 \\ 0 & 0 & 0 & 1 & 1 & 1 & 1 \end{bmatrix} \tag{3-15}$$

可写出 C_0 的校验矩阵:

$$\boldsymbol{H}_0 = \begin{bmatrix} 0 & 1 & 1 & 1 & 1 & 0 & 0 \\ 1 & 0 & 1 & 1 & 0 & 1 & 0 \\ 1 & 1 & 0 & 1 & 0 & 0 & 1 \end{bmatrix} \tag{3-16}$$

现在利用上述定理确定其 $d_{\min}$,显然 $d_{\min} \neq 1$ 或 2,因为 $\boldsymbol{H}_0$ 各列不为 0 且互不相同。而当中存在许多三列组成的子集线性相关,因此 $d_{\min}=3$,C_0 最多能够纠正单个错误,即能够纠正所有汉明重量为 0 或 1 的错误图案。

C_0 就是一个二进制汉明码,下面给出二进制汉明码的一般定义:令 $\boldsymbol{H}$ 是一个 $m \times (2^m-1)$ 阶的二进制矩阵,$\boldsymbol{H}$ 的列向量由 $V_m(F_2)$ 以某种顺序排列的 2^m-1 个非零向量组成。则在 F_2 上,校验矩阵为 $\boldsymbol{H}$ 的 $(n=2^m-1,k=2^m-1-m)$ 线性码称为码长为 2^m-1 的二进制汉明码,记为 $\mathrm{Ham}(m,2)$。

显然,对于给定的 m,由于 $\boldsymbol{H}$ 中的列向量可以任意排列,所以二进制汉明码 $\mathrm{Ham}(m,2)$ 指的是一类等价码中的任意一个,在等价意义下,$\mathrm{Ham}(m,2)$ 是唯一的。例如,对于校验矩阵为 $\boldsymbol{H}_1$ 的码长为 3 的汉明码,其中:

$$\boldsymbol{H}_1 = \begin{bmatrix} 0 & 0 & 0 & 1 & 1 & 1 & 1 \\ 0 & 1 & 1 & 0 & 0 & 1 & 1 \\ 1 & 0 & 1 & 0 & 1 & 0 & 1 \end{bmatrix} \tag{3-17}$$

在等价意义下可以将列向量重新排序,得到标准型校验矩阵 $\boldsymbol{H}_0$。

汉明码主要有两大特点。首先非常容易实现伴随式编码,如果错误图案 $z=0$,则伴随式 $s=0$;若 $w_H(z)=1$,假设 $z_t=1$,则 $s=c_t$,即 $\boldsymbol{H}$ 的第 t 列,由此可直接确定错误的位置,其算法如表 3-1 所示。其次,码 C_0 能够纠正重量 $\leqslant 1$ 的所有图案,当且仅当围绕各码字的半径为 1 的汉明球体互不相交。但是 $V_n(F_2)$ 中半径为 1 的汉明球体包含 $n+1$ 个向量,因此一个能够纠正单个错误的码至多包含 $2^n/(n+1)$ 个码字。特别地,当 $n=2^m-1$ 时,至多有 2^{2^m-1-m} 个码字,恰好等于汉明码中码字的数目。因此汉明码围绕各码字的半径为 1 的球体恰好填满 $V_n(F_2)$ 而没有重叠,具有完美的几何性质。

表 3-1　汉明码的伴随式译码

(1) 计算伴随式 $s=\boldsymbol{H}\boldsymbol{y}^{\mathrm{T}}$

(2) 若 $s=\boldsymbol{0}$,输出 $\hat{\boldsymbol{x}}=\boldsymbol{y}$

(3) 若 $s=c_t$,在 $\boldsymbol{y}$ 的第 t 个分量上加 1 作为输出结果

2) 循环码

循环码是另一种重要的线性分组码。

首先,给出循环码的定义:对于一个 (n,k) 线性码 $C=(C_0,C_1,\cdots,C_{n-1})$,如果它的每

一个循环移位$(C_{n-1}, C_0, C_1, \cdots, C_{n-2})$仍是一个码字,那么称$C$是一个循环码。

例如,一个$(3,2)$二进制码C,具有生成矩阵:

$$G = \begin{bmatrix} 1 & 0 & 1 \\ 0 & 1 & 1 \end{bmatrix} \qquad (3\text{-}18)$$

那么可以得到三个非零码字:

$$C^0 = 101 \qquad (3\text{-}19)$$

$$C^1 = 011 \qquad (3\text{-}20)$$

$$C^2 = C_0 + C_1 = 110 \qquad (3\text{-}21)$$

显然,将上述每一个码字右循环移位,可以得到:

$$C^0 \rightarrow C^2 \qquad (3\text{-}22)$$

$$C^1 \rightarrow C^0 \qquad (3\text{-}23)$$

$$C^2 \rightarrow C^1 \qquad (3\text{-}24)$$

即它的任意码字通过循环移位后仍然是码组中的码字,因此上述码字为循环码。

下面再介绍生成函数的概念。如果$C = (C_0, C_1, \cdots, C_{n-1})$是一个码字,那么其生成函数可以定义为:

$$C(x) = C_0 + C_1 x + \cdots + C_{n-1} x^{n-1} \qquad (3\text{-}25)$$

通过生成函数,可以给出码字右循环移位的代数描述。

在此之前,先给出 mod 运算符的定义:如果p和m是两个整数,且$m > 0$,则$p \bmod m$表示p除以m得到的余数。类似地,若两个多项式$P(x)$和$M(x)$,则$P(x) \bmod M(x)$表示$P(x)$除以$M(x)$的余式,即$P(x) \bmod M(x)$等于唯一能使$P(x) - R(x)$被$M(x)$整除,且$\deg R(x) < \deg M(x)$的多项式$R(x)$。

有了上述定义,可以证明如下定理:设码字$C = (C_0, C_1, \cdots, C_{n-1})$的生成函数$C(x) = C_0 + C_1 x + \cdots + C_{n-1} x^{n-1}$,则右循环移位的码字$C^R$的生成函数为:

$$C^R(x) = x C(x) \bmod (x^n - 1) \qquad (3\text{-}26)$$

因为$C(x) = C_0 + C_1 x + \cdots + C_{n-1} x^{n-1}$,可以得到:

$$x C(x) = C_0 x + C_1 x^2 + \cdots + C_{n-1} x^n \qquad (3\text{-}27)$$

$$C^R(x) = C_{n-1} + C_0 x + \cdots + C_{n-2} x^{n-1} \qquad (3\text{-}28)$$

则$x C(x) - C^R(x) = C_{n-1}(x^n - 1)$,且$\deg C^R(x) < n$,故可证明上述定理。

基于生成函数,引入生成多项式的概念:如果C是一个(n,k)循环码,那么C中的一个最低次的非零多项式被称为它的一个生成多项式,用符号$g(x)$表示,并且$k = n - \deg g(x)$。如式$(3\text{-}18)$所示的生成矩阵的码字,其生成多项式为C^2对应的生成函数$C^2(x) = 1 + x$称为C的生成多项式,$k = 3 - 1 = 2$对于次数相同的多项式,通常选取最高次项系数为1的多项式作为码的生成多项式。与之同样重要的多项式是循环码的一致校验多项式,表示为:

$$h(x) = \frac{x^n - 1}{g(x)} \qquad (3\text{-}29)$$

与汉明码一样,循环码的编码译码也可以用生成矩阵和一致校验矩阵来描述。如果C是一个(n,k)循环码,具有生成多项式$g(x) = g_0 + g_1 x + \cdots + g_r x^r$,其中$r = n - k$以及一

致校验多项式 $h(x) = h_0 + h_1 x + \cdots + h_k x^k$，那么生成矩阵与一致校验矩阵就可写为：

$$G_1 = \begin{bmatrix} g_0 & g_1 & \cdots & \cdots & g_r & 0 & \cdots & \cdots & 0 \\ 0 & g_0 & g_1 & \cdots & \cdots & g_r & 0 & \cdots & 0 \\ \vdots & \vdots & \vdots & \vdots & \vdots & \vdots & \vdots & \vdots & \vdots \\ 0 & \cdots & \cdots & 0 & g_0 & g_1 & \cdots & \cdots & g_r \end{bmatrix} \tag{3-30}$$

$$H_1 = \begin{bmatrix} h_k & h_{k-1} & \cdots & \cdots & h_0 & 0 & 0 & \cdots & 0 \\ 0 & h_k & h_{k-1} & \cdots & \cdots & h_0 & 0 & \cdots & 0 \\ \vdots & \vdots & \vdots & \vdots & \vdots & \vdots & \vdots & \vdots & \vdots \\ 0 & \cdots & \cdots & 0 & h_k & h_{k-1} & \cdots & \cdots & h_0 \end{bmatrix} \tag{3-31}$$

3. 网联信道模型

在云控系统与车联网架构中，由于通信协议与机制，以及网络带宽有限的原因，当控制器、传感器和执行器通过网络交换数据时，经常会出现多包传输、数据多路径传输、网络拥塞、数据碰撞等现象，这使得网络控制系统不可避免地产生网络时延、数据包丢失等问题，因此传统的控制理论已经不能适用，需要将网联与控制的混合系统进行建模。其中影响比较大的就是时延、丢包两大问题。当多个节点通过有限带宽网络进行数据交换时，通常会不可避免地出现数据碰撞、网络拥塞等现象，从而导致信息交换延迟，这种由网络引起的信息交换之间的延迟称为网络诱导时延。网络中由于不可避免地存在网络阻塞和连接中断等现象，必然会导致数据包丢失，也就是丢包现象。下面主要介绍时延和丢包在网络控制系统中的经典模型。

1）时延模型

网络时延主要由四部分组成：①信息产生时延。发送端等待发送信息封装成数据包并进入队列所需的时间。②数据包等候时延。当网络处于忙碌状态或者发生数据包碰撞时，节点等候网络空闲再次发送数据所用的时间。③传输时延。数据包在实际传输介质上传输数据所需的时间，由数据包大小、网络带宽和传输距离决定。④数据处理、计算时延。节点在数据处理过程中所需的时间。目前，针对网络时延这一问题，提出了多种控制模型，下面介绍几种典型网络时延条件下的控制系统。

（1）增广状态离散域模型法。

考虑如下被控对象：

$$\begin{cases} \dot{x}(t) = Ax(t) + Bu(t) \\ y(t) = Cx(t) \end{cases} \tag{3-32}$$

以周期 T 对其进行采样后得到离散状态方程：

$$\begin{cases} x(k+1) = \Phi x(k) + \Gamma u(k) \\ y(k) = Cx(k) \end{cases} \tag{3-33}$$

先行离散控制器模型为：

$$\begin{cases} \boldsymbol{\eta}(k+1) = F\boldsymbol{\eta}(k) - Gz(k) \\ u(k) = H\boldsymbol{\eta}(k) - Jz(k) \end{cases} \tag{3-34}$$

$$z(k) = y(k-i), \quad i = \{i, 2, \cdots, j\} \tag{3-35}$$

其中：$\boldsymbol{\eta}$ 为控制器的状态向量；z 为控制器得到的最新时刻的量测数据；u 为控制器输出的控制量，引入增广状态向量 $\boldsymbol{X}(k)$：

$$\boldsymbol{X}(k) = [\boldsymbol{x}^{\mathrm{T}}(k), \boldsymbol{y}^{\mathrm{T}}(k-1), \cdots, \boldsymbol{y}^{\mathrm{T}}(k-j), \boldsymbol{\eta}^{\mathrm{T}}(k), \boldsymbol{u}^{\mathrm{T}}(k-1), \cdots, \boldsymbol{u}^{\mathrm{T}}(k-l)]$$

$$\tag{3-36}$$

则整个系统的增广状态离散时间模型为：

$$\boldsymbol{X}(k+1) = \boldsymbol{\Omega}\boldsymbol{X}(k) \tag{3-37}$$

（2）摄动法。

假设在没有观测噪声的情况下，把从传感器端到控制器端的网络时延 τ_k^{sc} 的影响描述成连续时间系统的非线性摄动。该方法所使用的结构图如图 3-7 所示。

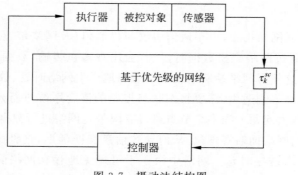

图 3-7 摄动法结构图

摄动法所采用的数学模型为：

$$\dot{\boldsymbol{x}}(t) = f(t, \boldsymbol{x}(t), \boldsymbol{e}(t)) \tag{3-38}$$

其中：$\boldsymbol{x}(t) = [\boldsymbol{x}_P^{\mathrm{T}}(t), \boldsymbol{x}_C^{\mathrm{T}}(t)]^{\mathrm{T}}$ 是系统的增广矩阵；$\boldsymbol{x}_P^{\mathrm{T}}(t)$ 是被控对象的状态；$\boldsymbol{x}_C^{\mathrm{T}}(t)$ 是控制器的状态；$\boldsymbol{e}(t)$ 是误差函数；$f(\cdot)$ 是非线性函数。定义误差函数为：

$$\boldsymbol{e}(t) = \boldsymbol{y}(t) - \hat{\boldsymbol{y}}(t) \tag{3-39}$$

摄动法是将误差函数 $\boldsymbol{e}(t)$ 看作系统的一种摄动，通过推导出时延的上界来保证系统稳定性。这就要求系统的采样周期必须足够长才能将系统看作是连续时间系统并且仅适用于有优先级的网络。由于实际的被控对象往往是非线性的，因此该方法最大的优点是可以用于非线性被控对象。

（3）随机最优控制法。

随机最优控制法针对传感器采用时间驱动方式，执行器和控制器均采用事件驱动方式，考虑的是在时延小于一个采样周期时，在离散域中用一个线性随机系统模型来描述带有随机时延的网络控制系统，并把随机时延的影响转化为 LQG 问题。LQG 问题是用途最广的且可以用分离原理设计全局最优控制系统的一类问题，是最优随机控制的主要研究问题之一。

随机最优控制法所用的线性随机离散被控对象模型为：

$$\begin{cases} \boldsymbol{x}(k+1) = \boldsymbol{\Phi}\boldsymbol{x}(k) + \boldsymbol{\Gamma}_0(\tau_k)\boldsymbol{u}(k) + \boldsymbol{\Gamma}_1(\tau_k)\boldsymbol{u}(k-1) \\ \boldsymbol{y}(k) = \boldsymbol{C}\boldsymbol{x}(k) + \boldsymbol{u}(k) \end{cases} \tag{3-40}$$

其目标是在系统具有完全状态信息的情况下,使最优随机控制性能指标 J 最小:

$$J = E\{\boldsymbol{x}^{\mathrm{T}}(N)\boldsymbol{Q}_0\boldsymbol{x}(N) + \sum_{k=0}^{N-1}[\boldsymbol{x}^{\mathrm{T}}(k)\boldsymbol{Q}_1\boldsymbol{x}(k) + \boldsymbol{u}^{\mathrm{T}}(k)\boldsymbol{Q}_2\boldsymbol{u}(k)]\} \tag{3-41}$$

通过令 J 最小,其最优反馈控制为:

$$\boldsymbol{u}(k) = -\boldsymbol{L}(k,\tau_k)[\boldsymbol{x}^{\mathrm{T}}(k),\boldsymbol{u}^{\mathrm{T}}(k-1)]^{\mathrm{T}} \tag{3-42}$$

其中:$\boldsymbol{L}$ 是最优增益矩阵。上述方法是假设时延的变化服从独立的概率分布,并且需要全部状态可测以及输出可测。随机最优控制方法虽然能获得较好的控制性能,但是需要大量的存储空间。

2)丢包模型

由于受网络通信的影响,除了不可避免地带来时延以外,数据包的丢失也时常发生。丢包的原因主要包括:①网络节点出现通信故障。当节点发生故障时,数据包所在的缓冲区被清空进而出现数据包丢失现象。②频繁的通信冲突。随机访问的网络中,本质上是无法避免冲突的发生的。发生冲突后,虽然多数网络通信协议可以实现重发机制,但信息的重传都设置了超时,一旦超时则视为此次数据包丢失。③信道的干扰。在实际系统中外界的环境将不可避免地影响信道传输的质量。干扰造成物理信号的丢失、错位等,使实际数据到达目的节点后产生失真,无法通过算法恢复有效数据,数据包也会丢失。一般来说,网络控制系统的丢包模型可以分为多包传输和单包传输两种情况。

(1)单包传输时的丢包模型。

假设系统中的网络只存在于传感器和控制器之间,考虑采用状态反馈时的情况得到系统结构,如图 3-8 所示。

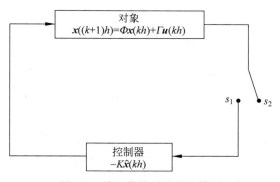

图 3-8 单包传输时的丢包模型

给定对象为:

$$\boldsymbol{x}((k+1)h) = \boldsymbol{\Phi}\boldsymbol{x}(kh) + \boldsymbol{\Gamma}\boldsymbol{u}(kh) \tag{3-43}$$

其中:$\boldsymbol{x}(kh) \in R^n$,$\boldsymbol{\Phi} = \mathrm{e}^{Ah}$,$\boldsymbol{\Gamma} = \int_0^h \mathrm{e}^{As}B\mathrm{d}s$,$h$ 为采样周期。当网络存在数据包丢失时,用一个切换模型来对系统进行简化。并且利用以下切换规则:当开关在 s_1 时,$\hat{\boldsymbol{x}}(kh) = \boldsymbol{x}(kh)$;当开关在 s_2 时,系统的反馈信息丢失,$\hat{\boldsymbol{x}}(kh) = \boldsymbol{x}((k-1)h)$。

令增广状态矢量为 $\boldsymbol{z}(kh) = [\boldsymbol{x}^{\mathrm{T}}(kh),\hat{\boldsymbol{x}}^{\mathrm{T}}(kh)]^{\mathrm{T}}$,则当开关在 s_1 时有:

$$\begin{cases} \boldsymbol{x}((k+1)h)=\boldsymbol{\Phi}\boldsymbol{x}(kh)+\boldsymbol{\Gamma}\boldsymbol{u}(kh) \\ \hat{\boldsymbol{x}}((k+1)h)=\boldsymbol{x}((k+1)h) \\ \boldsymbol{u}(kh)=-K\hat{\boldsymbol{x}}(kh) \end{cases} \tag{3-44}$$

即

$$\begin{cases} \boldsymbol{x}((k+1)h)=\boldsymbol{\Phi}\boldsymbol{x}(kh)-\boldsymbol{\Gamma}K\hat{\boldsymbol{x}}(kh) \\ \hat{\boldsymbol{x}}((k+1)h)=\boldsymbol{x}((k+1)h) \end{cases} \tag{3-45}$$

由 $\boldsymbol{z}(kh)=[\boldsymbol{x}^{\mathrm{T}}(kh),\hat{\boldsymbol{x}}^{\mathrm{T}}(kh)]^{\mathrm{T}}$，得：

$$\boldsymbol{z}((k+1)h)=\boldsymbol{\Phi}_{s_1}\boldsymbol{z}(kh) \tag{3-46}$$

其中：

$$\boldsymbol{\Phi}_{s_1}=\begin{bmatrix} \boldsymbol{\Phi} & -\boldsymbol{\Gamma}K \\ \boldsymbol{\Phi} & -\boldsymbol{\Gamma}K \end{bmatrix} \tag{3-47}$$

当开关在 s_2 时有：

$$\begin{cases} \boldsymbol{x}((k+1)h)=\boldsymbol{\Phi}\boldsymbol{x}(kh)+\boldsymbol{\Gamma}\boldsymbol{u}(kh) \\ \hat{\boldsymbol{x}}((k+1)h)=\hat{\boldsymbol{x}}(kh) \\ \boldsymbol{u}(kh)=-K\hat{\boldsymbol{x}}(kh) \end{cases} \tag{3-48}$$

即

$$\begin{cases} \boldsymbol{x}((k+1)h)=\boldsymbol{\Phi}\boldsymbol{x}(kh)-\boldsymbol{\Gamma}K\hat{\boldsymbol{x}}(kh) \\ \hat{\boldsymbol{x}}((k+1)h)=\hat{\boldsymbol{x}}(kh) \end{cases} \tag{3-49}$$

由 $\boldsymbol{z}(kh)=[\boldsymbol{x}^{\mathrm{T}}(kh),\hat{\boldsymbol{x}}^{\mathrm{T}}(kh)]^{\mathrm{T}}$，得：

$$\boldsymbol{z}((k+1)h)=\boldsymbol{\Phi}_{s_2}\boldsymbol{z}(kh) \tag{3-50}$$

其中：

$$\boldsymbol{\Phi}_{s_2}=\begin{bmatrix} \boldsymbol{\Phi} & -\boldsymbol{\Gamma}K \\ \boldsymbol{\Phi} & I \end{bmatrix} \tag{3-51}$$

因此可得单包传输状态反馈模型为：

$$\boldsymbol{z}((k+1)h)=\boldsymbol{\Phi}_{s_i}\boldsymbol{z}(kh) \tag{3-52}$$

（2）多包传输时的丢包模型。

当传感器采集的数据大于协议规定的最大传输范围后，必须将控制信号分为多个包传输，从而需对多包传输建模。下面以两个数据包传输的模型为例进行描述。

状态反馈情况下双包传输时丢包模型结构如图 3-9 所示。

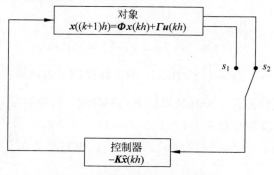

图 3-9 多包传输时的丢包模型

控制系统中各参数为：

$$x(kh) = [x_1^{\mathrm{T}}(kh), x_2^{\mathrm{T}}(kh)]^{\mathrm{T}}, \quad \hat{x}(kh) = [\hat{x}_1^{\mathrm{T}}(kh), \hat{x}_2^{\mathrm{T}}(kh)]^{\mathrm{T}} \tag{3-53}$$

$$\boldsymbol{\Phi} = \begin{bmatrix} \Phi_{11} & \Phi_{12} \\ \Phi_{21} & \Phi_{22} \end{bmatrix}, \quad \boldsymbol{\Gamma} = \begin{bmatrix} \Gamma_1 \\ \Gamma_2 \end{bmatrix}, \quad \boldsymbol{K} = [K_1, K_2] \tag{3-54}$$

被控对象的状态信号被分装在独立的两个数据包内依次传输至控制器，传输顺序为 $x_1 \rightarrow x_2 \rightarrow x_1 \rightarrow x_2 \cdots$ 这里用开关 S 来模拟两数据包的传输情况。

当开关切换到 s_1 时：

$$\begin{cases} \hat{x}_1((k+1)h) = x_1((k+1)h) \\ \hat{x}_2((k+1)h) = x_2(kh) \end{cases} \tag{3-55}$$

当开关切换到 s_2 时：

$$\begin{cases} \hat{x}_1((k+1)h) = x_1(kh) \\ \hat{x}_2((k+1)h) = x_2((k+1)h) \end{cases} \tag{3-56}$$

令增广状态矢量为 $z(kh) = [x_1^{\mathrm{T}}(kh), x_2^{\mathrm{T}}(kh), \hat{x}_1^{\mathrm{T}}(kh), \hat{x}_2^{\mathrm{T}}(kh)]^{\mathrm{T}}$，则当开关在 s_1 时有：

$$\begin{cases} x_1((k+1)h) = \Phi_{11}x_1(kh) + \Phi_{12}x_2(kh) + \Gamma_1 u(kh) \\ x_2((k+1)h) = \Phi_{21}x_1(kh) + \Phi_{22}x_2(kh) + \Gamma_2 u(kh) \\ \qquad u(kh) = -K\hat{x}(kh) \end{cases} \tag{3-57}$$

即

$$\begin{cases} x_1((k+1)h) = \Phi_{11}x_1(kh) + \Phi_{12}x_2(kh) - \Gamma_1 K_1 x_1(kh) - \Gamma_1 K_2 x_2(kh) \\ x_2((k+1)h) = \Phi_{21}x_1(kh) + \Phi_{22}x_2(kh) - \Gamma_2 K_1 x_1(kh) - \Gamma_2 K_2 x_2(kh) \end{cases} \tag{3-58}$$

因此：

$$z((k+1)h) = \boldsymbol{\Phi}_{s_2} z(kh) \tag{3-59}$$

其中：

$$\boldsymbol{\Phi}_{s1} = \begin{bmatrix} \Phi_{11} & \Phi_{12} & -\Gamma_1 K_1 & -\Gamma_1 K_2 \\ \Phi_{21} & \Phi_{22} & -\Gamma_2 K_1 & -\Gamma_2 K_2 \\ \Phi_{11} & \Phi_{12} & -\Gamma_1 K_1 & -\Gamma_1 K_2 \\ 0 & 0 & 0 & I \end{bmatrix} \tag{3-60}$$

同理可得，当开关切换到 s_2 时：

$$z((k+1)h) = \boldsymbol{\Phi}_{s_2} z(kh) \tag{3-61}$$

其中：

$$\boldsymbol{\Phi}_{s1} = \begin{bmatrix} \Phi_{11} & \Phi_{12} & -\Gamma_1 K_1 & -\Gamma_1 K_2 \\ \Phi_{21} & \Phi_{22} & -\Gamma_2 K_1 & -\Gamma_2 K_2 \\ 0 & 0 & 0 & I \\ \Phi_{21} & \Phi_{22} & -\Gamma_2 K_1 & -\Gamma_2 K_1 \end{bmatrix} \tag{3-62}$$

因此可得单包传输状态反馈模型为：

$$z((k+1)h) = \boldsymbol{\Phi}_{s_i} z(kh) \tag{3-63}$$

并且,若令 $z(kh)=[x_1^T(kh),\cdots,x_n^T(kh),\hat{x}_1^T(kh),\cdots,\hat{x}_n^T(kh)]^T$,则可推广到多包传输模型,其数学表达为:

$$z((k+1)h)=\boldsymbol{\Phi}_{s_i}z(kh) \tag{3-64}$$

3.3.2 图论与网联节点模型

1. 图论

在 18 世纪初的哥尼斯堡,有一条河流从城市中穿过,河中有 A、B 两座小岛,有七座桥将两座小岛与河岸相连(见图 3-10),当地居民产生了一个疑惑:"能否每座桥恰好经过一次,并最终回到起点呢?"这就是著名的七桥问题。七桥问题一直困扰着人们,直到 1736 年欧拉发表论文《哥尼斯堡的七座桥》。欧拉从理论上证明了七桥问题无解,并在此基础上,开创了一个数学的新分支——图论。

图论发展到今天,在生物、化学、物理、计算机等领域都发挥着重要的作用,本节将和大家一起探讨图论的基础知识以及图论在车联网领域的应用。

1)图论基础知识

图论作为数学的一个分支,其研究对象是图,那么什么是图呢? 通常,用 G 来表示图,前面所提到的七桥问题,就可以抽象为一个如图 3-11 所示的图 G。图 G 是关系的数学表示,具体由两个集合构成:非空的节点集 $\mathcal{V}$ 和有限的边集 $\mathcal{E}$,其中边指节点组成的无序对。七桥问题中 A、B 小岛与 C、D 两岸即为图 G 的节点,七座桥即为图 G 的边。

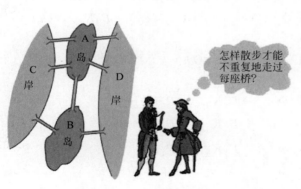

图 3-10 哥尼斯堡七桥

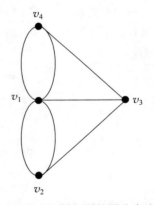

图 3-11 七桥问题的图论表述

用 $\mathcal{V}(G)=\{v_1,v_2,\cdots,v_n\}$ 来表示有所有节点所组成的集合,集合 $\mathcal{V}$ 的基数 n 称为图 G 的阶;用 $\mathcal{E}(G)=\{e_1,e_2,\cdots,e_n\}$ 表示所有边组成的集合,集合 $\mathcal{E}$ 的基数 m 称为图 G 的规模。一个图的完整表示记为 $G=(\mathcal{V},\mathcal{E})$。

如果一个图节点的数量与边的数量是有限的,则称图 G 为有限图,否则称为无限图;如果节点的数量为 1,边的数量为 0,则称图 G 为平凡图;如果图 G 的节点与节点之间由箭头连接,则称图 G 为有向图(见图 3-12(a)),如果由直线与曲线连接,则为无向图(见图 3-12(b))。

如不做说明,则默认图为无向图。

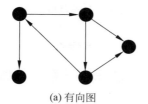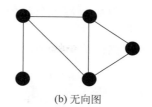

(a) 有向图　　　　　　　　　　(b) 无向图

图 3-12　有向图与无向图

对于节点来说,如果 v_1、$v_2 \in \mathcal{V}(G)$,$e = v_1 v_2 \in \mathcal{E}(G)$,则称 v_1、v_2 为 e 的端点,并称 v_1 与 v_2 邻接,否则称为非邻接。与节点 v 关联的边的数目,称为节点 v 的度,记为 $\deg(\mathcal{V})$,一个环记两次。一个节点的度如果是奇数,则称为奇点;如果是偶数,则称为偶点。对于前面所提到的七桥问题,需要起点和终点的度为偶数,中间节点的度也为偶数,显然七桥问题中所有节点的度均为奇数,不能满足这一要求,所以七桥问题无解。

图论中还有如下一些概念。

(1) 完全图:如果图 **G** 每个节点之间有且只有一条边相连,则称图 **G** 为完全图。完全图是一个简单的无向图,如图 3-13 所示。

(2) 子图:如果一个图 **H** 的节点集和边集分别是另一个图 **G** 的节点集的子集和边集的子集,则称图 **H** 为图 **G** 的一个子图,如图 3-14(a)、(b)所示,图 **G** 称为图 **H** 的母图。

图 3-13　完全图

(3) 完全子图:若 **H** 是 **G** 的子图,且 **H** 为完全图,则 **H** 是 **G** 的完全子图,如图 3-14(c)所示。

(4) 极大完全子图:若 **H** 不能被 **G** 的任意完全子图包含,且 **H** 为 **G** 的完全子图,则 **H** 是 **G** 的极大完全子图,如图 3-14(d)所示。

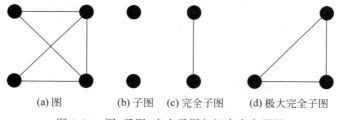

(a) 图　　　　(b) 子图　(c) 完全子图　(d) 极大完全子图

图 3-14　图、子图、完全子图与极大完全子图

(5) 补图:如果 $\mathcal{V}(\boldsymbol{G_1}) = \boldsymbol{V}(\boldsymbol{G_2})$,$u\mathcal{V} \notin \mathcal{E}(\boldsymbol{G_1})$,当且仅当 $u\mathcal{V} \notin \mathcal{E}(\boldsymbol{G_2})$ 成立,则称 $\boldsymbol{G_1}$ 与 $\boldsymbol{G_2}$ 互为补图,记为 $\boldsymbol{G_1} = \overline{\boldsymbol{G_2}}$,如图 3-15 所示。

(6) 同构图:若两个图中对应节点的邻接关系相同,则称为同构图,如图 3-16 所示。

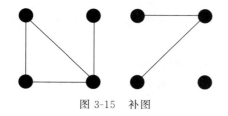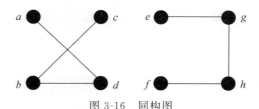

图 3-15　补图　　　　　　　　　图 3-16　同构图

（7）连通图：如果图 **G** 的每个节点都有路径到达其他任意节点，即不存在孤立节点，则称图 **G** 为连通图，如图 3-17 所示。

（8）树：连通的无圈图称为树，如图 3-18 所示。

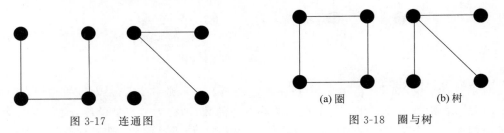

图 3-17　　连通图　　　　　　　　　　　　　　(a) 圈　　　　　(b) 树

图 3-18　　圈与树

2）图论的直接应用

图是关系的数学表示，能将一个复杂的问题通过图简单地表示出来，所以图论最直接的应用是建模，例如，可以将旅行商问题和邮递员的最短路径问题用图论的方法来建模。

（1）旅行商问题。

一个商人需要在各个城市间往返，他要怎样选择路径，才能从一个城市出发，每个城市都到达一次，最终回到出发的城市呢？我们可以将公路网抽象为一个图（见图 3-19），用图的每个节点来表示城市，用节点之间的边来表示城市之间的道路，这样，就能用图的方式，表达出每个城市、每条道路之间的关系，再从中选出一个满足要求的子图，就能解决该问题。

（2）最短路径问题。

一个邮递员，每天需要给 m 个乡镇送信，他该怎么安排送信的顺序，来保证自己每天走的路程最小？这个问题可以看成旅行商问题的复杂版本，我们依然可以将每个乡镇看作图的节点，将乡镇之间的道路看作图的边，但是与旅行商问题不同的是，需要给每条边加上权重，权重表示了两个乡镇之间的距离。这样就获得了如图 3-20 所示的一个图 **G**。解决最短路径的最经典的算法是 Dijkstra 算法。

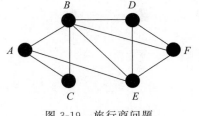

图 3-19　　旅行商问题

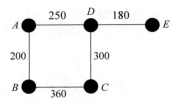

图 3-20　　最短路径问题

3）图论中算法的应用

图论中的算法也可以用来求解各类问题，其中包括深度优先搜索算法和广度优先搜索算法。

在一些问题当中，不是所有的问题都可以用一个确切的数学模型直接求解，如迷宫问题，对于这种问题，可以采用搜索的方法来解决，按照一定的顺序、规则，不断去试探，直到试探完所有情况后，返回问题的解（或者无解）。

（1）深度优先搜索。

深度优先搜索（depth first search,DFS），是一种经典的图搜索算法，为了更好地理解深度优先搜索，可以用一个迷宫问题加以说明。当身处一个迷宫中时，走出迷宫的方法是不断往前探索并记录走过的路径，当走到一个死胡同时，返回上一个岔路口，并探索该路口的其他路径，这样就能够保证一定能搜索到迷宫的出口。

深度优先搜索的基本思想也是如此，将迷宫问题扩展到一个图论问题：遍历如图 3-21 所示的图 G 中所有的节点。

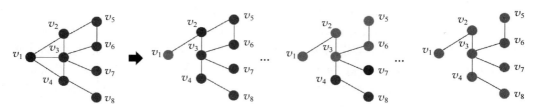

图 3-21　深度优先搜索

步骤 1：选定一个节点 v_0，设为初始状态并将该点加入访问集。

步骤 2：访问当前节点 v_n 的邻居节点。

a）如果节点 v_n 存在未被访问的邻居节点 v_{n+1}，则将该邻居节点 v_{n+1} 放入访问集，并将当前状态更新为 v_{n+1}，转至步骤 2。

b）如果不存在未被访问的邻居节点，转至步骤 3。

步骤 3：返回当前节点的上一个节点 v_{n-1}。

a）存在节点未被访问，将节点 v_{n-1} 设为当前状态，转至步骤 2。

b）所有节点都被访问，结束。

（2）广度优先搜索。

广度优先搜索（breadth first search,BFS），又称为宽度优先搜索或横向优先搜索，广度优先搜索与深度优先搜索相似又不相同，可以用来求解不同的问题。

广度优先搜索的基本思想是：在图中选取任意一个节点作为初始节点，然后将该点的所有邻居节点作为第一层的节点，再访问第一层节点的邻居节点作为第二层节点，经过有限步之后，将图中的所有节点访问完成，就产生了生成树，如图 3-22 所示。

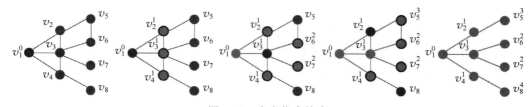

图 3-22　广度优先搜索

广度优先搜索算法的步骤如下。

步骤 1：选取图中任意节点 v 作为初始节点，令 $f=0$，将 v 标记为 f。

步骤 2：

a）若所有标号为 f 的节点有邻居节点未被标记，将所有未被标记的邻居节点标记为

$f+1$,令 $f=f+1$,转至步骤 2。

　　b)若所有标号为 f 的节点不存在邻居节点未被标记,结束。

2. 网联节点模型

1)节点拓扑模型

　　了解完图论的基础知识,接下来将学习图论在车联网领域的应用。随着车联网的发展,在"网联化"条件下,行驶在道路上的车辆不再是相互孤立的个体,而是通过无线通信网络连接组成了多车系统。在多车系统中,网联车辆可基于车-车通信和车-路通信获取通信范围内其他网联车辆和道路的信息,并利用该信息进行分布式的决策与控制,从而实现整个系统的协同控制。其中,通信网络会影响多车系统中车辆间的信息传输关系与质量,也会影响车辆间的通信距离与通信拓扑结构,进而影响多车系统的网络化控制性能。可以用图论的方法来对车-车之间的通信网络进行建模分析,接下来给出图论在车辆队列通信拓扑结构建模的实例。

　　车辆队列系统也被称为协同式自适应巡航(cooperative adaptive cruise control,CACC)系统,其在巡航控制(cruise control,CC)和自适应巡航控制(adaptive cruise control,ACC)系统的基础上,通过引入车-车通信以实现网联车辆间的信息传输与共享,进而实现多个车辆的连续跟车控制,保证车辆安全,提升整个车辆队列的性能。

　　表征车辆之间信息传递的信息流拓扑结构,可以直观地抽象为图的结构(见图 3-23),进而用相应矩阵及其性质进行刻画。

　　将车辆队列中的通信拓扑记为图 $\boldsymbol{G}=(\mathcal{V},\mathcal{E},\mathcal{A})$,其包括三个主要元素,其中:

　　(1) $\mathcal{V}=\{\mathcal{V}_1,\mathcal{V}_2,\cdots,\mathcal{V}_N\}$ 为节点集合,$\mathcal{V}_i$ 为节点,N 为节点个数。在多车系统中,每个车辆即可视为一个节点。

　　(2) $\mathcal{E}\subseteq\mathcal{V}\times\mathcal{V}$ 为边集合,在多车系统中,若车辆间存在通信,即可将该通信连接视作车辆之间的一条有向边。

　　(3) $\boldsymbol{A}=a_{ij}\in\mathbb{R}^{N\times N}$ 为邻接矩阵,其中 a_{ij} 表明了节点 i 与节点 j 之间的连接关系,如式(3-65)所示,即当 $(j,i)\in\varepsilon$ 时,$a_{ij}=1$,此时,称 j 为 i 的邻居;否则,$a_{ij}=0$,称 j 不是 i 的邻居。

$$a_{ij}=\begin{cases}1, & (j,i)\in\mathcal{E} \\ 0, & (j,i)\notin\mathcal{E}\end{cases} \quad i,j\in N \qquad (3\text{-}65)$$

　　在多车系统中,$a_{ij}=1$ 表明车辆 i 可以获取 j 的信息,反之,有 $a_{ij}=0$,假设图中无自环现象,即 $a_{ii}=0$。节点 i 的邻域集定义为:

$$N_i=\{j\mid a_{ij}=1\} \qquad (3\text{-}66)$$

　　集合 N_i 表示在车辆队列中,车辆 i 能够获取信息的车辆集。

　　在邻接矩阵的基础上,可以进一步定义如下矩阵。

　　(1) 入度矩阵 $\boldsymbol{D}=\mathrm{diag}\{\deg_i\}\in\mathbb{R}^{N\times N}$,其中 $\deg_i=\sum_{j=1}^{N}a_{ij}$ 为指向节点 i 的边的个数,即节点 i 的邻居的个数。

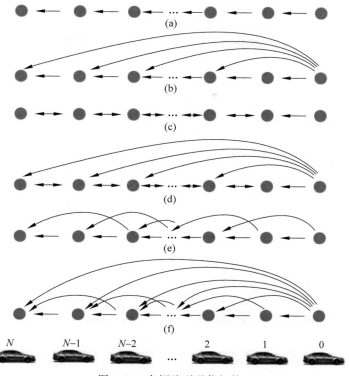

图 3-23　车辆队列通信拓扑

$$\boldsymbol{\mathcal{D}}=\begin{bmatrix}\deg_1 & & \\ & \ddots & \\ & & \deg_N\end{bmatrix} \tag{3-67}$$

（2）出度矩阵$\boldsymbol{\mathcal{D}}_{\mathrm{o}}=\mathrm{diag}\{\deg_{\mathrm{o}i}\}\in\mathbb{R}^{N\times N}$，其中$\deg_{\mathrm{o}i}=\sum\limits_{j=1}^{N}a_{ji}$为由节点$i$出发的边的个数，即以节点$i$为邻居的节点的个数。

$$\boldsymbol{\mathcal{D}}_{\mathrm{o}}=\begin{bmatrix}\deg_{\mathrm{o}1} & & \\ & \ddots & \\ & & \deg_{\mathrm{o}N}\end{bmatrix} \tag{3-68}$$

（3）拉普拉斯矩阵$\boldsymbol{\mathcal{L}}=[l_{ij}]\in\mathbb{R}^{N\times N}$，其中当$i\neq j$时，有$l_{ij}=-a_{ij}$；当$i=j$时，有$l_{ii}=\sum\limits_{j=1}^{N}a_{ij}=\deg_i$。易知：

$$\boldsymbol{\mathcal{L}}=\boldsymbol{\mathcal{D}}-\boldsymbol{\mathcal{A}} \tag{3-69}$$

$\boldsymbol{\mathcal{L}}\cdot\mathbf{1}_N=\mathbf{0}_{NN}$，其中$\mathbf{1}_N$是元素均为 1 的 N 维列向量。

（4）牵引矩阵$\boldsymbol{\mathcal{P}}\in\mathbb{R}^{N\times N}$，用于描述跟随车辆获取领航车辆信息的情况，定义为：

$$\boldsymbol{\mathcal{P}}=\begin{bmatrix}\mathcal{P}_1 & & \\ & \ddots & \\ & & \mathcal{P}_N\end{bmatrix} \tag{3-70}$$

其中：若$(0,i)\in\mathcal{E}$时，$\mathcal{P}_i=1$；否则$\mathcal{P}_i=0$。$\mathcal{P}_i=1$表示车辆i能够获得领航车辆的状态信息，此时，车辆i也称为被领航车辆直接牵引。同时，定义车辆i的领航车辆可达性集合为：

$$P_i=\begin{cases}\{0\}, & \mathcal{P}_i=1 \\ \varnothing, & \mathcal{P}_i=0\end{cases} \tag{3-71}$$

下面以双前车跟随式（TPF）和双前车-领航者跟随式（TPLF）拓扑结构为例，给出上述定义矩阵的具体表达式。

如图 3-24 所示，TPF 拓扑结构下，车辆能获取其前面两辆车的状态信息；而 PLF 拓扑结构下，每个跟随车辆还能获取领航车辆的信息。所以，在这两种结构下，节点i的邻域集均为：

$$(N_i)_{\text{TPF or TPLF}}=\begin{cases}\varnothing, & i=1 \\ \{1\}, & i=2 \\ \{i-1,i-2\}, & i=\mathcal{N}\{1,2\}\end{cases} \tag{3-72}$$

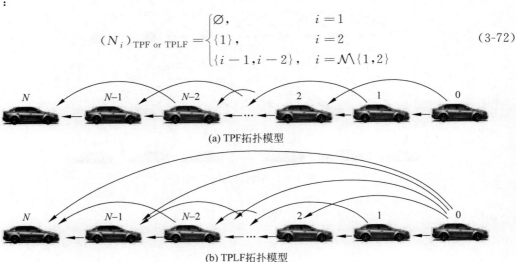

(a) TPF拓扑模型

(b) TPLF拓扑模型

图 3-24　TPF 拓扑模型和 TPLF 拓扑模型

所以这两种拓扑结构的邻接矩阵与拉普拉斯矩阵均为：

$$(\boldsymbol{A})_{\text{TPF or TPLF}}=\begin{bmatrix}0 & & & & & \\ 1 & 0 & & & & \\ 1 & 1 & 0 & & & \\ & \ddots & \ddots & \ddots & & \\ & & & 1 & 1 & 0\end{bmatrix} \tag{3-73}$$

$$(\boldsymbol{\mathcal{L}})_{\text{TPF or TPLF}}=\begin{bmatrix}0 & & & & & \\ -1 & 1 & & & & \\ -1 & -1 & 2 & & & \\ & \ddots & \ddots & \ddots & & \\ & & & -1 & -1 & 2\end{bmatrix} \tag{3-74}$$

在 BD 与 BDL 拓扑结构中，节点i的领航车辆可达集分别为：

$$(P_i)_{\text{TPF}}=\begin{cases}\{0\}, & i=\{1,2\} \\ \varnothing, & i=\mathcal{N}\{1,2\}\end{cases}$$

$$(P_i)_{\text{TPLF}} = \{0\}, \quad i = \mathcal{N} \tag{3-75}$$

所以,这两种拓扑结构的牵引矩阵分别表示为:

$$
(\boldsymbol{\mathcal{P}})_{\text{BD}} = \begin{bmatrix} 1 & & & & \\ & 1 & & & \\ & & 0 & & \\ & & & \ddots & \\ & & & & 0 \end{bmatrix}; \quad
(\boldsymbol{\mathcal{P}})_{\text{BDL}} = \begin{bmatrix} 1 & & & \\ & 1 & & \\ & & \ddots & \\ & & & 1 \end{bmatrix} \tag{3-76}
$$

以上针对典型信息流拓扑结构给出了相应矩阵描述,一般结构同样可以类似地刻画。从而,图的性质便可以转化为相应矩阵的性质(特征值、特征向量等)。注意这种描述只是基于节点之间的连接拓扑构型,而没有考虑通信的特性,比如量化误差、丢包、时延等。

2) 节点冲突模型

图论不仅可以用来建模车-车之间的通信拓扑模型,还能用来表征车-车之间的冲突关系。在现在的交通场景中,交叉路口是最复杂的几个场景之一,同时,在制约交通运行安全性和效率以及影响汽车行驶经济性的众多因素中,交叉路口是关键因素。首先,由于不同行驶方向的交通流在路口发生交叉、汇聚等空间冲突以及复杂路口渠化,交叉路口的交通环境十分复杂,极易造成交通事故。针对复杂的交叉路口场景,可以使用图论的知识来建立交叉路口的冲突模型。

交叉路口车辆根据其进入路口车道和退出路口车道的不同可划分为不同的交通流向。对交叉路口按照车辆流入流出方向分别以大写字母(A、B、C 等)和小写字母(a、b、c 等)编号,交叉路口流入方向的集合为 $E = \{A, B, C, \cdots\}$,流入方向的集合为 $e = \{a, b, c, \cdots\}$,交叉路口每个流入流出方向中车道以数字(1、2、3 等)编号。交叉路口入口车道可用 E^i 表示,其中 E 为交叉路口流入方向编号,i 为交叉路口车道编号;交叉路口出口车道可用 e^i 表示,其中 e 为交叉路口流出方向编号,i 为交叉路口车道编号。

如图 3-25 所示,十字路口入口车道分别以 $A^{(1)}$、$A^{(2)}$、$B^{(1)}$、$B^{(2)}$、$C^{(1)}$、$C^{(2)}$、$D^{(1)}$、$D^{(2)}$ 表示,出口车道分别以 $a^{(1)}$、$a^{(2)}$、$b^{(1)}$、$b^{(2)}$、$c^{(1)}$、$c^{(2)}$、$d^{(1)}$、$d^{(2)}$ 表示。因此,交通流可用入口车道与出口车道的组合描述。本文用 $M_{E^{(i)}e^{(j)}}$ 表示入口车道为 $E^{(i)}$,出口车道为 $e^{(j)}$ 的交通流。例如,在图 3-26 的典型十字路口中,包含 16 种交通流,如 $M_{A^{(1)}d^{(2)}}$、$M_{A^{(1)}c^{(2)}}$、$M_{B^{(2)}d^{(1)}}$、$M_{B^{(2)}c^{(1)}}$ 等。为简化交通流的描述,将各车道交通流以数字 $1 \sim N_M$ 按照逆时针方向编号,其中 N_M 为交通流总数。例如,在图 3-26 中,$M_{A^{(1)}d^{(2)}}$ 编号为 1 号,$M_{A^{(1)}c^{(2)}}$ 编号为 2 号,$M_{A^{(1)}c^{(1)}}$ 编号为 3 号等,具体编号如表 3-2 所示。

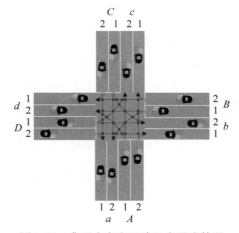

图 3-25　典型十字交叉路口交通流情况

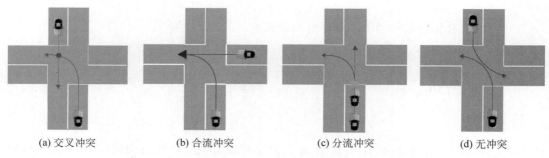

(a) 交叉冲突	(b) 合流冲突	(c) 分流冲突	(d) 无冲突

图 3-26　交叉路口冲突关系图

表 3-2　典型十字交叉路口交通流编号

$M_{A^{(1)}d^{(2)}}$	$M_{A^{(1)}c^{(2)}}$	$M_{A^{(2)}c^{(1)}}$	$M_{A^{(2)}b^{(1)}}$	$M_{B^{(1)}a^{(2)}}$	$M_{B^{(1)}d^{(2)}}$	$M_{B^{(2)}d^{(1)}}$	$M_{B^{(2)}c^{(1)}}$
1	2	3	4	5	6	7	8
$M_{C^{(1)}b^{(2)}}$	$M_{C^{(1)}a^{(2)}}$	$M_{C^{(2)}a^{(1)}}$	$M_{C^{(2)}d^{(1)}}$	$M_{D^{(1)}c^{(2)}}$	$M_{D^{(1)}b^{(2)}}$	$M_{D^{(2)}b^{(1)}}$	$M_{D^{(2)}a^{(1)}}$
9	10	11	12	13	14	15	16

　　交叉路口存在四种模式的交通流冲突关系,如图 3-26 所示,包括:交叉冲突关系、合流冲突关系、分流冲突关系和无冲突关系。

　　基于交通流冲突关系,可定义交通流冲突集。定义交通流 $i(i \in \{1,2,\cdots,N_M\})$ 的交叉冲突集 S_i 包含与之存在交叉关系的所有交通流的集合,合流冲突集 Q_i 包含与之存在合流冲突关系的所有交通流的集合,分流冲突集 R_i 包含与之存在分流冲突关系的所有交通流的集合。进一步地,定义交通流 i 的总冲突集 C_i 为与之存在冲突关系的所有交通流的集合,也即 S_i、Q_i 和 R_i 的并集。例如,图 3-26 中交通流 1 的交叉冲突集 $S_1=\{5,11,13,14,15\}$,合流冲突集 $Q_1=\{6\}$,分流冲突集 $R_1=\{1,2\}$,总冲突集 $C_1=\{1,2,5,6,11,13,14,15\}$。若车辆所处交通流位于另一车辆所处交通流的冲突集,则这两个车辆位移轨迹必然在路口入口、路口内或路口出口发生冲突。反过来,如若两个车辆在交叉路口位移轨迹在交叉路口发生冲突,则两个车辆所属交通流必处于彼此的冲突集中。

　　如图 3-27 所示,在交叉路口引入一与实际车道交于交叉路口中心的虚拟车道。对于交叉路口入口不同车道的所有车辆,以交叉路口中心为圆心,以车辆与交叉路口中心的距离为半径,旋转投影到虚拟车道上,最终形成虚拟车道上的一维车辆虚拟队列,从而在队列几何拓扑上将二维车群转化为一维队列。

　　虚拟队列中的车辆按照与交叉路口中心的距离远近依次编号为 1～N,其中 N 为虚拟队列中车辆总数,同时将车辆 i 所属交通流定义为 S_i。此外,在虚拟队列编号为 1 的车辆前方虚拟生成一虚拟领航车,并编号为 0,其车速设定为匀速 v_t。此处,v_t 设定为车辆安全高效通过交叉路口的最高车速,其根据交叉路口安全车速预先设定。虚拟队列与实际一维车辆队列的跟车模式不同。虚拟队列中车辆不一定跟随其相邻前车,而是可能跟随其前方另一车辆。车辆跟随关系在后文几何拓扑结构中描述。

　　对于属于交通流 $S_i(S_i \in \mathcal{N}^+, S_i \leqslant N_M)$ 的车辆 $i(i \in \mathcal{N}^+, i \leqslant N)$,若属于交通流 $S_j(S_j \in \mathcal{N}^+, S_j \leqslant N_M)$ 的车辆 $j(j \in \mathcal{N}^+, j \leqslant N)$ 与其存在冲突关系,则车辆 j 所属交通流必然位于车辆 i 所属交通流的冲突集中,即满足关系 $S_j \in C_{S_i}$。定义车辆 i 的冲突车辆集

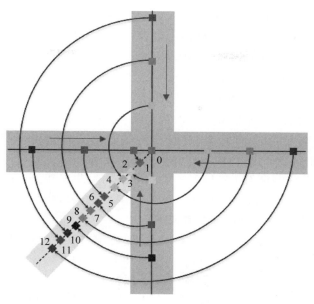

图 3-27　车辆旋转投影

P_i 为所有位于车辆 i 前方并与车辆 i 存在冲突关系的车辆的集合,也即:

$$P_i = \{j \mid j < i, S_j \in C_{S_i}, j \in \mathcal{N}^+\} \tag{3-77}$$

　　虚拟队列中某些车辆前方可能不存在冲突车辆,如图 3-28 所示的车 1,其前方没有真实车辆,无冲突前车,此时 $P_i = \varnothing$。在此情况下,将此车辆的冲突前车设置为虚拟领航车 0,也即:

$$P_i = \{0\} \tag{3-78}$$

　　因此,对于除虚拟领航车外的任意车辆 i,其冲突车辆集 P_i 均不为空集。图 3-28 为交

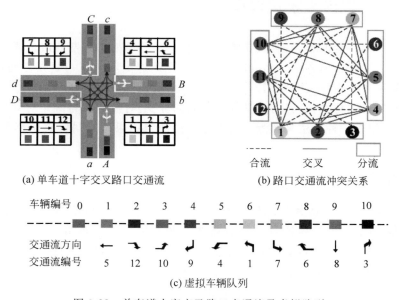

(a) 单车道十字交叉路口交通流　　　　　(b) 路口交通流冲突关系

车辆编号	0	1	2	3	4	5	6	7	8	9	10
交通流方向	←	↙	↗	↘	↙	↖	↖	↖	↓	↗
交通流编号	5	12	10	9	4	1	7	6	8	3

(c) 虚拟车辆队列

图 3-28　单车道十字交叉路口交通流及虚拟队列

叉路口渠化及交通流轨迹,图 3-28(b)为交叉路口交通流冲突关系。由定义可知,虚拟队列中车 1～10 分别属于 5 号、12 号、10 号、9 号、4 号、1 号、7 号、6 号、8 号和 3 号交通流。可知,车 1～车 10 的冲突车辆集分别为:$P_1=\{0\}$,$P_2=\{0\}$,$P_3=\{1,2\}$,$P_4=\{1\}$,$P_5=\{1,2\}$,$P_6=\{1,3,4,5\}$,$P_7=\{3,4,5\}$,$P_8=\{1,3,5\}$,$P_9=\{1,2,3,4,5,6,7\}$,$P_{10}=\{6,7\}$。

基于以上定义的冲突集,采用冲突有向图 $G_{N+1}=\{\mathcal{V}_{N+1},\mathcal{E}_{N+1}\}$ 表征车辆虚拟队列中各车辆的冲突关系。在有向图中,G_{N+1} 的节点集 $\mathcal{V}_{N+1}=\{0,1,2,\cdots,N\}$ 表示虚拟队列中的所有车辆(用车辆编号表示)的集合;有向边集 $\mathcal{E}_{N+1}=\{(i,j)\mid i,j\in\mathcal{V}_{N+1}\}$ 表示车辆两两之间存在冲突关系的集合。因此,给出冲突有向图的定义。

定义:给定虚拟车辆队列 $\{0,1,2,\cdots,N\}$、各车辆冲突集 P_i 以及有向图 $G_{N+1}=\{\mathcal{V}_{N+1},\mathcal{E}_{N+1}\}$,若 $\mathcal{V}_{N+1}=\{0,1,2,\cdots,N\}$,且 $\forall i\in\mathcal{V}_{N+1}\backslash\{0\}$,当且仅当 $j\in P_i$,有 $(j,i)\in\mathcal{E}_{N+1}$,则 G_{N+1} 为虚拟车辆队列的冲突有向图。

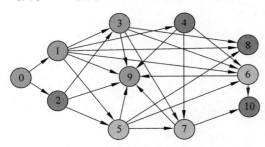

图 3-29　虚拟队列的冲突有向图

于是,图 3-28 中虚拟队列的冲突有向图如图 3-29 所示,图中 0～10 共 11 个顶点分别表示虚拟领航车 0 和其余车辆 1～10,图中的有向边分别表示不同车辆的冲突关系。

定义:若冲突有向图中存在一个有向边序列集 $\{(i_1,i_2),(i_2,i_3),\cdots,(i_{i-1},i_n)\}$,其中 $\forall k\in\{2,3,\cdots,n\}$ 有 $(i_{k-1},i_k)\in\mathcal{E}_{N+1}$,则该有向边序列集称为从节点 i_1 到节点 i_n 的一条有向路径。

定义:若冲突有向图的一个子图中存在从某一节点到其余任意节点的有向路径,则称该子图为冲突有向图的有向生成树,该节点称为有向生成树的根节点。

3.3.3　博弈论与行为收益模型

博弈论是一门古老的学科,有着非常悠久的历史,春秋战国时期的田忌赛马就是一个例子,经过几千年的发展,博弈论在 20 世纪 40 年代开始逐步形成了一套完善的理论体系,并逐渐在多个领域发挥出巨大的作用。

博弈论又被称为对策论,作为数学的一个新的分支,它模拟参与博弈的参与人之间的合作与竞争,并且给出一种方法来预测参与人之间的决策结果,像围棋、象棋都是博弈论的一种自然的应用。

1. 博弈论基础知识

在博弈论中,可以根据参与人的行动顺序分为动态博弈和静态博弈,也可以根据参与人对于其他参与人的了解分为完全信息博弈和非完全信息博弈。有两种描述博弈的方法:策略式和扩展式,策略式只能建模描述参与人同时行动且仅行动一次的博弈(静态博弈),而扩展式能够描述参与人决策的时间,即能描述参与人根据不同行动顺序做出决策的动态博弈。

本节将主要关注完全信息静态博弈:每个参与者都能获得其他参与者的信息,即每一个参与者的收益函数在所有参与者之间是共同知识,并且在开始时每个参与者同时选择行动,然后根据所有参与者的选择,每个参与者得到各自的收益或支出。

策略式博弈是博弈的一种常用表达方法,策略式博弈包含三种元素:参与人、策略空间和效用函数,参与人集合 $i \in \mathbb{I}$,设集合 $\mathbb{I}$ 为有限集合 $\{1, 2, \cdots, I\}$,对于每一个参与人 i 都有策略空间 S_i,以及收益函数 u_i,这一函数对每种策略组合 $s = (s_1, s_2, \cdots, s_I)$ 给出参与人 i 的效用 $u_i(s)$。简单来说,策略式博弈需要满足以下三个条件:①有两个或者两个以上的参与人,但是参与人数量是有限的;②每个参与人都有可以单独选择的策略空间;③每一个策略都对应一个收益函数。同时,常常把参与人 i 以外的其他所有参与人标记为 $-i$。

定义:在一个有 I 个参与人博弈的标准式表述中,参与者的策略空间为 $S_1, S_2, \cdots, S_I$,收益函数为 $u_1, u_2, \cdots, u_I$,用 $\boldsymbol{G} = \{S_1, S_2, \cdots, S_I; u_1, u_2, \cdots, u_I\}$ 表示此博弈。

可以用"囚徒困境"这一个经典的问题来加以说明。囚徒困境的故事是,两个犯罪嫌疑人被警察以涉嫌偷窃而逮捕,警察知道二人有罪,但是又缺乏足够的证据。于是警察将两人分别关押,不能互相沟通情况。如果两人都不揭发对方,则由于证据不确定,每个人都判一年;若一人揭发,而另一人沉默,则揭发者因为立功而立即获释,沉默者因不合作而判十年;若互相揭发,则因证据确凿,二者都判八年。囚徒困境可以用表 3-3 的矩阵表示,在矩阵中第一列代表囚徒 A 的策略,第一行代表囚徒 B 的策略,第一个数字代表囚徒 A 的奖励(惩罚),第二个数字代表囚徒 B 的奖励(惩罚)。

表 3-3 囚徒博弈收益矩阵

A	B	
	坦白	抵赖
坦白	$(-8, -8)$	$(0, -10)$
抵赖	$(-10, 0)$	$(-1, -1)$

在如上博弈的例子中,每一个囚徒均有两种策略可以选择:坦白或者抵赖,当两人在互相不知道对方决策的条件下,选择一种策略执行(虽然不是同时),假设囚徒 A 选择坦白,囚徒 B 选择抵赖,则策略组合 $s = (坦白, 抵赖)$,这种情况下囚徒 A 的效用 $u_A(s) = 0$,囚徒 B 的效用 $u_B(s) = -10$。

建立了一个博弈之后,需要求解博弈中存在的均衡,下面将介绍占优均衡和博弈论中常用的纳什均衡。

2. 占优均衡

在囚徒困境中,如果一个囚徒选择坦白,那么对于另一个囚徒来说,选择坦白会被判八年,而选择抵赖则会被判十年;如果一个囚徒选择抵赖,另一个囚徒选择坦白则不会被判刑,选择抵赖会被判一年。这样,对于囚徒来说,不管另一个囚徒选择什么动作,自己选择坦白所获得的收益均会大于抵赖的收益,说明坦白是一个占优策略,即无论其他参与人选择什么策略,参与人 i 选择的这个策略,总比其他策略要好;与之相对的是劣势策略,即无论其他参与人选择什么策略,参与人 i 选择的这个策略,总存在一个策略比选择的这个策略要好。

定义：用(s_i,s_{-i})表示组合$(s_1,\cdots,s_{i-1},s_i,s_{i+1},\cdots,s_I)$，对于参与者$i$的策略空间$S_I$，存在策略$s_i'$，使得$u_i(s_i',s_{-i})\geqslant u_i(s_i,s_{-i})\forall s_i\in S_I\setminus s_i'$，则称策略$s_i'$为占优策略，若$u_i(s_i',s_{-i})>u_i(s_i,s_{-i})\forall s_i\in S_I\setminus s_i'$，则称策略$s_i'$为严格占优策略。

一个理性的参与者不会选择劣势策略，我们可以用这一原则解决其他的博弈问题，思路如下：

（1）找到其中某个参与者的严格劣势策略，并将其剔除。

（2）重新构建一个不包含剔除策略的博弈。

（3）重复步骤（1）和（2），直到只剩下唯一的策略组合，该策略组合被称为"重复剔除的占优均衡"。

如上方法称为重复剔除劣势策略，需要注意的是，如果不存在严格劣势策略，则不能用这种方法来解决博弈问题；如果最终剔除后的策略组合不唯一，也不能用该方法求解。

此外，重复剔除劣势策略不仅要求参与人是理性的，还要求每个人知道其他人是理性的，每个人知道其他人知道自己是理性的，如此……即理性是一个"共同知识"。

考虑这样一个例子，参与人1与参与人2分别能执行策略$\{a_1,a_2,a_3\}$和策略$\{b_1,b_2,b_3\}$，两个参与人所获得的收益如表3-4所示。

对于参与人1来说，策略a_3相比于其他策略，是一个严格劣势策略，当参与人选择策略a_3时，不论参与人2选择什么动作，参与人1所获得的收益都要小于策略a_1和a_2，所以将策略a_3剔除。剔除之后，策略b_3是一个严格劣势策略，将策略b_3剔除，接着剔除策略a_1与策略b_1，获得重复剔除的占优均衡策略组合(a_2,b_2)。

表 3-4　收益矩阵

P1	P2		
	b1	b2	b3
a1	$(-2,-2)$	$(0,2)$	$(11,-3)$
a2	$(0,0)$	$(1,3)$	$(7,-1)$
a3	$(-5,3)$	$(-3,2)$	$(4,2)$

3. 纳什均衡

重复剔除劣势策略能够很简单地获得一个均衡的策略组合，但是在许多实际博弈中，严格劣势策略并不总是存在的，所以不能用这种方法求解。而纳什均衡则存在于广泛类型的博弈中。

在介绍纳什均衡之前，首先定义如下两个概念。

纯策略：参与人在给定信息的情况下，只选择一个特定的行动。

混合策略：在一个I人博弈的策略式表述$G=\{S_1,S_2,\cdots,S_I;u_1,u_2,\cdots,u_I\}$中，假定参与人$i$有$K$个纯策略：$S_i=\{S_{i1},S_{i2},\cdots,S_{iK}\}$，如果参与人$i$以一个概率分布$P_i=\{p_{i1},p_{i2},\cdots,p_{iK}\}$来选择对应的策略$S_{ik}$，那么概率分布$P_i$称为参与人$i$的一个混合策略。对于所有的$k=1,\cdots,K,0\leqslant p_{ik}\leqslant 1,\sum_1^K p_{ik}=1$。

在纯策略情况下,参与者 i 的效用函数 $u_i = u_i\{s_1, s_2, \cdots, s_I\}$,即对于一个任意的策略组合,每个参与者的收益都是一个确定的值。而在混合策略的情况下,参与者不能获得一个固定的收益,而只能计算得到每一个参与者的期望效用:

$$U_i(P_i, P_{-i}) = \sum_{s \in S} \left(\prod_{j=1}^{I} P_j(s_j) \right) u_i(s) \tag{3-79}$$

用一个"石头、剪刀、布"的游戏对这两种策略加以说明。在该博弈中,纯策略就是选择"石头、剪刀、布"中的一个,显然这样的选择不是最优的,因为无论参与人选择什么样的纯策略,另一个参与人都能选择一个策略来获得游戏的胜利。更好的办法是每一次选择以一个概率分布执行石头、剪刀或布,这样对手就很难猜出我们的策略。可以证明,当参与人双方都以每个策略按 $1/3$ 的概率执行时,双方都不再愿意改变这种概率分布,这种平衡称为"混合策略纳什均衡"。

定义:混合策略 $P^* = (P_1^*, P_2^*, \cdots, P_I^*)$ 是一个纳什均衡,如果对于所有参与人 i 的任意一个混合策略 P_i 来说:

$$u_i(P_i^*, P_{-i}^*) \geqslant u_i(P_i, P_{-i}^*) \tag{3-80}$$

纯策略纳什均衡是满足同样条件的纯策略组合。

纳什均衡表示参与人的最优策略组合,是对其他参与人策略的最佳反应。在一种纳什均衡中,如果每个参与人具有对对手策略的唯一最优反应,那么这种纳什均衡被称为是严格的,即当且仅当它是一种纳什均衡时,s^* 是一种严格均衡,而且对于所有的 i 和所有的 $s_i \neq s_i^*$ 有:

$$u_i(s_i^*, s_{i-1}^*) > u_i(s_i, s_{i-1}^*) \tag{3-81}$$

由定义可知,严格均衡必然是纯策略均衡。

求解纯策略的纳什均衡最简单的方法是划线法,给定收益矩阵如表 3-5 所示的博弈,首先固定参与人 1,参与人 1 选择策略 C,则参与人 2 的最好选择是策略 C,所获得的收益是 -5,在 -5 用圆圈圈出;如果参与人 1 选择策略 N,则参与人 2 的最优选择是策略 C,所获得的收益是 0,将 0 用圆圈圈出。接着固定参与人 2,参与人 2 选择策略 C,则参与人 1 的最好选择是策略 C,所获得的收益是 -5,将 -5 用方框框出;如果参与人 2 选择策略 N,则参与人 1 的最优选择是策略 C,所获得的收益是 0,将 0 用方框框出。最终,得到策略组合 $\{C, C\}$ 为纳什均衡。

表 3-5　收益矩阵

1	2	
	C	N
C	($\boxed{-5}$, $\circled{-5}$)	($\boxed{0}$, -15)
N	(-15, $\circled{0}$)	($-1, -1$)

纳什均衡表示参与人的最优策略组合,但是纯策略的纳什均衡并不一定在每一个博弈中存在。给出这样一个博弈,老板和工人作为博弈的两个参与人,老板的策略为{监督,不监督},工人的策略为{偷懒,不偷懒},二者的收益如表 3-6 所示。

表 3-6　老板、工人博弈收益矩阵

老板	员　工	
	偷懒	不偷懒
监督	(1,−1)	(−1,2)
不监督	(−2,3)	(2,2)

　　如果选择一个纯策略,假设工人偷懒,老板的最优选择是监督;假设老板监督,工人的最优选择是不偷懒;假设工人不偷懒,老板的最优选择是不监督;假设老板不监督,工人的最优选择是偷懒。在这个博弈中,每一个参与人都想参透对方的策略选择,又不想让对方猜透自己的策略选择,这样就会陷入循环,在这种情况下纯策略的纳什均衡不存在,但是混合策略的纳什均衡是存在的。

　　在上文提到的监督博弈中给定工人的混合策略为 $(p,1-p)$,老板的混合策略为 $(q,1-q)$,可以利用收益最大法来求解上述的混合策略,该方法通过给定其他参与人的混合策略,自己选择策略的概率分布来使自己的期望收益最大化。给定老板的混合策略,工人的期望收益函数为:

$$-pq+2(1-p)q+3p(1-q)+2(1-p)(1-q)=p(1-4q)-2q+2 \tag{3-82}$$

　　由于工人的期望收益在 $1-4q>0$ 时随着 p 递增,在 $1-4q<0$ 随 p 递减,则当 $q<1/4$ 时,工人的最优选择是 $p=1$,即选择偷懒;当 $q>1/4$ 时,则工人的最优选择是 $p=0$,即选择不偷懒;当 $q=1/4$,工人无论如何选择都不会对收益产生影响。

　　同样的,老板的期望收益函数为:

$$pq-(1-q)p-2q(1-p)+2(1-p)(1-q)=6pq-3q-4p+2 \tag{3-83}$$

　　当 $2p-1>0$ 时,老板的期望效益随着 q 递增;在 $2p-1<0$ 时,老板的期望效益随着 q 递减。则当 $p>1/2$ 时,老板的最优选择是 $q=1$,即选择监督;当 $p<1/2$ 时,老板的最优选择是 $q=0$,即选择不监督;当 $p=1/2$,老板无论如何选择都不会对收益产生影响。

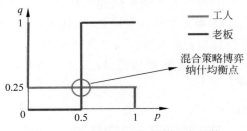

图 3-30　老板和工人的最佳反应函数

　　图 3-30 展示了参与者在面对对手以不同概率选择策略时的最佳反应决策,这些决策内容为选择概率分布,这些概率分布构成了反应函数。图 3-30 中两个函数的交点代表着纳什均衡点,上文所展示的监督博弈下混合策略下的纳什均衡点为 $(p,q)=(0.5,0.25)$,即工人以 50% 的概率选择偷懒,以 50% 的概率选择不偷懒;而老板以 25% 的概率选择监督,以 75% 的概率选择不监督。

　　在每个有限的博弈中,至少存在一个纳什均衡,并且纳什均衡的数目是一个奇数。如果把纯策略看作混合策略的退化,则可以表述为在每个有限博弈中,混合策略纳什均衡一定存在。如果一个博弈存在两个纯策略的纳什均衡,那么一定存在第三个混合策略纳什均衡。

　　在博弈论中还存在着其他的均衡,如子博弈精练的纳什均衡、贝叶斯纳什均衡等,因为篇幅原因在此不做详细介绍,感兴趣的读者可以查阅相关资料。

4. 行为收益模型

在多车协同系统中,因为环境中有多个交通参与者存在,所以每个参与者的行为都有可能对环境中其他车辆产生影响。为了更好地帮助智能网联汽车做出决策,可以建立车辆的收益模型,用博弈论的方法来预测其他交通参与者的行为,接下来将以变道场景和交叉路口场景来展示网联车辆的收益模型建立。

考虑一个两车变道合并的交通场景,变道车辆与正常行驶的车辆之间为了避免碰撞,两车需要互相配合,这可以看作一个博弈,为了求解这个博弈,首先需要定义博弈中的三个元素。变道车辆 A 和从后方接近的正常行驶车辆 B 是博弈的两个参与人,车辆 A 的策略空间为{变道,直行},车辆 B 的策略空间为{加速,减速},接下来还需要定义整个博弈的收益模型,车辆 A 和 B 的收益矩阵如表 3-7 和表 3-8 所示。

表 3-7　车辆 A 收益矩阵

A	加　　速	减　　速
变道	a_{11}	a_{12}
直行	a_{21}	a_{21}

表 3-8　车辆 B 收益矩阵

B	加　　速	减　　速
变道	b_{11}	b_{12}
直行	b_{21}	b_{21}

可以基于各种特征来定义$\{a_{11}, a_{12}, \cdots\}$,在这里,考虑基于车辆 A、B 之间以及 A、B 与其他周围车辆之间的间隙来定义。

如图 3-31 所示,车辆 1 为变道车辆,车辆 3 为后方接近车辆,定义如下参数。

t_1:变道车辆到车道终点的距离/合并车辆的速度。

t_2:变道车辆 1 与后方接近车辆 3 的碰撞时间。

t_3:变道车辆 1 与后方车辆 4 的碰撞时间。

t_4:车辆 2 与车辆 3 的车头时距。

t_5:车辆 3 与车辆 5 的碰撞时间。

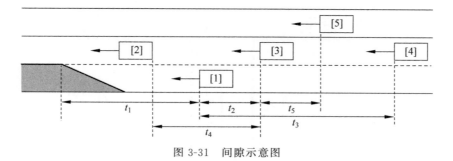

图 3-31　间隙示意图

$\{a_{11},a_{12},\cdots\}$ 的各元素为 $a_{11}=\theta_1 t_3+\theta_2$，$a_{12}=\theta_1 t_2+\theta_2$，$a_{21}=a_{22}=\theta_3 t_1$，$b_{11}=b_{21}=\theta_4 t_5+\theta_5$，$b_{12}=\theta_6 t_2$，$b_{22}=\theta_7 t_4$。其中 $\theta_1,\theta_2,\cdots,\theta_7$ 为需要设计的参数。

设计完一个完整博弈后，可以使用纳什均衡的方法来求解博弈，考虑一个如表 3-9 所示的博弈。

表 3-9   车辆 A、B 博弈收益矩阵

A	B	
	加　　速	减　　速
变道	$(-1,-1)$	$(1,3)$
直行	$(3,1)$	$(0,0)$

在该博弈中，可以用划线法求出存在的两个纯策略的纳什均衡点：(变道，减速)和(直行，加速)，也可以用收益最大法来求得所有的纳什均衡点。假设车辆 A 变道的概率为 p，直行的概率为 $(1-p)$；车辆 B 加速的概率为 q，减速的概率为 $(1-q)$，根据收益函数最大化可以画出车辆 A 和 B 的反应函数，如图 3-32 所示。

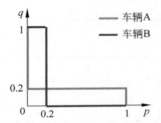

图 3-32   车辆 A 和 B 的最佳反应函数

得到三个纳什均衡点分别为 $(p_1,q_1)=(1,0)$、$(p_1,q_1)=(0,1)$、$(p_1,q_1)=(0.2,0.2)$，其中前两个为纯策略纳什均衡，第三个为混合策略纳什均衡。

下面考虑一个交叉路口通过的交通场景，正如 3.3.2 节所示，交叉路口有着复杂的冲突关系，如果把所有的车辆都纳入考虑，将建立一个非常复杂的博弈，难以求解，下面介绍一个简化的如图 3-33 所示的交叉路口。

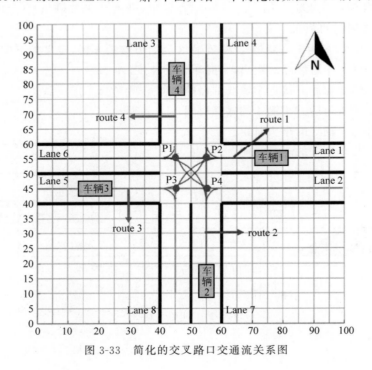

图 3-33   简化的交叉路口交通流关系图

在简化的场景下,只考虑车辆的直行,这样博弈中将最多包含三个参与人,以图 3-33 中的车辆 1 为例,考虑有冲突关系的车辆为 2 和 4,则博弈的参与人为{车辆 1,车辆 2,车辆 4},每一个参与人的策略为加速度大小,策略空间为{−3,−2,−1,0,1,2,3}。

收益模型的确定有三个指标,分别为安全指标、速度指标、舒适指标。各个指标的具体定义如下所示。

(1) 安全指标。

$$GTH = TAC_{rear} - TDC_{front} \tag{3-84}$$

GTH 表示前车离开时间 TDC_{front} 与后车到达时间 TAC_{rear} 的时间差。

(2) 速度指标。

$$\Delta v = v^{t+1} - v^t \tag{3-85}$$

$$v^{t+1} = v^t + a_{desired} \Delta t \tag{3-86}$$

$$v_{min} \leqslant v^{t+1} \leqslant v_{max} \tag{3-87}$$

其中:v^t 为目标车辆的当前速度;v^{t+1} 为下一个时刻的速度,是所获得的期望加速度的估计值,目标车辆的速度被限制在 $[v_{min}, v_{max}]$。

(3) 舒适指标。

$$\Delta a = a_{desired} - a_{veh} \tag{3-88}$$

在通过路口时,频繁的加减速会使乘客感到不适,所以用加速度的变化来作为舒适度的指标。$a_{desired}$ 表示车辆选择的策略,a_{veh} 表示车辆目前的加速度。

收益函数的定义如下所示:

$$f = \alpha \cdot std_s(GTH) + \beta \cdot std_v(\Delta v) + \gamma \cdot std_c(\Delta a) \tag{3-89}$$

$$std_s(GTH) = \begin{cases} -100, & GTH < 1 \\ 0.25(GTH - 1), & 1 \leqslant GTH \leqslant 5 \\ 1, & GTH > 5 \end{cases} \tag{3-90}$$

$$std_v(\Delta v) = \frac{1}{6}(\Delta v + 3), \quad -3 < \Delta v < 3 \tag{3-91}$$

$$std_c(\Delta a) = \begin{cases} 1 - 0.5(\Delta a), & \Delta a \leqslant 3 \\ 0, & \Delta a > 3 \end{cases} \tag{3-92}$$

其中:α、β、γ 为权重系数,反映了对三种性能指标的偏好,$std_s(GTH)$、$std_v(\Delta v)$、$std_c(\Delta a)$ 三个函数是为了将 GTH、Δv、Δa 三者的影响标准化。

习题

1. 简述车联网的主要部分构成。

2. 简述 DSRC 和 C-V2X 的异同点。

3. 设三元线性码 L 的生成矩阵为 $\boldsymbol{G} = \begin{bmatrix} 1 & 0 & 1 & 1 \\ 0 & 1 & 1 & 2 \end{bmatrix}$,求码长 L 的最小距离。

4. 设 C 为定义在整数域 $F_3 = \{0, 1, 2\}$ 上的线性码,其生成矩阵为 $\boldsymbol{G} = \begin{bmatrix} 1 & 1 & 1 & 0 \\ 2 & 0 & 1 & 1 \end{bmatrix}$,

利用伴随式编码对矢量 2121 和 1201 进行译码。

5. 设五元线性码 C 的生成矩阵为 $\boldsymbol{G}=\begin{bmatrix} 1 & 2 & 4 & 0 & 3 \\ 0 & 2 & 1 & 4 & 1 \\ 2 & 0 & 3 & 1 & 4 \end{bmatrix}$，请写出标准生成矩阵和一致校验矩阵。

6. 根据多包传输推导过程，写出式(3-64)中 $\boldsymbol{\Phi}_{s_i}$ 的具体表达式。

7. 完成前车跟随式、前车-领航者跟随式、双向跟随式、双向-领航者跟随式通信拓扑结构的矩阵描述。

8. 完成如图 3-25 所示的典型双车道丁字路口交通流冲突图和交通流冲突补图。

9. 试分析为什么每个有限策略式博弈均具有混合策略均衡。

参考文献

[1] 《车联网网络安全白皮书(2017)》发布[J]. 中国信息安全，2017(10)：31.

[2] KENNEY J B. Dedicated short-range communications（DSRC）standards in the United States[J]. Proceedings of the IEEE，2011，99(7)：1162-1182.

[3] 南洋，董馨，陈博，等. C-V2X 技术在智能网联汽车上的应用场景研究[J]. 汽车文摘，2019(9)：8-12.

[4] XU Q，SENGUPTA R. Vehicle-to-vehicle safety messaging in DSRC[C]//InProc. of the 1st ACM Workshop on Vehicular Ad-hoc Networks. America：ACM Press，2004：19.

[5] 吴冬升. 美国车联网（V2X）发展现状分析[J]. 智能网联汽车，2019(5)：66-72.

[6] 郭海陶. 智能交通专用短程通信（DSRC）关键技术与应用研究[D]. 广州：华南理工大学，2010.

[7] 贾敏. OFDM 通信系统的信道估计及多址技术研究[D]. 哈尔滨：哈尔滨工业大学，2010.

[8] 吴骏. 智能交通系统中的信息处理关键技术研究[D]. 天津：天津大学，2006.

[9] REZGUI J，CHERKAOUI S，CHAKROUN O. Deterministic access for DSRC/802. 11P vehicular safety communication[C]//Wireless Communications&Mobile Computing Conference. IEEE，2011.

[10] 张杰. C-V2X 与智能车路协同技术的深度融合[J]. 中兴通讯技术，2020，26(1)：19-24.

[11] VUKADINOVIC V，BAKOWSKI K，MARSCH P，et al. 3GPP C-V2X and IEEE 802. 11p for vehicle-to-vehicle communications in highway platooning scenarios [J]. Ad Hoc Networks，2018：S157087051830057X.

[12] 赵军辉，彭巍，史家康. 应用于智能运输系统的专用短程通信[J]. 运输经理世界，2011(9)：98-99.

[13] 陈沛吉. C-V2X 技术在城市轨道交通协同驾驶中的设计与实现[D]. 北京：北京邮电大学，2019.

[14] INC Q T. 5G Vision[J]. Telecommunications Network Technology，2015.

[15] CHEN S，HU J，SHI Y，et al. LTE-V：A TD-LTE-Based V2X solution for future vehicular network [J]. IEEE Internet of Things Journal，2017，3(6)：997-1005.

[16] HALINGER G，HOHLFELD O. The gilbert-elliott model for packet loss in real time services on the internet[C]. Gi/itg Conference-measurement. VDE，2011.

[17] 麻磊. 带有时延和丢包的网络控制系统的切换控制算法研究[D]. 北京：北京交通大学，2012.

[18] 刘娜. 丢包网络环境下的约束非线性系统的 MPC 研究[D]. 重庆：重庆邮电大学，2018.

[19] NILSSON，JOHAN. Real-time control systems with delays[J]. D. Dissertation. Lund Institute of Technology，1998.

[20] MINERO P，COVIELLO L，FRANCESCHETTI M. Stabilization over Markov feedback channels：the general case[J]. IEEE Transactions on Automatic Control，2013，58(2)：349-362.

[21] 郑洋. 基于四元素构架的车辆队列动力学建模与分布式控制[D]. 北京：清华大学，2015.

［22］ WEST,DOUGLAS B. Introduction to graph theory［M］. Hong Kong：Longman,1985.

［23］ BÉlA B. Modern graph theory［J］. Graduate Texts in Mathematics,1998：184.

［24］ PETERSEN J. Die Theorie der regulren graphs［J］. Acta Mathematica,1970,15(1)：193.

［25］ TARJAN R. Depth-first search and linear graph algorithms［J］. Switching and Automata Theory,1996. IEEE Conforenence Record of Seventh • Annual Symposiun on,1971(2)：114-121.

［26］ CAYLEY A. On the Theory of the analytical forms called trees［J］. Philosophical Magazine,1966,18(4)：172-176.

［27］ CHANG L,CHUNG W. Distributed conflict resolution for connected autonomous vehicles［J］. IEEE Transactions on Intelligent Vehicles,2017.

［28］ KHAYATIAN M,MEHRABIAN M,DEDINSKY R. A survey on intersection management of connected autonomous vehicles［J］. ACM Transactions on Cyber-Physical Systems,2020.

［29］ MYERSON R B. Game theory：analysis of conflict［M］. Boston：Harvard University Press,1997.

［30］ OSBORNE M J,RUBINSTEIN A. A course in game theory［J］. Economica,1992,63(249).

［31］ ELHENAWY M,ELBERY A A,HASSAN A A,et al. An intersection game-theory-based traffic control algorithm in a connected vehicle environment［C］. IEEE International Conference on Intelligent Transportation Systems. IEEE,2015.

［32］ SCHWARTING W,PIERSON A,ALONSO M J,et al. Social behavior for autonomous vehicles［J］. Proceedings of the National Academy of ences,2019,116(50).

［33］ WEI H,MASHAYEKHY L,PAPINEAU J. Intersection management for connected autonomous vehicles：a game theoretic framework［C］. IEEE International Conference on Intelligent Transportation Systems. IEEE,2018.

［34］ CHENG C,YAO D,ZHANG Y,et al. A vehicle passing model in non-signalized intersections based on non-cooperative game theory［C］. 2019 IEEE Intelligent Transportation Systems Conference (ITSC). IEEE,2019：2286-2291.

［35］ LI N,KOLMANOVSKY I,GIRARD A,et al. Game theoretic modeling of vehicle interactions at unsignalized intersections and application to autonomous vehicle control［C］. Annual American Control Conference.

［36］ YANG Z,HUANG H,YAO D,et al. Cooperative driving model for non-signalized intersections based on reduplicate dynamic game［C］. 2016 IEEE 19th International Conference on Intelligent Transportation Systems (ITSC). IEEE,2016.

［37］ KITA H. A merging-giveway interaction model of cars in a merging section：a game theoretic analysis［J］. Transportation Research Part A Policy & Practice,1999,33(3-4)：305-312.

［38］ ALI Y,ZHENG Z,HAQUE M M,et al. A game theory-based approach for modelling mandatory lane-changing behaviour in a connected environment［J］. Transportation Research Part C Emerging Technologies,2019,106：220-242.

第4章 自动驾驶地图及定位技术

引言

自动驾驶地图是一种拥有精确位置信息、丰富道路元素的数据,它为智能驾驶提供先验知识,起到构建类似人脑对真实道路的整体记忆与认知的功能,为智能汽车预知路面复杂信息,规避驾驶潜在的风险,是实现自动驾驶的核心基础。自动驾驶地图是作为无人驾驶技术发展成熟标志的重要支撑,在高精定位、智能导航、控制等方面发挥着重要作用,与无人驾驶的安全性、稳定性、舒适性紧密关联,是无人驾驶的核心关键技术之一。

本章首先介绍地图的基础知识点,包括地图的基本概念、数学基础、地理空间的表达方式、电子地图、导航电子地图等相关内容,作为学习自动驾驶地图前的知识点补充,以利于对自动驾驶地图部分内容的学习与理解;然后讲解自动驾驶地图相关知识点,包括基本知识点、格式规范、地图制图技术等内容;最后,介绍空间定位技术,包括卫星定位、惯导定位、组合定位、SLAM定位以及室内定位技术,为自动驾驶技术的学习奠定基础。本章的框架结构如图4-1所示。

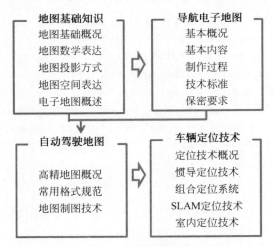

图 4-1　本章框架结构

学习目标

- 了解地图基础知识,熟悉地图的数学基础、表达方式、坐标系统以及投影方式。
- 了解电子地图与导航电子地图,为自动驾驶地图学习奠定基础。
- 了解自动驾驶地图基本信息、格式规范、制图技术。
- 了解地图定位技术,包括卫星定位技术、惯导技术、组合定位系统。
- 了解 SLAM 定位技术与室内定位技术。

第 4 章学习素材

4.1　地图基础知识

4.1.1　地图基础

1. 地图的定义与基本特征

地图是在一定的法则下,在平面或球面上以二维或多维形式有选择地表达地球特定现象的图像或图形。在制图过程中依据地图概括原则,按照比较严格的符号系统、数学法则以及文字注记要求,将自然、社会、经济现象的空间分布特征以及其间相互关系科学地反映出来。

地图的基本特征有①可量测性:地图在制图过程中主要基于地图投影、地图定向,以及地图比例尺三个数学法则;②直观易读性:采用了专门的地图语言表达复杂的自然与人文事物,其中,地图语言包括地图符号、色彩和注记;③一览性:通过科学的制图综合,突出重点,省去了制图内容细节的疑难,地图必须遵循一定的数学法则(比例尺、地图投影、坐标系统);④科学概括性:在制作地图的过程中,需要根据地图用途与实际需求选择最为主要的地理信息进行加工与处理形成地图,在此过程中需要经过简化、分类、夸张以及符号化过程,将地理信息转换为地图信息的过程,称为地图概况;⑤完整的符号系统:可以采用图形、文字注记或者数学形式来表达。典型地图如图 4-2 所示。

1) 地图的构成要素

地图的基本构成要素包括①图形要素:表达地理信息的各种图形符号、文字注记;②数学基础:确定地图空间信息的依据,包括比例尺、地图投影、各种坐标系统、控制点,地图的精度决定于地图的数学基础;③辅助要素:图名、图廓、图解比例尺、图例、地图编号、三北方向线、编制出版信息等辅助地图使用的要素;④补充说明:对主要图件在内容与形式上的补充。

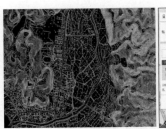
(a) 数字线划图

(c) 自动驾驶地图

图 4-2　典型地图示例

2）地图的地理要素

（1）自然地理要素。

自然地理要素涵盖制图所在区域的地理景观和自然条件相关的各种要素，主要包括水系要素、地貌要素和植被要素。水系要素包括海岸、河流、湖泊、运河、水库、池塘、沟渠等；地貌要素包括陆地地貌与海底地貌；植被要素包括天然植被与人工植被。

（2）社会经济要素。

社会经济要素为人类社会活动所形成的经济、文化等相关的各种社会现象。主要包括居民地、交通运输网、境界及行政中心、经济标志等；经济标志是反映地区经济发达程度的重要形式，主要包括各种工业（如工厂、发电厂、变电所等）和农业（如水车、风车、饲养场等）标志。

（3）辅助要素。

辅助要素是为方便使用而附加的文字注记与相关工具资料，主要包括图名、图例、三北方向、接图表、外图廓、坡度尺、图解和文字比例尺、编图时间、编图单位和依据等。

2. 地图的分类

随着生产力的发展和人们对世界认识的深入，地图的选题范围越来越广，编制和应用地图也越来越普遍，因此，地图的品种和数量也在日益增多。为使编图更有针对性以及便于使用和管理地图，有必要对地图加以分类。地图分类的标志很多，主要有地图的内容、比例尺、制图区域范围、用途、使用方式和其他标志等。

1）按内容分类

地图按其内容可分为普通地图与专题地图。按照相对平衡的地图要素表达详细程度来表示地球表面呈现的各种自然、社会、经济现象的地图称为普通地图，即表达地表的各种基本要素——水系、地貌、土质、植被、居民地、交通网、境界等为主要制图对象的地图。因其比例尺不同，所表达的内容的详简程度也有很大的差别。基于专业方面的实际需求，重点表达地图中某种主题地理要素或者现象所绘制的地图称为专题地图。专题地图中主题要素表达较为详细，其他地图要素则作为辅助主题要素的基础支撑。

2）按比例尺分类

地图按比例尺分类是一种习惯上的用法。由于比例尺并不能直接体现地图的内容和特点，且比例尺的大小又有其相对性，故常与按照内容的地图分类方法结合使用。

按照比例尺划分，可以将普通地图划分为大比例尺地图（1：10 万及更大比例尺的地图)、中比例尺地图(1∶10 万与 1∶100 万比例尺之间的地图)、小比例尺地图(1∶100 万及更小比例尺的地图)三种。

但这种划分也是相对的,不同国家及地区其不同地图生产部门的划分方法都不一定相同。

在专题地图中,亦有按比例尺进行分类的做法,同样,也没有统一的分类标准。

在我国,把 1∶1 万、1∶2.5 万、1∶5 万、1∶10 万、1∶25 万、1∶50 万、1∶100 万七种比例尺的普通地图列为国家基本比例尺地图,统称为地形图,均需按国家测绘局制定统一标准(规范、图式)实施制图。

3) 按制图区域分类

地图按其包含的制图区域分类亦有多种,可按自然区划、政治行政区划等来细分。

按照行政区域可划分为国家地图、省(区)地图、市图、县图等;按照自然区可划分为世界地图、大陆地图、自然区域地图等。还可以按照经济区或者其他区标志进行分类。

4) 按用途分类

地图按其用途可分为通用地图与专用地图两种。通用地图适用于广大读者,可以向读者提供科学参考或一般参考,如中华人民共和国挂图、省挂图、世界挂图等;专用地图只是为各种专门用途而制作的,例如,面向航空飞行的航空图、面向小学生的小学教学挂图等,亦可以按其他用途分为民用、军用两种,然后再细分。

5) 按使用方式分类

按地图的使用方式可分为如下几种。

(1) 桌面用途:能在明视距离阅读的地图,如地形图、地图集等。

(2) 挂图:有近距离阅读的一般挂图和远距离阅读的教学挂图。

(3) 屏幕图:由电子计算机控制的电视屏幕图。

(4) 随身携带图:通常包括小的图册或便于折叠的丝绸质地图及折叠得很小巧的地图(旅游地图)等。

6) 其他分类

(1) 基于感受方式的不同,可以将地图划分为触觉(盲文)地图与视觉地图。

(2) 按照外形特征的不同,可以将地图划分为二维平面地图、三维立体地图以及球状地图等类型。

(3) 按照结构,可将地图分为多幅图、单幅图、系列图和地图集等。

总之,地图分类标志很多,角度各异。一幅地图根据不同的分类标志,可以纳入多种类别。例如,一幅 1∶5 万比例尺的地形图,属于普通地图,可以叫大比例尺地图,又是桌面用图等。

3. 地图的基本功能与应用

地图作为地理信息空间表达的重要载体,能容纳与存储非常大的信息量,而且具有不同的信息载负方式。地图空间信息的载负能力为地理空间信息的传输与表达提供了充足的条件,地图也成为空间信息传输与表达的重要传递方式,目前已经发展为一种重要的信息传输工具。地图作为呈现地球表面地理空间实体空间位置信息与关联关系的有效方式,是三维真实世界的抽象表达与模拟显示,基于地图载负的大量地理空间信息,通过数理统计分析可以获取地图要素的发展演变规律,通过对比分析可得到各现象间的关联关系等,还可协助进行预报预测、决策对策、应急预案、评价评估等。由此,地图具有信息载负功能、信息传输功能、认知功能、模拟功能等。

地图的应用主要包括国民经济建设、国防建设、科学文化三方面,其中,①针对国民经济中的规划设计、规划建设、资源勘查等应用,地图数据为政府及管理部门提供规划设计与高效管理的一种工具,在工程勘查、施工设计、城市规划等多个领域中提供基础支撑与关键数据;②地图中包含了地形、自然资源、交通、人口等相关信息,属于战略部署的重要基础支撑数据与参考资料,在作战指挥、阵地选择、场地部署、作战判断、射击评估等应用中扮演着不可或缺的角色;③地图可以协助探索地理规律、开拓新的区域、记录科研成果等,在文化领域与日常生活方面,是重要的数据支撑。

4.1.2　地图的表达

1. 地图符号

地图符号是测制和出版地图的基本依据之一。道路网、地貌、居民地、水系等地图内容,均采用地形图符号来表达,其中地形图符号即为具有一定颜色的点、线及其构成的几何图形等来表示物体形状、位置、大小、距离、面积、角度、质量特征、数量特征、相关关系等。由此可见,如果符号使用不妥、绘制不准,就会影响图上量测的精度和判读的正确性,所以作为一个地图工作者,不仅要熟悉符号,而且还应善于运用符号。

2. 地图符号制定原则

地图符号是根据我国实际情况,在通过广泛的调查研究,并吸取用图单位意见的基础上制定的。它较全面、客观地反映我国地形特征的规律性,是地图基本要素之一,也是认识和使用地图的重要工具。制定地图符号,主要根据地图的用途、比例尺、制图物体的特征和制印技术的可能性,来决定符号的图形、大小和颜色。制定地图符号一般应遵循以下原则。

(1) 保证符号所必需的精度。一切地图符号,不论其符号的形状和大小如何,凡能依比例表示的,要用符号显示其轮廓位置;不能依比例表示的,也要通过符号的主点和主线表示物体的真实位置,以提供图上量测的可能性。

(2) 力求符号实用、通俗、简易。地图符号是识图用图的依据之一,是地图的语言,所以符号要便于判读,种类不宜过多、繁杂。过多会增加地图的容量,影响清晰;繁杂不易绘制,不便判读,但符号太少又难于反映实际特征,会降低成图的使用价值。

(3) 力求符号的图形和颜色与实地物体相似。符号的图形和颜色,应力求与实地物体相似,使用图者能够看图思物,便于联想,提高符号的表现力,使符号具有象形、简洁、醒目的特点。对象形符号应抓住其最主要的典型特征做高度艺术地概括,尽可能采用简单几何图形(如三角形、正方形、矩形、圆等)作为设计符号的基础。利用光线法则原理和符号黑白对比,使符号愈加醒目。

(4) 力求符号的颜色与实地自然色彩相似。如用浅蓝网点表示的海、湖、河等水域,用绿色表示森林等属此原则。

（5）符号图形的大小、线号的粗细和线划的间隔，要规定适当。确定符号的大小、线号的粗细也是影响成图质量的重要因素之一。符号设计粗糙，地图就显得不精致，还会影响地图内容的准确性和清晰性；而符号过于细小，既不便描绘，又不符合指引要求。确定符号的大小与粗细，还应考虑实地物体的主次差别，应将重要的物体用较大较粗的符号表示，以突出醒目地表现于第一平面；而次要的一般物体可用较小、较细的符号表示。例如，铁路用双线分黑白段表示，公路用双线描绘，而小路则用细虚线表示，都是为了达到主次分明的目的。

3. 地图符号分类

地理要素是任何一种地图的主要组成部分，包括地图上所表示的自然和社会经济现象及其分布、性质和联系，有时还要表示其变化和发展。地理要素主要包括测量控制点、居民地、独立地物、道路、境界、管线和垣栅、水系、地貌、土质、植被、注记、图廓整饰等，这些要素可归纳为两大类，即自然地理要素和社会经济要素。自然地理要素包括水系、地貌、土质、植被等；社会经济要素包括交通运输网、居民地、境界及行政中心、经济标志等。

由于实地物体大小差别很大，因此按地图比例尺缩小后，其图形大小差别也很显著，有的能够在地图上保持相似图形，有的缩小成一个细点，有的则缩成一条细线。因此实地物体与按符号的比例关系分类，地图上的各种符号就分为依比例符号、不依比例符号、半依比例符号三大类。

（1）依比例符号：经过依比例缩小后，占有一定面积的物体或区域仍然可以显示出轮廓，这类符号即为依比例符号，例如，森林、沼泽、湖泊、大面积街区等，通常用实线和点线显示其外围轮廓，并在轮廓范围内添绘说明符号或普染底色。通过这类符号，可以在图上了解各物体的轮廓位置、形状和大小，以及质量和数量特征。

（2）不依比例符号：具有方位意义但面积较小的独立物体，在地图上以一个点来表示物体的位置和种类，而不能表示轮廓与大小。这就要用一个象形符号或会意符号来显示该物体。例如，古塔符号在 1：50000 地图上，塔底基部长度为 0.6mm，换算其实地长为 30m，实际上一般并没有那么大的塔底，可见图上和实地是不成比例关系的。

（3）半依比例符号：实地上的狭长物体与线状物体的长度可以依比例表示，而宽度绘到图上很窄或成一条细线，不能依比例表示，必须放大其尺寸。

同一类型的物体，由于实地大小差别很大，因而一部分可以用依比例符号表示，另一部分则用不依比例表示。如居民地就有依比例表示的街区和不依比例表示的小黑房，以及半依比例表示的狭长街区。同样一条河流的上游，其宽度很窄，只能半依比例表示，而其下游很宽，可依比例表示。

4. 地图数学基础

地图数学基础是地图具有严密的科学性和精确的可量测性的重要保证，它与投影方法、比例尺和定向等有着密切的关系，也是确定地理要素分布位置和几何精度的数学基础，主要包括：

（1）坐标网。通过采用坐标网格来准确确定距离、方向、面积等相关信息，目前主要采用经纬线网（地理坐标系）和方里网（直角坐标系）两种方式。将地球椭球面上所表达的经纬线按照一定投影方式绘制在平面上。选择不同的投影方式，呈现不同形状与系统的坐标网，构成的经纬网络也具有一定的变形规律。经纬网一般绘于＜1：20 万比例尺地形图上；对于＞1∶10万比例尺的地形图,图廓间绘有用来确定点位地理坐标的分度带。

(2)比例尺。定义为图上一条线段的长度与地面对应线段的实际长度的比值,表示地图图形的缩小程度。主比例尺通常绘注在地图上,大比例尺地图内容较为详细、几何精读高,小比例尺地图内容表达相对简略。

(3)大地控制网。理解为地球自然表面中各种空间地图要素在椭球体的转移,确保在坐标网中绘制的地理要素具有准确的空间位置信息。大地控制网由平面控制网与高程控制网组成。平面控制网是平面位置的基本控制,可以直接控制地形测图,主要通过采用导线测量或者三角测量方法,通过投影转换将大地点的大地坐标转换得到平面直角坐标。地形图中高程的基本控制即为高程控制网,其主要采用水准测量方式建立。

1)地球体表达

地球的自然表面为一个相对复杂的地球物理表面,具有崎岖不平、地形复杂等特征,难以直接用数学公式来描述,无法作为测量和制图的依据面。目前常用来表达地球体的三个面分别为地球自然表面、大地水准面、旋转椭球面,如图4-3所示。

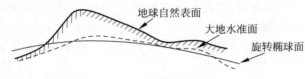

图4-3 地球体的三个面

大地水准面又称为重力等位面,即地球的物理表面。假定海水面在重力作用下静止,设想此时的平均海水面扩展延伸,穿过大陆和岛屿,形成与铅垂线处处正交的闭合曲线,即为大地水准面。同一水准面上的重力位处处相等;同一水准面上任一点的铅垂线都与水准面相互正交。

大地水准面所包围的球体称为大地体,大地体已经很接近地球的真实形状,但是,到目前为止,还难以找到一种数学公式来表达地球形状。

参考椭球体面:将大地水准面绕地轴飞速旋转,就能形成一个表面光滑的椭球体,即旋转椭球体,或称地球椭球体,是地球的数学表面。

由于大地水准面是不规则曲面,无法准确描述和计算,也难以在其面上处理测量成果,所以测量中选择用数学公式严格描述的旋转椭球代替大地体。

旋转椭球体参数:长半轴 a、短半轴 b 和扁率 f,$f=(a-b)/a$,如果 $f=0$ 椭球则成圆球。

在直角坐标系中旋转椭球的标准方程为:

$$\frac{x^2}{a^2}+\frac{y^2}{a^2}+\frac{z^2}{b^2}=1 \tag{4-1}$$

2)坐标系统

坐标系统是描述物质存在的空间位置(坐标)的参照系,通过定义特定基准及其参数形式来实现。坐标是描述位置的一组数值,按坐标的维度一般分为一维坐标(公路里程碑)、二维坐标(笛卡儿平面直角坐标、高斯平面直角坐标)和三维坐标(大地坐标、空间直角坐标)。因为坐标只有存在于某个坐标系统才有实际的意义与具体的位置,为了描述或确定位置,必须建立坐标系统。以下重点讲解几种常用坐标系。

第一,大地坐标系。

以参考椭球面为基准面,在大地测量中建立起来的坐标系称为大地坐标系。大地坐标系直接采用大地经度、大地纬度与大度高度来表示地面点的空间位置信息。但是确定大地坐标系,首先需要选择合适的椭球来实现定位,以此确定大地坐标系的起算数据。

在我国,常用的大地坐标系统分为三类,分别是参心坐标系、地心坐标系以及地方独立坐标系。其中参心坐标系是基本测图和常规大地测量的基础,自天文大地网整体平差后,主要形成三种形式:1954 北京坐标系、1980 西安坐标系以及新 1954 北京坐标系。地心坐标系的建立则是为满足远程武器和航空航天技术发展的需求。20 世纪 70 年代至今,我国先后建立和引进的地心坐标系统包括:1978 地心坐标系(DX-1)、1988 地心坐标系(DX-2)、1984 世界大地坐标系(WGS 84),以及国际地球参考系(ITRS)。其中只有少数部门使用前两种,后两种在 GPS 测量中得到了广泛应用。

大地测量的基本坐标系为大地坐标系,主要采用大地经度(L)、大地纬度(B)、大地高(H)作为坐标分量,如图 4-4 所示。大地起始子午面与地面该点所在的子午面之间的二面角称为大地经度(L);地面该点所处位置的椭球面的法线与赤道平面所构成的夹角称为大地纬度(B);沿椭球法线到椭球面的距离即为地面该点的大地高(H)。

地面点的高程和国家高程基准如下:

(1) 绝对高程。又称海拔,即地面点沿垂线方向至大地水准面的距离。过去,我国应用 1956 年黄海高程系（Huanghai height system 1956,水准原点高程为 72.289m),其高程零点为根据青岛验潮站(tide gauge station)1950—1956 年观测成果求得的黄海平均海水面。后来发现此高程系的验潮资料时间过短,准确性较差,于是进行重新推算,改用青岛验潮站 1950—1979 年的观测资料,该高程系命名为"1985 年国家高程基准"(Chinese height datum 1985)。

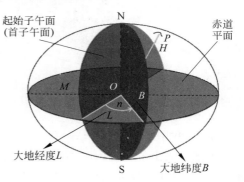

图 4-4　大地坐标系

以基于此确定的平均海平面为零点,可以测算得到国家水准原点(leveling origin,高程为 72.260m),设在青岛市观象山附近,是我国高程测量的依据。对于过去的高程成果,应将其换算为当前的高程基准系统进行应用。

(2) 相对高程。又称假定高程,指地面点沿铅垂线方向至任意假定水准面的距离。

(3) 高差。即地面上任意两点的高程(绝对高程或相对高程)之差。

第二,空间大地直角坐标系。

空间直角坐标系是指以参考椭球的中心为坐标远点,指向起始子午面与赤道的交点为 X 轴,赤道面上、按右手系与 X 轴夹角 90 度为 Y 轴,指向参考椭球的北极为 Z 轴。某点的坐标可以表示为该点在各个坐标轴上的投影,如图 4-5 所示。

原点 O 定义为与地球质心重合;X 轴定义为格林尼治子午面与赤道的交点(E)的方向,Z 轴定义为地球北极方向;Y 轴即为垂直于 XOZ 平面构成右手坐标系。

第三,大地坐标系与空间大地直角坐标系转换。

任一地面点 A,在地球坐标系中的坐标,可表示为大地坐标系(XYZ)或空间大地直角坐标系(BLH)。这两种坐标转换示意图如图 4-6 所示,换算关系如式(4-2)所示。

$$\begin{cases} X = (N+H)\cos B \cos L \\ Y = (N+H)\cos B \sin L \\ Z = [N(1-e^2)+H]\sin B \end{cases} \quad (4\text{-}2)$$

其中：N 为椭球的卯酉圈曲率半径，计算公式如下。

$$N = \frac{a}{\sqrt{1-e^2\sin^2 B}} \quad (4\text{-}3)$$

其中：e 为椭球的第一偏心率；a 为所取椭球的长半径；b 为所取椭球的短半径。

$$e^2 = \frac{a^2-b^2}{a^2} \quad (4\text{-}4)$$

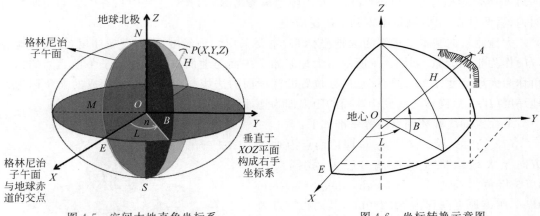

图 4-5　空间大地直角坐标系　　　　　　　图 4-6　坐标转换示意图

第四，我国常用坐标系。

地球表面上的定位问题具有重要意义，与人类的生产活动、科学研究及军事国防等密切相关，可以具体到球面坐标系统的建立。在地球表面与地图平面对应关系的建立过程中，大地体的概念被引入。

（1）1954 北京坐标系（参心坐标系）。

1954 北京坐标系自 1949 年后采用，并维持了很长时间。苏联在 1942 年建立了以普尔科夫天文台为原点的大地坐标系，1954 北京坐标系便与之相关，克拉索夫斯基椭球即为其对应的椭球。1980 年前后，我国基本完成了天文大地测量。计算结果表明，该坐标系比我国的大地水准面偏低，平均误差大概 29m。

（2）1980 西安坐标系（地心坐标系）。

1980 年，国家大地坐标系在全国天文大地网平差会议（1987 年 4 月，西安）中建立，将 1985 国家高程基准作为参考基准，大地原点在西安市西北方向约 60km 处的陕西省泾阳县永乐镇，简称为西安大地原点，故称为 1980 西安坐标系。

（3）WGS-84 坐标系（地心坐标系）。

WGS-84 坐标系又称 1984 年世界大地坐标系，在国际上被统一采用。坐标原点设为地球质心，地心空间直角坐标系的 X 轴指向（BIH）1984.0 的协议子午面和 CTP 赤道的交点，Z 轴指向国际时间局（BIH）1984.0 定义的协议地极（CTP）方向，Y 轴按照右手坐标系与 Z 轴、X 轴垂直。该坐标系是国际协议地球参考系统（international terrestrial reference system，

ITRS)，在 GPS 中也广泛采用。

（4）国家 2000 坐标系（地心坐标系）。

目前我国最新的大地坐标系便是国家 2000 坐标系，其坐标原点设为整个地球（包括海洋和大气）的质量中心；X 轴原点指向格林尼治参考子午面与地球赤道面（历元 2000.0）的交点；Z 轴原点指向历元 2000.0 的地球参考极的方向；Y 轴与 Z 轴、X 轴相互垂直构成右手坐标系。

4.1.3　地图投影

1. 地图投影的概念

数学概念中的投影（project）是指两个点集间一一对应的映射关系的建立。相似地，在地图学中，投影是指地球表面上的点与投影平面上点之间的一一对应关系的建立（见图 4-7）。因此，利用一定的数学法则，把地球表面上的经纬线网表示到投影平面上便是地图投影的基本问题。地图投影是地理信息系统的建立过程中不可或缺的首要考虑因素，使用地图投影可以保证空间信息在地域上的联系和完整性。地球是一个椭球体，其表面是曲面，为了可以在平面图纸上绘制地图，需要采用某种方法将曲面展为平面。然而，如果直接将不可展的椭球曲面展开为平面，不可避免会出现破裂和皱褶的情况，从而无法绘制地图。所以为保证展开后的平面没有破裂和皱褶，必须使用某种特殊方法。

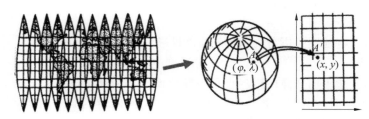

图 4-7　地图投影示意图

地图投影是通过按照一定的数学法则将地球表面的经纬线转换投影到二维平面所涉及的理论与方法。但是考虑到地球形状为一个不规则的球体，球体自身形状的不规则性与表面的复杂性导致难以直接投影到二维平面中，所以无论采用何种数学方法均会产生一定的变形与误差。为满足实际生产与需求，涉及各种不同的投影方法及其投影变形。

2. 地图投影的变形分类

地图采样的方法有很多，采用的地图投影方法的不同也会得到不同的经纬线网形式。为了让图形保持完整和连续，可以应用地图投影将球面展开为平面。但经过这样的投影，地图上的经纬线网会发生变形，从而导致依据地理坐标展绘在地图上的各种地面事物也随之发生变形，并且几何特征（长度、方向、面积）被破坏，使得地图上的经纬线网与球面上的经纬线网形状并不完全相似。通过二者的比较可以看出，变形主要表现在长度、面积和角度三个方面。长度变形和面积变形可以用长度比、面积比的变化表示，数值为零则表示没有变形。地面点基于角度投影后的角值与该点位于地球表面固定角值之间的差值，即为角度变形。

1）长度变形

地图的长度变形是由于地图上的经纬线长度的缩小比例不同,从而与地球仪上的经纬线长度特点存在一定差异。地球仪上经纬线的长度特点包括:第一,纬线长度不等,与纬度相关;纬度越高,纬线越短,即赤道最长,极地的纬线长度为零;第二,同一条纬线上,经度差相同的纬线弧长相等;第三,所有的经线长度都相等。

2）面积变形

地图上经纬线网格面积的缩小比例不同,故与地球仪经纬线网格面积的特点不同,即地图上具有面积变形。地球仪上经纬线网格的面积特点包括两点:一是同一纬度带内,经差相同的网络面积相等;二是同一经度带内,纬线越高,网络面积越小。但地图上的经纬度网格并不完全具有这样的特点。

3）角度变形

地图上的角度变形表现为其两边所夹的角度不等于球面上对应两边的夹角。地球仪上的角度具有经线和纬线处处呈直角相交的特点;而地图上除中央经线外,其余的经线和纬线均未直角相交。投影不同,各几何特征的变形情况也不同。即使相同的投影下,变形也会随地点而改变。故在地图中难以断言其变形情况和程度。

3. 地图投影的分类

地图投影通常需要被分类,以方便研究和学习,分类方法因标志的不同而不同。以下是使用地图过程中常见的分类方式。

1）按变形性质分类

按变形性质可将地图投影分为三类:等角投影、等积投影和任意投影。

（1）等角投影。

等角投影即投影平面任意两边的夹角与椭球面上对应两边的夹角相等,不存在角度变形。等角投影前后,对应的两条微分线段组成角度不变,对应的微分面积图形形状相同,故又名正形投影。其在同一点上任意方向的长度比相等,但这个比例会随地点的变化而改变,故变形椭圆大小也会随着地点的不同而不同。

（2）等积投影。

等积投影是指投影平面与椭球面上对应的面积相等,即投影前后某一微分面积不改变,不存在面积变形。

（3）等距投影。

等距投影是任意投影的一种,任意投影指的是投影前后长度、面积和角度都有变形的投影。而等距投影是其中较为常见的一种,其定义为对于沿着某一个特定方向的距离,投影前和投影后的距离保持不变,也就是说,投影前和投影后的距离沿该特定方向的比值为1∶1。需要注意的一点是,等距投影并不是说在投影前后完全没有长度变形,而是只能保证在某一个特定方向上没有长度变形。三种变形相比,等角投影的面积变形往往很大,等积投影的形状变形往往很大,而任意投影往往面积和角度的变化都不是很大。因此与等角投影相比,等距投影的面积变形更小;与等积投影相比,等距投影的角度变形更小。任意投影比较适合用于一般的参考用图和教学地图等,这是因为这类地图往往要求面积变形和角度变形都不是很大。

2）按构成方法分类

地图投影是通过把椭球面地理信息直接投射到平面或者可展开的曲面上。但是随着科学技术的快速发展，为了尽可能减小投影变形，逐渐提出了基于数学条件构成的投影方式，包括几何投影与非几何投影两种方式。通过将地球椭球面上的经纬线网在几何面上进行投影并展开为平面的这种方式称为几何投影。投影面可以选择平面、圆柱面、圆锥面三种，使得平面、圆柱面或者圆锥面与球面相切或者相割，再将球面上的经纬线网投影到对应的投影面，并将曲面展开为平面的这种方式，分别称为方位投影、圆柱投影、圆锥投影。如果不借助投影面，直接用数学解析的方法基于地球面与平面之间点与点的函数关系进行投影，这种方式称为非几何投影。

4. 地图投影的选择

地图投影是地图编制工作的重要环节之一，地图投影方式的正确选择，不仅能保证选择最适用满足地图用途的实际需求，而且可以根据需求选择投影变形性质以限定变形的大小，确保地图精度以及使用价值。选择地图投影时，需要根据制图所在区域的地理位置、区域形状、区域范围，以及地图的用途、使用方法、地图的内容、地图的出版方式等因素综合衡量。针对中比例尺地图与小比例尺地图，其地图投影方式的选择会直接影响到地图的精度及其使用价值。国家基本比例尺地形图主要由国家测绘主管部门负责研究制定，不容许随意更改。

5. 常用的地图投影

1）世界各种地图投影

世界地图投影具有等积或等角的性质，以保全全球整体投影后变形不大。其主要包括正轴等角割圆柱投影、等差分纬线多圆锥投影、正切差分纬线多圆锥投影（1976 年方案）以及任意伪圆柱投影。

半球地图投影与各大洲地图投影均不同，比如针对东、西半球的地图投影主要有横轴等角方位投影、横轴等面积投影；南半球与北半球投影包括正轴等角方位投影、正轴等面积方位投影、正轴等距离方位投影。同时，各大洲地图投影也均不相同。

2）中国各种地图投影

中国分省（区）地图的投影、中国大比例尺地图的投影也均不相同。针对中国全国地图投影，选择斜轴等角方位投影、正轴等面积割圆锥投影、斜轴等面积方位投影、伪方位投影、正轴等角割圆锥投影等；针对中国分省（区）地图的投影，选择正轴等角割圆锥投影、正轴等角圆柱投影、正轴等面积割圆锥投影、高斯-克吕格投影（宽带）等；针对中国大比例尺地图的投影，选择高斯-克吕格投影（1949 年以后）与等角割圆锥投影（兰勃特投影）（1949 年以前）。

3）高斯-克吕格投影

大地坐标是球面坐标，而工程中使用地图为平面坐标，目前常用高斯-克吕格投影和UTM 投影将球面坐标转换为平面坐标。其中，高斯投影是一种等角投影，又名等角横切椭圆柱投影，是地球椭球面和平面间正形投影方式之一。

高斯投影的原理是假设地球椭球体被椭圆柱横套在内部，并且椭圆柱与椭球体的某一子午线相切，椭球体的中心贯穿在椭球体中心轴上，将椭球体中央子午线及其两侧相同经差范围内的区域采用一定的投影方法投影到椭球柱面上，再将椭圆柱展开为二维投影面，这种投影方式即为高斯投影(见图 4-8)。高斯投影属于正形投影方式的一种。

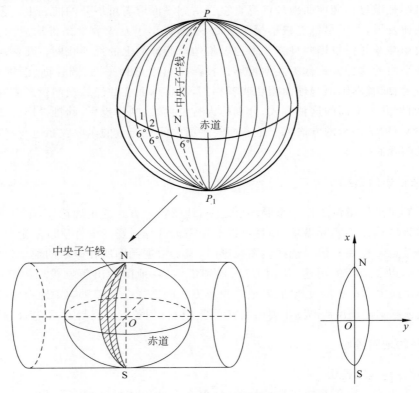

图 4-8　高斯投影示意图

高斯投影具有以下特点。

(1) 中央子午线投影后为长度不变的直线；其他子午线以中央子午线为对称轴,属于凹向中央子午线的曲线,有长度变形。

(2) 赤道投影后为长度有变形的直线,赤道之外的其余纬线,以赤道为对称轴,属于凸向赤道的曲线。

(3) 距离中央子午线越远,变形比越大,并且所有长度变形线段的长度变形比均大于 1。

4) 分带投影

6°分带投影,即经差为 6°,自西向东,从零度子午线起算,每间隔 6°定义为一个投影带,用数字 $1,2,3,\cdots,60$ 来表示,全球共划分了 60 个投影带(见图 4-9)。

第一个 6°分带的中央子午线经度为 3°,N 代表带号,则：

(1) 任意带的起止经度为 $6(N-1)\sim6N$。

(2) 任意带的中央子午线经度 $L_0=6N-3$。

(3) 任意点的 6 任带的带号 $N=\mathrm{int}(L/6)+1$。

以中央子午线作为坐标纵轴,则 Y 坐标会出现负值,不便于使用,故规定将坐标纵轴向西偏移 500 km。

说明：①举个例子,东经 0°~6°为第 1 带,其中央经线的经度为东经 3°,以此类推,东经 6°~12°为第 2 带,其中央经线的经度为 9°。

中央子午线经度

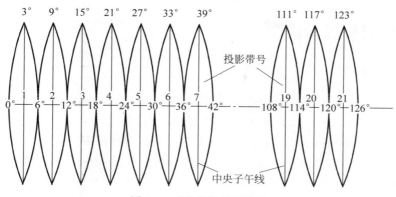

图 4-9　6°分带投影及带号

② 一般我国地形图的比例尺 1∶2.5 万、1∶5 万多是采用 6°分带投影的。

3°分带投影,即经差为 3°,从东经 1.5°的经线开始,自西向东,每隔 3°定义一个投影带,用 1,2,…,120 表示,全球共划分 120 个投影带。

5) UTM 投影

UTM 投影全称为通用横轴墨卡托投影(universal transverse Mercator projection),由美国军方于 1947 年提出的,与高斯-克吕格投影方式相似,中央经线不仅为直线,而且也是投影的对称轴,没有角度变形,UTM 投影中央经线的比例因子取值为 0.9996,中央经线对称两侧有两条不失真的标准经线,大概距离中央子午线 180 km(见图 4-10)。

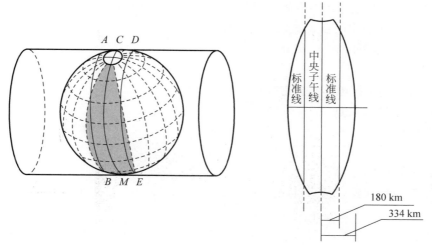

图 4-10　UTM 投影示意图

UTM 采用了网格的分带(或分块)。由于 UTM 是由美国制定的,因此起始分带并不在本初子午线,而是在 180°,所有美国本土都处于 0~30 带内。UTM 投影采用 6°分带,从东经 180°(或西经 180°)开始,自西向东算起,1 带的中央经线为 −177(+183),而 0°经线为 30 带和 31 带的分界,这两带的中央经线分别是 −3°和 +3°。纬度采用 8°分带,从 80S 到 84N 共 20 个纬度带(X 带多 4°),分别用 C 到 X 的字母来表示。为了避免和数字混淆,I 和

O 没有采用。

4.1.4　地理空间的表达

1. 地理信息系统

不同的国家对地理信息系统有不同的全称，如英国：Geographical Information System；德国：Geographical-Information-System；加拿大、澳大利亚：Land Information System；中国：Resources and Enviromental Information System。全称虽有出入，但简称都叫作 GIS。

GIS 是计算机系统，既然是系统，则具备采集、分析、管理、表达等系统基本功能，由若干具备一定功能的子模块构成。

GIS 的处理对象是有关的地理分布数据，也就是空间数据，为了能对这些空间数据进行定位、定性和定量的描述，GIS 要对空间数据按统一地理坐标进行编码，这是 GIS 与其他信息系统有所不同的根本所在。

> 地理信息系统事实上就是地图的一个延续，就是用地理信息系统扩展地图工作的内容。
> ——著名地理学家陈述彭

1）地理空间

地理空间是指物质、信息、能量的存在形式在功能关系、结构过程、形态上的分布格局、分布方式，以及其在时间上的延续，具体包括地球上大气圈、水圈、生物圈、土壤圈和岩石圈交互作用的区域。

地理空间可以描述为绝对空间与相对空间，其中，绝对空间主要由一系列坐标值组成，表达为有属性描述的空间位置的集合；相对空间则由不同实体相互之间的空间关系组成，属于具有空间属性特征的实体集合。

2）空间对象

空间对象（实体）按地形维数进行归类可划分如下。

- 零维空间对象：点。
- 一维空间对象：线。
- 二维空间对象：面。
- 三维空间对象：体。

时间通常以第四维表达，但目前 GIS 还很难处理时间属性。空间对象的维数与比例尺是相关的。

（1）点实体：有位置，无宽度和长度，抽象的点（见图 4-11）。

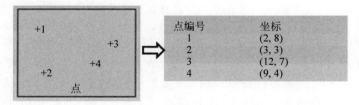

图 4-11　点实体表示

（2）线实体：有长度，但无宽度和高度；用来描述线状实体，通常在网络分析中使用较多，度量实体距离（见图 4-12）。

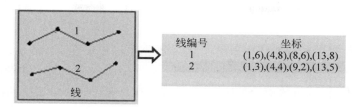

图 4-12　线实体表示

（3）面实体：具有长和宽的目标；通常用来表示自然或人工的封闭多边形，一般分为连续面和不连续面（见图 4-13）。

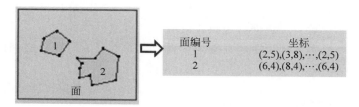

图 4-13　面实体表示

（4）体实体：有长、宽、高的目标；通常用来表示人工或自然的三维目标，如建筑、矿体等。

2. 空间数据结构

表示地理实体的空间数据包含着空间特征和属性特征，对这些复杂特征的空间数据，组织和建立它们之间的联系，以便计算机存储和操作，这称为数据结构。空间数据结构（spatial data structure）是空间地理信息数据呈现在计算机内部的一种组织与编码形式，抽象描述并表达了地理实体的空间排列及其空间关系等信息，适用于计算机存储、处理、管理的空间数据逻辑结构。空间数据结构的具体实现为空间数据编码，通过按照一定的数据结构将影像数据、图形数据、统计数据等相关资料转换为计算机存储与处理的形式。不同的数据类型选择不同的数据结构进行存储处理，其存储大小、内容等均相差极大，直接影响到计算机的处理效率。

矢量数据结构和栅格数据结构是计算机描述空间实体的两种最基本的方式。

1）矢量数据结构

矢量数据结构主要通过利用欧几里得几何学中的点元素、线元素、面元素以及其组合体，表示地理实体空间分布特征的一种数据组织方式。这种方式的数据存储冗余度低，结构简单直观，数据精度较高，便于进行空间实体的网络分析。矢量数据结构存储比较复杂，其独立的存储方式导致相邻多变形的公用边界被数字化存储两次，出现数据冗余以及细碎多边形。并且存储的复杂性也同步导致空间数据查询的复杂性。

2）栅格数据结构

栅格数据结构通过将空间划分为具有相同属性值的规则格网或栅格单元来表示的空间

实体的一种数据组织方式,是基于栅格模型的空间数据结构。基于行与列表示栅格数据空间位置,网格边长大小即表示了数据的精度。使用一个栅格单位来表示点,采用一串相互连接有序且网格值相同的栅格单位表示线,将相互连接聚集在一起且内部格网值相同的栅格单位表示为多边形。

栅格数据结构与矢量数据结构相比较,栅格数据可以更加直观地表示地理空间信息,并且便于进行多层地理空间数据图层的叠加处理。由于数据精度关键是网格单元的边长,故边长缩小精度提升时,网格数量会迅速递增,导致数据存储空间也迅速增加。同时由于相邻栅格单位具有一定相关性,易增加冗余度。

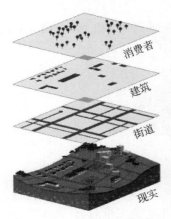

消费者

建筑

街道

现实

图 4-14　空间数据表达示例

以基于矢量数据模型系统为例,将空间数据存入计算机完成空间数据表达,主要包括如下三个步骤。

(1) 从逻辑上将空间数据抽象为不同的专题或层。

一个专题层包含指定区域内地理要素的位置数据和属性数据。空间数据可按某种属性特征形成一个数据层,通常称为图层。空间数据分层方法分为专题分层、时间序列分层、不同垂直高度分层(见图 4-14)。

(2) 将一个专题层的地理要素或实体分解为点、线或面状目标,即分类码。

分类码主要由数字、字符或两者混合组成,表示信息分类结果的不同类别代码。

(3) 对目标进行数字表示,即标识码。

在数据分类的基础之上,标识码主要由定位分区与实体代码组成,表示为对某类结果数据中的每个实体进行标识,便于按照实体进行逐个查询、检索、存储等。

3. 空间数据的拓扑关系

不考虑度量(距离)和方向的空间物体之间的关系,在拓扑变换(理想橡皮板拉伸或缩短,但不能撕破或重叠)下两个以上拓扑元素间能够保持不变的几何属性,即为拓扑属性。

地里信息系统中描述空间地理要素的空间位置与空间关系非常重要的基本信息即为空间几何信息与拓扑关系。几何信息主要包括空间几何坐标位置、方向、距离、面积、角度等信息,常用解析几何方法来表示,空间关系主要为几何关系的相邻、相连、包含等信息,常用拓扑结构或拓扑关系来表示。拓扑关系主要在于点、线、面要素之间的连接关系,而与几何形状无关,拓扑关系相同的两个实体的几何形状可能相差甚远。

图 4-15(a)、(b)所表示的图形,虽然几何形状不相同,但是图形中节点之间的拓扑关系是相同的,图 4-15(c)同时表示图 4-15 (a)、(b)所示节点的邻接矩阵。

同样,图 4-16(a)、(b)所示的图,虽然两者几何形状完全不同,但面块 a、b、c、d 之间的拓扑邻接关系是相同的,邻接矩阵如图 4-16(c)所示。

拓扑关系与空间实体之间的坐标、距离等相关信息无关,也不随投影不同而发生变化,主要用于反映空间实体之间的空间关联逻辑关系。在地理信息系统中,拓扑关系在空间数据的组织、处理、分布等环节中均非常重要。空间数据的拓扑关系主要包括拓扑关联关系、

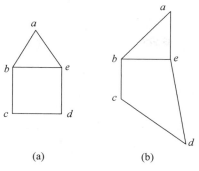

图 4-15　节点之间的拓扑关系

节点	a	b	c	d	e
a	—	1	0	0	1
b	1	—	1	0	1
c	0	1	—	1	0
d	0	0	1	—	1
e	1	1	0	1	—

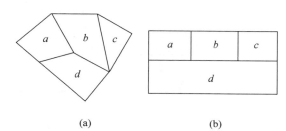

图 4-16　面块之间的拓扑关系

面块	a	b	c	d
a	—	1	0	1
b	1	—	1	1
c	0	1	—	1
d	1	1	1	—

拓扑邻接性、拓扑包含性,具体如下。

（1）拓扑关联性。

空间图形中不同元素（节点、弧段、多边形）之间的拓扑关系表示为拓扑关联性。图 4-17(a)所示图形具有弧段与多边形之间的关联性（见图 4-17(b)）、节点与弧段之间的关联性（见图 4-17(c)）。

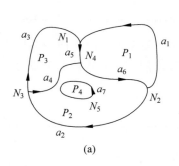

多边形号	弧段号
P_1	a_1、a_5、a_6
P_2	a_2、a_4、a_6
P_3	a_3、a_4、a_5
P_4	a_7

弧段号	起点	终点
a_1	N_2	N_1
a_2	N_2	N_3
a_3	N_3	N_1
a_4	N_3	N_4
a_5	N_1	N_4
a_6	N_4	N_2
a_7	N_5	N_5

（a）　　　　　　　　（b）　　　　　　　　（c）

图 4-17　图形的拓扑关联性

用类似图 4-17(b)、(c)的关联表示图的方法,数据存储量小,每条弧段只需要存储一次所包含的几何坐标数据。相反,如果不考虑图形之间的关联关系,每个多边形采用全部封闭的弧段来表示与存储,不仅无法表达空间关系,而且数据量大。

（2）拓扑邻接性。

图形中相同类型要素之间的拓扑关系即为拓扑邻接性,如节点之间的邻接性、弧段之间的邻接性以及多边形间的邻接性。弧段走向属于有向的,常用弧段的左多边行与右多边形号来表达并得到多边形的邻接性。表 4-1 即为图 4-17 用弧段走向的表达,由于相同弧段的左多边形与右多边形邻接,故多边形邻接矩阵表可以表示为表 4-2,整理得到邻接表 4-3,表中数字 1 表示对应多边形邻接。

表 4-1 弧段走向的左、右多边形表示

弧 段 号	左多边形	右多边形
a_1	P_1	—
a_2	—	P_2
a_3	—	P_3
a_4	P_3	P_2
a_5	P_1	P_3
a_6	P_1	P_2
a_7	P_4	P_2

表 4-2 多边形邻接矩阵

多边形号	P_1	P_2	P_3	P_4
P_1	—	1	1	0
P_2	1	—	1	1
P_3	1	1	—	0
P_4	0	1	0	—

表 4-3 多边形邻接性

多边形号	多边形邻接性		
P_1	P_2	P_3	
P_2	P_1	P_3	P_4
P_3	P_1	P_2	
P_4	P_2		

同理,从图 4-17(a)可得到如表 4-4 所示的弧段和节点之间关系表。由于同一弧段上两个节点必连通,同一节点上的各弧段必相邻,所以分别得弧段之间邻接性矩阵和节点之间连通性矩阵如表 4-5 和表 4-6 所示。

表 4-4 弧段和节点之间的关系

弧段	起点	终点	节点	弧 段		
a_1	N_2	N_1	N_1	a_1	a_3	a_5
a_2	N_2	N_3	N_2	a_1	a_2	a_6
a_3	N_3	N_1	N_3	a_2	a_3	a_4
a_4	N_3	N_4	N_4	a_4	a_5	a_6
a_5	N_1	N_4	N_5	a_7		
a_6	N_4	N_2				
a_7	N_5	N_5				

表 4-5　弧段之间的邻接性矩阵

弧段	a_1	a_2	a_3	a_4	a_5	a_6	a_7
a_1	—	1	1	0	1	1	0
a_2	1	—	1	1	0	1	0
a_3	1	1	—	1	1	0	0
a_4	0	1	1	—	1	1	0
a_5	1	0	1	1	—	1	0
a_6	1	1	0	1	1	—	0
a_7	0	0	0	0	0	0	—

表 4-6　节点之间的连通性矩阵

节点	N_1	N_2	N_3	N_4	N_5
N_1	—	1	1	1	0
N_2	1	—	1	1	0
N_3	1	1	—	1	0
N_4	1	1	1	—	0
N_5	0	0	0	0	—

（3）拓扑包含性。

表示空间图形中面状与所包含的其他点状实体、线状实体、面状实体之间的关系,即为拓扑包含关系。如图 4-18 所示,拓扑包含性又划分为简单包含、多层包含以及等价包含。

(a) 简单包含　　　　　(b) 多层包含　　　　　(c) 等价包含

图 4-18　实体之间的包含关系

图 4-18(a)中多边形 P_1 中包含多边形 P_2。图 4-18(b)中多边形 P_3 被包含在多边形 P_2 中,而多边形 P_2、P_3 又都被包含在多边形 P_1 中。图 4-18(c)中多边形 P_2、P_3 都被包含在多边形 P_1 中,多边形 P_2、P_3 对 P_1 而言是等价包含。

4. 拓扑关系的关联表达

空间数据的拓扑关系在地理信息系统中尤为重要,拓扑关系的关联表达即为表示空间位置数据间关系的拓扑关联表。常用采用两种表达方式,即为全显式表达与半隐式表达。

（1）全显式表达。

能够明显表达空间数据点→弧段→多边形的关系,以及多边形→弧段→点之间的拓扑关系的表达方式即为全显式表达。

针对图 4-19 所示图与其拓扑关系的表示,采用表 4-7 至表 4-10 作为关联表,从上到下表示元素之间的关联性如表 4-7 和表 4-8 所示,从下到上表示元素之间的关联性如表 4-9 和表 4-10 所示,图 4-19 的拓扑关系表的全显示表达即为这些表达集合。

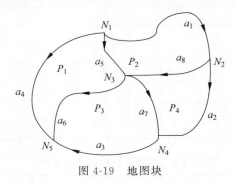

图 4-19　地图块

表 4-7　多边形-弧段的拓扑关系表达

多 边 形	弧 段		
P_1	a_4	a_5	a_6
P_2	a_1	a_8	a_5
P_3	a_3	a_6	a_7
P_4	a_2	a_7	a_8

表 4-8　弧段-节点拓扑关系表达

弧 段	节 点	
a_1	N_1	N_2
a_2	N_2	N_4
a_3	N_4	N_5
a_4	N_1	N_5
a_5	N_1	N_3
a_6	N_3	N_5
a_7	N_3	N_4
a_8	N_2	N_3

表 4-9　节点-弧段拓扑关系表达

节 点	弧 段			
N_1	a_1	a_4	a_5	
N_2	a_1	a_2	a_8	
N_3	a_5	a_6	a_7	a_8
N_4	a_2	a_3	a_7	
N_5	a_3	a_4	a_6	

表 4-10　弧段-多边形拓扑关系表达

弧 段	左多边形	右多边形
a_1	0	P_2
a_2	0	P_4

续表

弧　段	左多边形	右多边形
a_3	0	P_3
a_4	P_1	0
a_5	P_2	P_1
a_6	P_3	P_1
a_7	P_4	P_3
a_8	P_4	P_2

（2）半隐式表达。

表 4-8 与表 4-9 可以相互简单地推导出彼此，但基于表 4-7 与表 4-8 所表示关系同样可以推导出表 4-10，这种推导关系相对复杂，为了将拓扑关联表达进一步简化，通常选择表 4-7、表 4-8 和表 4-9 中的一个来表达不同元素间的拓扑关联关系。同时可以进一步合并表格，形成表 4-11 所表示的半隐式表达结果。

表 4-11　弧段数据结果表示

ARCID	起节点	终节点	左多边形	右多边形	弧　坐　标
a_1	N_1	N_2	0	P_2	$x_{n1},y_{n1},\cdots,x_{n2}y_{n2}$
a_2	N_2	N_4	0	P_4	$x_{n2},y_{n2},\cdots,x_{n4}y_{n4}$
a_3	N_4	N_5	0	P_3	$x_{n4},y_{n4},\cdots,x_{n5}y_{n5}$
a_4	N_1	N_5	P_1	0	$x_{n1},y_{n1},\cdots,x_{n5}y_{n5}$
a_5	N_1	N_3	P_2	P_1	$x_{n1},y_{n1},\cdots,x_{n3}y_{n3}$
a_6	N_3	N_5	P_3	P_1	$x_{n3},y_{n3},\cdots,x_{n5}y_{n5}$
a_7	N_3	N_4	P_4	P_3	$x_{n3},y_{n3},\cdots,x_{n4}y_{n4}$
a_8	N_2	N_3	P_4	P_2	$x_{n2},y_{n2},\cdots,x_{n3}y_{n2}$

4.1.5　电子地图

1. 电子地图的概念

1）电子地图的定义

电子地图为具有地图符号化数据特征，并能实现快速显示，可供人们阅读的有序数据集合。电子地图来源于数字地图，具有地图基本特征（数学法则、特定符号系统、制图综合），属于一种模拟地图产品，其采集与设计均在计算平台中实施。电子地图的表达载体是屏幕。

电子地图可从狭义和广义来定义电子地图，从狭义上讲，将计算机系统作为数据处理计算的重要平台，将数字地图作为数学基础，在屏幕中进行实时显示的地图称为电子地图。支持显示的软件系统与显示的地图统称为广义上定义的电子地图。典型电子地图示例如图 4-20 所示。

2）电子地图的特点

电子地图具有如下特点。

• 过程的交互性。允许用户交互操作，通过漫游、缩放对地图表示内容进行选择与调

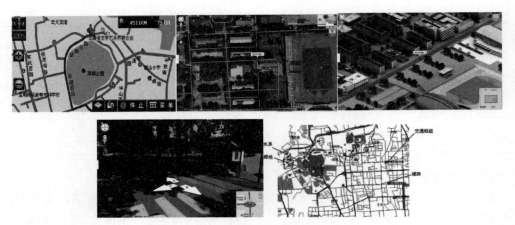

图 4-20　电子地图示例

整,通过相应的交互操作后进行地图更新,并实时显示在屏幕上。

- 信息表达的多样性。具备同时加载多种比例尺的地图数据能力,根据实际需求通过设定一系列条件来动态调整显示内容。
- 地图分析与信息检索。利用电子地图数据库进行高效且快速的检索、查询、空间分析、高精度量算等。
- 多维和动态可视化。电子地图可以直接描述地理现象的动态变化过程,允许地图的三维显示、虚拟环境漫游等。
- 共享性。电子地图依托大容量便携的存储设备、网联通信技术、计算机技术等,更便于地图数据的共享、传播。
- 低成本性。通过数据形式存储于数据库,便于数据编辑、修改、更新等,成本低,周期短。

3) 电子地图的基本构成

通常,人们将电子地图软件和数据的集合称为电子地图系统,也简称为电子地图,但是这个概念并不全面,一个完整的电子地图系统应该包括四部分:电子地图数据、硬件系统、软件系统以及开发/管理/应用人员。软硬件系统共同构成电子地图的运行环境,数据库支持下的地理空间数据构成电子地图内容,同时人员在电子地图的设计、开发、维护、管理与操作应用等过程中发挥着重要作用。

4) 电子地图的数据类型

(1) 空间数据与非空间数据。空间数据表达地理实体的位置、大小和分布信息,也称为图形数据或者几何数据;非空间数据主要包括专题属性数据和地理统计数据等。

(2) 基础地理数据和专题数据。基础地理数据是只具有空间定位和基本属性信息的地图数据;专题地理数据是电子地图要反映的主题数据。

2. 电子地图的分类与功能

1) 电子地图的分类

根据内容、比例尺、区域范围、用途,可以将电子地图划分为不同类型,具体如表 4-12 所示。

表 4-12 电子地图的分类

基 本 分 类		扩 展 分 类	
划 分 方 式	类 型	划 分 方 式	类 型
按内容划分	普通电子地图	按数据结构划分	矢量电子地图
	专题电子地图		栅格电子地图
按比例尺划分	大比例尺电子地图		矢栅混合电子地图
	中比例尺电子地图	按功能特点划分	浏览型电子地图
	小比例尺电子地图		查询型电子地图
按区域范围划分	自然区域		分析型电子地图
	行政区域		单机电子地图
按用途划分	军用电子地图 电子陆图 电子海图 电子航空图 电子宇航图 ……	按输出和使用方式划分	光盘电子地图
			触摸屏电子地图
			PDA 电子地图
			网络电子地图
	民用电子地图 农业用电子地图 地质用电子地图 石油用电子地图 民航用电子地图 ……	按技术特色划分	多媒体电子地图
			三维动态电子地图
			移动导航电子地图

2）电子地图的功能

（1）表达功能。可视化是电子地图的核心，包括地图无级缩放和漫游、分层分级显示、基于多媒体的表达等。

（2）分析功能。分析功能是电子地图区别于传统地图的关键，包括查询、量算、距离分析、统计分析、智能规划和决策等。

（3）服务功能。提供用户和地理空间信息相关的服务，具有大众化的特点。

电子地图具有范围广、种类多、技术和设备依赖性强的特点。范围广，应用遍及自然科学、人文科学等多领域；种类多，电子地图具有众多类型，如导航、旅游、军用、单机版、网络版、手机版、触摸屏等；技术和设备依赖性强，不同种类的电子地图依赖特定的技术和设备。

3. 电子地图与数字地图、GIS 等的关系

1）电子地图与数字地图的关系

- 采用数字形式描述表达地图要素的空间位置、属性信息、关联关系等信息的数据集合称为数字地图，与具体表达的符号无关，是一种存储方式。
- 电子地图是数字地图符号化处理后的数据集合，是数字地图的可视化，是一种表示方式。
- 数字地图是电子地图的数据基础，电子地图是数字地图的表达结果。
- 数字地图是虚地图，电子地图是实地图。

2）电子地图与 GIS 的关系

电子地图和 GIS 密切相关，但是在功能、应用目的、数据、通用程度等方面具有显著的差异,紧密关联但不能相互替代,主要表现在如下几点。

- 地图数据的完整性要求不同。GIS 注重分析功能,强调地理实体的空间完整性;电子地图为了表达目的有可能损失完整性。
- 核心功能的要求不同。GIS 着重空间分析;电子地图着重地图表达。
- 地图表达的应用要求不同。GIS 制图要求相对简单;电子地图需要丰富的地图表现形式。
- 产品的通用程度不同。GIS 常作为政府、行业的决策支持系统;电子地图的用户多是广大的普通用户。

3)电子地图与传统模拟地图的关系

(1)电子地图与传统模拟地图的联系。

- 电子地图也属于模拟地图形式,和纸质地图在很多方面(设计、表达)具有一致性。
- 纸质地图不仅是电子地图打印输出的表现形式,而且也是数字地图的重要数据来源之一。

(2)电子地图与传统模拟地图的区别。

- 在地图的三个基本特征上两者具有显著差异。
- 电子地图增加了多媒体数据的应用。
- 在表达上电子地图更容易描述动态过程和立体场景。

4.2 导航电子地图

4.2.1 导航电子地图的概念

1. 导航电子地图的定义

导航电子地图即为基于包含空间位置坐标信息,能够与空间定位系统关联,为人或交通工具准确提供导航的电子地图及数据集,属于电子地图技术的重要分支。同时,也是电子地图应用最为广泛、最具市场前景的产品形式。导航电子地图在电子地图的基础上增加了很多与车辆、行人相关的信息,结合这些信息,通过特定的理论算法,能够用于计算起点与目的地间路径并提供实时引导的数字化地图。

导航电子地图与计算机、通信、移动定位等高新技术紧密结合,具有信息查询、路径分析、动态导航等功能,其技术已经从单一的车载导航发展到全方位的移动定位服务。

移动导航电子地图是在移动定位技术支持下具备导航能力的电子地图系统,属于地理信息系统技术、计算机地图制图技术、通信技术、嵌入式技术、移动定位技术等综合应用的产物,已经越来越受到人们的重视,并被广泛应用到交通、旅游、救险、物流、军事等诸多领域。

2. 导航电子地图的分类和特征

导航电子地图,按照应用模式可以分为如下三种。

(1)自导航系统。主要由导航设备和电子地图两部分组成,前者主要用于确定车辆位置,后者用于信息查询、地图显示、路径查询等。该系统可移植到工控机中或者掌上电脑(personal digital assistant,PDA)中。

(2)中心管理系统。主要由移动车辆和管理中心组成,基于无线数据传输设备将移动车辆位置信息传输至管理中心,安装在管理中心的导航电子地图主要用于显示车辆位置,实现对车辆信息的实时管理。

(3)组合系统。即为上述两种系统的组合,在管理中心与车端均配置电子地图,故系统也同时兼具上述两种系统功能。

移动导航电子地图主要用于对车辆实现导航,其特征如下。

(1)能够准确实时显示车辆位置信息,实现对车辆行驶过程的跟踪。

(2)拓扑关系明确,数据结构简单,可获取出发点与目的地之间的最佳路线。

(3)数据存储小,空间数据计算处理与分析的时间短,软件运行速度快。

(4)包含了限速、交叉路口转弯、信号灯等导航所需要的交通信息。

(5)信息查询方便、灵活。

3. 导航电子地图的组成

导航电子地图由硬件系统和软件系统组成,具体如下。

(1)硬件系统。一般包括 GPS 天线和接收机、附带交通信息的电子地图、位置显示模块、导航计算机。为实现 GPS 信息接收处理、各种地理信息管理和方位显示提供硬件平台(见图 4-21)。

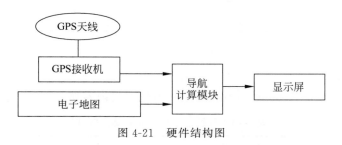

图 4-21　硬件结构图

(2)软件系统。主要包括数据获取与处理模块、通信模块、导航电子地图数据库系统和电子地图显示和管理系统(见图 4-22)。

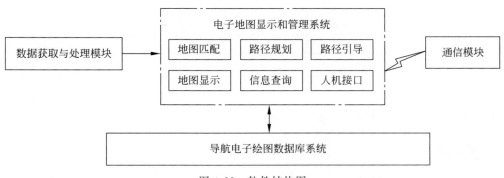

图 4-22　软件结构图

4.2.2　导航电子地图的内容

导航电子地图数据主要是在基础地图数据的基础上经过加工处理生成的面向导航应用的基础地理数据集,主要包括道路数据、兴趣点(POI)数据、背景数据、行政境界数据、图形文件、语音文件等。

1. 道路数据

导航电子地图的道路数据一般包括的内容如表 4-13 所示。

表 4-13　导航电子地图的道路数据

数　　据	类　　别	数 据 类 型	功　　能
道路	高速公路	线类	路径计算
	城市公路	线类	路径计算
	国道	线类	路径计算
	省道	线类	路径计算
	县道	线类	路径计算
	乡镇公路	线类	路径计算
	内部道路	线类	路径计算
	轮渡(车渡)	线类	路径计算
节点	道路交叉点	点类	拓扑描述
	图廓点	点类	拓扑描述

2. POI

导航电子地图的 POI(point of interest)一般包含的内容如表 4-14 所示。

表 4-14　导航电子地图的兴趣点数据

数　　据	类　　别	数 据 类 型	功　　能
POI	一般兴趣点	点类	检索
	道路名	点类	检索
	交叉点	点类	检索
	邮政检索	点类	检索
	地址检索	点类	检索

3. 背景数据

背景数据一般包含的内容如表 4-15 所示。

4. 图形数据

图形数据一般包含的内容如表 4-16 所示。

表 4-15   导航电子地图的背景数据

数 据	类 别	数据类型	功 能
建筑物	街区	面状要素	显示城市道路布局结构
	房屋建筑	面状要素	显示建筑物轮廓
	围墙	线状要素	显示建筑物之间的相互关系和连接状况
铁路数据	干线铁路	线状要素	显示干线路的基本走向
	地铁、城市轻轨	线状要素	显示地铁/城市轻轨的基本走向
水系	江、河、湖、水库、池塘、海、游泳池	面状要素	背景显示
	水渠、水沟、	线状要素	背景显示
植被	树林、绿化带、草地、公园、经济植物	面状要素	背景显示

表 4-16   导航电子地图的图形数据

数 据	类 别	数 据 类 型	功 能
图形	高速分支模式图	图片	显示增强
	三维分支模式图	图片	显示增强
	普通道路分支模式图	图片	显示增强
	高速出入口实景图	图片	显示增强
	POI 分类示意图	图片	显示增强
	三维图	模型、图片	显示增强
	标志性建筑物图	图片	显示增强
	道路方向看板	图片	显示增强

5. 行政数据

行政数据一般包含的内容如表 4-17 所示。

表 4-17   导航电子地图的行政数据

数 据	类 别	数 据 类 型	功 能
行政区界	国界	面状要素	显示行政管理区域范围
	省级界	面状要素	显示行政管理区域范围
	城市级界	面状要素	显示行政管理区域范围
	区县级界	面状要素	显示行政管理区域范围
	乡镇级界	面状要素	显示行政管理区域范围

6. 语音文件

语音文件一般包含的内容如表 4-18 所示。

表 4-18　导航电子地图的语音数据

数　据	类　别	数据类型	功　能
语音	道路名语音	声音文件	导航辅助
	泛用语音	声音文件	导航辅助

4.2.3　导航电子地图的制作过程

导航电子地图制作过程如图 4-23 所示。

图 4-23　导航电子地图的制图流程

导航电子地图从数据源到导航产品的产业流程如图 4-24 所示。

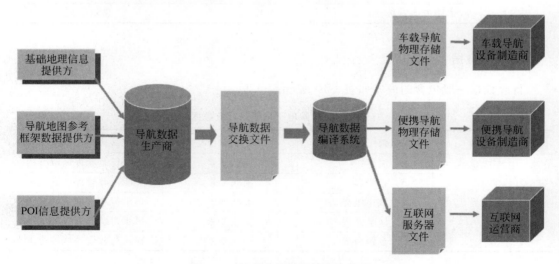

图 4-24　导航电子地图的产业流程

导航电子地图生产的行业监管过程如图 4-25 所示。

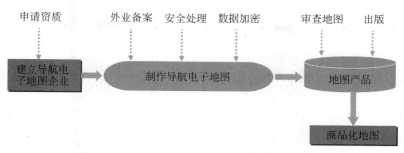

图 4-25 导航电子地图的行业监管过程

4.2.4 导航电子地图的技术标准与国家保密制度

技术标准的建立可以实现地图在导航信息表达、数据交换和物理存储格式上的统一,为导航产业内部的合理分工提供一致的地图数据接口;实现地图产品在不同导航设备上的互换性,凝聚先进的导航地理数据库技术,获得最佳经济效益的市场秩序;保护国家安全利益,在国际市场一体化的环境下保护自主知识产权和提高国家竞争力。

1. 涉及导航地理数据的基本架构和数据模型的标准

《导航地理数据模型与交换格式》(GB/T 19711—2005)。

《导航电子地图元数据》(SJ/T 11419—2010)。

《导航电子地图数据分类与编码规范》(GB/T 28442—2012)。

2. 涉及导航地理数据生产过程的标准

《车载导航地理数据采集处理技术规程》(GB/T 20268—2006)。

《车载导航电子地图产品规范》(GB/T 20267—2006)。

《导航电子地图安全处理技术基本要求》(GB 20263—2006)。

《车载导航电子地图数据质量规范》(GB/T 28441—2012)。

《个人位置导航电子地图数据质量要求》(GB/T 28445—2012)。

《导航电子地图检测规程》(CH/T 1019—2010)。

3. 涉及导航电子地图产品的标准

《导航电子地图图形符号》(GB/T 28443—2012)。

《车载导航电子地图应用存储格式》(GB/T 30291—2013)。

《个人位置导航电子地图物理存储格式》(GB/T 30292—2013)。

《导航电子海图应用存储格式》(GB/T 28444—2012)。

4. 国际上著名的导航电子地图标准

GDF(geographic data file)V 4.0 ISO 14825。

KIWI V1.22 日本 KIWI-W 协会。

SDAL V1.7 美国 NAVTEQ 公司。

Car IN 格式德国 SIEMENS 公司。

NDS(navigation data standard) 国际 PSI 组织。

可以看出,导航电子地图标准体系内的各个标准项目按照业务范围分成了若干类别,类别之间构成层次化的结构关系。整个体系层次分明、分布合理,各标准项目彼此衔接配套,构成了一个完整、全面的体系结构。这个标准体系为实现导航电子地图产业与其他应用行业之间实现信息资源共享奠定了基础。

地图数据是与国家安全和利益密切相关的数据资源,为有效确保数据的安全,国家制定了一系列与地图相关的法律、法规,以及行业管理规定等。导航电子地图数据的制图生产属于国家监管的行为,导航电子地图生产必须具备导航电子地图资质,而且明确地图中不可表达、收集、公布敏感信息,电子地图数据必须按照国家规定的加密处理方式对数据做好保密工作。从事导航电子地图等相关行业人员必须知晓国家制图与测绘相关的法律法规,依据国家的相关规定进行导航电子地图的采集与制作。比较重要的文件有《导航电子地图安全处理技术基本要求》(GB 20263—2006)。

4.3 自动驾驶高精地图

4.3.1 自动驾驶高精地图概述

自动驾驶地图指的是服务于自动驾驶汽车的一类地图。在现有自动驾驶技术下,纯粹依靠单车来实现全方位的感知和应对各种复杂环境的自动驾驶决策仍然是一个难题。因此,实现高级别自动驾驶需要高精度的交通环境信息来辅助。

面向 SAE L3～L5 级的高度自动驾驶地图(highly automated driving map,HAD MAP),其精度要求为 1～10cm,相比精度为米级的普通地图,具有更高的精度,因此在业内,高度自动驾驶地图也常称为高分辨率地图(high definition map,HD MAP)或高精度地图,简称高精地图。下面将对高精度地图进行概述,首先介绍其定义、特点和基本内容,然后介绍其与导航地图的区别和关联,并介绍其发展历程,最后介绍它在自动驾驶中起到的作用。

1. 高精地图的定义

用于自动驾驶的高精地图,是关于车辆环境数据和交通运行数据元素的存储和呈现结构。在车辆环境数据方面,高精地图拥有精确位置信息、丰富道路元素的数据;在交通运行数据方面,高精地图包含交通规则以及交通状况等数据。高精地图为智能驾驶提供先验知识,起到构建类似人脑对真实道路的整体记忆与认知的功能,为智能汽车预知环境和交通中的复杂信息,规避驾驶潜在的风险,是实现自动驾驶的核心基础。

高精地图兼具高分辨率与面向高级别自动驾驶两大特性。高精地图通过精细化描述道路、车道线、路沿、交通标志等静态与动态信息,为自动驾驶定位、规划、决策、控制等应用提供安全保障,是自动驾驶领域的核心与基础。高精地图作为无人驾驶领域的刚需,在整个领域扮演着核心角色,可以帮助汽车定位、预先感知路面复杂信息,结合智能路径规划,让汽车做出正确决策。

2. 高精地图的特点

在自动驾驶领域,高精地图具有如下三个公认特性。

(1)高绝对坐标精度(绝对坐标精度指的是地图上某个目标和真实的外部世界的事物之间的精度)。

(2)丰富道路交通信息元素,最重要的就是道路网的精确三维表征,比如交叉路口的布局和路标位置等,还包含了很多语义信息,包括交通信号灯颜色定义、道路限速信息、车辆转弯开始位置等。

(3)高更新频率,提供最新、最准确的静态信息;提供实时的交通状况、障碍物等动态信息。

这些特性使高精地图区别于日常生活中一般的导航地图,高精地图要求更高。

3. 高精地图的作用

高精地图主要在高级别自动驾驶中起到关键作用。根据 SAE 对自动驾驶的分级(见图 4-26),L2 级及以下的低级别自动驾驶是由人来完成全部或部分的驾驶动作,由精度为米级和亚米级的 ADAS 地图支持即可,而 L3 级及以上的高级别自动驾驶,在某些或全部情况下是由系统来完成所有驾驶操作的,因此需要高精地图,特别是 L4、L5 级的无人驾驶情况下,没有人类驾驶人介入,高精地图则是必备项。

自动驾驶等级	等级名称	描述	所需地图类型	精度	地图是否必备
驾驶人					
1 (DA)	驾驶辅助	系统根据环境信息执行转向和加减速中的一项操作,其他驾驶操作都由人完成	辅助驾驶地图	亚米级	可选项
2 (PA)	部分自动驾驶	系统根据环境信息执行转向和加减速操作,其他驾驶操作都由人完成	辅助驾驶地图	亚米级	可选项
自动驾驶系统					
3 (CA)	有条件自动驾驶	系统完成所有驾驶操作,根据系统请求,驾驶员需要提供适当的干预	辅助驾驶地图+自动驾驶地图	亚米级/厘米级	可选项
4 (HA)	高度自动驾驶	系统完成所有驾驶操作,特定环境下系统会向驾驶人提出响应请求,驾驶人可以对系统请求不进行响应	辅助驾驶地图+自动驾驶地图	亚米级/厘米级	必备项
5 (FA)	完全自动驾驶	系统可以完成驾驶人能够完成的所有道路环境下的操作,不需要驾驶人介入	自动驾驶地图	厘米级	必备项(自动更新)

图 4-26 高精地图与自动驾驶分级关系图

高精地图主要从环境感知、高精定位、路径规划、车辆控制几个方面对自动驾驶提供帮助。

1)辅助环境感知

单纯依靠车载传感器实现全方位的准确环境感知,对于现今的自动驾驶技术仍然是一个挑战。高精地图中包含的大量静态道路信息,如车道线、道路边界、交通标志等,对实车环境感知是一个直接的补充。在车联网语境下,高精度地图还能补充实时交通状况、动态障碍物等信息。特别地,利用高精地图还可以实现部分环境元素的超视距感知。

2）辅助高精定位

在城区中由于 GNSS 信号受到较多的干扰,其定位精度大大下降,不能满足自动驾驶的定位精度需求。此时,可以利用高精度地图来辅助高精定位。将地图中的静态的道路基础设施和固定元素（常用车道线、灯杆、交通标志等）与感知结果相匹配,就可以对 GNSS 给出的定位信息进行纠正,从而实现高精度（厘米级）的定位。这对判断自车所在车道、自车与车道的相对位置关系具有重要的意义。

3）辅助路径规划

高精地图除了传统的电子导航地图提供的道路级宏观路径规划功能,还可以在车道级路网和交通状况信息的协同之下,提供车道级宏观路径规划的服务。高精地图所提供的道路曲率、坡度、障碍物信息、交通规则相关信息（如限速信息、人行横道）等,对局部路径规划具有一定辅助作用。车联网语境下,高精地图还能提供车辆、行人等动态障碍物信息,对局部路径规划具有重要意义。

4）辅助车辆控制

高精地图提供的道路曲率、坡度、交通规则信息等,可对汽车加速、并道和转弯等控制动作提供参考,对实际车辆动力学控制提供辅助。

4. 高精地图与导航地图的区别与关联

现今的自动驾驶地图是由电子地图逐步发展而来的,如图 4-27 所示,自 20 世纪 80 年代汽车逐渐普及,人们开始在驾驶任务中利用电子地图指引方向,这阶段主要是将纸质地图进行数字化,形成精度为 5～20m 的电子地图。随着导航系统的普及,卫星定位技术结合电

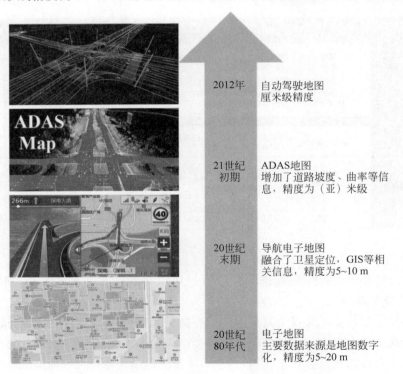

2012年	自动驾驶地图 厘米级精度
21世纪 初期	ADAS地图 增加了道路坡度、曲率等信息,精度为（亚）米级
20世纪 末期	导航电子地图 融合了卫星定位,GIS等相关信息,精度为5~10 m
20世纪 80年代	电子地图 主要数据来源是地图数字化,精度为5~20 m

图 4-27   自动驾驶地图发展历程

子地图就可以实时提供导航服务。在 21 世纪初,自动驾驶逐渐得到行业关注,带有基本预警和巡航功能的驾驶辅助系统首先得到落地应用,随之而来的是配套的 ADAS 地图,包含了道路坡度、曲率,精度也达到米级和亚米级。2012 年起,高级别自动驾驶逐渐出现,随之而来的是现今意义上的厘米级高精度自动驾驶地图。2014 年,欧洲电信标准化协会(ETSI)进一步推动了局部动态地图(local dynamic map,LDM),将动态信息也考虑进来,更好地为高级别自动驾驶服务。

总的来说,依托电子地图这一载体,实际驾驶需求不断推动了上述的演化过程。从驾驶人的导航需求,到辅助驾驶,到高级别自动驾驶,地图所包含的信息不断丰富、完善和精确化,其功能也从道路级别的寻路,渐渐走向辅助局部环境感知和理解。越来越丰富和精确的先验信息,在自动驾驶实时感知和决策中发挥了重要的辅助作用,为提升安全性、降低实时计算压力具有重要意义,推动了高级别自动驾驶的发展。

为分析高精地图与一般的导航地图之间的差异,从要素与属性、更新频率、使用者、现实性要求、精度等方面来进行考察。

从要素与属性角度来看,导航地图仅包含道路级别的静态数据,而高精度地图还需要额外包括动态信息,且静态信息也要远远丰富于传统导航地图。在更新频率上,传统导航地图以天、月甚至季度的更新频率就不能满足高精地图的需求,后者需包含每天更新的静态信息和实时更新的动态信息。

导航地图的使用者是人,因此是以屏幕显示的形式输出,其用途为辅助人进行导航、搜索和目视。高精地图的使用者是计算机,因此不是以屏幕显示的形式输出,其用途为辅助计算机进行环境感知、定位、路径规划和车辆控制。使用者和用途的区别,也使得二者的现实性要求和精度要求产生差异。导航地图的基本任务是为人类指出道路级导航结果,具体的驾驶动作可以由人类良好地完成,因此米级的精度足以完成任务,现实性要求也较低,而高精地图辅助计算机进行感知、决策的任务,以目前的自动驾驶技术,这些任务由单车难以独立完成,因此需要高精地图对现实世界进行精确刻画,精度需求很高,达厘米级。

总而言之,高精地图是导航地图的延伸,精度更高,维度更广,二者之间虽有区别,但也存在一定的关联,如表 4-19 所示。

表 4-19　导航地图与高精地图的区别

要素	传统导航地图	高 精 地 图	
		ADAS 地图	AD 地图
地图信息	道路级别信息	车道级别信息	
路径规划	全局路径规划	局部路径规划	
精度	5～10m	米级	厘米级
地图要素	道路级别数据:道路形状、坡度、铺设、方向等	高精道路级别数据:道路形状、坡度、曲率、铺设、方向等	增加车道属性相关数据以及高架物体、防护栏、树、道路边缘类型、路边地标等大量目标数据
实时性	永久静态数据(更新频率约 1 个月)、半永久静态数据(更新频率约 1h)	永久静态数据(频率约 1 个月)、半永久静态数据(频率约 1h)、半动态数据(频率约 1min)、动态数据(频率约 1s)	

续表

要素	传统导航地图	高精地图	
		ADAS 地图	AD 地图
街道名称	重要	一般	一般
道路曲率	一般	重要	重要
道路几何特征	重要	重要	重要
使用对象	驾驶人	面向机器,供智能驾驶汽车使用	
定位	依赖 GPS 定位,定位准确性取决于 GPS 精度、信号强弱及定位传感器的误差	通过更高维数的数据结合高效率的匹配算法,能够实现更高尺度的定位与匹配	
功能	辅助驾驶的导航功能	"地图匹配＋辅助环境感知＋路径规划":通过"高精度＋高动态＋多维度"的地图数据为智能驾驶提供自变量和目标函数	

4.3.2 高精地图常用格式规范

高精地图所包含的信息,需要以合理的体系来进行分层存储,并形成统一和通用的标准。本节将对高精地图所包含的信息进行整理,并对现有的一些高精地图标准中信息的分层体系架构进行介绍。

为了给自动驾驶汽车提供丰富的交通环境信息,自动驾驶高精地图需要涵盖大量的信息。高精地图所含的信息广义地可以分为两大类,即静态信息和动态信息。从地图对自动驾驶感知、定位、规划、控制起到的作用来看,自动驾驶地图需要对宏观路网、道路几何信息、高精度局部静态信息、交通规则和交通状况等进行描述,在车联网的辅助下,还可以进一步包含车辆、行人等高度动态的信息。图 4-28 对一些常用的静态信息和动态信息进行了分类。

可以看出,实际驾驶所遇到的交通环境是十分复杂的,自动驾驶地图需要包含丰富而庞杂的先验信息。因此,对这些信息进行合理的分层是非常必要的。在梳理这些环境信息的过程中,分层体系设计方法并不唯一,从不同的视角设计出的自动驾驶地图标准,也会有着不同的分层存储方式。

下面介绍当前主流的一些自动驾驶地图标准的分层体系的设计。

自动驾驶地图格式规范定义了如何对采集到的地图进行完整的表述。目前,自动驾驶行业影响力最大的标准有 ADASIS、OpenDRIVE、LDM、NDS。OpenDRIVE 和 NDS 两个标准侧重于精细地描绘静态地图模型,ADASIS 侧重提供 ADAS 应用协议规范,LDM 的特点则是分层描述动静态道路元素。

1. OpenDRIVE 地图格式规范

OpenDRIVE 是一种开放的文件格式,面向自动驾驶服务,可用于路网的逻辑描述,支持三维形状信息的精细表达。

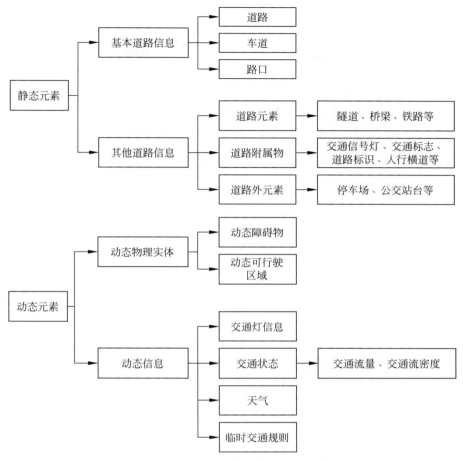

图 4-28　一些常用的静态信息和动态信息

1）OpenDRIVE 的基本特点

OpenDRIVE 地图格式主要面向局部静态信息设计 XML 架构实现分层存储，以道路、路口为单元，将车道及其他元素按照严格层级继承关系实现集中式存储，其特点在于层次清楚，逻辑分明。

图 4-29 给出了 OpenDRIVE 格式中的层级继承关系，以图中 link 为例，其指的是道路路网连接关系，上级为道路 road，下级则利用相邻道路来具体指出该道路在路网中的位置（predecessor/successor/neighbor）。

OpenDRIVE 的另一个基本特征是其 s-t 坐标系（见图 4-30）。从 OpenDRIVE 1.4 开始，使用格式化为 proj4 的字符串的投影定义对路网进行地理参照转化，它将地理空间坐标从一个坐标参考系统（CRS）转换为另一个坐标参考系统，包括制图投影和大地测量转换，在 OpenDRIVE 数据中大量使用的位置信息都是投影后的 xy 坐标，除了该投影坐标系外，还利用道路中心线作为参考线，定义了如下轨迹坐标系。

- s 坐标：沿着参考线（reference line）的方向。
- t 坐标：是相对于参考线的侧向位置，左正，右负。

bead name	level	instances per parent	parent
OpenDRIVE	0	1	—
|-header	1	1	OpenDRIVE
| |-geoReference	2	0..1	header
|-road	1	1+	OpenDRIVE
| |-link	2	0..1	road
| | |-predecessor	3	0..1	link
| | |-successor	3	0..1	link
| | |-neighbor	3	0..2	link
| |-type	2	0+	road
| | |-speed	3	0+	type
| |-planView	2	1	road
| | |-geometry	3	1+	planview
| | | |-line	4	1	geometry
| | | |-spiral	4	1	geometry
| | | |-arc	4	1	geometry
| | | |-poly3	4	1	geometry
| | | |-paramPoly3	4	1	geometry
| |-elevationProfile	2	0..1	road
| | |-elevation	3	0+	elevationProfile

图 4-29　OpenDRIVE 格式中的层级继承关系

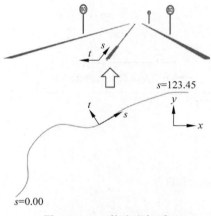

图 4-30　*s-t* 轨迹坐标系

2）OpenDRIVE 的结构内容

（1）道路。

OpenDRIVE 中路网结构中的一个道路（road），包含以下内容。

- 道路连接关系（link）。
- 道路类型（type）。
- 参考线。
- 车道（lane）。
- 车道的其他属性（限速等）。

所有道路都包含参考线，用于定义基本几何（geometry）（弧线、直线等），参考线一般为道路中心线，线条有多种类型，直线、螺旋线等。沿参考线可以定义道路的各种属性，例如，海拔概况、车道、交通标志等，道路之间可以直连，也可通过路口（junction）进行连接。

OpenDRIVE 支持道路分段表达。假如一个道路长度为 100m，有可能这 100m 有些地方是直路，有些地方是拐弯的曲线，每一条都是一个几何标签，通过 *s*（起始位置）和长度（length）进行连接（后一个 *s* 是前一个的长度）。

（2）车道。

车道是从属于道路的，一条道路下通常包括多条车道。车道的基本格式如下。

① 用字段存储路网连接关系、道路类型、道路长度、限速等道路基本属性信息。

② 三维形状信息：俯视形状曲线、高程曲线、剖面形状曲线。具体如下。

- 俯视形状曲线：分段曲线，包括直线、螺旋线、圆弧、多项式 4 种数学表达形式（见图 4-31），图 4-31 列出了除起点终点坐标外，所需的其他参数。
- 高程曲线：描述道路竖直高度随道路纵向坐标 *s* 的变化情况，表达为高程－*s* 的 3 次多项式。

- 剖面形状曲线：给定 s 处，高程－t 的三次多项式；或用倾角进行简化描述，如图 4-32 所示。

图 4-31　车道表示方法

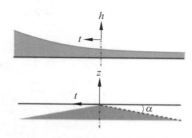

图 4-32　剖面形状曲线表示

- 考虑到交通规则，还需要给出车道边界颜色、虚实、材料、线宽等信息。

（3）道路连接关系及路口。

道路之间的连接关系有两种（每个道路有唯一的 ID），一种是有明确的连接关系，例如，前后只有一条道路，那么通过上一道路/下一道路（successor/predecessor）进行连接；另一种是没有很明确的连接关系，这时就需要一个路口连接，利用序号明确进入、离开路口的道路，就能清楚地描述道路、路口之间的连接关系。

例如，图 4-33 中 road 2 的后置节点 successor 就无法确定；图中的 3、4、5 处存在一个 junction，road 3、4、5 称为 connecting road，相对这一路口，2 称为 incoming road，6、7、8 称为 outgoing road。

（4）其他信息。

除道路、路口外，OpenDRIVE 还包含站台、铁路、停车场等静态元素，这些和道路、路口一起构成了完整的地图 XML 文件。OpenDRIVE 中除道路和车道外的其他信息，丰富程度低于 NDS，主要刻画地理环境中的固定设施。

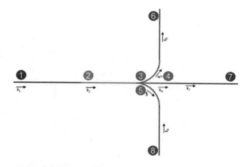

道路	上一道路	下一道路
1	—	2
2	1	多个
3	2	6
4	2	7
5	2	8
6	3	—
7	4	—
8	—	5

图 4-33　道路连接关系

2. NDS 地图格式规范

1）NDS 基本特点

NDS 的基本框架是利用四叉树将全部地表分块，区块等级（level）越高，区块（tile）越小，存储的地图信息就越精细，区块按照四叉树编号，便于索引。不同种类信息（如道路、车道、地形）存储在不同层（building block）中，每层信息都根据区块划分存储，且存储在不同的等级中，等级越高则越精细。图 4-34 为 NDS 地图的区块示意。

图 4-35 展示了 NDS 地图中信息的基本存储逻辑，即层和区块的关系。图 4-35 中，纵向的 L0～L15 代表了区块等级，等级越高代表区块越小；横向上，各柱即为不同的层，代表不同类型的信息，如基本地图显示层（basic map display）、导航信息层（routing）、交通信息层（traffic information）等。纵横向叠加，就可以知道哪一等级的区块存储了哪些类型的信

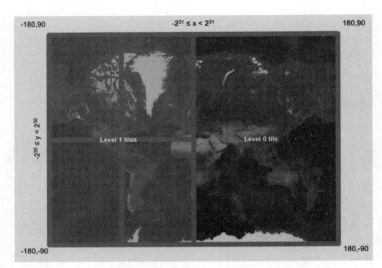

图 4-34　NDS 区块划分

基础地图显示	道路	命名	重要地点	交通信息	语音信息
L0					
L1					
L2					
L3					
L4	L4			L4	
L5					
L6	L6			L6	
L7					
L8	L8			L8	
L9					
L10	L10			L10	
L11					
L12					
L13	L13			L13	
L14					
L15					

地图数据库

图 4-35　NDS 地图中信息的基本存储逻辑

息,如 L13 级别的区块存储了导航信息。

2) NDS 结构内容

NDS 地图包含大量丰富信息,涵盖了传统地图和高精地图两大领域,篇幅所限,这里对其中最重要的道路、车道等内容进行简要介绍。

(1) 道路层。

NDS 道路层所包含的信息和普通电子地图类似,道路层信息主要在 L13(尺度为地球表面的 2^{-13})的区块尺度上存储。包含路网以及路口、道路形状信息,路网是节点(路口)和边(道路)构成的路网拓扑图。在此基础上,对道路形状信息进行了详细描述,包括俯视曲线和剖面曲线,形状信息与 OpenDRIVE 类似。

（2）车道层。

面向 ADAS 及自动驾驶应用，NDS 车道层支持车道基本属性、车道连接关系和车道形状信息。车道基本属性包括车道类别、车道限速等基本信息。车道连接关系上，同方向、同道路的车道被划分为组（group），通过组间的关系形成路网，车道连接关系如图 4-36 所示。车道形状（中心线及车道边界）则用样条曲线描述，俯视、剖面等三维属性信息描述与 OpenDRIVE 类似。NDS 支持描述多种车道边界的类型（车道线、路沿、栏杆等）。

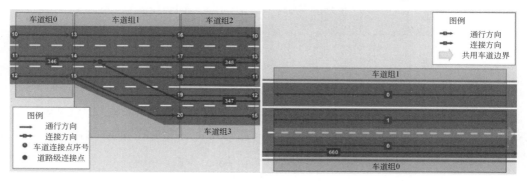

图 4-36　车道层表示

（3）其他信息。

NDS 将高精度信息集成到传统地图上，用成熟的分层和区块存储的信息，除道路和车道外，NDS 还支持非常丰富的地图信息，兼具自动驾驶应用与传统地图功能，包括地图显示层、交通信息层、地形信息层、静态目标层、命名层等。由于包含了这些细节的传统地图功能，NDS 比 OpenDRIVE 要更加精细成熟和完备，但也相对复杂，不能像 OpenDRIVE 一样简单地用 XML 格式的字段进行存储。

NDS 中，三维静态目标得到了较为完备的刻画。NDS 地图模型支持固定障碍物、建筑物等独立于道路与车道的静态目标的三维信息表达。三维包围盒（bounding box）是静态目标三维几何形状的基本表达，包围盒为长方体或底面为平行四边形的变形长方体。NDS 支持可水平方向旋转的三维包围盒，但其顶面与底面须与地面平行。给定静态目标以满足这种要求的最小的包围盒来表达，以底面中心位置、长、宽、高、水平朝向角几个参数来描述包围盒，其中长宽分别用二维向量描述，因而支持底面为平行四边形的变形长方体，如图 4-37 所示。

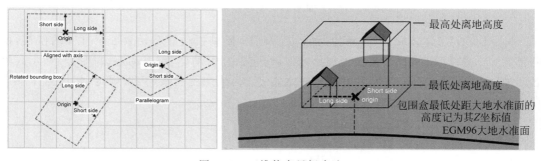

图 4-37　三维静态目标表达

NDS 进一步考虑了静态目标的级别,对于院落等具有从属和嵌套关系的一组静态目标,可以进一步描述其关联性(见图 4-38)。

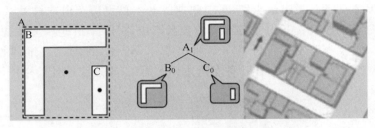

图 4-38　关联性的描述

3. ADASIS 与 LDM 简介

ADASIS(见图 4-39)侧重云端与用户的交换协议,云端为用户提供 ADAS Horizon(AH),用户进行订阅。AH 提供的信息与其他自动驾驶地图类似,包括路口、道路、车道、引导线等信息,支持以地图为平台的感知融合。

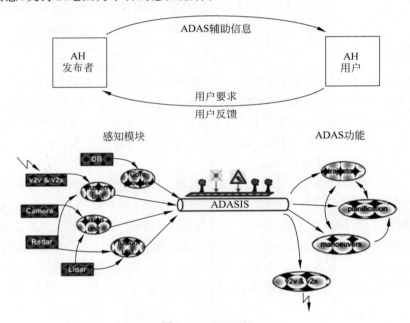

图 4-39　ADASIS

LDM(local dynamic map)意为局部动态地图,提供了动静态元素分层存储的架构,面向智能交通系统(ITS)而非静态地理环境设计,包括高度动态、瞬时动态、瞬时静态、永久静态四种数据(见图 4-40)。LDM 并未对永久静态(其他地图的核心)做规定,然而对车辆属性、交通灯状态等进行了细致描述。

4. 清华自动驾驶地图模型

1) 清华自动驾驶地图模型的基本特点

现有的自动驾驶地图标准,从图商的角度以信息的分类整理为基本思路,与自动驾驶结

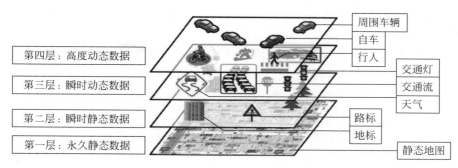

图 4-40 LDM

合方式不清晰,为此,从自动驾驶感知、定位、决策等实际应用角度出发,提出了清华地图模型,即一种 7 层自动驾驶地图模型,比 LDM 的 4 层模型更加完善。不仅包括传统路网信息,还包括高精度车道级及环境信息数据,同时还兼容动态感知层和驾驶决策层部分信息,实现动态-静态、宏观-微观、道路层-车道层数据相结合,完整表达路网及环境信息(见图 4-41)。该模型被中国科技协会万钢主席在年度报告中采用。

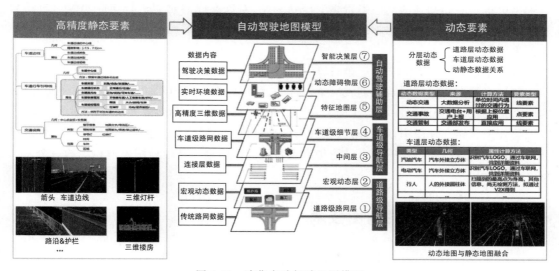

图 4-41 清华自动驾驶地图模型

2)清华自动驾驶地图结构内容

(1)道路级路网层。

道路级路网信息可以为自动驾驶汽车全局路径规划提供服务,道路级路网该层是传统电子地图包含的内容。

(2)宏观动态层。

宏观动态层提供道路级的动态交通信息,包括交通拥堵状况,以及修路等临时交通事件,该层信息可以动态地为自动驾驶汽车全局路径规划提供服务。

(3)中间层。

中间层(道路车道连接层)是为车道级全局路径规划设计的,这一层提供的是道路路网和车道级路网之间的拓扑连接关系,但并不包含与全局路径规划无关的车道详细信息(如车道几何形状等),因此该层的数据规模较小,使其能够快速地实现车道级全局路径规划。

(4) 车道级细节层。

车道级细节层提供的是车道的详细信息,进一步为自动驾驶车辆局部驾驶行为决策以及局部轨迹规划提供参考。车道级细节层提供的信息与 OpenDRIVE 的车道信息类似,包括高精度的车道几何形状、交通标志、车道级交通规则、车道坡度、车道曲率等信息。

(5) 特征地图层。

特征地图层是为自动驾驶车辆自车高精度定位设计的。特征地图层包含激光雷达点云信息、视觉线状信息等。自动驾驶车辆在实际行驶过程中,可以将车载传感器所采集到的特征与地图中的特征进行对比,来修正自车当前的定位信息,也即实现地图匹配定位。特别地,在城市复杂环境中,GNSS 信号受到遮挡和干扰较多,利用地图匹配可以显著地提到自车定位的精度。这一层由于包含了大量的传感器数据特征,其数据量较大,但相比上述四层的矢量数据,能够更好地支持自动驾驶车辆的自车定位。

(6) 动态障碍物层。

动态障碍物层是为动态局部路径规划设计的。在车联网的辅助下,路侧设备以及网联车辆可以将实时感知到的动态障碍物上传到云端,对动态障碍物层进行实时更新。自动驾驶车辆读取这一层中的动态障碍物信息,就可以实现动态局部路径规划,实现避让、制动等动作来保障安全。

(7) 智能决策支持层。

智能决策支持层是为自动驾驶决策设计的,该层包含一些与驾驶决策相关的先验知识。实际上,驾驶决策与地理环境密切相关,针对每一个具体地点,分析该处决策的特点,并将这些抽象知识存储在地图中,在自动驾驶汽车行驶过程中,就可以实时地根据其所处的位置进行针对性的决策指导。这一层也是清华自动驾驶地图模型与其他地图模型相比的一个突出特点和优势。

4.3.3　自动驾驶地图制图技术

高精地图制图的基本环节包括静态地图构建和动态地图构建。在制图过程中,需要进一步明确动态与静态地图关系。此外,高精地图更新也是制图技术的一种延伸,使静态元素与动态元素都能保持比较合理的更新频率,保证高精度地图的时效性。本节将对静态地图构建、动态地图构建、动态与静态地图关系、地图存储结构、地图更新技术进行分析,并对现有的高精地图典型产品进行介绍。

1. 静态地图构建

静态地图数据加工主体环节可以分为数据采集、数据智能化处理、人工加工确认、数据出品四个环节(见图 4-42)。

1) 数据采集

数据采集是一项庞大的任务,需要投入大量的采集车负责收集用于高精地图制作的源数据,而且道路环境不断变化,为保持高精地图的鲜度,需确保每次发生变化时,高精地图均

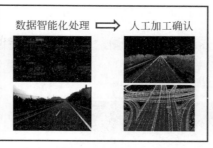

数据采集　　数据智能化处理　⇒　人工加工确认　　数据出品

图 4-42　静态数据加工主体环节

会得到快速更新以保证自动驾驶汽车的安全性。我国图商具备自主开发移动测量系统的能力,基于移动测量系统(MMS)的高精地图生产模式已经成熟,基于众包的高精地图生产模式逐步发展。

　　数据采集的方式有集中制图和众包制图两种。集中制图指的是图商利用自己的专业采集车采集数据,再统一进行集中处理的方式;众包制图指的是利用普通大众的车辆上搭载的雷达、相机等传感器数据作为基本数据源进行处理的方式。目前,地图采集以集中制图为主,部分初创公司以众包制图为主。图 4-43 给出了 3 个图商的数据采集方式、精度、规模、进展等详细信息。

序号	内容	不同图商采用不同集成方案		
		图商1	图商2	图商3
1	采集方式	激光雷达+全景摄像头+GPS+地基差分+惯导(可夜间采集)	激光雷达+摄像头+GPS+惯导+地基差分(可夜间采集)	激光雷达+全景摄像头+惯导+GNSS+地基差分(可夜间采集)
2	精度(定位误差)	5~10cm	10cm	10cm
3	采集规模	40辆高精度采集车(自研),300多辆普通地图采集车	5辆RIEGL专业采集车,高精度采集车(自研)及普通地图采集车若干	10辆专业采集车,300辆普通地图采集车
4	数据上传方式	采集完,采用专用存储设备由专人带到数据中心上传	采集完,采用存储设备人工带到数据中心上传	采集完,采用存储设备人工带到数据中心上传
5	地图更新频率	每月	每季度	每季度
6	目前进展	30万km:高速公路+城市快速路	100%高速公路+城市快速路	35万km:高速公路+城市环路
7	采集规划	2017全国高速,2020城市道路	2017全国高速,2020城市道路	2017全国高速,2020城市道路
8	偏转插件	偏转精度有所提高,但对L3或L4自动驾驶仍有影响,且希望参与算法优化	偏转插件和车端插件性能有提升,但对L3及以上仍需要测试摸索	偏转插件和车端插件性能有提升,暂不影响当前驾驶辅助车辆使用,对L3及以上自动驾驶有影响

图 4-43　不同图商采集模式

　　采集车是数据采集的核心载体,搭载了激光雷达、摄像头、IMU 和 GNSS 等系统及传感器设备(见图 4-44)。采集数据包括行车轨迹、图像、点云等数据,可以据此识别车道线、路沿、护栏、路灯、交通标志牌等信息。这些原始数据具有数据量大、计算速度慢的特点,且根据我国测绘法,需要对原始精度数据严格保密,此环节是后续数据处理、加工和出品的基础。

　　2) 数据智能化处理

　　高精地图生产中,对道路元素的识别要求较高,目前主流的方式为基于深度学习的图像

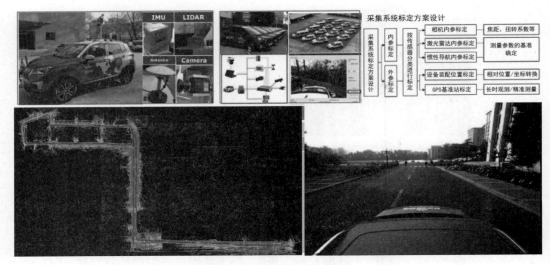

图 4-44 地图采集示例（百度）

识别算法进行车道线、地面标志线、交通标志牌的识别，如 Faster-RCNN、Mask R-CNN、YoloV3、Deeplabv3 等。利用激光雷达可以重建道路三维环境，并进行道路要素提取与识别，以准确反映道路环境并描述道路环境特征，不仅可以得到高精点云地图，而且可以与影像融合处理，实现高精准度的道路要素识别。

基于激光雷达点云和图像多传感器数据融合可以识别车道标志、障碍物和交通标志（见图 4-45），自动化率 90％以上，相对精度可以达到 20cm。对于误识别、漏识别的要素需要进行人工检核与验证。然而，由于自动驾驶对数据质量及精度的高要求（3σ），使得该环节对工具自动处理的召回率、准确率都尤为重要。召回率、准确率越高，需要人工参与量越低，质量越有保障。此环节是人工加工工作量的关键。

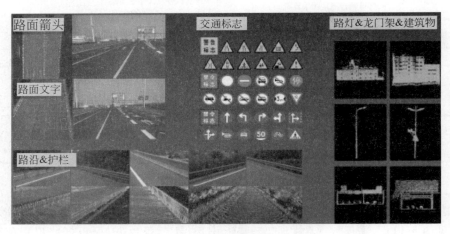

图 4-45 自动识别要素示意图

3）人工加工确认

由于自动识别存在漏检、误差及错误，需要增加人工加工确认环节以保证地图创建过程的正确性与完整性。通过自动提取获取的高精地图数据与对应的图像信息进行比对，寻找错误并进行改正,包括车道线识别是否正确;交通信号灯及标志牌的逻辑处理;路口虚拟道路逻辑线生成;涉及红绿灯与相应停止线的逻辑信息处理。此外,还需要为自动化处理的地图数据完善对应的属性信息,例如,车道线类型、车道线颜色、车道通行状态等属性信息。但是,人工工作的介入也有可能带来数据精度损失、质量损失的风险,因此,此环节是数据处理的核心,也是数据质量控制的必经之路。

4)数据出品

最后的数据出品环节,主要的工作是转换数据格式,以及提供地图引擎和发布,最终,形成具有统一规定格式,并且能够方便调用和读取的高精地图。

数据格式的转换,是将前面步骤中得到的各种数据整理为符合格式规范的地图的过程。加工的地图数据以专业的测量设备 RiEGL 采集制作数据为真值做评估(见图 4-46)。将加工后的高精地图数据进行编译,生成可供自动驾驶应用且符合格式规范(NDS、OpenDRIVE 等)的高精地图。

精度测评方法(以北京G7高速公路高精地图测试为例)

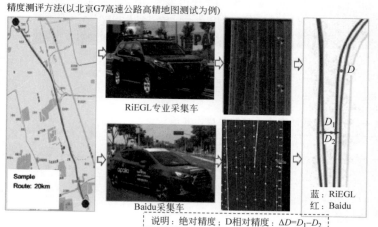

测评结果			
绝对精度	%	相对精度	%
±0.25m	95.54	±10m	90
±0.5m	99.73	±15m	95.54
±1m	99.97	±20m	99.36
±2m	100	±30m	100

要素	标准	FPR	FNR
车道线几何	0.50%	0.00%	0.00%
路沿	0.50%	0.01%	0.00%
护栏	0.50%	0.00%	0.00%
车道类型	0.50%	0.00%	0.01%
车道通行状态	0.50%	0.00%	0.00%
车道线类型	0.50%	0.00%	0.00%
车道线颜色	0.50%	0.00%	0.00%
车道线粗细	0.50%	0.00%	0.00%
限速	1%	0.01%	0.01%

图 4-46　地图精度评价

提供地图引擎和发布,其目的在于将大数据量的高精地图数据,通过引擎提供方便显示和调用的接口,方便自动驾驶系统的接入。高精地图具有数据量大等特点,如果直接将大区域高精地图数据导入自动驾驶系统中,将会占用大量资源且费时。为灵活调度高精地图资源,高精地图供应商通常提供"地图引擎"软件,地图引擎提供高精地图数据的应用程序编程接口,是能够实现渲染、查询、读取等功能的一套函数库。所有的应用软件只需要调用 API 就可以实现读取、添加、删除、修改高精地图,从而保持车端地图的鲜度。

经过以上各步骤就能形成达到精度要求、符合标准规范、便于使用的自动驾驶高精地图,所形成的地图样例如图 4-47 所示。

2. 动态地图构建

动态数据包含两类来源的数据,一类是交通状况数据,包括交通流量、事故情况、交通管制信息等;另一类是通过车联网上传的高度动态的车辆、行人等障碍物信息。下面将对这两类信息的构建进行介绍。

图 4-47　典型地图示例

第一类信息构建的数据来源如表 4-20 所示。

表 4-20　道路层动态要素参数生成示意表

动态数据类型	来源	计算方法	要素类型
交通流量	大数据分析	单位时间内通过的交通行为	线要素
交通事故	交通电台＋用户上报	根据上报位置应用	点要素
交通管制	交通管理部门发布	直接应用	线要素
…	…	…	…

　　通过基于车联网的大数据分析可以获取交通流量的信息,并以线要素的形式,作为道路的一种动态属性来进行表达。交通事故信息则通过交通电台和用户上报的形式,作为点要素标示于地图中。交通管制信息则由当地的交通管理部门发布,同样以线要素的形式作为道路的属性来进行表达。此外,由于城市建设、封路、重大事件的影响等,交通规则有可能发生临时性的变化,这些同样需要根据实际情况进行更新。

　　第二类信息为高度动态数据,需要利用车联网来进行实时更新。这部分数据可以由自动驾驶汽车的车载传感器来获取,也可以由路侧感知设备来获取。然后,利用车联网 V2X,将车辆位置、车辆行驶(位置和速度)、车辆操作数据和行人位置以广播方式通知其他相关车辆,每辆车在车载终端的动态地图上不断更新周边车辆的位置和行人信息,实现高度动态数据的构建。

3. 动态数据与静态地图的关系

　　建立动态数据与静态地图的关系,同时根据动态数据中各要素的速度、运动方向,预测可能的方向,建立动态地图,进而动态地图与静态地图叠加,再结合自动驾驶车自身位置,如

图 4-48 所示。

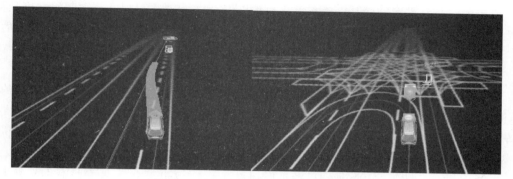

图 4-48　动态地图与静态地图叠加示意图

4. 高精地图更新

高精地图数据如果不能及时更新,自动驾驶车辆就有可能对环境做出错误的判断。一般地,高精地图中的动态数据是必须要更新的,因此谈到高精地图的更新,一般指的是高精地图中的静态数据的更新。

高精地图的更新可以通过专业采集车或者众包数据来实现。高精地图更新的基本目的是通过将采集到的数据与地图中已有的数据进行比对,调整元素的位置,补充原有地图中没有的元素,并删去当前已经不存在的元素。通过专业采集车进行的更新,具有较高的精度和可靠性,但是成本较高,而且由于专业采集车的数量较少,更新的速度就比较慢。而通过众包数据来进行更新,即利用自动驾驶汽车车载传感器感知到的数据进行更新,其精度低于专业采集车,但是随着自动驾驶汽车数量的增多,感知数据量增高,在云端收集这些数据后,利用大数据分析也可以得到精度较高的更新结果。

5. 高精地图典型产品

目前,许多国内外企业都投身于高精地图的制作,力图在这个具有很大潜力的市场中占据一席之地。目前已经有许多高精地图产品上市,包括 HERE 3D 地图、百度地图、高德地图等。

1）HERE 3D 地图

2012 年,诺基亚旗下的 NAVTEQ 公司开始开展厘米级高精地图项目,公司更名为 HERE。HERE 的高精地图是以激光雷达和相机来构建的,利用激光雷达点云和摄像头拍摄的图片进行匹配,得到带有颜色信息的点云,同时利用采集车惯导系统来校正车辆的位置,最终得到厘米级精度的高精度 HERE 3D 地图。HERE 地图为每个车道和独立点建立三维样条表面模型,可以为自动驾驶汽车提供车道级高精度定位。

HERE 的地图采集车已行驶了 30 个国家 2×10^5 km 的路程,每天进行百万次的地图更新,其高精地图服务具有较强的国际影响力。

2）百度地图

百度公司在 2013 年收购了长地万方并入股瑞图万方,获得了甲级测绘资质,进入高精地图领域的竞争。百度拥有超过 250 辆地图采集车,其技术路线是首先从 ADAS 地图入手,再不断提高地图精度,满足整车厂自动驾驶渐进式发展的策略需要。

百度的采集车方案同样是以激光雷达和相机为主的,其地图已经达到厘米级精度,自动化生产程度达到 90% 以上。百度高精地图更新采用众包更新的方案,可以实现分钟级的更新。到 2016 年年底,百度高精地图已经覆盖了 1×10^3 km 的里程。

3) 高德地图

高德目前有两种地图数据采集车,分别用于 ADAS 地图和高精度自动驾驶地图的采集,同时考虑了自动驾驶渐进式发展策略和未来高级别自动驾驶的需求。其 ADAS 地图采集车以 6 个环视相机来实现,高精度自动驾驶地图采集车则为 2 个激光雷达加 4 个相机的方案。

2017 年年底,高德 ADAS 地图已经扩展到超过 30 个城市主干路,高精度自动驾驶地图像国省道和主要城市内部扩展。高德地图的更新同样采取了众包方式。

4.4　车辆定位技术

自动驾驶系统包括环境感知、规划决策和车辆控制等模块,车辆定位技术是这些模块的基础。自动驾驶汽车只有达到分米级甚至厘米级的定位精度才能正确地按照预定轨道行驶。根据车辆行驶环境,车辆定位主要分为室外定位和室内定位。根据定位原理,车辆定位技术总体可以分为三种类型:第一种是基于电子信号的定位技术,如全球卫星导航定位、UWB(ultra wide band,UWB)定位以及 WiFi 定位;第二种是基于航迹推算的定位技术,典型方法包括惯性测量单元(IMU)和视觉里程计(odometry);第三种是基于环境特征匹配的定位方法,包括视觉定位、激光定位以及雷达定位等。本节将对常用的车辆定位技术进行详细介绍。

4.4.1　卫星定位技术

1. 卫星定位系统概述

卫星定位系统也叫全球导航卫星系统(global navigation satellite system,GNSS),是能在地球表面或近地空间的任何地点为用户提供全天候的三维坐标和速度以及时间信息的空基无线电导航定位系统。卫星定位的特点是支持全方位和全天候的定位,可以为自动驾驶车辆提供位置服务。

卫星定位系统一般由空间部分、地面控制部分和用户部分构成。空间部分主要指太空中的卫星,其作用是向用户终端发送测距码和载波相位等定位信息,也可以播发卫星星历并提供授时服务。地面控制部分包括监测站、主控站和注入站。监测站接收卫星观测信息,并将其传送至主控站,接收的观测信息主要包括电离层数据和气象数据。主控站基于接收的数据计算卫星轨道参数和时钟参数,并将计算结果传输至注入站。注入站则会将这些导航数据以及相关指令注入到运行至注入站上空的卫星中。用户部分指能够接收导航卫星数据并进行数据处理的 GNSS 接收终端,其作用是实时接收卫星观测数据,以此计算出用户所在的经纬度、高程以及朝向等定位信息。

目前,美国全球定位系统(GPS)、俄罗斯格洛纳斯卫星导航系统(GLONASS)、欧盟伽利略卫星导航系统(GALILEO)和中国北斗卫星导航系统(BDS)并称为全球四大卫星导航定位系统(见图 4-49)。下面分别对这四个全球卫星定位系统进行简要介绍。

图 4-49　GNSS 示意图

GPS 由美国国防部于 1973 年开始验证和建设,1995 年建成且具有完全工作能力。整个系统由分布在六个轨道面的 24 颗卫星组成,其中 21 颗为工作卫星,3 颗为备用卫星,保证地球上任何一个位置在任何时刻都能接收到至少 4 颗 GPS 卫星的信号。目前美国政府正在持续推进 GPS 的现代化,具体措施为将军用信号和民用信号区分对待,一方面提升军用功能,另一方面分别在 L1 频点、L2 频点和 L5 频点上增加民用信号,将民用信号的个数从一个增加到四个。通过提升民用信号冗余度,从而改善系统定位精度、保障服务连续性以及增强系统抗干扰能力,也有助于高精度的实时动态差分(real-time kinematic,RTK)测量和在长短基线上的应用。

GLONASS 由苏联政府于 1976 年宣布建立,经过二十年的建设,于 1996 年实现全球组网。后面由于苏联解体,GLONASS 正常工作的卫星数量由完全组网时的 24 颗减少为 2000 年年初时的 7 颗。通过俄罗斯政府的 GLONASS 现代化计划,该系统于 2012 年重新恢复到 24 颗卫星完全服务状态。GLONASS 的 24 颗卫星分布在 3 个卫星轨道面上,其信号使用频分多址技术,而不是 GPS 的码分多址技术。GLONASS 信号的伪随机噪声码包括标准精度码和高精度码,它们分别调制在 L1 和 L2 载波上。GLONASS 的第三代卫星 GLONASS-K1 和 GLONASS-K2 将在不同频率上传输 CDMA 信号,实现与其他全球卫星导航系统的兼容性。在空间信号测距方面,GLONASS-K1 卫星的误差约为 1m,GLONASS-K2 卫星的误差约为 0.3m。

Galileo 系统由欧盟建设,系统建成后,24 颗卫星分置于 3 个中圆地球轨道面内。系统包含 E1、E5 及 E6 共三个工作频段,其中 E1 和 E5a 的中心频率分别与 GPS 卫星 L1 和 L5 的中心频率重合,E5b 的中心频率与 GLONASS 卫星 G3 频段的中心频率重合,这样可以实现与 GPS 以及 GLONASS 的兼容互操作。基于为用户端提供的位置、速度和时间信息,Galileo 系统可以支持公开服务、生命安全服务、商业服务、公共特许服务和搜救服务共五种服务。其中,公开服务可以为大众导航市场提供基本的定位导航和授时服务,其定位精度通常为 15~20m(单频)或 5~10m(双频)。商业服务面向商业用户,为其提供高精度的定位、测距、授时以及导航数据认证服务,商用服务有局域增强时为 10cm～1m,公共特许服务有局域增强时能达到 1m。Galileo 计划部署 30 颗卫星,分别是 24 颗工作卫星和 6 颗备用卫星。截至 2020 年年初,该星座包含 26 颗在轨卫星,其中 22 颗处于可用状态。

北斗卫星导航系统由中国建立,于 2020 年 7 月 31 日正式开通,为全球用户提供定位导航和授时服务。在此之前,北斗一号试验系统于 2000 年年底建成,为中国提供服务;北斗二号区域系统于 2012 年年底建成,为亚太地区提供服务。为全球提供导航定位服务的即为北斗三号全球系统,其包含 5 颗静止轨道卫星和 30 颗非静止轨道卫星。在全球范围内,北斗卫星导航系统的定位、测速和授时的精度分别优于 10m、0.2m/s 和 20nm,相比之下,其在亚太地区的整体性能大幅提升,定位、测速和授时的精度分别优于 5m、0.2m/s 和 20ns。北斗卫星的星基增强服务既支持单频多星座增强服务,也支持双频多星座增强服务,满足国际民航组织的相关标准,主要服务亚太地区用户。国际搜救服务满足国际海事组织相关性能要求,可以提供反向链路,与其他卫星导航系统共同组成全球中轨搜救系统,为全球用户提供服务。北斗卫星系统的精密单点定位服务在动态定位时可以达到分米级精度,静态定位时可以达到厘米级精度,主要服务亚太地区的用户。此外,北斗卫星系统有一个特色功能,它能为中国及周边地区提供短报文通信服务,单次通信可传输 14 000bit 数据。此功能对于海事通信以及地震救援具有非常重要的意义。

除全球卫星导航系统之外,日本建立了准天顶卫星系统(quasi-zenith satellite system,QZSS),印度建立了区域卫星导航系统(Indian regional navigational satellite system,IRNSS),两者都属于区域卫星导航系统。QZSS 系统由日本政府授权,主要对日本地区提供服务的区域卫星导航系统。该系统于 2018 年 11 月 1 日正式启用,通过专用的接受设备可以实现 10 cm 以内的定位精度。IRNSS 系统由印度空间研究组织研制,从 2015 年开始提供印度区域的定位服务,该系统或将被扩展成印度版的全球导航系统。

2. 卫星定位原理及误差分析

GNSS 卫星按照特定轨道运行,通过卫星星历可以计算卫星在任意时刻的位置。由于卫星数量较多,且分布满足一定的特点,可以保障地球上的任意观测点都可以同时接收到多颗卫星信号。在已知卫星坐标的前提下,通过观测多颗卫星(卫星数量大于或等于 4)与观测点之间电磁信号传输时间计算两者之间的距离,即可组成距离观测方程组,解算观测点的精准坐标,如图 4-50 所示。假设接收机收到电磁信号的时刻为 t_r,卫星发出电磁信号的时刻为 t_s,将光速与时间差相乘即可得到卫星与接收机之间的距离。

$$\rho_i = c(t_{ri} - t_{si}) \tag{4-5}$$

其中:ρ_i 为卫星 i 到接收机的距离;c 为光速。假设在 t_i 时刻站点 P 用 GNSS 接收机同时测得 P 点到三颗 GNSS 卫星 S_1、S_2、S_3 的距离为 ρ_1、ρ_2、ρ_3,通过导航电文结算出该时刻三颗卫星的三维坐标是 (X_j, Y_j, Z_j),$j = 1, 2, 3$。利用距离交会方法求解 P 点三维坐标 (X, Y, Z) 的观测方程为:

$$\begin{cases} \rho_1^2 = (X - X_1)^2 + (Y - Y_1)^2 + (Z - Z_1)^2 \\ \rho_2^2 = (X - X_2)^2 + (Y - Y_2)^2 + (Z - Z_2)^2 \\ \rho_3^2 = (X - X_3)^2 + (Y - Y_3)^2 + (Z - Z_3)^2 \end{cases} \tag{4-6}$$

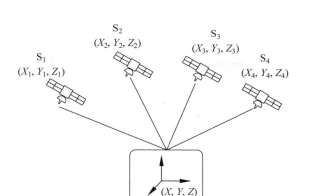

图 4-50　卫星定位原理示意图

　　理论上通过三颗卫星观测结果组成三个方程式,即可求解出观测点位置(X,Y,Z)中的三个未知量。但是由于卫星和接收机上的时钟可能存在误差,需要将其作为未知数进行解算,因此有必要引入第四颗卫星,构建至少四个方程式求解四个未知量。

　　由于存在误差,距离测量值 ρ_i 与卫星和接收机之间的真实距离并不完全相等。因此,可以将距离观测值称为伪距,并通过下面的公式对其进行评估:

$$\rho_i = \rho_{Ti} + c(\delta_i^s - \delta_R) \tag{4-7}$$

式中:ρ_i 为卫星 i 到接收机的伪距;ρ_{Ti} 为卫星 i 到接收机的真实距离;c 为光速,δ_i^s,δ_R 分别是传递给接收机的卫星信号包含的时间误差和接收机本地的时间误差。其中 δ_R 可以视为接收机的固有特性,其大小与所接收到的卫星信号无关。

　　假设卫星 i 和接收机在地心坐标系中的位置分别是 $P_{si} = [X_i, Y_i, Z_i]$ 和 $P_R = [x, y, z]$,可以求得接收机到卫星 i 之间的真实距离,那么伪距的表达公式可以扩展如下:

$$\rho_i = (P_{si} - P_R)(P_{si} - P_R)^{\mathrm{T}} + c(\delta_i^s - \delta_R) \tag{4-8}$$

　　每颗卫星的时间误差参数 δ_{si} 和实时位置 P_{si} 可以通过卫星星历获得,因此可以将这两个参数视为已知参数,公式中的未知变量包括 $P_R = [x, y, z]$ 和 δ_R。由于包含四个未知量,需要至少观测四颗卫星构建四个观测方程,才能有效求解接收机的三维坐标和时间误差。在某些卫星信号较差的场景下,最多只能接收到三颗卫星信号,可以实现 2D 定位,即不计算接收机的高度信息。不过在此情况下,其垂直精度因子会恶化,除非接收到新的卫星信号构建第四个观测方程。

　　在一段持续观测过程中,接收机可能会接收到新的卫星信号,先前接收到的卫星信号也可能丢失。因此,式(4-8)并不是一个静态方程。此方程可以使用高斯牛顿法进行迭代求解,这种方法的优势在于求解过程中可以对卫星的优先级进行排序,优先迭代观测效果较好的卫星,即仰角较大的卫星。迭代过程中,如果某颗卫星参与迭代后总体精度下降或者迭代结果不收敛,该卫星不参与迭代。

　　设接收机位置向量 $\boldsymbol{V}_R = [x, y, z, \delta_R]^{\mathrm{T}}$。展开公式可得伪距方程:

$$G(\boldsymbol{V}_R) = \sqrt{(X_i - x)^2 + (Y_i - y)^2 + (Z_i - z)^2} + c(\delta_i^s - \delta_R) - \rho_i \tag{4-9}$$

上式对 x、y、z、δ_R 求偏导得到:

$$\begin{cases} \dfrac{\partial J_i}{\partial x} = (X_i - x) / \sqrt{(X_i - x)^2 + (Y_i - y)^2 + (Z_i - z)^2} \\[3mm] \dfrac{\partial J_i}{\partial x} = (Y_i - y) / \sqrt{(X_i - x)^2 + (Y_i - y)^2 + (Z_i - z)^2} \\[3mm] \dfrac{\partial J_i}{\partial x} = (Z_i - z) / \sqrt{(X_i - x)^2 + (Y_i - y)^2 + (Z_i - z)^2} \\[3mm] \dfrac{\partial J_i}{\partial \delta_R} = -1 \end{cases} \tag{4-10}$$

雅可比矩阵 $\boldsymbol{J}$ 为：

$$\boldsymbol{J} = \begin{bmatrix} \dfrac{\partial J_1}{\partial x} & \dfrac{\partial J_1}{\partial y} & \dfrac{\partial J_1}{\partial z} & \dfrac{\partial J_1}{\partial \delta_R} \\[3mm] \dfrac{\partial J_2}{\partial x} & \dfrac{\partial J_2}{\partial y} & \dfrac{\partial J_2}{\partial z} & \dfrac{\partial J_2}{\partial \delta_R} \\[1mm] \vdots & \vdots & \vdots & \vdots \\[1mm] \dfrac{\partial J_n}{\partial x} & \dfrac{\partial J_n}{\partial y} & \dfrac{\partial J_n}{\partial z} & \dfrac{\partial J_n}{\partial \delta_R} \end{bmatrix} \tag{4-11}$$

其中：n 为可见卫星数量。

假设地心原点为接收机的初始坐标点，本地接收机时间误差 $\delta_R = 0$，向量 $\boldsymbol{V}_R = [0,0,0,0]^T$，由公式（4-12）进行迭代，当两次迭代之间的 $\Delta \boldsymbol{V}_R$ 小于门限值时，停止迭代。此时 $\boldsymbol{V}_R$ 代表的就是接收机的位置。

$$\begin{cases} \Delta \boldsymbol{V}_R = -(J(\boldsymbol{V}_R)^T J(\boldsymbol{V}_R)) - J(\boldsymbol{V}_R)^T G(\boldsymbol{V}_R) \\ \boldsymbol{V}_R = \boldsymbol{V}_R + \Delta \boldsymbol{V}_R \end{cases} \tag{4-12}$$

可以看出，伪距误差对位置解算的影响与雅可比矩阵有一定的关系，因此可以通过雅可比矩阵参数计算定位精度因子，用来衡量卫星定位精度。定位精度因子包含几何精度因子、位置精度因子、水平精度因子、垂直精度因子和时间精度因子。其中几何精度因子表征接收机与卫星之间的几何关系，不过好的几何精度因子并不一定带来好的定位结果，因为卫星信号可能存在遮挡。位置精度因子、水平精度因子和垂直精度因分别表示接收机在三维空间、经纬度的二维平面，以及高程上的定位精确程度，值越小代表定位误差越小。时间精度因子表示接收机的时间测量精确程度，值越小代表接收机的跟踪状况越好。

相比于单个导航卫星系统，通过将多个导航卫星系统的信号进行融合，可以有效增加观测范围内导航卫星的数量，从而提高卫星定位精度。不过由于全球导航卫星系统本身的局限性，在城市环境中进行卫星定位时仍然可能存在较大误差。主要有如下原因。

1）卫星钟差和接收机钟差

由于卫星原子钟存在噪声，不同导航卫星的时间系统并非完全同步。尽管导航卫星会接收来自地面控制部分的时钟偏差校正参数，但由于这种校准不是实时的，因此卫星钟差很难完全消除。相比于卫星原子钟，接收机上的晶体振荡器成本较低，其振荡频率受温度变化的影响较大，因此接收机的载波频率并不稳定，会导致接收机钟差。此外，未被完全剥离的卫星载波信号会影响接收机频率跟踪、载波相位跟踪以及伪随机码跟踪，对提取伪随机码和导航电文会有较大影响。

2）卫星星历误差

卫星星历的准确性对于卫星运动状态的估计至关重要。一般来说,卫星星历数据间隔两小时更新一次,如果接收机接收卫星星历的时间和星历更新时间间隔较长的话,很难准确进行卫星的运动估计。此外,受万有引力摄动的影响,卫星在运动过程中可能出现漂移现象,此时通过未更新的星历数据计算卫星运动状态的话,会出现横向、纵向以及垂直方向的轨道航迹偏差。

3）电离层和对流层传播误差

卫星信号在传播过程中需要穿过地球大气层才能达到接收机,传播路径受大气层气象条件影响较大。卫星信号穿过电离层时,多次的电磁波折射会延长信号的传播时间,卫星垂直于接收机顶部时传播时延最小,卫星接近于地平面时传播时延最大。电离层延迟导致的卫星定位误差一般为 0～10m。卫星信号穿过对流层时,对流层的气压、湿度以及大气成分会对卫星信号产生影响,导致的定位误差一般为 0～3m。除了电离层和对流层,接收机所在局部环境中的空气湿度变化也会导致卫星信号延迟,不过这种影响较小,导致的定位误差一般在厘米级,但是局部环境中的云层对卫星信号衰减的影响不可忽视。在已知接收机准确位置的情况下,可以通过数学模型对电离层和对流层的延迟进行估算。考虑到大气传播误差和卫星信号的频率有较大相关性,四大全球卫星导航系统都采用了多个频段。此外,通过监测卫星状态可以推算电离层对卫星信号的影响,基于控制部分在全球分布的网络可以准确获取电离层校准参数。为了减小对流层对定位精度的影响,主要通过采集温度和湿度等信息对对流层模型进行优化,最后通过牛顿迭代法提升定位精度。

4）多路径效应

当接收机处于半遮挡环境中时,卫星信号经过地面或墙体的反射后传输到接收机,这些反射信号和直射信号共同作用,对接收机产生多路径效应,降低定位精度。此外,半遮挡环境往往意味着接收机接收信号的视野较小,可接收的卫星数量较少,且卫星之间的几何关系不利于获取准确的定位结果。半遮挡环境也可能造成卫星信号的衰减,需要接收机具有更高的跟踪灵敏度和更好的卫星跟踪策略。

5）接收机信号处理误差

接收机接收到卫星信号之后,首先在模拟射频前端部分将模拟信号经过放大、滤波、镜像抑制和模数转换,将其转换为数字基带信号;然后进行剩余中频载波剥离和伪随机码剥离,从而提取导航电文;最后通过对载波频率、载波相位和伪随机码相位的跟踪,实现对相关信号的维护。上述处理过程可能受到同频率卫星信号、热噪声、镜像滤波后频率残余等多种因素的干扰,影响接收机输出定位结果的精度。

基于上面的误差分析,全球卫星导航系统可以在开阔的、非封闭环境中为智能汽车提供定位和导航服务。例如,可以在开阔环境中判断智能汽车是否到达目标点附近,以及下一个目标点的方向与直线距离。

3．卫星实时差分动态定位技术

时钟偏差、星历预测误差以及大气传播误差具有较强的空间相关性,可以考虑通过差分法减小这些误差。差分法的基本原理是在已知精密坐标的基准站上布置一台接收机,将接收机计算得到的结果和精密坐标结果进行对比,得到差分改正数,这个差分改正数可用于对其他误差具有较强空间相关性的定位结果进行改正,从而提高定位精度。具体来讲,差分定位方法包括位置差分、伪距差分和载波相位差分三种。

1) 位置差分

位置差分是最简单的一种差分方法。基准站上卫星定位结果和已知坐标之间的差值可以作为坐标改正数,直接对用户站观测结果进行坐标改正。此类差分改正的前提是基准站和用户站观测的是同一组卫星信号,适用于用户和基准站距离较近(一般不超过100km)的情况。

2) 伪距差分

基于卫星星历计算各颗卫星的位置,由于已知基准站的准确位置,可以得到卫星与基准站之间的距离。将此距离与该基准站观测到的卫星伪距对比,即可得到卫星伪距改正数。由于基准站和附近观测点具有相似的观测环境,可以假设它们使用的伪距改正数相同,因此可以利用伪距改正数修正基准站附近观测点的伪距观测结果。伪距差分定位精度一般为米级。

3) 载波相位差分

和伪距差分类似,在基准站上计算载波相位修正量,将其传输给用户站从而修正载波相位观测值。不过也可以直接将基准站的载波相位信息发送到用户端,通过联合解算得到定位结果。载波相位差分方法的定位精度较高,可以达到厘米级。

实时动态差分(real time kinematic,RTK)是基于载波相位差分的实时动态定位技术,能够实时提供用户接收机在指定坐标系中的三维定位结果,并达到厘米级的定位精度。正常观测时,基准站会将载波相位观测值和自身坐标信息传送到用户接收机,用户接收机将自身观测到的GNSS定位信息和接收自基准站的数据共同组成差分观测值进行实时处理,一般能在1s之内给出厘米级的定位结果。用户接收机既可以是静止状态,在固定点上进行初始化之后再开始作业;也可以是运动状态,即处于运动条件下完成模糊度的搜索求解。一旦固定好整周模糊度,只要用户接收机能持续接收四颗以上卫星的载波相位观测值,并与这些卫星保持必要的几何图形,那么用户接收机便可获得厘米级的定位结果。一般来说,RTK可分为常规RTK和网络RTK。

常规RTK的实现基础是基准站和用户接收机具有较强的误差相关性,因此它的实现条件是用户接收机和基准站距离相隔比较近(如不超过10km)。随着用户接收机和基准站的距离增大,两处观测结果的误差相关性会越来越小,定位精度也会越来越低。例如,当两者之间的距离超过50km时,用户接收机的定位精度只能达到分米级,基准站的观测结果对用户接收机定位精度提升的作用有限。

网络RTK利用广域差分和基准站网局域差分降低卫星定位误差,具有信号覆盖范围广、定位精度高、稳定性好的优点。和常规RTK相比,网络RTK最显著的优势在于能有效克服常规RTK测量中用户接收机和基准站之间距离的限制。网络RTK的主要组成部分包括基准站网、数据处理中心、数据通信线路和用户端。其中基准站的三维坐标通过GNSS长时间静态测量获取,可视为已知的精确坐标。基准站配备有双频全波长GNSS接收机,可同时获取精确的双频伪距观测值。此外,基准站还配备有气象仪器和数据通信设备等,按照规定的采样率获取GNSS观测数据以及气象数据之后,通过数据链路实时将观测结果传输至数据处理中心。数据处理中心在对流动站进行定位时,首先根据流动站伪距单点定位结果确定流动站处附近的基准站,其次根据周围基准站的观测资料确定流动站所包含的系统定位误差,最后将定位误差播发给流动站终端用户进行误差修正,从而使用户获得更精确的定位结果。如果定位结果仍不满足要求可以将上述差分过程再迭代多次,直至满足精度要求。目前网络 RTK 采用的差分定位方法包括内插法、线性组合法以及虚拟基站法等。

4. 卫星导航增强系统

卫星导航增强系统通过增加性能相似的卫星或地面参考站实现提高导航精度和完好性的目的。由地面设备完成对卫星信号的测量,并通过信号转发台站向用户提供卫星钟差、卫星轨道参数、电离层改正参数和载荷状况,达到提高精度、可用性、完好性等导航性能的目的。卫星导航增强系统分为星基增强系统和地基增强系统。

星基增强系统(satellite basedaugmentation system,SBAS)是一项提升用户导航性能的重要基础设施。SBAS 利用多个地面监测站对导航卫星进行连续跟踪观测获得的观测数据在主控站中进行处理,计算得到卫星的差分参数和完好性参数,两项参数按照相关标准编排成增强电文并由注入站上注至 SBAS 卫星,最后由 SBAS 卫星向终端接收机播发。接收机进行导航定位解算时,由于同时获取了基本导航定位信号和星基增强信号,其导航定位的性能和精度会有明显提升。目前正在运行的 SBAS 包括美国的广域增强系统(wide area augmentation system,WAAS)、日本的多功能卫星增强系统(mTSAT satellite-based augmentation system, MSAS)、欧盟的欧洲地球同步导航重叠系统(European geostationary navigation overlay system,EGNOS)和印度的全球定位系统辅助静地轨道增强导航系统(GPS aided GEO augmented navigation system,GAGAN)。正在建设的 SBAS 系有中国的北斗星基增强系统(Beidou satellite-based augmentation system,BDSBAS)、韩国的增强卫星系统(Korea augmentation satellite system,KASS)以及俄罗斯的差分修正监测系统(system of differential correction and monitoring,SDCM)。SBAS 的典型架构如图 4-51 所示。

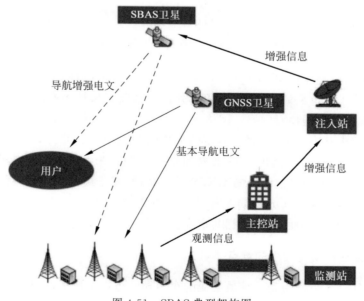

图 4-51　SBAS 典型架构图

地基增强系统是指参考站位于地面的对于 GNSS 进行功能增强的运行系统,如图 4-52 所示。该增强系统主要包含基准站、数据播发系统、数据处理中心、用户终端和运营服务系统。基准站的主要功能是收集和传递卫星观测信息,将测得的信息通过数据播发系统与 CORS 站(连续运行参考站)进行传输。用户端可通过互联网与基准站取得联系,也可对设备进行调整。数据处理中心主要是处理数据和修正数据,再通过数据播发系统传输给终端处理器。数据播发方式分为单向式和双向式,其中单向式播发主要是从数据处理中心获得修正数据,而双向式播发既可以向终端用户播发修正数据,还可以从终端用户获取粗略位置,并将其传输至数据处理中心。最后,用户终端通过修正数据可以获取更准确的定位结果。伴随着 GNSS 地基增强系统的建设发展,其服务的用户范围也逐渐扩大,不同环境场景下的应用需求也日益增强:从亚米级广域差分增强到厘米级实时网络 RTK 定位;从高动态校验对准到低成本小型化车载设备导航应用;从基于伪距单点的通信授时到基于区域 CORS 的高精度卫星钟差产品生成;从联合多频观测值的实时区域电离层对流层误差反演预报到基于地球坐标框架形变的基准站坐标时间序列监测,各个行业应用领域都依赖于地基增强系统提供的高精度实时性服务。不同应用场景下的 GNSS 数据处理策略,在一定程度上决定了获取位置、速度、时间以及大气延迟等信息的精度和实时性。

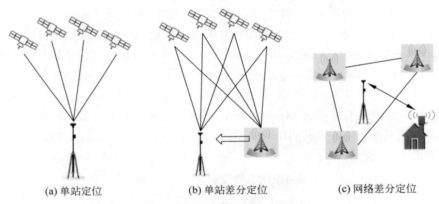

(a) 单站定位　　　　　(b) 单站差分定位　　　　　(c) 网络差分定位

图 4-52　卫星定位地基增强系统原理图

高精度卫星定位技术中,PPP(precise point positioning)和网络 RTK 技术备受瞩目。其中 PPP 定位方式简单灵活,但是需要用到外部高精度卫星精密产品,并且需要较长时间的滤波来避免观测模型的秩亏问题。网络 RTK 技术可以在基准站覆盖范围内实现实时厘米级定位,一旦超出基准站的距离限制,定位精度会急剧下降。此外,网络 RTK 也存在基站建设维护成本高、整周模糊度难以正确固定的难题。未来发展趋势是将 PPP 和网络 RTK 技术结合,进行多频多模组合的 GNSS 数据处理,基于更多的卫星系统观测数据和地面增强基站,准确地估算空间大气误差和基准站整周模糊度,从而提升 GNSS 定位的准确性、实时性、动态性和连续性,形成数据共享和多级应用服务模式。

5. 卫星定位在自动驾驶中的难点

迄今为止,GNSS 被认为是一种最便捷的车辆导航与定位技术,用于全球范围内全天候在各种天气条件下提供定位信息,在陆地车辆导航中应用最为广泛,市场占有率最大。在卫星观测条件较好的情况下,智能车辆可以通过 GNSS 获取连续可靠的定位结果。但是在复杂路况以及半遮挡或完全遮挡的环境中,GNSS 可能会出现信号不稳定或者信号失锁的情况。例如,当车辆行驶在高层建筑或隧道环境中时,卫星信号会因为受到遮挡而连续失锁;当车辆驶出遮挡环境后,又需要重新固定卫星载波相位的整周模糊度,这些情况会导致卫星定位精度以及位置更新频率大大降低,因此单独凭借 GNSS 无法为智能车辆实现多场景、长时间、连续可靠的导航定位。

自动驾驶汽车上的差分 RTK 系统一般采用双天线配置,这样可以更准确地输出车辆的航向角。不过仅依靠差分 RTK 定位的车辆定位方案存在下面几个问题:第一,部分路段通信条件较差,会从差分定位切换到单点定位,导致定位精度下降;第二,前后天线无差分固定解时会导致航向角计算错误,影响车辆控制;第三,RTK 系统数据输出频率较低,一般不超过 20 Hz,会导致车辆转弯时动作不平滑。

4.4.2　惯性导航定位技术

1. 惯性导航系统概述

惯性导航系统(inertial navigation system,INS)是一种不依赖于外部环境信息的自主式导航系统,也称为惯性参考系统。惯性导航系统一般包括加速度计和陀螺仪,分别能够输出与之固连载体的三轴加速度和三轴角速度。通过对这些输出值进行时间积分,并将结果转换到导航坐标系中,就能获得载体在导航坐标系下的速度、朝向以及位置等信息。惯性导航系统的工作环境既可以是空中和地面,也可以是水下。几种常见的导航技术,包括天文导航、惯性导航、卫星导航、无线电导航等,只有惯性导航是自主的,既不向外界辐射能量,也不用参照天空中的恒星或接收外部的信号,隐蔽性较好。

惯性导航系统有下面四个方面的优势:第一,由于惯性导航系统不依赖外部信息,因此在导航过程中受到的外部干扰较小,具有较好的隐蔽性;第二,可以全天候工作,工作地点既可以是地面,也可以是空中和水下;第三,能生成噪声较低且连续性较好的导航信息;第四,数据更新频率高,能在短时间内提供准确可靠的位姿变化结果。不过惯性导航系统的缺点也很明显:第一,由于位置和朝向结果都是通过积分得到的,位姿估计误差会逐渐累积;第二,每次使用之前的初始对准时间较长;第三,目前市场上能满足自动驾驶定位精度的惯导设备价格较高。

惯性导航系统的种类包括挠性惯导、微固态惯性仪表、光纤惯导、激光惯导等。它的重要组成部分陀螺仪也包括绕线陀螺、静电陀螺、微机械陀螺、光纤陀螺、激光陀螺等。其中激光陀螺稳定性高、测量范围广、线性度好、生产成本也较高,通常应用在高精度测绘领域。由于科技进步,成本较低的光纤陀螺和微机械陀螺的精度越来越高,也是陀螺技术的重要发展方向。

2. 惯性导航系统基本原理

惯性导航系统的元器件数据获取以及导航推算都是以牛顿经典力学为基础,从与平台连接的角度可以分为平台式惯导和捷联式惯导。其中平台式惯导需要将惯性测量仪器安装在大型稳定平台上,从而实现与运载体相互隔离,一般应用于潜艇、航天飞机等需要高精度惯导参数的场景。捷联式惯导不需要大型稳定平台,可以直接用惯性器件测量运载体的位姿参数。

惯性导航系统属于推算导航方式,即从一已知点的位置根据连续测得的运动体航向角和速度推算出其下一点的位置,因而可连续测出运动体的当前位置。惯性导航系统中的陀螺仪用来形成一个导航坐标系,使加速度计的测量轴稳定在该坐标系中,并给出航向和姿态角;加速度计用来测量运动体的加速度,经过对时间的一次积分得到速度,速度再经过对时间的一次积分即可得到位移。

3. 平台式惯性导航系统

平台式惯性导航系统是将陀螺仪和加速度等惯性元件通过万向支架角运动隔离系统与运动载物固联的惯性导航系统,如图 4-53 所示。其优点是有直接模拟导航坐标系,计算比较简单;能隔离载体的角运动,系统精度高;其缺点主要是结构复杂、体积大、制作成本高。

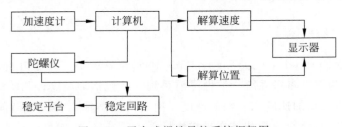

图 4-53　平台式惯性导航系统框架图

平台式惯性导航系统可以分为半解析式、几何式及解析式。

1) 半解析式

半解析式惯性导航系统又称当地惯导系统,该系统有一个三轴稳定平台,台面始终平行当地水平面,方向指地理北(或其他方位)。系统可以测量载体相对于惯性空间沿水平面的分量,在消除地球自转等相关加速度后,可以计算载体相对于地球的速度和位置。这一类惯导系统的主要载体是飞机和飞航式导弹。

2) 几何式

几何式惯性导航系统有两个平台,一个装有陀螺,相对惯性空间稳定;另一个装有跟踪地理坐标系。几何式惯性导航系统的陀螺平台和加速度计平台之间具有一定的几何关系,可以很方便地确定载体的经纬度。这类惯性导航系统的主要载体是船舶和潜艇,其特点是测量精度高、工作时间长,但是此系统的平台结构比较复杂。

3) 解析式

解析式惯性导航系统只有一个相对惯性空间稳定的平台,陀螺仪和加速度计都安装其中。导航计算时需要去除加速度计测量值中的重力分量,同时将求解出来的参数从惯性空间转换为相对于地球的参数。这类惯性导航系统主要用于宇宙航行及弹道式导弹,其特点是平台结构简单,但计算量较大。

4. 捷联式惯性导航系统

捷联式惯性导航系统(strap-down inertial navigation system,SINS)和平台式惯性导航

系统不同,它的加速度计和陀螺仪直接安装在载体上。导航时根据姿态参数计算载体坐标系与导航坐标系之间的转换关系,然后通过转换关系将载体坐标系下获取的位姿信息转换到导航坐标系下,如图 4-54 所示。SINS 具有可靠性高、精度高、成本低以及使用灵活的优点,已经成为当今惯性导航发展的主流。其核心组件是捷联惯性测量组件(inertial measurement unit,IMU),IMU 的输出信息的精度对系统的精度具有决定性影响。

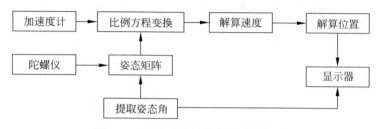

图 4-54　捷联式惯性导航系统框架图

在捷联式惯性导航系统中惯性测量器件(陀螺仪和加速度计)直接与运载体固联,通过导航计算机采集惯性器件的输出信息并进行数值积分求解运载体的姿态、速度和位置等导航参数,这三组参数的求解过程即姿态更新算法、速度更新算法和位置更新算法。

4.4.3　组合定位系统简介

1. 组合定位技术概述

组合导航系统是通过某种方式将两个或多个单一导航系统进行融合的系统。一般来说,这些单一导航系统输出的信息具有互补性,将这些信息进行融合可以打破单一传感器的固有局限性,从而获得更加准确可靠的导航定位结果。组合导航系统接收到不同传感器输出的信息之后,首先按照融合准则对数据进行甄选,加以分析之后进行融合。具体的融合方法很多,比如加权平均法、卡尔曼滤波法、贝叶斯估计、人工神经网络、统计决策理论等,而定位导航领域中常用卡尔曼滤波法来达到数据融合的目的。

常用的组合方式分为松耦合、紧耦合和深耦合三种模式。下面以 GNSS 和 IMU 组合导航为例,介绍这三种不同的组合模式。

在松耦合系统中,GNSS 给惯性导航系统提供位置信息,二者硬件上相互独立,而且可以随时断开连接,分别输出定位信息与速度信息到融合滤波器,融合滤波器进行优化处理后将结果反馈给惯性导航系统对其修正后输出,如图 4-55 所示。

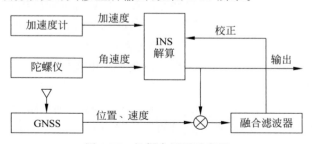

图 4-55　松耦合原理示意图

　　紧耦合系统是将由 GNSS 码环与载波跟踪环解算得到的伪距、伪距率与由惯性导航系统结合自身信息与卫星星历进行计算得到的伪距、伪距率进行差值计算,得到伪距与伪距率的测量残差,将其作为融合滤波器的输入观测量,得到惯性导航系统计算误差以及传感器偏差以完成对惯性导航系统的校正并获得位置与速度的最优估计值,如图 4-56 所示。

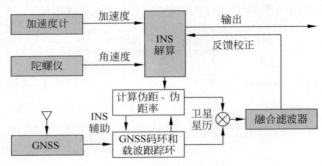

图 4-56　紧耦合原理示意图

　　深耦合系统相对于紧耦合系统,增加了惯性导航系统单元对 GNSS 接收机的辅助。利用 INS 单元结合星历信息可以对伪距与载波的多普勒频移进行估计,利用估计结果辅助接收机的捕获与跟踪环路,可以有效提高 GNSS 接收机跟踪环路的动态性与灵敏性。

2. 常用组合定位方法

　　下面首先分析常用定位方法的优势和劣势,然后介绍常用的组合定位方法。

　　GNSS 定位的优势是定位速度快、精度高、范围广,并且可以全天候定位。随着导航定位硬件设备自动化程度的提升,导航定位系统的效率也越来越高,例如,通过实时动态定位方式,只需要几秒钟的观测时间就可以获得 GNSS 定位结果。不过 GNSS 定位的局限性也很明显,如果在树荫、桥梁和高大建筑下,GNSS 的信号受到遮挡时,其定位精度会大大降低,甚至定位失效。此外,如果想要获得更高精度的卫星定位结果,需要采用差分定位的方式,除了准备用户接收机移动站之外,还需要配备基站,硬件成本较为昂贵。

　　惯性导航系统数据更新频率高,可应用于地表、空中以及水下等多种场景,且不受外界电磁干扰的影响,可以有效满足高速运动状态下自动驾驶车辆对于高频定位信息的需求。但是惯性导航系统的局限性在于:积分操作会导致定位误差累计,且惯性导航设备可能包含固定的漂移率,需要其他定位源对其进行定时校正。此外,惯性导航设备硬件成本较为昂贵,使用之前需要花费较长时间对其进行初始化校准。可喜的是,近年来惯性导航相关技术已经有了长足进步,这也进一步促进了惯性导航在车辆导航中的应用和推广。

　　激光点云数据可以提供精度较高的角度、距离和速度信息,因此基于激光雷达的地图匹配定位可以获得相对准确的定位结果。不过激光雷达受环境影响较大,测量过程中如果出现空气环流效应、浓烟、雨水等不利天气,都会使激光光束发生变形,导致测量精度下降。激光点云地图匹配定位方法对环境变化较为敏感,由于季节变化导致周围环境发生变化,原先采集的点云地图可能已经不再适用。此外,相比于矢量地图,原始点云地图数据量很大,如果测量区域的道路信息较为复杂,点云数据的计算量也将变得十分庞大。目前随着激光雷达成本降低,对激光点云的相关研究也越来越多,针对数据处理的相关探索也在逐步深入。

基于机器视觉的定位系统硬件成本较低,能够获取丰富的环境信息。在进行基于视觉的地图匹配定位时对环境变化不敏感,而且所需的语义矢量地图数据量较小。不过在复杂环境或光线不足的情况下,视觉导航的精度会下降,甚至无法正常工作。视觉图像处理,尤其是基于深度学习的处理方法所需要的计算量较大,这对视觉导航的实时性提出了较大挑战。此外,单一的视觉硬件设备很难获取车体及周边的完整信息,这使其应用场景有较大的局限性。

针对各种导航子系统单独使用时存在的问题会影响智能车辆导航定位性能,故选择组合导航方式,原理是将两种或几种导航子系统输出的同样信息做测量并加以运算作为量测值,建立量测方程,进而从量测量中估计出各导航子系统的误差,并完成校正。基于以上几种典型的自动驾驶车辆定位方法,发展出了多种组合定位方案。

在组合导航方案中,应用最广泛的是将 GNSS 与 INS 的定位信息进行融合。INS 无须外部信号即可进行自主定位,在卫星信号遮挡环境中可以短时间内弥补 GNSS 定位结果的缺失,保证车辆定位的连续性。尽管 INS 受外界环境干扰较少,但由于其惯性器件可能存在系统漂移和随机噪声,定位误差会随时间累积,导致定位结果出现系统性偏差,使导航精度急剧下降。GNSS 定位结果虽然存在误差,但误差不会随时间累积,因此可以在一定程度上解决 INS 定位精度发散的问题,有效地修正惯性导航系统提供的测量信息。充分分析 GNSS 与 INS 的定位原理和误差特性,利用两者的互补特性可以克服单一系统的不足,从而增强导航性能。此外,车辆自身的里程计可以为 GNSS/INS 组合导航系统提供冗余观测量,补偿 IMU 的偏置误差,提升组合导航系统的稳定性和可靠性。

视觉信息和激光点云的融合是另外一种典型的组合导航方式。相机和激光雷达都可以感知车辆周围的环境信息,但是两者感知结果差异很大,且具有互补性。相机感知的结果特征参数丰富,可以模拟驾驶人眼睛获取的图像特征,且影像获取成本较低。然而视觉定位易受天气变化的影响,并且光线强度、光源角度以及相机曝光程度都会影响视觉定位特征的提取。此外,当车辆高速运动时,受限于相机拍摄频率的限制可能会出现运动模糊问题。因此,单纯依靠视觉的定位方案在车辆实际行驶过程中面临较大的挑战。LIDAR 通过准确测量光源至反射点的距离和角度,可以准确获取反射点的三维坐标。部分 LIDAR 除了获取反射点空间信息,还能记录反射点的激光回波反射率,为环境特征识别提供了额外的信息。鉴于单目相机很难准确获取目标障碍物的距离信息,将其与激光雷达感知信息进行融合可以快速实现车辆的自动避障和行驶决策。随着 LIDAR 技术的逐渐成熟,构建基于视觉和 LIDAR 的多源组合导航系统将会对我国自动驾驶技术发展起到积极的推动作用。

4.4.4　SLAM 定位技术

1. SLAM 技术框架

SLAM(simultaneous localization and mapping,同时定位与地图构建)这一概念最早于1986 年在旧金山举办的机器人与自动化会议(international conference on robotics and automation,ICRA)上提出,其问题描述如下:放置在未知环境中未知位置的机器人在实时确定自身位置的同时增量地构建环境的一致性地图,如图 4-57 所示。

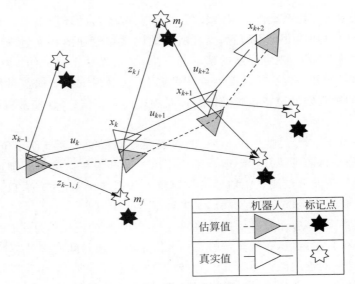

图 4-57　SLAM 问题示意图

　　图 4-57 中：x 表示状态量；u 表示运动传感器读数（也称输入量）；z 表示观测量；m 表示路标；下标 k 代表时刻；下标 j 代表路标编号。

　　SLAM 技术框架可以用如图 4-58 所示框图表示，下面将对于各个部分的作用进行详细说明。

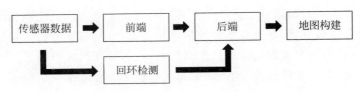

图 4-58　SLAM 技术框架

　　1）传感器数据

　　SLAM 算法首先需要读取和预处理接收到的传感器数据，根据使用传感器的类型可以分为视觉 SLAM 和激光 SLAM，视觉 SLAM 使用的传感器包括单目相机、双目相机、深度相机（也称 RGB-D 相机）等；激光 SLAM 使用的传感器包括二维激光雷达、三维激光雷达。除此之外，还包括轮速计、惯性测量单元等辅助位姿估计的传感器，用于多传感器融合，以提高位姿估计的可靠性。图 4-59 所示为传感器示意图。

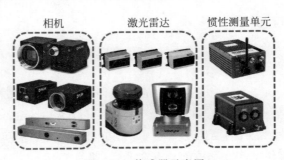

图 4-59　传感器示意图

2）前端

前端是一个里程计,用于粗略估计相邻帧之间的相对运动关系。在视觉 SLAM 中,常用的是特征点法,通过提取和匹配两帧图像中的特征点获得相邻帧之间的位姿变化,具体求解方式可根据特征点的维度具体利用对极几何(2D-2D)、PnP(3D-2D)、迭代最近点(3D-3D)的知识进行求解;在激光 SLAM 中,常用的是迭代最近点(iterative closest point,ICP)算法及其衍生算法以及正态分布变换(normal distribution transform,NDT)算法等配准算法来确定两帧点云之间的相对位姿关系。

需要注意的是,前端位姿估计的结果较为粗糙,存在一定误差,如果只依靠里程计进行位姿估计,误差会在迭代中不断累积、放大,导致估计的轨迹发生严重漂移。因此,需要后端以及回环检测修正误差,减小漂移。

3）后端

后端解决的是一个状态估计问题,由于各个环节存在误差和噪声,需要获得机器人位姿以及地图的最大后验概率估计(maximum a postereriori estimation,MAP)。在早期 SLAM 的研究中,曾采用滤波的方式进行求解,目前主流 SLAM 后端大多采用非线性优化的方式进行求解。

4）回环检测

回环检测用于识别曾经到达过的场景,进而为后端的非线性优化提供约束,减少轨迹的累计误差,并获得全局一致地图。

5）地图构建

地图是 SLAM 算法的运行结果,对环境特征进行描述,以供后续任务使用。地图可以分为度量地图(metric map)和拓扑地图(topological map)两种:度量地图强调地图中物体的精确位置关系,可以分为稀疏地图和稠密地图;拓扑地图强调地图中物体的相对位置关系。正确构建的地图可以作为环境先验信息,供感知、定位、决策等多种任务使用。

2. 经典 SLAM 框架

在应用中,视觉 SLAM 和激光 SLAM 各有优势,从传感器成本、应用场景、地图精度和易用性四个角度对视觉 SLAM 和激光 SLAM 进行比较,如表 4-21 所示。

表 4-21　视觉 SLAM 和激光 SLAM 对比

评价指标	视觉 SLAM	激光 SLAM
传感器成本	低	高
应用场景	广泛,但对光照和纹理要求高	室内、小范围环境
地图精度	低	高
易用性	单目视觉存在尺度漂移	不存在尺度漂移

KITTI Odometry 数据集[①]提供了由相机和激光雷达采集的数据以及对应的位姿真值序列以供 SLAM 算法的评估,截至 2020 年 7 月,排名前十的算法如表 4-22 所示。

①　http://www.cvlibs.net/datasets/kitti/eval_odometry.php.

表 4-22　KITTI Odometry 数据集排名

排　名	算法名称	传　感　器	平均相对平移误差/%	平均相对旋转误差(°)/m
1	V-LOAM	激光	0.54	0.0013
2	LOAM	激光	0.55	0.0013
3	CT-ICP	激光	0.59	0.0014
4	SOFT-2	双目视觉	0.65	0.0014
5	HELO	激光	0.68	0.0021
6	IMLS-SLAM	激光	0.69	0.0018
7	MC2SLAM	激光	0.69	0.0016
8	Curvefusion	激光+双目视觉	0.70	0.0016
9	MMLLS-LO+	激光	0.72	0.0022
10	FLOAM	激光	0.73	0.0023

可以看出,一方面,相比于视觉 SLAM,激光 SLAM 具有更高的精度;另一方面,即使是目前 KITTI Odometry 数据集中精度最高的纯视觉或纯激光 SLAM 算法,在长时间运行后产生的绝对误差对于自动驾驶来说是不能接受的。因此,需要借助 GNSS、IMU 等其他来源的信息提高定位和建图精度。

在视觉 SLAM 领域,ORB-SLAM 算法在易用性和发展程度上较为完善,目前已经发展到第三代[①],ORB-SLAM3 支持单目相机、双目相机、深度相机,并提供了融合 IMU 的接口,支持针孔相机模型和鱼眼相机模型,其算法框图如图 4-60 所示。

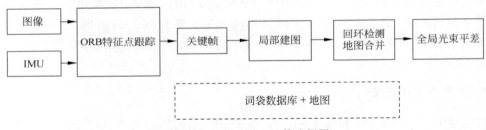

图 4-60　ORB-SLAM3 算法框图

在激光 SLAM 领域,LOAM 算法是较为经典的算法,在 KITTI Odometry 数据集排行中,该算法代表了纯激光 SLAM 的最高水平,LOAM 算法的核心是将 SLAM 问题分割成了高频低精度的里程计和低频高精度的建图,通过提取线、面特征点减少点云匹配的计算量,其算法框图如图 4-61 所示。

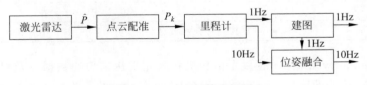

图 4-61　LOAM 算法框图

① https://github.com/UZ-SLAMLab/ORB_SLAM3.

LOAM 算法目前未开源,但是可以使用社区维护的开源版本 A-LOAM[①],其精度尚不能达到 KITTI 排行榜上的精度,目前支持 VelodyneVLP-16、HDL-32、HDL-64 雷达。2018年,Shan 等人提出了 LeGO-LOAM 算法,在 LOAM 的基础上增加了地面提取步骤,同时改进了特征点的匹配机制,在后端使用因子图对于位姿进行优化,在非结构化场景中以及运行的实时性上有了较大的提高,其算法框图如图 4-62 所示。

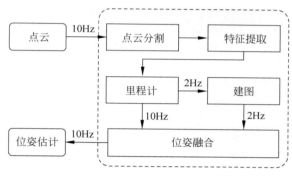

图 4-62　LeGO-LOAM 算法框图

3. SLAM 问题的数学表达

在 SLAM 问题中,机器人需要完成定位和建图两个任务,也就是确定自身的位姿以及路标的位置。为了描述这两个任务,首先要将 SLAM 问题离散化,便于计算机储存和处理。之后,为了不失一般性,通过抽象的运动方程 $f(\cdot)$ 来描述机器人自身的运动过程,通过抽象的观测方程 $h(\cdot)$ 来描述机器人对路标的观测过程。

可得运动方程:

$$x_k = f(x_{k-1}, u_k, w_k) \tag{4-13}$$

其中:x 表示状态量;u 表示运动传感器读数(也称输入);w 表示过程噪声;下标 k 代表时刻。

可得观测方程:

$$z_{k,j} = h(y_j, u_k, v_{k,j}) \tag{4-14}$$

其中:y 表示路标位置;x 表示状态量;v 表示本次观测的噪声;下标 k 代表时刻;下标 j 代表路标编号。

这两个方程描述了 SLAM 问题:在已知运动传感器的读数 u_k 以及传感器的读数 $z_{k,j}$ 时,如何估计机器人自身的位姿 x_k(定位问题)以及如何估计路标的位置 y_j(建图问题)。SLAM 问题因此被建模成一个状态估计问题:如何通过带有噪声的测量数据,估计系统内部隐藏的状态变量。

4. SLAM 在自动驾驶中的应用

采用 LeGO-LOAM 算法对于园区场景进行建图,并利用 GPS 和 IMU 结果作为位姿真值进行精度评估,结果如图 4-63 所示,其中左侧图为每个轨迹点处的绝对位姿误差(average pose error,APE),右侧图为将误差按照颜色投影到真值轨迹上的结果。

---

① 　https://github.com/HKUST-Aerial-Robotics/A-LOAM.

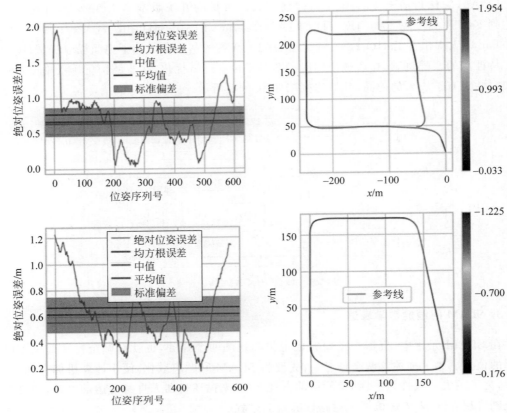

图 4-63　LeGO-LOAM 建图结果

对于每个轨迹点处的绝对位姿误差进行统计,相关指标如表 4-23 所示。

表 4-23　误差统计　　　　　　　　　　　　　　　单位:m

轨迹	max	mean	median	min	rmse	std
1	1.98	0.67	0.64	0.03	0.78	0.39
2	1.22	0.62	0.56	0.18	0.67	0.26

从表 4-23 可以看出,纯激光 SLAM 产生的累计误差随时间增大,难以满足自动驾驶精度需求。

一方面,可以利用 SLAM 技术,融合 GNSS、IMU 信息构建高精度的地图,供后续制作高精地图以及导航、定位任务使用。以 LIO-SAM 算法为例,该算法将 GNSS、IMU 信息融合到激光雷达建图中,并添加回环检测环节,在大范围城区建图中取得了较好的结果。图 4-64 为算法后端的因子图。

图 4-65 为在荷兰阿姆斯特丹的河道中行驶 3 h 后的建图结果与卫星地图的对比,行驶路线中包含诸多点云特征稀少以及 GNSS 信号不佳的场景,但是 LIO-SAM 通过融合多种传感器的观测依然给出了较好的建图结果。

另一方面,在 GNSS 信号不佳或完全丢失的场景中,如隧道、林荫道、两侧高楼遮挡时,可以利用 SLAM 算法来估计自车运动,将位姿估计与组合导航算法融合,提高定位的可靠

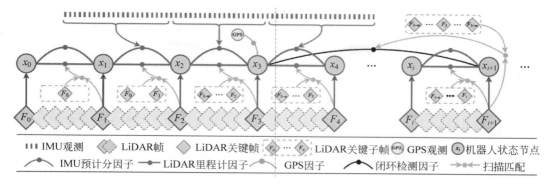

IMU观测 　 LiDAR帧 　 LiDAR关键帧 　 F_r ... F_m LiDAR关键子帧 　 GPS GPS观测 　 x_i 机器人状态节点

IMU预计分因子 　 LiDAR里程计因子 　 GPS因子 　 闭环检测因子 　 扫描匹配

图 4-64　LIO-SAM 后端因子图

图 4-65　利用 LIO-SAM 算法构建的城市点云地图

性。2019 年，Shetty 等通过自适应估计激光里程计的协方差并将其与 GNSS 信息融合进行定位，结果如图 4-66 所示，其中图 4-66(a)为位姿真值以及激光里程计和 GNSS 信号给出的

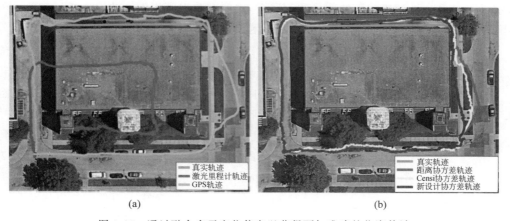

(a)　　　　　　　　　　　　　　　　(b)

图 4-66　通过融合多元定位信息以获得更加准确的位姿估计

位姿估计,可以看出,由于缺乏特征点,激光里程计轨迹发生退化,位姿估计存在较大误差; GNSS 信号由于建筑物遮挡,给出的位姿估计也存在较大误差。图 4-66(b)为在给定合适的协方差进行融合后,获得的较为准确的位姿估计。

4.4.5　室内定位技术

1. 室内定位基本原理

当前,常用的室内定位方法包括参考标签法、指纹定位法、距离交会法以及航位推算法等。下面分别对各类方法进行介绍。

1) 参考标签法

参考标签法是指在指定场景中按照一定方式布置用于定位的参考标签,提前记录标签的位置和标签到阅读器的接收信号强度指示(received signal strength indication, RSSI)值。当阅读器读取到目标标签时,获取其 RSSI 值并与参考标签的 RSSI 值进行对比,选取与目标标签 RSSI 值最接近的若干参考标签,从而估计出目标标签的位置,实现室内目标的定位。

2) 指纹定位法

指纹定位法是指将实际接收信号与指纹数据库中的信号特征进行对比,通过寻找相似性最高的匹配参数对应位置,从而确定目标点位置的定位方法。指纹数据库包含不同位置采集的信号特征参数,需要在定位之前创建。指纹定位的精度较高,而且所需要的参考测量点较少,不过在前期建立指纹数据库的工作量比较大。此方法不适合环境变化频繁的场景,因为在这类场景中想要实现准确的定位需要以较高频率更新指纹数据库。

3) 距离交会法

距离交会法主要分为基于 RSSI、基于信号到达时间(time of arrival, TOA)、基于信号到达时间差(time difference of arrival, TDOA)以及基于信号达到角度的定位方法。

基于 RSSI 的定位方法是已知发射器的发射信号强度,由接收器接收到的信号强度计算出信号的传播损耗,再利用理论和经验模型将传输损耗转化为距离,即可计算出接收器的位置。尽管基于 RSSI 的方法简单且高效,但由于墙壁和其他障碍物会造成额外的信号衰减,室内噪声也会导致接收到的信号波动严重,因此在非视距条件下的定位精度较差。可以使用不同的滤波器或平均机制来减轻这些影响。

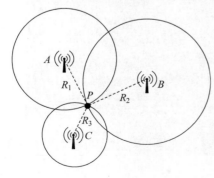

图 4-67　基于 TOA 的定位系统

TOA 指的是信号从发射器到接收器之间的传输时间。通过传输时间和光速值,即可获得发射器和接收器之间的距离。基于 TOA 的定位系统首先需要使基站和标签的时间同步,这样可以直接测得信号从标签发射时刻和到达基站时刻的时间差,从而得到两者之间的距离。基于 TOA 的定位系统如图 4-67 所示,其中点 $A(x_1, y_1)$、$B(x_2, y_2)$ 和 $C(x_3, y_3)$ 是定位基站,点 $P(x, y)$ 是标签。假定标签发送信号时刻为 t_0, A、B 和 C 三个基站接收到信号的时刻分别是

t_1、t_2 和 t_3，由此可知标签到三个基站的距离 R_1、R_2 和 R_3。以基站为中心，以标签到基站的距离为半径分别画圆，理论上三个圆会交于一点，也就是标签的位置。但是实际测量中可能会出现偏差，导致三个圆并未相交于一点，因此需要通过算法优化的方法求解标签坐标。基于几何关系可以得到 TOA 的公式如下：

$$\begin{cases} R_1 = \sqrt{(y_1 - y)^2 + (x_1 - x)^2} = c(t_1 - t_0) \\ R_2 = \sqrt{(y_2 - y)^2 + (x_2 - x)^2} = c(t_2 - t_0) \\ R_3 = \sqrt{(y_3 - y)^2 + (x_3 - x)^2} = c(t_3 - t_0) \end{cases} \tag{4-15}$$

其中：c 代表电磁波传播速度。理论上基于 TOA 的定位系统中的基站和电子标签需要严格保持时间同步，但是两者的时钟晶振可能存在微小误差。由于电磁波传播速度约为 30cm/ns，微小的时间偏差可能造成较大的定位误差。

　　TDOA 首先测量标签信号达到不同基站的时间差，乘以电磁波速度值即可得到信号到达不同基站的距离差值，之后将多个距离差值组建方程组，求解后即可得到标签的坐标值。如图 4-68 所示，TDOA 定位系统布置方式呈现出双曲线模式，三个基站中以两个基站为焦点绘制双曲线，理论上双曲线的交点即为标签坐标。实际计算中两条双曲线一般有两个交点，这样就需要排除假的交点。在 TDOA 系统中 A、B、C 为三个基站，坐标分别是 (x_1, y_1)、(x_2, y_2) 和 (x_3, y_3)，P 为标签点，坐标是 (x, y)，假设从标签点发出信息达到 A、B、C 的时刻分别为 t_1、t_2、t_3，那么可以构建下面的双曲线方程组：

$$\begin{cases} c(t_2 - t_1) = \sqrt{(y_2 - y)^2 + (x_2 - x)^2} - \sqrt{(y_1 - y)^2 + (x_1 - x)^2} \\ c(t_3 - t_1) = \sqrt{(y_3 - y)^2 + (x_3 - x)^2} - \sqrt{(y_1 - y)^2 + (x_1 - x)^2} \end{cases} \tag{4-16}$$

　　基于 TDOA 的定位系统建设难点是如何保持各个基站通信芯片的时间同步，一般可以通过有线或者无线两种方式实现这一目标。有线同步方式需要布置线路，流程复杂且成本较高，但是无线同步方式的时钟误差一般比较大。

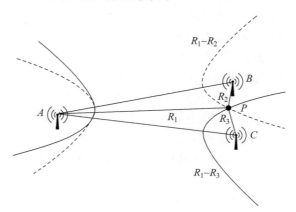

图 4-68　基于 TDOA 的定位系统

　　基于 AOA 的定位系统中，不同的基站通过测量电子标签信号到达的相对角度值来测算电子标签坐标。如图 4-69 所示，在二维空间坐标系中，通过基站 $A(x_1, y_1)$、$B(x_2, y_2)$ 和标签 $P(x, y)$ 的通信确定它们的相对角 θ_1 和 θ_2，通过相对角绘制出两条直线的交点即为标签点。由于 A、B 两点的坐标已知,通过三角关系方程组即可求解 P 点的坐标值。不过如果出现 P 点和 A、B 点共线的情况,方程组就无法求解,此时需要再添加一个基站测量角度值。为了便于计算,一般将 A 和 B 两点之间的连线作为 X 轴,通过图 4-69 中的三角关系求解标签的坐标值。

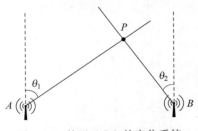

图 4-69　基于 AOA 的定位系统

在实际测量信号角度时,基于 AOA 的定位方式测量的相对角度 θ_1、θ_2 存在着一定的误差。当 A 点和 B 点的距离相对较远时,即使相对角度 θ_1、θ_2 误差很小,计算出的标签坐标误差也很大。

4)航位推算法

航位推算首先需要确定初始位置,然后根据已知或估算的速度和时间确定下一时刻的位置,其误差会随时间累积。室内定位中典型的航迹推算方法是行人航迹推算,通过手机或其他传感器实时检测行人的步数和行走朝向,假定步长之后就可以进行定位估算。

2. 室内常用定位技术

当前室内定位技术呈现多元化快速发展的趋势,十多年以来,科技巨头和研究机构在室内定位技术方面开展了大量的研究。现有的室内定位技术发展有两个大的方向。

(1)广域室内定位技术。广域室内定位技术的代表包括北京邮电大学的 TC-OFDM(Time & Code Division-Orthogonal Frequency Division Multiplexing)、澳大利亚的 Locata 和美国高通公司的 GPSOne 方案,这些都是承载到广域网上实现广域覆盖的。

(2)局域室内定位技术。局域室内定位技术包括 WiFi(WiFiSLAM)、蓝牙(iBeacon)、ZigBee(CC2431)、射频识别(Ekahau)、超宽带(UWB)(Link_UWB)、超声波、计算机视觉、近红外(Active Badge)、激光、地磁(IndoorAtlas)、LED(UBeacon)等定位方案,这些都是承载到局域网中实现局部区域覆盖的。

广域室内定位技术通常需要改造基站及手机芯片等设备模块,成本大、时间周期较长,短时间内仍然难以大范围普及。以我国自主设计的室内外高精度定位导航系统"羲和系统"中采用的 TC-OFDM 系统为例,它是一种基于移动基站的高精度室内外无缝定位系统,其核心是高精度时钟同步地到达时间差定位技术,使用定位与通信融合的信号系统,布设系统过程中基站改造与定位终端的成本仍然较高,但在可预见的将来,如果其基站改造融合进 5G 技术升级的浪潮,加上定位芯片的批量生产,其成本也可以降低到较低水平,具有较好的前景。但以 WiFi 为代表的局域室内定位技术,由于现代建筑绝大多数本身已经具备基础设施布设,硬件成本可以几近为零,应用系统布设周期短,是目前商业化推广运作较好的方案。

下面对常用的室内定位技术进行简要介绍。

1)WiFi 定位

WiFi 是一个创建于 IEEE 802.11 标准的无线局域网技术,目前已经广泛应用于家庭、商场、车站等环境中。最初 WiFi 信号的感知距离在 100m 以内,随着 IEEE 802.11ah 标准的发布和实施,WiFi 信号的覆盖范围大幅增加。目前大部分智能手机、便携式计算机以及车载智能终端包含 WiFi 驱动,这使得 WiFi 成为室内定位的理想选择。WiFi 作为室内定位信号源,其最突出的优势在于信号覆盖范围大,不需要额外布设部署硬件设备,因此其定位成本较低,普及和推广相对容易。不过由于 WiFi 网络最主要的作用是通信而非定位,需要设计新颖高效的算法来提高定位精度。现有的 WiFi 室内定位系统主要是通过 RSSI 指纹数据库或者 RSSI 距离交会法进行定位的,但是 WiFi 信号容易受到干扰,因此 WiFi 定位方法适用于对精度要求不是特别高(如需要厘米级的定位精度)的场所。

2) ZigBee 定位

ZigBee 是基于 IEEE 802.15.4 协议的短距离通信技术,由于其功耗较低,只适用于低速率、小范围的数据传输。ZigBee 定位需要依赖布设于定位区域的大量参考节点,节点之间会形成一个自组织的网络系统。待测节点进入网络后,会被距离较近的参考节点感知。参考节点通过路由广播的方式将待测节点的相关信息传输给其他参考节点以及服务器,最后通过服务器实现定位。如果 ZigBee 室内定位系统参考节点数量充足的话,其定位精度一般为 1～5m。

3) 蓝牙定位

蓝牙是基于 IEEE 802.15.1 协议的短距离低功耗的无线通信标准。在室内布设多个蓝牙局域网接入点并已知各个接入点的准确位置,用户在测量各个蓝牙的信号强度后,通过指纹匹配算法即可确定自身位置。现阶段蓝牙发展的版本众多,以蓝牙 4.0 版本为例,其优点是低功耗、体积小、易于集成在各类终端设备中,定位精度为 1～3m。不过由于蓝牙技术的复杂度较高且扩展性不好,只适用于规模及面积较小的室内定位。

4) 射频识别定位

射频识别(radiofrequency identification,RFID)通过电磁传输将数据从发射源传输和存储在射频设备上,基于 RFID 的定位系统主要包含 RFID 标签、射频读写器以及后台的计算机数据库。其基本原理是,射频读写器在接收到 RFID 标签进入磁场的指令后会发出射频信号,RFID 标签接收射频信号后会发送存储在芯片中的信息,信息被射频读写器接收后传送至服务器端。服务器端根据信号强度估算 RFID 标签和射频读写器之前的距离,并实现 RFID 标签的定位。RFID 系统可以分为有源系统和无源系统。无源 RFID 电子标签体积小、成本低,不需要电池也可以运行,但是通信范围比较小,一般只有 1～2m,通常通过邻近检测实现定位。有源 RFID 系统电子标签的射频信号传输范围能达到 30m,可以通过 RSSI 指纹匹配的方法实现定位,不过这种方法很难达到亚米级的定位精度。

5) 超宽带定位

超宽带是近年来新兴的一种无线通信技术,通过发送纳秒级超窄脉冲来传送数据,可获得较大带宽(大于 500MHz),频率范围为 3.1～10.66GHz,发射功耗较低。由于超宽带的无线电频谱和其他电磁信号有较大差异,因此它不易受到其他信号的干扰。此外,超宽带信号(特别是超宽带频谱范围内的低频)可以穿透多种材料,尽管金属和液体会干扰超宽带信号。超宽带脉冲非常短的持续时间使其对多径效应的敏感性降低,允许在多径信号情况下识别主路径并提供对信号往返时间的准确估计,这已被证明可以实现高达 10cm 的定位精度。

6) 其他室内定位系统

其他室内定位技术包括红外线定位技术、超声波定位技术、光跟踪定位技术和地磁定位技术等。其中红外线定位技术通过发送和接收特定红外线确定设备的位置,在可视距离内定位精度较高。但由于红外线无法穿越墙体等障碍物,且传播过程受灯光影响较大,因此红外线定位在实际应用中存在一定的局限性。超声波定位技术通过测量超声波传输的时间确定待测目标到参考节点之间的距离,然后使用距离交会法确定目标位置。超声波定位技术的优势是精度较高,且可以在非可视范围内进行定位。但由于超声波在传输过程中衰减严重,它的有效定位范围较小。光跟踪室内定位技术是通过检测和跟踪 LED 灯具发出的具有一定规律和频率的光信号,从而确定接收光信号的设备的位置。电磁定位技术不需要额外部署任何硬件,只需要采集环境中的地磁信号并与磁场基准图进行对比,即可实现定位。不过由于地磁信号容易受到金属物的干扰,而室内停车场中车辆位置分布变化较大,因此一般不建议将地磁定位技术应用于车辆的室内定位。

　　总体来说,室内定位技术方案呈现多元化发展,不同的室内定位技术都有其相应的技术优势与特点,具有不同的定位精度与应用场景,规模化实施也具有不同的难易程度。不同的室内定位技术的定位性能以及相应的布设难易程度对比如图 4-70 所示。截至目前,尚未建立起大规模室内定位应用服务系统,室内定位还处于起步发展阶段。

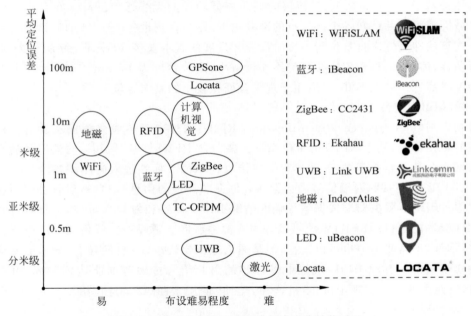

图 4-70　现有的各类室内定位技术定位性能对比

3. 室内场景车辆定位需求

　　随着城市的发展,汽车在行驶过程中会遇到隧道、地下停车场以及多层建筑等无法接收 GNSS 信号的场景。基于卫星导航的定位系统不能满足此类场景的定位需求,因此需要用到室内定位方法。和室外定位技术相比,室内定位存在以下几个方面的技术难点:第一,由于墙壁的遮挡,室内环境中 GNSS 信号会变弱,甚至完全接收不到 GNSS 信号。因此 GNSS 技术在室内环境中难以准确定位。第二,室内环境中障碍物和干扰源较多。室内通常有多种障碍物,比如地下停车场中的其他车辆、墙壁以及行人等,这些障碍物位置分布不规律,可能会阻隔定位信号的传播。此外,室内的声音、光线、电磁信号都有可能对定位设备造成干扰。第三,在未知环境中进行车辆室内定位难度较大。一般而言,进行室内定位需要首先在室内环境中布设相关设备,或者预先采集室内的指纹信号,这就要求对室内环境有一定的了解。在实际应用中,可能无法预先知晓环境信息。因此,如何减少对环境的依赖性是室内定位研究的一个重点方向。第四,高程信息的确定。某些停车场可能包含多个楼层,因此在进行车辆室内定位时除了准确获取二维平面的位置信息之外,还需要获得楼层信息。

4. 基于超宽带的车辆室内定位技术

在现有的室内定位技术中,超宽带信号具有传输速率高、功耗低、抗干扰性强等优点,当其被应用到无线定位系统中时,在定位精度上有着非常突出的优势,成为室内车辆定位的可靠选择。下面详细介绍超宽带的定义及其实现方式、超宽带的技术特点、超宽带的室内定位发展情况,最后详细介绍一个 UWB 室内定位应用案例。

1) UWB 的定义及其实现方式

1989 年,美国国防部从信号带宽的角度首次定义了 UWB 信号,即在衰减 20dB 处的绝对带宽大于 1.5GHz 或相对带宽大于 25% 的信号称为 UWB 信号。在此之前,能够发送极窄脉冲信号的技术被称为脉冲无线电技术。21 世纪初,新加坡和欧洲分别从信号功率谱密度的角度定义了 UWB 信号,其中前者规定信号功率谱密度不超过 $-35.3\mathrm{dBm/MHz}$,后者规定不超过 $-61.3\mathrm{dBm/MHz}$。为了促进 UWB 技术的发展,美国联邦通信委员会规定 UWB 信号在衰减 10dB 处的绝对带宽大于或等于 500MHz,在 $-10\mathrm{dB}$ 处的相对带宽大于 20%。这是目前国际上普遍认可的一种定义。超带宽系统传递信号用的是非正弦载波调制的窄脉冲,因此其中心频率是上下截止频率的均值,而不是传统意义上的载波频率。为了减小对其他通信系统的干扰,美国联邦通信委员会规定 UWB 进行室内通信的频率范围是 $3.1\sim10.6\mathrm{GHz}$,有效全向发射功率(effective isotropic radiated power,EIRP)不得大于 $-41.3\mathrm{dBm/MHz}$。

UWB 信号产生方式包括脉冲无线电超宽带(impulse radio UWB, IR-UWB)和多频带超宽带(multi-band UWB, MB-UWB)。其中脉冲无线电超宽带将信息调制到持续时间极短的窄脉冲上,其优势是调制信号可以获得较宽的带宽。根据携带的信息的差异,脉冲调制方式分为数据信息调制和多址调制。其中数据信息调制包括脉冲幅度调制(pulse amplitude modulation,PAM)、开关键控(on off keying,OOK)、脉冲位置调制(pulse position modulation,PPM)等,多址调制包括 SDMA、CDMA、TDMA、FDMA 四种方式。一般会将多址调制和扩频技术相结合,脉冲无线电超带宽的扩频方式包括跳时扩频(time hopping spread spectrum, THSS)和直接序列扩频(direct sequence spread spectrum, DSSS)。极窄脉冲可以通过硬件或软件产生,其中硬件器件包括隧道二极管、阶跃恢复二极管、雪崩晶体管,软件方法主要将高斯函数及其各阶导数作为冲激脉冲,通过改变脉冲宽度和导数阶数来调整 UWB 信号的带宽和中心频率。

多频带 UWB 将频谱划分成若干宽度大于或等于 500MHz 的子带,可以极大地提高频谱利用效率。超宽带系统可以根据信息大小和传输速率,动态地利用部分或全部子带进行通信。不同子带内的信号不会产生干扰,因为信号频率不同,并且可以使更多的用户同时进行通信。此外,根据子带的特性,UWB 信号可以进行相应的调制,并且在接收端解调前进行信号分离。

2) UWB 室内定位发展情况

UWB 技术早期仅用于军事领域。2002 年,美国联邦通信委员会开放了 UWB 频谱范围,该技术得到了大范围的推广和应用。2014 年,爱尔兰公司 Decawave 基于 UWB 技术发布了价格低廉且测距精度较高的 DW1000 芯片,此后许多高校和企业基于该芯片开展 UWB 室内定位系统的研发。在 2015 年微软和英特尔联合举办的室内无线定位技术大赛中,定位精度排名前五的团队中有三个采用了 UWB 定位技术,由此可见 UWB 定位技术已经成为主流的室内定位技术。在生产应用方面,2017 年,Tendow 公司为大众汽车工厂提供了一套基于 UWB 技术的定位解决方案。该方案利用 60 多个基站覆盖了面积超过 $1 \times 10^3 \mathrm{m}^2$ 的仓库区域,通过佩戴的电子标签可以实时跟踪叉车、人员以及特殊物品等目标,刷新率为 0.5s,定位精度优于 0.5m。该系统可以实时显示目标位置,并为工作车辆提供路径规划。综合分析结果显示,相比于人工规划,该系统可以为叉车减少 10% 的行驶距离,工作效率提高 20% 以上。

3) UWB 室内定位基本原理

室内定位常用的基本原理中,TOA 测距技术能够充分发挥 UWB 信号时间分辨率高的特点,因此一般通过 TOA 进行 UWB 室内定位。在室内视距环境下,TOA 算法可以通过检测接收信号的峰值计算出脉冲到达时刻。但是在实际测量中,由于存在障碍物遮挡,穿透障碍物的直达路径上的能量比多径上的能量少,直接检测信号峰值可能存在误差。因此在非视距环境中,TOA 的测距误差主要为多径误差。多径会导致相关信号峰值发生偏移,从而使距离估计产生误差。由于 UWB 信号具有较大带宽,多径分辨能力较强,可以在一定程度上减小多径误差。但由于室内环境复杂,多径误差无法完全消除。视距环境下,影响接收信号 TOA 的因素包括接收机结构、测距算法以及信道的统计特性等;非视距环境下,障碍物遮挡会造成信号的反射、折射或绕射,造成 TOA 估计中的时延,最终使得位置估计产生偏差。

4) UWB 室内定位的优势

(1) 经济成本低,实现简单。传统窄带信号收发需要以正弦载波为载体,还需要使用变频技术、功率放大技术及中频、射频电路。相比之下,UWB 直接使用脉冲激励天线传输信号,设备体积小且成本较低。

(2) 设备功耗低。UWB 系统脉冲信号发射持续时间较短,消耗的能量极小。极低的能量消耗使得超宽带信号不易被拦截,有利于提升信息的安全性。

(3) 抗干扰能力强。UWB 发送的脉宽极窄的冲激脉冲占据了非常宽的带宽,因此 UWB 信号抗窄带干扰较强。此外,UWB 系统采用的冲激脉冲调制和跳时编码调制可以有效克服系统自身的相互干扰。

(4) 多径分辨能力强。UWB 通过极窄脉冲进行信息传输,占空比低,在发生多径的情况下可以实现时间上的分离。

(5) 穿透能力强。超宽带无线通信技术可以穿透树叶和一定厚度的障碍物。在复杂室内环境中,UWB 技术可以实现正常通信和精准定位。

5) UWB 室内定位应用案例

图 4-71 展示了通过四个 UWB 站点进行双向到达时间测距(TW-TOA)的室内定位示例。双向到达时间测距法是通过计算 UWB 脉冲信号从流动站传播基准站,基准站响应后

返回 UWB 流动站的双向到达时间确定两者之间的距离,可以消除单向测距法由于时间同步问题造成的误差。在图 4-71 所示的情况下,通过双向到达时间测距法可以获取信号传输距离 s。

$$s = c(T_2 - T_1 + T_B - T_A)/2 \tag{4-17}$$

其中:$T_2 - T_1$ 表示从流动站到 UWB 基准站的时间差;$T_B - T_A$ 表示基准站响应后 UWB 流动站的时间差。

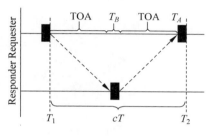

(a) 四个UWB站点分布 (b) 定位范围分析

图 4-71 UWB 室内定位示例

在同一楼层的室内定位中,我们只需确定车辆在平面坐标中的位置,因此可以将问题简化到二维空间,然后将三维范围转换为二维范围。在二维平面内,首先找到所有目标站点的范围 r_a、r_b、r_c、r_d,然后根据每个站点的位置 $P_a = (x_a, y_a)$、$P_b = (x_b, y_b)$、$P_c = (x_c, y_c)$、$P_d = (x_d, y_d)$ 确定定位目标的二维坐标 (x_t, y_t)。这些位置和距离之间的关系如图 4-72 所示。

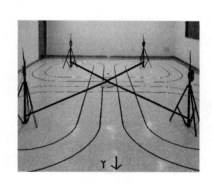

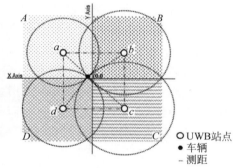

图 4-72 UWB 基于 TOA 的室内定位布局

$$\begin{bmatrix} (x_a - x_t)^2 + (y_a - y_t)^2 \\ (x_b - x_t)^2 + (y_b - y_t)^2 \\ (x_c - x_t)^2 + (y_c - y_t)^2 \\ (x_d - x_t)^2 + (y_d - y_t)^2 \end{bmatrix} = \begin{bmatrix} r_a^2 \\ r_b^2 \\ r_c^2 \\ r_d^2 \end{bmatrix} \tag{4-18}$$

可以选择三个方程来实现三边测量算法。当选择测量站点 (a, b, c) 时,目标站点的坐标可以表示为:

$$\begin{bmatrix} x_t \\ y_t \end{bmatrix} = \begin{bmatrix} 2(x_a - x_c) & 2(y_a - y_c) \\ 2(x_b - x_c) & 2(y_b - y_c) \end{bmatrix}^{-1} \begin{bmatrix} x_a^2 - x_c^2 + y_a^2 - y_c^2 - r_a^2 + r_c^2 \\ x_b^2 - x_c^2 + y_b^2 - y_c^2 - r_b^2 + r_c^2 \end{bmatrix} \tag{4-19}$$

　　最后,对该算法进行测试以衡量 UWB 定位的性能。在大约 16 个测量系列中,大约有 128 个位置,每个测量都由 8 个 UWB 组成。视距和非视距的定位误差如图 4-73 所示。通过实例中计算结果可知,基于 UWB 方法的室内定位精度在 10cm 以内。

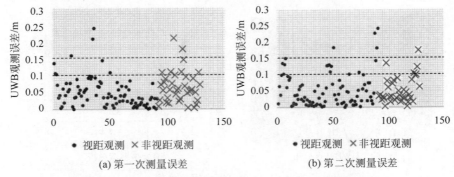

(a) 第一次测量误差　　　　　　　　(b) 第二次测量误差

图 4-73　UWB 视距(LOS)和非视距(NLOS)的定位误差

习题

1. 地图的基础功能与作用主要包括哪些?
2. 描述空间地理实体的数据结构。
3. 导航电子地图保密制度涉及哪些关键事项?
4. 自动驾驶高精地图格式规范主要包括哪几类?
5. 自动驾驶高精地图制图流程主要包括哪些环节?如何处理实现?
6. 简述目前高精度地图更新技术的发展概况与实现方式。
7. 现有的全球卫星导航系统有哪些?它们分别具有什么特点?
8. 对地球上任意一点进行准确定位至少需要接收多少颗卫星的信号?为什么?
9. 影响 GNSS 卫星定位精度的因素有哪些?
10. 卫星定位在自动驾驶中的难点是什么?可以通过哪些方式来改善定位精度?
11. SLAM 技术框架包含哪几个部分?它们分别发挥了什么作用?

参考文献

[1]　王家耀,孙群,王光霞,等.地图学原理与方法[M].北京:科学出版社,2006.

[2]　袁堪省.现代地图学教程[M].北京:科学出版社,2007.

[3]　李建松,唐雪华.地理信息系统原理[M].武汉:武汉大学出版社,2006.

[4]　孔祥元,郭际明.控制测量学:上册[M].武汉:武汉大学出版社,1996.

[5]　孔祥元,郭际明,刘宗权.大地测量学基础[M].武汉:武汉大学出版社,2005.

[6]　黄志坚.智能交通与无人驾驶[M].北京:化学工业出版社,2018.

[7]　刘少山,唐结,吴双,等.第一本无人驾驶技术书[M].北京:电子工业出版社,2017.

[8]　崔胜民.智能网联汽车新技术[M].北京：化学工业出版,2016.

[9]　宁津生,姚宜斌,张小红.全球导航卫星系统发展综述[J].导航定位学报,2013(1)：3-8.

[10]　刘健.全球卫星导航系统发展现状与趋势[J].导航定位学报,2020,8,29(1)：1-8.

[11]　曹冲.北斗与GNSS系统概论[M].北京：电子工业出版社,2016.

[12]　DURRANTWHYTE H,BAILEY T S. Simultaneous localization and mapping：part I[J]. IEEE Robotics & Automation Magazine,2006,13(2)：99-110.

[13]　高翔,张涛.视觉SLAM十四讲：从理论到实践[M].北京：电子工业出版社,2017：18-26.

[14]　李晓欢,杨晴虹,宋适宇,等.自动驾驶汽车定位技术[M].北京：清华大学出版社,2019：15-16.

[15]　BESL P J,MCKAY H D. A method for registration of 3-D shapes[J]. IEEE Transactions on Pattern Analysis and Machine Intelligence,1992,14(2)：239-256.

[16]　BIBER,PETER S,WOLFGANG. The normal distributions transform：a new approach to laser scan matching[J]. IEEE International Conference on Intelligent Robots and Systems. 2003（3）：2743-2748.

[17]　GEIGER A,LENZ P,URTASUN R,et al. Are we ready for autonomous driving? the KITTI vision benchmark suite[C]. computer vision and pattern recognition,2012：3354-3361.

[18]　CAMPOS C,ELVIRA R,JUAN J G,et al. ORB-SLAM3：an accurate open-source library for visual, visual-inertial and multi-map SLAM[J]. arXiv e-prints,2020.

[19]　ZHANG J,SINGH S. LOAM：Lidar odometry and mapping in real-time[C]. robotics science and systems,2014.

[20]　SHAN T,ENGLOT B. LeGO-LOAM：lightweight and ground-optimized lidar odometry and mapping on variable terrain[C]. intelligent robots and systems,2018：4758-4765.

[21]　SHAN T,ENGLOT B,MEYERS D,et al. LIO-SAM：tightly-coupled lidar inertial odometry via smoothing and mapping[J]. arXiv e-prints,2020.

[22]　SHETTY A,GAO G X. Adaptive covariance estimation of LiDAR-based positioning errors for UAVs[J]. Annual of Navigation,2019,66(2)：463-476.

[23]　ADAME,T. IEEE 802. 11AH：the WiFi approach for M2M communications[J]. 2014,21（6）：144-152.

[24]　刘小康,郭杭.基于Zigbee室内定位系统的指纹库优化算法[J].计算机工程,2014,40(2)：193-198.

[25]　陈国平,马耀辉,张百珂.基于指纹技术的蓝牙室内定位系统[J].电子技术应用,2013,039(3)：104-107.

[26]　罗庆生,罗洪坚,王耀炼.红外线传感器及其导引技术在自动导向车中的应用研究[J].计算机测量与控制,2003,011(10)：818-820.

[27]　华蕊,郝永平,杨芳.超声波定位系统的设计[J].国外电子测量技术,2009(6)：65-67.

[28]　赵锐.室内定位技术及应用综述[J].电子科技,2014,27(3)：154.

[29]　赖北平.GPS数据的卡尔曼滤波处理及其在飞行试验中的应用[D].南京：南京航空航天大学,2002.

[30]　彭光雷.三维地形生成研究及实现[D].重庆：重庆大学,2005.

[31]　孟俊贞.克里金插值近似网格算法在栅格数据投影变换中的应用[D].长沙：中南大学,2009.

[32]　龚清萍,许宇.地图投影在无人机航迹规划中的应用[J].航空电子技术,2009,40(2)：48-52.

[33]　方坤.基于RIA技术的构件式WebGIS表现层技术研究[D].北京：中国地质大学（北京）,2009.

[34]　李宗白.移动网络规划软件中的地理信息系统设计与开发[D].北京：北京邮电大学,2010.

[35]　刘沛兰.现代工程大比例尺地形图数学基础的研究[D].武汉：武汉大学,2011.

[36]　李华蓉.GIS建设中地理空间数据的保障研究[D].重庆：重庆大学,2004.

[37]　许家琨.常用大地坐标系的分析比较[J].海洋测绘,2005(6)：71-74.

[38]　张生润.基于GIS的快递网络系统研究[D].北京：北京交通大学,2009.

[39]　傅江川.终端区飞行仿真研究[D].天津:中国民航大学,2009.

[40]　胡进.基于 GPS 的自动寻人跟踪系统研究[D].苏州:苏州大学,2008.

[41]　王皓.基于世界地下水资源图亚洲部分的跨界含水层研究[D].北京:中国地质大学(北京),2007.

[42]　牛磊.基于亚洲地下水资源与环境地质图的跨界含水层研究[D].北京:中国地质大学(北京),2011.

[43]　杜华.GIS 中电子地图坐标系的转换研究与实现[D].贵州:贵州大学,2007.

[44]　梅新.基于组件的开放式空间参照系统的设计与实现[D].武汉:武汉大学,2003.

[45]　赵淑媛.多分辨率数字地图编制技术的研究[D].西安:西安科技大学,2008.

[46]　张庆全.基于 GPS/GIS 车辆监控系统的设计与实现[D].哈尔滨:哈尔滨理工大学,2007.

[47]　石潇.GIS 中矢量多边形栅格化的算法优化及误差分析[D].山东:山东科技大学,2008.

[48]　王俊超,严薇,王惠,等.电子地图在 GPS 导航中的应用及其发展趋势[J].测绘与空间地理信息,2012,35(7):160-163.

[49]　甘浩.车辆定位导航系统的最优路径规划技术研究[D].武汉:武汉理工大学,2005.

[50]　张超.军用机动装备定位导航系统的研究[D].武汉:华中科技大学,2005.

[51]　王恒.智能交通管理系统(ITS)中电子地图的建立及其运用[D].成都:电子科技大学,2004.

[52]　吴忻.基于 GPS 定位和电子地图的最佳路径搜索[D].西安:西安电子科技大学,2006.

[53]　负敏,成振龙.卫星导航定位产品之瓶颈——电子地图[J].卫星应用,2013(5):27-31.

[54]　陈刚.车载导航系统中部分数据库的设计及实现[D].吉林:吉林大学,2009.

[55]　陈述奇.导航电子地图的研究与设计[D].成都:西南交通大学,2005.

[56]　黄道斌.车载电子地图的应用研究[D].武汉:武汉理工大学,2008.

[57]　李鑫.电子地图在车载导航系统中应用的研究[D].长沙:湖南大学,2006.

[58]　赵希.现代旅游地图艺术性研究与实践[D].昆明:昆明理工大学,2011.

[59]　徐雷诺.我国各种高程系之间的换算及应用[J].治淮,2009(10):44-45.

[60]　李艳.基于 ArcGIS 的重力图构建及其可导航性分析方法研究[D].哈尔滨:哈尔滨工程大学,2010.

[61]　陈迅.2.5 维电子地图的制作与发布[D].西安:西安科技大学,2012.

[62]　李玉苗.大区域独立坐标系统的建立[J].福建质量管理,2016(04):184-185.

[63]　苏长武,王剑.浅析地勘测量中常用坐标系的转换方法[J].黄金科学技术,2011,19(5):65-68.

[64]　韩丽君,安建成.地图投影及其在 GIS 中的应用[J].科技情报开发与经济,2009,19(8):136-138.

[65]　周维民.电子海图数据集成技术研究及应用[D].哈尔滨:哈尔滨工程大学,2009.

[66]　王瑞瑞.大数据时代地理信息系统的应用研究[J].科技经济导刊,2021,29(20):46-47.

[67]　邓赵辉.地理信息系统的开发技术、现状及发展趋势[J].电子制作,2016(8):63.

[68]　王家耀.信息化时代的地图学[J].测绘工程,2000(2):1-5.

[69]　李想.中学地理电子地图编制及其应用[J].电子技术与软件工程,2018(5):92.

[70]　任一峰,薛笑芳,郭圣权.GPS/电子地图车辆导航系统研究[J].华北工学院学报,2004(3):204-208.

[71]　张兴强.实时交通信息自导航系统的研究[D].青岛:山东科技大学,2006.

[72]　刘福玲.无人车导航动态车道级路径引导技术研究[D].北京:北京理工大学,2016.

[73]　刘莉.通用电子地图矢量符号编辑软件的设计与实现[D].哈尔滨:哈尔滨工程大学,2011.

[74]　徐丽君.基于 GIS-T 中电子地图空间数据组织研究[D].武汉:武汉理工大学,2009.

[75]　云南省测绘地理信息局、云南省测绘地理信息学会.云南省测绘地理信息学会 2017 年学术年会论文集[C].昆明:云南省科学技术协会,2017:19.

[76]　花存宏,龚丽芳,曾文华.导航应用的电子地图共享平台建设研究[J].测绘科学,2006(S1):119-121＋83.

[77]　田明星.路径规划在车辆导航系统中的应用研究[D].北京:北京交通大学,2009.

[78]　陈倩.卫星导航定位应用标准体系[J].信息技术与标准化,2009(3):54-57.

[79]　潘霞,张庆余,朱强.高精度地图在自动驾驶领域的作用及意义解析[J].时代汽车,2019(4):49-

50＋53.

［80］ 周勇,刘尚魁.构建基于 Appollo 的高精度地图解决方案[J].电子技术与软件工程,2018(21):139.

［81］ 胡雷地,龙毅.多媒体电子地图的可视化表达技术[J].现代测绘,2005(6):7-10.

［82］ 李丽丽.基于拓扑关系的导航电子地图增量更新关键技术研究[D].吉林:吉林大学,2009.

［83］ 龙毅,蒋成环,张亮,等.电子地图的基础理论与框架体系[J].现代测绘,2005(3):7-11.

［84］ 张雨心,左栋.高精度导航电子地图的国家安全防控要点探究[J].测绘通报,2020(10):148-151.

［85］ 胡卓良.面向智能导航的高精细城市路网模型研究[D].南京:东南大学,2018.

［86］ 王佳林.导航电子地图的生产模式研究[D].上海:上海交通大学,2012.

［87］ 万庆,陈钻,冯新宇,等.车载导航电子地图走向标准化[N].计算机世界,2003-11-10(B11).

［88］ 张素芬.《地理Ⅲ》的地图能力及其培养策略研究[D].呼和浩特:内蒙古师范大学,2010.

［89］ 李振宇.智能交通中地图定位导航子系统的设计与实现[D].沈阳:东北大学,2008.

［90］ 蒙静.基于 IR-UWB 无线室内定位的机理研究[D].哈尔滨:哈尔滨工业大学,2011.

［91］ 林传分.基于超宽带的室内定位算法研究[D].乌鲁木齐:新疆大学,2014.

［92］ 杨狄,唐小妹,李柏渝,等.基于超宽带的室内定位技术研究综述[J].全球定位系统,2015,40(5):34-40.

第5章 自动驾驶融合感知技术

引言

　　自动驾驶环境感知是指利用传感器以及先验模型对车辆环境信息进行处理，从而提取有效信息，实现对驾驶环境认知理解的技术。自动驾驶环境感知技术是实现自动驾驶的关键基础技术之一，是在复杂道路情况下实现安全智能驾驶的前提。目前自动驾驶汽车环境感知技术一般是基于视觉传感器、毫米波雷达和激光雷达等传感器实现的。因此，视觉图像处理、毫米波雷达数据处理、激光雷达点云处理是环境感知技术的基石。图像、雷达、点云具有不同的特性，适用于不同的感知任务。为了应对复杂的驾驶场景，一方面，需要提升各传感器数据处理的能力；另一方面，则需要融合多传感器信息、取长补短，以实现传感器信息的充分利用。在车联网技术逐步应用的背景下，感知系统不仅需要融合自车的不同传感器信息，也需要融合车-路-云共享的感知信息，从而进一步扩大感知范围，提升感知精度。本章的学习目标是了解与掌握自动驾驶主流传感器和主要算法，并且初步了解多源信息融合的经典算法与架构。

　　本章首先介绍自动驾驶环境感知技术的构成与发展历程，然后重点介绍视觉传感器、毫米波雷达和激光雷达，三种传感器的原理及其主要的数据处理算法。每种传感器的介绍都包含基础原理、参数标定、基本数学方法、应用案例等相关内容；在此基础上，继续介绍了多源信息融合感知的主要方法，包括目标级感知信息融合、数据级信息深度融合、基于车联网的协同感知。本章框架结构如图 5-1 所示。

视觉传感器
基本原理
参数标定
基本数学方法
车道线检测
目标检测

毫米波雷达
基本原理
参数标定
基本数学方法
目标跟踪实例

激光雷达
基本原理
参数标定
基本数学方法
点云目标检测

多源信息融合感知
多传感器融合感知概述
目标级感知信息融合
数据级信息深度融合
基于车联网的协同感知

图 5-1　本章框架结构

学习目标

- 了解视觉传感器的基本原理及参数、图像处理基本方法及经典应用。
- 了解毫米波雷达的基本原理及参数、雷达数据处理基本方法、雷达目标的跟踪方法。
- 了解激光雷达的基本原理及参数、点云处理基本方法、基于点云的目标识别方法。
- 了解目标级感知信息融合的原理、卡尔曼滤波器的基本使用方法。
- 了解数据级信息深度融合的原理和经典应用方法。
- 了解基于车联网的协同感知基本架构和主要技术。

第 5 章学习素材

5.1　环境感知技术概述

5.1.1　环境感知系统的构成

　　车辆对行驶环境的实时准确感知是实现自动驾驶的前提。正是由于环境感知技术的重要作用,每一次感知技术的革新都促成了自动驾驶技术的飞跃。视觉传感器、毫米波雷达的出现和图像识别技术的进步推动了自适应巡航、车道保持、主动避撞、全景倒车辅助等ADAS 技术的诞生与发展;而激光雷达的应用,使得谷歌、福特等公司实现了无人驾驶;多源传感器信息融合技术的不断发展使自动驾驶功能不断丰富和稳定。目前,机器学习、车联网和高精地图等技术的发展,给自动驾驶环境感知技术的突破带来了新的契机。自动驾驶环境感知技术正在向更全面、更准确、更迅速的方向发展。

　　自动驾驶环境感知系统主要由相机、毫米波雷达、激光雷达等组成,如图 5-2 所示,这些传感器为自动驾驶车辆提供了海量的周边环境及自身状态数据,这些以图像、点云等形式呈现的原始数据,既包含了大量有价值的信息,也包含了大量与驾驶活动无关的信息。如何从海量数据中提取出有利于环境理解的信息,以便支撑智能驾驶车辆的决策行为,确保智能驾驶的安全性,是环境感知系统的主要任务。

　　按照获取交通环境信息的途径,自动驾驶环境传感器可分为如下两类。

　　(1)被动环境传感器。自身不会发射信号,而是通过接收外部反射或辐射的信号获取环境信息,主要包括相机等视觉传感器和麦克风阵列等听觉传感器。

　　(2)主动环境传感器。主动向外部环境发射信号进行环境感知,主要指激光雷达、毫米波雷达和超声波雷达。

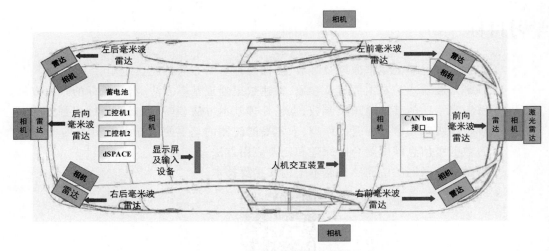

图 5-2　自动驾驶环境感知系统的构成

　　不同传感器具有不同的特点,如表 5-1 所示,因此适用于不同的需求。毫米波雷达成本不高,性能稳定,可以适应不同的天气条件,不受雨、雪、雾、光照的影响,但其角度分辨率低、缺少语义信息。视觉传感器直接采集图像,具有极为丰富的语义信息,但容易受到光照、天气的影响,对缺少特征点的场景也难以检测。激光雷达是高精度的测距传感器,可迅速获取周围物体的三维信息,由于信息离散稀疏,所以部分外界信息(如颜色、纹理等)会丢失。但是不论安装多少数量/种类的雷达、选取多高的采样速率,也难以实现真正的全天候、全天时、全三维,因此仅依靠雷达的感知系统也有其缺陷。

表 5-1　智能驾驶车辆常用传感器及特点

传感器种类	测量范围	测量精度	工作特性	主要感知目标
激光雷达	100m 左右	厘米级	方向性好、无电磁干扰、精度高、测量范围广	各方向环境感知、建模,车辆定位
毫米波雷达	几米至几百米	可达厘米级(距离过近精度低)	分辨率高,抗干扰能力强	前方障碍检测、车距测量等
微波雷达	几十米至几百米	可达厘米级(距离过近精度低)	气象适应性好,探测距离远、技术成熟	盲区监测等
超声波传感器	1~5m	厘米级	数据处理简单、快速	近距离障碍物检测,如自动泊车、倒车辅助
红外线传感器	—	—	环境适应性好、功耗低、探测视角小	主要用于夜视系统
视觉传感器	受相机自身光圈、分辨率等参数影响,通常为几十米	与定位距离、光线环境、相机分辨率等有关系,距离越近精度越高,通常在几米至十几米	传感信息丰富、检测范围广、信息容量大、成本低。受天气状况和光照条件变化的影响很大并且无法直接得到检测对象的深度信息	前车车距测量、车道线的识别与保持、障碍物的检测与跟踪等
RTK-GPS	受基站信号强度限制	厘米级	定位精度高,易受遮挡,对天气情况敏感	车辆全局定位

不同感知传感器有着各自的长处与缺陷。对于不同的驾驶任务而言,需要选择不同的感知设备种类和类型,并非要配置最全、最多、最贵的感知设备才能完成驾驶任务,而是要以任务需求为导向,有针对性地选取合适的感知设备,组合实现优化配置。

5.1.2　环境感知算法的发展历程

自动驾驶环境感知算法的发展经历了由机器视觉为主到多源信息融合的转变。机器视觉是自动驾驶感知技术发展初期的主流方案。早在 20 世纪 50 年代,美国无线电公司和通用集团联合实现了基于机器视觉的自动高速公路示范项目。进入 20 世纪八九十年代,随着传感器的进步,包括视觉成像技术、激光感知系统、毫米波雷达等的发展,多源传感器融合理论的完善,车辆智能化进入了一个新的阶段。毫米波雷达被用于汽车纵向安全系统的构建,为车辆主动避撞提供预警,并提供了具有实用性的控制技术。毫米波雷达、激光雷达、相机也用于开发碰撞预警系统及自适应巡航系统、车道保持系统和环视倒车辅助系统。

伴随着汽车自动驾驶功能的发展,人们开始了对适用于一般道路的完全无人驾驶的尝试。在 2005 年 10 月 DARPA Grand Challenge 第二场比赛中,多辆赛车采用了机械旋转式激光雷达以增强对环境的感知能力,最终有 5 支队伍完成了比赛。为了适应更复杂的车辆行驶环境,尤其是城市道路,基于多传感器的环境感知技术逐渐成为焦点。

2008 年斯坦福大学采用 5 种不同的激光雷达系统以及多个雷达传感器以应对 DARPA 比赛中城市环境的挑战。卡内基-梅隆大学参加 Urban Challenge 并获得冠军的无人驾驶汽车共搭载了 17 个不同的传感器。图 5-3 所示为 DARPA 挑战赛的参赛车辆,包括激光雷达、毫米波雷达、相机等。

(a) Grand Challenge 2004年参赛车辆

(b) Grand Challenge 2005年参赛车辆

(c) Urban Challenge 2007年参赛车辆

图 5-3　DARPA 挑战赛参赛车辆

环境感知技术的发展不仅体现在传感器的变化上,同时也体现在感知算法的不断进步。在面向单一传感器的目标检测算法领域,目前图像上的二维目标检测技术已经非常成熟,Faster RCNN、YOLO 系列、SSD 等算法利用深度卷积神经网络能够在正常工作条件下取得很好的性能,同时兼顾实时性。在三维目标检测技术上,利用 PointNet++、VoxelNet 等处理点云数据的神经网络也通过不断优化取得良好效果并且得到应用。目标跟踪领域,二维多目标跟踪算法常使用检测跟踪(tracking by detection,TBD)算法框架用于实现在线跟踪,效果也随着检测算法性能的提高而日益增进。同时随着算法的发展,也有许多性能较好的深度学习算法能够联合实现目标检测、分割或感知的多感知任务,如 Mask RCNN、Track RCNN 等。

在多源信息融合感知领域,深度融合视觉、点云等不同维度信息的算法也在不断发展。融合感知的基本思想是充分利用不同传感器的优势,提高感知精度与可靠性,同时减小感知盲区。通过多传感器信息融合,能够弥补各自数据的不足,完善环境信息,同时融合感知能够通过对比不同传感器的信息进行综合判断提高测量结果的可信度与精度。常用的融合框架分为目标级融合(后融合)、利用神经网络实现的深度融合(前融合)等。目标级融合通过各传感器进行单独运算,对单传感器的感知结果再进行融合与匹配来确定最终结果,提高结果的置信度和准确度。目标级融合框架对传感器的依赖性小,但其信息损失量较大,没有充分利用传感器之间优势互补的关系。数据级融合对信息利用更为充分,但是算法更为复杂。

随着自动驾驶技术的发展,对于环境感知的准确性、完备性、稳健性提出了新的挑战,各传感器自身都在进行快速的迭代与升级,同时多传感多源信息融合感知技术也在不断进步。

5.2 视觉传感器及其应用

5.2.1 视觉传感器的成像原理

1. 视觉传感器的定义

视觉传感器指的是利用光学元件和成像装置获取外部环境图像信息的仪器。视觉传感器是整个机器视觉系统信息的直接来源。通常来说,视觉传感器的主要功能是获取用于机器视觉系统处理的原始图像。在智能系统中,视觉传感器的主要作用类似于人类的眼睛,用来感知外部世界信息。

最早的视觉传感器可以追溯到 1839 年,法国人 Daguerre(达盖尔)发明的银版照相机。在照相机问世后的 180 多年内,记录所拍摄图像的感光材料不断发生着变化。最初采用的感光材料是银版,随后发展为湿版和干版,最终人们广泛采用胶卷作为感光材料。20 世纪80 年代是胶片照相机的全盛时期。随后,数码照相机凭借自身的多种便利功能赢得了公众的青睐:它不仅可以免除显影、冲晒和放大等步骤,还能将拍摄的图像实时显示在计算机显示器上供用户查看。在数码照相机中,拍摄的图像通过半导体图像传感器(图像感测设备)和可检测光的光电二极管转换为像素。

在自动驾驶系统中,常用的视觉传感器类型主要包括如下两种。

(1) 单目视觉传感器。由单个摄像头组成,获得单目图像(单张)。

(2) 双目视觉传感器。由双摄像头从不同角度对同一目标成像,获得双目图像(两张图像)。也能提供视差信息(视差图),以推算目标距离。

此外,还有红外视觉传感器等特种视觉传感器,识别目标散发的热量,并转换为图像,在本章中不做进一步介绍。

2．单目视觉传感器的结构

单目视觉的相机模组的组件一般包括镜头、分色滤色片、感光元件等。

镜头决定感光元件的采光率。一般相机的镜头结构由几片透镜组成，按照材料类型可以分为塑胶透镜和玻璃透镜。

分色滤色片包括两类：一类使用三原色分色法，几乎所有的人类眼睛可以识别的颜色都可以通过红(R)、绿(G)、蓝(B)这三个通道的颜色调节而成，如图 5-4 所示；另一类使用 CMYK 补色分色法，由四个通道的颜色配合而成，分别是青(C)、洋红(M)、黄(Y)、黑(K)，在印刷业中，CMYK 更为适用，但是调节出来的颜色类不如 RGB 的颜色种类多。

感光元件利用电子元件的光电转换功能，将感光面上的光像转换为与光像成相应比例关系的电信号。感光元件的芯片类型主要分为两种：CCD(电荷耦合器件)、CMOS(互补金属氧化物半导体)。在 CCD 相机中，每个感光元件的信号都是独立、直接地输出到垂直寄存器中的。随后这些信号会被独立地传到水平寄存器中，并形成统一的输出。由于 CCD 并不具备直接将模拟

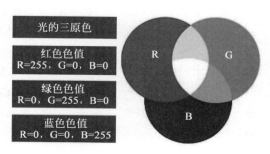

图 5-4　光的三原色

信号转换为数字信号的能力，因此 CCD 相机中通常还另外包含一个模数转换芯片，最终 CCD 相机的 DSP 处理芯片将会处理二进制矩阵的方式输出的数字图像信号。CMOS 相机的处理方式则与之相反。由于每个 CMOS 相机中的感光元件都整合了放大器和模数转换逻辑，因此 CMOS 相机具备将模拟信号转换为数字信号的能力。CMOS 相机中感光元件产生的模拟信号会直接被整合的放大器放大并转换成对应的数字信号。换句话说，在 CMOS 传感器中，每个感光元件都可产生最终的数字输出，DSP 芯片处理的是这些数字信号的合并信号。

3．单目视觉传感器的参数

对于单目视觉传感器来说，其常见的结构参数包括帧率、分辨率、焦距等。

1）帧率

帧率(frame rate)用于测量显示帧数的量度，测量单位为每秒显示的帧数(frames per seconds)，用帧/秒(f/s)表示。帧率直接关系到动态图像的流畅性，帧率越高，视频图像就越连贯。帧率与视觉目标跟踪的性能相关，图像越连续，包含的动态信息越丰富。在选择单目摄像头时，需要考虑帧率与视觉目标跟踪的性能相关，图像越连续，包含的动态信息越丰富。

2）分辨率

分辨率指的是相机拍出的影像在水平方向和垂直方向的像素数，用于衡量设备捕捉、显示或输出数据的能力，由相机内的 CCD 或 CMOS 上感光元件的总数决定。数码相机的像素数决定了输出图像的分辨率。720P 则代表 $1280×720$ 像素的图像分辨率。图像分辨率对于视觉目标识别的效果有着很大的影响。一般来说，分辨率越高，包含的信

息越多,识别准确率就越高。一般来说,镜头的分辨率与帧率成反比,需要根据实际需求平衡。

3) 像素

像素(像元)是组成数字化影像的最小单元。像素尺寸代表了单个像素所占的面积。像素尺寸决定了数字影像的影像分辨率和信息量。像素尺寸越小,影像分辨率越高,信息量越大;反之,像素尺寸越大,影像分辨率越低,信息量越小。

4) 焦距

焦距也称为焦长,是光学系统中衡量光的聚集或发散的度量方式,指从透镜中心到光聚集之焦点的距离。相机的镜头是一组透镜,当平行于主光轴的光线穿过透镜时,光会聚到一点上,这个点叫作焦点(focus),焦点到透镜中心(即光心)的距离,称为焦距(focal length),如图 5-5 所示。焦距固定的镜头,即定焦镜头;焦距可以调节变化的镜头,就是变焦镜头。从物体的不同部分射出的光线,通过镜头之后,聚焦在底片的一个点上,使影像具有清晰的轮廓与真实的质感,这个点就叫焦点。所谓焦距,正是从镜头之镜片中间点到光线能清晰聚焦的那一点之间的距离。比正常焦距短的镜头(也称为"广角"镜头)可以捕获更大的视野;长于正常焦距的镜头或"远摄"镜头可捕获较小的视野。

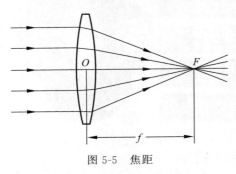

图 5-5 焦距

5) 视场角

视场角又被称为视场。以相机的镜头为顶点,以拍摄目标的物像在镜头中存在的最大范围的两条边缘构成的夹角,称为视场角。视场角是相机的视野范围的参数,视场角与视野成正比,与光学倍率成反比。在实际应用中选取镜头时,镜头焦距与视场角通常成反比关系,需要根据实际需求平衡,如图 5-6 所示。

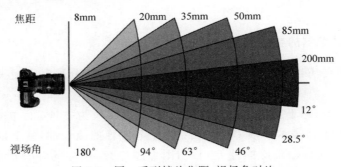

图 5-6 同一系列镜片焦距、视场角对比

6) 动态范围

动态范围(dynamic range)是可变化信号(如声音或光)最大值和最小值的比值。也可以用以 10 为底的对数或以 2 为底的对数表示。图像中同时存在高亮度区域及亮度较低的区域时,动态范围低的摄像机输出的图像会出现明亮区域因曝光过度成为白色,而黑暗区域因曝光不足成为黑色,严重影响图像质量,如图 5-7 所示。动态范围对于自动驾驶视觉目标

识别、跟踪的性能都有着巨大的影响。动态范围性能越好，图像包含的信息越丰富。一般认为，用于自动驾驶的图像传感器理想情况下要有 130dB 的宽动态范围（wide dynarmic range，WDR）。

图 5-7　高、低动态范围成像对比

信号与噪声的比值被定义为信噪比（signal-to-noise-ratio，SNR），其单位用 dB（分贝）表示。信号是指理想的成像信号，而噪声则指成像过程中所有部分所产生噪声的总和。一般来说，信噪比越高，图像识别算法的准确率越高，如图 5-8 所示。

图 5-8　高、低信噪比成像对比

4. 单目视觉传感器的测量原理

基于单目视觉传感器的测量过程是指通过相机得到的像素坐标 (u,v) 推测物体在真实世界中的坐标 (X_w,Y_w,Z_w)。单目视觉测量中一般涉及三个坐标系：图像坐标系、相机坐标系、世界坐标系。

1）图像坐标系

图像坐标系是在成像平面内，以二维图像为基准所建立的坐标系，如图 5-9 所示。根据单位的不同，可分为像素坐标（单位：像素）和物理尺寸坐标（单位：mm）。像素坐标 (u,v) 中，原点为图像左上角点，坐标轴为 u 轴和 v 轴，表示物体所在的行数和列数。物理尺寸坐标 (x,y) 中，原点为图像的主点，也是光轴与像平面的交点，坐标轴为 x 轴（平行于 u 轴）和 y 轴（平行于 v 轴），表示物体

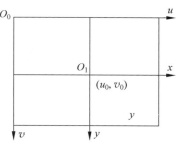

图 5-9　图像坐标系

的尺寸大小。

当焦距固定时,像平面内每一像素的尺寸大小是固定值。假设每一像素在 x 轴和 y 轴方向上的物理尺寸分别为 d_x 和 d_y,则在忽略相机成像畸变的情况下,像素坐标和物理尺寸坐标的转换关系如下:

$$\begin{cases} u = \dfrac{x}{d_x} + u_0 \\[2mm] v = \dfrac{y}{d_y} + v_0 \end{cases} \tag{5-1}$$

两者的齐次坐标转换关系为:

$$\begin{bmatrix} u \\ v \\ 1 \end{bmatrix} = \begin{bmatrix} \dfrac{1}{d_x} & 0 & u_0 \\[2mm] 0 & \dfrac{1}{d_y} & v_0 \\[2mm] 0 & 0 & 1 \end{bmatrix} \begin{bmatrix} x \\ y \\ 1 \end{bmatrix} \tag{5-2}$$

2) 相机坐标系

在相机坐标系中,O 点为摄像机光心(投影中心),X_c 轴和 Y_c 轴与图像坐标系的 x 轴和 y 轴平行,Z_c 轴为摄像机的光轴,和图像平面垂直。光轴与图像平面的交点为图像的主点 O_1,由点 O 与 X_c、Y_c、Z_c 轴组成的直角坐标系称为摄像机的坐标系。其中,OO_1 为摄像机的焦距。

设相机的焦距为 f,则根据小孔成像模型,可知相机坐标系下空间点 (X_c, Y_c, Z_c) 与物理尺寸坐标 (x, y) 的关系如下:

$$\begin{cases} \dfrac{x}{f} = \dfrac{X_c}{Z_c} \\[2mm] \dfrac{y}{f} = \dfrac{Y_c}{Z_c} \end{cases} \Rightarrow \begin{cases} Z_c x = f X_c \\ Z_c y = f Y_c \end{cases} \Rightarrow Z_c \begin{bmatrix} x \\ y \\ 1 \end{bmatrix} = \begin{bmatrix} f & 0 & 0 & 0 \\ 0 & f & 0 & 0 \\ 0 & 0 & 1 & 0 \end{bmatrix} \begin{bmatrix} X_c \\ Y_c \\ Z_c \\ 1 \end{bmatrix} \tag{5-3}$$

因此像素坐标 (u, v) 与相机坐标点 (X_c, Y_c, Z_c) 的关系为:

$$Z_c \begin{bmatrix} u \\ v \\ 1 \end{bmatrix} = \begin{bmatrix} \dfrac{1}{d_x} & 0 & u_0 \\[2mm] 0 & \dfrac{1}{d_y} & v_0 \\[2mm] 0 & 0 & 1 \end{bmatrix} \begin{bmatrix} f & 0 & 0 & 0 \\ 0 & f & 0 & 0 \\ 0 & 0 & 1 & 0 \end{bmatrix} \begin{bmatrix} X_c \\ Y_c \\ Z_c \\ 1 \end{bmatrix} = \begin{bmatrix} \dfrac{f}{d_x} & 0 & u_0 & 0 \\[2mm] 0 & \dfrac{f}{d_y} & v_0 & 0 \\[2mm] 0 & 0 & 1 & 0 \end{bmatrix} \begin{bmatrix} X_c \\ Y_c \\ Z_c \\ 1 \end{bmatrix} \tag{5-4}$$

3) 世界坐标系

世界坐标系是实际物体位置的参考系,和相机坐标系的转换关系是一个刚体变换关系:

$$\begin{bmatrix} X_c \\ Y_c \\ Z_c \end{bmatrix} = \boldsymbol{R} \begin{bmatrix} X_w \\ Y_w \\ Z_w \end{bmatrix} + \boldsymbol{T} \tag{5-5}$$

其中:$\boldsymbol{R}$ 表示旋转矩阵;$\boldsymbol{T}$ 表示偏移向量。

4）坐标系变换关系

世界坐标系中空间点 $P_w = (X_w, Y_w, Z_w)$，成像到相机得出其像点 $P = (u, v)$，需要经过三次变换，如图 5-10 所示。

（1）世界坐标系转换到相机坐标系，属于刚性变化，包含平移加旋转。

（2）相机坐标系转换到相机成像平面坐标系，通过小孔成像模型完成变换。

（3）相机成像坐标系转换到图像坐标系，包含缩放加平移。

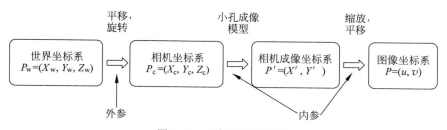

图 5-10　坐标系变换关系

其中，相机坐标系转换到相机成像坐标系的过程涉及相机的小孔成像模型，如图 5-11 所示。小孔成像模型表达了将相机坐标系下的三维点（单位为 m）映射到二维图像平面（单位为像素）的过程，其中所涉及的相机参数称为相机内参。与之对应的是，从相机坐标系转换到世界坐标系的变换过程所需要的参数，称为相机的外参。一般来说，外参已知时的视觉测量过程可以表述为：已知相机坐标系的坐标 $P_c = (X_c, Y_c, Z_c)$ 和变换矩阵 R, T，求解世界坐标系中空间点的坐标 $P_w = (X_w, Y_w, Z_w)$。

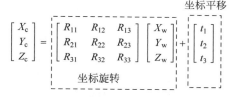

$$\begin{bmatrix} X_c \\ Y_c \\ Z_c \end{bmatrix} = \begin{bmatrix} R_{11} & R_{12} & R_{13} \\ R_{21} & R_{22} & R_{23} \\ R_{31} & R_{32} & R_{33} \end{bmatrix} \begin{bmatrix} X_w \\ Y_w \\ Z_w \end{bmatrix} + \begin{bmatrix} t_1 \\ t_2 \\ t_3 \end{bmatrix}$$

坐标旋转　坐标平移

图 5-11　三维变换的表达

5. 双目视觉传感器的结构

双目视觉传感器的结构与单目视觉相机不同，双目视觉传感器利用物体点在两台摄像头中的成像视差来进行测距。双目视觉传感器可输出物体点三维坐标点云。基于双目相机的立体视觉既拥有单目视觉的成本、识别优势，又具有激光雷达的点云测距优点。在观察真实世界场景事物时，人类的左右眼存在一定的角度差，因此视觉成像存在着一定差别，这通常被称为双目视差。人类大脑皮层对具有视差的左右眼图像进行融合后，便能提取信息并感受物体的距离，这就是人眼立体视觉的基本原理和双目视觉技术的仿生基础。

双目立体视觉系统一般由两个单目相机从不同角度同时获得被测物的两幅数字图像，并基于视差原理恢复出物体的三维几何信息，重建物体三维轮廓及位置。依据相机的摆放方式，双目立体视觉系统模型主要分为两种：平行放置方式和会聚放置放式，如图 5-12 所示。

其中，平行放置方式的双目视觉系统没有垂直视差，是常用的放置方式，又被称为标准放置方式。这种方式要求两台相机的光轴平行，光心在同一水平线上。相比之下，会聚放置方式对两台相机的摆放位置没有严格要求，灵活性较强，能依据场景和拍摄对象的特点来进行调整。然而，会聚放置方式由于左右图像匹配困难，所以后续计算过程相对复杂。

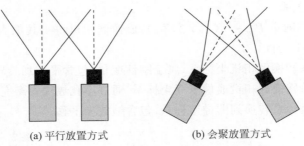

(a) 平行放置方式　　　　　　(b) 会聚放置方式

图 5-12　平行放置方式与会聚放置方式

6.双目视觉传感器的测量原理

双目立体视觉的计算主要基于三角法原理。其主要思路是通过由两台摄像机的图像平面和被测物体之间构成一个三角形。已知两台摄像机之间的位置关系,通过三角计算即可获得公共视场内物体的三维尺寸及空间物体特征点的三维坐标。在双目视觉传感器中,左右两相机水平放置,位置距离为 b,称为基线。摄像机中心同轴,并且成像平面平行。

已知双目视觉摄像机拍摄出的两幅图片如图 5-13 所示,左右两幅图中对应的两个特征点 $P_1(x_1,y_1)$ 和 $P_r(x_r,y_r)$,在双目视觉传感器的测量中,需要求解对应此两个特征点的空间世界三维点 $P(x,y,z)$。双目视觉成像的原理俯视图如图 5-14 所示。

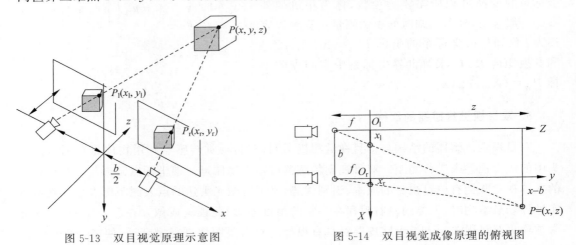

图 5-13　双目视觉原理示意图　　　　　图 5-14　双目视觉成像原理的俯视图

根据三角形相似定理,要求得空间点 P 离相机的距离(深度)z,必须知道:

(1) 相机焦距 f,左右相机基线 b(可以通过先验信息或者相机标定得到)。

(2) 视差,即左相机像素点 (x_1,y_1) 和右相机中的对应点 (x_r,y_r) 的关系,这是双目视觉的核心问题。

对于双目视觉的左相机图片中的每一像素点,可以通过极线约束获得其在右相机图片中对应的点。如图 5-15 所示,O_1、O_r 是两台相机,P 是空间中的一个点,P 和两台相机中心点 O_1、O_r 形成了三维空间中的一个平面 PO_1O_r,称为极平面(epipolar plane)。极平面和两幅图像相交于两条直线,这两条直线称为极线(epipolar line)。P 在相机 O_1 中的成像点是

P_l，在相机 O_r 中的成像点是 P_r，但是 P 的位置是未知的。对于左图的 P_l 点，寻找它在右图中的对应点 P_r，这样就能确定 P 点的空间位置。

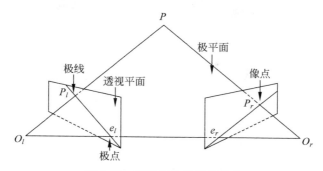

图 5-15　双目视觉的极线约束

极线约束（epipolar constraint）是指当空间点在两幅图像上分别成像时，已知左图投影点 P_l，那么对应右图投影点 P_r 一定在相对于 P_l 的极线上，这样可以极大地缩小匹配范围，即 P_r 一定在对应极线上，所以只需要沿着极线搜索便可以找到 P_l 的对应点 P_r。

5.2.2　视觉传感器标定

1．视觉传感器待标定的参数

在理想的相机模型中，如图 5-16 所示，设焦距为 f、工作距离为 d，则被测物 OP（在理想平面坐标系上）和它的像 $O'P'$（在理想像平面上）的关系可简单表示为：

$$| OP | = | O'P' | \cdot d/f \tag{5-6}$$

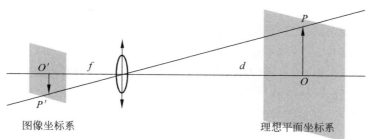

图 5-16　理想相机模型

真实情况下，理想相机模型不一定成立，主要的模型误差来源于如下三点。

（1）真实像平面与理想像平面间不重合。

（2）真实物体所在的世界坐标系与理想平面坐标系不重合。

（3）相机镜头不完全符合小孔模型。

确定和计算可以矫正这三类误差的参数的过程称为视觉传感器的标定。

图 5-17 所示为真实相机模型。

上述第一类误差可以通过畸变参数来矫正，相机的畸变可以分为径向畸变和切向畸变两种。畸变参数可以用来矫正真实像平面与理想像平面间存在的误差。径向畸变指镜头透

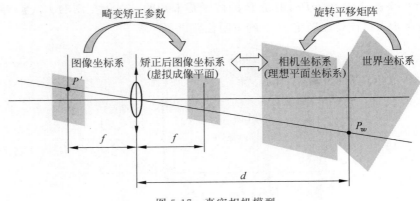

图 5-17　真实相机模型

镜形状导致的径向方向上的畸变,可以分为桶形畸变和枕形畸变两种形式。

上述第二类误差可以通过外参来矫正,外参可以用于矫正真实物体所在的世界坐标系与理想平面坐标系的误差。从坐标系 A 到任意坐标系 B,可以通过沿坐标系 A 的 X 轴、Y 轴、Z 轴平移及绕这些坐标轴旋转来完成。相机外参提供了像素在两个坐标系中平移和旋转所需的参数,可以用于将像素从世界坐标系转换至相机坐标系,矫正第二种误差。

上述第三类误差可以通过内参来矫正。内参可以用于矫正真实相机模型和小孔模型的差距。内参一般包括镜头的焦距 f、光轴中心坐标 (C_x, C_y) 以及像元尺寸 S_x、S_y,当摄像机和镜头确定时,这些参数唯一确定。确定相机内参后,就可以计算被测物和像平面之间的转换关系。

2. 视觉传感器标定方法

视觉传感器的标定方法主要分为线性标定方法、非线性标定方法以及两步标定法。在本书中,仅对线性标定法进行介绍。最早的线性标定法:直接线性变换法(DTL)由于算法复杂度低、计算速度快,在相机标定中得到了广泛的应用。然而,这种方法没有考虑镜头畸变,并且对噪声较为敏感,因此通常用于特定类型长焦距、小畸变的镜头标定。本节主要介绍 1987 年 Hall 改进的线性标定算法。

在相机标定中,三维物体向二维图像的投影可通过平移、旋转、缩放实现,该线性变换可表示为如下矩阵:

$$\begin{bmatrix} u \\ v \\ 1 \end{bmatrix} = \begin{bmatrix} M_1 & M_2 & M_3 & M_4 \\ M_5 & M_6 & M_7 & M_8 \\ M_9 & M_{10} & M_{11} & M_{12} \end{bmatrix} \begin{bmatrix} X_i \\ Y_i \\ Z_i \\ 1 \end{bmatrix} \tag{5-7}$$

已知 n 个对应的世界坐标系三维点 $P_i = (X_i, Y_i, Z_i)$ 和对应的图像坐标系二维点 $P_i = (u_i, v_i)$,求解 $\boldsymbol{M}$ 矩阵即可完成标定。

3. 视觉传感器标定示例

现有的视觉传感器标定已经有许多工具平台可以自动化完成,在本节中,以 MATLAB

软件中的相机标定工具箱为例,分步骤展示利用自动化工具进行相机标定的基本流程。

第一步:制作平面棋盘作为标定物,如图 5-18(a)所示。

第二步:使用需要标定的镜头,在不同角度下拍摄标定物图像,如图 5-18(b)所示。

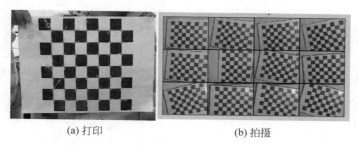

(a)打印　　　　　　　　　　　　　(b)拍摄

图 5-18　打印用于标定的棋盘格并拍摄不同方向的照片

第三步:利用 MATLAB 的相机标定工具箱,自动从照片中提取所拍摄的棋盘格角点,如图 5-19(a)所示。

第四步:利用 MATLAB 的相机标定工具箱,估算五个内参和六个外参(理想无畸变条件),如图 5-19(b)所示。

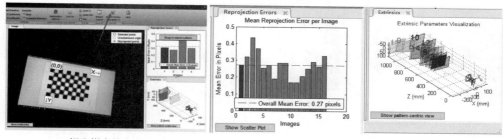

(a)提取棋盘格角点　　　　　　　　　　　(b)估算内参、外参

图 5-19　自动提取棋盘格角点并计算内参、外参

第五步:利用 MATLAB,使用最小二乘法估算实际存在径向畸变下的畸变系数。

第六步:利用极大似然法,优化参数的估计,并提升估计精度。最终计算的标定参数结果如图 5-20 所示。其中,图 5-20(a)中 IntrinsicMatrix 输出为相机内参矩阵计算结果;RadialDistortion 输出为径向畸变值;TangentialDistortion 输出结果为切向畸变值。标定结果示意图如图 5-20(b)、(c)所示。

5.2.3　图像数据处理的基本数学方法

1. 二值化操作

二值化操作是图像处理的基本操作,将像素灰度置为 0(纯黑)或 255(纯白),从而突出感兴趣的像素。对单通道图像中任意像素灰度值 $I(x,y)$ 进行如下设置:

$$I(x,y) = 255, \quad \text{if} \quad I(x,y) >= \text{Threshold},$$
$$I(x,y) = 0, \quad \text{else.}$$

(5-8)

```
>> cameraParams.IntrinsicMatrix

ans =

   376.5880         0         0
         0   375.3508         0
   171.3618   205.2971    1.0000

>> cameraParams.RadialDistortion

ans =

   -0.3585    0.1487

>> cameraParams.TangentialDistortion

ans =

     0      0
```

(b) 校正前效果

(a) 最终计算的标定参数　　　　　(c) 校正后效果

图 5-20　最终计算的标定参数结果,及对相机拍摄图片进行校正的效果图

阈值 Threshold 一般根据经验设置或动态设置。

图 5-21　图像二值化操作效果示例

图像二值化操作效果示例如图 5-21 所示。

在对彩色图片进行二值化时,要首先将图片转化为灰度图,即利用三通道彩色图中 R、G、B 的值来计算出灰度 I。在灰度计算中,一般使用心理学实验得出的通用权值:

$$I = 0.299R + 0.587G + 0.114B \tag{5-9}$$

2. 卷积操作

图像卷积操作是一种对图像像素形成的矩阵进行线性变换的操作。利用卷积核,对原矩阵一定范围内的元素进行加权求和,可以得到新矩阵中的一个元素。将这一过程滑动地应用于整个原矩阵,就可以得到整个新矩阵,这个新矩阵就是图像卷积操作的输出。

图像卷积操作在神经网络和图像滤波中有较多的应用,其原理如图 5-22 所示。

3. 均值滤波

均值滤波器利用卷积原理,设置固定的卷积核,以实现平均加权的均值滤波。均值滤波在图像去噪中有重要的应用。

均值滤波器使用的卷积核以模块运算系数表示为:

$$\boldsymbol{H}_0 = \frac{1}{9}\begin{bmatrix} 1 & 1 & 1 \\ 1 & 1 & 1 \\ 1 & 1 & 1 \end{bmatrix} \tag{5-10}$$

利用均值滤波器对各像素的计算示例如图 5-23 所示。

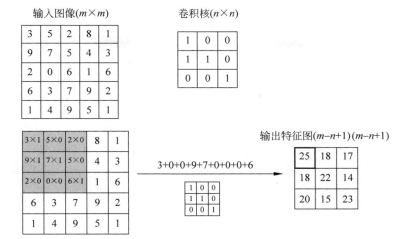

图 5-22　图像卷积操作原理

4. 高斯滤波

高斯滤波也是利用卷积操作进行图像去噪的一种图像处理技术。与均值滤波不同的是，其卷积核中的系数是根据高斯分布来设置的。

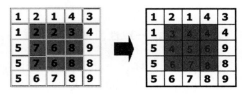

图 5-23　均值滤波器计算示例

在设定邻域格数为 n 时，像素 (u,v) 处的高斯滤波按下式计算：

$$
\begin{cases}
G'(u,v) = \sum_{j=-n}^{n} \sum_{i=-n}^{n} P(u+i,v+j) G(u+i,v+j) \\
P \sim N((u,v),\sigma^2)
\end{cases}
\tag{5-11}
$$

5. 图像特征算子

对图像像素形成的二维矩阵，可以沿着两个坐标轴方向求其梯度。图像梯度算子的定义如下。

图像函数 $f(x,y)$ 在点 (x,y) 处的梯度是一个矢量，记 G_x 和 G_y 为 x 方向和 y 方向的梯度，则梯度矢量可以表示为：

$$
\begin{cases}
\boldsymbol{G} = [G_x, G_y] \\
|\boldsymbol{G}| = \sqrt{G_x^2 + G_y^2}, \quad \theta = \arctan2(G_y, G_x)
\end{cases}
\tag{5-12}
$$

在实际应用中，也常用一些从原始图像梯度算子定义衍生出来的梯度算子。如 Prewitt 梯度算子、Sobel 梯度算子和 Laplace 二阶梯度算子等。

图像梯度算子在边缘特征提取中有重要的应用。边缘是图像中重要的结构性特征。边缘往往存在于目标和背景之间，以及不同的区域之间。图像中的边缘指的是像素值突变的地方，通常也被认为是梯度较大处。因此，边缘提取通常是在使用梯度算子后，根据梯度值的分布特征进行筛选后实现的。由于结合了梯度的计算和像素的筛选，边缘提取通常是一套综合算法。

6. 最小二乘拟合方法

在利用上述手段提取出图像中的特征点之后,往往需要经过拟合的步骤来实现数学化的输出表达,如图 5-24 所示。

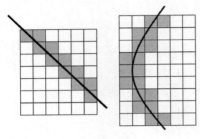

图 5-24　像素拟合

最小二乘拟合是最基本和常用的拟合方法。在输入若干待拟合的坐标点(待拟合的一组像素的坐标值)后,利用最小二乘法就能实现直线或曲线拟合。

最小二乘参数估计问题如下:

(1) 目标曲线形式 $y = f(x, \omega)$,其中,ω 为参数。

(2) 待拟合像素点坐标为 (x_i, y_i),$i = 1 \sim n$。

(3) 定义优化函数:

$$\min f(k, b) = \sum_{i=1}^{n} (y_i - f(x_i, \omega))^2 \quad (5\text{-}13)$$

求解此优化问题,可得参数 ω。

7. 随机抽样一致性算法

RANSAC 全称为 random sample consensus,即随机采样一致性方法,该方法由 Fischler 和 Bolles 于 1981 年提出。RANSAC 是能够根据包含异常数据的样本数据集和预先给定的数学模型,计算得到模型参数并实现有效样本提取的方法。

最小二乘拟合的目的是最小化所有样本残差平方和,在噪点很多的情况下,距离很远的噪点形成很大残差从而严重影响拟合效果。而 RANSAC 的目的是尽可能使更多的样本位于拟合线附近一定范围内,从而保留了相互印证的样本点,能够很好地达到去除噪声的目的。最小二乘拟合与 RANSAC 拟合的对比如图 5-25 所示。

 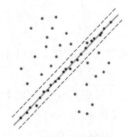

(a) 最小二乘拟合　　　　　　　　(b) RANSAC拟合

图 5-25　最小二乘拟合与 RANSAC 拟合的对比

以直线拟合为例,说明 RANSAC 的操作步骤,如图 5-26 所示。

(1) 随机选取两点确定一条直线,然后根据预设的误差范围,判断每个数据点是内点还是外点。

(2) 如果内点的数量大于 N(预设阈值),就认为已经找到了直线,终止算法。

(3) 若不满足要求,重新随机选取两点重复上述过程,直到满足终止条件。

阈值需根据算法漏检率和误检率手动反馈调节。一般来说,阈值越高,误检越低,但漏检越高;反之,阈值越低,误检越高,但漏检越低。

8. 霍夫变换

霍夫变换（Hough transform）由 Paul Hough 于 1962 年提出的，目的是找到带有噪声的图片中的直线。其基本原理是建立映射：直线参数方程 $x\cos\theta_0 + y\sin\theta_0 = \rho_0$，对应霍夫参数空间一个点 (ρ_0, θ_0)，如图 5-27 所示。

对任意 x-y 坐标下的点，将经过此点的所有直线都对应到霍夫空间，每条直线都将对应到一个点，因此可以得到一条曲线。x-y 坐标下的一组点，将在霍夫空间内得到数条曲线，若这些点在 x-y 坐标下共线，那么这些霍夫空间内的曲线就会交于一点，如图 5-28 所示。

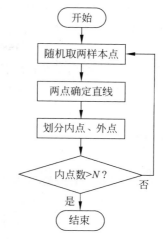

图 5-26　RANSAC 直线检测流程图

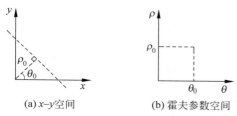

图 5-27　霍夫变换参数空间转化

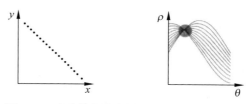

图 5-28　多个数据点在霍夫空间中的投票示例

具体的操作步骤如下所示。

（1）将特征提取中得到的像素点都通过此方法转移到霍夫空间中，得到大量曲线。

（2）对这些曲线进行投票，多条曲线相交处的参数 (ρ_0, θ_0) 即为直线方程参数。

5.2.4　视觉感知算法——基于规则的车道线检测

车道线检测技术是自动驾驶感知技术的基础模块之一。作为结构化道路的最基本信息之一，车道信息对于辅助驾驶功能和高级别自动驾驶决策有着重要意义。车道线检测通常是基于视觉传感器的，以基于人工设定规则的方法或基于深度学习的方法来实现。

本节将介绍车道线检测技术的意义与应用，对现有车道线检测技术进行综述，并给出一个基于规则的车道线检测基本实例，最后将简要介绍车道线检测技术目前的发展水平，并指出仍存在的问题与未来的研究方向。

车道线检测技术在广义上可以分为基于规则的和基于学习的两类，下面将分别介绍。

1. 车道线检测技术简介

基于规则的车道线检测方法的优势在于明确可控，可以充分利用人类经验，针对性地优化算法；其劣势在于，为提高复杂环境适应性，需要设计大量规则，工作量巨大，而且难以保证人类的经验能够覆盖所有情况。基于学习的车道线检测方法的优势在于通过网络训练代替人工复杂规则,具有复杂环境的适应潜力;其劣势在于网络输出不可控,理论上需要覆盖所有驾驶场景的数据集才能实现鲁棒的检测,且少量极端样本难以被学习到。

图 5-29 所示给出了车道线检测技术的发展历程。

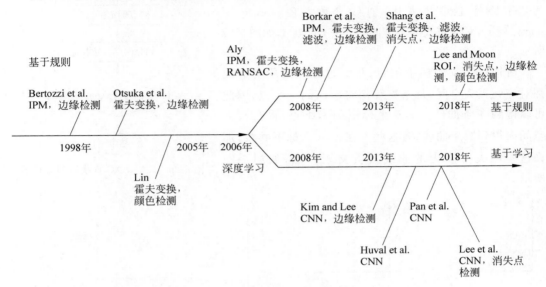

图 5-29　车道线检测技术发展历程

20 世纪 90 年代,随着自动驾驶不断得到人们的重视,一些车道线检测的研究开始出现,早期的研究都是基于规则的方法,从图片中依据边缘、颜色等特征,然后进行拟合与后处理,再最终输出,这就是一般的基于规则的车道线检测流程体系。但是早期研究仍然较为粗浅,特征提取与拟合处理的方法都比较简单,识别效果也不是很好。随着研究的不断深入,边缘与颜色结合、感兴趣区域设置、消失点检测、连续输入追踪等技术,极大地提高了基于规则的车道线检测技术的性能。

2006 年,深度学习兴起,在图像识别领域不断取得重大突破。但是,车道线具有杆状特征,早期深度学习目标检测的矩形包围框形式难以利用。车道线检测实际上是一个像素级分割任务,比包围框形式的检测要更难,因此在 2014 年才出现基于深度学习的车道线检测。随着语义分割与实例分割技术的不断成熟,深度学习在车道线检测上正呈快速上升趋势,具有很大的潜力,目前处于与基于规则的车道线检测并行发展的阶段。

1) 基于规则的车道线检测技术简介

基于规则的车道线检测技术的基本思想是将人类经验显式地程序化,直接将人类的判断标准转化为识别算法。这类算法依托机器视觉,从图像底层处理出发,提取出车道线特征。

从人类认知角度出发,车道线本身就是人为设定的道路符号,具有强烈的规则特征。车道线是色彩鲜明、亮度高、边缘规则的线条,因此基于规则的车道线检测技术的两个主要线索就是边缘和颜色,如图 5-30 所示。亮度的剧烈变化、路面车辆干扰、阴影遮挡等情况,对边缘、颜色两大线索都造成影响,如何处理这些对边缘和颜色信息的干扰是基于规则的车道线检测技术的难点。

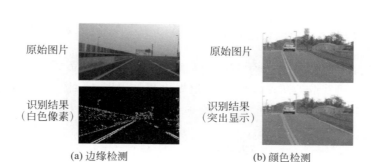

图 5-30　边缘检测与颜色检测

2）基于学习的车道线检测技术简介

基于学习的车道线检测技术的基本思想是利用包含大量人工标注的数据进行神经网络训练，使其自主地找到车道线识别的规律。

相对于基于规则的车道检测技术，基于学习的车道线检测技术不必根据人类经验设计繁复的识别规则，面对难以设计合理规则的复杂场景，具有很大潜力。利用深度神经网络进行语义分割或实例分割，然后拟合输出。在车道线检测技术中，语义分割网络针对每像素判断其是/非车道线，实例分割网络则能进一步将车道线的像素划分为若干条车道线，如图 5-31 所示。

图 5-31　语义分割与实例分割

基于学习的车道线检测技术的实现，首先是利用大量标注数据进行网络训练，实车应用时利用训练好的网络进行车道线识别。网络输出的像素级分割结果经过聚类、拟合、后处理等步骤后即可实现最终输出，如图 5-32 所示。

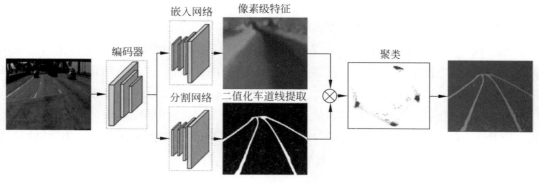

图 5-32　车道线识别网络示例

2. 基于规则的车道线检测算法实例

下面将基于一个实例,介绍基于规则的车道线检测技术,其流程如图 5-33 所示。该技术的输入为前视相机获取的图片,输出为车道线方程与识别效果图,包括预处理模块、特征提取模块、拟合模块与后处理模块。

图 5-33　基于规则的车道线检测技术流程

如表 5-2 所示给出了各个模块的操作目的、操作内容及输出的概要。

表 5-2　基于规则的车道线检测技术模块概要

模　　块	操　作　目　的	操　作　内　容	输　　出
预处理模块	突出图片中的车道线特征	俯视图变换、灰度图转换、感兴趣区域设置等	预处理后的图片
特征提取模块	利用机器视觉算法,像素级提取车道线特征	颜色检测、边缘检测	像素级特征图
拟合模块	将像素级特征转换为数学化的曲线方程以便决策利用	方程拟合,常用 RANSAC 及霍夫变换等	车道线方程
后处理模块	对拟合结果进行进一步处理	车道线筛选、追踪等	车道线方程、效果图

1) 预处理模块

本例的预处理模块流程如图 5-34 所示。

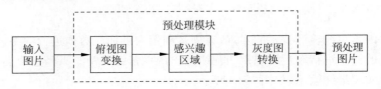

图 5-34　预处理模块流程

(1) 俯视图转化——逆透视变换。

逆透视变换(inverse perspective mapping,IPM)是将前视相机输入图片转化为俯视图的技术,其原理为根据图片坐标与世界坐标的关系,将图片像素 uv 对应到路面 xy。图 5-35 所示给出了图片-世界对应点的示意图。

由相机透视原理,图片没有距离信息,因此方程组欠定,即使标定参数全部已知,仍然无法由图片 uv 求出 xyz,但假定路面平坦,即 $z=0$,即可使等式数量与方程数量相等,就可以用 uv 求出 xy。图 5-36 所示给出了这种对应关系的示意图。

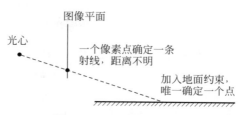

图 5-35　图片-世界对应点的示意图　　　　　　图 5-36　IPM 原理示意图

下面依据相机透视原理来求解在上述假设下，uv 与 xy 之间的对应关系。

相机成像公式，内参、外参可以合并为一个 3×4 矩阵 $\boldsymbol{M}$：

$$Z_c\begin{bmatrix}u\\v\\1\end{bmatrix}=\begin{bmatrix}f_x & 0 & u_0 & 0\\0 & f_y & v_0 & 0\\0 & 0 & 1 & 0\end{bmatrix}\begin{bmatrix}R_{3\times3} & T_{3\times3}\\0 & 1\end{bmatrix}\begin{bmatrix}x\\y\\z\\1\end{bmatrix}$$

$$=\begin{bmatrix}m_{11} & m_{12} & m_{13} & m_{14}\\m_{21} & m_{22} & m_{23} & m_{24}\\m_{31} & m_{32} & m_{33} & m_{34}\end{bmatrix}\begin{bmatrix}x\\y\\z\\1\end{bmatrix} \tag{5-14}$$

假设地面平坦，令 $z=0$，就可以去掉 $\boldsymbol{M}$ 的第三列，两侧左乘 $\boldsymbol{M}^{-1}$，并将 Z_c 移到右侧，记 $w=1/Z_c$，$P=\boldsymbol{M}^{-1}$：

$$Z_c\begin{bmatrix}u\\v\\1\end{bmatrix}=\begin{bmatrix}m_{11} & m_{12} & m_{14}\\m_{21} & m_{22} & m_{24}\\m_{31} & m_{32} & m_{34}\end{bmatrix}\begin{bmatrix}x\\y\\1\end{bmatrix}\Rightarrow\begin{bmatrix}p_{11} & p_{12} & p_{13}\\p_{21} & p_{22} & p_{23}\\p_{31} & p_{32} & p_{33}\end{bmatrix}\begin{bmatrix}u\\v\\1\end{bmatrix}=w\begin{bmatrix}x\\y\\1\end{bmatrix} \tag{5-15}$$

将 P 中各元素除以 p_{33}，w 也除以 p_{33} 进行归一化，重新整理得：

$$w'\begin{bmatrix}x\\y\\1\end{bmatrix}=\begin{bmatrix}p'_{11} & p'_{12} & p'_{13}\\p'_{21} & p'_{22} & p'_{23}\\p'_{31} & p'_{32} & 1\end{bmatrix}\begin{bmatrix}u\\v\\1\end{bmatrix} \tag{5-16}$$

实际工程中常用另一种思路来求解 IPM 中 uv 与 xy 之间的对应关系。既然已经证明 uv 与 xy 之间存在对应关系，那么可以绕开标定矩阵，直接预先测定几组对应点来求解出 uv 与 xy 之间的过渡矩阵，如式(5-16)所示。过渡矩阵共有 9 个元素，但利用 w 进行归一化可令 $p_{33}=1$，余下 8 个元素待求，因此测定四组图片-世界的对应点即可求出整个过渡矩阵。

$$\begin{bmatrix}wx\\wy\\1\end{bmatrix}=\begin{bmatrix}p_{11} & p_{12} & p_{13}\\p_{21} & p_{22} & p_{23}\\p_{31} & p_{32} & 1\end{bmatrix}\begin{bmatrix}u\\v\\1\end{bmatrix} \tag{5-17}$$

例如，记点 A 在图片中的坐标为 (u_A,v_A)，真实世界的坐标为 (x_A,y_A)，则有：

$$\begin{bmatrix} wx_A \\ wy_A \\ 1 \end{bmatrix} = \begin{bmatrix} p_{11} & p_{12} & p_{13} \\ p_{21} & p_{22} & p_{23} \\ p_{31} & p_{32} & 1 \end{bmatrix} \begin{bmatrix} u_A \\ v_A \\ 1 \end{bmatrix}$$ (5-18)

利用第三行消去 w，得：

$$y_A = \frac{p_{21}u_A + p_{22}v_A + p_{23}}{p_{31}u_A + p_{32}v_A + 1}$$ (5-19)

至此，矩阵方程形成以 p_{ij} 作为未知数的 2 个方程。对 BCD 重复上述操作，形成 8 个方程，就能求解出全部 8 个未知数。

（2）感兴趣区域提取。

感兴趣区域（region of interest，ROI）指的是对应用产生影响的区域。车道线识别技术中的应用一般只关心道路上的信息，道路以上的，如天空等信息可以不加考虑。所以车道线识别中感兴趣区域为图像中路面中的像素范围。在车道线检测技术中，一般根据相机的分辨率、视野范围等，确定感兴趣区域的边界，感兴趣区域可以设为固定值，也可以动态设置。最常见方法即为保留地平线以下的路面部分，如图 5-37 所示。

图 5-37　车道线检测中的感兴趣区域提取

（3）灰度图转换。

灰度图转换的目的是将 RGB 三通道彩色图转化为单通道灰度图。车道线检测任务中，灰度图转换的效果如图 5-38 所示。

(a) 原始图片　　　　　　　　　　　　　(b) 灰度图

图 5-38　车道线检测灰度图转换的效果

2）特征提取模块

（1）灰度图去噪。

在灰度图中利用车道线的高亮度可以实现车道线提取，但是图像中的噪声将会影响车道线提取。这些噪声部分来源于路面上其他高亮度的点，部分来源于图片采集和传输中产生的噪声。图像去噪的方法是设计噪声抑制滤波器，在尽可能保留原图信息的基础上去除噪声。常用的有均值滤波器、中值滤波器等。

车道线检测任务中，采用高斯滤波器的滤波效果如图 5-39 所示。

图 5-39　车道线检测灰度图滤波效果

（2）车道线特征提取——二值化操作。

车道线识别中的二值化利用车道线的高亮度特征，在灰度图中设置阈值以保留灰度较高的像素，就可以提取出车道线特征，如图 5-40 所示。

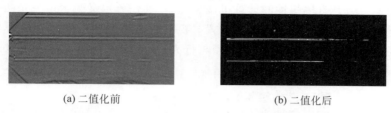

(a) 二值化前　　　　　　　　　　(b) 二值化后

图 5-40　二值化特征提取

操作步骤为在经过突出特征的灰度图中根据给定阈值对每一像素进行判断，若其灰度大于给定阈值，则设为 1，否则设为 0，即可得到一张对应的 0-1 二值化图片，为 1 的像素就是提取的车道线特征。

3）拟合模块

拟合模块的作用是将像素级特征转化为曲线方程。一般来说，属于车道线的像素点数量很大。为简化后续规划或者控制算法的计算，一般车道线检测模块需要提供给下游参数化的车道线表达方式。

在实际情况下，前面的几个步骤仍然不能去除所有的噪声，因此车道线检测中的拟合模块一般采用 RANSAC 或霍夫变换的方法来减少噪声的影响。

4）后处理模块

后处理模块的作用是进一步去除误检，并判断车道线的左右、顺序等属性。本例的后处理模块包括曲线筛选、左右判断与自车道线判断，其流程如图 5-41 所示。

图 5-41　后处理模块流程

车道线具有连贯特征，杂散噪声一般尺寸较小、分布杂乱，因此可根据线的长度、拟合前包含的特征像素数的多少来进行筛选，以去除离群的噪声。然后根据图片中心线来判断这些曲线与自车的左右关系，并保留左右最近的车道线为自车道线。后处理模块的输出即为车道线检测算法的最终输出，其效果如图 5-42 所示。

图 5-42 所示是利用 MATLAB 自动驾驶工具箱实现上述算法后的输出结果，由于经过了 IPM 处理，算法可以给出俯视图与前视图两种输出形式，图中虚线为自车道左车道线，实线为自车道右车道线，算法同时也能实现车道线方程的输出。

本例代码简洁、思路清楚、算力要求较低，包含了预处理、特征提取、拟合、筛选这几个基于规则的车道线识别的基本环节，也包含了 IPM、二值化、RANSAC 这几种经典的算法，基本涵盖了早期车道线识别的技术点，具有很好的代表性。

图 5-42　后处理模块输出

5.2.5　视觉感知算法——行人、车辆等目标检测

目标检测是一项具有挑战性的计算机视觉任务,其任务定义为给定一张图片,目标检测系统要能够识别出图片的目标并给出其位置。视觉感知结果中包含丰富的语义信息,有助于无人车更好地理解驾驶环境,特别是车辆与行人,从而能够做出实时的决策,规划安全的路径,如图 5-43 所示。

(a) 二维目标检测　　　　　　　　　　　　　(b) 三维目标检测

图 5-43　目标检测

1. 深度学习视觉检测概述

基于深度学习的目标检测算法的主流发展可以分为两类,一类是双阶段网络,主要为基于区域提议框(region proposal)的 R-CNN 系列算法(如 R-CNN、Fast R-CNN、Faster R-CNN),首先采用选择搜索方法(selective search)或者区域提议网络(region proposal network)生成区域提议框,其次在区域提议框的基础上做目标的分类和位置预测;另一类是单阶段网络,主要为使用一个卷积神经网络直接预测目标的分类和位置。本章内容主要以 YOLO-v1 为例,详细介绍深度学习算法在自动驾驶中车辆检测的应用。

2. YOLO 网络设计

YOLO 算法整体网络结构如图 5-44 所示,首先将输入图片调整(resize)到固定尺寸,然后送入 CNN,最后对网络的预测结果进行非极大值抑制(non-max suppression,NMS),得到最终的检测结果。

1. 调整图像大小
2. 通过卷积网络
3. 非最大值抑制

图 5-44　YOLO 算法整体网络结构

1) 网络结构

YOLO 首先对输入图像分成 $S \times S$ 个单元格,网络对每个单元格进行预测,检测所有中心点落在该单元格内的目标,如图 5-45 所示。每个单元格会预测 B 个边界框(bounding box)以及边界框的置信度(confidence score)。边界框可以用 4 个值来表示:(x,y,w,h),其中 (x,y) 是边界框的中心坐标,而 w 和 h 是边界框的宽与高。中心坐标的预测值 (x,y)

是相对于每个单元格左上角坐标点的偏移值,其大小取值为偏移量与单元格大小的比值。而边界框的 w 和 h 预测值是相对于图片的宽与高的比例,从而$(x,y,w,h)\in[0,1]$。置信度包含两个方面,一是该边界框含有目标的可能性,即 $\Pr(\text{object})$。当该边界框是背景时(不包含目标),$\Pr(\text{object})=0$;而当该边界框包含目标时,$\Pr(\text{object})=1$。二是这个边界框的准确度,其用预测框与实际框(ground truth)的交并比(intersection over union,IOU)来量化,记为 $\text{IOU}_{\text{pred}}^{\text{truth}}$。因此置信度定义为 $\Pr(\text{object})\cdot\text{IOU}_{\text{pred}}^{\text{truth}}$。对于分类问题,网络还应当对每个单元格都预测 C 个类别概率值,每个概率表示在当前边界框置信度下边界框内的目标在该边界框置信度下属于各个类别的条件概率,即 $\Pr(\text{class}_i|\text{object})$。

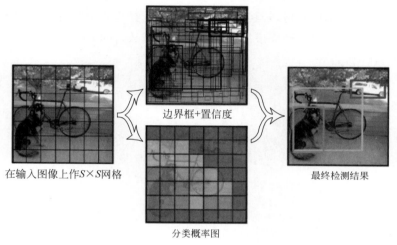

边界框+置信度

在输入图像上作$S\times S$网格

最终检测结果

分类概率图

图 5-45　YOLO 网格输入

总而言之,在 YOLO 网络中,每个单元格需要预测$(5B+C)$个值。如果将输入图片划分为$(S\times S)$网格,那么最终预测值为 $S\times S\times(5B+C)$ 大小的张量。

YOLO 使用卷积神经网络提取图像的深层语义信息,然后使用全连接层来预测目标的分类值和位置大小的预测值。网络结构主要有 24 个卷积层和 2 个全连接层,如图 5-46 所

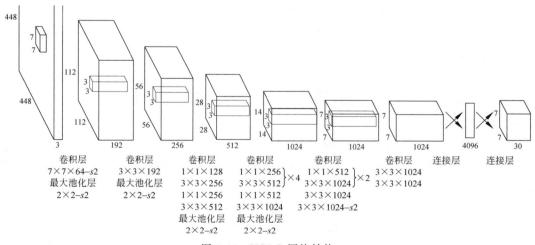

图 5-46　YOLO 网格结构

示。网络的激活函数采用 Leaky ReLU：$\max(x,0.1x)$ 来保留更多的网络中间层的信息。网络的池化层采用 2×2 的尺寸进行池化，并且按照步长为 2 进行采样，在图中用 $2\times2-s2$ 来表示。

2）损失函数

YOLO 中的定位损失函数即预测的边界框位置大小的损失函数，定义为输出的结果与真值的均方误差。对于边界框的长和宽，为了平衡在实际中较小的边界框和较大的边界框的数值，保证较小的边界框预测的准确性，YOLO 将网络的边界框预测修改为对其平方根的预测，即预测值变为 $(x,y,\sqrt{w},\sqrt{h})$。

在训练时，对于某个单元格，若其存在目标，则只选择与真值目标框的交并比最大的边界框来负责预测该目标，需要计算该目标的定位损失函数，而剩下的框则仅预测其置信度。最终的损失函数计算如下：

$$
\lambda_{\text{coord}}\sum_{i=0}^{S^2}\sum_{j=0}^{B}\mathbb{1}_{ij}^{\text{obj}}\big[(x_i-\hat{x}_i)^2+(y_i-\hat{y}_i)^2\big]^{①}+
$$

$$
\lambda_{\text{coord}}\sum_{i=0}^{S^2}\sum_{j=0}^{B}\mathbb{1}_{ij}^{\text{obj}}\big[(\sqrt{w_i}-\sqrt{\hat{w}_i})^2+(\sqrt{h_i}-\sqrt{\hat{h}_i})^2\big]^{②}+
$$

$$
\sum_{i=0}^{S^2}\sum_{j=0}^{B}\mathbb{1}_{ij}^{\text{obj}}(C_i-\hat{C}_i)^{2③}+
$$

$$
\lambda_{\text{noobj}}\sum_{i=0}^{S^2}\sum_{j=0}^{B}\mathbb{1}_{ij}^{\text{noobj}}(C_i-\hat{C}_i)^{2④}+
$$

$$
\sum_{i=0}^{S^2}\mathbb{1}_{i}^{\text{obj}}\sum_{c\in\text{classes}}(p_i(c)-\hat{p}_i(c))^{2⑤} \tag{5-20}
$$

其中：①是边界框中坐标的误差项；$\mathbb{1}_{ij}^{\text{obj}}$ 指的是第 i 个单元格存在目标，且该单元格中的第 j 个边界框与真值框交并比最大的框；②是边界框的高与宽的平方根误差；③是第 j 个边界框的置信度；④是剩余边界框的置信度；而⑤是包含目标的单元格的分类误差项，$\mathbb{1}_{i}^{\text{obj}}$ 指的是第 C_i 个单元格存在目标，若不存在，由于 $\text{Pr}(\text{object})=0$，则 $C_i=0$；如果存在目标，$\text{Pr}(\text{object})=1$，此时需要确定 $\text{IOU}_{\text{pred}}^{\text{truth}}$，即计算预测的目标框与真值的目标框之间的 IOU。

3）网络训练

为了实现 YOLO 的车辆检测，首先需要准备车辆的数据集。经典的自动驾驶开源数据集包括 KITTI、Apollo、Oxford Robot Car、Berkeley Deep-Drive 等，图 5-47 所示为这些数据集详细的信息对比。

这里以 KITTI 数据集为例。KITTI 的目标检测数据集可以共有 7481 张带有官方标注的 KITTI 数据集图片，同时有 7518 张未开放标注的图片作为测试集来供研究者测试。由于无法获得测试集的标注，这里选择将已有的 7481 张带标注的数据进行训练集和测试集的划分，如图 5-48 所示。由于数据集量较少，为了有效测试其性能，防止过拟合，选择 2000 张图片作为验证集，5481 张图片作为训练集，满足二者的比例约为 3：7。

KITTI 提供了各种车辆和行人的详细分类，这里将任务进行简化，对原标签重新进行

评价指标		KITTI	Apollo	Oxford Robot Car	Berkeley Deep-Drive
传感器种类&数量	彩色相机	2	9	6	1
	灰度相机	2	0	0	0
	激光雷达	1	2	3	0
	GPS/IMU	1	1	1	1
数据类型	图片	是	是	是	是
	视频	否	否	否	是
	点云	是	是	是	否
不同城市		否	否	否	是
不同场景		是	否	否	是
不同天气		否	否	是	是
不同时间		否	否	是	是
官方标注		是	是	否	是

图 5-47　不同自动驾驶数据集的对比

标签	原标签	训练集	测试集	训练集合计	测试集合计	合计
0	Car	21 052	7690			
	Van	2173	741	24 033	8717	32 750
	Truck	808	286			
1	Pedestrian	3335	1152			
	Person_sitting	150	72	4699	1637	6336
	Cyclist	1214	413			
------	Tram	368	143	------	------	------
------	Misc	719	254	------	------	------
------	DontCare	8636	2659	------	------	------

图 5-48　KITTI 数据集划分

处理,将 Car、Van、Truck 统一设置为车辆,Pedestrian、Person_sitting、cyclist 作为行人,根据这两大类来对目标进行检测。

首先对网络的骨干网络部分在 ImageNet 数据集上进行预训练。预训练后,保留网络的前 20 层卷积层,对剩下的 4 个卷积层和 2 个全连接层进行随机的初始化。为了提高检测网络的性能,网络需保留更高分辨率的图像,因此将网络输入的图像从 224×224 提升到 448×448。这里使用经典的 SGD 优化方法进行训练。图 5-49 所示为训练结果的示意图。

4) 算法性能分析

目标检测的评价指标相比于分类任务需要更为复杂的定义。首先需要定义什么样的检测才是有效的,IOU(交并比)是一个用于评价检测框与真实框重叠率的指标,其定义如下:

$$交并比 = \frac{交集面积}{并集面积}$$

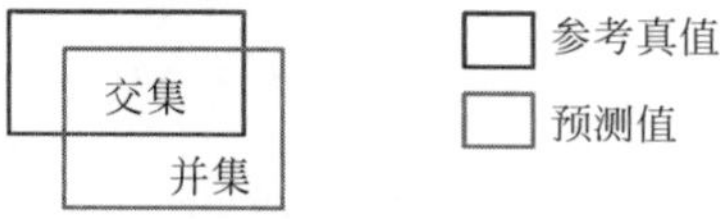

当交并比越大,说明预测值与真值重合度越高,即检测越正确。常用的检测结果评价方法为,若检测框与真实框的 IOU 大于阈值 θ,则认为该检测有效。一般而言,阈值 $\theta=0.5$、

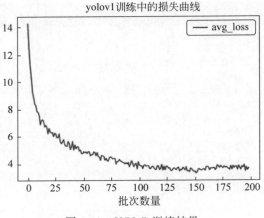

图 5-49　YOLO 训练结果

0.75 等。定义好一个检测框是否有效之后,就可以定义目标检测的准确率(Precision)和召回率(Recall)。准确率代表检测目标有多大比例是真正的目标物体,召回率代表真实目标有多大比例被检测出来。

$$\begin{cases} 准确率 = TP/(TP+FP) \\ 召回率 = TP/(TP+FN) \end{cases} \tag{5-21}$$

其中:TP 表示 IOU$>\theta$ 的检测框数量(同一参考真值只计算一次);FP 表示 IOU$\leqslant\theta$ 的检测框,或者是检测到同一个参考真值的多余检测框的数量;FN 表示没有检测到的参考真值的数量。

通常检测的结果会按照输出检测框的值从大到小排列,选取大于一定置信度阈值的作为最后的检测结果。选择不同的阈值将得到不同的准确率和召回率,将准确率和召回率随着阈值变化的趋势画出来,得到的就是 PR 曲线。由于准确率和召回率受到检测置信度阈值的影响,两者之间会出现此消彼长的规律,因此单一置信度阈值的准确率和召回率不具有代表性。更合理的做法则是计算 PR 曲线与坐标轴围成的面积,即平均准确率(average precision,AP)。选取当召回率$\geqslant$0,0.1,0.2,$\cdots$,1.0 共 11 个点时的准确率最大值,计算这 11 个准确率的平均值,得到的结果即为 AP。

$$AP = \frac{1}{11} \sum_{i=0,0.1,\cdots,1.0} \text{Precision}(i) \tag{5-22}$$

更准确的计算方式会对 PR 曲线进行平滑处理。在 PASCAL VOC 2010 中,对 AP 的计算改进为针对每个不同的召回率值(包括 0 和 1),选取其大于等于这些召回率值时的准确率最大值,然后计算 PR 曲线下的面积作为 AP 值。在计算完所有类别的 AP 后,mAP 则是所有类别 AP 的平均值。所有类别的集合记为 C

$$mAP = \sum_{c \in C} AP(c) \tag{5-23}$$

一般而言,mAP(mean average precision)是评价模型的主要指标,当需要对某个特定物体进行性能评价时,可以使用该类别的 AP 进行分析。由于本实验中感兴趣的类别有车辆和行人,因此分别计算了车辆 AP、行人 AP 以及二者综合得到的 mAP。通过在训练集上迭代 50 000 轮次之后,可以画出车辆、行人各自检测的 AP 及 mAP。

通过图 5-50 可以看到,随着迭代次数的增加,刚开始时,网络检测的 AP 值迅速提升,迭代 35 000 轮之后,所有的指标几乎保持在一个很小的范围内浮动,说明此时网络已经收敛。最终,网络在 KITTI 的验证集上的检测结果如表 5-3 所示。

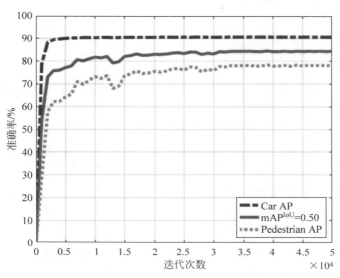

图 5-50　准确率随迭代次数的变化情况

表 5-3　YOLO 在 KITTI 验证集上的检测结果　　　　单位：%

模型	车辆 AP	行人 AP	mAP	召回率
YOLO	90.67	78.29	84.48	95.29

图 5-51 所示为 YOLO 在 KITTI 中的可视化检测结果样例。

图 5-51　YOLO 在 KITTI 中的可视化检测结果样例

总体来说,YOLO 采用一个 CNN 来实现检测,算法简捷且速度快,十分容易在工程上应用与部署。然而 YOLO 同时存在缺点,首先 YOLO 各个单元格仅仅预测两个边界框,而且属于一个类别。对于小物体,YOLO 的表现会不尽如人意。YOLO 由于没有使用类似 Faster R-CNN 的锚框(anchor boxes)的机制,因此在物体的宽高比方面泛化率低,定位也较为不准确。

5.3 车载毫米波雷达的原理及其应用

5.3.1 毫米波雷达的原理

1. 毫米波雷达的机械结构

毫米波雷达使用介于 1～10mm 的电磁波波长，波长短、频段宽，比较容易实现波束收窄，对应分辨率高，不易受干扰。早期被应用于军事领域，随着雷达技术的发展与进步，毫米波雷达传感器开始应用于汽车电子、智能交通、无人机等多个领域。

根据雷达辐射电磁波的不同，可将毫米波雷达分为脉冲和连续波两种体制。早期雷达采用的连续波体制，无法解决发收隔离问题，雷达体积大、结构复杂、功能单一；随着脉冲调制技术的完善，脉冲机制从时间维对收发进行了隔离，因此脉冲雷达能做到收发一体以及进一步的小型化与集成化，成为毫米波雷达体制的主流，但同时连续波雷达以其低成本、高距离分辨等特点，在近距离探测等特定领域中得到应用。

由于在道路环境中，车载毫米波雷达主要检测的是近距离目标。脉冲雷达的发射脉冲与接收脉冲相差时间很短，需要高速信号处理技术，系统结构也相应的较为复杂；而连续波体制雷达在近距离目标测量时拥有结构简单、成本低廉、距离分辨率高等优势，更加适用。

车载毫米波雷达硬件系统划分成射频前端、数字前端和数字处理三部分。射频前端产生发射信号，由 Tx 天线发射的雷达波经物体反射回到 Rx 天线，再与 Tx 信号进行混频，从而得到中频（intermediate frequency，IF）差频信号，以上部分被称为"射频前端"。之后模拟差频信号通过"数字前端"的 ADC 电路转换为数字信号，传输给执行快速傅里叶变换（fast fourier transform，FFT）运算的数字信号处理器 DSP，通过一系列信号处理最终计算获得目标物体的距离、方位和速度等信息。

2. 毫米波雷达测量原理

根据发射信号频率特点，可以将连续波雷达划分为单频连续波雷达、多频连续波雷达和调频连续波（frequency continuous wave，FCW）雷达。其中调频连续波雷达是车载毫米波雷达的主流使用类型，它的工作原理主要是通过发射经过调制的高频连续信号，信号接收机通过对发射信号与目标回波信号进行混频操作，经过信号处理获取目标的距离、速度等信息，如图 5-52 所示。调频连续波雷达的主要有如下优势。

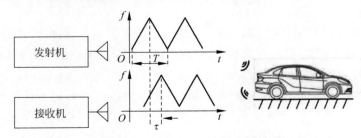

图 5-52　FMCW 车载毫米波雷达信号发射接收示意图

（1）工作带宽大、分辨率高、发射功率低。

（2）雷达系统结构简单、体积小、成本低。

（3）波形连续非离散,信号产生和处理简单。

（4）具备远距离探测和高距离分辨等优势。

目前,主流车载毫米波雷达采用调频连续波,因为其频率随着时间线性增长,波形连续非离散,信号产生和处理简单,同时具备远距离探测和高距离分辨等优势,成为研究的热点。

发射信号 Tx 到达被测物体后部分反射信号 Rx 回到雷达的接收天线,对 Tx 与 Rx 进行混频,混频后的信号包含了高频分量和低频分量,通过低通滤波器可得 IF 信号。

一对收发机采集到的信号是不具备角度信息的,因此需要采用多路发射多路接收的架构,或者采用相控阵架构。在这里,一方面,采用短波长意味着波束更窄,能量更加集中；另一方面,更小的天线孔径尺寸意味着系统上能集成更多的天线单元。

当前车载毫米波雷达从测距范围上划分,分为长距雷达（long range radar,LRR）、中距雷达（middle range radar,MRR）,以及短距雷达（short range radar,SRR）。从波段和带宽上划分,主要有中心频率 24GHz 和中心频率 77GHz。由于 24GHz 频段存在着频点共享问题,毫米波雷达与其他设备可能发生同频点信号相互干扰的情况；而 77GHz 频点为车载毫米波雷达的独享频点,不会在工作过程中遇到相似的同频点信号相互干扰问题。从 24GHz 提高到 77GHz 除了考虑各国频段资源分配的法规,更重要的是 77GHz 电磁波波长更短,波束更窄,因此在距离分辨率和角度分辨率上都表现出更加优越的性能。通过承载更高的工作带宽,具有更强的目标检测能力与分辨率。

车载毫米波雷达主要能够提供三个维度的目标测量能力,即与目标物体的距离、方位角和相对径向速度。此外,高分辨雷达还能够通过对目标特征进行检测,判断目标的性质,比如金属目标与非金属目标等。逻辑上把车载毫米波雷达的信号处理分为数据预处理、距离多普勒速度的二维快速傅里叶变换、目标检测以及参数测量等环节。

毫米波雷达的测量原理如下。

1）位置信息获取

雷达在探测目标过程中,发射信号与接收信号的频率会发生改变,由混频器可得相关的差拍信号,滤波后对差拍信号进行快速傅里叶变换即可得到差拍频率,从而通过计算获取目标信息,发射信号与接收信号的时频示意图如图 5-53 所示。调频信号的起始频率为 f_0,带宽为 B,调频重复周期为 T,当探测到目标后得到目标的接收信号,此时接收信号与发射信

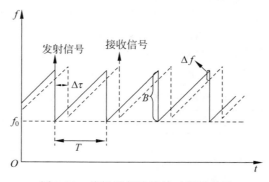

图 5-53 线性调频连续波时频示意图

号的时延为 $\Delta\tau$，接收信号与发射信号的差拍频率为 Δf。令 μ 为调频斜率，则：

$$\mu = \frac{B}{T} = \frac{\Delta f}{\Delta \tau} \tag{5-24}$$

同时被探测目标的位置信息可通过雷达发射电磁波后发射信号与接收信号产生的一定时延 $\Delta\tau$ 进行表达：

$$\Delta\tau = \frac{2R}{c} \tag{5-25}$$

由式(5-24)可得目标与雷达之间的相对距离 R 为：

$$R = \frac{Tc\Delta f}{2B} \tag{5-26}$$

其中：c 为光速。

2）速度信息获取

令搭载车载毫米波雷达车辆与目标之间的相对距离为 R_1，经过 Δt 的时间后毫米波雷达与目标的相对距离为 R_2，则目标相对于雷达的速度 v 可表示为：

$$v = \frac{|R_1 - R_2|}{\Delta t}$$

则由式(5-26)可得：

$$v = \frac{|\Delta f_1 - \Delta f_2|Tc}{2B\Delta t} \tag{5-27}$$

3）角度信息获取

当毫米波雷达采用单发双收的工作模式时，接收天线的间距为 d，波程差为 $\Delta\Phi$，当雷达接收到目标回波时，接收信号相位差为 $\Delta\varphi$，波长为 λ，令目标与接收天线法线夹角为 α，则：

$$\Delta\Phi = d\sin\alpha$$

$$\Delta\varphi = \frac{2\pi\Delta\Phi}{\lambda}$$

则目标角度信息 α 为：

$$\alpha = \arcsin\left(\frac{\lambda\Delta\varphi}{2\pi d}\right) \tag{5-28}$$

3. 参数介绍

与车载毫米波雷达量测性能相关的关键参数包括测距、测角与测速的范围、分辨率、精度等。分辨率指的是可对两个物体进行区分的最小测量单位；精度衡量指的是测量不确定性。分辨率与精度越小，则毫米波雷达测量结果越准确。

与雷达的工作条件相关的参数包括雷达发射功率、传输能力、电源、功耗、操作温度。

几种常用毫米波雷达的主要测量参数对比如表 5-4 所示。

表 5-4　常用毫米波雷达的主要测量参数对比

型　　号	带宽/GHz	测距范围/m	最大方位角范围/(°)	方位角精度/(°)	速度精度/(km/h)
大陆 ARS408	76～77	0.2～250	−60～60	±0.1	±0.1
大陆 ARS208	24.05～24.25	1～50	−75～75	±2	±0.2
德尔福 ESR	76～77	1～174	−45～45	±0.5	±0.432

通常,带宽 77GHz 的毫米波雷达相较于 24GHz 的毫米波雷达,测距范围更大,同时测量精度更高,用于车辆前后方正向目标的量测。但是 24GHz 毫米波雷达的测角范围更大,通常被用作角雷达,安装于车辆的侧方。图 5-54 所示为 ARS408 雷达测量范围示意图。

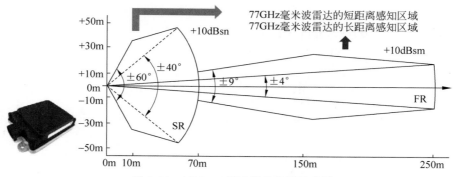

图 5-54　ARS408 雷达测量范围示意图

5.3.2　毫米波雷达标定方法

毫米波雷达相较于其他测距传感器具有探测范围广、受天气影响小等优点,在汽车上使用得较为普遍。在多传感器感知系统中,要有一个统一的参考坐标系,因此在使用毫米波雷达和摄像头进行传感器融合前必须对两种传感器进行联合空间标定,以确保两种传感器获得的数据有一个统一的对照标准,并能互相转换。基于毫米波雷达与摄像头的联合标定主要有以下两种方法。

雷达能够测量得到目标在雷达坐标系下的位置 (x_r, y_r),摄像头能够确定目标在相机坐标系下的位置 (x_c, y_c, z_c),对应图像上目标所在位置的像素点位置 (u, v),如图 5-55 所示为雷达与相机之间的几何关系。

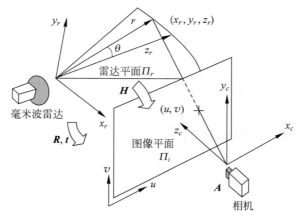

图 5-55　雷达与相机之间的几何关系

标定目的是寻找从 (x_r, y_r) 到 (u, v) 的映射关系,在该过程中,涉及毫米波雷达外参、摄像头内外参的标定。相关变换公式如下。

$$\boldsymbol{\omega}\begin{bmatrix} u \\ v \\ 1 \end{bmatrix} = \boldsymbol{H}\begin{bmatrix} x_r \\ y_r \\ z_r \\ 1 \end{bmatrix} \tag{5-29}$$

其中 3×4 的转换矩阵 $\boldsymbol{H}$ 可以分解为：

$$\boldsymbol{H} = \boldsymbol{A}\begin{bmatrix} \boldsymbol{R} \mid \boldsymbol{t} \end{bmatrix}$$

$$\boldsymbol{A} = \begin{bmatrix} \dfrac{1}{\mathrm{d}x} & 0 & u_0 \\ 0 & \dfrac{1}{\mathrm{d}y} & v_0 \\ 0 & 0 & 1 \end{bmatrix}\begin{bmatrix} f & 0 & 0 & 0 \\ 0 & f & 0 & 0 \\ 0 & 0 & 1 & 0 \end{bmatrix}$$

$$\begin{bmatrix} \boldsymbol{R} \mid \boldsymbol{t} \end{bmatrix} = \begin{bmatrix} \boldsymbol{R} & \boldsymbol{t} \\ \boldsymbol{0}^{\mathrm{T}} & 1 \end{bmatrix} \tag{5-30}$$

其中：3×4 的矩阵 $\boldsymbol{A}$ 代表相机的内参矩阵；4×3 矩阵 $\begin{bmatrix} \boldsymbol{R} \mid \boldsymbol{t} \end{bmatrix}$ 为外参矩阵，代表传感器之间的旋转和平移关系，需要通过外参标定加以确定；ω 是一个比例系数。

　　第一种标定方法需要逐一确定毫米波雷达外参、摄像头的内外参标定，从而分别确定 ω、A、R、t。这种方法较为复杂，标定误差会逐步累积。

　　第二种标定方法则是直接寻找毫米波雷达测量位置与图像位置之间的关系，从而直接确定 ω 和 $\boldsymbol{H}$，操作简单，同时不存在累积误差。

　　在标定过程中发现，由于毫米波雷达缺乏高度量测信息，因此选择标定杆顶部、中心和底部的不同位置进行标记，其 Z 坐标通过直接测量获取，便于在图像中寻找像素位置，如图 5-56 所示。

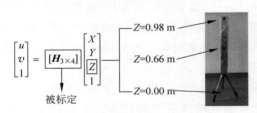

图 5-56　毫米波雷达-相机标定示意图

　　在标定实验中，将标定杆摆放在毫米波雷达与相机观测范围内多个位置，并记录两种传感器的量测信息。对图像进行去畸变处理，记录标定杆不同高度标记处在图像中的像素位置，同时记录目标在雷达下的横向与径向距离信息。通过 svd 分解求解齐次线性方程的方法求解标定参数，即式(5-29)中的投影矩阵 $\boldsymbol{H}$ 和比例系数 ω。

5.3.3　毫米波雷达目标检测的基础算法

　　基于毫米波雷达的目标轨迹管理主要有以下几个方面：首先，确定目标运动模型，根据运动模型确立雷达测量结果中感兴趣目标的航迹建立；其次，在建立航迹后，根据每一帧的雷达量测信息与历史航迹进行关联；最后，根据关联的量测信息对当前时刻的目标航迹信息进行更新。本节将对相关过程中涉及的运动模型理论内容进行介绍。

1. 目标运动模型

　　目标运动模型根据不同的目标动态特性进行建模分析，因此为了较好地描述跟踪目标的运动状态并预测未来的运动轨迹,需要构建准确的运动模型。常用的目标运动模型有常速度(constant velocity,CV)模型、常加速度(constant acceleration,CA)模型、转弯运动(coordinated turn,CT)模型等。

1) CV 与 CA 模型

CV 与 CA 模型将目标运动状态先验定义为匀速直线运动与匀加速直线运动,这两种模型较为简单,常用在目标跟踪分析中。

令雷达扫描周期为 T,目标运动状态为 $\boldsymbol{X}(k)=[x,y,v_x,v_y]^\mathrm{T}$,分别代表目标在径向与横向的相对位置与速度。则 CV 离散状态方程为:

$$\boldsymbol{X}(k+1)=\boldsymbol{F}X(k)+\omega(k) \tag{5-31}$$

其中:$\omega(k)$ 为均值为零的过程噪声,式中的状态矩阵为:

$$\boldsymbol{F}=\begin{bmatrix} 1 & 0 & T & 0 \\ 0 & 1 & 0 & T \\ 0 & 0 & 1 & 0 \\ 0 & 0 & 0 & 1 \end{bmatrix} \tag{5-32}$$

令目标运动状态为 $\boldsymbol{X}(k)=[x,y,v_x,v_y,a_x,a_y]^\mathrm{T}$,$a_x,a_y$ 代表目标在不同方向的加速度,CA 的状态方程同式(5-31),状态转移矩阵为:

$$\boldsymbol{F}=\begin{bmatrix} 1 & 0 & T & 0 & T^2/2 & 0 \\ 0 & 1 & 0 & T & 0 & T^2/2 \\ 0 & 0 & 1 & 0 & T & 0 \\ 0 & 0 & 0 & 1 & 0 & T \\ 0 & 0 & 0 & 0 & 1 & 0 \\ 0 & 0 & 0 & 0 & 0 & 1 \end{bmatrix} \tag{5-33}$$

当目标处于匀速直线运动与匀加速直线运动,或者当目标机动性较小,短时间内可看成匀速或匀加速直线运动时,采用以上两个运动模型可相对减少计算量,并可在目标跟踪中达到较高的精度。

2) CT 模型

CT 模型又称为目标联动式转弯运动模型,该模型通过设定转弯速率来描述目标的转弯运动。令目标运动的角速度为 ω,目标运动状态为 $\boldsymbol{X}(k)=[x,y,v_x,v_y]^\mathrm{T}$,则 CT 转弯模型可以表示为:

$$\boldsymbol{X}(k+1)=\begin{bmatrix} 1 & 0 & \dfrac{\sin\omega T}{\omega} & \dfrac{\cos\omega T-1}{\omega} \\ 0 & 1 & \dfrac{1-\cos\omega T}{\omega} & \dfrac{\sin\omega T}{\omega} \\ 0 & 0 & \cos\omega T & -\sin\omega T \\ 0 & 0 & \sin\omega T & \cos\omega T \end{bmatrix} X(k)+\begin{bmatrix} \dfrac{T^2}{2} & 0 \\ \dfrac{T^2}{2} & 0 \\ 0 & \dfrac{T^2}{2} \\ 0 & \dfrac{T^2}{2} \end{bmatrix}\omega(k) \tag{5-34}$$

运动角速度的大小与方向决定目标转弯率与转弯方向,当 ω 为正值时,目标左转弯;当 ω 为负值时,目标右转弯;当 ω 为零时,表示目标未转弯。CT 运动模型适合描述正在转弯的机动目标。

2. 雷达航迹起始

雷达目标跟踪问题中首先要处理的是航迹起始问题,航迹起始是目标在进入稳定跟踪前航迹确认的过程,航迹起始算法将从雷达扫描数据中发现运动目标,并在稳定跟踪前给出它们的初始状态值,航迹的正确起始对于整个算法后续运算结果的准确性、运算量控制都起着关键作用。

目前,常用的航迹起始算法包括顺序处理算法和批处理算法。顺序处理算法比较适用于目标较为稀疏、杂波相对较弱的背景环境,主要包括直观法、逻辑法等;而批处理算法更加适用于杂波较强的背景环境,主要包括霍夫变换法及其改进算法等。批处理算法处理结果虚警率较低,但是同时会增加算法的运算量。

在多目标跟踪航迹起始问题中,首先要形成相关波门。波门用来判断量测值是否来源于实际的目标,以及确定有无需要关联的数据。通常,将被跟踪目标的预测位置作为中心点,以这个中心点四周的区域作为下一次量测值可能出现的区域,在这块区域内的回波称为候选回波。波门相当于一个决策门限,效果良好的波门可以让真实量测值尽可能落入波门内,同时使得其他无关点迹尽可能少。波门的选择要考虑目标跟踪过程中的多种因素,比如目标跟踪所处的阶段、被跟踪目标的速度及加速度、目标运动状态等。常用的起始波门有环形波门、矩形波门、椭圆波门等。

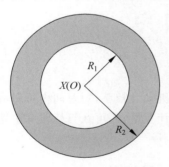

图 5-57 环形波门示意图

航迹起始时,由于缺乏先验知识,目标的运动方向及速度具有不确定性,故可将相关波门设定为环形,如图 5-57 所示环形波门示意图。

环形波门的内环 R_1 由目标运动速度最小值 V_{min} 和雷达量测周期 T 决定,外环 R_2 由目标最大运动速度 V_{max} 和 T 决定:

$$R_1 = V_{min}T, \quad R_2 = V_{max}T \quad (5-35)$$

1)直观法

在直观法航迹起始中,雷达一个扫描周期内目标运动的速度与加速度应满足实际目标的运动限制。假设目标在 N 个连续周期中有 M 个周期满足量测点或估计的目标运动状态符合实际目标的运动状态限制,即可进行航迹起始的确认。

直观法是一种不考虑量测噪声的较为粗糙的航迹起始算法,对目标规则限制较少,适用于无目标先验信息的航迹起始场景。

2)逻辑法

逻辑法以多重假设的方式来识别可能存在的航迹,在雷达连续扫描的 N 个周期内,若检测到的量测点数量超过阈值 M,则航迹起始成功。

逻辑法航迹的起始需要考虑多种影响因素,如道路环境中车辆行人的密集程度、杂波噪声的干扰、雷达传感器的性能等,一般采用 m/n 逻辑法确定稳定的航迹。m/n 逻辑法是指在雷达传感器连续 n 次的扫描周期内,有不少于 m 次的量测互联,则航迹起始成功。考虑算法复杂度与实际应用,一般在工程中 m/n 逻辑法比值取 2/3 时用于快速启动航迹,比值取 3/4 时用于正常起始航迹。

　　3）霍夫变换法

　　霍夫变换法比较适合杂波环境下确定直线运动目标的航迹起始。航迹起始质量与参数的划分程度相关，选取时应根据实际情况而定，一般与雷达性能、目标密集程度、噪声干扰相关。划分参数的选值越小，航迹起始越准确，但同时容易造成漏警情况的发生；反之则容易造成误判，因此后继研究通过改进霍夫变换法进行更理想的航迹确立。

3. 雷达航迹关联

　　车辆道路环境中，车载雷达扫描回波可能来自真实目标，也可能来自杂波或者虚警。当环境中出现目标密集的情况时，目标运动可能会相互交叉，一个目标的量测点可能会落入两个及以上的目标门限内，多个目标的量测点也可能会落入一个目标的门限内。为了解决雷达回波中真实目标与航迹相互匹配的问题，就需要数据关联算法，将来自雷达传感器的 N 个量测数据（又称观测值）与已知的 M 条航迹进行关联配对，使得一条航迹的量测集合以最大概率来源于同一个真实目标。

　　数据关联的主要步骤如下。

　　（1）使用跟踪门限将雷达量测到的数据进行过滤，对于某一航迹，可过滤掉门限外不属于该真实目标的点迹。

　　（2）根据目标上一时刻的位置、速度、加速度等信息预测当前时刻的位置，建立预测位置与观测值之间的关联矩阵。

　　（3）确定数据关联算法形成关联对，按照点迹分配策略将观测值分配给相应的航迹。

　　常用于毫米波雷达数据的数据关联算法如下。

　　1）最邻近数据关联算法

　　最邻近数据关联（nearest neighbor data association，NNDA）算法的主要思想是把雷达观测值与当前所有航迹的预测位置进行比较，建立预测位置处的关联波门，将距离航迹预测位置最近的点迹与航迹进行关联配对。NNDA 算法的数据关联中，关联波门的选取应根据实际情况进行调整，若波门内只有一个量测点，则直接将该量测点进行关联；若波门内量测点数量多于一个，则使用新息加权值作为判定准则，选取新息加权值最小的量测点作为真实目标量测与对应航迹进行关联。新息加权公式通常选用马氏距离公式或者欧几里得距离公式作为关联判定的度量公式。NNDA 算法的优势是计算量相对较小，在工程实现上相对简单，在杂波密度低、目标较少的情况下有着较快、较好的关联效果。但是当道路环境中的车辆目标较多，或者在十字路口等目标密集地段，雷达回波较多，可能导致多个关联波门重叠。此外，因周围环境的杂波干扰，NNDA 算法关联的点迹不一定来自真实目标，导致错误关联的发生。

　　2）联合概率数据关联算法

　　联合概率数据关联（joint probabilistic data association，JPDA）算法是 Bar-Shalom 等人基于概率数据关联 PDA 算法的局限性，即没有考虑到观测点在多个目标关联波门相交区域的情况，对其进行改进形成的。JPDA 提出了联合事件的概念，将观测来自杂波或是目标的所有事件联合起来，通过计算联合事件概率并选取概率最大的事件，对轨迹进行修正。因此 JPDA 算法相对于 PDA 算法，通过构建确认矩阵描述观测与目标（包括虚警）之间的关联情况,计算观测与目标之间的互联概率,设定阈值确认最终的关联情况,更适用于密集杂波环境中的数据关联问题。

3) 多假设跟踪

多假设跟踪(multiple hypothesis tracking,MHT)算法是一种根据多个观测周期进行数据关联的技术,当前目标的状态不仅取决于当前时刻的观测,也取决于历史时刻的观测。在理想假设条件下,MHT 被认为是处理数据互联的最优方法。

MHT 作为一种动态的递归算法,算法过程主要包括分支起始、预剪枝、聚簇、假设生成和剪枝、轨迹的修正、合并与确认等。MHT 算法的计算复杂性主要由假设生成和剪枝过程决定。

5.3.4　毫米波雷达的目标跟踪算法实例

基于上述毫米波雷达跟踪算法的相关理论,讨论基于毫米波雷达的多目标跟踪算法。多目标跟踪算法主要解决两个问题:目标不确定性和观测不确定性。目标不确定性是指由于目标的出现、消失、杂波干扰以及漏检问题,无法获得每个时刻区域内目标的确定性数量。测量不确定性是指由于多目标跟踪环境中存在着无法通过先验获取的各种不确定性和随机性,无法确定观测量与其目标源之间的对应关系。

针对上述问题,目前主要有两类解决方法:一类是基于数据关联的多目标跟踪方法,需要确定离散的传感器测量和目标之间的对应关系,然后根据观测再对每个目标的状态分别进行估计;另一类是非关联的多目标跟踪算法,主要包括随机有限集(random finite set,RFS)方法,通过构建状态集合与观测集合进行随机有限集的贝叶斯估计。

1. 基于数据关联的目标跟踪技术

基于数据关联的目标跟踪技术是一类广泛应用的目标跟踪算法。在这类跟踪算法框架中,先解决航迹与观测值的一对一关联问题,将多目标跟踪问题转换为多个并行的单目标跟踪问题,再在各个匹配的观测-状态下,通过状态估计器,例如,KF、EKF、UKF 或者粒子滤波,实现各目标的后验状态估计。而在更复杂的多目标跟踪问题中,对由多个局部传感器输出的多目标航迹数据进行融合、新目标建立起始航迹等都涉及数据关联算法。

对于这一类方法,数据关联算法的性能直接影响着基于观测-关联的目标跟踪技术实现的效果。在杂波较多或目标密集的环境下,基于数据关联的目标跟踪技术难度较大。对于毫米波雷达数据,常用的数据关联算法见 3.3.3 节。

杂波密度较大的跟踪环境中,多目标跟踪算法的数据关联运算量急剧增加,实际上是一个 NP 难问题(计算复杂度需要超多项式时间才能求解的问题)。另外杂波密度大会使大量虚警被误确立为新生目标,使得基于关联的多目标跟踪算法在计算效率和跟踪性能上都无法满足实际需求。

2. 基于随机有限集的多目标跟踪技术

不同于上述基于数据关联的目标跟踪技术,基于随机有限集(random finite set,RFS)的多目标跟踪技术不再对离散的目标状态和观测进行一对一关联处理,而是把多目标的状态集合与观测集合分别作为随机有限集,利用贝叶斯估计,从含有杂波的观测随机集中同时估计出多目标的个数和状态,从而避开了高复杂的数据关联问题,适合处理目标数变化、虚警率高的基于毫米波雷达的多目标跟踪问题。

在 RFS 的多目标贝叶斯滤波框架下,对于目标的状态估计主要分为两个关键步骤,即根据 k 时刻多目标状态随机有限集 X_k 和多目标测量随机有限集 Z_k,分别实现对于目标状态后验密度的预测与更新,对应的公式如下:

$$p_{k|k-1}(\boldsymbol{X}_k \mid \boldsymbol{Z}_{1:k-1}) = \int f_{k|k-1}(\boldsymbol{X}_k \mid \boldsymbol{X}) p_{k-1}(\boldsymbol{X} \mid \boldsymbol{Z}_{1:k-1}) \mu_s \mathrm{d}\boldsymbol{X} \tag{5-36}$$

$$p_{k|k-1}(\boldsymbol{X}_k \mid \boldsymbol{Z}_{1:k}) = \frac{g_k(\boldsymbol{Z}_k \mid \boldsymbol{X}_k) p_{k|k-1}(\boldsymbol{X}_k \mid \boldsymbol{Z}_{1:k-1})}{\int g_k(\boldsymbol{Z}_k \mid \boldsymbol{X}_k) p_{k|k-1}(\boldsymbol{X} \mid \boldsymbol{Z}_{1:k-1}) \mu_s \mathrm{d}\boldsymbol{X}} \tag{5-37}$$

为了找到闭合解析的应用形式,近年来相继提出不同的随机有限集实现方案:概率假设密度滤波器、联合势估计的概率假设密度滤波器、多目标多伯努利(multi-targetmulti-Bernoulli,Me MBer)滤波器及泛化标签多伯努利(generalized labeled multi-Bernoulli,GLMB)滤波器。在非线性非高斯条件和线性高斯条件下,上述滤波器分别具有基于高斯混合(Gaussian mixture,GM)和序贯蒙特卡洛(sequential Monte Carlo,SMC)的不同实现形式。

5.4　车载激光雷达的原理及其应用

5.4.1　激光雷达的原理

雷达的全称是 radio detection and ranging,即“无线电探测及测距”系统。雷达通过发射不同频率的电磁波并接收回波信号,从而获取被探测目标的位置、速度等数据。如图 5-58 所示,根据工作频率的不同,雷达分为超视距雷达、微波雷达、毫米波雷达、激光雷达等多个种类。

图 5-58　雷达的种类

激光雷达的全称是 light detection and ranging,即“激光探测及测距”系统。激光雷达是一种通过发射激光束、接收回波信号探测目标位置、反射强度等数据的雷达系统。激光雷达所使用的激光波段介于 $0.5 \sim 10 \mu\mathrm{m}$,相比于毫米波,激光的波长更短、频率更高,具有更高的分辨率。早期激光雷达主要被应用于 GIS 领域,随着人工智能技术的发展和自动驾驶研究的兴起,激光雷达目前已广泛应用于自动驾驶领域,在高级别自动驾驶汽车环境感知中起着重要的作用。

1. 激光雷达的组成模块

激光雷达主要由四大模块组成,如图 5-59 所示,分别为激光发射模块、激光接收模块、信息处理模块和扫描模块。

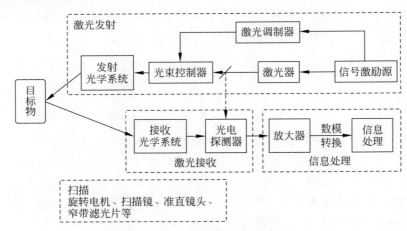

图 5-59 激光雷达的四大模块

扫描模块由旋转电机、扫描镜、准直镜头、窄带滤光片等器件组成,负责控制激光发射和接收的朝向,从而实现对 360°场景的扫描。激光发射模块由信号激励源、激光器、激光调制器、光束控制器和发射光学系统五部分组成,实现向特定方位发射激光的功能。激光接收模块由接收光学系统和光电探测器组成,负责接收目标物反射的激光信号,将其转换为电信号。信息处理模块对由激光接收模块转换而来的模拟电信号进行放大,将其转换成数字信号后进行处理和加工,得到激光雷达点云数据。

2. 激光雷达测距原理

激光本身具有极高的角分辨率和距离分辨率,激光接收模块返回的是打到目标上点的距离和方位角信息,经过信息处理模块加工后,能够得到该点在笛卡儿坐标系下的三维坐标位置。随着激光雷达扫描一周,将会得到大量点的坐标,因而激光雷达返回的数据被称为点云。

激光雷达测距的原理是利用飞行时间法,有脉冲测距和相位测距两种手段,如图 5-60 所示。

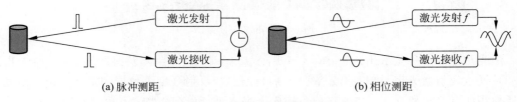

(a) 脉冲测距　　　　　　　　　　　　　(b) 相位测距

图 5-60 激光雷达测距原理

脉冲测距通过测量激光脉冲在雷达和目标之间来回飞行的时间计算目标的距离信息,即

$$d = \frac{c\,\Delta t}{2} \qquad (5\text{-}38)$$

其中：d 是目标与激光雷达之间的距离；Δt 是激光脉冲发射到接收的时间间隔；c 表示光速。

相位测距通过测量被强度调制的连续波激光信号在雷达与目标之间来回飞行产生的相位差计算目标的距离信息，即

$$d = \frac{c\,\Delta \varphi}{4\pi f} \qquad (5\text{-}39)$$

其中：d 是目标与激光雷达之间的距离；$\Delta \varphi$ 是激光脉冲从发射到接收的相位变化；f 是调制激光信号的频率；c 表示光速。

3. 激光雷达的分类

根据工作方式的不同，激光雷达分为机械旋转式激光雷达和固态激光雷达。机械旋转式激光雷达是指发射模块和接收模块存在宏观转动的激光雷达，这一类激光雷达在竖直方向上排布多束激光，通过不断旋转发射头，将传播速度远高于发射头旋转速度的多束激光线变成多个激光面，达到动态扫描并动态接收信息的目的。

Velodyne HDL-64E 是一款经典的机械旋转式激光雷达，图 5-61(a)展示了 Velodyne HDL-64E 的外观，通过安装底座将激光雷达固定在车上，激光雷达的上半部分在马达的带动下进行固定频率的转动，激光发射器和激光接收器在转动的同时进行激光的发射和接收，从而获取多个不同角度的扫描平面。图 5-61(b)展示了 Velodyne HDL-64E 的内部结构，激光源产生的激光束被镜子反射后射向目标物，目标物反射回的激光束经过镜子反射后被接收器接收。伺服电机通过调整镜子的姿态实现对发射和接收激光束角度的调整，从而控制激光束的垂向张角与垂向分辨率。

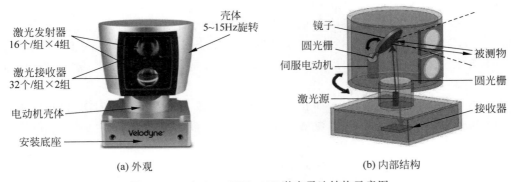

(a) 外观　　　　　　　　　　　(b) 内部结构

图 5-61　Velodyne HDL-64E 激光雷达结构示意图

严格意义上的固态激光雷达是指自身不存在任何移动部件的激光雷达，如 Flash 型激光雷达、相控阵激光雷达。Flash 型激光雷达是指通过向各个方向漫射激光，从而一次性记录整个场景的激光雷达。Flash 型激光雷达的分辨率越高，同时发射的激光束越多，因而激光之间的干扰越强，导致探测精度降低。相控阵激光雷达是指通过控制光源阵列中各光源发光时间差，合成具有特定方向的主激光束，从而实现对不同方向扫描的激光雷达。相控阵

激光雷达精度高、体积小、生产成本低,但研发成本高。

近年来,一些非完全旋转的激光雷达也被统称为固态激光雷达,它们具备了固态激光雷达的一般性能特点,如分辨率高、有限水平 FOV(具备前向感知视野而非 360°感知视野)等,但这些技术方案仍包含了一些微小的移动部件,如 MEMS(micro-electro-mechanical system)型激光雷达。

MEMS 激光雷达是指在机械旋转式激光雷达的基础上,采用 MEMS 微镜替代机械式扫描单元进行扫描模式动态调整的激光雷达。其中 MEMS 微镜是指采用光学 MEMS 技术制造的、把微光反射镜与 MEMS 驱动器集成在一起的光学 MEMS 器件。

MEMS 激光雷达的工作原理如图 5-62 所示,核心部件是其中的 MEMS 微镜,多束激光雷达实现对垂向的扫描覆盖,通过 MEMS 微镜的水平偏转实现多束激光的水平移动,从而实现对水平方向的扫描。

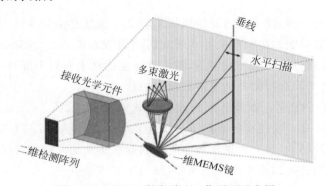

图 5-62　MEMS 激光雷达工作原理示意图

4. 激光雷达的参数

对于自动驾驶应用而言,重点关注激光雷达的如下指标性能。

(1)线数:激光雷达一次性发射的激光线数,取决于激光雷达排布的激光头个数。如 Velodyne HDL-32E 的线数为 32 条,一次性发射 32 条扫描激光;Velodyne HDL-64E 的线数为 64 条,一次性发射 64 条扫描激光。在相同垂直视场角下,线数越多,激光雷达的垂直角分辨率越高。

(2)出点数:激光雷达扫描一周获取到的点的个数。如 Velodyne HDL-32E 的出点数约为 1 390 000。相同线数和水平视场角情况下,出点数越多,激光雷达的水平角分辨率越高。

(3)转速:激光雷达绕轴体旋转的速度,通常为 5Hz、10Hz、20Hz。

(4)测距精度:激光雷达测量得到的障碍物距离与真实距离之间误差,通常在±2cm。

(5)测量距离:激光雷达在保证测距精度的前提下所能测量的距离范围,通常在 200m 以内。

(6)垂直视场角:激光雷达所能感知的垂直视野范围。如 Velodyne HDL-32E 的垂直视场角为－30.67°~10.67°。

(7)垂直角分辨率:激光雷达在垂直方向上的角分辨率。对于垂直角度均匀分布的激光雷达,垂直角分辨率取决于垂直视场角与线数的大小,垂直视场角越小、线数越多,垂直角分辨率越高。

（8）水平视场角：激光雷达所能感知的水平视野范围。对于机械旋转式激光雷达，水平视场角通常为 360°；对于固态激光雷达，水平视场角通常小于 180°。如 RS-LiDAR-M1Simple 固态激光雷达的水平视场角为 -60°～60°。

（9）水平角分辨率：激光雷达在水平方向上的角分辨率，即激光雷达同一激光头相邻两次发射激光线之间的角度差。

表 5-5 给出了 Velodyne HDL-32E、Velodyne HDL-64E、速腾聚创 16 线和速腾聚创 32 线四款激光雷达的主要参数。

表 5-5　四款激光雷达主要参数对比

指标性能	Velodyne HDL-32E	Velodyne HDL-64E	速腾聚创 16 线	速腾聚创 32 线
出点数/(点/s)	1 390 000	2 200 000	～600 000	～1 200 000
测距精度/cm	±2	±2	±2	±3
测距能力/m	<100	<120	0.2～150	0.4～200
水平视场角/(°)	360	360	360	360
水平角分辨率/(°)	0.08～0.33	0.08～0.35	0.1/0.2/0.4	0.1/0.2/0.4
垂直视场角/(°)	-30.67～10.67	-24.9～2.0	-15～15	-25～15
垂直角分辨率/(°)	1.33	0.4	2.0	最小 0.33
转速/(r/s)	5～20	5～20	5/10/20	5/10/20
通信结构	100Mb/s Ethernet	100Mb/s Ethernet	100Mb/s Ethernet	100Mb/s Ethernet

5.4.2　激光雷达标定方法

激光雷达具有较高的角分辨率和距离分辨率，获取的点云数据能够精准地描绘环境的三维结构信息，并且具备不受光照条件影响的特点，但缺失了环境的色彩信息；视觉传感器（如相机）能够获取环境丰富的色彩信息，但易受光照条件的影响，同时也缺失了环境的三维结构信息。在多传感器的自动驾驶感知方案中，通常同时配备有相机和激光雷达，激光雷达与相机之间的标定是二者进行有效信息融合的前提和基础。

由于安装位置的不同以及安装误差的存在，导致相机和激光雷达具有不同的基准坐标系，记相机坐标系为 $o^c x^c y^c z^c$，激光雷达坐标系为 $o^l x^l y^l z^l$。任意一个空间直角坐标系都能够通过平移和旋转操作转换到另外一个空间直角坐标系，记空间中任一点 p_i 在激光雷达坐标系下的坐标为 $\boldsymbol{p}_i^l = [x_i^l, y_i^l, z_i^l]^{\mathrm{T}}$，在相机坐标系下的坐标为 $\boldsymbol{p}_i^c = [x_i^c, y_i^c, z_i^c]^{\mathrm{T}}$，则存在旋转矩阵 $\boldsymbol{R}_l^c$ 和平移向量 $\boldsymbol{t}_l^c$，使得：

$$\boldsymbol{p}_i^c = \boldsymbol{R}_l^c \boldsymbol{p}_i^l + \boldsymbol{t}_l^c \tag{5-40}$$

其中：$\boldsymbol{R}_l^c$ 为 3×3 矩阵；$\boldsymbol{t}_l^c$ 为 3×1 向量。

标定的过程本质上是确定 $\boldsymbol{R}_l^c$ 和 $\boldsymbol{t}_l^c$ 具体数值的过程。通过测量相机与激光雷达之间的相对位置关系，结合二者坐标系的定义能够初步确定 $\boldsymbol{R}_l^c$ 和 $\boldsymbol{t}_l^c$ 的数值，对其进行初始化。随后通过求解优化问题的方式计算 $\boldsymbol{R}_l^c$ 和 $\boldsymbol{t}_l^c$ 的精确数值，具体方法如下。

将棋盘纸标定板放置在待标定相机与激光雷达前方的不同位置处，采集多组图像与点云数据。首先，基于张正友标定法利用棋盘纸标定板标定相机的内参；然后，标定激光雷达

与相机之间的外参 $\boldsymbol{R}_l^c$ 和 $\boldsymbol{t}_l^c$。如图 5-63 所示，基于 RANSAC 方法对点云中的平面进行提取，得到各组数据（某一组数据下标记为 i）中棋盘纸标定板反射的激光点云。

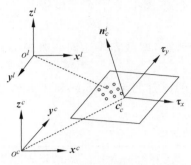

图 5-63　激光雷达与相机标定示意图

记标定板上一点 j 在激光雷达坐标系下的坐标为 $\boldsymbol{X}_{i,j}^l$，该点在相机坐标系下的坐标为 $\boldsymbol{X}_{i,j}^c = \boldsymbol{R}_l^c \boldsymbol{X}_{i,j}^l + \boldsymbol{t}_l^c$。提取标定板在相机坐标系下的法向量 $\boldsymbol{n}_{c_i}$，以及标定板中心点在相机坐标系下的坐标 $\boldsymbol{c}_i^c$，在没有误差的情况下，相机坐标系中 $\boldsymbol{X}_{i,j}^c$ 与 $\boldsymbol{c}_i^c$ 形成的位于标定板平面内的向量应与法向量 $\boldsymbol{n}_i^c$ 正交，即：

$$0 = \boldsymbol{n}_{c_i}^{\mathrm{T}} \cdot (\boldsymbol{R}_l^c \boldsymbol{X}_{i,j}^l + \boldsymbol{t}_l^c) \tag{5-41}$$

考虑到量测噪声，采集 N 组标定板数据，每组采集标定板上 K 个点，通过求解如下优化问题对激光雷达与相机之间的旋转矩阵 $\boldsymbol{R}_l^c$ 和平移矩阵 $\boldsymbol{t}_l^c$ 进行标定：

$$(\hat{\boldsymbol{R}}_l^c, \hat{\boldsymbol{t}}_l^c) = \operatorname*{arg\,min}_{\boldsymbol{R}_l^c \in \mathrm{SE}(3), \boldsymbol{t}_l^c} \sum_i^N \sum_j^K \| \boldsymbol{n}_{c_i}^{\mathrm{T}} \cdot (\boldsymbol{R}_l^c X_{i,j}^l + \boldsymbol{t}_l^c) \|^2 \tag{5-42}$$

5.4.3　处理激光雷达点云的传统算法

车载激光雷达获取的点云数据中包含了环境丰富的三维结构信息，如何处理和利用激光雷达点云已成为自动驾驶研究领域中的一项重要课题。过去十几年间，大量传统的特征提取方法被应用于点云处理中并取得了成功。近年来，随着人工智能技术，尤其是其中的深度学习技术的发展，出现了大量应用深度神经网络对点云进行特征提取的算法，并且取得了不亚于传统算法的效果。尽管如此，传统算法在可解释性与稳定性等方面仍有不可替代的优势，熟练掌握传统算法对点云进行特征提取是自动驾驶感知系统开发的基础。

1. 体素法降采样

类比于图像处理领域中"像素"的概念，对于三维空间区域，同样可以将其划分为大小一致、排列整齐的三维立方体网格，这些网格被称为体素。车载激光雷达扫描得到的点云数据具有近处密集、远处稀疏的特点，点云分布的不均匀性将影响到处理算法的速度与效果，利用体素法能够对点云进行降采样，在保障点云精度的前提下使点云分布更加均匀。体素法降采样的基本处理方法如下。

对于点云 $\boldsymbol{P} = \{\boldsymbol{p}_1, \boldsymbol{p}_2, \cdots, \boldsymbol{p}_n\}$，$\boldsymbol{p}_i \in \mathbb{R}^3$，给定其在笛卡儿坐标系下沿着三个轴方向上的网格边界：

$$B_x = \{b_{x_i}\} \quad \mathrm{s.\,t.} \, b_{x_i} \in \mathbb{R}, \quad b_{x_1} < b_{x_2} < \cdots < b_{x_{n_x}} \tag{5-43}$$

$$B_y = \{b_{y_i}\} \quad \mathrm{s.\,t.} \, b_{y_i} \in \mathbb{R}, \quad b_{y_1} < b_{y_2} < \cdots < b_{y_{n_y}} \tag{5-44}$$

$$B_z = \{b_{z_i}\} \quad \mathrm{s.\,t.} \, b_{z_i} \in \mathbb{R}, \quad b_{z_1} < b_{z_2} < \cdots < b_{z_{n_z}} \tag{5-45}$$

其中：n_x、n_y、n_z 分别表示三个方向上划分的网格个数。相应地，体素定义为：

$$V_{i,j,k} = \{ \boldsymbol{p} \in \boldsymbol{P} \mid b_{x_{i-1}} \leqslant p_x < b_{x_i}, b_{y_{i-1}} \leqslant p_y < b_{y_i}, b_{z_{i-1}} \leqslant p_z < b_{z_i} \}$$

对于每个体素网格,体素网格内的所有点集合记为 V,以该体素网格中所有点的平均坐标替代这些点,即：

$$\boldsymbol{p}_V = \frac{1}{|V|} \sum_{\boldsymbol{p} \in \boldsymbol{V}} \boldsymbol{p} \tag{5-46}$$

经过上述计算后的每个体素网格中最多包含一个点,从而在保证点云对空间结构描述准确的同时,使得点云数据的空间分布更加均匀。

2. RANSAC 大平面提取

RANSAC 全称为 random sample consensus,即随机采样一致性方法,该方法由 Fischler 和 Bolles 于 1981 年提出。RANSAC 方法能够基于预先给定的数学模型,在给定的大量数据中提取出符合该模型的部分数据的方法,同时能够计算得到相应的模型参数。以二维平面中分布的一系列离散点为例,给定直线模型 $ax + by + c = 0$,其中 a、b、c 是待定的参数。RANSAC 方法通过在给定的离散点中迭代选择其中的部分点进行直线模型拟合,并计算相应的模型误差,直至拟合结果收敛或达到特定的迭代次数终止计算,返回最终的模型参数。RANSAC 具体操作流程如下。

（1）随机选取部分离散点作为局内点集合,计算直线模型参数。

（2）利用直线模型参数,计算其余点到该直线的距离,作为该点对应的模型误差,若误差小于给定的阈值,则将该点加入局内点中。

（3）当局内点数量大于设定点数时,用最新的局内点共同计算新的直线模型参数。

（4）计算局内点与模型之间的误差,该误差将用于对模型效果的评估。

重复执行上述过程多次,在重复过程中产生的模型若优于之前的模型,则更新模型参数,否则涉及新的模型。

3. 欧氏聚类

聚类是指将物理或抽象对象的集合分成由类似的对象组成的多个子类的过程,欧氏聚类则是指基于欧氏距离对集合中对象之间的相似程度进行度量的聚类算法。

对于 N 维空间下的两个离散点 $\boldsymbol{a} = [x_1, x_2, \cdots, x_N]^{\mathrm{T}}$,$\boldsymbol{b} = [y_1, y_2, \cdots, y_N]^{\mathrm{T}}$,$\boldsymbol{a}$、$\boldsymbol{b}$ 之间的欧氏距离定义为：

$$d(a,b) = \sqrt{\sum_{i=1}^{N} (y_i - x_i)^2} \tag{5-47}$$

对于二维平面或三维空间而言,欧氏距离即两点之间的直线距离。欧氏聚类的处理流程如下。

对于给定的离散点集合,从中随机选取一点进行初始化,将其加入一个新的子集中。计算剩余点与该子集中所有点之间的欧氏距离,并以点与点之间欧氏距离的最小值作为点与该子集的距离,若点与该子集的距离小于设定的阈值,则将其加入该子集中。随后再从未被加入某一个子集中的点中随机选取一个点进行初始化,重复操作至所有的点都被加入特定的子集中。

5.4.4　处理激光雷达点云的深度学习方法

1. 激光雷达在自动驾驶中的通用技术

作为高级别自动驾驶车辆最重要的传感器之一,激光雷达在自动驾驶中的应用可以分为两个方面:①实时环境感知,如动态目标检测与识别、静态目标分割与提取;②高精度地图构建,包括基于特征匹配的车辆自定位与点云匹配技术。上述应用中涉及三个方面的通用技术,分别为点云目标检测、点云语义分割、点云目标识别。

1) 点云目标检测

点云目标检测是基于激光雷达实时获取的点云数据,利用传统方法或人工智能方法计算得到三维空间场景中特定目标(如环境中的其他车辆、行人、骑车人等)的位置、尺寸、朝向以及类别信息,如图 5-64 所示。

图 5-64　点云目标检测

2) 点云语义分割

点云语义分割是基于激光雷达获取的点云数据,利用传统方法或人工智能方法计算得到点云中每个点所属的类别,如灯杆、车道线、道路标识牌等,如图 5-65 所示。

3) 点云目标识别

点云目标识别是基于激光雷达对某一特定目标扫描获取的点云数据,利用传统方法或人工智能方法计算得到该目标所属的类别,如轿车、卡车、三轮车、行人等,如图 5-66 所示。

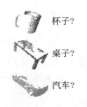

杯子?

桌子?

汽车?

图 5-65　点云语义分割　　　　　　图 5-66　点云目标识别

2. 点云深度学习网络的分类

点云目标检测、点云语义分割和点云目标识别任务的实现都离不开对点云原始数据的特征加工和处理,本节对处理点云常用的深度学习网络进行梳理和介绍。点云深度学习网络可以划分为四大类:①基于体素的深度学习网络;②基于点的深度学习网络;③基于图的深度学习网络;④基于二维视图的深度学习网络。

1) 基于体素的深度学习网络

借鉴于视觉领域中使用像素表达二维平面图像数据的思想,为了将卷积神经网络应用于三维空间下的点云数据,可以利用三维体素网格对空间中的点云进行规则化表达。体素划分的思想是将有限区域内的三维空间,按照一定大小的立方体划分成排列整齐的稠密网格,每个网格内所包含的点代表了这一网格的特征。应用体素方法的网络主要有 3D ShapeNets、VoxelNet、3D-GAN 等。

2) 基于点的深度学习网络

不同于体素方法中对三维空间划分三维网格的方式,基于点集的点云神经网络框架直接对点云中所包含的点的坐标和反射率数据进行处理。对于给定的点云 $P = \{p_1, p_2, \cdots, p_n\}$,$p_i = [x_i, y_i, z_i, r_i]$,基于点集的框架将点云 P 中的 n 个点的空间坐标 (x_i, y_i, z_i) 或 (x_i, y_i, z_i, r_i) 排列成 $n \times 3$ 或 $n \times 4$ 的二维平面矩阵,矩阵的列索引对应了点云中的点,每一行对应了一个点的坐标和反射率数值。基于点的深度学习网络主要包括 PointNet、PointNet++、Kd-Networks、PointCNN 等。

3) 基于图的深度学习网络

图是一种非欧氏数据结构,可用于表示点云数据。图的节点对应于点云中的点,图的边表示相邻点之间的关系。图神经网络以迭代的方式传播节点状态直到达到平衡。随着 CNN 的发展,越来越多的图卷积网络被应用于三维数据处理。这些图卷积网络直接在图结构上定义卷积操作,从而实现对空间上紧密相邻的节点的特征提取。基于图的深度学习网络的优点是能够探索点及其相邻点之间的几何关系,如 DGCNN、GAT 等。

4) 基于二维视图的深度学习网络

基于视图的点云神经网络框架将三维空间点云向特定方向的平面上进行投影,应用图像领域中的二维卷积神经网络对点云的投影结果进行处理,进而实现特定的点云处理任务。基于视图的点云神经网络主要包括 MVCNN、MVCNN-MultiRes、3DMV、RotationNet 等。

5.4.5　基于聚类的激光雷达点云目标检测算法实例

本节以基于聚类的点云目标检测算法为例,介绍体素法降采样、RANSAC 大平面提取与欧氏聚类在点云数据处理中的应用,并基于上述三个步骤实现简单的三维目标检测功能。

为了减少被处理的点云数据量、提升计算效率,同时降低点云分布的非均匀性,首先应用体素法对原始点云数据进行降采样,得到数据量大大压缩后的点云数据。在实际的交通场景中,地面通常被建模成一个平面,因而通过大平面提取技术能够找到激光雷达点云中打在地面上的点,将其去除后能够得到彼此相互分离的障碍物点云。大平面提取可通过 RANSAC 算法实现。

对于点云中的地面提取任务而言,设定待提取的地面点云模型为平面,首先从原始点云中随机选取能够确定该平面模型的最少样本,即三个点,计算得到经过这三个点的平面作为原始平面。随后计算点云中所有的点到该原始平面的距离,距离小于设定阈值的点称为内点,其余点称为外点。之后在内点中再随机选取三个点,计算得到一个新的平面,重复上述操作。在迭代足够次数后,RANSAC 通常可以收敛到内点较多的模型,并且受离群样本的影响较小,对于平面提取而言,收敛到的模型可以被认为是最大的平面。通过RANSAC 获得的平面点云通常可以看作一个完整的平面,尽管存在着没有关联的两个平面刚好共面而被认定为同一个平面的情况,RANSAC 仍然能够有效地将点云中的地面点提取出来。

图 5-67 展示了经过 RANSAC 大平面提取去除地面后的点云效果,其中图 5-67(a)是原始点云的俯视图;图 5-67(b)是提取得到的地面点云俯视图;图 5-67(c)是去除地面点云后剩余的点云俯视图。可以看出,在去除地面之后,不同障碍物上的点云几乎天然分离。

(a) 原始点云

(b) 地面点云

(c) 去除地面点云后的剩余点云俯视图

图 5-67　RANSAC 点云大平面提取效果图

空间中的物体大多彼此分离,经过大平面提取去除地面之后的激光雷达点云天然地根据不同物体而彼此分离,通过应用简单有效的欧氏聚类方法能够将不同物体上的点云彼此分离开来,形成一个个的目标子点云。

利用欧氏聚类算法实现点云聚类的处理流程如图 5-68 所示。将去除地面后剩余的部分点云记为 $P = \{p_i\}$,$p_i \in \mathbb{R}^3$,对于 P 中的任意点 p,初始化子集 $Q = \{p\}$,同时将 p 从 P 中去除。利用近邻搜索方法得到 Q 的最近点集合 $\delta(Q)$,若 $\delta(Q)$ 非空,对于 $\delta(Q)$ 中的每个点 p_i,若其与 Q 中点的最近距离小于设定的距离阈值 R_{ths} 并且 Q 中点的个数小于设定的点数阈值 M_{ths},则将 p_i 加入 Q 中,同时将 p_i 从 P 中去除。重复上述操作直到 P 为空集为止。

针对经过大平面提取去除地面后的点云数据,应用欧氏聚类方法进行聚类的效果如图 5-69 所示,图中以不同颜色表示不同的点云子集。

在得到点云聚类的结果之后,场景中不同目标上的点云彼此分离,对于每个目标对应的

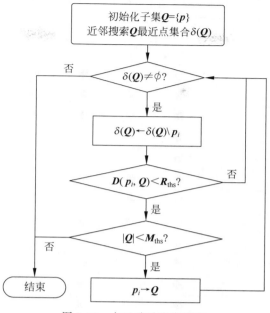

图 5-68　点云欧氏聚类流程

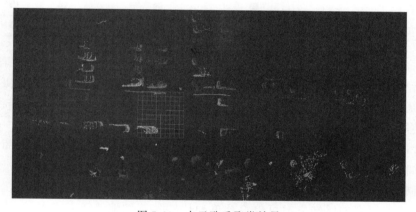

图 5-69　点云欧氏聚类效果

小堆点云,在估计其朝向的基础上绘制一个三维边界框即可表示该目标的位置,从而实现目标检测。

5.5　多源感知信息融合技术

5.5.1　多传感器融合感知概述

城市道路等复杂行驶环境要求车辆感知系统有很高的精度和实时性,已有的自动驾驶汽车研究多采用多种传感器组合的感知方案。表 5-6 所示为近年来一些典型智能汽车研究项目以及一些知名汽车企业的自动驾驶汽车研究中所采用感知方案的统计。

表 5-6　典型智能汽车研究模型与量产智能汽车所采用的感知方案

车　型	单目视觉	多目视觉	GPS/惯导	超声波雷达	毫米波雷达	激光雷达	HD 地图
2015 英菲尼迪 Q50S	●		●	●	●		
宝马 750i xDrive	●	●	●	●	●		
梅赛德斯 E 系和 S 系	●	●	●	●	●		
Otto Semi-Trucks	●				●	●	
特斯拉 Model S			●	●	●		
VisLab's BRAiVE	●		●			●	
奥迪研发车辆	●		●		●	●	●
AutoNOMOS's Made In Germany	●		●		●	●	
福特混合动力研发车辆	●		●		●	●	
卡尔斯鲁厄理工学院的 AnnieWAY	●		●		●	●	
沃尔沃研发车辆	●		●	●	●	●	
卡内基-梅隆大学的 Boss	●		●		●	●	
谷歌研发车辆	●	●	●		●	●	
麻省理工学院的 Talos	●		●		●	●	
斯坦福大学的 Junior			●		●	●	●

从表 5-6 中可以看出,随着自动驾驶汽车智能化程度的提高,通过增加传感器的数量和类型来不断提升自动驾驶汽车的环境感知能力是目前普遍的方案。激光雷达、摄像头、近距离/远距离毫米波雷达、超声波、卫星定位/惯导以及自动驾驶地图等各种传感器在车上往往需要组合使用。

现在常用于智能驾驶车辆的传感器及其特点如表 5-1 所示,它们基于不同的原理,具有不同的感知精度和适用环境,被用于感知不同的目标。相机、激光雷达与毫米波雷达有着各自的优势,同时也各有缺陷。

多种传感器组合的感知方案可以弥补单种传感器感知能力不足的缺点,从而实现更广范围的感知,图 5-70 所示为 Steven Ashley 提出的典型车载传感器所覆盖的范围。可以看出,智能驾驶车辆希望对周围动态、静态障碍物进行全面的感知,这要求车载传感系统尽可能 360°无盲区地覆盖周围区域,实现环视感知是智能驾驶车辆感知所要实现的重要目标。

为实现对周围环境的环视感知,以谷歌无人车为代表的车载感知系统将 Lidar 作为核心传感器,而以 Mobileye、奔驰等为代表采用的感知方案则基于视觉。高成本的 Lidar,如谷歌早期使用的 Velodyne HDL 64E Lidar 可以采集车辆周围相对稠密的点云数据,从而提供大量准确、精细的感知信息,但 Lidar 会丢失部分颜色信息,而且采集点非连续,信息不完整,同时对雨雪、云雾及电磁波干扰较为敏感。视觉方案可获取丰富的环境信息,如 Mobileye 通过图像处理技术实现周围物体的识别、检测、定位导航等功能。尽管视觉传感器受到光照变化及天气条件的影响较大,然而伴随其近年来的不断发展,视觉传感器的成本

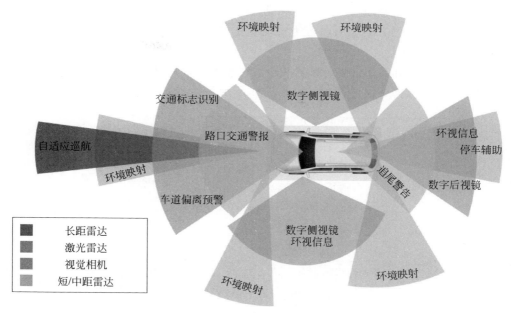

图 5-70　多传感器覆盖范围示意图

不断降低，精度也在逐渐提高。同时，以深度学习为代表的机器学习方法，在计算机视觉领域崭露头角，使得以视觉为主的感知技术成为相关领域的研究热点。视觉传感器成本相对低廉并且能够获取相对完整的信息，有很大的应用潜力用于实现精确可靠的环境认知及智能车量产化。

多传感器信息融合最早出现在 20 世纪 70 年代末期的军事 C3I 系统中，如今已成为与智能识别、信号处理、图像处理等学科密切相关的多学科交叉的前沿学科。多源信息融合的方法主要包括基于规则的方法（如基于统计规则的方法）、基于分类的方法（如支持向量机、贝叶斯推断、Dempster-Shafer(DS)理论、动态贝叶斯网络、模糊理论算法及神经网络）和基于估计的方法（如卡尔曼滤波以及粒子滤波）。贝叶斯准则是多传感器信息融合的主流技术，是发展最早的融合方法，也是迄今为止理论上最完整的融合方法。黄金国等采用基于贝叶斯滤波方法的多传感器融合，结合邻车协作实现车辆精确定位。Dempster-Shafer 理论也是经典的数据融合理论，但是由于 Dempster 合成规则技术复杂导致实际应用的算法难以实现，为此学者相继提出了扩展 DS(EDS)、针对特殊证据结构的快速算法、条件化 DS(CDS)以及修改的 DS(MDS)等。王栋基于 DS 证据论方法实现了机载多传感器融合识别，并提出了基于不同源证据基本概念指派生成的不同办法和解决证据冲突的方法。Tahani H 等学者提出了模糊测度的概念，并在此基础上建立了模糊积分，然后建立了基于模糊积分的信息融合模型，最后基于隶属度进行决策。该方法的优点是可以根据具体情况选择不同的模糊综合函数，但缺少函数的选择准则。

为了满足自动驾驶汽车行驶环境的感知需求，特别是针对高级别 L4～L5 级自动驾驶，需融合大量各种不同结构的传感器信息和先验知识。但是随着车载感知数据的大幅增加，有限的计算能力导致多传感器融合的实时性面临极大挑战。对感知信息进行有效的降维处理，并动态调整组网传感器数量为解决这一问题提供了新的思路。Patz 等学者只抽取位姿传感器部分作为较低频率的输入。Bohren 等学者也提出了当计算能力不足时仅使用部分传感器数据进行计算的方案。Xiao 等为实现激光雷达与相机的实时融合识别，对视觉图像进行下采样处理。

自动驾驶汽车感知系统的多传感器融合识别技术可以分为决策级融合（即目标层融合）和像素、特征级融合（即数据层融合），如图 5-71 所示。

	数据层融合	目标层融合	基于深度网络融合
形式	原始信息数阶段或提取的特征实现信息融合	识别结果输出阶段实现信息融合	输入阶段实现信息融合，且之后不断产生交互输出识别结果
架构	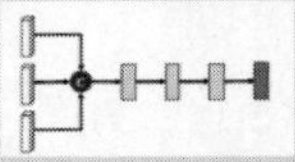 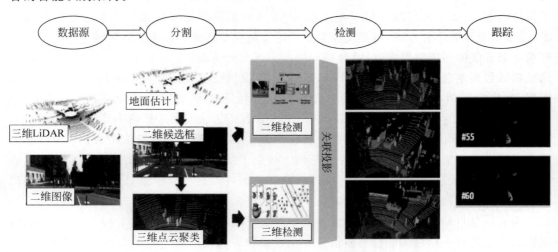	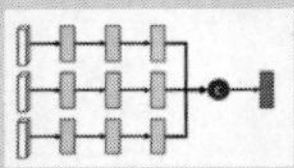	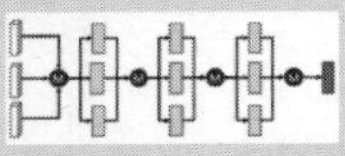
评估	识别算法局限于固定传感器；多源异构信息关联困难	信息损失量较大；预处理代价较高	实现架构复杂，但不同来源信息交互充分，精度高

图 5-71　融合识别算法分类及对比示意图

目标层融合是指各传感器预先在本地分别进行预处理、特征提取、模式识别，建立起对观测目标的初步结论，然后融合中心对各传感器的识别结果进行融合以得到最后的目标描述。首先，这种融合方法适用几个同类传感器，可以改善目标位置和速度的估计，例如，通过融合自车附近的他车 GPS 信号，可以提高自车 GPS 定位的精度；另外，由于在目标层进行融合，参与融合的传感器也可以是异构的。目标层融合对传感器的依赖性小，因此基于信息融合的目标识别取得的成果大多是在目标层上的，但其信息损失量较大，不能充分实现传感器之间的优势互补，而且预处理的代价较高。图 5-72 所示为 Hwang 提出的基于目标层融合的智能识别架构。

图 5-72　基于目标层融合的智能识别架构

随着人工智能技术的快速发展,深度学习为信息融合带来了新的发展思路,带有自学习能力的智能融合开始出现。早期对三维对象的认知融合方法多是生成三维候选框,但这种方法的计算量巨大;另外一种方法是设计学习网络将激光雷达三维点云的深度、强度、密度等数据信息分别投影到鸟瞰视图和正视图,形成更为紧凑的平面表达形式,并与相机照片数据通过候选提取网络和区域融合网络进行数据的深度融合,该方法不但避免了早期三维激光点云融合计算量大的问题,而且取得了较好的识别效果。如图 5-73 所示为 Chen 等人提出的融合点云和图像的智能识别深度网格架构。

5.5.2　目标级感知信息融合

1. 递推最小二乘法

传统的最小二乘法对所有的测量数据做整体一次性处理(批处理)给出参数估计,然而,当测量数据很多时,需要较大的存储空间。实际中,测量数据往往是按时间顺序逐步获得的,因而可以考虑采用递推的方法进行最小二乘参数估计,这样可以有效地减少数据存储量,这便是递推最小二乘法。递推最小二乘法对更好地理解 Kalman 滤波算法有一定的帮助,因而这里先对前者做简要的介绍。

对某系统的参数做测量(观测),记第 k 次量测方程为:

$$\boldsymbol{Z}_k = \boldsymbol{H}_k \boldsymbol{X} + \boldsymbol{V}_k \tag{5-48}$$

其中:$\boldsymbol{Z}_k$ 是 m 维量测向量;$\boldsymbol{H}_k$ 是 $m \times n$ 维量测矩阵;$\boldsymbol{X}$ 是 n 维的待估常值参数向量;$\boldsymbol{V}_k$ 是 m 维量测噪声,并且假设:

$$\mathrm{E}[\boldsymbol{V}_k] = \boldsymbol{0}, \quad \mathrm{E}[\boldsymbol{V}_k \boldsymbol{V}_j^{\mathrm{T}}] = \boldsymbol{R}_k \delta_{kj}$$

注意,这里并不要求噪声 $\boldsymbol{V}_k$ 是服从正态分布的。

若将前 $1, 2, \cdots, i$ 次量测合并写在一起,记为:

$$\bar{\boldsymbol{Z}}_i = \begin{bmatrix} \boldsymbol{Z}_1 \\ \boldsymbol{Z}_2 \\ \vdots \\ \boldsymbol{Z}_i \end{bmatrix}, \quad \bar{\boldsymbol{H}}_i = \begin{bmatrix} \boldsymbol{H}_1 \\ \boldsymbol{H}_2 \\ \vdots \\ \boldsymbol{H}_i \end{bmatrix}, \quad \bar{\boldsymbol{V}}_i = \begin{bmatrix} \boldsymbol{V}_1 \\ \boldsymbol{V}_2 \\ \vdots \\ \boldsymbol{V}_i \end{bmatrix} \tag{5-49}$$

则有:

$$\bar{\boldsymbol{Z}}_i = \bar{\boldsymbol{H}}_i \boldsymbol{X} + \bar{\boldsymbol{V}}_i \tag{5-50}$$

$$\mathrm{E}[\bar{\boldsymbol{V}}_i] = \boldsymbol{0}, \mathrm{E}[\bar{\boldsymbol{V}}_i \bar{\boldsymbol{V}}_i^{\mathrm{T}}] = \bar{\boldsymbol{R}}_i = \mathrm{diag}(\boldsymbol{R}_1, \boldsymbol{R}_2, \cdots, \boldsymbol{R}_i) \tag{5-51}$$

而当 $i = k$ 时,由 $\bar{\boldsymbol{Z}}_k$ 对 $\boldsymbol{X}$ 做加权最小二乘估计,结果为:

$$
\begin{aligned}
\hat{\boldsymbol{X}}_k &= \boldsymbol{P}_k (\boldsymbol{P}_{k-1}^{-1} \boldsymbol{P}_{k-1} \bar{\boldsymbol{H}}_{k-1}^{\mathrm{T}} \bar{\boldsymbol{R}}_{k-1}^{-1} \bar{\boldsymbol{Z}}_{k-1} + \boldsymbol{H}_k^{\mathrm{T}} \boldsymbol{R}_k^{-1} \boldsymbol{Z}_k) \\
&= \boldsymbol{P}_k (\boldsymbol{P}_{k-1}^{-1} \hat{\boldsymbol{X}}_{k-1} + \boldsymbol{H}_k^{\mathrm{T}} \boldsymbol{R}_k^{-1} \boldsymbol{Z}_k) \\
&= \boldsymbol{P}_k [(\boldsymbol{P}_k^{-1} - \boldsymbol{H}_k^{\mathrm{T}} \boldsymbol{R}_k^{-1} \boldsymbol{H}_k) \hat{\boldsymbol{X}}_{k-1} + \boldsymbol{H}_k^{\mathrm{T}} \boldsymbol{R}_k^{-1} \boldsymbol{Z}_k] \\
&= \hat{\boldsymbol{X}}_{k-1} + \boldsymbol{P}_k \boldsymbol{H}_k^{\mathrm{T}} \boldsymbol{R}_k^{-1} (\boldsymbol{Z}_k - \boldsymbol{H}_k \hat{\boldsymbol{X}}_{k-1})
\end{aligned} \tag{5-52}
$$

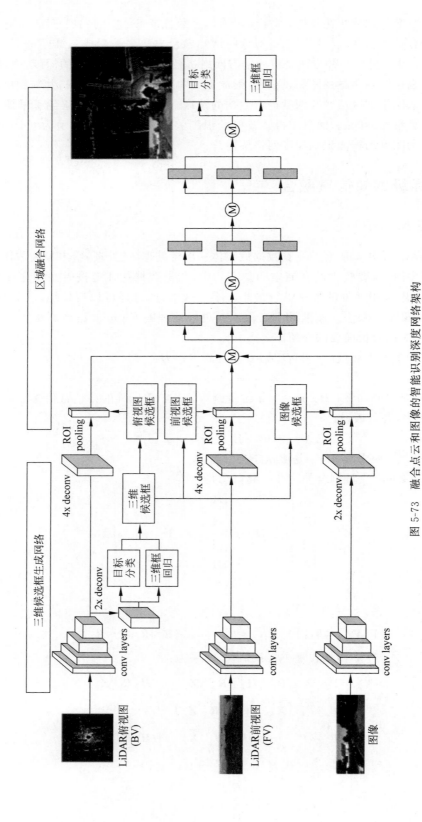

图 5-73　融合点云和图像的智能识别深度网络架构

2. 卡尔曼滤波

卡尔曼(Kalman)滤波方程的严密推导可用正交投影、新息理论和贝叶斯估计等方法，这些方法都涉及较复杂的数理统计方面的知识。这里借鉴递推最小二乘法的表示形式，采用直观的方法进行 Kalman 滤波推导，推导过程虽然不够严谨，但却是便于理解的。

1) 随机系统状态空间模型

给定随机系统状态空间模型：

$$\begin{cases} \boldsymbol{X}_k = \boldsymbol{\Phi}_{k/k-1}\boldsymbol{X}_{k-1} + \boldsymbol{\Gamma}_{k/k-1}\boldsymbol{W}_{k-1} \\ \boldsymbol{Z}_k = \boldsymbol{H}_k\boldsymbol{X}_k + \boldsymbol{V}_k \end{cases} \tag{5-53}$$

其中：$\boldsymbol{X}_k$ 是 $n\times 1$ 维的状态向量；$\boldsymbol{Z}_k$ 是 $m\times 1$ 维的量测向量；$\boldsymbol{\Phi}_{k/k-1}$、$\boldsymbol{\Gamma}_{k/k-1}$、$\boldsymbol{H}_k$ 是已知的系统结构参数，分别称为 $m\times n$ 维的状态一步转移矩阵、$n\times l$ 维的系统噪声分配矩阵、$m\times n$ 维的量测矩阵，为简洁可将 $\boldsymbol{\Gamma}_{k/k-1}$ 简记为 $\boldsymbol{\Gamma}_{k-1}$；$\boldsymbol{W}_{k-1}$ 是 $l\times 1$ 维的系统噪声向量；$\boldsymbol{V}_k$ 是 $m\times 1$ 维的量测噪声向量，两者都是零均值的高斯白噪声向量序列（服从正态分布），且它们之间互不相关，即满足：

$$\begin{cases} \mathrm{E}[\boldsymbol{W}_k] = \boldsymbol{0}, & \mathrm{E}[\boldsymbol{W}_k\boldsymbol{W}_j^{\mathrm{T}}] = \boldsymbol{Q}_k\delta_{kj} \\ \mathrm{E}[\boldsymbol{V}_k] = \boldsymbol{0}, & \mathrm{E}[\boldsymbol{V}_k\boldsymbol{V}_j^{\mathrm{T}}] = \boldsymbol{R}_k\delta_{kj} \\ \mathrm{E}[\boldsymbol{W}_k\boldsymbol{V}_j^{\mathrm{T}}] = \boldsymbol{0} \end{cases} \tag{5-54}$$

式(5-54)是 Kalman 滤波状态空间模型中对噪声要求的基本假设，一般要求 $\boldsymbol{Q}_k$ 是半正定的且 $\boldsymbol{R}_k$ 是正定的，即 $\boldsymbol{Q}_k\geqslant 0$ 且 $\boldsymbol{R}_k > 0$。显然，如果 $\boldsymbol{Q}_k$ 不可逆，则总可以通过重新构造合适的噪声 $\boldsymbol{W}'_{k-1}$ 及噪声分配阵 $\boldsymbol{\Gamma}'_{k-1}$，使得 $\boldsymbol{\Gamma}'_{k-1}\boldsymbol{W}'_{k-1} = \boldsymbol{\Gamma}_{k-1}\boldsymbol{W}_{k-1}$ 和 $\mathrm{E}[\boldsymbol{W}'_k\boldsymbol{W}'^{\mathrm{T}}_j] = \boldsymbol{Q}'_k\delta_{kj}$，并保证 $\boldsymbol{Q}'_k$ 是正定的。

2) 滤波方程的推导

Kalman 滤波全套算法，可划分为五个基本公式，如下：

① 状态一步预测：

$$\hat{\boldsymbol{X}}_{k/k-1} = \boldsymbol{\Phi}_{k/k-1}\hat{\boldsymbol{X}}_{k-1} \tag{5-55}$$

② 状态一步预测均方误差：

$$\boldsymbol{P}_{k/k-1} = \boldsymbol{\Phi}_{k/k-1}\boldsymbol{P}_{k-1}\boldsymbol{\Phi}_{k/k-1}^{\mathrm{T}} + \boldsymbol{\Gamma}_{k-1}\boldsymbol{Q}_{k-1}\boldsymbol{\Gamma}_{k-1}^{\mathrm{T}} \tag{5-56}$$

③ 滤波增益：

$$\boldsymbol{K}_k = \boldsymbol{P}_{k/k-1}\boldsymbol{H}_k^{\mathrm{T}}(\boldsymbol{H}_k\boldsymbol{P}_{k/k-1}\boldsymbol{H}_k^{\mathrm{T}} + \boldsymbol{R}_k)^{-1} \text{ 或简写为 } \boldsymbol{K}_k = \boldsymbol{P}_{XZ,k/k-1}\boldsymbol{P}_{ZZ,k/k-1}^{-1} \tag{5-57}$$

④ 状态估计：

$$\hat{\boldsymbol{X}}_k = \hat{\boldsymbol{X}}_{k/k-1} + \boldsymbol{K}_k(\boldsymbol{Z}_k - \boldsymbol{H}_k\hat{\boldsymbol{X}}_{k/k-1}) \tag{5-58}$$

⑤ 状态估计均方误差：

$$\boldsymbol{P}_k = (\boldsymbol{I} - \boldsymbol{K}_k\boldsymbol{H}_k)\boldsymbol{P}_{k/k-1} \tag{5-59}$$

注意到，在滤波增益计算公式(5-57)中涉及矩阵求逆问题，但由于 $(\boldsymbol{H}_k\boldsymbol{P}_{k/k-1}\boldsymbol{H}_k^{\mathrm{T}} + \boldsymbol{R}_k)$ 是正定的，对其求逆可采用"变量循环重新编号法"或三角分解法，有利于减少计算量，具体可查阅相关文献，此处不再详述。

3）Kalman 滤波举例

设有一维线性定常系统：

$$\begin{cases} X_k = \phi X_{k-1} + W_{k-1} \\ Z_k = X_k + V_k \end{cases}$$

其中：W_k 和 V_k 均为零均值白噪声，方差分别为 $Q \geqslant 0$ 和 $R > 0$，且两者间互不相关，试分析该系统的 Kalman 滤波结果。

解：根据 Kalman 滤波方程(5-55)，得：

$$\hat{X}_{k/k-1} = \phi \hat{X}_{k-1} \tag{5-60}$$

$$P_{k/k-1} = \phi^2 P_{k-1} + Q \tag{5-61}$$

$$K_k = \frac{P_{k/k-1}}{P_{k/k-1} + R} = \frac{\phi^2 P_{k-1} + Q}{\phi^2 P_{k-1} + Q + R} \tag{5-62}$$

$$\hat{X}_k = \hat{X}_{k/k-1} + K_k(Z_k - \hat{X}_{k/k-1}) = (1 - K_k)\hat{X}_{k/k-1} + K_k Z_k \tag{5-63}$$

$$P_k = (1 - K_k)P_{k/k-1} = \left(1 - \frac{P_{k/k-1}}{P_{k/k-1} + R}\right)P_{k/k-1} = R K_k \tag{5-64}$$

不难看出，在式(5-62)中增益 K_k 的取值范围为 $(0,1)$。式(5-64)显示，状态估计 $\hat{X}_k$ 是一步预测 $\hat{X}_{k/k-1}$ 与量测 Z_k 的加权平均。若系统噪声 Q 越大(表示使用状态方程做状态预测的可信度不高)，则式(5-62)中增益 K_k 越大，将导致式(5-63)中对状态预测 $\hat{X}_{k/k-1}$ 的利用率降低，相对而言对量测 Z_k 的利用率就提高了；反之，若系统噪声 Q 越小，则在式(5-63)中将会提高状态预测 $\hat{X}_{k-1}$ 的利用率，相应减小量测 Z_k 的利用率。若量测噪声 R 越大(表示量测信息可信度不高)，则式(5-62)中增益 K_k 越小，将导致式(5-63)中对量测 Z_k 的利用率降低，相应地对状态预测 $\hat{X}_{k/k-1}$ 的利用率就提高了；反之亦然。由此可见，Kalman 滤波根据状态噪声和量测噪声的大小，自动调节状态方程信息和量测方程信息的利用率，从而对当前状态做出最合理的估计。

特别地，当 $\phi = Q = R = P_0 = 1$ 时，$P_{k/k-1}$、P_k 和 K_k 的 Kalman 滤波变化曲线如图 5-74 所示，由图可见，随着滤波步数 k 的增大，滤波增益 K_k（或滤波误差 P_k）逐渐减小，这意味着滤波刚开始对状态的估计更依赖于量测，之后滤波精度不断提高，状态预测的可信度得到了加强，量测的作用相对减弱了。"锯齿"形实线表明，在同一时刻的状态估计误差 P_k 总是小于预测误差 $P_{k/k-1}$，这正体现了量测对状态预测的修正作用，或者说后验状态的估计精度优于先验估计。

3. 非线性系统的扩展 Kalman 滤波

标准 Kalman 滤波仅能适用于线性系统。对于非线性系统，一种常见的解决思路是进行泰勒级数展开，略去高阶项，近似为线性系统，再作线性 Kalman 滤波估计。这种处理非线性系统的 Kalman 滤波方法称为扩展 Kalman 滤波(extended Kalman filter，EKF)，或称广义 Kalman 滤波。下面首先介绍向量函数的泰勒级数展开公式，为了应用于二阶滤波，分析时将泰勒级数展开到二阶项。

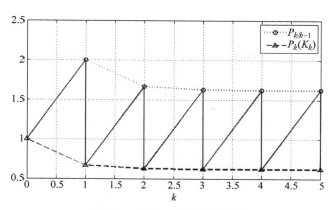

图 5-74　Kalman 滤波变化曲线

1）向量函数的泰勒级数展开

对于含 n 个自变量的 m 维向量函数：

$$\boldsymbol{Y} = \boldsymbol{f}(\boldsymbol{X}) \quad 或 \quad \begin{cases} y_1 = f_1(\boldsymbol{X}) = f_1(x_1, x_2, \cdots, x_n) \\ y_2 = f_2(\boldsymbol{X}) = f_2(x_1, x_2, \cdots, x_n) \\ \quad\vdots \\ y_m = f_m(\boldsymbol{X}) = f_m(x_1, x_2, \cdots, x_n) \end{cases} \tag{5-65}$$

其中：输入向量 $\boldsymbol{X} = \begin{bmatrix} x_1 & x_2 & \cdots & x_n \end{bmatrix}^{\mathrm{T}}$；输出向量 $\boldsymbol{Y} = \begin{bmatrix} y_1 & y_2 & \cdots & y_m \end{bmatrix}^{\mathrm{T}}$。如果向量函数 $\boldsymbol{Y} = \boldsymbol{f}(\boldsymbol{X})$ 在某 $\boldsymbol{X}^{(0)}$ 邻域内存在连续的偏导数，则其泰勒级数展开式为：

$$\boldsymbol{Y} = \boldsymbol{f}(\boldsymbol{X}^{(0)}) + \sum_{i=1}^{\infty} \frac{1}{i!} (\boldsymbol{\nabla}^{\mathrm{T}} \cdot \boldsymbol{\delta X})^i \boldsymbol{f}(\boldsymbol{X}^{(0)}) \tag{5-66}$$

其中：

$$\boldsymbol{\delta X} = \boldsymbol{X} - \boldsymbol{X}^{(0)}$$

$$\boldsymbol{\nabla} = \begin{bmatrix} \dfrac{\partial}{\partial x_1} & \dfrac{\partial}{\partial x_2} & \cdots & \dfrac{\partial}{\partial x_n} \end{bmatrix}^{\mathrm{T}}$$

算符 $\boldsymbol{\nabla}$ 表示偏微分算子，仅对函数 $\boldsymbol{f}$ 起作用。

在式（5-66）中，一阶微分项（$i=1$）的详细展开为：

$$\frac{1}{1} (\boldsymbol{\nabla}^{\mathrm{T}} \cdot \boldsymbol{\delta X})^1 \boldsymbol{f}(\boldsymbol{X}^{(0)})$$

$$= \left(\frac{\partial}{\partial x_1} \delta x_1 + \frac{\partial}{\partial x_2} \delta x_2 + \cdots + \frac{\partial}{\partial x_n} \delta x_n \right) \boldsymbol{f}(\boldsymbol{X}) \bigg|_{\boldsymbol{X} = \boldsymbol{X}^{(0)}}$$

$$= \begin{bmatrix} \dfrac{\partial f_1(\boldsymbol{X})}{\partial x_1} \delta x_1 + \dfrac{\partial f_1(\boldsymbol{X})}{\partial x_2} \delta x_2 + \cdots + \dfrac{\partial f_1(\boldsymbol{X})}{\partial x_n} \delta x_n \\[2mm] \dfrac{\partial f_2(\boldsymbol{X})}{\partial x_1} \delta x_1 + \dfrac{\partial f_2(\boldsymbol{X})}{\partial x_2} \delta x_2 + \cdots + \dfrac{\partial f_2(\boldsymbol{X})}{\partial x_n} \delta x_n \\[2mm] \dfrac{\partial f_m(\boldsymbol{X})}{\partial x_1} \delta x_1 + \dfrac{\partial f_m(\boldsymbol{X})}{\partial x_2} \delta x_2 + \cdots + \dfrac{\partial f_m(\boldsymbol{X})}{\partial x_n} \delta x_n \end{bmatrix}_{\boldsymbol{X} = \boldsymbol{X}^{(0)}}$$

$$
=
\begin{bmatrix}
\dfrac{\partial f_1(\boldsymbol{X})}{\partial x_1} & \dfrac{\partial f_1(\boldsymbol{X})}{\partial x_2} & \cdots & \dfrac{\partial f_1(\boldsymbol{X})}{\partial x_n} \\
\dfrac{\partial f_2(\boldsymbol{X})}{\partial x_1} & \dfrac{\partial f_2(\boldsymbol{X})}{\partial x_2} & \cdots & \dfrac{\partial f_2(\boldsymbol{X})}{\partial x_n} \\
\vdots & \vdots & \ddots & \vdots \\
\dfrac{\partial f_m(\boldsymbol{X})}{\partial x_1} & \dfrac{\partial f_m(\boldsymbol{X})}{\partial x_2} & \cdots & \dfrac{\partial f_m(\boldsymbol{X})}{\partial x_n}
\end{bmatrix}_{\boldsymbol{X}=\boldsymbol{X}^{(0)}}
\begin{bmatrix}
\delta x_1 \\ \delta x_2 \\ \vdots \\ \delta x_n
\end{bmatrix}
$$

$$
= \boldsymbol{J}(\boldsymbol{f}(\boldsymbol{X}))\big|_{\boldsymbol{X}=\boldsymbol{X}^{(0)}}\,\boldsymbol{\delta X} \tag{5-67}
$$

其中：

$$
\boldsymbol{J}(\boldsymbol{f}(\boldsymbol{X})) = \frac{\partial \boldsymbol{f}(\boldsymbol{X})}{\partial \boldsymbol{X}^{\mathrm{T}}} =
\begin{bmatrix}
\dfrac{\partial f_1(\boldsymbol{X})}{\partial x_1} & \dfrac{\partial f_1(\boldsymbol{X})}{\partial x_2} & \cdots & \dfrac{\partial f_1(\boldsymbol{X})}{\partial x_n} \\
\dfrac{\partial f_2(\boldsymbol{X})}{\partial x_1} & \dfrac{\partial f_2(\boldsymbol{X})}{\partial x_2} & \cdots & \dfrac{\partial f_2(\boldsymbol{X})}{\partial x_n} \\
\vdots & \vdots & \ddots & \vdots \\
\dfrac{\partial f_m(\boldsymbol{X})}{\partial x_1} & \dfrac{\partial f_m(\boldsymbol{X})}{\partial x_2} & \cdots & \dfrac{\partial f_m(\boldsymbol{X})}{\partial x_n}
\end{bmatrix} \tag{5-68}
$$

由一阶微分组成的 $m \times n$ 阶矩阵 $\boldsymbol{J}(\boldsymbol{f}(\boldsymbol{X}))$ 称为向量函数 $\boldsymbol{f}(\boldsymbol{x})$ 的雅克比（Jacobian）矩阵。

2）EKF 滤波

假设离散时间状态空间模型为：

$$
\begin{cases}
\boldsymbol{X}_k = \boldsymbol{f}(\boldsymbol{X}_{k-1}) + \boldsymbol{\Gamma}_{k-1}\boldsymbol{W}_{k-1} \\
\boldsymbol{Z}_k = \boldsymbol{h}(\boldsymbol{X}_k) + \boldsymbol{V}_k
\end{cases} \tag{5-69}
$$

其中：

$$
\begin{cases}
\mathrm{E}[\boldsymbol{W}_k] = \boldsymbol{0}, & \mathrm{E}[\boldsymbol{W}_k\boldsymbol{W}_j^{\mathrm{T}}] = \boldsymbol{Q}_k\delta_{kj} \\
\mathrm{E}[\boldsymbol{V}_k] = \boldsymbol{0}, & \mathrm{E}[\boldsymbol{V}_k\boldsymbol{V}_j^{\mathrm{T}}] = \boldsymbol{R}_k\delta_{kj} \\
\mathrm{E}[\boldsymbol{W}_k\boldsymbol{V}_j^{\mathrm{T}}] = \boldsymbol{0}
\end{cases} \tag{5-70}
$$

$\boldsymbol{f}(\boldsymbol{X}_k) = [f_1(\boldsymbol{X}_k) \quad f_2(\boldsymbol{X}_k) \quad \cdots \quad f_n(\boldsymbol{X}_k)]^{\mathrm{T}}$ 是 n 维非线性向量函数；$\boldsymbol{h}(\boldsymbol{X}_k) = [h_1(\boldsymbol{X}_k)$ $h_2(\boldsymbol{X}_k) \quad \cdots \quad h_m(\boldsymbol{X}_k)]^{\mathrm{T}}$ 是 m 维非线性向量函数。

当忽略零均值的系统噪声的影响时，直接通过式（5-69）的状态方程对 k 时刻的状态进行预测，可得：

$$
\boldsymbol{X}_{k/k-1}^n = \boldsymbol{f}(\boldsymbol{X}^n)_{k-1} \tag{5-71}
$$

同样，若忽略零均值量测噪声的影响，利用式（5-69）的量测方程和参考值 $\boldsymbol{X}_{k/k-1}^n$ 可对量测进行预测，有：

$$
\boldsymbol{Z}_{k/k-1}^n = \boldsymbol{h}(\boldsymbol{X}_{k/k-1}^n) \tag{5-72}
$$

现将式（5-69）中的状态非线性函数 $\boldsymbol{f}(\cdot)$ 在 $k-1$ 时刻的参考值 $\boldsymbol{X}_{k-1}^n$ 邻域附近展开成泰勒级数并取一阶近似，可得：

$$
\begin{aligned}
\boldsymbol{X}_k &\approx \boldsymbol{f}(\boldsymbol{X}_{k-1}^n) + \boldsymbol{J}(\boldsymbol{f}(\boldsymbol{X}^n)_{k-1})(\boldsymbol{X}_{k-1} - \boldsymbol{X}_{k-1}^n) + \boldsymbol{\Gamma}_{k-1}\boldsymbol{W}_{k-1} \\
&= \boldsymbol{X}_{k/k-1}^n + \boldsymbol{\Phi}_{k/k-1}^n(\boldsymbol{X}_{k-1} - \boldsymbol{X}_{k-1}^n) + \boldsymbol{\Gamma}_{k-1}\boldsymbol{W}_{k-1}
\end{aligned} \tag{5-73}
$$

即：

$$X_k - X_{k/k-1}^n = \Phi_{k/k-1}^n (X_{k-1} - X_{k-1}^n) + \Gamma_{k-1} W_{k-1} \tag{5-74}$$

其中：简记非线性状态方程的雅可比矩阵 $\Phi_{k/k-1}^n = J(f(X_{k-1}^n))$。

同理，若将式(5-69)中的量测非线性函数 $h(\cdot)$ 在参考状态预测 $X_{k/k-1}^n$ 附近展开成泰勒级数并取一阶近似，可得：

$$Z_k - Z_{k/k-1}^n = H_k^n (X_k - X_{k/k-1}^n) + V_k \tag{5-75}$$

其中：简记非线性量测方程雅可比矩阵 $H_k^n = J(h(X_{k/k-1}^n))$。

针对状态 X_k 的非线性系统 EKF 滤波公式如下(为简洁，省略所有符号的右上角标识 n)：

$$
\begin{cases}
\hat{X}_{k/k-1} = f(\hat{X}_{k-1}) \\
P_{k/k-1} = \Phi_{k/k-1} P_{k-1} \Phi_{k/k-1}^T + \Gamma_{k-1} Q_{k-1} \Gamma_{k-1}^T \\
K_k = P_{k/k-1} H_k^T (H_k P_{k/k-1} H_k^T + R_k)^{-1} \\
\hat{X}_k = \hat{X}_{k/k-1} + K_k [Z_k - h(\hat{X}_{k/k-1})] \\
P_k = (I - K_k H_k) P_{k/k-1}
\end{cases} \tag{5-76}
$$

其中：$\Phi_{k/k-1} = J(f(\hat{X}_{k-1}))$; $H_k = J(h(\hat{X}_{k/k-1}))$。

5.5.3　异构数据深度融合

1. 多传感器数据深度融合的意义

自动驾驶主要包括感知、决策和控制三大关键技术，其中感知是自动驾驶技术的基础，车辆通过搭载多种传感器进行环境数据的采集，利用先进的处理算法进行加工，从而实现对环境信息准确而快速的获取。近年来，在硬件传感器方面，单车环境信息的获取以视觉相机、毫米波雷达、激光雷达三类传感器为主导；在软件算法方面，基于深度学习的方法表现出优于传统处理算法的性能。然而，单一传感器有着感知能力上的缺陷性，难以对环境信息进行准确、全面的描述。如何在深度学习的基础上，实现不同类型传感器获取的不同模态数据的深度融合，是提升自动驾驶感知性能的重要手段。

相机能够获取环境丰富的色彩数据，这些色彩数据中蕴涵着丰富的语义信息，通过深度神经网络处理加工后能够将色彩中蕴涵的语义信息提取出来，获取目标在二维图像平面中的位置和类别信息，例如，找出图像中所有特定目标的二维边界框，或者判断某一像素所属的类别是车道线、车、人或者骑车人等，前者称为目标检测，后者称为语义分割，如图 5-75 所示。

激光雷达和毫米波雷达能够获取环境精确的三维点云数据，这些点云数据中蕴涵着场景精确的三维结构信息，通过深度学习技术能够对点云进行深度特征提取，进而获取场景中目标的三维空间位置、尺寸和朝向信息，或者判断点云中每个空间点所属的目标类别信息。

(a) 目标检测

(b) 语义分割

图 5-75　目标检测与语义分割

2. 视觉与毫米波雷达的深度融合

随着毫米波雷达与图像的深度融合算法日益发展,利用神经网络和深度学习实现深度融合也成为毫米波雷达与图像融合的最新发展趋势。在基于毫米波雷达与图像的深度融合网络中,利用雷达特征实现图像障碍物的定位,相机特征可用于局部障碍物的特征描述。通过深度融合,引入毫米波雷达的信息,能够提高目标检测的位置精度以及检测的稳健性。改善夜晚、雨雾天气、远距离小目标的目标检测性能。

根据输入深度神经网络的传感器数据类型,可以将视觉与毫米波雷达的深度融合算法分为如下两种。

1) 以图像数据为参考数据的深度融合方法

根据所选取的图像目标检测方案不同,主要分为两阶段检测算法和单阶段检测算法。在两阶段目标检测网络中,区域生成(region proposal)算法通过假设目标在图像中的位置发挥重要作用。然而,众所周知,区域生成算法是大多数两阶段目标检测网络的瓶颈,增加了对每张图像的处理时间,导致网络速度慢,不适合自动驾驶车辆等实时应用,需要大量的算法优化。根据雷达提供的区域位置信息替代区域生成网络(RPN),将雷达探测结果映射到图像坐标系统,并为每个映射的雷达探测点生成预定义的 Anchor Box 来生成目标建议。这些 Anchor Boxes 会根据物体与车辆的距离进行变换和缩放,从而为探测到的物体提供更准确的位置建议。利用以上信息进一步通过图像检测网络实现对候选区域的精修以及目标的分类。在新发布的 NuScenes 数据集上评估雷达区域建议网络(radar region proposal network,RRPN)方法,使用 Fast R-CNN 目标检测网络。与 Selective Search 算法相比,模型运行速度快了 100 倍以上,同时实现了更高的检测精度和召回率。图 5-76 所示为 RRPN 利用毫米波雷达检测生成不同尺寸与形状的目标包围框。

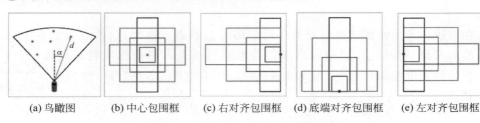
(a) 鸟瞰图　　(b) 中心包围框　　(c) 右对齐包围框　　(d) 底端对齐包围框　　(e) 左对齐包围框

图 5-76　不同尺寸与形状的目标包围框

在基于图像的单阶段目标检测网络中,如 YOLO 或 SSD 算法,输入整幅图像,通过统一解决目标位置和分类的回归问题,得到目标检测结果。相较于两阶段目标检测网络,算法速度快,但是准确率上有所损失。通过融合毫米波雷达信息,可以实现对检测性能的改善。为了适应单阶段目标检测网络,深度融合的输入分支包含单目相机和雷达数据的单独分支。通过使用一种新的特征描述符来表述雷达特征,称为"稀疏雷达图像",其示意图如图 5-77所示。将毫米波雷达信息转化为图像格式的信息,与视觉下采集的图像一起作为训练数据,再进行后续检测。此类算法的关键在于如何确定稀疏雷达图像的表达规则,将与图像数据特征差异较大的毫米波雷达稀疏点云数据进行有效的重新表达,弥补图像缺失的目标位置与速度特征,丰富关于目标的特征信息,从而适应神经网络后续的目标检测算法。

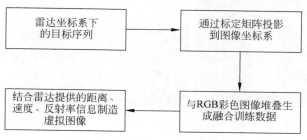

图 5-77　稀疏雷达图像的示意图

2) 以毫米波雷达数据为参考数据的深度融合方法

以毫米波雷达数据为参考数据的深度融合方法需要将图像数据通过标定矩阵逆投影到毫米波雷达坐标系下。毫米波雷达检测的点云信息(距离-角度-多普勒速度)形成 3D 张量,通过不同传感器分支提取不同传感器特征图,通过融合层将不同传感器的深度特征合并,输入深度检测网络进行目标检测。在训练学习的过程中,为了充分学习不同传感器数据特征,进行部分冻结网络然后微调,使得两传感器数据都能得到充分训练。实验结果表明,在毫米波雷达两个空间方向上的目标位置检测精度都得到了提升,这类方法的不足之处在于图像投影到毫米波雷达坐标系下仅能实现两个空间方向的位置检测,同时图像逆投影到毫米波雷达的过程中存在失真。图 5-78 所示为以毫米波雷达数据为参考数据的数据转换示意图。

随着自动驾驶车辆数据采集能力的提升,在充分获取毫米波雷达与图像的联合数据的条件下,相关深度融合算法也能得到不断的提升。

3. 视觉与激光雷达点云的深度融合

不同于基于滤波的传统融合方法,深度融合不仅能够对不同传感器的感知结果信息进行融合,同时也可以实现不同传感器原始数据和特征的融合。根据融合方式的不同,视觉图像与激光雷达点云之间的深度融合又可以划分为非集中式融合方法与集中式融合方法。集中式融合方法指对图像与点云的原始数据或特征进行融合,在此基础上再对融合后的原始数据或特征进一步进行特征加工,进而实现特定的任务,如目标检测、语义分割等。非集中式融合方法指分阶段对图像和点云数据进行加工和处理,并在后阶段的处理过程中利用前阶段处理的结果。

图 5-78　以毫米波雷达数据为参考数据的数据转换示意图

　　集中式融合方法中,对于图像与点云原始数据融合常见的方法为空间投影法。通过视觉相机与激光雷达的标定方法,能够获取激光雷达坐标系到相机坐标系之间的旋转矩阵 $\boldsymbol{R}$ 和平移矩阵 $\boldsymbol{T}$,从而将激光雷达坐标系下的点云数据转换到相机坐标系下。利用相机的投影矩阵 $\boldsymbol{P}$,将相机坐标系下的点云数据投影到图像平面中,建立起空间点云与图像中像素点的一一对应关系,从而将对应的像素值与点云中空间点的坐标值拼接在一起,得到特征扩展后的"彩色点云"数据,实现图像与点云原始数据的融合。

　　集中式融合方法中,对图像与点云特征融合的典型算法代表为 MVX-Net,如图 5-79 所示。在 MVX-Net 中,首先,利用二维目标检测网络 Faster-RCNN 对视觉图像的原始数据进行二维卷积特征提取,同时利用 VoxelNet 对原始点云数据进行体素特征编码,得到编码

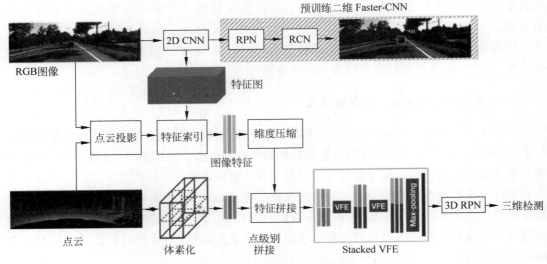

图 5-79　MVX-Net 网络结构图

后的点云特征；然后,利用图像二维卷积特征与图像原始数据之间的对应关系、点云编码特征与原始点云数据之间的对应关系以及点云和原始图像之间的投影关系,计算得到点云编码特征与图像二维卷积特征之间的投影关系。进而利用投影关系将图像二维卷积特征与对应的点云编码特征拼接在一起,实现图像与点云的特征融合。

　　非集中式融合方法的典型代表是 F-PointNet。F-PointNet 首先对单一的图像数据进行处理,利用二维目标检测网络检测得到目标在图像中的位置和边界框信息,如图 5-80 所示。利用激光雷达与相机之间的坐标转换关系以及投影关系,将点云投影到图像平面中,进而筛选出所有落在图像中目标边界框内部的点云。利用点云目标检测网络 PointNet 对筛选出的点云数据进行三维目标检测,从而得到目标在三维空间中的检测结果。在 F-PointNet 的处理流程中,图像和点云的特征提取操作先后进行,利用图像的检测结果缩小了点云场景中目标所在的位置范围,从而有效降低了三维目标检测网络所需处理的点云数据量,实现检测速度的提升。

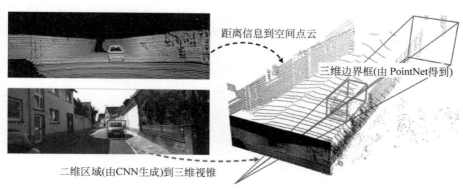

图 5-80　F-PointNet 图像与点云融合方法

5.5.4　基于车联网的协同感知

1. 协同感知概述

　　20 世纪 90 年代,车联网的发展主要集中在基于广域移动通信的行车信息服务的发展,该阶段传递的信息主要是动态交通、事故预警和远程服务等,信息容量小,对信息的实时性要求较低。随着专用短程通信技术(dedicated short range communication,DSRC)的兴起,实现了车与车、路、人的点对点通信,车联网从信息服务逐渐转变到利用短程通信提高汽车自身性能。

　　随着短程通信技术的进一步发展,可传输数据的容量和实时性大大提高,除了通过协同控制提高安全性外,人们也开始尝试在车联网中传输简单的他车状态信息,并与自车的感知系统融合,以提高自车的感知能力。通过传输本车的位置、速度、航向等状态,将自车基于的观测数据与他车状态作为观测模型的信息输入,实现对自车感知的补充,而对于无法感知区域中的非合作对象(non-cooperative object),如非联网车辆、障碍物等,无法通过协同感知的方式对其进行感知。

　　由于遮挡、超视野盲区中的非合作对象很可能在其他车辆可视范围内,如由前车产生的盲区中的目标,一般会出现在前车的感知数据中。因此,与自身状态感知数据相比,在车联网中传输感知数据(cooperative perception message,CPM)有望进一步提高协同感知的效果。近年来,随着无线通信网络的进一步发展,基于车联网传输地图、图像甚至视频等车辆感知信息,将其他车、路侧设施的传感器作为"远程虚拟传感器",对自车的感知信息进行融合。研究证明,在车-车之间传递感知信息可以成倍拓展自车的感知范围。

同时除了对感知完整性的提升外,基于车联网的联合感知技术还可以提高对目标及自身状态感知的精度。研究证明,通过融合其他车辆自定位数据(CAM)与自车的感知信息,可以降低对其他车辆相对定位的不确定性,提升定位精度。

基于车联网的协同感知系统是智能汽车基于自车传感器、高精地图及车联网中其他车辆感知信息对自车状态、交通场景中其他感兴趣要素进行感知的系统。

在网联协同感知系统中,通过车与车、高精地图、路侧设备之间的互联,能够弥补单一车辆或单一路侧设备环境感知的不完整性,从而实现更加全面的行驶环境感知。通常路侧设备获取的感知数据有两种处理方式:一种是在本地进行信息提取后传输至车端,与车端获取并加工后得到的信息进行融合;另一种是将原始数据传输至车端,再与车端采集的数据统一进行处理。

相比于车联网中智能汽车的感知信息,高精地图数据可为多车联合感知提供绝对位置约束信息。高精地图数据中包含精确的道路属性及拓扑等车载传感器较难感知的信息。因此,高精地图数据的引入,很大程度上简化了车载感知系统的感知任务。

2. 基于车联网的协同感知架构

目前来说,网联协同感知架构仍没有统一的标准,不同研究机构都有各自的方案。但是总体来说,都需要满足如下需求。

(1) 对车辆位姿的状态估计。

(2) 对道路环境的感知。

(3) 与行车环境的信息交互。

在集中式框架下,感知容器所属的控制器可获取网络内所有车辆的感知数据,并对优化问题进行集中式求解,可获取相应优化原则下的最优解。然而,在实际工程中,这给车联网中信息的传输及计算资源带来了压力。另外,以最优化方式求解状态估计问题时,需提供较好的状态变量初始值。而集中式的状态估计中,每辆车不经处理地传输原始测量信息无法提供较好初始值。

在分布式框架下,各联网车辆首先基于本地传感器系统的部分测量量对某些状态量进行预估计,并传输这些状态量的先验分布信息,从而避免对该部分原始测量量的传输,以降低车联网中信息传输的数据量。另外,预估计结果为进一步在中心节点的状态估计提供更好的初始值,并降低了中心节点状态估计的复杂度。

如图 5-81 所示,网联协同系统根据传感器安装位置的不同可以分为两个子系统:智能路侧系统与智能车载系统。智能路侧系统的主要任务包括四个方面:①交通流信息的获取与发布;②车路通信;③交通管理与控制;④路侧设备控制。智能车载系统的主要任务包括:①行车环境的感知;②自车运动状态的监控;③车与车、车与路之间的通信;④安全预警与车辆辅助控制等。二者通过车路通信进行感知信息的交互。

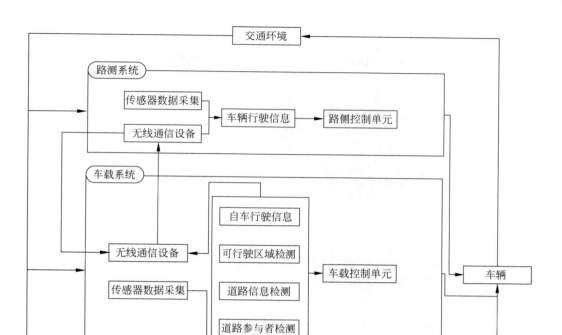

图 5-81　网联协同感知框架

3. 基于车联网的协同感知技术

基于单目相机、毫米波雷达等量产车型常见的低成本传感器及 DSRC 构建的多车联合感知增强系统可以实现对盲区中动态目标分米级精度的感知,从而实现单车感知范围的提升;联合感知系统中,融合多车传感器、地图传感器的冗余观测,可以整体上提高对车辆自身及其他目标的感知精度,实现单车感知精度的提升;此外,多车联合感知系统中的联网车辆可以有效地感知高精地图未包含的静态非地图目标,提升感知完整性,点状及杆状静态非地图目标的感知为分米级。

1) 动态目标感知增强

动态目标的感知增强包括感知盲区的消除及感知精度的提升两方面。

盲区主要包括两类:第一类盲区为超视野盲区,即因目标不在单车感知系统视野内而产生的盲区;第二类盲区为动态遮挡盲区,目标在单车感知范围内,但因其他车辆或障碍物遮挡,车载传感器无法对盲区中目标进行检测。

在这些情况下,依靠单车感知系统及高精地图,主车仅感知到自车位置状态(如图 5-82 中的主车),无法对盲区中的联网车辆及动态障碍物进行感知。而通过多车联合感知,多车联合感知系统中的主车通过对车联网中接收到的联网车发送的自定位信息、动态目标观测信息,对盲区中联网车辆和动态障碍物(如图中红色实心方块)的位置进行了感知,消除了超视野盲区,实现了感知范围的扩展。

(a) 超视野盲区场景示意图

. (b) 动态遮挡盲区

图 5-82　感知盲区场景示意图

除了对单车感知盲区的消除外,多车联合感知增强还包括基于冗余观测对单车感知精度的提升。在典型冗余观测场景,联合感知系统由两辆联网车辆组成,如图 5-83 所示,其中两辆联网车辆(1、2 号车)左右并排于试验场地南段,其前方有一非联网的动态障碍物(3 号非联网车),并自西向东移动。

图 5-83　冗余观测场景示意图

联网车 1 接收联网车 2 共享的感知数据,基于自车感知系统及车联网中的车辆自定位信息、动态目标观测信息,对动态障碍物进行多车联合的感知。经实验验证,在多车联合感知系统中,当联网车辆的感知范围存在重叠时,通过融合自车及其他车对感知范围重叠区域内的动态目标的冗余观测信息,可以有效提升单车感知精度。

2) 静态非地图目标的感知增强

在地图原始数据中随机删除某点状定位特征,联网车辆行驶过程中采用单目相机进行定位特征的识别,并基于与地图的匹配进行单车自主定位,如图 5-84 所示,同时识别未匹配的非地图目标后,对其进行建模。实验证明,基于一段时间的自主定位结果及帧间匹配结果,联网车辆完成对该非地图点状目标的三维重建,并将该信息通过 DSRC 发送至主车,主车实现了对静态非地图目标的感知增强。

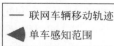

图 5-84　静态非地图目标感知增强试验场景示意图

　　基于量产车型传感器系统构建多车联合感知系统中,在单车自定位基础上,联网车辆可以实现对地图中不存在的静态点状目标的感知,该感知结果对联合感知系统中其他智能汽车可见,感知精度为分米级。

　　基于感知容器的多车联合感知增强算法可以实现对除主车感知信息外的地图信息、他车感知数据的有效利用。其中,地图数据除实现车辆对道路信息的感知以外,主要贡献为提升车辆自定位的精度,并降低多车之间空间基准变换中的误差,以及对静态非地图目标建模的误差;车联网中他车感知数据则有效地消除了主车对目标的感知盲区,并提供对动态目标的冗余观测,提高感知精度。

习题

1. 单目视觉传感器如何获取深度信息?
2. 双目视觉传感器如何获取深度信息?
3. 视觉传感器包含哪些关键参数?
4. 单目视觉在使用前需要标定哪些参数?
5. 毫米波雷达如何能够测距?
6. 毫米波雷达如何能够测速?
7. 毫米波雷达的关键参数包含哪些?
8. 毫米波雷达与视觉进行融合时,需要标定哪些参数?
9. 激光雷达如何实现 360°的测距?
10. 激光点云在垂向和横向的点云密度是否一致?
11. 卡尔曼滤波方法里误差的模型是如何建立的?

参考文献

[1]　BERTOZZI M,BROGGI A. Real-time lane and obstacle detection on the GOLD system[C]. Intelligent Vehicles Symposium. IEEE,2002.

[2]　OTSUKA Y,MURAMATSU S,TAKENAGA H,et al. Multitype lane markers recognition using

local edge direction[C]. Intelligent Vehicle Symposium. IEEE,2002.

[3] CHIU K,LIN S F. Lane detection using color-based segmentation[C]. IEEE Intelligent Vehicles Symposium. IEEE,2005.

[4] ALY,MOHAMED. Real time detection of lane markers in urban streets[J]. IEEE 2008 IEEE Intelligent Vehicles Symposium (IV) - Eindhoven,Netherlands,2008:7-12.

[5] BORKAR,AMOL,HAYES,et al. Lane detection and tracking using a layered approach[J]. Lecture Notes in Computer ence,2009,5807:474-484.

[6] LEE C,MOON J H. Robust lane detection and tracking for real-time applications[J]. IEEE Transactions on Intelligent Transportation Systems,2018(12):1-6.

[7] KIM H,LEE J,KIM H,et al. Lane positioning in highways based on road-sign tracking using kalman filter[J]. 2014:2379-2384.

[8] PAN X,SHI J,LUO P,et al. Spatial as deep:spatial cnn for traffic scene understanding[J]. arXiv preprint arXiv:1712.06080,2017.

[9] LEE S,KIM J,YOON J S,et al. VPGNet:vanishing point guided network for lane and road marking detection and recognition[J]. 2017.

[10] JIAO X,YANG D,JIANG K,et al. Real-time lane detection and tracking for autonomous vehicle applications[J]. Proceedings of the Institution of Mechanical Engineers,Part D:Journal of automobile engineering,2019,233(9):2301-2311.

[11] 侯雨石,陈永飞,何玉青,等.数码相机原理与系统设计研究[J].光学技术,2002(5):452-458.

[12] 姜大志,孙闵,刘淼,等.数码相机标定方法研究[J].南京航空航天大学学报,2001,33(1):55-59.

[13] 尹洪涛,刘成,李一兵,等.相机标定误差因素分析[J].信息通信,2012(1):28-30.

[14] 刘艳,李腾飞.对张正友相机标定法的改进研究[J].光学技术,2014(6):565-570.

[15] 沈彤,刘文波,王京.基于双目立体视觉的目标测距系统[J].电子测量技术,2015(4):52-54.

[16] 吴锦杰,刘肖琳.基于双目相机的图像拼接[J].计算机工程,2010,36(12):209-212.

[17] 李定川.数码单反相机的成像原理[J].影像技术,2007(2):29-33.

[18] 李振东,俞琼.相机视图的参数控制[J].东华大学学报(自然科学版),2005,31(4):127-130.

自动驾驶决策规划技术

引言

本章主要介绍自动驾驶汽车的决策和规划相关的技术内容,针对决策规划算法开发过程中的主要流程和方法,着重介绍分解式和集中式决策方案,如图 6-1 所示。其中,分解式决策方案主要介绍交通场景理解、参与者运动预测、驾驶行为选择和驾驶轨迹规划相关的内容,集中式决策方案主要介绍监督学习型和强化学习型两种决策方法。

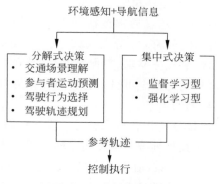

图 6-1　本章框架结构图

在介绍基本理论方法的同时,本章结合多种不同类型的实际自动驾驶应用场景,对常用的决策规划技术进行应用案例分析。对目前比较前沿的决策规划技术研究,通过实际案例进行简要介绍。

学习目标

- 了解自动驾驶决策规划技术的发展过程。
- 了解自动驾驶决策规划技术的特点和难点。
- 掌握基本的分解式决策规划方法。
- 理解主要的集中式决策技术和方法。
- 熟悉目前比较前沿的学习型决策方法。

第 6 章学习素材

6.1　决策规划技术概述

6.1.1　决策规划简介

　　决策规划系统是自动驾驶系统的核心之一,其所能处理场景的复杂程度是衡量和评价自动驾驶汽车"智能性"的关键指标之一。若将环境感知系统比作驾驶人的感官,决策规划系统则是驾驶人的大脑。决策规划系统需要在不同的驾驶场景中决定汽车的驾驶策略和行驶轨迹,在遵守各项交通规则的同时,保障自动驾驶汽车的安全性。

　　决策规划技术的主要功能是根据环境感知系统中各类感知信息和导航信息,生成自车驾驶参考轨迹。这些环境感知信息通常包括:①道路结构,如当前车道、相邻车道、汇入车道、路口等信息;②周围其他车辆;③行人、骑车人;④交通信号灯、路侧/地面标识等。根据驾驶环境,结合驾驶目的和任务需求,在保障安全、遵守交通规则的前提下,制定汽车在当前道路上的驾驶策略,并规划出安全可行的行驶路径作为自动驾驶汽车的参考行驶轨迹,作为后续的汽车轨迹跟踪控制的参考。

　　车辆行驶路径是指连接导航起点与终点的一段运动路径,车辆行驶轨迹是指包含车辆速度/时间的运动路径。决策规划技术需要使车辆在沿参考路径的运动过程中满足以下几种约束:运动学约束、动力学约束、碰撞约束以及其他时间或空间约束。路径规划模块会忽略与时间相关的约束条件,生成满足空间约束条件的几何曲线,而轨迹规划模块需要考虑与时间相关的约束条件。车辆的决策规划模块的功能是为下层控制环节提供轨迹规划结果。因此在实际应用过程中,也可以将轨迹规划结果拆分为轨迹规划结果两部分,然后发送给下层控制器,在生成行驶的几何曲线路径后计算出所规划的曲线路径点的车辆行驶速度。

　　目前,主要的自动驾驶路径规划和轨迹规划方法包含曲线插值法、样本采样法、最优控制法以及机器学习方法。其中,曲线插值法通过不同曲线元素的组合以及插值拟合,可以生成连续性较好的行驶路径。曲线元素组合通常适用于车辆低速行驶的工况和场景,例如,典型的停车场泊车路径的生产。车辆在低速行驶过程中,可以原地短暂停止并调整方向盘转角,能够沿车辆最小转弯半径所对应的圆弧路径行驶。样本采样法主要是通过在构型空间中生成样本点,然后在样本点空间中搜索满足当前驾驶任务需求的样本点序列作为规划路径。样本采样法可以分为随机采样和固定采样两类。随机采样方法中,构型空间中生成样本点的方式是随机的,例如,概率路标法(probabilistic roadmap method, PRM)和快速搜索随机树法(rapidly-exploring random tree, RRT)。固定采样方法中,构型空间中生成样本点是按照明确给定的规则产生的,然后通过给定的筛选准则来选择适用性最好的样本,如经典的启发式 A * 算法。

最优控制方法是汽车决策规划领域应用较早的一类方法。应用最优控制方法进行规划时,可以利用汽车动力学微分方程组来描述汽车运动特性,而且可以添加必要的约束条件以及汽车行驶的性能指标,构造成标准的开环最优控制问题,也可称为动态优化问题。利用最优控制问题来描述汽车轨迹规划问题时,能够更直观和完整。在最优控制问题的求解方面,早期的变分法和庞特里亚金极值原理等理论可以获得解析结果,但是无法解决高维度、非线性的复杂问题。很多学者们逐渐倾向于使用数值方法来求解最优控制问题。其中,避撞约束条件是造成最优控制问题模型复杂化的重要因素,用不同方式描述车辆与行驶障碍物之间的避撞约束条件会导致所构建的非线性规划问题具有强非线性,甚至表现严重的非凸性和病态性。为此,有学者提出利用人工势能场模型,将最优控制问题中的约束条件和目标函数集成到势能场中,可以降低环境建模的难度。在对最优控制问题进行较大程度的简化后,可以利用一些基于随机搜索策略的非梯度优化方法(如遗传算法、混合蛙跳算法等)进行汽车轨迹规划问题的求解。

机器学习方法在应用于汽车轨迹规划问题时,可以将输入定义为任务需求、汽车初始运动状态、场景设置等基本信息,输出为车辆的期望行驶路径或轨迹,将决策过程视作一个黑箱,一般利用神经网络直接建立映射关系。该方案分为监督学习型和强化学习型。前者本质上是对自然驾驶员驾驶数据的模仿,后者则自我探索试错,逐步改善决策能力。监督学习本质上是模仿优秀驾驶人的驾驶过程,使得模型输出与样本数据的误差尽可能小。强化学习(reinforcement learning,RL)是降低驾驶数据需求的一类决策方法,该法利用回报函数作为激励,采用探索试错的方式自主学习决策网络,最大化累积回报。与监督学习相比,强化学习法不依赖于带有标签的驾驶数据,所需数据源于探索试错过程。

驾驶行为的决策和参考轨迹规划会随着行驶位置不同而不断更新,决策模块选择的策略可以不需要每个时刻都保证全局最优,使用一定安全范围内的次优策略有时也可以完成驾驶任务。强化学习方法也可以基于所构建的马尔可夫决策过程(Markov decision process,MDP)进行驾驶策略和参考轨迹的迭代学习。强化学习方法在迭代过程中,需要设置评判行为优劣程度的奖励函数,在目标驾驶环境中不断探索试错,逐步收敛至可获得最大累积奖励的行为策略。因此,在使用强化学习方法处理驾驶决策问题时,一般需要使用先验知识来构建学习过程中的奖励函数,建立可以在不同交通情景下探索的驾驶行为决策方法,通过设计合适的更新机制,在策略执行过程中不断提高累积奖励。

因此,曲线插值方法在求解行车参考路径时的计算速度较快,可以满足参考路径的平滑性和可行性。而由于采用特定类型的曲线函数来描述行车参考路径,曲线插值方法一般难以发挥车辆的全部运动能力。利用采样方法也拥有较快的计算速度,但是需要通过逐步筛选才能确定最终运动路径,更适用于局部路径规划。采样方法能够生成的备选轨迹方案数量通常有限,也难以解决复杂条件下的轨迹规划问题。最优控制方法主要基于问题模型的精确建立和高效的求解方法。如果建立的模型精度较高,最优控制方法的主要缺点在于较低的计算速度。但硬件计算设备的能力提升和高效求解算法的开发可以在一定程度上弥补这一问题。

相比之下,目前机器学习方法的发展潜力较好。其中的监督学习方式需要事先采集大量的训练样本，而训练样本的质量决定了自动驾驶决策功能可以达到的智能化水平。如果采集人类驾驶汽车或驾驶模拟器的数据作为监督学习的训练样本，可以使自动驾驶实现一定程度的智能化和拟人化。机器学习的另外一种强化学习方法可以不需要采集训练样本数据，具有让自动驾驶汽车在探索试错中不断自我学习的潜力。

6.1.2 决策规划难点

目前的轨迹规划算法中，一般用简化模型来描述汽车的运动过程，但是这样不能覆盖轮胎打滑、载荷转移、车辆横向漂移以及车身悬架振动等情况。如果可以在决策规划模块中应用更高精度的车辆动力学模型并实现高效率求解，可以体现更加智能的决策规划。在正常自动驾驶环境中，预设的导航地图中标记的基本信息以及车载传感器感知到的周围环境信息是行车环境信息的主要来源。不同信息来源对周围环境信息的描述方式不同，需要在决策规划模型中合理描述这不同类别的障碍物和可行驶区域，并尽量避免场景模型复杂度随环境的变化。此外，自动驾驶环境中存在的不确定性，例如，感知误差以及其他交通参与者的随机性，也难以进行客观、统一、有效地描述，一般也只能进行适当简化。

由于自动驾驶车辆所处驾驶环境的无限性和现有参考数据的有限性，两者无法完全匹配，自动驾驶决策规划技术目前仍存在很大的难度和挑战，可以归纳为以下四个方面。

（1）复杂性。自车可能面临的实际交通参与者包括各年龄阶段的行人、形形色色的机动车辆与非机动车辆，甚至特殊场景下还具有交通指挥、道路施工人员及设备等，如图 6-2 所示；自车所处的道路中，仅城市道路就可划分为快速路、主干路、次干路及支路四种类型，每种道路类型有各自不同道路组成元素；同时，自车行驶过程中需要遵循各种交通规则。这些都使决策规划变得非常复杂。

(a) 多种交通参与者   (b) 带交通指挥场景   (c) 施工道路场景

图 6-2 道路场景示例

（2）动态性。自车行驶的交通环境绝大部分不是静止的，行人、非机动车、机动车、交通信号灯等都处于变化状态，自动驾驶车辆面临的情景瞬息万变，决策规划也需要是动态变化的。

（3）随机性。不同交通参与者在当前交通环境下，根据各自意图及获取的环境信息制定的决策及采取的行动难以准确预测，使得决策规划面临的交通环境具有很强的随机性。

（4）博弈性。自车与交通参与者是相互影响、相互制约的博弈关系，博弈各方都需要将其他参与者的行动考虑在内，以制定各自的决策规划方案。

6.1.3　决策方案分类

目前的自动驾驶决策规划技术方案主要分为两类,即分解式决策方案和集中式决策方案。两种方案的决策过程不同,优缺点各异,都有着各自的研究方法和实车应用,如表 6-1 所列。其中,分解式方案将决策过程分解为相互独立的子过程,一般分为交通情景理解、参与者运动预测、驾驶行为选择、驾驶轨迹规划四个部分。分解式方案各子过程独立求解,因而决策代码开发的可控性好。而集中式决策方案采用类似人类的驾驶决策过程,以环境感知结果为输入,直接以期望路径或执行器控制命令为输出,将决策过程视作一个不可分解的黑箱,体系框架相对简洁明了。这两类决策方案都已经有相关企业进行开发应用,如谷歌、百度、通用、福特、Tesla 等主要采用分解式决策方案,而英伟达、Comma.ai、Wayve 等主要利用监督学习或强化学习方法进行集中式决策方案开发。

表 6-1　两类自动驾驶决策规划技术方案比较

项　　目	分解式决策方案	集中式决策方案
定义	将决策过程分解为独立的子过程:交通场景理解、参与者运动预测、驾驶行为选择、驾驶轨迹规划	将决策过程视作一个不可分解的黑箱,以环境感知结果为输入,直接以期望路径或执行器控制命令为输出
方法	排序、搜索、优化等	监督学习、强化学习等
应用	谷歌、百度、通用、Tesla 等	英伟达、Comma.ai、Wayve 等
主要优点	问题可分解、任务可分工,节省车载存储和计算资源,决策代码开发的可控性好	体系框架简洁明了,环境感知信息无损失
主要缺点	感知信息存在损失,涵盖场景、行为有限,决策目标制定困难	难以嵌入已知驾驶经验,场景间难以互相迁移,算法难以理解与手动改进

6.2　分解式决策方法

分解式决策方法是将决策规划过程分解为独立的子过程,分别选用合适的方法依次解决每个子问题,组合形成整个决策过程。常用的分解式决策流程可依次分为以下四个步骤:①交通情景理解,即对自车所处道路交通环境的认知与理解;②参与者运动预测,即预测周围交通参与者的意图和运动轨迹;③驾驶行为选择,即依据安全、效率、能耗等目标,选择超车、变道、直行等某一行为模式;④驾驶轨迹规划,即规划一条可行的行驶轨迹,作为后续的运动控制参考。图 6-3 示意了分解式决策方案的各子过程。

6.2.1　交通情景理解

目前,道路交通场景理解是智能车辆辅助系统研究领域的难点和热点。为了使车辆能适应复杂多变的交通环境,需要将独立的道路场景信息转化成能够被智能车辆系统自动识

(a) 交通情景理解

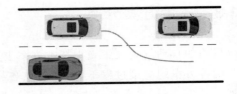

(b) 参与者运动预测

(c) 驾驶行为选择

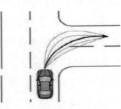

(d) 驾驶轨迹规划

图 6-3　分解式决策方案的各子过程

别的语义,实现这一转化的关键是如何利用道路交通场景中的抽象化底层基本概念,如场景区域特征和车辆运动状态特征等表达道路交通场景事件的高级语义。即如何寻找一种底层基本概念之间的语义关联关系表达方式,在此基础上依据关联关系对道路交通场景中高级事件语义进行识别,从而在底层基本概念与高级事件语义表达之间建立起一种自下而上的表现方法。目前的研究方法有基于光流场模型的三维道路交通场景理解方法、基于交通事件自动检测方法、基于不确定性知识的场景理解算法,将事件抽象成隐马尔可夫模型,提出事件的语义描述形式,也可以借用车载视觉传感器和数字地图获得的数据对特定的交叉口进行场景理解,利用车辆的方向位置及加速度等运动特征模型来推断交叉口复杂事件的语义。

　　交通情景理解过程在接收环境感知信息之后,可以划分为认知和理解两个层面,如图 6-4 所示。对于环境感知,可以识别交通参与者的类型及姿态,解决"是什么"和"在哪里"的问题,对应到图中即车辆行驶方向上有一个行人,行人在道路右侧,详细的环境感知计算可参照第 3 章。在认知层面,需要对参与者可能的行为模式进行估计,解决"怎么做"的问题,即判断行人意图是横穿马路或停止不前;在理解层面,则需要推断交通参与者之间的博弈关系,解决"为什么"的问题,即确定是行人抢行或汽车先行。

(a) 认知

(b) 理解

图 6-4　交通情景理解的两个不同层面

环境监测模块作为决策规划控制模块的直接数据上游之一,其主要作用是对感知层所识别到的物体进行行为理解,并且将理解的结果转化为时间空间维度的轨迹传递给后续模块,通常感知层所输出的物体信息包括位置、速度和方向等物理属性。利用这些输出的物理属性,可以对物体做出"瞬时预测"。环境监测模块对情景的理解示意图如图 6-5 所示。

图 6-5　交通情景理解示意图

在自动驾驶交通情景下,不同层面的语义解析汇总如表 6-2 所示。

表 6-2　情景理解相关的语义解析

层面	核 心 任 务	内　　　涵
感知层	人车路的位置/姿态	行人、骑车人 车辆 信号灯 道路结构,路侧、地面标识
认知层	人车路态势判断	场景类型判别 交通流密度估测 自车可选行为模式 行车风险评估
理解层	人车路行为的机理解析	参与者的行为博弈 参与者的意图解析 参与者的冲突模式判别

为了体现交通情景理解中认知和理解两个层面的特性和复杂性,图 6-6 给出了两个联系实际的示例。图 6-6(a)中,从认知层面可解读为一个男人被一群大象追逐,而从理解层面,结合"驴象之争"的政治含义,可以挖掘出图片的隐含信息——奥巴马在与众多共和党竞选者的角逐中冲出重围;图 6-6(b)中,从认知层面可解读为一辆车斜横于车道中间,而从理解层面,后面有警车,两侧均是不可变道的实线,在这种情况下还变道加塞,是否可以推断该

驾驶人平时漠视交通规则已成习惯？这两个例子中，图 6-6(a)中的示例若没有外部输入的知识，则无法发现图中的隐含信息；图 6-6(b)中示例的信息并不充分，只能进行一些推测。

(a) 挖掘隐含信息　　　　　　　　　　　(b) 推断逻辑关系

图 6-6　交通情景理解示例

因此，相比于认知层，理解层需要更多的感知和知识信息。就交通情景理解而言，认知层面需要判断行进速度和方向，为此可能需要从连续多帧图片中进行推断；理解层面则需要结合行人的身高、年龄、性别、手部动作、步幅、步频、头部朝向、自然环境（如天气、光照）、路面情况、静态环境（如人行横道、地面标识、路侧标识），以及人群状态、他车行为等一系列动态信息，对交通情景进行理解。

认知层中的一个重要任务是对行车风险的准确评估。对于车辆自身的动力学而言，需要评估动力学失稳风险。如图 6-7 所示，汽车在高速运行过程中，当出现碰撞或者路面湿滑等突发情况时，会发生侧滑或者转圈等失稳情况。一般可以通过侧偏角和横摆角速度判定车辆是否处于稳定区域，而且根据不同的路面附着条件，稳定区域界限会有相应变化。

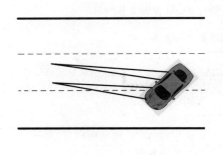 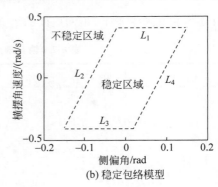

(a) 动力学失稳风险　　　　　　　　　　(b) 稳定包络模型

图 6-7　动力学失稳风险及评估模型

此外，认知层面的另一个关键任务就是评估车辆碰撞风险。一种典型的评估模型是安全场模型，如图 6-7(a)所示。

交通要素对自动驾驶行驶安全性影响的大小和方向可以采用安全场模型来表征。其基本原理是利用场论方法表示人-车-路交互作用下行车风险的性质，并预测自动驾驶行车风险场的变化趋势，能够应用于较复杂环境下行车风险度的状态评估、行车安全决策设计、车辆行驶安全控制和无人驾驶汽车路径规划等任务。

对于自动驾驶决策规划的安全性，可以利用人工势能场（artificial potential field，APF）的概念，并将其理论方法运用到路径规划和避撞过程中。将自车视为势能场中独立的单元，各交通因素对自车驾驶行为的影响可简化成车辆间相互作用的引力和斥力，道路和车辆形成的势能场存在于驾驶人的主观意识中,驾驶人操纵车辆沿着场的最低点穿越势能场。该理论符合驾驶人的感知和判断机制,但对于驾驶人本身的风险特性对行驶安全性的影响考虑不足。为展现驾驶人行为特性、交通环境和车辆状态的相互作用和动态关系,可以采用"行车风险场"的概念,对人-车-路三者的耦合机理以及预测时空变化的人-车-路状态进行描述,表征人-车-路相互作用和各要素对行车安全性的影响程度。行车风险场由道路中机动车、非机动车等交通参与者决定的"动能场"、道路环境要素决定的"势能场"和驾驶人个体特性决定的"行为场"组成。这三类要素对行车产生的风险具有相同的性质,因而统一用行车风险场来表达,并用行车风险场模型表征综合各要素产生的风险,即场的合成,如图 6-8 所示,展示了行车过程中各类风险与各种场的对应关系。

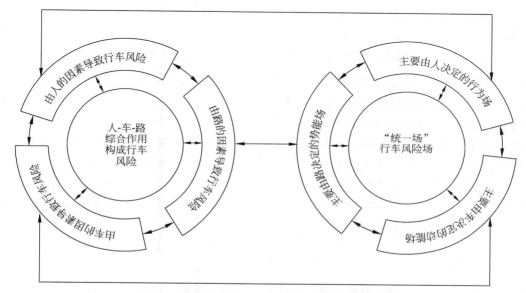

图 6-8　行车过程中各类风险与各种场的对应关系

动能场是表征道路上交通参与者对行车风险影响程度的物理场。道路上的交通参与者主要有运动中的汽车、摩托车、行人和非机动车等。动能场的大小和方向主要由参与者属性、运动状态和道路条件决定,影响因素有参与者类型、质量、速度、加速度、路面附着系数和道路坡度等。动能场主要体现物体动能的大小。势能场是表征道路上静止物体对行车风险影响程度的物理场。道路上的静止物体主要包含停止的车辆、隔离带和路障交通标识等。势能场的大小和方向主要由静止物体的属性及道路条件等要素决定,影响因素有物体类型、质量和环境能见度等。行为场是表征驾驶人行为特性对行车风险影响程度的物理场。驾驶人行为特性主要包含驾驶人的驾驶风格、驾驶技能、法规意识、身体素质和心理状态等因素,行为场的大小和方向主要由驾驶人行为特性决定。例如,相对激进型的驾驶人通常比保守型驾驶人的驾驶风险系数更大,其决定的行为场强度相对更高,驾驶技能较低的驾驶人往往比驾驶技能高的驾驶人的行为场更高。

分别用 E_s 表示行车风险场;E_V 表示车辆场,即动能场;E_R 表示道路场,即势能场;E_D 表示驾驶人场,即行为场,可用公式表达如下:

$$E_s = E_V + E_R + E_D \tag{6-1}$$

　　　　动能场所表征的交通参与者通常指可能与自动驾驶汽车发生实际碰撞且会造成较大损失的交通参与者,如运动中的车辆和行人等。行驶车辆与这类交通参与者发生碰撞的严重程度与交通参与者的等效质量正相关。等效质量越大,车辆与之发生的碰撞程度越严重;车辆越接近该交通参与者,发生碰撞的可能性越大。而且碰撞可能性及碰撞带来的危险随着它们之间距离的减小,通常呈非线性增加趋势。由此,交通参与者 $i(x_i, y_i)$ 其周围动能场在 (x_i, y_i) 处场强可以由下式表示:

$$E_{V\_ij} = \frac{GR_iM_i}{|r_{ij}|^{k_1}} \frac{r_{ij}}{|r_{ij}|} \exp[k_2 v_i \cos\theta_i] \qquad (6-2)$$

式中:矢量 E_{V_ij} 表征运动物体 i 在一定道路条件下对周围环境产生的潜在危险程度,场强越大,表示物体产生的潜在危险越大,场强方向与 r_{ij} 一致; $r_{ij} = (x_j - x_i, y_j - y_i)$ 表示两点间的距离矢量; k_1、k_2、G 均为大于 0 的常数; M_i 是交通参与者 i 的等效质量; R_i 是 (x_i, y_i) 处道路条件影响因子,参与者 i 沿 x 轴正向运动, v_i 为物体 i 的速度; θ_i 为物体 i 的速度方向与 r_{ij} 的夹角,以顺时针方向为正。 $1/|r_{ij}|^{k_1}$ 描述了交通参与者对接近的车辆构成的行车危险程度随着两者距离呈幂函数形式变化。 $\exp[k_2 v_i \cos(\theta_i)]$ 描述的是交通参与者对靠近的车辆构成的行车危险程度随交通参与者的速度和接近的方向变化的规律。因此,在相同的速度下, $|\theta_i|$ 越小, $\cos(\theta_i)$ 越大,行车危险程度越大,车辆从交通参与者前方相向靠近,即 $\theta_i = 0$ 时,行车危险程度最大;而车辆从交通参与者后方接近,即 $\theta_i = \pi$ 时,行车危险程度达到最小。相同角度下, $\cos(\theta_i) < 0$ 时,速度越大,行车危险程度越小; $\cos(\theta_i) > 0$ 时,速度越大,行车风险越大。道路中静止物体 $i(x_i, y_i)$ 在其周围形成的势能场在 (x_i, y_i) 处场强如下式所示:

$$E_{R\_ij} = \frac{GR_iM_i}{|r_{ij}|^{k_1}} \frac{r_{ij}}{|r_{ij}|} \qquad (6-3)$$

其中:场强 E_{R_ij} 表示静止物体 i 对周围环境潜在的危险程度,其值越大,说明物体 i 的潜在危险越大,场强的方向和 r_{ij} 方向相同。

　　　　驾驶人对行车安全的影响由其驾驶的车辆向外界传递,驾驶行为场可以由驾驶人风险因子及其驾驶车辆形成的动能场强的乘积来表示。因此,车辆 $i(x_i, y_i)$ 的驾驶人在其周围形成的行为场在 (x_i, y_i) 处的场强可以由下式所示:

$$E_{D\_ij} = E_{V\_ij} D_{ri} \qquad (6-4)$$

其中: E_{V_ij} 为车辆 i 形成的动能场在 $i(x_i, y_i)$ 处的场强; D_{ri} 为驾驶人 i 的风险因子。

　　　　矢量 E_{V_ij} 表示车辆 i 的驾驶人对周围环境产生的潜在危险程度,场强越大,驾驶人潜在危险越大,场强方向与车辆 i 形成的动能场场强方向相同。

　　　　处于行车风险场中的车辆会受到场力的作用,表征车辆当前行驶状态的危险程度,可以从车辆可能发生碰撞的概率和发生碰撞的严重程度来衡量。作用力的大小及方向由车辆所处环境的道路条件、自身属性、驾驶人行为特性、运动状态和行车风险场的场强决定。

　　　　图 6-9(b)中描述了一种纵向跟车风险的指标 TTC(time to collision)。TTC 描述了如果后车与前车发生碰撞所需的时间,公式如下:

$$\mathrm{TTC} = \frac{D}{\Delta v} \qquad (6-5)$$

式中：D 为前后车相对距离，Δv 为后车车速减前车车速。表 6-3 列出了不同车速和碰撞风险程度下的 TTC 参考值。

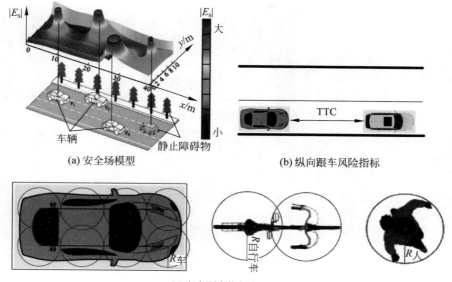

(a) 安全场模型　　　　　　　　　　　　　　(b) 纵向跟车风险指标

(c) 安全距离指标

图 6-9　车辆安全风险模型及评价指标

表 6-3　不同车速和风险下的 TTC 值　　　　　　　　单位：s

风 险 程 度	前车车速/(km/h)		
	20	40	60
低风险	5	5	5
中风险	1.1	1.3	1.3
高风险	0.67	0.8	0.83

图 6-9(c)描述了碰撞风险的安全距离指标。根据不同交通参与者的形状特征，可以选取不同的包络圆半径，L_1 表示汽车车长，L_2 表示自行车车长，计算公式如下：

$$\begin{cases} R_{汽车} = L_1/6 \\ R_{自行车} = L_2/2 \\ R_{人} = 0.5\,\mathrm{m} \end{cases} \tag{6-6}$$

不同车速下的安全距离参考值如表 6-4 所列。计算自车各圆圆心与目标参与者圆心的距离，当任一距离小于两者半径之和时，即视为发生碰撞事故。公式如下：

$$d < R_{ego} + R_{env} \tag{6-7}$$

表 6-4　不同车速下的安全距离

车速/(km/h)	20	40	60
安全距离/m	3.2	9.8	21

对于理解层,其模型描述远比认知层复杂,其中的重点是对道路中各参与者的博弈关系进行建模。图 6-10 中示例了一些现实场景中博弈关系的定性认识。

(a) 斑马线抢行/避让　　　(b) 变道抢行/避让　　　(c) 避让救护车

(d) 无交通灯抢行/避让　　(e) 有交通灯抢行/避让　　(f) 乘客打车

图 6-10　交通参与者博弈关系

博弈关系可以划分为零和博弈与非零和博弈。零和博弈中,各方的利益冲突为一方获益,另一方利益就将受损,如图 6-10(a)、(b)的情况,用公式描述为:

$$u_1(a) + u_2(a) = 0, \quad \forall a \in A \tag{6-8}$$

其中:$u_i(\cdot)$为玩家 i 的收益函数,a 为动作。该公式表明,任意策略下玩家的收益之和都为 0。

非零和博弈中,各方可能存在某种共同利益,如图 6-10(c)、图 6-10(f)的情况。需要补充的是,交通情景理解既可以看作分解式决策的第一步,也可以看作对分解式决策流程的总体概括。在实际的分解式决策实现中,可能不存在独立的交通情景理解过程,而是蕴含于后续几个过程之中。

以汽车变道为例,在变道时会和周围的车辆产生交互,自身车辆的换道行为在受到周围车辆影响时也会对周围的车辆产生影响。因此,变道过程复杂的交互关系可以看作变道汽车和周围车辆之间的博弈过程。变道博弈的主要包含如下要素。

(1) 参与者。如变道汽车及周围车辆。

(2) 策略集。如变道汽车策略包括变道或者不变道,周围车辆策略包括加速行驶、减速行驶或者保持原速不变。

(3) 战略。如博弈过程中车辆之间没有必须遵从的规则或者约束条件。

(4) 收益。由收益函数确定。

(5) 信息。包括变道汽车及其周围车辆的车辆特征、战略空间以及收益函数。

(6) 均衡。使得参与博弈车辆获得最大收益的策略集。

在不同类别的博弈关系中,较简化的是基于完全信息的静态博弈,可以描述和分析汽车变道驾驶行为的博弈特性及对博弈各要素进行阐述。由于驾驶人采取变道驾驶行为时,参与博弈的驾驶人之间没有必须遵从的规则约束,而且在不完全信息下,驾驶人在参与博弈时无法获取博弈要素中的信息量,驾驶人往往需要进行风险评估后根据可承受程度来决定是否变道;而在完全信息下进行非合作博弈,可以获取到比较完备的信息量。因此,可以选取以完全信息静态博弈的非合作博弈为基础。自动驾驶汽车可以通过车载自身传感器获取周围信息,包含车辆行驶状态和道路情况等。

考虑在典型变道场景种,两车道情况下车道二上的自车 M 跟随前车 F_2,位于邻道车道一上的 B_1 跟随前车 F_1,均从左向右行驶,如图 6-11 所示。目标车辆产生从车道二变到车道一的意图。自车 M 沿着虚线示意位置准备变道,变道时会对周围的车辆产生影响,其中产生的最主要的交互影响的是自车 M 和旁车 B_1,所以在自车 M 进行变道驾驶的决策过程中,主要有自车 M 和相邻车道的旁车 B_1 参与博弈,由此可建立简单的博弈变道策略决策模型。

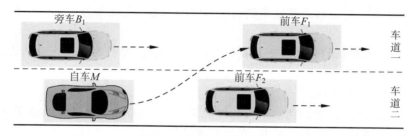

图 6-11 车辆变道博弈场景

首先确定变道策略,自车 M 可选择变道和不变道的策略,分别记为 C 和 N。旁车 B_1 接受 M 的变道行为则变道,不接受则继续行驶。分别用 $P_i = \{1:C, 2:N\}$,$Q_j = \{1:C, 2:N\}$ 表示 M 与 B_1 的策略集合,对应收益为 E_A、E_B。

道路交通的安全性是决定是否变道的主要条件,考虑安全性收益为变道决策参与人的决策收益,可以设计安全收益 $\varepsilon(t)$:

$$\varepsilon(t) = \frac{S(t) - S_{\min}(t)}{S_{\min}(t)} \tag{6-9}$$

其中:$S(t)$ 为车辆在当前状态下与周围车辆的距离;$S_{\min}(t)$ 是安全距离阈值。因此 M 和 B_1 有以下收益:

$$E_M = \begin{cases} \dfrac{S_{B_1M}(t) - S_{B_1M_{\min}}(t) + S_{MF_{1\min}}(t) - S_{MF_{\min}}(t)}{S_{B_1M_{\min}}(t) + S_{MF_{1\min}}(t)}, & P = P_1 \\[4mm] \dfrac{S_{F_2M}(t) - S_{F_2M_{\min}}(t)}{S_{F_2M_{\min}}(t)}, & P = P_2 \end{cases} \tag{6-10}$$

$$E_{B_1} = \begin{cases} \dfrac{S_{B_1M}(t) - S_{B_1M_{\min}}(t)}{S_{B_1M_{\min}}(t)}, & Q = Q_1 \\[4mm] \dfrac{S_{MF_1\min}(t) - S_{BF_{\min}}(t)}{S_{BF_{1\min}}(t)}, & Q = Q_2 \end{cases} \tag{6-11}$$

收益矩阵如表 6-5 所示。

表 6-5　收益矩阵

策　　略	M 的选择策略为 C	M 的选择策略为 N
B_1 的选择策略为 C	(E_{A_1}, E_{B_1})	(E_{A_2}, E_{B_1})
B_1 的选择策略为 N	(E_{A_1}, E_{B_2})	(E_{A_2}, E_{B_2})

6.2.2　参与者运动预测

交通参与者包含行人、非机动车、机动车等,不同参与者需要采用不同的运动预测方法。参与者运动预测面临着诸多具有挑战性的难题,比如交通参与者的路权存在重叠或者冲突,这个问题在自行车并入机动车道时尤为常见;又如使用道路的优先级难以确定,这个问题在判定车辆避让行人还是行人避让车辆时尤为突出;还如交通参与者之间存在着更强的交互性与博弈性。

其中,以周车为对象的运动预测是我们关注的重点,主要分为周车行为模式预测和周车行驶轨迹预测。

(1)周车行为模式预测。

周车行为模式预测需要识别驾驶人的驾驶意图,常规路况的常见驾驶意图分为直行、变道与其他意图,如图 6-12 所示。其中,直行驾驶意图包含自由直行、跟驰、紧急制动等;变道驾驶意图包含左右变道、自由变道、受迫变道;其他驾驶意图包含转弯、掉头、并线等。

图 6-12　常见驾驶行为示意图

由于自车传感器观测的周车信息有限且不完整,而且难免存在一定的感知误差,这会影响到行为模式预测的实时性和准确性。现有的方法主要是结合隐马尔可夫模型,将驾驶意图作为隐变量,根据驾驶数据构建观测模型和转移模型,最后通过各行为模式从属概率来推断。也有部分学者引入神经网络,如全连接网络、多层 LSTM 网络等,来进一步提高行为模式推断的准确率。

(2)周车行驶轨迹预测。

在确定当前周车的驾驶模式后,需要预测其在未来一段时间内的运动轨迹,如图 6-13 所示,主要分为两大任务:预测未来可能出现的位置、预测未来每个时间的速度。

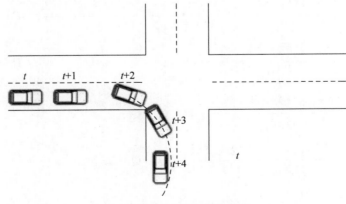

图 6-13　驾驶运动轨迹预测

对于开放道路的周车轨迹预测可以采用三种常用分析模型：开环轨迹递推模型、驾驶人闭环递推模型（联合驾驶人行为模型）、驾驶人闭环递推模型（联合驾驶人意图模型），如图 6-14 所示。不同的模型有着不同的预测时间性与特定使用情况：开环轨迹递推模型预测时间小于 1s，适用于车辆的实时控制；驾驶人闭环递推模型（联合驾驶人行为模型）预测时间为 1～3s，适用于稀疏的交通流；驾驶人闭环递推模型（联合驾驶人意图模型）预测时间为 1～3s，需要考虑人-人、车-车交互，适用于中等密度交通流。

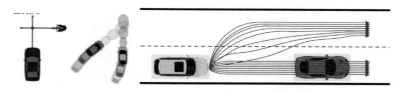

图 6-14　开环递推与闭环递推意图模型

1. 开环递推

开环递推模型中，不考虑目标车辆行为对周车的影响，适合短时间（<1 s）内的轨迹预测，多用于车辆的实时控制。

1）直线行驶预测

如图 6-15 所示，直线行驶预测即对一沿直线行驶车辆的轨迹进行预测，一般使用恒定速度或恒定加速度模型。

恒定速度 v：

$$x(t+1) = x(t) + v\Delta t \tag{6-12}$$

恒定加速度 a：

$$x(t+1) = x(t) + v(t)\Delta t \tag{6-13}$$

$$v(t+1) = v(t) + a\Delta t \tag{6-14}$$

其中：$x(t)$ 表示当前时刻纵向位置；$x(t+1)$ 表示下一时刻纵向位置；$v(t)$ 表示当前时刻速度；$v(t+1)$ 表示下一时刻速度；Δt 表示时间间隔。

2）转向行驶预测

转线性递推模型如图 6-16 所示，在忽略车身假设、忽略轮胎转向角的前提下，恒定前轮转角 δ 和速度 v。

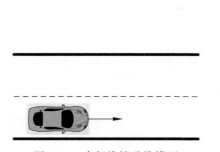

图 6-15　直行线性递推模型

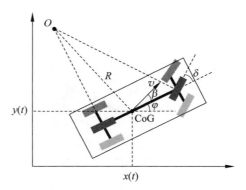

图 6-16　转向线性递推模型

$$\begin{cases} x(t+1) = x(t) + v\Delta t \sin(\beta + \varphi(t)) \\ y(t+1) = y(t) + v\Delta t \cos(\beta + \varphi(t)) \\ \varphi(t+1) = \varphi(t) + v\Delta t / R \end{cases} \tag{6-15}$$

其中：$y(t)$ 表示 t 时刻侧向位置；$\varphi(t)$ 表示 t 时刻横摆角；$\beta = f(\delta)$ 表示质心侧偏角；R 表示转向半径。

恒定前轮转角 δ 和加速度 a：

$$\begin{cases} x(t+1) = x(t) + v(t)\Delta t \sin(\beta + \varphi(t)) \\ y(t+1) = y(t) + v(t)\Delta t \cos(\beta + \varphi(t)) \\ \varphi(t+1) = \varphi(t) + v(t)\Delta t / R \\ v(t+1) = v(t) + a\Delta t \end{cases} \tag{6-16}$$

其中：$y(t)$ 表示 t 时刻侧向位置；$\varphi(t)$ 表示 t 时刻横摆角；$\beta = f(\delta)$ 表示质心侧偏角；R 表示质心转向半径。

前轮转角 δ 与质心侧偏角 β 的关系如图 6-17 所示。

$$\begin{cases} \tan(\delta) = (A+B)/L \\ \tan(\beta) = B/L \end{cases} \tag{6-17}$$

推导得：

$$\beta = \arctan\left(\frac{B}{A+B}\tan\delta\right) \tag{6-18}$$

其中：A 表示质心到前轴的距离；B 表示质心到后轴的距离；L 表示转向中心到后轴的距离。

2. 闭环递推

闭环递推需考虑车-车、人-人之间的交互,适用于在稀疏或中等密度交通流下 1～3 s 的运动预测。

1）直行跟车预测

如图 6-18 所示,利用车辆跟驰数据拟合的刺激-反应模型：

$$a(t+T) = \lambda \Delta v_{\text{front}}(t) \tag{6-19}$$

其中：a 表示车辆灵敏度；T 表示驾驶人反应时间；λ 表示灵敏度；$\Delta v_{\text{front}}(t)$ 表示前车速度变化。

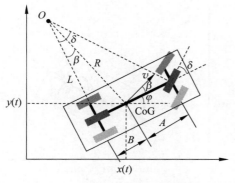

图 6-17　转向角 δ 与 β 的关系

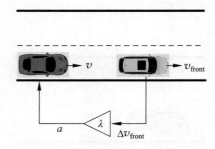

图 6-18　驾驶人纵向跟驰模型

推导得：

$$\begin{cases} x(t+1)=x(t)+v(t)\Delta t \\ v(t+1)=v(t)+a(t)\Delta t \end{cases} \rightarrow \begin{cases} a(t)=0, & t-t_0 < T \\ a(t)=\lambda\Delta v_{\text{front}}(t), & t-t_0 \geqslant T \end{cases}$$

2）变道跟车预测

（1）判断变道意图。

根据前车与后车状态，如图 6-19 所示，判断能否变道：

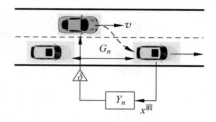

$$\begin{cases} Y_n(t)=1, & \text{w } G_n(t) \geqslant G_n^{\text{er}}(t) \\ Y_n(t)=0, & \text{w } G_n(t) \leqslant G_n^{\text{er}}(t) \end{cases} \tag{6-20}$$

其中：$Y_n(t)$ 是选择指示变量，值是 1 表示间隙可接受，值是 0 则相反；$G_n(t)$ 是可用到的间隙；$G_n^{\text{er}}(t)$ 是临界间隙。

图 6-19　驾驶人变道跟踪模型

（2）判断变道轨迹。

$$x'(t)=a_3t^3+a_2t^2+a_1t+a_0$$
$$y'(t)=b_3t^3+b_2t^2+b_1t+b_0 \tag{6-21}$$

推导得：

$$\begin{cases} x(t+1)=x(t)+v\Delta t\sin(\beta(t)+\varphi(t)) \\ y(t+1)=y(t)+v\Delta t\cos(\beta(t)+\varphi(t)) \\ \varphi(t+1)=\varphi(t)+v\Delta t/R \end{cases}$$
$$\rightarrow \begin{cases} \beta(t)=f(\delta(t)) \\ \delta(t)=k(y'(t)-y(t)) \end{cases} \tag{6-22}$$

6.2.3　驾驶行为选择

驾驶行为选择是在符合自车驾驶需求（如安全性、快速性、经济性、舒适性等）的条件下，选择当前具体的行为模式。驾驶行为选择的基本流程：①明确驾驶场景；②了解道路约束情况；③考虑驾驶目标；④行为选择。

1．明确驾驶场景

首先要明确当前的驾驶场景。现在是行驶在高速公路上，还是城市道路上，或者是越野道路上。不同的驾驶场景往往具有约定的驾驶规则，会限制驾驶人的驾驶行为。根据不同的驾驶场景，可以对驾驶行为进行分类。在通用场景下，有直行/跟车、变道、超车和并道等驾驶行为；在高速场景下，有过收费站、进匝道、出匝道和极端工况行车等驾驶行为；在城市场景下，有避让行人、抢道、左转/右转/掉头和过环岛等驾驶行为，如图 6-20 所示。

2．了解道路约束情况

接着要了解道路的约束情况。真实的交通环境是一个非常复杂的系统，驾驶人不仅要

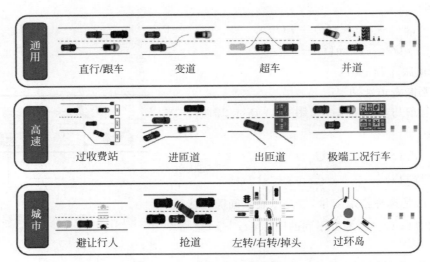

图 6-20　三种场景下的驾驶行为示例

考虑自车的状态,还要关注其他车辆的行驶状态、路段要求和路面状况等。交通规则、安全等因素会对驾驶行为带来更多的约束。

3. 考虑驾驶目标

然后要考虑驾驶的目标。驾驶目标不仅仅是运动学意义上的抵达目的地,而且常常在时间、舒适度、安全性等方面有一些额外的要求。不同的驾驶目标往往会推动驾驶人做一些相应的驾驶行为,如有急事需要赶时间时,驾驶人会更倾向于变道超车。

4. 行为选择

最后是选择方法。影响驾驶行为选择的因素很多,那么只有在确定评价体系后才能选择出最优解。比如可以基于规则、基于因果推理或神经网络来选择驾驶行为。

如图 6-21 所示为一个驾驶行为选择的例子,分析如下。

(1) 首先驾驶场景是高速公路,那么可选择的驾驶行为有自由直行、跟车和左右变道。

(2) 发现道路拥堵这一约束,限制了自由直行的驾驶行为。

(3) 驾驶人因为家里有急事,所以以快速行驶为驾驶目标,需要变道超车。

图 6-21　驾驶行为选择示例

（4）最终根据驾驶人的大脑判断，做出了向左变道的驾驶行为。

在智能汽车中，选择方法常采用有限状态机或贝叶斯推断，下面将介绍这两种方法。

1）有限状态机方法

有限状态机（finite-state machine，FSM），又称有限状态自动机（finite-state automation，FSA），利用有向图形的形式可以描述有限个状态以及在这些状态之间的转移和动作等行为。FSM 模型中的状态个数是有限的，而且每个时刻都对应一个固定的状态，状态机通过响应一系列事件而进行运行计算，在满足预先设定的规定条件时完成状态转移。

有限状态机可以存储过去发生的信息，反映出整个决策系统从开始到现在的输入变化。状态转移是指示状态的变化，可以使用满足转移发生的条件来描述。动作是指在给定时刻要进行的活动的描述，主要有如下四种类型的动作。

（1）进入动作（entry action）：进入状态。

（2）退出动作（exit action）：退出状态。

（3）输入动作：依赖于当前状态和输入条件。

（4）转移动作：进行特定转移。

对于自动驾驶行为的选择，常用的有限状态机主要包含三个要素：行为状态、输入量和规则条件。行为状态就是当前的驾驶行为，如跟车、自由直行、变道等；输入量是外界输入到系统用以评价当前状态的信息，如自车速度、前车位置、侧车位置等；规则条件用单向箭头表示，用以判断是否进行状态转移，如图 6-22 所示。

如图 6-23 所示是一个基于有限状态机的行为选择的例子，道路场景是在高速公路，考虑只有三个行为状态：跟车、变道和超车。输入量是与前车的距离 Δx 和与前车的相对速度 Δv。

图 6-22　状态转移图

车辆有三个行车状态，在每个行车状态根据自身环境状态，判定应该转移至哪个状态，则共有九条行为选择规则，如表 6-6 所示，状态转移图如图 6-24 所示。

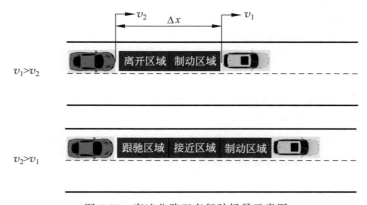

图 6-23　高速公路双车行驶场景示意图

表 6-6　行为选择规则

编　号	条　　件	选 择 规 则
①	处于跟驰区域或离开区域	保持车道行驶
②	完成超车	进行车道行驶
③	完成变道	进行车道行驶
④	处于接近区域，并满足变道条件	进行变道
⑤	超车过程中，无法回到原车道，超车终止	进行变道
⑥	处于变道过程中	保持变道
⑦	处于接近区域或制动区域，且前车速度过低	进行超车
⑧	变道过程中，变道目标车道前车速度过低	进行超车
⑨	处于超车过程中	保持超车

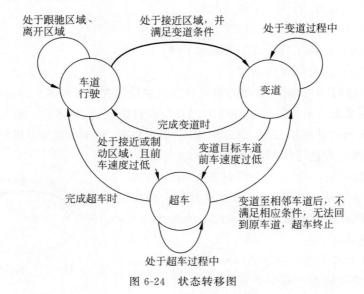

图 6-24　状态转移图

对于表 6-6 中的 9 条选择规则，可以改写成如下伪代码的形式。

① $\Delta x \in$ 跟驰区域 or 离开区域→车道行驶。

② 超车 & 完成超车→车道行驶。

③ 变道 & 完成变道→车道行驶。

④ $\Delta x \in$ 接近区域 & 可以变道→变道。

⑤ 超车 & 已至邻道 & 不能回原车道→变道。

⑥ 变道 & 未完成变道→变道。

⑦ $\Delta x \in$ 接近区域 or 制动区域 & 前车速度低→超车。

⑧ 变道 & 目标车道前车速度低→超车。

⑨ 超车 & 未完成超车→超车。

2）贝叶斯推断方法

贝叶斯推断（Bayesian inference）是推论统计的一种方法。经典学派认为统计推断是根据样本信息对总体分布或总体的特征数进行推断。但是，贝叶斯学派认为除使用总体信息和样本信息之外,还应该利用先验信息来推断当前的条件概率。

（1）总体信息。总体分布或总体所属分布族提供的信息。总体信息十分重要,但是获取信息比较困难。

（2）样本信息。抽取样本所得观测值提供的信息,通过样本信息对总体分布和某些特性进行较为准确的统计推断。

（3）先验信息。抽样实验之前和统计问题有关的信息,如果把抽取样本看作一次实验,则样本信息就是实验中得到的信息。先验信息一般来源于经验和历史数据。

贝叶斯统计重视总体信息和样本信息的使用,同时会对先验知识进行收集、挖掘和加工,并表示成先验分布参与到统计推断中,来提高统计推断的质量。忽略先验信息通常会导致不合理的结果,同时也是一种信息的浪费。

贝叶斯学派的基本观点是:任一未知量 θ 都可看作随机变量,可用一个概率分布去描述,这个分布称为先验分布;在获得样本信息之后,总体分布、样本分布与先验分布可以通过贝叶斯公式结合起来得到一个关于未知量的后验分布。

贝叶斯公式如下:

$$P(H \mid E) = \frac{P(H) \cdot P(E \mid H)}{P(E)} \tag{6-23}$$

$P(H)$ 称为先验概率(prior probability),即在 E 事件发生之前,对 H 事件发生的概率的一个判断;$P(H \mid E)$ 为后验概率(posterior probability),即在 E 事件发生之后,对 H 事件发生的概率的重新评估。$P(E \mid H)/P(E)$ 为可能性函数,这是一个调整因子,使预估概率更加接近真实概率。

如果可能性函数 $P(E \mid H)/P(E) > 1$,意味着先验概率被增强,事件 H 发生的可能性变大;如果可能性函数 $P(E \mid H)/P(E) = 1$,意味着 E 事件无助于判断事件 H 发生的可能性;如果可能性函数 $P(E \mid H)/P(E) < 1$,意味着先验概率被削弱,事件 H 发生的可能性变小。

以简单的双车道行驶工况为例,假设我们是前车,车辆后方有一辆后车,行驶在同一条车道上,如图 6-25 所示。两车的状态有两种:行驶在当前车道和行驶在临侧车道;驾驶行为动作也有两种:保持和变道。

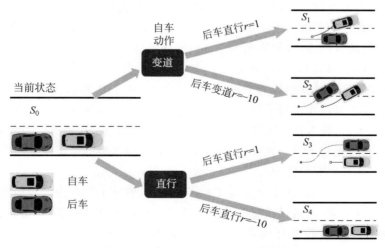

图 6-25　双车道行驶状态变化示意图

定义事件 H 为驾驶安全,E_1 事件为后车直行,E_2 事件为后车变道,则驾驶安全的概率为:

$$P(H) = \frac{P(H \mid E_1) \cdot P(E_1) + P(H \mid E_2) \cdot P(E_2)}{P(E_1 \mid H) + P(E_2 \mid H)} \tag{6-24}$$

假设已经知道后车接下来可能执行的驾驶行为的概率,比如有 40% 的概率会保持车道,60% 的概率会变道。

定义一个损失函数 r,r 为正数时倾向于安全,r 为负数时倾向于危险。并且得出了接下来各种可能情况下 r 的数值大小。在自车变道的情况下,后车直行则 $r=1$,后车变道则 $r=-10$;在自车直行的情况下,后车直行则 $r=-10$,后车变道则 $r=1$,如表 6-7 所示。

表 6-7 四种情况下的概率与评价值

概 率	评 价 值
p(后车直行)$=0.4$	r(自车变道:安全)$=+1$
p(后车变道)$=0.6$	r(自车变道:危险)$=-10$
p(后车变道)$=0.6$	r(自车直行:安全)$=+1$
p(后车直行)$=0.4$	r(自车直行:危险)$=10$

由此可以直接计算各种动作对应的损失函数的数值。

自车变道:$\text{cost}=0.4\times1+0.6\times(-10)=-0.2$

自车直行:$\text{cost}=0.6\times1+0.4\times(-10)=0.2$

可以看出,当前选择直行动作更加安全。

相比于有限状态机,贝叶斯推断能够动态地调整评价值,理论上能更好地适应实际情况,真实的选择过程中还需要更多的信息以做出更加合理的决策。

6.2.4 驾驶轨迹规划

给定驾驶的起点和终点,连接起点位置和终点位置的序列点或曲线称为轨迹,构成轨迹的策略称为驾驶轨迹规划。轨迹指带有时间轴信息的位置曲线,路径为不带时间轴信息的轨迹。规划模块是自动驾驶系统中重要的一环,它的主要目的是接收原始/预处理的外界信息,根据汽车行驶的目的地,规划汽车未来一段时间的运动轨迹,如图 6-26 所示。而轨迹规划又可分为全局规划和局部规划(决策)。

全局轨迹规划是在已知的环境中规划一条路径,轨迹规划的精度取决于环境获取的准确度,全局轨迹规划可以找到最优解,但是需要预先知道环境的准确信息,当环境发生变化,如出现未知障碍物时,该方法就无能为力了。它是一种事前规划,因此对系统的实时计算能力要求不高,虽然规划结果是全局的、较优的,但是对环境模型的错误及噪声鲁棒性差(在异常和危险情况下系统生存的能力)。

局部轨迹规划的环境信息完全未知或有部分可知,侧重于考虑当前的局部环境信息,使车辆具有良好的避障能力,通过传感器对工作环境进行探测,以获取障碍物的位置和几何性质等信息,这种规划需要搜集环境数据,并且对该环境模型的动态更新能够随时进行校正,局部规划方法将对环境的建模与搜索融为一体,要求系统具有高速的信息处理能力

图 6-26　轨迹规划示意图

和计算能力,对环境误差和噪声有较高的鲁棒性,能对规划结果进行实时反馈和校正,但是由于缺乏全局环境信息,所以规划结果有可能不是最优的,甚至可能找不到正确路径或完整路径。

全局规划为车辆指明了目的地,而局部规划要完成环境动态变化导致的规划问题。全局路径规划会生成一条大致的全局路径,局部路径规划会把全局路径分段,然后根据分段的全局路径的坐标,进行局部重新规划,例如,全局规划后有一组目标点数组(1,2,…),局部规划则是根据当前速度和时间、约束条件,随机模拟出多条轨迹,选出一条最佳轨迹到达 1 号目标点,随后重复 2,3,…,直到到达目的地为止。全局轨迹规划和局部轨迹规划并没有本质上的区别,很多适用于全局轨迹规划的方法经过改进也可以用于局部轨迹规划,同理适用于局部轨迹规划的方法同样经过改进后也可适用于全局轨迹规划。两者协同工作,可更好地规划从起始点到终点的行走路径。

驾驶轨迹规划的目标一般包括三个方面:安全、高效和舒适。安全即轨迹规划下车辆避让复杂、拥挤环境下的诸多障碍物;高效意为该路径应为路径最短、时间最快的合理行驶路径,保证足够的灵活性;舒适意味着最后也应当遵守车辆运动学限制,保证路径的平滑、几何形状的合理,保证行驶过程中的平稳性。驾驶轨迹规划难点主要包括两点:一是车辆本身是受约束的动力学系统,如图 6-27 所示;二是环境本身是动态的(车辆、行人)且存在

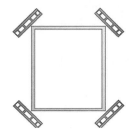

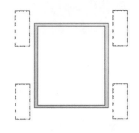

(a) 三自由度独立运动　　　　(b) 三自由度不能独立运动

图 6-27　全轮转向车辆(a)和非全轮转向车辆(b)

随机不确定性,如图 6-28 所示。根据轨迹规划定义,一般包含三个步骤:①环境建模,将物理空间抽象成计算机可处理的数学模型,如地图的网格化;②轨迹搜索,利用优化目标寻找一条最佳的可行轨迹,使预定的目标性能最优;③轨迹平滑,对轨迹做进一步平滑处理。

图 6-28　车辆与行人运动的复杂性

1. 地图网格化方法

轨迹规划中通常会运用到地图网格化方法,即将路面分为小型网格,网格大小根据需求进行调整,将网格节点作为不同位置点,同时将网格边线作为节点与节点间的链接路线,轨迹规划问题此时转化为最短路径问题,其过程描述如图 6-29 所示。

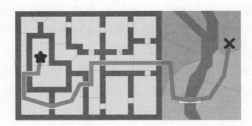

图 6-29　最短路径问题

地图网格化方法的难点在于如何找到网格的大小,网格越小,对环境的表现就越准确。但同时使用较小的网格将导致记忆空间和搜索范围的指数增长,如图 6-30 所示。

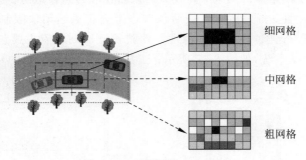

图 6-30　不同网格大小示例

各单元格之间的联系分为四连接、八连接、十六连接,如图 6-31 所示。四连接表明当前栅格可以到达与之相邻的四个栅格节点;八连接表明当前栅格可以到达与之相邻的八个栅格节点;十六连接表明当前栅格可以到达与之相邻的十六个栅格节点。

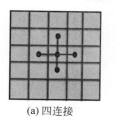

(a) 四连接

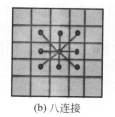

(b) 八连接

(c) 十六连接

图 6-31　各单元格之间的联系

2. 典型轨迹搜索方法

常见的搜索算法主要有深度优先搜索(depth first search,DFS)算法、广度优先搜索(breadth first search,BFS)算法、Dijkstra 算法等。深度优先搜索算法从起点开始,沿一条路径一直搜索到底,可能需要重复搜索,搜索效率较低,适用于节点较少的场景;广度优先搜索算法从起点开始,以不断扩散的方式遍历整个地图,搜索效率较高,适用于节点数目较多的场景。

1) 深度优先搜索算法

深度优先搜索属于图算法的一种,是一个针对图和树的遍历算法。深度优先搜索是图论中的经典算法,利用深度优先搜索算法可以产生目标图的相应拓扑排序表,利用拓扑排序表可以方便地解决很多相关的图论问题,如最大路径问题等。一般用堆数据结构来辅助实现深度优先搜索算法。其过程简要来说是对每个可能的分支路径深入到不能再深入为止,而且每个节点只能访问一次。

(1) 对于图 6-32 所示的树而言,深度优先搜索方法首先从根节点 1 开始,其搜索节点顺序是 1、2、3、4、5、6、7、8(假定左分枝和右分枝中优先选择左分枝)。

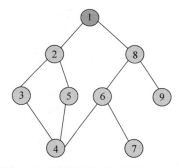

图 6-32　深度优先搜索算法演示 1

(2) 从堆中访问栈顶的点,如图 6-33 所示。

(3) 找出与此点邻接的且尚未遍历的点,进行标记,然后放入堆中,依次进行,如图 6-34所示。

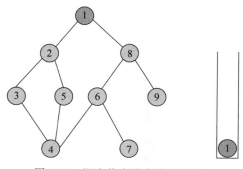

图 6-33　深度优先搜索算法演示 2

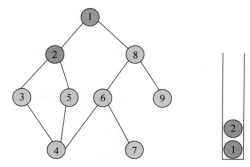

图 6-34　深度优先搜索算法演示 3

（4）如果此点没有尚未遍历的邻接点，则将此点从堆中弹出，再按照（3）依次进行，如图 6-35 和图 6-36 所示。

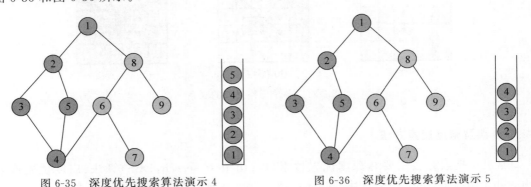

图 6-35 深度优先搜索算法演示 4　　　　图 6-36 深度优先搜索算法演示 5

（5）直到遍历完毕，堆里的元素都将弹出，最后栈为空，深度优先搜索遍历完成，如图 6-37 和图 6-38 所示。

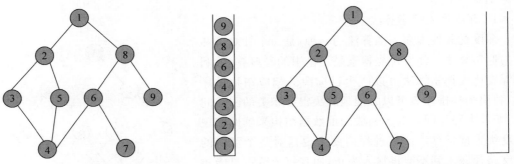

图 6-37 深度优先搜索算法演示 6　　　　图 6-38 深度优先搜索算法演示 7

2）广度优先搜索算法

广度优先搜索是连通图的一种遍历算法，这一算法也是很多重要图的算法的原型。Dijkstra 单源最短路径算法和 Prim 最小生成树算法都采用了和广度优先搜索算法类似的思想。广度优先搜索算法属于一种盲目搜寻法，目的是系统地展开并检查图中的所有节点，以找寻结果。换句话说，它并不考虑结果的可能位置，而是彻底地搜索整张图，直到找到结果为止。基本过程为从根节点开始，沿着树（图）的宽度遍历树（图）的节点，如果所有节点均被访问，则算法中止。一般用队列数据结构来辅助实现广度优先搜索算法。

（1）给出一连通图，如图 6-39 所示，初始化全是白色（未访问）。

（2）搜索起点 1（灰色），如图 6-40 所示。

（3）已搜索 1（黑色），即将搜索 2、3、4（标灰），如图 6-41 所示。

（4）对 2、3、4 重复以上操作，如图 6-42 所示。

（5）直到终点 7 被染灰，终止。

（6）最短路径为 1、4、7。

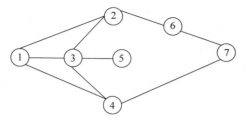

图 6-39　广度优先搜索算法演示 1

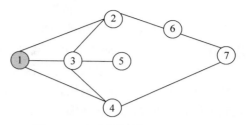

图 6-40　广度优先搜索算法演示 2

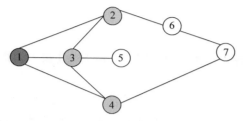

图 6-41　广度优先搜索算法演示 3

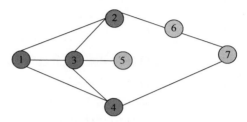

图 6-42　广度优先搜索算法演示 4

3) Dijkstra 算法

Dijkstra 使用了广度优先搜索解决赋权有向图或者无向图的单源最短路径问题,算法最终得到一个最短路径树。

Dijkstra 算法采用的是一种贪心的策略,声明一个数组 dis 来保存源点到各个顶点的最短距离和一个保存已经找到了最短路径的顶点的集合 T。

初始时,原点 s 的路径权重被赋为 $0(\mathrm{dis}[s]=0)$。若对于顶点 s 存在能直接到达的边 (s,m),则把 $\mathrm{dis}[m]$ 设为 $w(s,m)$,同时把所有其他(s 不能直接到达的)顶点的路径长度设为无穷大。初始时,集合 T 只有顶点 s。从 dis 数组选择最小值,则该值就是源点 s 到该值对应的顶点的最短路径,并且把该点加入到 T 中,此时完成一个顶点。然后计算新加入的顶点是否可以到达其他顶点并且计算通过该顶点到达其他点的路径长度是否比源点直接到达短,如果是,那么就替换这些顶点在 dis 中的值。接着,从 dis 中找出最小值,重复上述动作,直到集合 T 中包含了图的所有顶点。

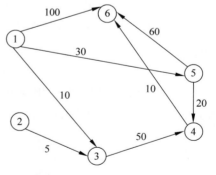

图 6-43　Dijkstra 算法示例 1

下面通过图解算法实例演示,如图 6-43 所示,求从顶 1 到其他各顶点的最短路径。

首先声明一个 dis 数组,该数组初始化的值为:

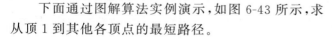

dis	0	∞	10	∞	30	100

T 初始化为:$T=\{1\}$。

求 1 号顶点到其余各顶点的最短路程,先找一个离 1 号顶点最近的顶点,通过数组 dis 可知当前离 1 号顶点最近的是 3 号顶点。当选择了 2 号顶点后,dis[2](下标从 0 开始)的值就已经从"估计值"变为了"确定值",即 1 号顶点到 3 号顶点的最短路程就是当前 dis[2]值。

将 3 号顶点加入 T 中。因为目前离 1 号顶点最近的是 3 号顶点,并且这个图所有的边都是正数,那么肯定不可能通过第三个顶点中转,使得 1 号顶点到 3 号顶点的路程进一步缩短了。因为 1 号顶点到其他顶点的路程肯定没有 1 号顶点到 3 号顶点短。

既然确定了一个顶点的最短路径,下面就要根据这个新入的 3 号顶点会有出度,发现以 3 号顶点为弧尾的有<3,4>,判断 1→3→4 的路程长度是否比 1→4 短,其实这已经很明显了,因为 dis[3]代表的就是 1→4 的路程长度为无穷大,而 1→3→4 的路程长度为 10+50=60,所以更新 dis[3]的值,得到如下结果:

dis	0	∞	10	60	30	100

因此 dis[3]要更新为 60。这个过程有个专业术语叫作"松弛",即 1 号顶点到 4 号顶点的路程即 dis[3],通过<3,4>这条边松弛成功。

通过"边"来松弛 1 号顶点到其余各顶点的路程便是 Dijkstra 算法的主要思想。然后,从除 dis[2]和 dis[0]外的其他值中寻找最小值,发现 dis[4]的值最小,通过之前已解释的原理,可以知道 1 号顶点到 5 号顶点的最短距离就是 dis[4]的值,接着,把 5 号顶点加入集合 T 中,考虑 5 号顶点的出度是否会影响数组 dis 的值,5 号顶点有两条出度:<5,4>和<5,6>,此时发现 1→5→4 的长度为 50,而 dis[3]的值为 60,所以要更新 dis[3]的值。另外,1→5→6 的长度为 90,而 dis[5]为 100,所以需要更新 dis[5]的值。更新后的 dis 数组如下:

dis	0	∞	10	50	30	90

然后,继续从 dis 中未确定的顶点的值中选择一个最小的值,发现 dis[3]的值是最小的,所以把 4 加入集合 T 中,此时集合 $T=\{1,3,5,4\}$,然后,考虑 4 号顶点的出度是否会影响数组 dis 的值,4 号顶点有一条出度<4,6>,然后发现 1→5→4→6 的长度为 60,而 dis[5]的值为 90,所以要更新 dis[5]的值,更新后的 dis 数组如下:

dis	0	∞	10	50	30	60

然后使用同样的原理,分别确定了 6 号顶点和 2 号顶点的最短路径,最后 dis 的数组的值如下:

dis	0	∞	10	50	30	60

因此,可以发现 1→2 的值为∞,代表没有路径从 1 到达 2,得到最后的结果如表 6-8 所示。

表 6-8　结果

起　　点	终　　点	最　短　路　径	长　　度
1	2	无	∞
	3	{1,3}	10
	4	{1,5,4}	50
	5	{1,5}	30
	6	{1,5,4,6}	60

4）A-Star 算法

路径搜索算法中常用到启发式搜索，启发式搜索的目的为利用问题拥有的启发信息和相应启发函数来引导搜索，以减少搜索范围、降低问题复杂度。A-Star 算法即一种启发式广度优先算法。A-Star 算法本质上是一种基于网格的搜索算法。在算法中，每个网格被分配了两种代价：一种为 actual cost 或 path cost 路径代价，记为 g，即从起点到达当前点的路径点代价；另外一种为 heuristic cost，即预计到达终点还需要的代价，记为 h，实际上一般定义为到终点的欧氏距离（即为启发函数，也可替换为其他启发函数），两种代价的和记为总代价函数 f。

$$f(n) = g(n) + h(n)$$

A-Star 算法在运算过程中，每次从优先队列中选取 $f(n)$ 值最小（优先级最高）的节点作为下一个待搜索的节点。

图 6-44 中带颜色的为当前格点，下一步可以去它周边的 8 个格点，运动所需代价就是这一步运动所需的实际代价函数值，图 6-44 中 1 和 $\sqrt{2}$ 就代表该代价，实际就是所移动到的格点和当前格点的欧氏距离。而 heuristic cost 就是当前格点和终点之间的欧氏距离，图 6-44 中为 $\sqrt{13}$。

该算法有两个重要的集合：一个是 open_set；另外一个是 close_set。open_set 表示待搜索的格点；close_set 表示已搜索完成的格点。

A-Star 算法描述如下：

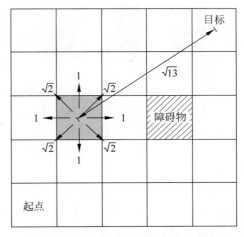

图 6-44　A-Star 算法代价计算示意图

A-Star 算法

初始化 open_set 和 close_set；
将起点加入 open_set 中，并设置优先级为 0（优先级最高）；
if open_set 不为空，则：
　　从 open_set 中选取优先级最高的节点 n：
　　如果节点 n 不是终点，则：
　　　　将节点 n 从 open_set 中删除，并加入 close_set 中；
　　　　遍历节点 n 所有的邻近节点：
　　　　　　if 邻近节点 m 在 close_set 中，则：
　　　　　　　　跳过，选取下一个邻近节点
　　　　　　if 邻近节点 m 也不在 open_set 中且 m 不为障碍物，则：
　　　　　　　　设置节点 m 的 parent 为节点 n
　　　　　　　　计算节点 m 的优先级
　　　　　　　　将节点 m 加入 open_set 中
　　if 节点 n 为终点，则：
　　　　从终点开始逐步追踪 parent 节点，一直达到起点；
　　返回找到的结果路径，算法结束。

算法结束后,只需对最终的 close_set 进行逆向搜索,即可得到规划的路径。

以下通过示意图演示 A-Star 全局轨迹搜索算法搜索存在障碍物情况下地图局部轨迹规划,将地图网格化,每个网格代表一个节点,每个节点有 8 个可行方向,每次移动一个点,无法通过黑色障碍物点,搜索算法自动计算最短到达终点路径,演示如下。

(1) 从起点(A),通过可行节点(白),越过障碍物(B),到达终点(C),寻找最短轨迹,如图 6-45 所示。

(2) 每个出发点有 8 连接可行方向(直线),可到达相邻节点(A),如图 6-46 所示。

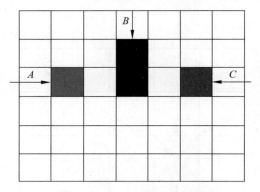

图 6-45 A-star 算法实例 1

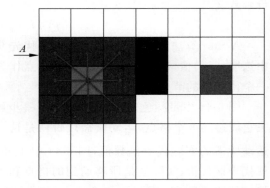

图 6-46 A-Star 算法实例 2

(3) 启发式代价函数为 $f(x)=g(x)+h(x)$,其中,$g(x)$ 表示节点 x 到起点的最短路程或轨迹路程(欧氏);$h(x)$ 表示不考虑障碍物,节点 x 到终点的最短路程(曼哈顿)。计算每个当前点到终点的距离。

以图 6-47 为例,$g(A)=\sqrt{10^2+10^2}\approx14$,$h(A)=30+10=40$,$f(A)=g(A)+h(A)=54$。

(4) 计算周围 8 个连接点的代价函数,取其最小值为审查节点,以图 6-48 为例,$\min\{f(x),x\in$ 子节点$\}=40$。

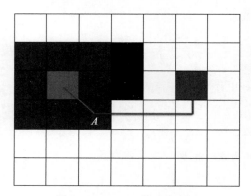

图 6-47 A-Star 算法实例 3

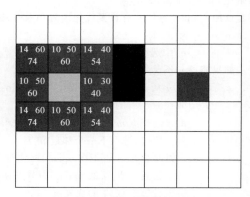

图 6-48 A-Star 搜索算法实例 4

(5) 将上述审查节点添加为新的子节点,进一步计算子节点周围点的代价函数,取其最小值,重复以上过程,以图 6-49 为例,$\min\{f(x),x\in$ 子节点$\}=54$,该点为新添加的子节点,并将该点加入路径集合。

（6）重复上述过程,新的审查节点计算后为 $\min\{f(x),x\in$ 子节点 $\}=48$,取最小值点为新子节点,并将新的子节点同时加入路径集合,如图 6-50 所示。

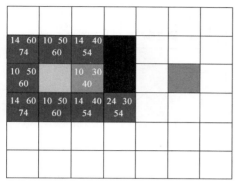

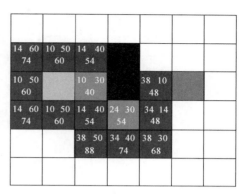

图 6-49　A-Star 算法实例 5　　　　　　图 6-50　A-Star 算法实例 6

（7）重复上述过程,添加新的审查节点后,$\min\{f(x),x\in$ 子节点 $\}=48$,如图 6-51 所示。

（8）当新添加的审查节点为终点时结束搜索,同时所有的子节点(A)构成的路径集合即为搜索算法得到的最短路径,如图 6-52 所示。

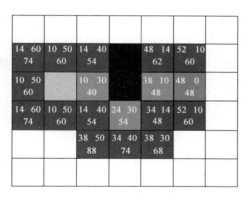

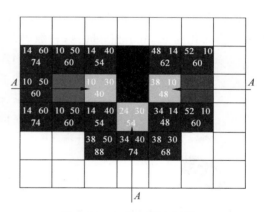

图 6-51　A-Star 算法实例 7　　　　　　图 6-52　A-Star 算法实例 8

5）DWA 算法

DWA(dynamic window approach)算法即动态窗口法,属于一种局部轨迹规划算法,常用于局部避障。DWA 经常被用于局部路径规划,主要是在速度 (v,w) 空间中采样多组速度,并模拟车辆在这些速度下一定时间内的轨迹。在 Apollo 的轨迹规划模块中,也采用 DWA 作为局部规划算法之一。在得到多组轨迹后对这些轨迹进行评价,选取最优轨迹对应的速度来驱动车辆运动。

DWA 算法的流程描述如图 6-53 所示。

DWA 算法的突出点在于动态窗口,它的含义是依据车辆的加速度性能限定速度采样空间在一个可行的行动范围内。依据运动模型、当前速度条件及约束可以得到相应的轨迹采样空间。利用评价标准(如到目标点距离代价、离障碍物距离代价、速度代价等)对采样空

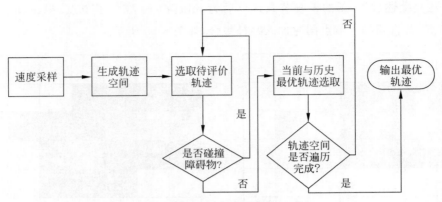

图 6-53　DWA 算法的流程示意图

间中的每一条路径进行评分与比较,选择综合分数最小的一条轨迹作为车辆下一时刻的运动轨迹。DWA 算法的优点在于反应速度较快,计算不复杂,通过速度组合(线速度与角速度)可以快速得出下一时刻规划轨迹的最优解,可以将横向与纵向两个维度向一个维度优化。

　　DWA 算法中要模拟车辆的轨迹,需要知道其运动模型。DWA 算法采用的方法是假设移动轨迹是一段段的圆弧或直线(旋转速度为 0 时),一对 (v_t, w_t) 就代表了一个圆弧轨迹,具体推导过程如下。

　　假设车辆只能前进和转向 (v_t, w_t),计算车辆轨迹时,先考虑两个相邻时刻,如图 6-54 所示。为简化起见,由于相邻时刻(一般码盘采样周期单位为 ms)内,运动距离短,因此可以

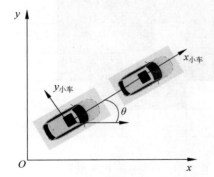

图 6-54　车辆在坐标系内的移动

将两相邻点之间的运动轨迹看成直线,即沿坐标系 x 轴移动了 $v_t \cdot \Delta t$。只需要将该段距离分别投影在世界坐标系 x 轴和 y 轴上就能得到 $t+1$ 时刻相对于 t 时刻车辆在世界坐标系中坐标移动的位移 Δx 和 Δy。

$$\Delta x = v \Delta t \cos(\theta_t) \tag{6-25}$$

$$\Delta y = v \Delta t \sin(\theta_t) \tag{6-26}$$

依次类推,如果想推算一段时间内的轨迹,只需要将这段时间的位移增量累计求和即可。

$$x = x + v \Delta t \cos(\theta_t) \tag{6-27}$$

$$y = y + v \Delta t \sin(\theta_t) \tag{6-28}$$

$$\theta_t = \theta_t + w \Delta t \tag{6-29}$$

　　在上面的计算中,假设相邻时间段内车辆的轨迹为直线是不准确的,更精确的做法是用圆弧来代替,车辆做圆弧运动的半径为:

$$r = \frac{v}{w} \tag{6-30}$$

　　当旋转速度 w 不等于 0 时,车辆坐标为:

$$x = x - \frac{v}{w} \sin(\theta_t) + \frac{v}{w} \sin(\theta_t + w \Delta t) \tag{6-31}$$

$$y = y - \frac{v}{w} \cos(\theta_t) - \frac{v}{w} \cos(\theta_t + w \Delta t) \tag{6-32}$$

$$\theta_t = \theta_t + w\Delta t \tag{6-33}$$

车辆的轨迹运动模型建立以后，根据速度可以推算出轨迹，因此只需要采样很多速度，推算轨迹，然后对这些轨迹进行评价。

速度如何采样是 DWA 算法的第二个核心。在速度 (v, w) 的二维空间中，存在无穷多组速度，但是根据车辆本身的限制和环境限制可以将采样速度控制在一定范围内。

车辆移动受自身最大速度和最小速度的限制：

$$V_m = \{v \in [v_{\min}, v_{\max}], w \in [w_{\min}, w_{\max}]\} \tag{6-34}$$

由于电机力矩有限，存在最大的加减速限制，因此车辆轨迹前向模拟的周期（sim_period）内存在一个动态窗口，在该窗口内的速度是车辆能够实际达到的速度，其中 v_c、w_c 是车辆的当前速度，其标志对应最大加速度和最大减速度。

$$V_d = \{(v, w) \mid v \in [v_c - \dot{v}_b \Delta t, v_c + \dot{v}_a \Delta t] \wedge w \in [w_c - \dot{w}_b \Delta t, w_c + \dot{w}_a \Delta t]\} \tag{6-35}$$

为了能够在碰到障碍物前停下来，因此在最大减速度条件下，速度有一个范围，其中 $\mathrm{dist}(v, w)$ 为速度 (v, w) 对应轨迹上离障碍物最近的距离，如图 6-55 所示。

$$V_a = \{(v, w) \mid v \leqslant \sqrt{2\mathrm{dist}(v, w)\dot{v}_b} \wedge w \leqslant \sqrt{2\mathrm{dist}(v, w)\dot{w}_b}\} \tag{6-36}$$

这个条件并不是在采样一开始就能得到的，需要模拟出车辆轨迹后，找到障碍物位置，计算出车辆和障碍物之间的距离，然后看当前采样的这对速度能否在碰到障碍物之前停下来。如果能停下来，那这对速度就是可接收的；如果不能停下来，那这对速度就需要抛弃。

为了简化每组速度的计算，该算法假设车辆在往前模拟轨迹这段时间内速度不变，直到下一时刻采样给定新的速度命令。

在采样的速度组中，有若干组轨迹是可行的，因此采用评价函数的方式为每条轨迹进行评价，在此采用的评价函数如下：

$$G(v, w) = \sigma(\alpha \cdot \mathrm{heading}(v, w) + \beta \cdot \mathrm{dist}(v, w) + \gamma \cdot \mathrm{velocity}(v, w)) \tag{6-37}$$

方位角评价函数 $\mathrm{heading}(v, w)$ 是用来评价车辆在当前设定的采样速度下，达到模拟轨迹末端的朝向和目标之间的角度差距，如图 6-56 所示，这里采用 $180° - \theta$ 的方式来评价，也就是 θ 越小，评价得分越高。

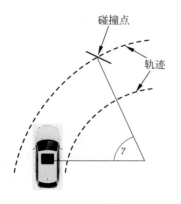

图 6-55　轨迹上离障碍物最近的距离

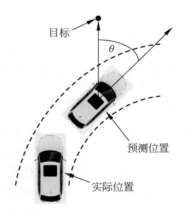

图 6-56　方位角示意图

dist(v,w)代表车辆在当前轨迹上与最近的障碍物之间的距离。如果在这条轨迹上没有障碍物,那就将其设定为一个常数。

velocity(v,w)用来评价当前轨迹的速度大小。

完成上述过程后需要进行平滑处理,也就是归一化,上面三个部分计算出来以后不是直接相加,而是每个部分进行归一化以后再相加。

归一化的目的是平滑处理,譬如障碍物距离,车辆传感器能检测到的最小障碍物距离在二维空间中是不连续的,这条轨迹能够遇到障碍,旁边轨迹不一定能遇到,并且这条轨迹最小的障碍物距离是 1m,旁边轨迹可能为 10m。那么障碍物距离的这种评价标准导致评价函数不连续,也会导致某个项在评价函数中太占优势,如这里的障碍物距离 10m 相对于 1m 就占有优势,所以将其归一化处理,如此都变成统一的百分比,每个障碍物最小距离都是这 100 份中的一份。

$$\text{normal}_{\text{head}(i)} = \frac{\text{head}(i)}{\sum\limits_{i=1}^{n} \text{head}(i)} \tag{6-38}$$

$$\text{normal}_{\text{dist}(i)} = \frac{\text{dist}(i)}{\sum\limits_{i=1}^{n} \text{dist}(i)} \tag{6-39}$$

$$\text{normal}_{\text{velocity}(i)} = \frac{\text{velocity}(i)}{\sum\limits_{i=1}^{n} \text{velocity}(i)} \tag{6-40}$$

其中:n 为采样的所有轨迹;i 为待评价的当前轨迹。

总结起来,三者构成的评价函数的物理意义是:在局部导航过程中,使车辆避开障碍,朝着目标以较快速度行驶,缺一不可。

6.3 集中式决策方案

6.3.1 驾驶人决策方式

集中式决策方案类似于驾驶人的决策方式,将决策过程视为黑箱,以道路环境的感知结果以及驾驶目的作为输入,直接以驾驶期望轨迹或汽车执行器的控制命令作为决策系统的输出。驾驶人和驾驶算法在驾驶车辆过程中既有相似之处,也存在很大区别。

1. 人脑结构与决策特点

人脑由大脑、小脑、间脑、脑干组成,具有听觉、视觉、体觉、思维和运动等功能分区。神经元即神经细胞,是人脑神经系统最基本的结构和功能单位。成年人类的大脑有大量(约 8.6×10^{10} 个)相互连接的神经元,远高于其他动物,其中每个神经元平均约有 10^4 个突触连接。得益于规模庞大的神经元及神经连接,人类有着远超其他动物的学习能力,如图 6-57 所示。现代研究一般认为,人脑是通过改变神经元之间突触连接有效性的方式进行学习的。

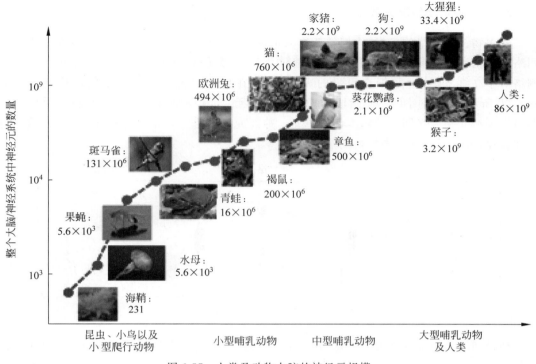

图 6-57 人类及动物大脑的神经元规模

2. 驾驶人决策过程

相对于分解式决策方式，驾驶人决策方式更接近于集中式决策方式，如图 6-58 所示。人类通过眼睛、耳朵等器官收集环境信息，神经系统处理和判断环境信息后直接做出决策，给出神经信号控制肢体做出相应的操控动作，进而控制车辆的执行器。

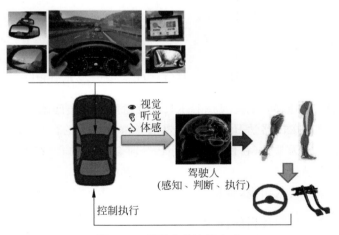

图 6-58 驾驶人的决策方式

集中式决策方案主要有两种：监督学习型决策和强化学习型决策。具体介绍见 6.3.2 节和 6.3.3 节。决策方案的承载体一般为深度人工神经网络。

3．人工神经网络决策载体

受生物神经网络的启发，人们常使用人工神经网络进行深度学习，以下将介绍人工神经网络的结构和网络参数的训练方法。神经网络以神经元（perceptron）作为基本单元。神经网络对于高维、非线性数据有很强的表达能力，在自动驾驶领域有突出的应用前景。如图 6-59 所示，神经网络的基本组成结构包括神经元、层和网络，由神经元构成层，由层构成网络。神经元是神经网络的基本计算单元。神经元接收上一层的若干输出，通过权重进行线性叠加，最后通过激活函数得到输出。

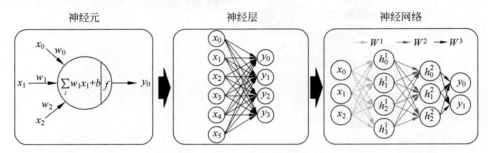

图 6-59　神经网络基本结构示意图

神经网络具体结构参见第 2 章，在自动驾驶过程中，为了衡量预测分布与真实分布的接近程度，需要选择一个预测值 y 与真实值 y^* 间的损失函数 $J(y^*, y)$，自动驾驶技术中常用的损失函数如下：

均方误差：

$$\mathrm{MSE}(y^*, y) = \frac{1}{n} \sum_{i=1}^{n} (y_i^* - y_i)^2 \tag{6-41}$$

交叉熵：

$$\mathrm{H}(Y^*, Y) = -\sum_{i=1}^{n} Y_i^* \log(Y_i) \tag{6-42}$$

Kullback Leibler(KL)散度：

$$\mathrm{D_{KL}}(Y^* \parallel Y) = \mathrm{H}(Y) - \mathrm{H}(Y^*, Y) = -\sum_{i=1}^{n} Y_i^* \log\left(\frac{Y_i}{Y_i^*}\right) \tag{6-43}$$

其中，均方误差适用于回归问题，交叉熵和 KL 散度适用于分类问题。

交叉熵和 KL 散度在机器学习任务中的效果通常是接近的，两者的差是真实分布的熵 $S(Y^*)$，该值对数据集为常数（在使用 mini-batch 时会有波动）。在实际分类问题中，通常选用交叉熵作为损失函数。

从梯度下降的基本公式出发，将损失函数的梯度信息反向传递给每个中间层，更新权重的过程称为反向传播。反向传播的目标是求得损失函数对每一层权重的偏导数 $\frac{\partial J}{\partial w_k}$，并通过梯度下降：

$$w_k = w_k - \lambda \frac{\partial J}{\partial w_k} \tag{6-44}$$

优化权重,达到降低损失函数的目的。

偏导数利用链式法则求得,因此反向传播的一般流程如下:

$$\frac{\partial J}{\partial w_n} = \frac{\partial J}{\partial y_n}\frac{\partial y_n}{\partial w_n} = \frac{\partial J}{\partial y_n}\frac{\partial f_n(y_{n-1},w_n)}{\partial w_n} \tag{6-45}$$

$$\frac{\partial J}{\partial y_{n-1}} = \frac{\partial J}{\partial y_n}\frac{\partial y_n}{\partial y_{n-1}} = \frac{\partial J}{\partial y_n}\frac{\partial f_n(y_{n-1},w_n)}{\partial y_{n-1}} \tag{6-46}$$

$$\frac{\partial J}{\partial w_{n-1}} = \frac{\partial J}{\partial y_{n-1}}\frac{\partial y_{n-1}}{\partial w_{n-1}} = \frac{\partial J}{\partial y_{n-1}}\frac{\partial f_{n-1}(y_{n-2},w_{n-1})}{\partial w_{n-1}} \tag{6-47}$$

依次类推。一般而言,上述公式中的每一个分式都是向量、矩阵或高维张量。

对于取定的损失函数,反向传播的出发点:

$$\frac{\partial J}{\partial y_n} = \frac{\partial J(y^*,y_n)}{\partial y_n} \tag{6-48}$$

是容易求得的,再确定每次的输入与输出间的对应关系 f_k 对 y_{k-1} 和 w_k 的偏导数后,即可层层递推,反向更新每层的权重。对于全连接层而言,这一偏导数的求解相对简单,对于卷积层推导则复杂一些。

当前主流深度学习框架都具有自动求导(autograd)功能,在实际使用中只需要定义网络结构即可进行训练,无须手动实现反向传播。但作为神经网络的关键之一,理解反向传播的基本原理对于理解神经网络是很有帮助的。

6.3.2　监督学习型决策

在自动驾驶中,监督学习型集中式决策通常基于神经网络,一种典型流程可用图 6-60 的框架表示。在该框架中,环境感知信息作为输入,驾驶操作作为输出,本质上是模仿优秀驾驶人的驾驶经验。如果完全依照定义,"集中式决策"作为介于"环境感知"与"运动控制"之间的环节,输出的应当是参考轨迹,由后续的运动控制算法将参考轨迹转换为驾驶操作。但由于神经网络对非线性映射关系有很强的表达能力,实现参考轨迹到驾驶操作的转换并不会为训练带来额外的负担,且网络输出更易于通过程序描述,因此通常将运动控制一并纳入神经网络范畴,图 6-60 的框架就合并了运动控制环节。由于环境感知也常用神经网络实

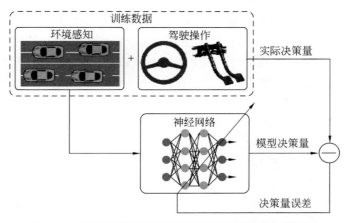

图 6-60　基于神经网络的自动驾驶监督学习型决策框架

现,也可以将传感器到执行器的中间过程完全合并,称为端到端决策。

从监督学习的视角看,自动驾驶与普遍意义上的监督学习问题并无本质不同,仅在问题规模、复杂程度上有所差异。监督学习是机器学习中一类重要方法的统称,共同特点是通过对既有输入输出的学习,得到输入到输出的一种映射关系,详见 2.4 节的介绍。监督学习主要解决分类和回归两类基本问题。分类问题将输入映射到离散输出(又称标签),回归问题将输入映射到连续输出。对于自动驾驶而言,分类问题的输入为摄像头图像,输出该方向上是否有车辆;回归问题的输入为环境信息,直接输出下一步的节气门开度、方向盘转角等车辆控制指令。以图 6-60 的框架为例,其输入是一个描述环境的张量,输出是归一化后的驾驶操作(方向盘转角值域为[-1,1],加速/制动踏板值域为[0,1]),因而可以看作一个回归问题。

以下对监督学习型决策的基本原理和方法进行简要介绍。

1. 基本原理与步骤

监督学习的基本原理是给定数据 s 和标签 $D(s)$,求解最优策略 π,使得策略输出 $\pi(s)$ 与数据标签 $D(s)$ 的差异最小化。该过程可表达为:

$$\min_{\pi} \|\pi(s) - D(s)\|, \quad \forall s \in \mathcal{S} \tag{6-49}$$

通过上式得到的最优策略记为 π^*。

监督学习的主要步骤如下。

① 选取策略模型:

$$\hat{D}(s) = \pi(s; \theta) \tag{6-50}$$

② 确定衡量策略输出与标签间差异的损失函数:

$$J(s, \theta) = (\pi(s; \theta) - D(s))^2 \tag{6-51}$$

③ 通过梯度下降的方法迭代更新,减小损失函数:

$$\theta \leftarrow \theta - \lambda \frac{\partial J(s, \theta)}{\partial \theta} \tag{6-52}$$

2. 监督学习决策过程

监督学习(本节中的监督学习,如无特殊说明,均指基于神经网络的监督学习)的一个突出特点是对于数据的需求。传统的支持向量机或基于特征工程的计算机视觉方法等,需要的数据量一般较小,提供更多的数据并不能显著提升算法表现。对于神经网络,要想覆盖所有的驾驶场景,需要大量的自然驾驶数据,而长尾效应的存在使数据需求量随决策精度呈指数增长。如果数据量不能满足要求,神经网络将极易发生过拟合,即在训练数据的准确率接近 100%,但在测试数据上表现极差,以至于在实际应用中的表现甚至可能差于支持向量机。监督学习的另一个特点是,在训练过程当中,占比较少的样本可能会被当作数据噪声予以忽略,这样会导致罕见场景的安全风险。此外,监督学习不能利用车辆动力学模型,并且模型依赖于数据,迁移能力较差。

对于一个监督学习项目而言,工程性往往大于理论性。虽然项目围绕神经网络展开,但收集、处理数据等附属步骤的重要性不亚于网络架构本身。

以下将列举一些监督学习项目中可能涉及的重要环节,实际项目中更重要的是具体问题具体分析,在理清思路的情况下定位问题,解决问题。

　　1) 数据收集

　　如上文所述,收集数据是监督学习的关键之一。在神经网络相关章节中,曾简要提及过拟合的问题,如果能确定是由数据引起的过拟合,且有条件扩充数据,应当首先考虑从数据入手,而非通过 Dropout 缓解过拟合。

　　收集数据首先要求可靠性。虽然数据不要求 100% 的准确性,但不准确的数据达到一定比例,将严重影响训练效果,甚至带来安全隐患。由于数据量大,人工检查每个数据存在一定困难。即使能够进行检查,但剔除错误、补充数据都将带来额外的时间消耗。因此,以自动驾驶数据收集为例,对于传感器和执行器信号的收集都有可靠性的要求。

　　同时,数据需要分布合理。为此,首先介绍混淆矩阵(confusion matrix)和精确率(precision)、准确率(accuracy)和召回率(recall)。混淆矩阵对预测值和真值的组合进行了分类。T(True)表示预测值与真值一致,F(False)表示预测值与真值不同。

　　准确率就是总体的预测正确率,是通常使用的指标。精确率、召回率通常呈现 trade-off 关系。以医疗场景举例,假设 P 类为就诊者患某种发病率很低的疾病,N 类表示就诊者不患有此疾病(见表 6-9),如果医生对于有轻微疑似症状的就诊者都全部确诊,则 FN 较低,而 FP 较高,即召回率高而精确率低;如果医生仅确诊能够充分肯定患病的就诊者,则 FN 较高,而 FP 较低,即召回率低而精确率高。同时提升精确率和召回率是比较困难的,如果对两者都有要求,可以使用 F_{β} 或 F_1 作为评价指标,选取合适的权重 β 描述两者的权重。

表 6-9　混淆矩阵

真　实　类	预　测　类	
	P	N
P	TP	FN
N	FP	TN

　　以此为基础,可以定义精确率、召回率和准确率如下:

$$\text{Precision} = \frac{\text{TP}}{\text{TP} + \text{FP}} \tag{6-53}$$

$$\text{Recall} = \frac{\text{TP}}{\text{TP} + \text{FN}} \tag{6-54}$$

$$\text{Accuracy} = \frac{\text{TP} + \text{TN}}{\text{TP} + \text{FP} + \text{TN} + \text{FN}} \tag{6-55}$$

$$F_{\beta} = \frac{(1 + \beta^2)\text{PR}}{\beta^2 \text{P} + \text{R}} \tag{6-56}$$

$$F_1 = \frac{2\text{PR}}{\text{P} + \text{R}} \tag{6-57}$$

　　对于分类任务,如果数据分布不合理,多数数据属于同一标签 A,少量数据属于另一标签 B,则全部预测 A 也可以达到很高的准确率,但 B 标签的召回率就为 0,在实际应用中是不可接受的。集中式决策作为回归问题,不合理的数据分布容易导致一些工况下表现很差,严重影响训练效果。

数据应当覆盖各种场景。这一点与数据的合理分布本质上是一致的,但在表现形式上略有不同。神经网络主要擅长内插(interpolation),即面对介于训练数据之间的输入,有较好的泛化能力。而对于需要外插(extrapolation)的数据,即使从人的视角来看十分显然,神经网络也很可能输出与预期相差甚远的结果。因此,收集数据需要经过充分规划,或是尽可能覆盖各种场景,或限定算法在覆盖的有限工况下运行。

2)数据预处理

即使收集的数据质量很高,预处理也是必需的流程。以自动驾驶为例,需要保持直行的数据点必然占据主要部分,可能是其他数据量总和的数倍。如果直接进行训练,并且使用MSE作为损失函数,则可以预期神经网络将落入全部输出 0(或接近 0)方向盘转角这一局部极小值(local minima),即应当转向时仍然保持直行,得到错误的决策。这一点与上文中数据分布合理的要求是一致的。针对该情况,可以选择分段统计各方向盘转角的数据数量,将方向盘 0 转角的数据舍去一定比例,使各转角对应数据的规模相近。

归一化也是预处理的重要步骤。在神经网络中,经常对输入、输出甚至中间层进行归一化。归一化作为一种线性变换,就神经网络本身而言是完全能够表达的。但由于网络参数初始化时通常是随机的,如果某些输入或输出的数量级不同,将导致输出值偏离梯度下降目标过远,可能导致训练难度加大、过慢甚至发散。因此,尤其在有不同类型的输入或输出时(如自动驾驶中的多种传感器信号同时作为输入),将数据预先处理到接近的大小,是一种比较有效的加速神经网络训练的方法。

3)算法训练

为了验证训练效果,通常需要对数据集进行划分,通过训练集进行训练,通过测试集评价模型表现。测试集作为最终评价指标,理论上不应以任何形式参与训练。例如,在调整模型超参数时,若在多组超参数中,根据在测试集上的表现选择某一组参数,即测试集既参与参数调优又作为评价依据,则实际上也将导致过拟合。对此,可以额外取出一部分数据作为验证(cross-validation)集,仍然使用训练集训练,通过验证集表现选择参数,最后通过测试集进行评价。比较常见的训练集、验证集与测试集划分比例是 6∶2∶2,随着近年来更大规模数据集的出现,在大数据集上验证集与测试集的比例可以适当降低。

监督学习算法的种类十分丰富,使用最广泛的包括决策树(decision tree)、支持向量机(support vector machine)、贝叶斯网络(bayesian network)和神经网络(neural network)等。近年来,随着算力增强,神经网络成为目前应用最广泛的监督学习方法载体。

6.3.3　强化学习型决策

强化学习型集中式自主决策是人工智能领域的研究热点。它不依赖大量的带标签训练数据,是探索试错式的自我进化。自动驾驶中的决策问题可以用强化学习的框架来描述,如图 6-61 所示。其本质仍然是智能体与环境的交互,只是其中的状态、动作和回报信息有其更明确的含义。智能体(agent)在与环境(environment)进行交互的过程中学习。状态(state)、动作(action)和回报(reward)是这一过程中的三个要素。状态是智能体观测到的对环境的描述,智能体基于状态决定将要做的动作。智能体将动作作用于环境后,环境会转移到下一个状态,同时给智能体一个回报。强化学习的目标是找到一个状态到动作的映射,称为策略,使得长期回报最大。强化学习算法通过与环境交互,采集状态、动作和回报信息,对策略进行迭代改进,以达到最优策略。

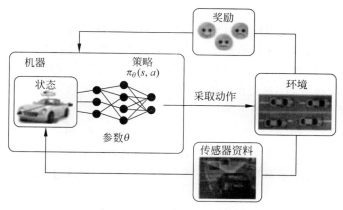

图 6-61　强化学习型决策框架

在自动驾驶决策任务中,智能体是汽车的决策系统,环境包括自车、道路、周车和行人等。状态是自动驾驶汽车通过感知系统得到的环境信息,这里的信息可以是未经处理的传感器信息,如摄像头的图像信息、激光雷达的点云信息等,也可以是经过处理和提取的信息,如自车和前车的相对距离、相对速度等。动作可以是高层的行为决策,如在高速公路上是否要变道、前方出现行人时应该加速通过还是减速让行等;也可以是中层的行为决策,如变道时的目标轨迹、下一时刻的期望车速等;也可以是底层的控制量,如节气门开度、制动力矩、前轮转向角等。回报则与具体的驾驶任务有关,如车道保持任务中,回报可以是汽车偏离车道中心线距离的负数;跟驰任务中,回报可以是自车和前车相对速度绝对值的负数等。在自动驾驶决策问题中,由于状态和动作的维数往往都很高,难以建立一对一的映射关系,因此智能体的策略常用一个参数化的函数来表示。自动驾驶汽车在行驶中采集状态、动作和回报数据,用数据对策略迭代更新,在探索试错中优化策略。

以下对强化学习型决策的基本原理和方法进行简要介绍。

1. 基本原理与步骤

1) 问题四要素

强化学习基本由四元素构成:状态-动作对(s,a)、策略$\pi(a|s)$、回报(价值)$v^{\pi}(s)$和环境动态模型$p(s'|s,a)$。状态是智能体能观测到的对其所处环境的描述。策略是从状态空间到动作空间的映射,若是确定性策略,则输出确定的动作;若是随机策略,则输出动作的概率分布。回报(价值)是环境给智能体的反馈。智能体与环境交互时,若在状态s下采取了动作a,使环境转移到新的状态s',则智能体获得回报$r_{ss'}^{a}$。环境动态模型是环境发生状态转移时遵循的概率分布,在状态s下采取动作a,环境可能转移到若干个新状态,新状态在状态空间上的概率分布就是环境动态模型$p(s'|s,a)$。

智能体通过与环境交互获得状态、动作以及回报,通过回报来调整策略,为下一轮交互做准备。策略调整的目的是寻求更好的行为,从而获得令人满意的长期回报。值得注意的是,智能体与环境的边界与物理层面上人与环境的边界并不一致,例如,在自动驾驶系统中,感知及执行硬件以及车辆动力学模型,都应该被考虑为环境的一部分,而不是智能体本身。类似于驾驶安全性、燃油经济性以及行驶舒适度都在物理控制器内进行计算,却被认为是智能体的外界。

多数随机和离散的环境可以被看作马尔可夫过程。马尔可夫过程具有马尔可夫属性,这就意味着当前时刻的状态仅仅依赖于上一时刻的状态和动作。在马尔可夫过程中,当前时刻的状态就是环境信息的有效代表。一个马尔可夫链是最直接且具有可数状态空间的马尔可夫过程,它在状态空间 $\mathcal{S}$ 和动作空间 $\mathcal{A}$ 具有有限的元素。给定任意状态 $s \in \mathcal{S}$ 以及动作 $a \in \mathcal{A}$,那么下一个状态 s' 出现的概率是:

$$\mathcal{P}_{ss'}^{a} = p(s' \mid s,a) = \Pr\{s_{t+1} = s' \mid s_t = s, a_t = a\} \tag{6-58}$$

其中:t 是当前时间;s_t 是 t 时刻的状态;a_t 是 t 时刻的动作;$\mathcal{P}_{ss'}^{a}$ 是转移概率;$p(s'\mid s,a)$ 是条件概率。马尔可夫链通常被描述为一系列有向图,每条边都代表从一个状态转移到另一个状态的概率。

策略是从状态空间到动作空间的映射。如果环境和策略都是马尔可夫属性的话,序列决策问题可以被认为是一个马尔可夫决策过程(MDP),则动作可以仅由当前状态决定。策略可以分为确定性策略和随机性策略。确定性策略在相同状态下总是选择相同的动作,如下式所示。

$$a = \pi(s), \quad s \in \mathcal{S} \tag{6-59}$$

或者是随机性策略,通过学习得到的概率分布选择动作,如下式所示。

$$\sum_{a \in \mathcal{A}} \pi(a \mid s) = 1, \quad s \in \mathcal{S} \tag{6-60}$$

长期回报是指智能体从某个状态出发,未来获得的累计回报。长期回报分为折扣型回报和平均型回报。折扣型回报的定义如下式所示。

$$G_t = \sum_{i=0}^{+\infty} \gamma^i r_{t+i+1} \tag{6-61}$$

其中:r_t 为第 t 步的回报;γ 为折扣因子,$0 \leqslant \gamma < 1$。平均型回报的定义如下式所示。

$$G_t = \lim_{T \to \infty} \frac{1}{T} \sum_{i=0}^{T-1} r_{t+i+1} \tag{6-62}$$

强化学习中,价值函数是智能体遵循某个策略时,长期回报的期望。价值函数包括状态-价值函数和动作-价值函数。状态-价值函数反映了智能体遵循某个策略时,某个状态的好坏;动作-价值函数反映了智能体遵循某个策略时,在某个状态下采取某个动作的好坏。

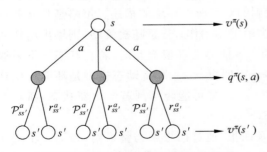

图 6-62　强化学习的状态转移过程

图 6-62 用一个树状结构表示了智能体的行动和环境的状态转移过程,称为回溯图(backup diagram)。图 6-62 中的空心节点表示状态,实心节点表示动作。根节点 s 对应一个状态-价值函数 $v^{\pi}(s)$,表示智能体从状态 s 出发,此后遵循策略 π 行动得到的长期回报的期望。在状态 s 下,智能体可以采取若干个动作,采取某个动作 a 时,到达 s 的一

个子节点,对应一个动作-价值函数 $q^{\pi}(s,a)$,表示智能体在状态 s 下,采取动作 a,此后遵循策略 π 行动得到的长期回报的期望。

下面用数学语言给出价值函数的定义。假设长期回报采用折扣型回报,则状态价值函数和动作价值函数的定义如下:

$$v^{\pi}(s) \overset{\text{def}}{=} \mathbb{E}_{\pi}\{G_t \mid s\} = \mathbb{E}_{\pi}\left\{\sum_{i=0}^{+\infty} \gamma^i r_{t+i} \mid s_t = s\right\} \tag{6-63}$$

$$q^{\pi}(s,a) \overset{\text{def}}{=} \mathbb{E}_{\pi}\{G_t \mid s,a\} = \mathbb{E}_{\pi}\left\{\sum_{i=0}^{+\infty} \gamma^i r_{t+i} \mid s_t = s, a_t = a\right\} \tag{6-64}$$

2) 强化学习问题表述

强化学习算法的本质是求解最优策略 $\pi^*(a|s)$,以最大化(或最小化)长期价值 $v^{\pi}(s)$ 或 $Q^{\pi}(s,a)$。在这一过程中,状态的转移服从环境的动态特性。这一过程用数学语言描述,如式(6-65)所示。

$$\max_{\pi}/\min_{\pi} v^{\pi}(s), \quad \forall s \in \mathcal{S}$$
$$\text{Subj. to } p\{s' \mid s,a\} = \mathcal{P}_{ss'}^{a} \tag{6-65}$$

基于价值函数,可以定义最优策略 π^*。强化学习的目标是最大化长期回报的期望,即价值函数。对任意的两个策略 π_1 和 π_2,若对所有的状态 s 都有 $v^{\pi_1}(s) \geqslant v^{\pi_2}(s)$,则称 π_1 是一个比 π_2 更好或同样好的策略,且当且仅当对所有的状态 s 等号均成立时 π_1 与 π_2 同样好。若存在一个策略 π^*,比所有的策略 π 都更好,则称 π^* 是最优策略。

在强化学习领域,基于环境信息是否可知可分为两类:基于模型的强化学习与无模型的强化学习。同时,基于是否利用最优性条件去计算最优策略可分为两类:间接强化学习与直接强化学习。下文将对间接强化学习与直接强化学习进行介绍。

2. 强化学习决策过程

策略迭代(policy iteration)是强化学习中的一种重要算法,几乎所有的强化学习算法都采用了其思想。策略迭代分为策略评估(policy evaluation)和策略改进(policy improvement)两个部分。策略评估是指计算一个给定策略对应的价值函数;策略改进是指根据给定的价值函数得到一个更好的策略。策略迭代交替进行这两个步骤,直到得到最优策略和其对应的价值函数,如图 6-63 所示。

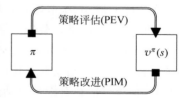

图 6-63　强化学习算法迭代

先考虑如何进行策略评估。假设现在已经有一个给定的策略 π,策略评估的任务是要计算其对应的价值函数 v^{π} (这里以状态价值函数为例)。根据价值函数的定义:

$$\begin{aligned}
v^{\pi}(s) &\overset{\text{def}}{=} \mathbb{E}_{\pi}\{G_t \mid s_t = s\} \\
&= \mathbb{E}_{\pi}\{r_t + \gamma G_{t+1} \mid s_t = s\} \\
&= \mathbb{E}_{\pi}\{r_t + \gamma v^{\pi}(s_{t+1}) \mid s_t = s\} \\
&= \sum_a \pi(a \mid s) \sum_{s'} p(s' \mid s,a)[r(s,a,s') + \gamma v^{\pi}(s')]
\end{aligned} \tag{6-66}$$

若环境模型 $p(s'|s,a)$ 是已知的,则式(6-66)给出了一个关于 v^{π} 的方程组,其中未知

数的个数和方程的个数相等,均等于状态的个数。若状态的个数是有限的,则可以通过解这个方程组得到价值函数 v^π。但在实际情况中,很多问题的状态个数很多,解方程组的计算开销太大,是不可行的。在这种情况下,可以采用动态规划算法对 v^π 进行迭代求解。此外,在很多问题中,环境模型 $p(s'|s,a)$ 是未知的,这样就无法写出式(6-66)的方程组,也无法用动态规划算法求解。在这种情况下,只能基于与环境交互获得的数据计算 v^π,后面介绍的蒙特卡洛算法就是一种这样的算法。

然后考虑如何进行策略改进。假设现在已经有一个给定的策略 π 和其对应的价值函数 v^π,策略改进的任务是找到一个更好的策略 π'。考虑这样一个新的策略,它在每个状态下确定地选择使动作价值函数取最大值的动作,即:

$$\pi'(s) = \underset{a}{\arg\max}\, q^\pi(s,a) \tag{6-67}$$

可以证明,这个新的策略 π' 一定比原策略 π 更好或同样好,且当且仅当它们都是最优策略时 π' 与 π 同样好。由于动作价值函数和状态价值函数之间满足自洽条件:

$$q^\pi(s,a) = \sum_{s'\in\mathcal{S}} \mathcal{P}_{ss'}^a (r_{ss'}^a + \gamma v^\pi(s')) \tag{6-68}$$

因此式(6-67)可以写成:

$$\pi'(s) = \underset{a}{\arg\max} \sum_{s'} p(s'\mid s,a)[r(s,a,s') + \gamma v^\pi(s')] \tag{6-69}$$

若环境模型 $p(s'|s,a)$ 是已知的,则可以用策略评估得到的价值函数 v^π 和式(6-69)计算新的策略 π'。

通过策略改进得到一个更好的策略 π' 后,可以再用策略评估计算 π' 的价值函数 $v^{\pi'}$,然后基于 $v^{\pi'}$ 再得到一个更好的策略 π''。如此交替进行策略评估和策略改进,就可以得到一系列越来越好的策略:

$$\pi_0 \xrightarrow{\text{PEV}} Q^{\pi_0} \xrightarrow{\text{PIM}} \pi_1 \xrightarrow{\text{PEV}} Q^{\pi_1} \xrightarrow{\text{PIM}} \cdots \xrightarrow{\text{PIM}} \pi^* \xrightarrow{\text{PEV}} q^{\pi^*}$$

可以证明,这一系列策略最终会收敛到最优策略 π^*。这种计算最优策略的方法就是策略迭代算法。

1) 间接强化学习方法:蒙特卡洛算法

在实际问题中,很多时候环境模型是难以获取的,这样就无法通过动态规划的方法进行策略评估和策略改进。蒙特卡洛(Monte Carlo)算法是一种无须环境模型的强化学习算法,它通过与环境交互,采集状态、动作和回报的数据,基于数据进行学习。

蒙特卡洛算法通过对累计回报求平均的方法估算价值函数。蒙特卡洛算法适用于回合制任务(任务可以在有限步内结束),当一个完整的回合结束时,算法才会进行价值函数和策略的更新。蒙特卡洛算法的基本思想与策略迭代相同,也可以分为策略评估和策略改进两个步骤。

(1) 策略评估。

由于环境模型未知,因此基于状态价值函数,采用式(6-66)无法计算出新的策略 π',必须采用式(6-67),基于动作价值函数 q^π 计算新的策略 π'。因此,蒙特卡洛算法在策略评估中需要计算给定策略的动作价值函数 q^π,而非状态价值函数 v^π。根据动作价值函数的定义,$q^\pi(s,a)$ 表示在状态 s 下,采取动作 a,此后遵循策略 π 行动,获得的长期回报的期望。蒙特卡洛算法的核心思想是用多次采样的平均值估算这一期望。当智能体在状态 s 下做出

动作 a 时,称状态-动作对 s,a 被访问了一次。假设状态-动作对 (s,a) 在第 t 步被访问,则从第 t 步开始直到该回合结束,可以计算出一个累计回报 G_t:

$$G_t = \sum_{i=t}^{T} \gamma^{i-t} r_i \tag{6-70}$$

其中: G_t 就是动作价值函数 $q^\pi(s,a)$ 的一个样本。蒙特卡洛算法用多个样本的平均值估算 $q^\pi(s,a)$,如式(6-71)所示。

$$q^\pi(s,a) = \mathrm{Avg}\{G_t \mid s_t = s, a_t = a\} \tag{6-71}$$

　　若状态和动作的取值是离散的,且取值的个数不太多,则可以用表格的形式储存价值函数,如图 6-64 和图 6-65 所示。

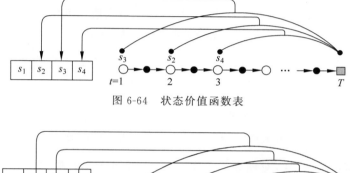

图 6-64　状态价值函数表

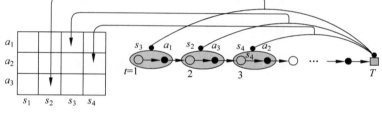

图 6-65　动作价值函数表

　　当状态-动作对 s,a 被访问的次数不断增加,得到的样本越来越多时,样本的平均值会逐渐趋近于真实的期望,如图 6-66 所示。

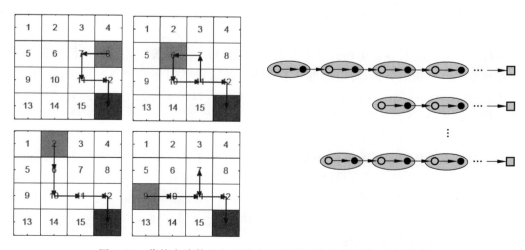

图 6-66　蒙特卡洛算法与环境交互得到动作价值函数 q^π 的样本

　　蒙特卡洛算法进行策略评估时有一个问题——有些状态-动作对可能从未被访问,因而这些状态-动作对的价值也从未被更新。如果策略 π 是一个确定性策略,则每次遇到状态 s 时,智能体只会采取动作 $\pi(s)$。这导致在状态 s 下其他可能的动作从未被采取,相应的状态-动作对就从未被访问。这样计算出的价值函数 $q^\pi(s,a)$ 无法作为策略改进的依据,因为策略改进要从可能的动作中选一个最好的,需要知道每个动作的价值。解决这一问题的一种方法是采用一个随机策略,使得在每个状态下采取任一动作的概率均不为零。这样可以保证当采样足够多时,每个状态-动作对都被访问过。

　　(2)策略改进。

　　策略改进的目标是寻找新策略 π',使其比旧策略 π 更好。由于环境模型未知,因此只能通过式(6-67)计算新策略。在策略评估中,已经计算出了旧策略 π 对应的价值函数 q^π,按照式(6-67),新策略只需要取每个状态下使 q^π 达到最大值的动作 a^* 即可,如下式所示。

$$a^* = \underset{a}{\mathrm{argmax}}\, q^\pi(s,a) \tag{6-72}$$

$$\pi'(s \mid a) = \begin{cases} 1, & a = a^* \\ 0, & a \neq a^* \end{cases} \tag{6-73}$$

　　这样得到的 π' 是一个确定性策略,因而会造成访问不到某些状态-动作对的情况。为了得到一个随机策略,一种方法是用 ε-greedy 策略——在任一状态 s 下,以 $\varepsilon(0<\varepsilon<1)$ 的概率随机选择一个动作。这样,对任意的动作 $a \neq a^*$,a 被选择的概率均为 $\dfrac{\varepsilon}{|A|}$,$|A|$ 为动作取值的个数;而 a^* 被选择的概率为 $1-\varepsilon+\dfrac{\varepsilon}{|A|}$。$\varepsilon$-greedy 策略用数学语言描述为:

$$a^* = \underset{a}{\mathrm{argmax}}\, q^\pi(s,a) \tag{6-74}$$

$$\pi'(s \mid a) = \begin{cases} 1-\varepsilon+\dfrac{\varepsilon}{|A|}, & a = a^* \\ \dfrac{\varepsilon}{|A|}, & a \neq a^* \end{cases} \tag{6-75}$$

　　可以证明,新的策略 π' 比原策略 π 更好或同样好,且仅当它们都是最优的 ε-greedy 策略时 π' 与 π 同样好当。

　　蒙特卡洛算法交替执行策略评估和策略改进,直到算法收敛。策略评估使价值函数更加接近当前策略对应的价值,策略改进则基于当前价值函数得到一个更好的策略。随着对每个状态-动作对的访问次数接近无穷,蒙特卡洛算法可以保证价值函数收敛到最优值且策略收敛到最优策略,如图6-67所示。

　　2)直接强化学习方法:REINFORCE算法

　　与上文讨论动作价值函数的方法不同,接下来讨论直接学习参数化的策略的方法,即策略梯度方法,在这个方法中动作选择不再直接依赖于价值函数。

　　首先把在时刻 t、状态 s 和参数向量 $\boldsymbol{\theta}$ 下选择动作 a 的概率记为:

$$\pi(a \mid s,\boldsymbol{\theta}) = \Pr\{A_t = a \mid S_t = s, \boldsymbol{\theta}_t = \boldsymbol{\theta}\} \tag{6-76}$$

其中:$\boldsymbol{\theta} \in \mathbb{R}^{d'}$ 表示策略参数向量。

　　策略梯度方法的目标是最大化性能指标,性能指标 $J(\boldsymbol{\theta})$ 则定义为在当前参数化策略

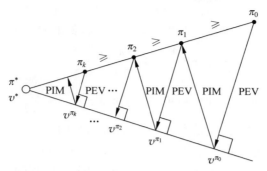

图 6-67 蒙特卡洛算法收敛到最优策略

下初始状态的价值函数。假设每一幕从某个非随机的状态 s_0 开始,性能指标定义为:

$$J(\boldsymbol{\theta}) \doteq v_{\pi_{\boldsymbol{\theta}}}(s_0) \tag{6-77}$$

其中:$v_{\pi_{\boldsymbol{\theta}}}$ 是策略 $\pi_{\boldsymbol{\theta}}$ 下的真实价值函数;策略 $\pi_{\boldsymbol{\theta}}$ 由 $\boldsymbol{\theta}$ 决定。参数向量 $\boldsymbol{\theta}$ 的更新如下式所示:

$$\boldsymbol{\theta}_{t+1} = \boldsymbol{\theta}_t + \alpha \, \nabla \hat{J}(\boldsymbol{\theta}_t) \tag{6-78}$$

其中:$\nabla \hat{J}(\boldsymbol{\theta}_t) \in \mathbb{R}^{d'}$ 是随机估计,它的期望是性能指标 $J(\boldsymbol{\theta}_t)$ 对于参数 $\boldsymbol{\theta}_t$ 梯度的近似。为了精确估计这个梯度,引入策略梯度定理。策略梯度定理的表达式如下所示:

$$\nabla J(\boldsymbol{\theta}) \propto \sum_s \mu(s) \sum_a q_\pi(s,a) \, \nabla \pi(a \mid s, \boldsymbol{\theta}) \tag{6-79}$$

其中:这个梯度是关于参数向量 $\boldsymbol{\theta}$ 每个元素的偏导组成的列向量;π 表示参数向量 $\boldsymbol{\theta}$ 对应的策略;分布 μ 是在策略 π 下的同轨分布策略。对于分幕式任务,比例常量是每一幕的平均长度。因此,利用策略梯度定理可以给出正比于梯度的精确表达式。值得注意的是,在式 (6-79) 中隐去了 π 对 $\boldsymbol{\theta}$ 的依赖,以简化公式。

在策略梯度学习算法中,需要确保采样的样本梯度的期望正比于性能指标对于策略参数的实际梯度,这样做可以将正比系数吸收到步长参数 α 中。在式 (6-73) 中,目标策略 π 下每个状态的出现频率被作为加权系数的求和项,若按策略 π 执行的话,策略梯度定理可表述为:

$$\nabla J(\boldsymbol{\theta}) = \mathbb{E}_\pi \left[\sum_a q_\pi(S_t, a) \, \nabla \pi(a \mid S_t, \boldsymbol{\theta}) \right] \tag{6-80}$$

则随机梯度上升算法 (6-72) 可实例化为:

$$\boldsymbol{\theta}_{t+1} = \boldsymbol{\theta}_t + \alpha \sum_a \hat{q}(S_t, a, \boldsymbol{w}) \, \nabla \pi(a \mid S_t, \boldsymbol{\theta}) \tag{6-81}$$

其中:$\hat{q}$ 为学习得到的 q_π 的近似。上述算法被称为全部动作算法,因为它的更新涉及所有可能执行的动作。

下面将介绍 REINFORCE 算法,该算法在时刻 t 的更新仅仅与 A_t 有关。上述策略梯度中缺少对 π 的期望,因此引入 $\pi(a \mid S_t, \boldsymbol{\theta})$ 作为加权系数,并考虑如下推导:

$$\begin{aligned}
\nabla J(\boldsymbol{\theta}) &= \mathbb{E}_\pi \left[\sum_a \pi(a \mid S_t, \boldsymbol{\theta}) q_\pi(S_t, a) \frac{\nabla \pi(a \mid S_t, \boldsymbol{\theta})}{\pi(a \mid S_t, \boldsymbol{\theta})} \right] \\
&= \mathbb{E}_\pi \left[q_\pi(S_t, A_t) \frac{\nabla \pi(A_t \mid S_t, \boldsymbol{\theta})}{\pi(A_t \mid S_t, \boldsymbol{\theta})} \right] \\
&= \mathbb{E}_\pi \left[G_t \frac{\nabla \pi(A_t \mid S_t, \boldsymbol{\theta})}{\pi(A_t \mid S_t, \boldsymbol{\theta})} \right]
\end{aligned} \tag{6-82}$$

其中：$E_\pi[G_t|S_t,A_t]=q_\pi(S_t,A_t)$，$G_t$ 为通常回报。上述表达式可以通过每步采样计算获得，并且其期望就等于真实梯度。利用该表达式获得如下的随机梯度上升算法：

$$\boldsymbol{\theta}_{t+1}=\boldsymbol{\theta}_t+\alpha G_t\frac{\nabla\pi(A_t\mid S_t,\boldsymbol{\theta})}{\pi(A_t\mid S_t,\boldsymbol{\theta})} \tag{6-83}$$

该算法中，每个增量更新正比于回报 G_t 与向量 $\dfrac{\nabla\pi(A_t\mid S_t,\boldsymbol{\theta})}{\pi(A_t\mid S_t,\boldsymbol{\theta})}$ 的乘积，增量正比于回报 G_t 可以使参数向着更有利于产生最大回报的动作的方向更新，反比于选择动作的概率可以防止频繁选择的动作占优的情况出现迭代过程如图 6-68 所示。

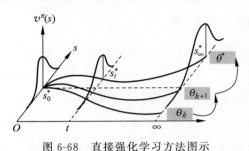

图 6-68   直接强化学习方法图示

由于 REINFORCE 算法需要使用从时刻 t 开始的完全回报，因此它也被称作蒙特卡洛策略梯度。REINFORCE 算法具有良好的理论收敛性，可以保证期望意义下的性能指标的改善，如果 α 足够小，在标准的随机近似条件下可以收敛到局部最优。但由于其有较高的方差，可能导致学习较慢的情况出现，此时可以采用带有基线的 REINFORCE 方法，以减小方差，提高收敛速度。

6.4   自动驾驶决策规划案例

表 6-10 列出了部分著名高校、企业的典型决策规划功能设计案例，包含采用的决策规划方案、适用的驾驶场景、传感器配置和驾驶水平等。

表 6-10   典型决策功能设计

单 位	驾 驶 水 平	传感器配置	场 景	决策方案
斯坦福大学	曾获美国 DARPA 无人驾驶挑战赛冠军。最高时速达 190km/h	差分 GPS、激光雷达、轮速传感器、加速度传感器、陀螺仪	非公路赛道城市赛道	分解式决策
谷歌 Waymo	行驶 145 万英里，人工接管 0.076 次/1000 英里	GPS、激光雷达、摄像头、毫米波雷达、惯导 IMU	结构化城市道路、高速公路	分解式决策
百度 Apollo	行驶 10.8 万英里，人工接管 0.055 次/1000 英里，居于榜首	GPS、激光雷达、摄像头、毫米波雷达、惯导 IMU	结构化城市道路、高速公路	分解式决策
Tesla	每 3.07 百万英里行驶中发生一次事故；自主泊车、出库	GPS、摄像头，超声波雷达、毫米波雷达	结构化城市道路、高速公路	分解式决策
NVIDIA	平均人工干预里程为 11.0 英里	3 个摄像头	稀疏交通流、结构化低速道路	集中式决策
Wayve	车道保持功能，车速<20km/h	1 个前向摄像头	稀疏交通流、结构化低速道路	集中式决策

注：1 英里≈1.609km。

在上述典型分解式决策功能设计中,每个具体子问题解决方法如表 6-11 所示,采用集中式决策方案的 NVIDIA 通过卷积神经网络和全连接神经网络实现决策功能,Wayve 通过强化学习(DDPG、卷积神经网络)实现决策功能。

表 6-11 分解式决策方案

单 位	场 景 理 解	周 车 预 测	行 为 选 择	轨 迹 规 划
斯坦福大学	支持向量机	卡尔曼滤波、粒子滤波	有限状态机贝叶斯推断	动态规划 多项式轨迹采样 HybridA* 搜索
谷歌 Waymo	卷积神经网络动态博弈	循环神经网络	卷积神经网络有限状态机	循环神经网 Hybrid A*
百度 Apollo	卷积神经网络	卡尔曼滤波	有限状态机	轨迹采样 二次规划 交互式预测
Tesla	数字神经网络	粒子滤波	有限状态机	卷积神经网络

6.4.1 监督学习型决策案例

在自动驾驶中,搭建神经网络仅仅是构建集中式监督学习框架的一环,网络训练前的准备工作可能需要花费更多的时间,对结果也有至关重要的影响作用。

训练的准备工作主要包括搭建数据收集设备、收集数据及设计数据预处理等流程,例如,收集数据需要确保收集到各种场景的数据,预处理时需要纠正数据的偏态。

1. DeepDriving 监督学习案例

普林斯顿大学团队于 2015 年提出自动驾驶方案 DeepDriving,这是将监督学习用于训练自动驾驶汽车的一个典型案例,DeepDriving 与其他自动驾驶方案对比如图 6-69 所示。

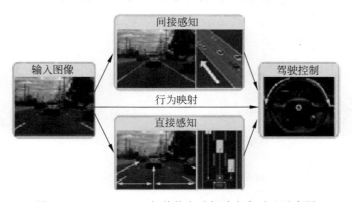

图 6-69 DeepDriving 与其他自动驾驶方案对比示意图

常见的视觉型自动驾驶系统主要有两种主流方法:一种是从整幅图像中识别出与驾驶相关的主体,如周车、行人、车道线等,之后再将这些信息综合考虑,给出自车决策;另一种则是直接学习从图像到驾驶行为的映射。DeepDriving 则提出可以通过学习少量用于描述自动驾驶场景的状态指标（affordance indicators），之后根据这些状态指标可以很容易地对驾驶行为进行控制。

在高速公路场景中，驾驶状态主要包括两种：保持当前车道或遇到障碍需要变道超车。针对此作者设计了如图 6-70 所示的若干个状态指标，包括车头朝向与车道夹角、车辆到公路边缘的距离、车辆与前车之间的距离等，通过这些指标来指示当前驾驶环境并用于转向控制。

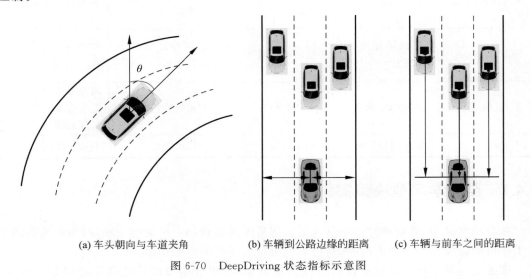

(a) 车头朝向与车道夹角　　　　(b) 车辆到公路边缘的距离　　(c) 车辆与前车之间的距离

图 6-70　DeepDriving 状态指标示意图

DeepDriving 系统的架构如图 6-71 所示，监督学习使用的训练数据来自于 TORCS(the open racing car simulator)仿真平台，由人类进行赛车游戏，并在游戏过程中记录原始图像和自定义的各项指标数值，最终得到 12h 的模拟驾驶数据。采用的卷积神经网络包含 5 个卷积层和 4 个全连接层，能将原始图像映射为各项状态指标，并输出给控制器，控制器根据指标确定行为模式，并计算出期望车速，最终控制加速、制动以及转向。

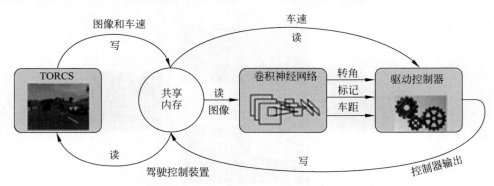

图 6-71　DeepDriving 系统架构

DeepDriving 系统最后在 TORCS 平台中进行测试，控制频率为 10Hz，当车速低于 80km/h 时系统能有效控制车辆在各种地图中安全驾驶。

2. NVIDIA 监督学习案例

将监督学习用于自动驾驶决策的另外一个典型案例是 NVIDIA 于 2016 年发表的自动驾驶方案。

如图 6-72 所示,通过 NVIDIA 研发的车载计算机 DRIVE™ PX 系统进行数据收集,后续训练完成后的推断工作也在该计算机上完成,实时推断可达 30FPS,能够满足实时性要求。

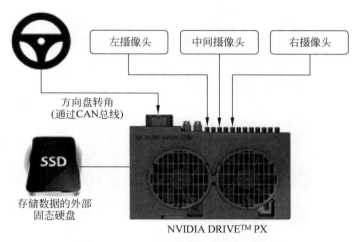

图 6-72　NVIDIA 数据收集系统示意图

将收集的总计 72h,频率为 10Hz 的数据导入 NVIDIA DevBox,使用 torch7 框架进行训练,训练流程如图 6-73 所示,网络结果如图 6-74 所示。

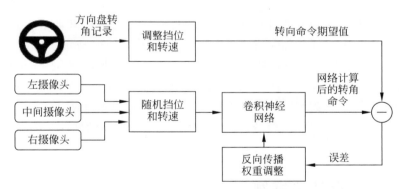

图 6-73　NVIDIA 训练流程示意图

通过式(6-84)计算在道路测试中驾驶人接管的时间比例,来对模型效果进行计算和评价。

$$自主度 = \left(1 - \frac{干预次数 \times 6s}{持续时间}\right) \times 100\%　\qquad (6-84)$$

在花园州际公路 10 英里(约 16km)的测试中,卷积神经网络完成了全部的控制任务,而在其他道路上的测试自主度也达到了 98%,达到了比较理想的效果。

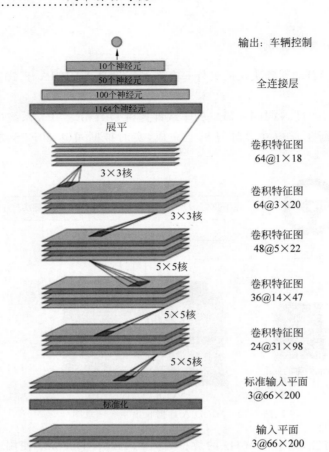

输出：车辆控制

10个神经元

50个神经元

100个神经元

全连接层

1164个神经元

展平

卷积特征图
64@1×18

3×3核

卷积特征图
64@3×20

3×3核

卷积特征图
48@5×22

5×5核

卷积特征图
36@14×47

5×5核

卷积特征图
24@31×98

5×5核

标准输入平面
3@66×200

标准化

输入平面
3@66×200

图 6-74　NVIDIA 网络结构图

上述案例从理论上来说并不算复杂，也没有使用过多的技巧，但实际上工作量很大，需要团队投入大量人力和时间才能完成。

读者如果有兴趣体验这一过程，可以尝试 Udacity 的开源示例 CarND-Behavioral-Cloning-P3（课程收费，但示例开源免费）。该示例使用基于 Unity 开发的模拟器，实现了从收集数据、数据处理、训练到测试的全过程演示。虽然只有静态道路，在其中自车不会受其他交通参与者影响，与实际环境仍有较大差距，但通过该示例能较好地了解集中式决策的整个流程。

6.4.2　强化学习型决策案例

1. Wayve 强化学习案例

Wayve 将强化学习决策应用在车道行驶任务中，决策系统的任务是给汽车合理的控制指令，使汽车保持在车道内行驶。Wayve 采用深度确定性策略梯度（DDPG）算法和卷积神经网络模型，其决策框架如图 6-75 所示。模型的输入是单目摄像头拍摄到的前方道路图片，输出是方向盘转角（取值归一化到[−1,1]）和期望车速（km/h）。强化学习的回报为当

前车速的大小。当汽车违反交通规则（实车训练中为驾驶人接管）时,回合终止。由于价值
函数计算了从一个回合开始到结束的累计回报,因此这里的价值函数反映了汽车在违反交
通规则（或驾驶人接管）前平均行驶的路程。

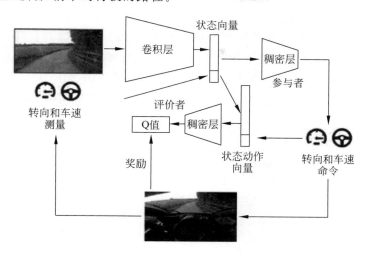

图 6-75　Wayve 的 DDPG 算法框架

DDPG 算法是一种基于 Actor-Critic 框架的强化学习算法,它是一种无模型（model-free）、离策略（off-policy）的算法,只能处理连续的状态和动作。DDPG 算法用神经网络表示动作-价值函数和策略,分别称为价值网络和策略网络。对于给定的状态输入,策略网络输出动作,价值网络输出对应的动作-价值。DDPG 算法的策略是确定性的,即策略的输出是确定的动作。为了提高算法的稳定性,DDPG 算法在价值网络和策略网络的基础上增加了目标价值网络和目标策略网络,它们的网络结构与原网络相同,参数的更新滞后于原网络。为了提高数据的利用率,DDPG 采用了经验回放——将过去一段时间内与环境交互得到的数据(s, a, r, s', d)储存下来,每次更新网络参数时随机选取一部分数据进行计算。DDPG 算法是 Q-learning 和策略梯度（PG）算法的结合,算法的更新分为价值函数的更新和策略的更新两个部分。价值函数 Q_ϕ 的更新用单步 TD 误差作为损失函数,如式（6-85）所示。

$$L(\phi, \mathcal{D}) = \mathop{\mathbb{E}}_{(s, a, r, s', d) \sim \mathcal{D}} \left[\left(Q_\phi(s, a) - (r + \gamma(1-d) Q_{\phi\text{targ}}(s', \mu_{\theta_\text{targ}}(s'))) \right)^2 \right] \tag{6-85}$$

其中：$\mathcal{D}$ 表示采样得到的样本集合;ϕ 为原价值函数的参数;ϕ_targ 为目标价值函数的参数;θ_targ 为目标策略的参数;d 为表示状态 s' 是否为终止状态,若 s' 为终止状态,则 $d=1$,否则 $d=0$。策略 μ_θ 的更新采用最大化价值函数的方法,如式（6-86）所示。

$$\max_\theta \mathop{\mathbb{E}}_{s \sim \mathcal{D}} \left[Q_\phi(s, \mu_\theta(s)) \right] \tag{6-86}$$

DDPG 算法用上述方法交替地更新价值函数和策略,直到两者均收敛。

在 Wayve 的决策框架中,神经网络的输入是图像数据,因此采用适合提取图像特征的 CNN。Wayve 采用的 CNN 包含 4 个卷积层,其参数由价值网络和策略网络共享,两个网络各有 1 个全连接层。输入的图片经过卷积层后,得到特征向量,该特征向量是策略网络的输入和价值网络输入的一部分,价值网络输入的另一部分是策略网络输出的动作,如图 6-75 所示。

为了验证算法的可行性,Wayve 进行了仿真实验和实车实验。仿真实验中,每回合的道路曲线、路面纹理和路标均随机生成。经过不到 10 个回合的训练,就实现了可靠的车道行驶效果。实车实验中,汽车在一段 250m 长的道路上行驶,当汽车驶离车道或姿态出现严重问题时,由驾驶人接管,回合结束。实车训练所用的时长为 37min,在训练后的测试中,驾驶人共接管 1 次,接管前汽车自动行驶的路程为 143.2m。若用变分自编码器(variational autoencoder,VAE)对输入状态进行预处理,则训练时长可缩短至 15min,且驾驶人不需要接管。Wayve 将 DDPG、DDPG+VAE 与随机策略进行了对比,如图 6-76 所示。结果表明,随机策略不能完成车道行驶任务,DDPG 算法可以逐步提升控制策略,配合 VAE 可以提升训练速度。

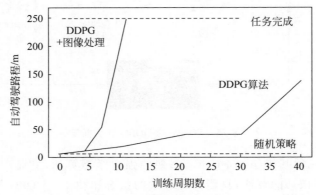

图 6-76　不同策略方法的效果对比

2. DSAC 强化学习案例

下面给出将另一种强化学习决策应用在车道保持任务中的样例。这里采用 DSAC(distributional soft actor-critic)算法训练智能体,其决策框架如图 6-77 所示。研究对比了模型的不同输入对最终车道保持性能的影响,共有 3 类输入构型:①非预瞄型状态向量;②预瞄型状态向量;③单目摄像头拍摄的前方道路图片。输出是方向盘转角(取值归一化到 $[-1,1]$)和油门控制量(取值归一化到 $[0,1]$)。强化学习的回报为车道保持描述量的加

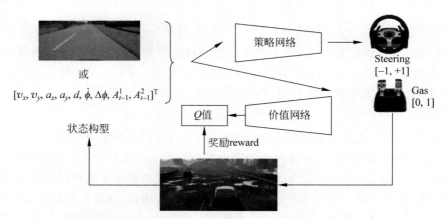

图 6-77　车道保持智能体决策框架

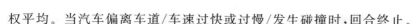

权平均。当汽车偏离车道/车速过快或过慢/发生碰撞时,回合终止。

　　DSAC 算法是一种结合最大熵、值分布等特性,基于 Actor-Critic 框架的强化学习算法,它是一种免模型、离策略(off-policy)的算法,能处理连续的状态和动作。DSAC 算法用神经网络表示动作-价值函数和策略,称为价值网络和策略网络。对于给定的状态输入,策略网络输出动作的分布(高斯分布,价值网络相同),价值网络输出对应的动作-价值分布。因此 DSAC 算法的策略是随机的,即策略的输出为动作空间上的分布。为了提高算法的稳定性,DSAC 算法在价值网络和策略网络的基础上增加了目标价值网络和目标策略网络,它们的网络结构与原网络相同,参数的更新滞后于原网络。为了提高数据的利用率,DSAC 采用了经验回放——将过去一段时间内与环境交互得到的数据 (s,a,r,s',d) 储存下来,每次更新网络参数时随机选取一部分数据进行计算。

　　DSAC 算法更新分为价值函数更新和策略更新两个部分。价值函数更新需要注意最大熵特性在价值函数中引入了当前状态下策略的信息熵,值分布特性在价值函数中表现为行为价值是一个随机变量,其期望为真实的 Q 函数(行为价值)。因此,在最大熵与值分布特性的共同作用下,t 时刻处于状态 s_t 且执行行为 a_t 后遵循策略 π 的返回值为价值函数,表示为式(6-87):

$$Z^{\pi}(s,a)=r_t+\gamma\sum_{i=t+1}^{+\infty}\gamma^i\big[r(s_i,a_i)-\alpha\log(\pi(a_i\mid s_i))\big] \tag{6-87}$$

　　其贝尔曼递推方程如式(6-88)所示。

$$\mathcal{T}^{\pi}Z^{\pi}(s,a)=r+\gamma(Z^{\pi}(s',a')-\alpha\log\pi(a'\mid s')) \tag{6-88}$$

其中:$Z^{\pi}(s,a)$ 为处于状态 s,选择行为 a 的返回值(随机变量),其期望为 $Q^{\pi}(s,a)$。定义映射 $\mathcal{Z}^{\pi}(Z^{\pi}(s,a)\mid s,a):\mathcal{S}\times\mathcal{A}\rightarrow\mathcal{P}(Z^{\pi}(s,a))$ 为状态行为元组 (s,a) 到返回值分布的映射。使用分布的距离度量评价现有分布与目标分布的差距,从而更新价值分布:

$$\mathcal{Z}_{new}=\mathop{\arg\min}_{\mathcal{Z}}\mathop{\mathbb{E}}_{\substack{s\sim\rho^{\pi}\\a\sim\pi(s)}}\big[d(\mathcal{Z}^{\pi}_{old}(\cdot\mid s,a),\mathcal{Z}(\cdot\mid s,a))\big] \tag{6-89}$$

　　通常使用 KL 散度作为分布之间的距离度量,若使用参数 θ 和 ϕ 分别表示价值函数估计器 $\mathcal{Z}_{\theta}(s,a)$ 与随机策略 $\pi_{\phi}(a\mid s)$,则返回值损失函数为:

$$\mathcal{J}_{\mathcal{Z}}(\theta)=\mathop{\mathbb{E}}_{(s,a)\sim\mathcal{B}}\big[D_{KL}(\mathcal{T}^{\pi_{\phi'}}\mathcal{Z}_{\theta'}(\cdot\mid s,a),\mathcal{Z}_{\theta}(\cdot\mid s,a))\big]$$

$$=c-\mathop{\mathbb{E}}_{\substack{(s,a,r,s')\sim\mathcal{B}\\Z(s',a')\sim\mathcal{Z}_{\theta'}(\cdot\mid s',a')}}\big[\log\mathcal{P}(\mathcal{T}^{\pi_{\phi'}}Z(\cdot\mid s,a)\mid\mathcal{Z}_{\theta}(\cdot\mid s,a))\big] \tag{6-90}$$

其中:$\mathcal{B}$ 表示采样得到的样本集合;θ 为原价值函数的参数;θ' 为目标价值函数的参数;ϕ' 为目标策略的参数。求梯度 $\partial\mathcal{J}_{\mathcal{Z}}(\theta)/\partial\theta$ 并更新价值网络,则构成价值函数的更新。

　　策略更新的目标为最大化价值函数,因此其更新规则如式(6-91)所示。

$$\mathcal{J}_{\pi}(\phi)=\mathop{\mathbb{E}}_{\substack{s\sim\mathcal{B}\\a\sim\pi_{\phi}}}\big[Q_{\theta}(s,a)-\alpha\log\pi_{\phi}(a\mid s)\big]$$

$$=\mathop{\mathbb{E}}_{\substack{s\sim\mathcal{B}\\a\sim\pi_{\phi}}}\big[\mathop{\mathbb{E}}_{Z(s,a)\sim\mathcal{Z}_{\theta}(s,a)}[Z(s,a)-\alpha\log\pi_{\phi}(a\mid s)]\big] \tag{6-91}$$

DSAC 算法用上述方法交替地更新价值函数和策略,直到两者均收敛。

决策模型的输入构型包括三类。第一类为非预瞄型状态向量,通过车辆自身当前状态物理量描述其车道保持状态:包括速度、加速度、横摆角速度与上一时刻的控制量。另外,为了使车辆保持在道路中线,要求车辆朝向角相对道路方向的误差尽量小,车辆质心接近道路中线。最终的状态向量为 $[v_x,v_y,a_x,a_y,d,\dot{\phi},\Delta\phi,A_{t-1}^1,A_{t-1}^2]^T \in \mathbb{R}^{9\times1}$,简称为 VEC-no preview。第二类为预瞄型状态向量,在第一类的状态向量中引入道路前向一定距离后的道路方向与车辆朝向角之差,表示未来短时间内车辆即将行驶的道路弯曲程度。最终的状态向量为 $[v_x,v_y,a_x,a_y,d,\dot{\phi},\Delta\phi,\Delta\varphi_1,\Delta\varphi_2,\Delta\varphi_3,A_{t-1}^1,A_{t-1}^2]^T \in \mathbb{R}^{12\times1}$,简称为 VEC-preview。第三类为图像+部分状态向量,用前置单目相机的灰度图(分辨率 160×64 像素)替代状态向量中的角度与距离偏差,最终的状态空间维数为 $\mathbb{R}^{160\times64}\times\mathbb{R}^{7\times1}$,简称为 IMG。

VEC 的两类输入构型均使用全连接网络,价值网络输入状态向量与行为,输出行为价值的均值与方差,策略网络输入状态向量,输出行为分布的均值与方差。IMG 则使用卷积神经网络处理图像,卷积至长度为 896 的列向量后,经过 256 个神经元的全连接层激活,并用状态向量部分激活得到长度为 128 的列向量拼接,再次经过 2 层全连接网络,最终输出行为的均值与方差。网络结构示意图如图 6-78 所示,参数表格如表 6-12 所示。

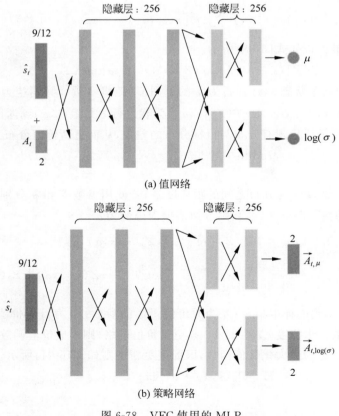

(a) 值网络

(b) 策略网络

图 6-78 VEC 使用的 MLP

表 6-12　使用 CNN 具体参数配置

模　　块	输入维数	通　道　数	卷积核大小	步　　长
卷积模块	$160 \times 64 \times 1$	32	5	2
	$78 \times 30 \times 32$	32	3	1
	$76 \times 28 \times 32$	64	3	2
	$37 \times 13 \times 64$	64	3	1
	$35 \times 11 \times 64$	96	3	2
	$17 \times 5 \times 96$	96	3	1
	$15 \times 3 \times 96$	128	3	2
全连接模块 1	7×128	256	—	—
全连接模块 2	$7(+2)$	128	—	—
拼接模块	$256+128$	256	—	—
	256	256	—	—
输出	256	2(1)	—	—
		2(1)	—	—

注：括号内为值网络的参数，不含括号为策略网络。

　　奖励函数设计包含中间态与吸收态，由各指标加权组成。当车辆未到达吸收态，根据中间态计算奖励函数且仿真继续进行；到达吸收态，则仿真结束且返回吸收态奖励函数。

　　(1) 吸收态。

　　当车辆已经偏离定速车道保持的状态时，判定到达吸收态，该轮任务结束(s is terminal)。可能的吸收态包括：与道路边物体发生碰撞、偏离车道中线过远($d > 1.0 \mathrm{m}$)、超速(车速 $v > 1.5 v_0 = 15 \mathrm{m/s}$)、速度过低($v < 4 \mathrm{m/s}$)。4 种情况都会导致 -500 的奖励，且该轮仿真结束。

　　(2) 中间态。

　　可使用车辆坐标系内纵向速度 v_0、朝向角偏差 $\Delta\phi$、横向距离偏差 d 评价车辆在定速车道保持中的状态好坏。中间态的奖励函数如下。

$$r = -\frac{1}{5}(\mid v \mid - v_0)^2 - 100\Delta\phi^2 - 10d^2 - 5\parallel A_{t-1} \parallel^2 + 10 \tag{6-92}$$

式中：前三项是对偏离定速车道保持理想状态的惩罚，期望车辆能够维持理想速度、行驶在道路中线且与道路方向保持一致；$-5\parallel A_{t-1} \parallel^2$ 是对行为正则项的惩罚，要求动作更连续平滑且幅度尽可能小，避免急加速、急减速等情况；常数项 $+10$ 的设置目的是使车辆倾向于向前行驶，维持稳定的车道保持状态。综上，奖励函数如下：

$$r = \begin{cases} -500, & \text{该轮任务结束} \\ -\dfrac{(\mid v \mid - v_0)^2}{5} - 100\Delta\phi^2 - 10d^2 - 5\parallel A_{t-1} \parallel^2 + 10, & \text{其他} \end{cases} \tag{6-93}$$

　　使用 CARLA 仿真软件验证 DSAC 算法训练车道保持决策智能体的可行性。三类输入构型均使用不同的随机种子各训练 3 次取均值。得到训练曲线如图 6-79 所示，其中实线表示 3 次训练的均值；阴影区域表示不同次训练在同样迭代次数时的最值。

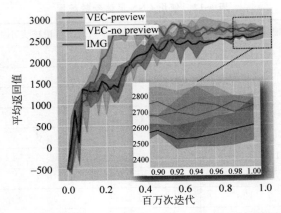

图 6-79   环境模块与车辆智能体模块的协同仿真训练曲线

从训练结果中可以看出,三种输入构型均能在训练后帮助决策智能体完成车道保持任务。其中使用车辆使用图像＋状态向量的 IMG 构型获得了最高的平均累计奖励,预瞄型状态向量构型 VEC-preview 次之但表现非常接近,VEC-no preview 再次,这一顺序符合直观的认知。实验中,预瞄点取汽车质心前 1m、5m、10m 处道路中线上点(下文称路径点)的道路方向角与汽车质心所处路径点的方向角之差;而图像包含了一定距离内的车道线。因此 IMG 与 VEC-preview 均包含对于可预见未来的车道线变化趋势信息,这对于定速车道保持是关键的。预见道路曲率的变化能够使车辆更好地贴合路径点轨迹,在曲率较小的道路上则能够以更接近理想速度的速度行驶,因此二者可在相同的时间步数内获得更高的累计奖励。而非预瞄型的 VEC-no preview 类似闭环控制,并不包含对未来信息的预测,因此速度必须稳定在一个能够及时减速到最大过弯速度的数值,导致其累计奖励略低于另外两种构型。

该样例证明,强化学习能够在简单场景下(如车道保持)赋能自动驾驶决策。将强化学习运用至更复杂的驾驶场景,训练更智能的决策模型仍有许多挑战性难题亟待解决。

习题

1. 分解式决策和集中式决策方案的主要区别是什么?
2. 自动驾驶交通场景理解包含哪些内容?
3. 交通场景的风险程度可以用什么指标进行衡量?
4. 如何对当前车道上前方直行的车辆进行运动预测?
5. 如何对当前车道上前方变道的车辆进行运动预测?
6. 驾驶行为的类型与哪些因素有关?
7. 驾驶参考轨迹和参考路径有什么区别?
8. 驾驶参考轨迹有哪些表述形式?
9. 人类在驾驶过程中一般如何进行决策?
10. 驾驶人决策和集中式决策有什么共同点?
11. 集中式决策方案经常用什么形式来承载决策算法?

12. 监督学习型决策方案的主要优点和缺点是什么？

13. 简述监督学习型决策方案的主要流程。

14. 强化学习型决策方案中，算法是如何提高决策能力的？

15. 强化学习型决策方案中，怎样评价算法的好坏？

16. 未来自动驾驶技术应该如何选取决策规划方案？

参考文献

［1］　熊璐，康宇宸，张培志，等. 无人驾驶车辆行为决策系统研究［J］. 汽车技术，2018，000（8）：1-9.

［2］　徐优志. 自动驾驶车辆高速道路环境下超车行为决策研究［D］. 北京：北京理工大学，2016.

［3］　余卓平，李奕姗，熊璐. 无人车运动规划算法综述［J］. 同济大学学报（自然科学版），2017，45（8）：1150-1159.

［4］　李柏，张友民，邵之江，等. 自动驾驶车辆运动规划方法综述［J］. 控制与信息技术，2018，6：1-6.

［5］　惠飞，穆柯楠，赵祥模. 基于动态概率网格和贝叶斯决策网络的车辆变道辅助驾驶决策方法［J］. 交通运输工程学报，2018，18（2）：148-158.

［6］　冀杰，黄岩军，李云伍，等. 基于有限状态机的车辆自动驾驶行为决策分析［J］. 汽车技术，2018（12）：1-7.

［7］　XIE G，GAO H，HUANG B，et al. A driving behavior awareness model based on a dynamic bayesian network and distributed genetic algorithm［J］. International Journal of Computational Intelligence Systems，2018，11（1）：469.

［8］　WANG P，GAO S，LI L，et al. Research on driving behavior decision making system of autonomous driving vehicle based on benefit evaluation model［J］. Archives of Transport，2020，53（1）：21-36.

［9］　ZHANG M，LI N，GIRARD A，et al. A finite state machine based automated driving controller and its stochastic optimization［C］.［S. l.］：Asme Dynamic Systems & Control Conference，2017.

［10］　HAYWARD J. Near misses as a measure of safety at urban intersections［J］. Pennsylvania Transportation and Traffic Safety Center，1971.

［11］　WANG J，WU J，LI Y. The driving safety field based on driver-vehicle-road interactions［J］. IEEE Transactions on Intelligent Transportation Systems，2015，16（4）：2203-2214.

［12］　HINTON G E，SRIVASTAVA N，KRIZHEVSKY A，et al. Improving neural networks by preventing co-adaptation of feature detectors［Z］.［S. l.］：arXiv preprint，2012.

［13］　LECUN Y，BOTTOU L，BENGIO Y，et al. Gradient-based learning applied to document recognition［J］. Proceedings of the IEEE，1998，86（11）：2278-2324.

［14］　KRIZHEVSKY A，SUTSKEVER I，HINTON G E. Imagenet classification with deep convolutional neural networks［J］. Advances in neural information processing systems. 2012：1097-1105.

［15］　SIMONYAN K，ZISSERMAN A. Very deep convolutional networks for large-scale image recognition［Z］.［S. l.］：arXiv preprint，2014.

［16］　SZEGEDY C，LIU W，JIA Y，et al. Going deeper with convolutions［J］. Proceedings of the IEEE conference on computer vision and pattern recognition，2015：1-9.

［17］　HE K，ZHANG X，REN S，et al. Deep residual learning for image recognition［J］. Proceedings of the IEEE conference on computer vision and pattern recognition，2016：770-778.

［18］　HOWARD A G，ZHU M，CHEN B，et al. Mobilenets：efficient convolutional neural networks for mobile vision applications［Z］.［S. l.］：arXiv preprint，2017.

［19］　BOJARSKI M，DEL T D，DWORAKOWSKI D，et al. End to end learning for self-driving cars［Z］.［S. l.］：arXiv preprint，2016.

［20］ SUTTON R S,BARTO A G. Reinforcement learning：an introduction［M］. Massachusetts：MIT press,2018.

［21］ KENDALL A,HAWKE J,JANZ D,et al. Learning to drive in a day［J］. 2019 International Conference on Robotics and Automation（ICRA）,2019：8248-8254.

［22］ LILLICRAP T P,HUNT J J,PRITZEL A,et al. Continuous control with deep reinforcement learning［Z］.［S. l.］：arXiv preprint,2015.

［23］ SALLAB A E,ABDOU M,PEROT E,et al. Deep reinforcement learning framework for autonomous driving［J］. Electronic Imaging,2017(19)：70-76.

［24］ MNIH V,KAVUKCUOGLU K,SILVER D,et al. Human-level control through deep reinforcement learning［J］. Nature,2015,518(7540)：529-533.

［25］ SUTTON R S,Mcallester D A,SINGH S P,et al. Policy gradient methods for reinforcement learning with function approximation［J］. Advances in neural information processing systems,2000：1057-1063.

［26］ 茆诗松,濮晓龙,程依明. 概率论与数理统计简明教程［M］. 北京：高等教育出版社,2012.

［27］ LEE S E,OLSEN E C,WIERWILLE W W. A comprehensive examination of naturalistic lane-changes［M］. United States：National Highway Traffic Safety Administration,2004.

［28］ DUAN J,GUAN Y,LI S E,et al. Distributional soft actor-critic：off-policy reinforcement learning for addressing value estimation Errors［Z］.［S. l.］：arXiv preprint,2020.

［29］ 李升波,关阳,侯廉,等. 深度神经网络的关键技术及其在自动驾驶领域的应用［J］. 汽车安全与节能学报,2019,10(2)：119-145.

［30］ 王建强,吴剑,李洋. 基于人-车-路协同的行车风险场概念、原理及建模［J］. 中国公路学报,2016,29(1)：105-114.

［31］ 薛春铭. 基于博弈的车辆协作换道策略研究［D］. 大连：大连理工大学,2017.

［32］ 吴东晖,叶秀清,顾伟康. 基于不确定性知识的实时道路场景理解［J］. 中国图象图形学报,2002.7(A)：70-7.

［33］ 康维新,曹宇亭. 交通事件的语义理解［J］. 应用科技,2013,40(2)：5-10.

［34］ 徐杨,吴成东,陈东岳. 基于视频图像的交通事件自动检测算法综述［J］. 计算机应用研究,2011,28(4)：1206-1210.

第 **7** 章

自动驾驶控制技术

>>>>>

引言

　　自动驾驶的关键技术是环境感知技术和车辆控制技术,其中车辆控制技术是无人驾驶汽车行驶的核心,包括轨迹跟踪和控制执行等环节,实现电脑代替驾驶人手脚,完成操作层面上的行为。作为智能驾驶流程的最后一部分,自动驾驶控制技术使车辆跟踪决策规划的轨迹目标,控制车辆的加速、制动和转向等驾驶动作完成纵向和横向控制,调节车辆行驶速度、位置和方向等状态,以保证汽车的安全性、操纵性和稳定性。本章将针对自动驾驶汽车的轨迹跟踪控制技术进行介绍。

　　本章首先对自动驾驶控制技术进行概述,包括系统架构、纵横向控制及其稳定性等相关内容,以便于对后续具体上下层控制技术内容的学习与理解;其次讲解了车辆动力学建模相关知识点,包括常用的自行车模型、四轮模型及一些其他车辆动力学模型,作为学习控制器设计前的补充;再次详细介绍了车辆动力学控制器的设计,包括纵横向控制原理、基于 PID 与 MPC 的轨迹跟踪及其下层控制等内容,结合理论与仿真促进理解;最后简要介绍了驾驶辅助、车路协同与编队控制等前沿控制技术并提供一个案例作为参考,以拓宽认知广度,加深学习深度。本章的框架结构如图 7-1 所示。

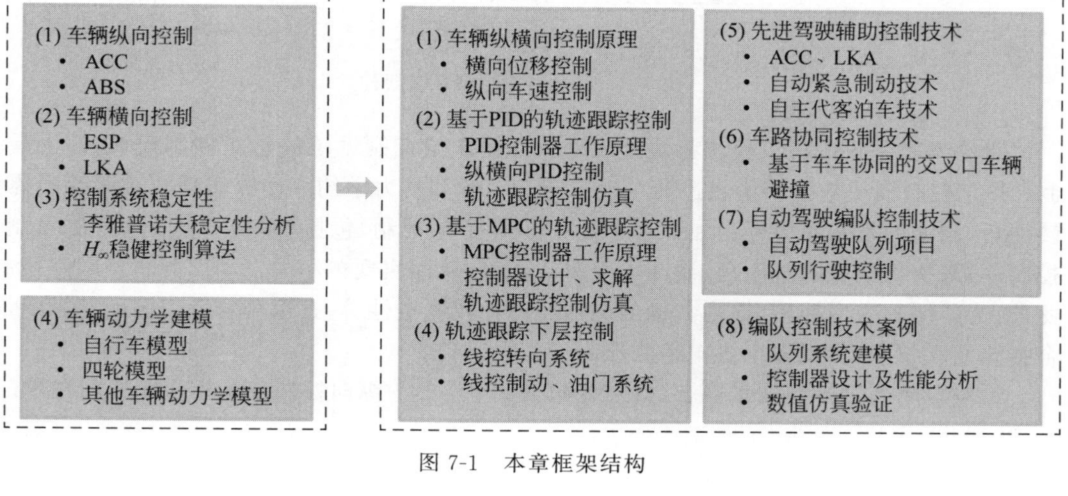

自动驾驶控制系统架构

- (1) 车辆纵向控制
  - ACC
  - ABS
- (2) 车辆横向控制
  - ESP
  - LKA
- (3) 控制系统稳定性
  - 李雅普诺夫稳定性分析
  - H_∞ 稳健控制算法
- (4) 车辆动力学建模
  - 自行车模型
  - 四轮模型
  - 其他车辆动力学模型

车辆动力学控制器设计

- (1) 车辆纵横向控制原理
  - 横向位移控制
  - 纵向车速控制
- (2) 基于 PID 的轨迹跟踪控制
  - PID 控制器工作原理
  - 纵横向 PID 控制
  - 轨迹跟踪控制仿真
- (3) 基于 MPC 的轨迹跟踪控制
  - MPC 控制器工作原理
  - 控制器设计、求解
  - 轨迹跟踪控制仿真
- (4) 轨迹跟踪下层控制
  - 线控转向系统
  - 线控制动、油门系统

➕ 自动驾驶前沿控制技术

- (5) 先进驾驶辅助控制技术
  - ACC、LKA
  - 自动紧急制动技术
  - 自主代客泊车技术
- (6) 车路协同控制技术
  - 基于车车协同的交叉口车辆避撞
- (7) 自动驾驶编队控制技术
  - 自动驾驶队列项目
  - 队列行驶控制
- (8) 编队控制技术案例
  - 队列系统建模
  - 控制器设计及性能分析
  - 数值仿真验证

图 7-1　本章框架结构

学习目标

- 了解自动驾驶控制技术系统架构,理解纵横向控制的意义。
- 了解常用的车辆动力学建模方式,熟悉自行车模型、四轮模型。
- 了解车辆动力学控制器设计方法,理解其控制原理,基于 PID、模型预测控制等算法实现轨迹跟踪控制。
- 了解自动驾驶前沿控制技术,包括自适应巡航、自动紧急制动等辅助驾驶技术、车路协同技术与编队控制技术等。

第 7 章学习素材

7.1　自动驾驶控制技术概述

7.1.1　自动驾驶控制系统架构

　　自动驾驶汽车的车辆控制技术旨在环境感知技术的基础之上,根据决策指令规划出目标轨迹,通过纵向和横向控制系统的配合使汽车能够按照目标轨迹准确稳定地行驶,同时使汽车在行驶过程中能够实现车速调节、车距保持、变道、超车等基本操作。自动驾驶控制系统的架构如图 7-2 所示。

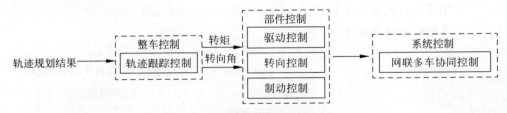

图 7-2　自动驾驶控制系统架构

　　自动驾驶系统的决策模块将轨迹规划结果输入给控制系统的整车控制模块,即上层控制;整车控制模块根据期望轨迹及车辆自身运动学和动力学约束计算实现轨迹跟踪所需的转向角、制动力及驱动力等;由部件控制模块(即下层控制,包括转向控制、驱动控制及制动控制等)来执行期望的转向角、制动力及驱动力等,从而实现单车的自动驾驶轨迹跟踪控制;此外,为了缓解交通拥堵,提高车辆的燃油经济性及安全性等,在单车自动驾驶的基础上,融合智能网联技术,实现多车协同编队控制。

　　针对自动驾驶控制技术而言,其主要包括两个方面:纵向控制技术和横向控制技术。

- 纵向控制。整车控制器(上层控制)根据决策规划系统输出的目标轨迹计算所需的纵向控制参数,通过车辆的驱动与制动控制(下层控制)使得自动驾驶汽车的纵向车速及纵向位移能精确跟踪目标值。
- 横向控制。整车控制器(上层控制)根据决策规划的轨迹计算所需的横向控制参数,通过车辆的转向控制(下层控制)使自动驾驶汽车在行驶过程中完成安全的变道及避障等操作。

通过整车控制和部件控制的协调配合,能够实现自动驾驶汽车的纵向控制和横向控制,使得车辆能够精确跟踪决策规划系统输出的期望轨迹。然而,要实现车辆的自动化运行,控制系统必须能实时感知动态环境信息,且应具有稳健及高度智能化的控制性能。从 19 世纪 70 年代发展至今,自动驾驶汽车纵向控制技术和横向控制技术被广泛应用于辅助驾驶系统,典型技术包括防抱死制动系统(ABS)、牵引力控制系统(TSC)、自适应巡航控制(ACC)、主动避障控制等,如图 7-3 所示。

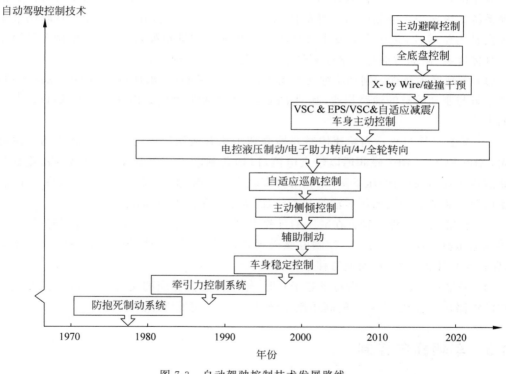

图 7-3　自动驾驶控制技术发展路线

7.1.2　车辆纵向控制

车辆纵向控制是在车辆的行车速度方向上施加控制以实现车速自动调节,控制自车与前后车辆保持安全距离。首先,通过整车控制器计算所需的纵向控制参数,整车控制器相当于纵向控制的大脑。然后,通过部件控制结合车辆约束及实际行驶状态输出相应的纵向控制参数,部件控制即相当于纵向控制的躯干。车辆纵向控制问题从本质上可归结为对电机驱动、发动机、传动和制动系统的控制,其典型结构如图 7-4 所示。

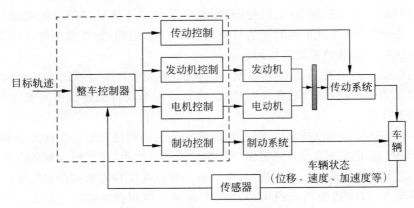

图 7-4　车辆纵向控制的典型结构

典型的自动驾驶纵向控制技术主要包括自适应巡航系统、防抱死制动系统等。防抱死制动系统是纵向稳定控制中的关键部件,它将车轮滑移率保持在 15%～20%,以调节车辆的纵向动力学特性,防止车辆发生过度驱动滑移或者制动抱死,能够提升车辆操纵稳定性能。具体地说,制动防抱死系统通常包括以下几个工作过程。

（1）常规制动过程。制动防抱死系统未进入工作状态时,液压调节器的电磁阀不通电,制动主缸与制动轮缸的油路相通,制动主缸可随时控制制动轮缸内油压的增减,以调节制动力的大小。

（2）轮缸减压过程。当轮速传感器检测到车轮有抱死趋势的信号时,感应的交流电压变大,ABS-ECU 控制电磁阀通以较大电流,以切断制动主缸与制动轮缸的油路,轮缸与低压储液罐相通,轮缸内油压下降,车轮滑移率较小。同时,液压调节器内的液压泵工作,将轮缸流回储液罐的制动液加压后输给制动轮缸,为下一阶段的制动做准备。

（3）轮缸保压过程。轮缸在减压的过程中,当车轮滑移率下降到最佳范围时,轮速传感器感应电压值较弱,ABS-ECU 控制电磁阀通以较小电流,此时制动轮缸的所有油路均切断,保持轮缸压力不变,从而使滑移率保持在最佳范围。

（4）轮缸增压过程。当滑移率趋于 0 时,轮速传感器感应的交流电压亦趋于 0,主缸与轮缸的油路再次接通,主缸内的高压制动液进入轮缸,实现增压。

7.1.3　车辆横向控制

车辆横向控制的目标是控制自动驾驶汽车精确跟踪决策规划系统输出的目标轨迹。横向控制系统的基本结构如图 7-5 所示,整车控制器计算所需的横向控制参数,再通过部件控制结合车辆约束及实际行驶状态输出相应的横向控制参数。

目前车辆的横向控制技术主要包括车身电子稳定系统（ESP）、前轮主动转向系统（AFS）、车道保持系统（LKA）及主动避障控制系统等。其中,针对低附着路面的极限工况中车辆横摆稳定控制是车辆横向控制中的关键部分。车身电子稳定系统通常起到辅助制动防抱死系统及驱动防滑系统的作用。它通过对从各传感器传来的车辆行驶状态信息进行分析,然后向制动防抱死系统、驱动防滑系统发出纠偏指令,以辅助维持车辆动态平衡。此外,

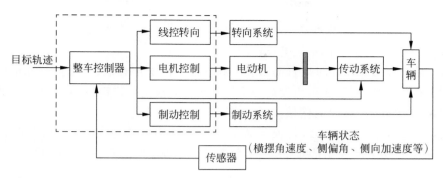

图 7-5　车辆横向控制的基本结构

对于自动驾驶汽车而言,横向控制的主要目的之一就是避障。近年来,研究人员针对自动驾驶汽车的主动避障控制开展了大量研究。例如,王红博士提出了一种自动驾驶汽车在不可避免碰撞的紧急情况下的运动规划方法,利用多约束模型预测控制跟踪避障轨迹,提高了自动驾驶车辆在紧急情况下的安全性能。

7.1.4　控制系统稳定性分析

7.1.1 节～7.1.3 节介绍了自动驾驶控制系统的主要架构。从结构上来说其可以分为整车(上层)控制和部件(下层)控制,从控制对象来说可以分为纵向控制和横向控制。然而不论是整车控制,还是部件控制,抑或是纵向控制和横向控制系统,都会受到各种各样的干扰,这时就要求控制系统具有较高的稳定性。稳定性是指,如果控制系统受到干扰而偏离原来的平衡状态,当扰动消失后,系统能够以足够的精度恢复到原来的平衡状态。

在设计整车控制系统及部件控制系统时,保证系统具有足够高的稳定性是十分有必要的。其中李雅普诺夫稳定性分析是用于分析控制系统稳定性的最为常用的方法。李雅普诺夫稳定性可用在线性及非线性的系统中,尤其是非线性控制系统,其应用尤为广泛。

李雅普诺夫稳定性分为李雅普诺夫第一法(间接法)和李雅普诺夫第二法(直接法),其中李雅普诺夫第一法主要针对线性系统及少数弱非线性系统,需要求解线性状态方程的特征值,根据特征值在复平面的分布来确定稳定性,然而一些强非线性系统及时变系统等,其特征值不容易求出,因此李雅普诺夫第一法对于分析复杂非线性系统来说有很大的局限性。

李雅普诺夫第二法对非线性系统进行稳定性分析时有很好的效果,因此在自动驾驶控制系统稳定性分析时,使用李雅普诺夫第二法更为适合。李雅普诺夫第二法是在用能量观点分析稳定性的基础上建立起来的。若系统平衡态渐近稳定,则系统经激励后,其储存的能量将随着时间的推移而衰减。当趋于平衡态时,其能量衰减为零;反之,若平衡态不稳定,系统将不断从外界吸收能量,其储存的能量将越来越大。因此,只要找到一个能合理描述动态系统 n 维状态的某种形式的能量函数,即李雅普诺夫函数,通过考察其随着时间的推移是否衰减,就可判断控制系统的稳定性。具体分析方法如下。

(1) 构造李雅普诺夫函数 $V(x)$。

（2）若在区域 D 上存在李雅普诺夫函数 $V(x)$ 满足以下两点：①正定和② $\dfrac{\mathrm{d}(V(x))}{\mathrm{d}t}$ 常负，则可以认为所设计的控制系统是稳定的。

通过李雅普诺夫第二法可对自动驾驶控制系统中的上层控制、下层控制或横向控制及纵向控制进行稳定性分析，确定所设计的系统是否具有较高的稳定性，从而决定是否需要对自动驾驶控制系统进行必要的优化。

为提高系统的抗干扰能力，目前学者们提出了很多解决办法。例如，有学者在其论文中设计差动制动下层控制器时，采用基于遗传算法优化的 H_{∞} 稳健控制算法，如图 7-6 所示。

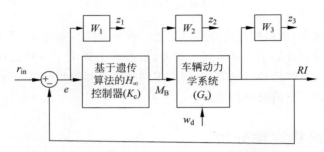

图 7-6 基于遗传算法优化的 H_{∞} 稳健控制算法

稳健控制侧重控制算法的可靠性设计，对控制系统的工作状况变动、外部干扰以及建模误差等问题有很好的能力，可在实际环境中提高控制系统的稳健性。在 H_{∞} 稳健控制的基础上，利用遗传算法优化稳健控制的三个权值函数 W_1、W_2、W_3，最大限度地发挥 H_{∞} 稳健控制系统的优势，有效地提高了控制系统的稳定性。

7.1.5 轨迹跟踪下层控制

一般地，自动驾驶车辆通过决策规划系统输出的期望轨迹，基于合适的最优控制算法（如 PID 控制、模型预测控制等）计算出所需的转向角、驱动力及制动力等横纵向控制参数。然而，要想实现自动驾驶汽车的轨迹跟踪，下层控制也是必不可少的。下层控制通过转向系统、驱动系统及制动系统等执行机构，基于有效的控制算法具体执行上层控制计算出的期望转向角和纵向力。

1. 车辆横向运动的下层控制

首先介绍自动驾驶车辆横向运动的下层控制，其主要的执行部件为转向系统。传统转向系统无法实现驾驶人操作和车辆运动的解耦，其无法被应用于自动驾驶车辆，因此线控转向系统应运而生。线控转向系统采用电机控制车辆完成转向，其更易于与自动驾驶车辆的其他子系统进行集成控制。线控转向系统的结构组成如图 7-7 所示。

ECU 接收上层控制传来的期望前轮转角，通过有效的控制算法（如 PID 控制、前馈控制等），向转向执行系统发送控制指令，转向执行电机控制转向轮的转动，跟踪期望转角。同时，ECU 控制方向盘总成生成方向盘回正力矩，以提供驾驶人相应的路感。此外，故障处理

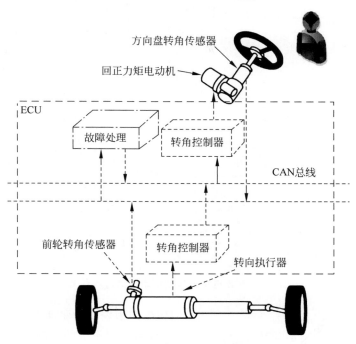

图 7-7 线控转向系统的结构组成

系统也是线控转向系统的关键部件之一,其可针对不同的故障模式和故障等级进行处理,最大限度保证车辆正常转向。通过线控转向系统,自动驾驶汽车可按照上层控制计算得到的期望转向角行驶,完成横向轨迹的跟踪。

2. 车辆纵向运动的下层控制

车辆纵向运动的执行机构主要为驱动系统和制动系统,以跟踪上层控制计算出的纵向力(驱动力或制动力)。

1) 期望纵向力表现为制动力

目前最普遍应用于自动驾驶汽车的制动系统为线控电子液压制动系统(electro-hydraulic braking system,EHB)。电子液压制动系统主要包括三部分:踏板感觉模拟器(pedal feel emulator,PFE)、ECU、液压控制单元(hydraulic control unit,HCU)。其中,踏板感觉模拟器由踏板、制动主缸、踏板行程传感器、压力传感器、常闭的切换阀(CV)及模拟器阀块等组成;液压控制单元由电动机、液压泵、高压蓄能器、单向阀、安全卸压阀、常开的平衡阀(BV)和切换阀(CV)、常闭的进油阀(IV)和出油阀(OV)以及压力传感器等组成,其结构示意图如图 7-8 所示。

ECU 接收上层控制计算的期望制动力后,通过搭载合适的控制算法(如 PID 控制、模糊 PID 控制等),向 HCU 发送控制指令。若控制指令为增压,则打开进油阀和关闭出油阀,制动液从高压蓄能器通过进油阀进入制动轮缸;若控制指令为减压,则打开出油阀和关闭进油阀,制动液从制动轮缸通过出油阀返回油杯;若控制指令为保压,则关闭进油阀及出油阀。通过上述工作模式,即可实现纵向控制中期望制动力的跟踪。

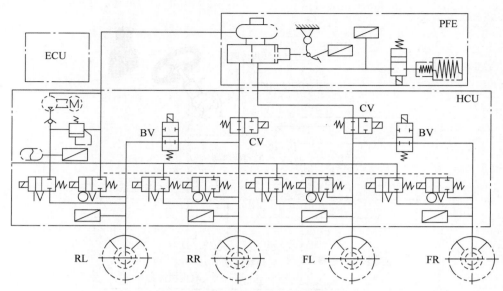

图 7-8　线控电子液压制动系统结构示意图

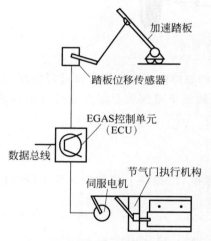

图 7-9　线控节气门系统结构示意图

2）期望纵向力表现为驱动力

采用线控节气门系统的目的是实现对期望驱动力的跟踪。线控节气门技术是第一个大面积应用于汽车中的线控系统,应用对象具体包括自适应巡航系统、牵引力防滑系统、自主泊车系统等。线控节气门系统由加速踏板、踏板位移传感器、ECU、数据总线、伺服电机和节气门执行机构等组成,如图 7-9 所示。

与线控制动及线控转向系统类似,ECU 接收上层控制发来的期望驱动力,通过相应的控制算法控制伺服电动机,伺服电动机驱动节气门执行机构,实现加速控制以输出期望的驱动力。

综上,通过线控制动系统、线控转向系统及线控节气门系统的协调配合工作,即可输出上层控制期望的转向角和纵向力,以实现自动驾驶汽车的轨迹跟踪。

7.1.6　域控制技术

目前,汽车电子软件呈现出爆炸式增长的趋势,特别地,对于自动驾驶系统而言,其要求更高的算力和更多的传感器件。然而传统的汽车电子电气架构(E/E)都是基于分布式结构的,如图 7-10 所示,各系统的 ECU 利用 CAN 和 LIN 总线进行通信。随着车辆器件的增多,此类结构将导致车辆制造成本上升。

首先,分布式 ECU 架构会导致 ECU 的算力不能相互协同;其次,分布式架构依赖于大量的内部通信,这将增加线束成本及装配难度。此外,自动驾驶系统功能的实现需要不同的传感器数据,因此每个传感器模块都需要对数据进行预处理,为了保证数据处理的结果最

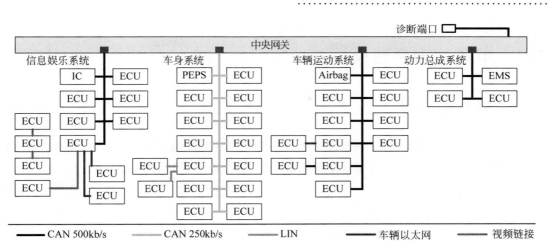

图 7-10　分布式电子电气架构

优,功能控制应该集中在一个核心处理器中。同时,随着 ECU 的增多,车辆被外部网络攻击的风险增高。若汽车电子电气架构仍基于分布式,一些关键系统就无法进行防护。此外,由于不同设备供应厂商提供的嵌入式硬件系统的编程语言各异,第三方应用开发者不能对这些硬件设备进行便捷的编程处理,分布式 ECU 无法进行统一地维护升级。

综上,由于随着车辆 ECU 的数量增多,分布式 ECU 架构在自动驾驶功能实现上面临诸多技术挑战,域控制器(domain control unit,DCU)应运而生。域控制器中的域就是将车辆系统根据功能划分为不同的模块,每个模块内部的系统架构都以域控制器为核心进行构建,各个域内部的通信可通过常用的 CAN、LIN 及 Flexray 通信实现,而不同域之间的通信可以由具备更高传输性能的以太网来完成。对于功能域的具体划分,不同的汽车制造厂商会有不同的设计理念,图 7-11 给出了一种划分方法的示例。

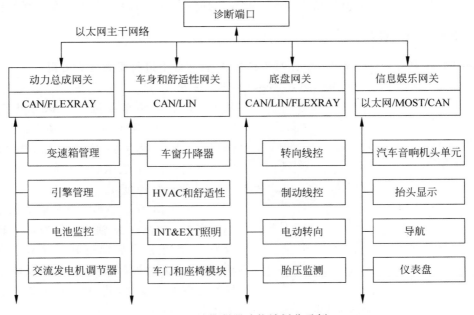

图 7-11　域控制器功能域划分示例

7.2　车辆动力学建模

7.2.1　自行车模型

建立一个可以准确描述车辆运动状态的车辆模型是研究自动驾驶控制技术的基础,三自由度车辆模型是自动驾驶控制技术研究常用的模型,如图 7-12 所示。

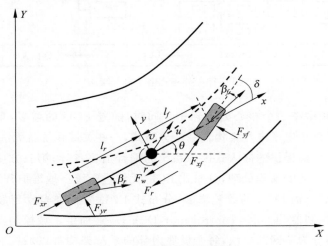

图 7-12　车辆动力学模型

注意,该车辆动力学模型中不考虑动力系统和转向系统的影响,直接以作用在质心处的驱动力合力及前轮转角作为输入。该模型不考虑悬架的影响,假设汽车沿 z 轴的位移、绕 y 轴的俯仰角以及绕 x 轴的侧倾角均为零。此外,为简化计算,车辆轮胎模型采用线性模型。

1. 纵向动力学模型

如图 7-12 所示,由牛顿第二定律对车辆在 X 轴方向上进行受力分析可得:

$$ma_x = F_{xf}\cos\delta + F_{xr} - F_r - F_w \tag{7-1}$$

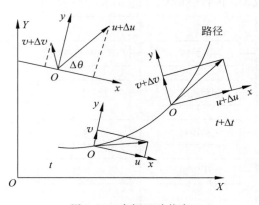

图 7-13　车辆运动状态

其中:m 表示整车质量;a_x 表示纵向加速度;F_{xf} 表示作用于前轮的驱动力;F_{xr} 表示作用于后轮的驱动力;F_r 表示滚动阻力;F_w 表示空气阻力;δ 表示前轮转角。

1)纵向加速度 a_x

如图 7-13 所示,XOY 为车辆坐标系。质心速度于 t 时刻在 X 轴的分量为 u,Y 轴的分量为 v。由于汽车转向行驶时伴有平移和转动,在 $t + \Delta t$ 时刻,车辆坐标系以及汽车质心处的速度发生变化,其中沿 X 轴的速度分量变化如下:

$$(u + \Delta u)\cos\Delta\theta - u - (v + \Delta v)\sin\Delta\theta \tag{7-2}$$

考虑到 $\Delta\theta$ 且忽略二阶微量，式(7-2)变为：

$$\Delta u - v\Delta\theta \tag{7-3}$$

式(7-2)除以 Δt 并取极限，便得到了汽车的纵向加速度：

$$a_x = \frac{\mathrm{d}u}{\mathrm{d}t} - v\frac{\mathrm{d}\theta}{\mathrm{d}t} = \dot{u} - vr \tag{7-4}$$

其中：θ 为横摆角；r 为横摆角幅度。

2）滚动阻力 F_r

滚动阻力是滚动阻力系数与车轮负荷的乘积，即：

$$F_r = Wf \tag{7-5}$$

3）空气阻力 F_w

汽车在直线行驶时受到的空气作用力在行驶方向上的分力称为空气阻力。

$$F_w = \frac{C_D A u_a^2}{21.15} \tag{7-6}$$

其中：C_D 为空气阻力系数；A 为迎风面积；u_a 为行驶速度。

2. 横向动力学模型

如图 7-12 所示，由牛顿第二定律，对汽车在 Y 轴方向上进行受力分析可得：

$$ma_y = F_{yf}\cos\delta + F_{yr}$$

其中：a_y 表示横向加速度；F_{yf} 表示前轮侧偏力；F_{yr} 表示后轮侧偏力；δ 表示前轮转角。

1）横向加速度 a_y

与推导纵向加速度原理相同，如图 7-13 所示，在 $t + \Delta t$ 时刻，沿 Y 轴的速度分量变化为：

$$(u + \Delta u)\sin\Delta\theta + (v + \Delta v)\cos\Delta\theta - v \tag{7-7}$$

考虑到 $\Delta\theta$ 较小且忽略二阶微量，式(7-7)变为：

$$\Delta v + u\Delta\theta \tag{7-8}$$

式(7-7)除以 Δv 并取极限，便得到了汽车的横向加速度：

$$a_y = \frac{\mathrm{d}v}{\mathrm{d}t} + u\frac{\mathrm{d}\theta}{\mathrm{d}t} = \dot{v} + ur \tag{7-9}$$

2）前/后轮侧偏力 F_{yf}/F_{yr}

将轮胎简化为只考虑固定侧偏刚度的线性轮胎模型，则前/后轮侧偏力可表示为：

$$\begin{cases} F_{yf} = -k_f\beta_f \\ F_{yr} = -k_r\beta_r \end{cases} \tag{7-10}$$

其中：k_f、k_r 表示前、后轮侧偏刚度；β_f、β_r 表示前、后轮侧偏角。

3）前、后轮侧偏角 β_f、β_r

前轮的受力及运动状态如图 7-14 所示，则前轮侧偏角可表示为：

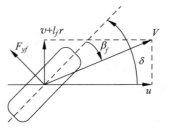

图 7-14　前轮运动模型

$$\beta_f = \arctan\left(\frac{v + l_f r}{u} - \delta\right) \tag{7-11}$$

考虑到 β_f 较小,式(7-11)可以简化为:

$$\beta_f = \frac{v + l_f r}{u} - \delta \tag{7-12}$$

由于此模型只考虑前轮转向,则后轮侧偏角为:

$$\beta_r = \frac{v - l_r r}{u} \tag{7-13}$$

其中: l_f 表示前轮到质心的纵向距离; l_r 表示后轮到质心的纵向距离。

3. 横摆动力学模型

如图 7-12 所示,在 XOY 平面内进行力矩平衡分析,可以得到横摆动力学运动方程如下:

$$I_Z \dot{r} = l_f F_{yf} \cos\delta - l_r F_{yr} \tag{7-14}$$

此外,汽车在地面坐标系上 X 轴方向的运动状态可由纵向速度 u 和横向速度 v 在 X 轴方向的分量表示。同理,汽车在 Y 轴方向的运动状态可由纵向速度 u 和横向速度 v 在 Y 轴方向的分量表示:

$$\begin{cases} \dot{X} = u\cos\theta - v\sin\theta \\ \dot{Y} = u\sin\theta + v\cos\theta \end{cases} \tag{7-15}$$

其中: X 表示纵向位移; Y 表示横向位移; θ 表示汽车横摆角。

为了方便后续设计控制器,将模型写为状态空间表达式的形式,模型状态量为 $\boldsymbol{x} = [u \quad v \quad r \quad X \quad Y \quad \theta]^T$,模型的输入为 $\boldsymbol{U} = [F_{xT} \quad \delta_f]^T$,由于该模型为非线性模型,状态空间表达式如下:

$$\dot{\boldsymbol{x}} = f(\boldsymbol{x}, \boldsymbol{U}) \tag{7-16}$$

其中, F_{xT} 表示驱动力合力,即 $F_{xT} = F_{xf}\cos\delta' + F_{xr}$。

7.2.2 四轮模型

为更准确地描述车辆运动,如侧倾运动、垂向运动及轮胎运动等,学者们针对不同的研究需要提出了各种车辆模型,本书以考虑了纵向运动、横向运动、横摆运动及侧倾运动的四自由度车辆模型为例,介绍多自由度车辆模型的建模方法,如图 7-15 所示。

1. 纵向动力学模型

结合图 7-15(a)、(b),沿车辆坐标系 X 轴应用牛顿第二定律,可得车辆的纵向运动模型:

$$ma_x = F_{xf,l} + F_{xf,r} + F_{xr,l} + F_{xr,r} - 2h_{rc}m_s\dot{\varphi}r \tag{7-17}$$

其中: $F_{xf,l}$、$F_{xf,r}$、$F_{xr,l}$、$F_{xr,r}$ 分别表示左前轮、右前轮、左后轮及右后轮沿地面坐标系 X 轴的分力; m_s 表示簧载质量; h_{rc} 表示簧载质量的质心到侧倾中心的距离; $\dot{\varphi}$ 表示侧倾角

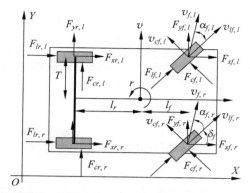

(a) 车辆模型，俯视图，显示的是横向和纵向轮胎力、横纵向前
轮速度、前转向角、横摆角和横摆角速度

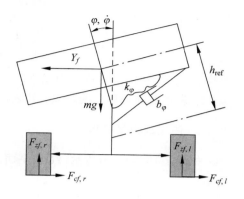

(b) 车辆模型，前视图

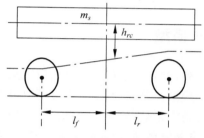

(c) 车辆模型，侧视图

图 7-15　四自由度车辆模型

速度；纵向加速度 a_x 的意义与 7.2.1 节所述保持一致。

为方便书写，用 * 表示前/后车轮，· 表示左/右车轮。如图 7-15(a) 所示，$F_{x*,.}$ 为车轮纵向力 $F_{l*,.}$ 和侧向力 $F_{c*,.}$ 在地面坐标系 X 轴上的分量：

$$F_{x*,.} = F_{l*,.} \cos\delta* - F_{c*,.} \sin\delta* \tag{7-18}$$

车轮纵向力 $F_{l*,.}$ 和侧向力 $F_{c*,.}$ 可由轮胎模型获得，具体轮胎模型可参考相关文献，如汽车理论中的线性轮胎模型，或查阅相关论文中的 Pacejka 轮胎模型等。

2. 横向动力学模型

结合图 7-15(a)、(b)，沿车辆坐标系 Y 轴应用牛顿第二定律，可得车辆的横向运动模型：

$$ma_y = F_{yf,l} + F_{yf,r} + F_{yr,l} + F_{yr,r} + h_{rc}m_s\ddot{\varphi} \tag{7-19}$$

其中：$F_{yf,l}$、$F_{yf,r}$、$F_{yr,l}$、$F_{yr,r}$ 分别表示左前轮、右前轮、左后轮及右后轮沿地面坐标系 Y 轴的分力；$\ddot{\varphi}$ 表示侧倾角加速度；纵向加速度 a_y 的意义与 7.2.1 节所述保持一致。

如图 7-15(a) 所示，$F_{y*,.}$ 为车轮纵向力 $F_{l*,.}$ 和侧向力 $F_{c*,.}$ 在地面坐标系 Y 轴上的分量：

$$F_{y*,.} = F_{l*,.} \sin\delta* + F_{c*,.} \cos\delta* \tag{7-20}$$

3. 横摆动力学模型

结合图 7-15(a)、(b)，考虑侧倾运动与横摆运动的耦合，在 XOY 平面内对质心处列力矩平衡方程：

$$I_{zz}\dot{r} + I_{xz}\ddot{\varphi} = l_f(F_{yf,l} + F_{yf,r}) - l_r(F_{yr,l} + F_{yr,r}) +$$
$$T(-F_{xf,l} + F_{xf,r} - F_{xr,l} + F_{xr,r}) \quad (7\text{-}21)$$

其中：I_{zz} 表示绕 Z 轴转动惯量；I_{xz} 表示 XOZ 平面的惯性积；l_f 表示前轴到质心的距离；l_r 表示前轴到质心的距离；T 表示轮距。

4. 侧倾动力学模型

如图 7-15（b）、（c）所示，YOZ 平面内对质心处列力矩平衡方程，获得车辆的侧倾动力学模型：

$$(I_{xx} + m_s h_{rc}^2)\ddot{\varphi} + I_{xz}\dot{r} = m_s g h_{rc}\varphi - 2k_\varphi\varphi - 2b_\varphi\dot{\varphi} + m_s h_{rc} a_y \quad (7\text{-}22)$$

其中：I_{xx} 表示绕 X 轴转动惯量；φ 表示侧倾角；k_φ 表示车身等效侧倾刚度；b_φ 表示车身等效侧倾阻尼。

7.2.3 其他车辆动力学模型

除了上述车辆动力学模型外，学者们还根据自己的研究重点，建立可准确描述车辆某一自由度运动状态的车辆动力学模型。例如，有学者在分析重型车的侧翻稳定性时，考虑了前后簧载质量相互耦合对侧倾运动的影响，建立了包括汽车纵向运动、侧向运动、横摆运动、前簧载质量侧倾运动、后簧载质量侧倾运动、前非簧载质量侧倾运动、后非簧载质量侧倾运动的七自由度侧翻动力学模型，如图 7-16 所示。

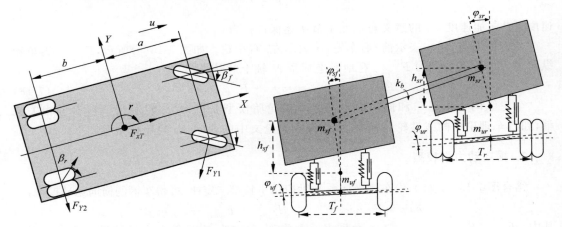

图 7-16　七自由度车辆动力学模型

状态变量：

$$\boldsymbol{x} = \begin{bmatrix} u & v & r & X & Y & \psi & \dot{\varphi}_{sf} & \dot{\varphi}_{sr} & \varphi_{sf} & \varphi_{sr} & \varphi_{uf} & \varphi_{ur} \end{bmatrix}^{\mathrm{T}}$$

控制变量：

$$\boldsymbol{u} = \begin{bmatrix} F_{xT} & \delta_f \end{bmatrix}^{\mathrm{T}}$$

其中：φ_{sf}、φ_{sr} 表示前、后簧载质量的侧倾角；$\dot{\varphi}_{sf}$、$\dot{\varphi}_{sr}$ 表示它们关于时间的一阶导数；φ_{uf}、φ_{ur} 表示前、后非簧载质量的侧倾角。

7.3　车辆动力学控制器设计

7.3.1　车辆纵横向控制原理

车辆动力学控制中轨迹跟踪控制主要由两部分组成,即横向位移控制及纵向车速控制。横向位移控制是指控制车辆按照全局规划得到的参考轨迹行驶;纵向车速控制是控制车辆行驶速度满足期望车速。下面分别对以上两种控制的基本原理进行详细介绍。

如图 7-17 所示,横向误差定义为车辆距离参考点的法向偏移,即 B 点沿 A 点坐标系纵向的投影距离。将点 A 坐标平移至绝对坐标系的原点,基于坐标旋转理论,可得到 A 点和 B 点在新坐标系下的投影坐标。A、B 两点在新坐标系下 Y 轴方向的投影差即为待求横向误差。

1. 横向位移控制

横向位移控制的控制量为车辆的横向位移,需要使车辆实际的横向位移与参考的横向位移之间的误差尽可能小,从而达到轨迹跟踪的目的。首先要进行道路坐标系与全局坐标系之间的转换,因为通过传感器获得的车辆位置是在全局坐标下的车辆位置,在进行轨迹跟踪控制时,要将其转换到道路坐标系上,转换的规则如图 7-18 所示。

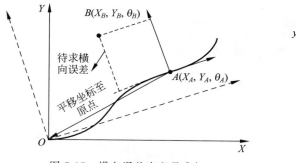
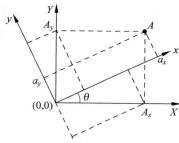

图 7-17　横向误差定义及求解　　　　图 7-18　道路坐标与全局坐标转换

如图 7-18 所示,θ 为全局坐标转换与道路坐标之间的夹角,则转换的规则可由式(7-23)表示:

$$\begin{cases} a_x = A_x \cos\theta + A_y \sin\theta \\ a_y = A_y \cos\theta - A_x \sin\theta \end{cases} \tag{7-23}$$

因此,在道路坐标系上,车辆实际的横向位移与参考的横向位移之间的误差 Y_{error} 可表示如下:

$$\begin{cases} Y'_{\text{cur}} = Y_{\text{current}} \cos\theta - X_{\text{current}} \sin\theta \\ Y'_{\text{ref}} = Y_{\text{ref}} \cos\theta - X_{\text{ref}} \sin\theta \\ Y_{\text{error}} = Y'_{\text{ref}} - Y'_{\text{cur}} \end{cases} \tag{7-24}$$

其中:$(X_{\text{current}}, Y_{\text{current}})$ 表示全局坐标下当前车辆的位置;$(X_{\text{ref}}, Y_{\text{ref}})$ 表示全局坐标下当前车辆的参考位置;Y'_{cur} 表示道路坐标下当前车辆的横向位移;Y'_{ref} 表示道路坐标下当前车辆的参考横向位移,如图 7-19 所示。

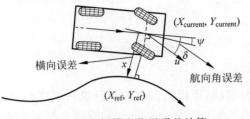

横向误差

航向角误差

$(X_{\text{current}}, Y_{\text{current}})$

$(X_{\text{ref}}, Y_{\text{ref}})$

图 7-19　车辆横向位置误差计算

2. 纵向车速控制

进行轨迹跟踪时,不仅要使车辆按参考轨迹行驶,还需控制车辆按照期望的车速行驶,因此有必要对纵向车速施以控制。

下面将分别基于 PID(比例、积分和微分)控制器与 MPC 控制器介绍车辆的轨迹跟踪控制。

7.3.2　基于 PID 的轨迹跟踪控制

1. PID 控制器的工作原理

PID 控制器将系统当前的状态信息和对应参考状态的差值用于计算控制输入值,其目的是可以让系统的状态尽可能达到或者保持在参考状态附近。PID 控制器在工程上应用十分广泛,小到控制一个元件的温度,大到控制无人机的飞行姿态和飞行速度、无人驾驶汽车轨迹跟踪等,如图 7-20 所示。

(a) 传感器温度控制

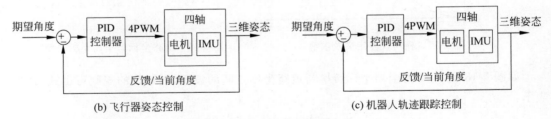

(b) 飞行器姿态控制　　　　　　　　　　　(c) 机器人轨迹跟踪控制

图 7-20　PID 控制器的应用

PID 控制器的原理如图 7-21 所示,首先计算参考状态 $r(t)$ 与实际输出状态 $c(t)$ 之间的差值:$e(t)=r(t)-c(t)$,对其进行比例、积分和微分运算,并线性组合构成控制量,其控制律可由下式表示:

$$u(t) = K_p \left[e(t) + \frac{1}{T_i} \int_0^t e(t)\mathrm{d}t + T_d \frac{\mathrm{d}e(t)}{\mathrm{d}t} \right]$$

$$= K_p e(t) + K_i \int_0^t e(t)\mathrm{d}t + K_d \frac{\mathrm{d}e(t)}{\mathrm{d}t} \tag{7-25}$$

其中:K_p 为比例系数;T_i 为积分时间常数;T_d 为微分时间常数;$K_i = K_p/T_i$ 为积分系

数；$K_d = K_p * T_d$ 为微分系数。

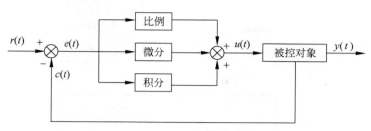

图 7-21　PID 控制器的原理

衡量 PID 控制系统性能好坏的指标主要包括上升时间 t_r、调节时间 t_s、超调量 $\sigma\%$ 以及稳态误差 ess 等,如图 7-22 所示。

- 上升时间 t_r：系统实际输出从正常输出的 10% 上升到正常输出的 90% 时所需的时间。
- 调节时间 t_s：系统实际输出值稳定在正常输出值的 5% 或 2% 范围以内时所需的时间。
- 超调量 $\sigma\%$：系统实际输出的最大值与正常值的差与正常值的比值。
- 稳态误差 ess：系统达到稳态时的输出值与正常值差的绝对值与正常值的比值。

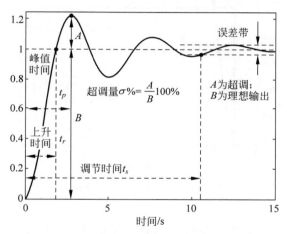

图 7-22　PID 控制器性能指标

接下来,本小节将针对 PID 控制器各校正环节的作用进行分析。

比例环节 $K_p * e(t)$：如图 7-23 所示,该环节能基于偏差信号 $e(t)$ 产生相应的控制量 $u(t)$,使偏差信号 $e(t)$ 向减小的方向变化。控制作用的强弱取决于比例系数 K_p,即 K_p 越大,其控制作用越强,稳态误差 ess 也就越小,但其值过大也容易使系统产生振荡,增加系统超调量 $\sigma\%$,降低系统稳定性。

积分环节 $K_i \int_0^t e(t) \mathrm{d}t$：如图 7-24 所示,只要偏差信号 $e(t)$ 存在,积分环节就会一直增加,使偏差信号 $e(t)$ 向减小的方向变化。积分环节可以消除系统的稳态误差,积分作用的强弱取决于积分系数 K_i,即 K_i 越大,积分作用越强,稳态误差 ess 也就越小,但其值过大会降低系统响应速度,增加系统超调量 $\sigma\%$,系统稳定性变差。

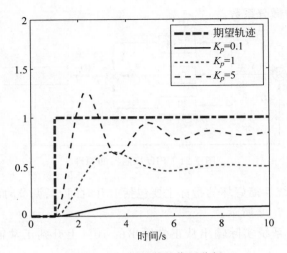

图 7-23　比例环节的作用分析

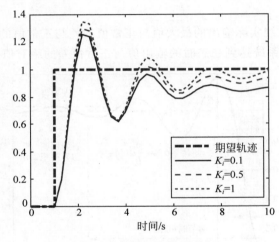

图 7-24　积分环节作用分析

微分环节 $K_d \dfrac{\mathrm{d}e(t)}{\mathrm{d}t}$：如图 7-25 所示,反映偏差信号 $e(t)$ 的变化趋势,并能在偏差信号值变得过大之前,在系统中引入一个有效的早期修正信号,从而加快系统的动作速度,减小调节时间 t_s 并有助于减小系统超调量,使系统趋于稳定,但微分作用对输入信号的噪声很敏感,对那些噪声较大的系统一般不使用微分环节。

下面通过一个例子来更好地描述 PID 控制的控制过程。以二阶传递函数 $\dfrac{100}{s^2+25s}$ 为被控对象,信号发生器中使用正弦信号作为期望输出,通过 PID 控制使二阶传递函数的输出量在最短的时间内尽可能地接近期望输出,在 Simulink 中搭建仿真模型,如图 7-26 所示。

如图 7-27 所示,仿真结果显示通过 PID 控制,被控对象的输出量很好地跟随了期望输出,验证了 PID 控制的良好性能。

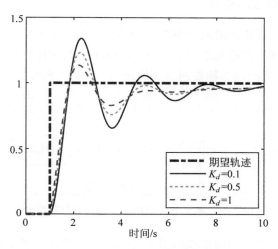

图 7-25　微分环节作用分析

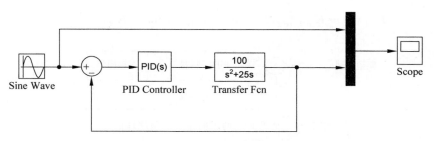

图 7-26　Simulink 中搭建的仿真模型

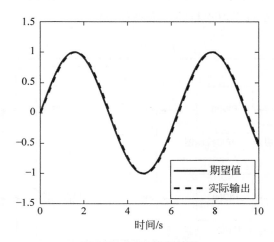

图 7-27　PID 控制效果

2. 基于 PID 的轨迹跟踪控制

基于 PID 的横向位移控制的原理如图 7-28 所示,通过车辆模型及坐标转换获得车辆横向位移误差 Y_{error} 后,将误差输入给 PID 控制器,PID 控制器计算出可使 Y_{error} 最小的转向角 δ,将其输入给车辆,从而使车辆按照参考轨迹行驶,可由下式表示:

$$\delta(t) = K_p Y_{error}(t) + K_i \int_0^t Y_{error}(t) \mathrm{d}t + K_d \frac{\mathrm{d}Y_{error}(t)}{\mathrm{d}t} \tag{7-26}$$

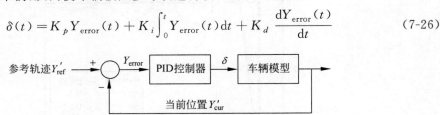

图 7-28　基于 PID 的横向位移控制原理框图

基于 PID 的纵向车速控制的原理如图 7-29 所示,将当前车辆的纵向车速与期望车速的误差 u_{error} 输入给 PID 控制器,PID 控制器计算出可使 u_{error} 最小的纵向合力 F_{xT},输入给车辆模型,从而使车辆按照期望车速行驶:

$$F_{xT}(t) = K_p u_{error}(t) + K_i \int_0^t u_{error}(t) \mathrm{d}t + K_d \frac{\mathrm{d}u_{error}(t)}{\mathrm{d}t} \tag{7-27}$$

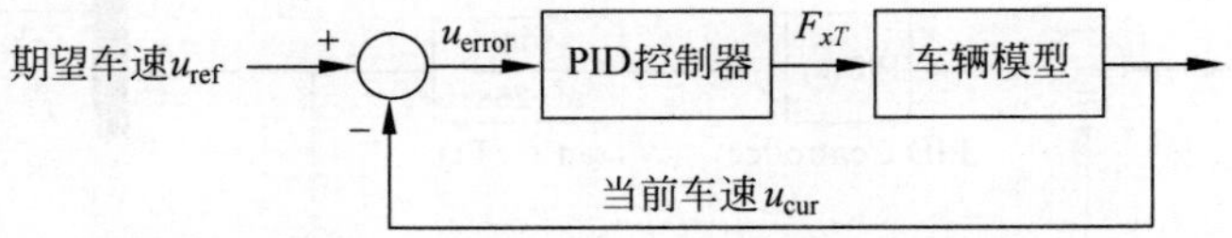

图 7-29　基于 PID 的纵向速度控制原理框图

在 Simulink 中搭建基于 PID 的轨迹跟踪仿真模型,其中包含纵向车速 PID 控制器、横向位移 PID 控制器以及车辆模型(见 7.2 节),如图 7-30 所示(此部分基于 PID 的轨迹跟踪仿真源程序可通过扫描本章学习素材的二维码获得)。

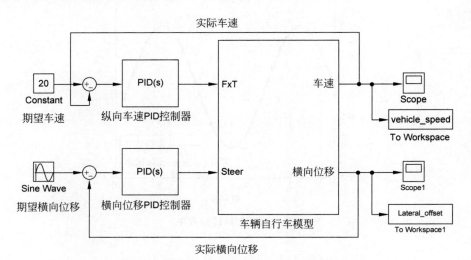

图 7-30　基于 PID 的轨迹跟踪控制仿真模型

仿真工况设定为：车辆当前车速 0km/h，期望车速为 20km/h，参考轨迹为正弦曲线，运行上述程序，通过与参考轨迹对比可验证 PID 控制器的有效性。如图 7-31 所示，PID 控制器对于车速和轨迹都有很好的跟踪效果，可以说明控制的有效性。

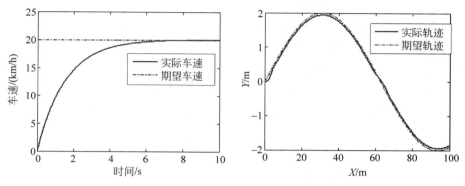

图 7-31　基于 PID 的轨迹跟踪控制的 Simulink 仿真结果

　　下面再给出一个基于 PID 的轨迹跟踪仿真试验实例，首先图 7-32 给出了车辆信息与原始 GPS 数据。

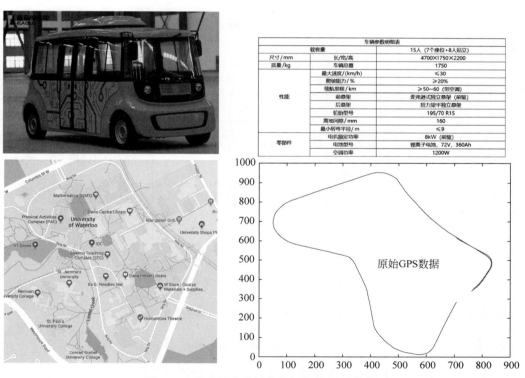

图 7-32　仿真试验车辆信息与原始 GPS 数据

由于连续曲率是提高路径跟踪稳定性的必要条件,因此采用分段多项式拟合的方法再生出平顺的路径,如图 7-33 所示。

$$\begin{cases} \delta(t) = k_1 \left(\psi_{\text{error}} + \arctan \dfrac{Y_{\text{error}}}{k_{\text{soft}} + v(t)} \right), \quad \delta(t) \in [-\delta_{\max}, \delta_{\max}] \\ \psi_{\text{error}} = \psi_{\text{current}} - \psi_{\text{ref}} \end{cases} \tag{7-28}$$

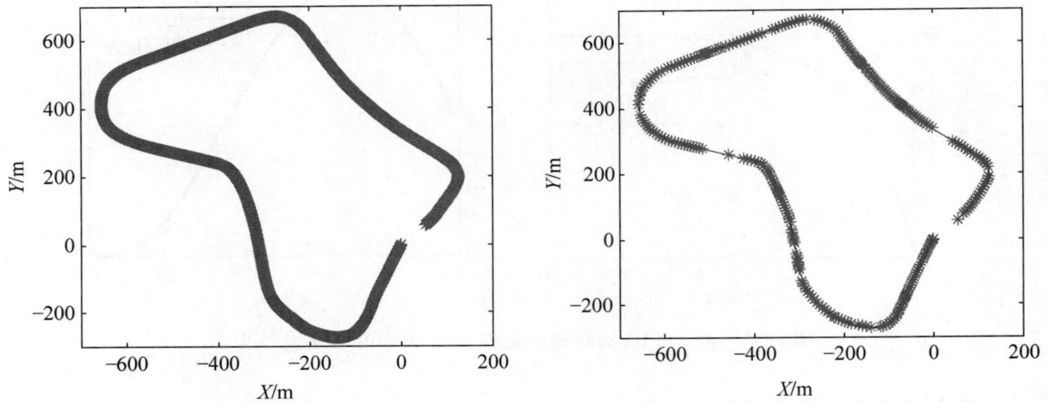

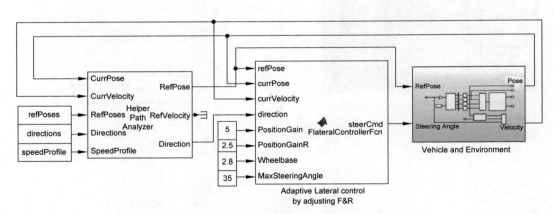

(a) 原始GPS数据　　　　　　　　　　　(b) 拟合参考路径

图 7-33　仿真试验轨迹数据处理

推导出实际使用的 PID 控制算法如式(7-28)所示,其中 k_1 为低速时的比例系数和调节参数,仿真程序如图 7-34 所示。

图 7-34　仿真试验 PID 控制算法仿真模型

仿真试验的最终仿真结果如图 7-35 所示,输出结果包括车辆位置、横向误差等。

3. 基于 PID 的轨迹跟踪仿真试验 Simulink & CarSim

本节通过 CarSim 与 Simulink 的联合仿真来测试 PID 控制器的轨迹跟踪效果。使用 CarSim 软件提供精确的车辆模型,并在 Simulink 环境中设计控制器,实现基于 PID 的轨迹跟踪控制。

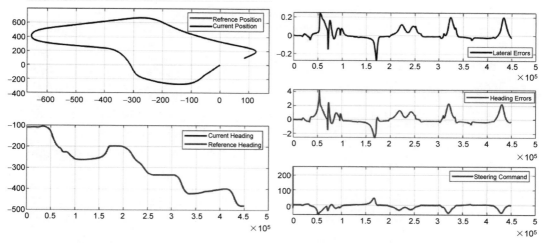

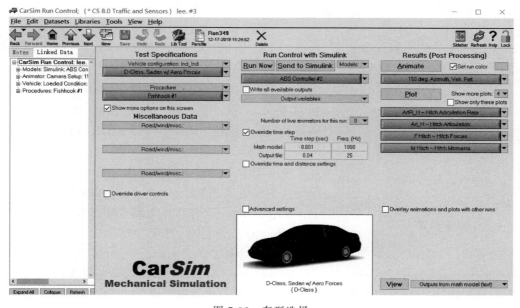

图 7-35　Simulink 仿真结果

图 7-31 给出了特定仿真工况下的仿真结果,下面将详细介绍在 Simulink 与 CarSim 工具中相关设置与操作的步骤。

(1) 车型选择:选择 CarSim 汽车库中的 D-Class、Sedan w/Aero Forces,汽车具体参数如图 7-36 所示。

图 7-36　车型选择

(2) 工况设定:仿真车速 36km/h,仿真时间 20s,仿真步长 0.001s,无制动,挡位控制选用闭环 AT5 挡模式,无转向控制,方向盘转角为 0°,道路选用 1km² 方形路,如图 7-37 所示。

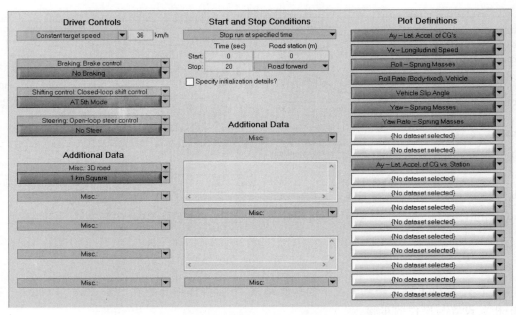

图 7-37　工况选择

（3）联合仿真接口设置：在 Run Control 处选择 Model：Simulink，在下方单击 Linkto New Dataset，以 PID 为文件名新建一个仿真接口，如图 7-38 所示。

图 7-38　Carsim 与 Simulink 联合仿真设置

（4）输入输出变量设置：点进新建的 PID 仿真文件，浏览工作路径，如选择桌面路径 C：\ Users \ Administrator\ Desktop，在桌面新建一个 Simulink 空白文档；在 Import Channels 和 Export Channels 中选择 I/O Channels：Import Channels，分别单击 Link to New Dataset 新建 PID input 和 PID output，如图 7-39 所示。

单击 PID input，浏览 Readlme file for imports，其后的文本框里选择 Programs\solvers\ReadMe\f_i_i__s_imports_tab. txt。依次选择变量 IMP_FX_L1、IMP_FX_R1、IMP_STEER_L1、IMP_STEER_R1，单击 PID output，浏览 Readlme file for outports，其后的文本框里选择 Programs\solvers\ReadMe\f_i_i__s_outports_tab. txt。依次选择变量 Vx、Xo、Yo，如图 7-40 所示，最后返回主界面单击 Sendto Simulink，自动调用所建立的空白 Simulink 文件。

（5）在 Simulink 文件中建立如图 7-41 所示的仿真模型，其中参考车速为 36 km/h，参考横向位移为正弦曲线，单击"运行"按钮。

轨迹及车速跟踪效果如图 7-42 所示，从图 7-42(a)可以看出，在 0～1 s 时纵向车速有轻微的波动，但在 PID 控制器的作用下，车速逐渐接近期望车速，展示了良好的控制效果横向位移控制方面。图 7-42(b)显示车辆实际行驶轨迹与期望轨迹之间的误差非常小，从而验证了基于 PID 的轨迹跟踪控制的有效性。

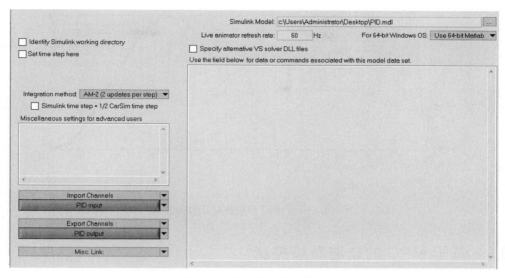

图 7-39　输入输出接口设置

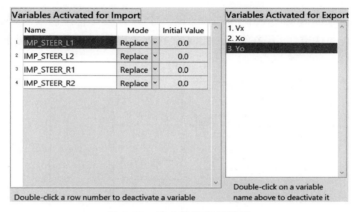

图 7-40　输入输出变量设置

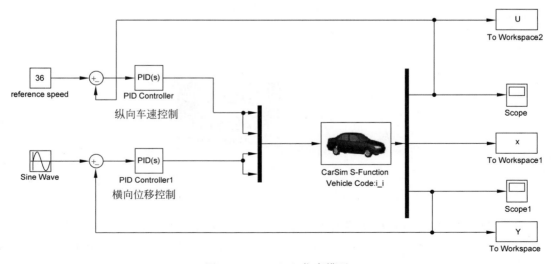

图 7-41　Simulink 仿真模型

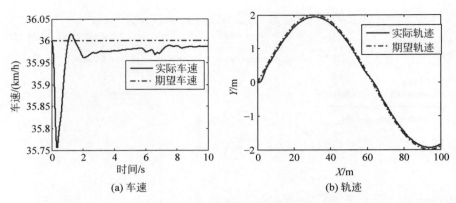

(a) 车速　　　　　　　　　　(b) 轨迹

图 7-42　基于 PID 的轨迹跟踪控制效果

7.3.3　基于 MPC 的轨迹跟踪控制

1. MPC 控制器的工作原理

模型预测控制器(model predictive control,MPC)算法具有控制效果好、稳健性强、对模型精确性要求不高的优点,已经在化工、机械等多种过程控制系统中得到了成功的应用,如图 7-43 所示。

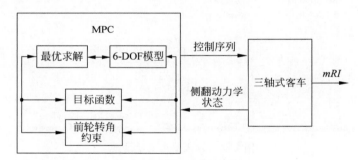

(a) 汽车防侧翻控制

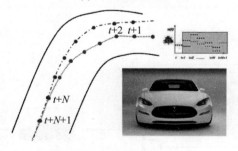

(b) 汽车轨迹跟踪控制

图 7-43　MPC 控制的应用

为了更好地理解 MPC 控制器的工作原理,我们先来看一个生活中的例子,情景如下:团队接到一项任务,要求 8h 完成。根据已有的经验,这项任务可以分成 8 个子任务,并且

1h 大致能完成一项子任务,那应该如何规划这 8h 呢?

方案一:既然 1h 可以完成一项子任务,那么 8h 可以平均分配,每小时一项子任务,这样自然就在 8h 内完成所有任务,如图 7-44 所示。

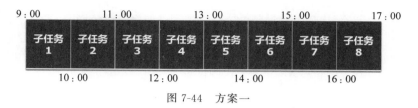

图 7-44　方案一

这个方案虽然具备一定的可行性,但执行起来还是会遇到很多问题,比如团队成员临时离开,或某一个子任务没有按时完成等,这样就会打乱整个工作计划,所以这个方案灵活性较差。

方案二:规划未来一段时间(比如 4h)内的任务,依旧是每小时完成一项子任务。1h后,对已经完成的任务进行总结,是否有突发情况发生。在新的 1h 开始时,首先根据过去完成的结果重新对 4h 进行任务规划。如果上个 1h 由于突发情况没有完成规定的子任务,则在下一时刻对未来 4h 进行重新规划,既需要完成上一时刻遗留的任务,又需要完成本时刻的任务,并在以后的时刻重复这样的操作,如图 7-45 所示。

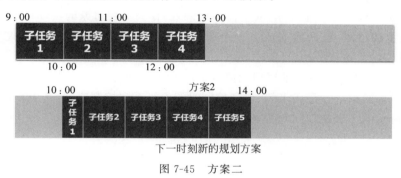

图 7-45　方案二

显然,方案二在实际执行过程中更加具备可操作性,模型预测控制的基本思想就如方案二所示,模型预测控制在实现过程中有 3 个关键步骤,分别是预测模型、滚动优化和反馈校正。

(1)预测模型。预测模型的主要作用是根据被控对象的历史状态和未来输入,预测系统未来的输出,预测模型可以基于状态方程、传递函数等方式表示。

(2)滚动优化。模型预测控制通过优化某一性能指标来求解控制量,且优化过程是在线滚动进行的。

(3)反馈校正。为了防止模型失配或者环境干扰引起控制对理想状态的偏离,在新的采样时刻,首先检测对象的实际输出,并利用这一实时信息对基于模型的预测结果进行修正,然后再进行优化。

基于上述 3 个要素,模型预测控制的基本原理如图 7-46 所示。

* 控制过程中,始终存在一条期望参考轨迹,如图 7-46 中曲线 1 所示。
* 以时刻 k 作为当前时刻,控制器结合当前的测量值和预测模型,预测系统未来一段时域内 $[k, k+N_p]$(预测时域)系统的输出,如图 7-46 中曲线 2 所示。

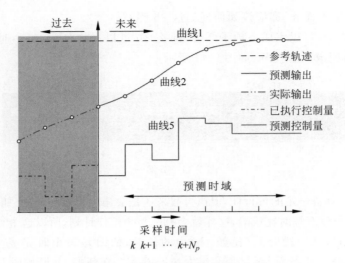

图 7-46　模型预测控制原理示意图

- 通过求解满足目标函数以及各种约束的优化问题,得到在控制时域$[k,k+N_c]$内一系列的控制序列,如图 7-46 中曲线 5 所示。

- 将控制序列的第一个元素(对应图中圆圈处)作为受控对象的实际控制量,下一时刻重复上述过程,滚动地完成一个个带约束的优化问题,以实现对被控对象的持续控制。

为加深理解,图 7-47 给出了模型预测控制平台的原理框图。MPC 控制问题的核心是对带约束的目标函数进行最优求解,得到控制时域内一系列控制序列,其中目标函数的标准形式是如下所示的二次规划问题:

$$\min_{u_t\cdots u_{t+N-1}}\left\{\sum_{k=1}^{N_p}\parallel y(t+k)-y_{\text{ref}}(t+k)\parallel_{\boldsymbol{Q}}^2+\sum_{k=1}^{N_c-1}\parallel\Delta U(t+k)\parallel_{\boldsymbol{R}}^2\right\}$$

$$\text{s.t.}\quad U_{\min}(t+k)\leqslant U(t+k)\leqslant U_{\max}(t+k)$$

$$\Delta U_{\min}(t+k)\leqslant\Delta U(t+k)\leqslant\Delta U_{\max}(t+k)\tag{7-29}$$

$$y_{\min}(t+k)\leqslant y(t+k)\leqslant y_{\max}(t+k)$$

其中:$y(t+k)$表示预测模型输出量;$y_{\text{ref}}(t+k)$表示输出量参考值;$\boldsymbol{Q}$、$\boldsymbol{R}$表示权重矩阵;$\Delta U(t+k)$表示控制增量。

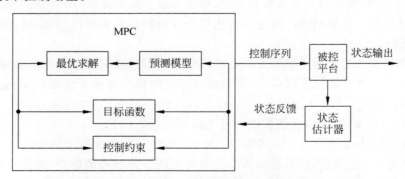

图 7-47　模型预测控制平台的原理框图

2. 基于 MPC 的轨迹跟踪控制

1）预测模型线性化

线性模型预测控制是比较常用且控制效果较好的控制算法。然而，线性模型预测控制的预测模型必须是线性模型，这就需要将 7.2 节所建立的非线性车辆动力学模型线性化。首先 7.2 节建立的非线性模型可表示为 $\dot{x} = f(x, U)$，其中模型的状态量为 $x = \begin{bmatrix} u & v & r & X & Y & \phi \end{bmatrix}^{\mathrm{T}}$，模型输入为 $U = \begin{bmatrix} F_{xT} & \delta_f \end{bmatrix}^{\mathrm{T}}$，各自由度的方程如下所示：

$$f_1 = \dot{u} = vr + F_{xT}/m - F_r/m$$

$$f_2 = \dot{v} = (-2v(k_f + k_r))/(mu) + (((-2ak_f + 2bk_r)r/(mu)) - ur) + 2k_f\delta_f/m$$

$$f_3 = \dot{r} = (-2ak_f + 2bk_r)v + (-2a^2k_f + 2b^2k_r)r/(I_zu) + 2ak_f\delta_f/I_z$$

$$f_4 = \dot{X} = u\cos\theta - v\sin\theta$$

$$f_5 = \dot{Y} = u\sin\theta + v\cos\theta$$

$$f_6 = \dot{\psi} = r$$

将上述方程 $f_1 \sim f_6$ 分别对 x 和 U 求偏导数，求得雅可比矩阵，如式（7-30）所示。

$$\frac{\partial f}{\partial x} = \begin{bmatrix} \dfrac{\partial f_1}{\partial u} & \dfrac{\partial f_1}{\partial v} & \cdots & \dfrac{\partial f_1}{\partial \theta} \\ \dfrac{\partial f_2}{\partial u} & \dfrac{\partial f_2}{\partial v} & \cdots & \dfrac{\partial f_2}{\partial \theta} \\ \vdots & \vdots & & \vdots \\ \dfrac{\partial f_6}{\partial u} & \dfrac{\partial f_6}{\partial v} & \cdots & \dfrac{\partial f_6}{\partial \theta} \end{bmatrix}, \quad \frac{\partial f}{\partial U} = \begin{bmatrix} \dfrac{\partial f_1}{\partial F_{xT}} & \dfrac{\partial f_1}{\partial \delta_f} \\ \dfrac{\partial f_2}{\partial F_{xT}} & \dfrac{\partial f_2}{\partial \delta_f} \\ \vdots & \vdots \\ \dfrac{\partial f_6}{\partial F_{xT}} & \dfrac{\partial f_6}{\partial \delta_f} \end{bmatrix} \quad (7\text{-}30)$$

由此，即可将非线性车辆模型线性化表示，线性化后预测模型的状态空间方程如式（7-31）所示。

$$\dot{x} = \hat{A}x + \hat{B}U, \quad \hat{A} = \frac{\partial f}{\partial x}, \quad \hat{B} = \frac{\partial f}{\partial U} \quad (7\text{-}31)$$

2）目标函数设计

给定的参考轨迹中包含参考横向位置和参考横摆角，所以目标函数中模型输出量为横向位置 Y 和横摆角 θ，另外为了防止控制器在规定的计算时间内无法得到最优解的情况发生，在其中加入松弛因子 ε，则基于 MPC 的轨迹跟踪控制的目标函数设计如下。

$$J = \sum_{k=1}^{N_p} \| y(t+k) - y_{\text{ref}}(t+k) \|_Q^2 + \sum_{k=1}^{N_c-1} \| \Delta U(t+k) \|_R^2 + \rho\varepsilon^2 \quad (7\text{-}32)$$

其中：$y(t+k) = \begin{bmatrix} Y(t+k) & \psi(t+k) \end{bmatrix}^{\mathrm{T}}$。

结合实际情况对状态栏及控制量进行必要的约束，从而转换成在每个控制周期内求解如下二次规划问题：

$$\min \sum_{k=1}^{N_p} \parallel \boldsymbol{y}(t+k) - y_{\text{ref}}(t+k) \parallel_2^{\boldsymbol{Q}} + \sum_{k=1}^{N_c-1} \parallel \Delta \boldsymbol{U}(t+k) \parallel_2^{\boldsymbol{R}} + \rho \epsilon^2$$

$$\text{s. t.}\quad \Delta \boldsymbol{U}_{\min} \leqslant \Delta \boldsymbol{U} \leqslant \Delta \boldsymbol{U}_{\max} \tag{7-33}$$

$$\boldsymbol{U}_{\min} \leqslant \boldsymbol{U} \leqslant \boldsymbol{U}_{\max}$$

$$\boldsymbol{y}_{\min} \leqslant \boldsymbol{y} \leqslant \boldsymbol{y}_{\max}$$

首先,离散化预测模型:

$$\begin{cases} \boldsymbol{A}_k = \boldsymbol{I} + t_s \hat{\boldsymbol{A}} \\ \\ \boldsymbol{B}_k = t_s \hat{\boldsymbol{B}} \end{cases} \tag{7-34}$$

其中:t_s 表示离散化采样时间;$\boldsymbol{I}$ 为单位矩阵。

将预测模型作如下转换:$\boldsymbol{\xi}(k) = \begin{bmatrix} \boldsymbol{x}(k) & \boldsymbol{U}(k) \end{bmatrix}^{\text{T}}$,此处将模型的状态量和控制量写在一列的目的是使模型预测控制器求解出来的为控制量的增量 $\Delta \boldsymbol{U}$,从而可以得到一个新的状态空间表达式:

$$\begin{cases} \boldsymbol{\xi}(k+1) = \hat{\boldsymbol{A}}_k \boldsymbol{\xi}(k) + \hat{\boldsymbol{B}}_k \Delta \boldsymbol{U}(k) \\ \\ \boldsymbol{y}(k) = \hat{\boldsymbol{C}}_k \boldsymbol{\xi}(k) \end{cases} \tag{7-35}$$

其中:$\hat{\boldsymbol{A}}_k = \begin{bmatrix} \boldsymbol{A}_k & \boldsymbol{B}_k \\ \boldsymbol{0}_{2 \times 6} & \boldsymbol{I}_{2 \times 2} \end{bmatrix}$;$\hat{\boldsymbol{B}}_k = \begin{bmatrix} \boldsymbol{B}_k \\ \boldsymbol{I}_{2 \times 2} \end{bmatrix}$;$\hat{\boldsymbol{C}}_k$ 输出系数矩阵,用以输出车辆模型的横向位置和横摆角。

预测时域内的控制量和车辆状态量的输出则可以由以下算式计算:

$$\boldsymbol{\xi}(k+N_p) = \hat{\boldsymbol{A}}_k^{N_p} \boldsymbol{\xi}(k) + \hat{\boldsymbol{A}}_k^{N_p-1} \hat{\boldsymbol{B}}_k \Delta \boldsymbol{U}(k) + \hat{\boldsymbol{A}}_k^{N_p-2} \hat{\boldsymbol{B}}_k \Delta \boldsymbol{U}(k+1) + \cdots +$$

$$\hat{\boldsymbol{A}}_k^{N_p-N_c-1} \hat{\boldsymbol{B}}_k \Delta \boldsymbol{U}(k+N_p-1)$$

$$\boldsymbol{y}(k+N_p) = \hat{\boldsymbol{C}}_k \hat{\boldsymbol{A}}_k^{N_p} \boldsymbol{\xi}(k) + \hat{\boldsymbol{C}}_k \hat{\boldsymbol{A}}_k^{N_p-1} \hat{\boldsymbol{B}}_k \Delta \boldsymbol{U}(k) + \hat{\boldsymbol{C}}_k \hat{\boldsymbol{A}}_k^{N_p-2} \hat{\boldsymbol{B}}_k \Delta \boldsymbol{U}(k+1) + \cdots + \tag{7-36}$$

$$\hat{\boldsymbol{C}}_k \hat{\boldsymbol{A}}_k^{N_p-N_c-1} \hat{\boldsymbol{B}}_k \Delta \boldsymbol{U}(k+N_p-1)$$

为了使预测输出的表达式更加直观,将式(7-36)写成如下矩阵的形式:

$$\boldsymbol{Y}_c(k) = \boldsymbol{\psi}_k \boldsymbol{\xi}(k) + \boldsymbol{\Theta}_k \Delta \boldsymbol{U}_c(k) \tag{7-37}$$

其中:$\boldsymbol{Y}_c(k) = \begin{bmatrix} \boldsymbol{y}(k+1) & \boldsymbol{y}(k+2) & \cdots & \boldsymbol{y}(k+N_p) \end{bmatrix}^{\text{T}}$;$\boldsymbol{\psi}_k = \begin{bmatrix} \hat{\boldsymbol{C}}_k & \hat{\boldsymbol{A}}_k & \hat{\boldsymbol{C}}_k & \hat{\boldsymbol{A}}_k^2 & \cdots & \hat{\boldsymbol{C}}_k & \hat{\boldsymbol{A}}_k^{N_p} \end{bmatrix}^{\text{T}}$;

$\Delta \boldsymbol{U}_c(k) = \begin{bmatrix} \Delta \boldsymbol{U}(k) & \Delta \boldsymbol{U}(k+2) & \cdots & \Delta \boldsymbol{U}(k+N_c) \end{bmatrix}^{\text{T}}$;

$$\boldsymbol{\Theta}_k = \begin{bmatrix} \hat{\boldsymbol{C}}_k \hat{\boldsymbol{B}}_k & 0 & 0 & 0 \\ \hat{\boldsymbol{C}}_k \hat{\boldsymbol{A}}_k \hat{\boldsymbol{B}}_k & \hat{\boldsymbol{C}}_k \hat{\boldsymbol{B}}_k & 0 & 0 \\ \vdots & \vdots & & \vdots \\ \hat{\boldsymbol{C}}_k \hat{\boldsymbol{A}}_k^{N_c-1} \hat{\boldsymbol{B}}_k & \hat{\boldsymbol{C}}_k \hat{\boldsymbol{A}}_k^{N_c-2} \hat{\boldsymbol{B}}_k & \cdots & \hat{\boldsymbol{C}}_k \hat{\boldsymbol{B}}_k \\ \hat{\boldsymbol{C}}_k \hat{\boldsymbol{A}}_k^{N_c} \hat{\boldsymbol{B}}_k & \hat{\boldsymbol{C}}_k \hat{\boldsymbol{A}}_k^{N_c-1} \hat{\boldsymbol{B}}_k & \cdots & \hat{\boldsymbol{C}}_k \hat{\boldsymbol{A}}_k \hat{\boldsymbol{B}}_k \\ \vdots & \vdots & & \vdots \\ \hat{\boldsymbol{C}}_k \hat{\boldsymbol{A}}_k^{N_p-1} \hat{\boldsymbol{B}}_k & \hat{\boldsymbol{C}}_k \hat{\boldsymbol{A}}_k^{N_p-2} \hat{\boldsymbol{B}}_k & \cdots & \hat{\boldsymbol{C}}_k \hat{\boldsymbol{A}}_k^{N_p-N_c-1} \hat{\boldsymbol{B}}_k \end{bmatrix}$$

3）约束条件设计

在实际的控制系统中，系统状态量和控制量必须满足一定的物理约束条件。为简化计算，本节不考虑状态量约束，只考虑控制量以及其增量约束。

$$\begin{cases} \Delta \boldsymbol{U}_{\min} \leqslant \Delta \boldsymbol{U} \leqslant \Delta \boldsymbol{U}_{\max} \\ \boldsymbol{U}_{\min} \leqslant \boldsymbol{U} \leqslant \boldsymbol{U}_{\max} \end{cases} \tag{7-38}$$

此外，需要对式（7-38）中的控制量约束进行转换，考虑到：

$$\boldsymbol{U}(k+i) = \boldsymbol{U}(k+i-1) + \Delta \boldsymbol{U}(k+i), \quad i = 0, 1, \cdots, N_{c-1} \tag{7-39}$$

设 $\boldsymbol{U}_c = \mathbf{1}_{N_c} \otimes \boldsymbol{U}(k-1)$，$\boldsymbol{A}_t = \begin{bmatrix} 1 & 0 & \cdots & \cdots & 0 \\ 1 & 1 & 0 & \cdots & 0 \\ 1 & 1 & 1 & \ddots & 0 \\ \vdots & \vdots & \ddots & \ddots & 0 \\ 1 & 1 & \cdots & 1 & 1 \end{bmatrix} \otimes \boldsymbol{I}_2$，其中 $\mathbf{1}_{N_c}$ 是行数为 N_c 的列向量，

$\boldsymbol{I}_2$ 是维度为 2 的单位矩阵，$\otimes$ 是克罗内克积，$\boldsymbol{U}(k-1)$ 表示上一时刻实际控制量。

则控制量约束可以表示为如下形式：

$$\boldsymbol{U}_{\min} \leqslant \boldsymbol{A}_t \Delta \boldsymbol{U}_c + \boldsymbol{U}_c \leqslant \boldsymbol{U}_{\max} \tag{7-40}$$

4）最优求解

因此，轨迹跟踪问题被转换成带约束的标准二次型形式，求解以下优化问题：

$$\boldsymbol{J}(\boldsymbol{\xi}(k), \Delta \boldsymbol{U}_c(k-1), \Delta \boldsymbol{U}_c(k)) = \boldsymbol{G}_k [\Delta \boldsymbol{U}_c(k)^{\mathrm{T}}, \varepsilon] + $$
$$[\Delta \boldsymbol{U}_c(k)^{\mathrm{T}}, \varepsilon]^{\mathrm{T}} \boldsymbol{H}_k [\Delta \boldsymbol{U}_c(k)^{\mathrm{T}}, \varepsilon] + \boldsymbol{P}_k \tag{7-41}$$

$$\text{s. t.} \quad \Delta \boldsymbol{U}_{\min} \leqslant \Delta \boldsymbol{U}_c \leqslant \Delta \boldsymbol{U}_{\max}$$
$$\boldsymbol{U}_{\min} \leqslant \boldsymbol{A}_t \Delta \boldsymbol{U}_c + \boldsymbol{U}_c \leqslant \boldsymbol{U}_{\max}$$

其中：$\boldsymbol{H}_k = \begin{bmatrix} \boldsymbol{\Theta}_k^{\mathrm{T}} \boldsymbol{Q} \boldsymbol{\Theta}_k + \boldsymbol{R} & \mathbf{0} \\ \mathbf{0} & \rho \end{bmatrix}$，$\boldsymbol{G}_k = [2\boldsymbol{E}(k) \boldsymbol{Q} \boldsymbol{\Theta}_k \quad 0]$，$\boldsymbol{E}(k) = [\boldsymbol{Y}_c(k) - \boldsymbol{Y}_{\mathrm{ref}}(k)]$，$\boldsymbol{Y}_{\mathrm{ref}}(k)$ 表示参考轨迹。

在每个控制周期内，对上述优化问题进行求解即可得到当前控制时域内的最优控制增量：

$$\Delta \boldsymbol{U}_c^* = [\Delta \boldsymbol{U}^*(k) \quad \Delta \boldsymbol{U}^*(k+1) \quad \cdots \quad \Delta \boldsymbol{U}^*(k+N_c-1)]^{\mathrm{T}} \tag{7-42}$$

将最优控制增量序列中的第一个控制增量作用于系统，即实际控制量可表示如下：

$$\boldsymbol{U}_c(k) = \boldsymbol{U}_c(k-1) + \Delta \boldsymbol{U}^*(k) \tag{7-43}$$

进入下一个控制周期后，重复上述过程，即可实现自动驾驶轨迹跟踪控制。

3. 基于 MPC 的轨迹跟踪仿真试验 Simulink & CarSim

下面通过 CarSim 与 Simulink 的联合仿真来测试 MPC 控制器的轨迹跟踪效果。使用 CarSim 软件提供精确的车辆模型，并在 Simulink 环境中设计控制器，实现基于 MPC 的轨迹跟踪控制。其中 CarSim 与 Simulink 的联合仿真操作步骤与 6.3.2 节中的一致。

1）CarSim 配置

首先介绍 CarSim 中的相关配置，CarSim 主界面如图 7-48 所示。

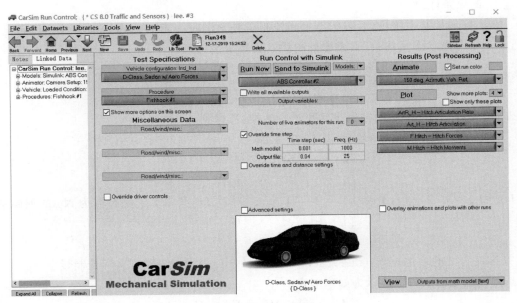

图 7-48　CarSim 主界面

　　其中车型选用 CarSim 汽车库中的 D-Class, Sedanw/Aero Forces, 汽车的具体参数如图 7-49 所示。

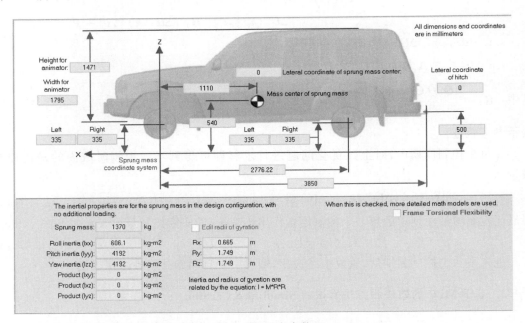

图 7-49　汽车参数

　　工况设定为仿真车速 36km/h, 仿真时间 20s, 仿真步长 0.001s, 无制动, 挡位控制选用闭环 AT5 挡模式, 无转向控制, 方向盘转角为 0°, 道路选用 1km² 方形路, 如图 7-50 所示。

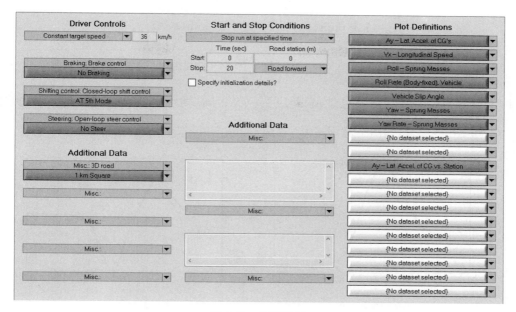

图 7-50　工况设定

CarSim 与 Simulink 联合仿真的输入输出接口如图 7-51 所示，其中输入接口为四个车轮的转向角；输出接口依次是纵向速度 Vx、横向速度 Vy、横摆角速度 AV_Y、纵向位移 Xo、横向位移 Yo、横摆角 Yaw。

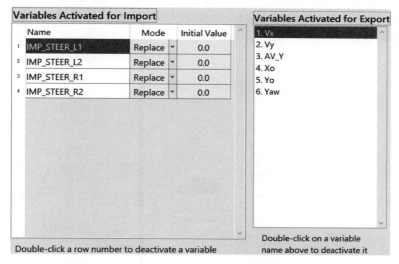

图 7-51　CarSim 与 Simulink 联合仿真输入输出变量

2）参考轨迹

本节采用双移线轨迹作为参考轨迹以验证模型预测控制器的轨迹跟踪效果。双移线轨迹可由如下方程表示：

$$\begin{cases} Y_{ref}(X) = \dfrac{d_{y_1}}{2}(1 + \tanh(z_1)) - \dfrac{d_{y_2}}{2}(1 + \tanh(z_2)) \\ \psi_{ref}(X) = \arctan\left(d_{y_1}\dfrac{1}{\cosh(z_1)}\right)^2 \dfrac{1.2}{d_{x_1}} - \arctan\left(d_{y_2}\dfrac{1}{\cosh(z_2)}\right)^2 \dfrac{1.2}{d_{x_2}} \end{cases} \tag{7-44}$$

其中：$z_1 = \dfrac{2.4}{25}(X - 27.17) - 1.2$，$z_2 = \dfrac{2.4}{21.95}(X - 56.46) - 1.2$，$d_{x_1} = 25$，$d_{x_2} = 21.95$，$d_{y_1} = 4.05$，$d_{y_2} = 5.7$，如图 7-52 所示。

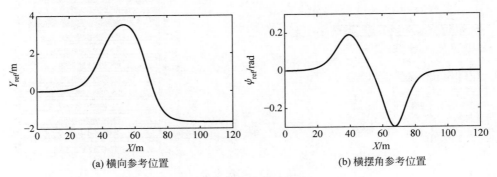

(a) 横向参考位置   (b) 横摆角参考位置

图 7-52 参考轨迹

3）CarSim 与 Simulink 联合仿真模型

设置好 CarSim 相关参数后，搭建 CarSim 与 Simulink 联合仿真模型，参考轨迹为上述双移线轨迹，设定被控车辆匀速行驶，车速为 36km/h，仿真模型如图 7-53 所示，其中 MPC 控制器用 Simulink 中的 S 函数形式编写。MPC 控制器的 S 函数源程序见可通过扫描本章学习素材二维码获取。

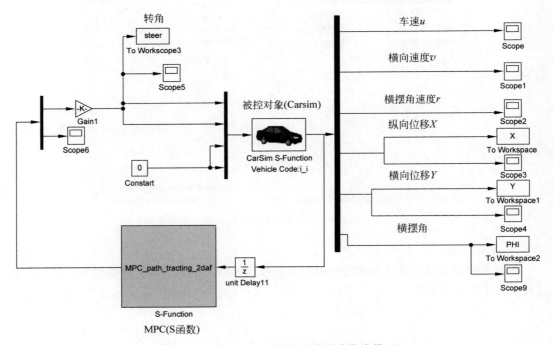

图 7-53 基于 MPC 的轨迹跟踪联合仿真模型

4）仿真结果

MPC 控制器的轨迹跟踪仿真结果如图 7-54 所示。

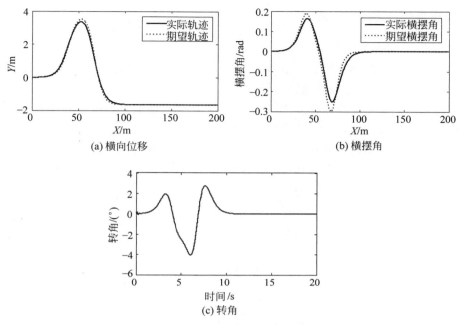

(a) 横向位移

(b) 横摆角

(c) 转角

图 7-54　MPC 的轨迹跟踪仿真结果

从仿真结果可以说明基于 MPC 控制器的轨迹跟踪控制效果是十分理想的。

7.4　自动驾驶前沿控制技术

7.4.1　自动驾驶前沿控制技术概述

考虑到大多数道路交通事故的发生是由于驾驶人操作不当造成的，近年来各主流汽车制造厂商及供应商都投入巨额资金对自动驾驶技术进行研发，以降低道路交通事故的发生率，提升道路交通的安全性能。目前，由于高级别自动驾驶车辆仍有一些关键技术尚待突破，大多数汽车厂商只针对特定场景推出了先进驾驶辅助系统（advanced driver assistance systems，ADAS），主要包括自适应巡航控制系统、车道保持辅助系统、自动紧急制动系统与自主代客泊车系统等。这些驾驶辅助系统通过使用摄像头、雷达等感知元件检测车辆周围的障碍物，并根据不同的驾驶任务做出正确的反应，辅助驾驶人实现更好、更安全的驾驶行为。

此外，由于依靠车载系统实现单车自动驾驶技术存在着多方面的问题，研发难度高且成本昂贵，阻碍了自动驾驶技术的大规模应用。车联网通信技术的飞速发展使通过车外技术辅助不同等级自动驾驶成为可能，车联网技术与自动驾驶技术的深度融合形成了智能网联汽车。辅助方式主要分为云端技术辅助（属于车联网云服务）或路侧技术辅助（属于车路协同）。云端技术主要为车辆提供地理与交通信息以提高行车效率；路侧传感技术主要为车辆提供超视距与处在盲区的交通参与者信息以提高驾驶安全。两者各有优势与不足,它们的互联互通、数据融合与共享、协同计算是目前自动驾驶控制技术的主流发展趋势。

1. 先进驾驶辅助控制技术

1) 自适应巡航控制技术

车辆自适应巡航控制系统可在适当的交通工况下部分替代驾驶人对车辆进行一定程度的纵向控制,以避免发生碰撞和减轻驾驶人的疲劳强度,提高车辆的主动安全性与乘坐舒适性。自适应巡航控制系统的原理如图 7-55 所示。自适应巡航系统通过传感器获取自车及周围环境的实时状态信息,ECU 基于驾驶人所设定的安全车距及巡航行驶速度,结合传感器采集的信息确定自车的行驶状态并判断自车安全状态,从而确定工作模式并生成控制指令发送至执行器。执行器负责执行控制系统发送的指令,主要包括节气门和制动装置,对应的输入量为节气门开度与制动压力。

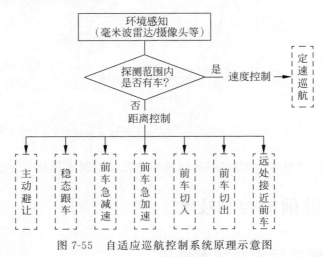

图 7-55　自适应巡航控制系统原理示意图

2) 车道保持辅助控制技术

车道保持辅助控制指车辆通过导航定位、车载视觉、雷达传感器获取环境信息,自动调整控制方向盘转角,使车辆始终沿着道路中心线进行自动行驶的过程。车道保持系统的主要功能是控制车辆在行驶过程中不产生较大的横向位移误差与横摆角误差,其原理如图 7-56 所示。车道保持控制系统首先基于车辆实际行驶轨迹与车道位置,计算车辆在行驶过程中的横向位置误差与横摆角误差,并采用相应控制算法计算最优前轮控制量,最后将前轮转角控制指令发送至执行机构,从而控制车辆保持在车道理想位置,以降低车辆在行驶时的横向位置误差与横摆角误差。

3) 自动紧急制动技术

自动紧急制动系统是车辆主动安全的重要组成部分,它利用传感器实时探测交通环境,并对车辆所处环境进行安全评估,当车辆遭遇危险紧急情况时,该系统可辅助驾驶人操控车辆进行主动避撞控制,其原理如图 7-57 所示。首先,自动紧急制动系统利用雷达或者摄像头实时采集外部环境信息,主要是获取自车与前车或者障碍物之间的距离信息,并将此距离信息与预先设定的安全阈值进行比较,计算碰撞风险指标。当自动紧急制动系统计算的碰

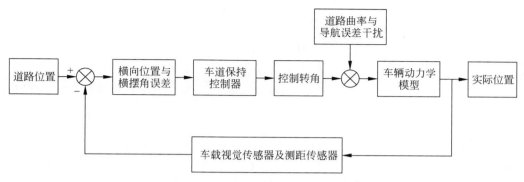

图 7-56 车道保持控制系统原理示意图

撞风险指标达到临界预警阈值时,即车辆存在与前方车辆或障碍物发生碰撞的可能性时,系统首先会以声音、图像等形式向驾驶人做出预警提示,并预先填充制动油路油压以降低车辆的制动反应时间;若驾驶人没有对预警信息做出正确操作,系统会进行部分干预制动,同时通过小幅振动制动踏板或方向盘等其他方式再次向驾驶人做出提示;若系统计算的碰撞危险指标达到临界制动阈值,系统会进行自动采取全力制动来尽可能避免碰撞。

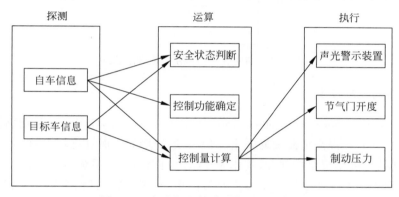

图 7-57 自动紧急制动系统原理示意图

4)自主代客泊车技术

自主代客泊车系统的原理示意图如图 7-58 所示,它主要由客户端模块、服务器模块、感知模块、定位模块、决策规划模块及控制模块六个子系统组成。客户端模块通常以应用程序的形式安装于手机等移动设备中,驾乘人员可使用客户端模块唤醒自主代客泊车服务。服务器模块在收到客户端的泊车请求后则向车辆发送停车场的地图文件以及停车场中停车位的使用情况,同时接收车端返回的泊车信息。此外,环境感知模块将传感器得到的环境数据进行处理融合,并发送至决策规划模块。定位模块包括卫星定位系统和惯性导航系统,可将感知模块的检测数据与预先装载的高精地图进行匹配,实时获取其他车辆和障碍物的位置信息。决策规划模块主要实现车辆的全局路径规划、行为决策与运动规划,最终生成一系列包含速度和时间信息的路径点,并将其传递至控制执行模块。控制执行模块接收决策规划模块信息后,通过控制加速踏板和制动踏板来操纵车辆,确保车辆以期望的速度和在规定的时间内到达目标点。

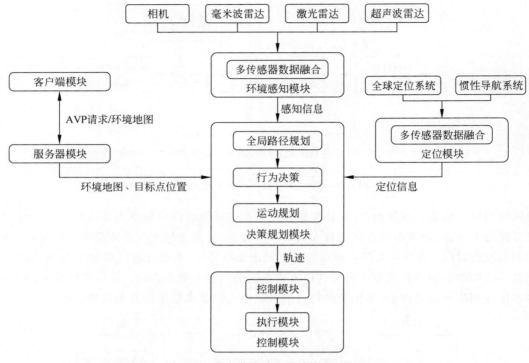

图 7-58　自主代客泊车系统原理示意图

2. 车路协同控制技术

车路协同系统(cooperative vehicle infrastructure system,CVIS)是目前智能交通领域研究的热点之一,它在提高道路交通安全、缓解交通拥堵的方面具有较大前景。车车协同技术是车路协同技术的重要组成部分,其作为车路协同控制的子系统,重点关注如何利用车载设备自主感知的信息和通过车车交互获取的信息,实现冲突消解、车辆运动控制和安全预警。车车协同技术的发展将对道路交通协同的控制、管理、运用等各方面产生革命性的影响。

1）典型应用场景

车车协同系统的典型应用场景主要包括车-车通信避免交通阻塞、基于车车协同的交叉口车辆避撞、基于信息交互的车辆跟驰、基于车车协同的车辆变道、基于车车协同的车辆启动信息发布、基于车车协同的非正常占道预警及紧急制动电子制动灯预警七个方面。不同的应用场景,车路协同系统对车辆状态信息感知、预警、控制模型与运动控制的要求各有不同。该技术涉及的软硬件技术基础主要包括面向车车协同控制的车载系统、车辆状态信息融合处理算法、基于无线通信的车车与车路信息交互技术,以及用于实现避撞系统功能的制动控制系统设计等。下面以无信号交叉口的应用场景为例,简要介绍基于车车/车路协同的车辆避撞与通行控制原理。

2）基于车车协同的交叉口车辆避撞

车路协同技术的发展为无信号交叉口的车辆通行问题提供了新的解决思路。具体地,在车车/车路信息交互的前提下,给每台车辆预设的通行规则以协调通过交叉口,既可以避免碰撞,同时也可以提高车辆在交叉口的通行效率。近年来,研究人员对无信号交叉路口的车辆协同控制技术进行了大量研究,主要包括基于车-路通信的集中式控制方法与基于车-车通信的分布式控制方法。

基于车-路通信的集中式控制方法需要在交叉路口放置带有通信系统的中央控制器,中央控制器与车辆进行直接通信,并对其进行控制,其原理如图 7-59 所示。该方法相当于在交叉口设置了一个多相位的智能信号灯,控制器将基于车辆进入路口的时间、位置、速度、方向等信息对所有车辆通行顺序进行分析与计算,并给每辆车发送行为指令。总的来说,集中式控制方法由一个控制单元来协调路口车辆的通行,有利于提高路口的通行效率,且相对分布式控制算法而言,其易于实现。然而,此类方法的不足之处在于其需要在所有的道路交叉口安装路侧中央控制器,且计算负荷都在路侧中央控制器上。

基于车-车通信的分布式控制方法的原理如图 7-60 所示。分布式控制方法不需要在路侧设置路侧控制器,而是当所有通过交叉口的车辆进入交叉路口时,其基于车-车通信获得的信息进行风险分析,依据相同的规则进行让行。基于车-车通信的分布式控制方法主要包括可接受间隙模型、基于动态博弈论的控制算法、基于占先度的冲突避碰决策模型、基于冲突表的资源锁算法和基于规则库的交叉口协同避撞方法等。

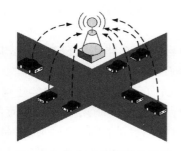

图 7-59 集中式控制基本原理

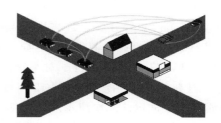

图 7-60 分布式控制基本原理

以可接受间隙模型为例,当次车道上的车辆所面临的间隙大于其规定的临界间隙时,车辆会接受间隙,并从主车道车流中穿过交叉路口。若面临的间隙小于规定临界值,车辆将继续等待以寻找更为合适的间隙。可接受间隙模型中的关键待定参数为规定的临界间隙(用时间表示的间隙),只有在主车道车流中的车辆间隙(可用主车道上的车头时距量化)大于或等于临界间隙时,次道车流的车辆才能进入交叉口,如图 7-61 所示。

3. 自动驾驶编队控制技术

随着“网联化”的发展,道路上的行驶车辆不再是相互孤立的个体,而是通过无线通信网络连接而组成的多车系统。处于多车系统中,网联车辆能够通过车-车通信和车-路通信获取通信范围内其他网联车辆和道路的信息,并利用该信息进行分布式的决策与控制,进而实现整个系统的协同控制。作为一种典型的多车协同控制的应用,自动驾驶汽车编队行驶的基本

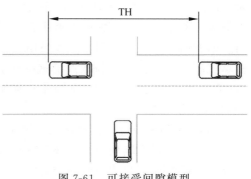

图 7-61 可接受间隙模型

目标是：将单一车道内的相邻车辆进行编队，根据相邻车辆信息自动调整该车辆的纵向运动状态，最终达到一致的行驶速度和期望的车辆间距。在网联模式条件下，编队行驶可以最大限度减小车辆间距。这就使后车能够进入前车的尾流区，两车空气流场的干涉使后车的气动特性参数发生变化，进而能够降低后车行驶时的空气阻力以及能源消耗。根据实车试验结果，当以 6m 的车辆间距编队行驶时，平均能够节约 10% 左右的燃油消耗。同时，减小车辆间距能显著减缓交通拥堵、改善交通效率。在城市工况中，车辆以编队的形式通过交叉路口，能提高 2～3 倍的道路通行能力。另外，自动驾驶汽车编队行驶完全解放了驾驶人的双手，避免了由于驾驶人的失误而造成的交通事故；通过精确的多车辆协同控制，能够大幅提升驾驶安全性。同时，相关研究表明，在半智能网联交通场景下，高速公路交通场景的安全性也能被提升。由于自动驾驶车辆在编队行驶情况下具有提升道路通行效率、降低能源消耗、提高交通安全性等方面的优势，使其得到了产业界和学术界的广泛关注。

1）自动驾驶队列项目概述

20 世纪 90 年代初，美国的 PATH（partner for advanced transportation technology）项目拉开了对于车辆编队行驶研究的序幕。随后，日本的 Energy ITS 项目、欧洲的 SCANIA platooning、SARTRE（sAfety road tRains for the environment）、GCDC（grand cooperative driving challenge）等项目相继开展了对于编队控制的探索。下面分别对这些自动驾驶队列项目进行介绍。

20 世纪，美国先后开展了许多以提高交通流量为目标的车路协同研究项目，其中以 PATH 为代表的项目对车辆队列的纵向队列稳定性控制展开了深入的研究。早在 20 世纪 90 年代初，PATH 项目便进行了对车辆编队行驶的纵横向运动学控制的数学建模，并于 1997 年 8 月在美国加州圣地亚哥 I-15 州级公路上，进行了约有 1000 人参与试乘的自动驾驶车辆编队行驶演示。此次演示内容包括：车辆编队初始化启动，编队协同加速、制动，编队稳定跟驰，队列内车辆换道驶入车队，队列内车辆换道驶出车队以及编队末状态停止。该演示中车辆编队控制的平稳性和在不同场景间的流畅切换展现出了该项目对车辆编队行驶多目标与纵横向控制的阶段性研究成果。其中，James B. Michael 指出，队列内车辆的切入、切出次数以及队列内车辆数目及队列长度等因素都会产生对于交通运输能力的影响。

2004 年，美国 PATH 项目通过对重型货运卡车的仿真和实车试验，验证了商用车队列协同跟驰对提高交通运输能力的积极影响，并展示了自动驾驶协同队列控制的巨大应用前景。其中，如果车辆间距被控制在 3～4m，头车和其余跟随车辆可以分别节省能源消耗 5% 和 10%～15%。近年来，PATH 项目开展了关于驾驶人特性对于编队行驶动力学控制效果的研究。其中，16 名驾驶人分别对于队列跟驰控制系统和 ACC 控制系统下的车辆编队进行了试驾对比试验。其研究结果表明，大多数驾驶人认为队列跟驰控制系统更适用于交通拥堵工况，而传统 ACC 控制系统更适用于非交通拥堵工况。同时，该项目还进行了问卷调查，据统计结果显示，目前公众对车辆编队行驶的认知度偏低，这将影响车辆编队行驶系统的商业化发展。

Energy ITS 项目是日本在队列控制研究方面所做的最突出的研究工作。该项目开始于 2008 年，其旨在利用智能交通系统（intelligent transportation systems，ITS）技术弥补由驾驶人驾驶技能不足所导致的交通安全问题。在该项目中，自动驾驶被定义为两大类，分别为无人驾驶和协同式驾驶。无人驾驶偏向于自车通过不同的传感器实现对于运行域的自主感知,进而实施自动控制。协同式驾驶通过无线网络通信系统串联汽车、道路、行人的状态信息,拓展了自车的感知能力,进而实施更全面的控制策略。在此项目中开发的车辆编队控制系统实现了横纵向自动控制,并进行了相应的实车试验。其中,实验设计异构车辆编队包含了 1 辆轻型卡车和 3 辆重型卡车,在封闭测试道路上以 80km/h 的速度匀速行驶,车间距离分别设定为 10m 和 4m。实验结果表明,所设计的控制器满足了避免碰撞、保持行车间距、速度跟随与车道保持等功能。同时,该试验阐述了选取商用车作为车辆编队实车试验的原因:①商用车在实际运行情境中,多为同构匀质车辆;②商用车驾驶人的驾驶任务负荷更大,对于编队控制系统的需求更高;③在交通事故分析中,有商用车参与的交通事故与其他事故相比更严重,更需要编队控制系统提高其安全性;④相对于商用车的运输成本,加装编队控制系统的费用更易被接受。

SARTRE 是由英国主导并涉及多个不同国家和公司的联合项目,该项目始于 2009 年,旨在通过车辆编队控制解决道路安全、运输效率及环境保护的问题。该项目的研究方法论侧重于通过车车协同控制,基于自主式传感器(如多目摄像头、激光雷达、毫米波雷达等)的加装,队列内车辆利用车间通信设备实现各车行驶状态以及环境状态的信息交互,从而实施更精准的预测和控制。在该项目中,编队控制系统通过感知信号获取前车的状态信息,基于原车 ACC 控制系统改造了车辆纵向控制,利用 EPS 实现车辆横向控制,并加装了独立开发的人机交互界面提升用户对于系统运行状态的监控能力。该项目于 2012 年 5 月在西班牙巴塞罗那附近的公路上进行了实车试验。其中,试验设计了由 5 辆异构车辆组成的混合编队(乘用车与商用车)进行编队跟驰、编队拆分、编队重组以及队列外车辆插入队列等场景的测试。实验结果表明,在各场景下的车辆编队横纵向控制精度均小于 0.5m,满足了安全稳定的控制器性能需求。此外,该项目还讨论了未来车辆编队控制系统的商业化途径与方式,即通过产品使用者和后台服务中心双赢的方式推动行业的商业化发展。

2010 年前,瑞典斯堪尼亚汽车公司开展了包含两个隶属于瑞典国家项目的 SCANIA-platooning 项目。一方面,该项目研究了基于传感器信息与车间通信信息,只考虑车辆编队的纵向运动控制,采用分布式的控制策略进行自车的控制实现车辆编队的安全和节能;另一方面,该项目研究了道路基础设施、路侧设备及运行域内其他交通参与物对车辆编队控制的影响,并进行了相应的实车测试以验证项目的研究成果。

2011 年 5 月,包含 9 支来自不同公司和国家的团队参与的协同式驾驶公路挑战赛在荷兰举行。该活动主张不同团队研发的自动驾驶车辆共同组成协同式控制编队,通过无限通信设备进行车路、车车信息交互,进而实施车辆编队控制并通过最大跟车间距、交通流量、队列稳定性等控制系统评价指标评估各参赛团队的控制器效果。其目的在于通过研发一套通用的协同式控制系统架构和标准,使不同厂商研发的车辆可以协同运行。

近年来,国内也有诸多与车辆队列相关的研究和展示。在乘用车队列行驶方面,百度进行了 6 辆乘用车和商用车的混合车辆编队行驶的展示,长安进行了 55 辆 SUV-CS55 的同质车辆编队行驶展示。在商用车队列行驶方面,2019 年 5 月在天津举行的"自动驾驶汽车列队跟驰标准公开验证实验"中,福田、东风商用车、中国重汽三家重卡企业受邀展示了其卡车队列编队行驶。在此次测试中,其实现了在 60km/h 的车速下跟车距离保持 15m±20% 的控制效果;2019 年年底,在京礼高速(延崇北京段)图森未来的 L4 级无人驾驶卡车队列顺利完成了中国首次全封闭高速公路环境下,基于 C-V2X 车路协同技术的队列跟驰测试工作,其实现了在 80 km/h 的时速下保持 10 m 车间距的控制效果,在降低道路占用、降低运输成本和节省燃油方面达到世界领先水平。

2)队列行驶控制概述

队列行驶控制包含了队列纵向协同控制、队列横向控制、队列合并与分离控制等。

(1)车辆队列控制的性能目标。

编队行驶的基本目标是通过无线通信网络获取队列车辆信息,从而自动调整成员车的纵向运动状态,最终达到一致的行驶速度和期望的车辆间距。因此,车辆队列的内稳定性是车辆队列纵向控制器的基本性能目标。车辆队列的内稳定性要求所有车辆的跟车误差(包含速度误差、车间距误差、加速度误差)渐近收敛至原点。内稳定性表征了车辆队列保持车辆间距的能力,反映了跟车误差随时间变化的特性。记 $e_{pi}(t)$ 为 t 时刻车辆 i 的纵向距离跟踪误差(其可相对于前车或领航车辆来定义的),则内稳定性要求:

$$\lim_{t \to +\infty} e_{pi}(t) = 0 \tag{7-45}$$

对于线性车辆队列,若采用线性控制器则系统仍为线性的,此时车辆队列的内稳定性等价于要求系统矩阵特征值具有负实部。

由于车辆队列是一个多车耦合系统,对一辆车的干扰会影响到其他成员车,内稳定性并不一定能够保证队列纵向稳定性(string stability),这是因为即使跟踪误差渐近收敛到零,其在向后方传播的过程中仍可能逐渐放大。在这一过程中,若距离跟踪误差超过安全车间距离,则会存在车辆碰撞的危险。因此,系统干扰在成员车辆之间传递特性,即队列的纵向稳定性也是队列控制的重要性能目标。队列纵向稳定性要求在误差向后传播的过程中不会被放大,其反映了交通流的稳定性,同时也表明了跟车误差随空间变化的特性。记 $E_i(s)$ 和 $E_{i-1}(s)$ 分别为车辆 i 和其前车 $i-1$ 的跟踪误差(可以是距离误差、速度误差或者加速度误差)的 Laplace 变换,则 $\mathcal{L}_2$ 意义下的队列稳定性要求:

$$\| G(j\omega) \|_\infty = \left\| \frac{E_i(j\omega)}{E_{i-1}(j\omega)} \right\|_\infty \leqslant 1 \tag{7-46}$$

即后车与前车跟踪误差的传递函数的 $\mathcal{H}_\infty$ 范数小于 1。上述 $\mathcal{L}_2$ 意义下的队列稳定与 $\mathcal{H}_\infty$ 范数具有很强的相关性,因而得到了广泛研究。此外,还有诸多研究考虑其他意义下的队列稳定性,如 $\mathcal{L}_p$ 队列稳定性、$\mathcal{L}_\infty$ 队列稳定性、$\mathcal{L}_{p,q}$ 队列稳定性、首尾(head-to-tail)队列稳定性等,Feng S、Stüdli 等对各种队列稳定性性能定义进行了详细的介绍与对比。

除了队列内稳定性和队列稳定性两个重要的性能目标以外,队列的稳定性裕度、稳健性、内聚性能也到了广泛的关注,这里不再详细介绍。

(2)队列纵向控制研究。

车辆队列包含车辆系统、控制系统、通信系统等。如图 7-62 所示,为了对车辆队列进行系统建模,郑洋等提出了车辆队列系统的四元素架构,其包含车辆节点动力学(node dynamics)、信息流拓扑(information flow topology)、几何构型(formation geometry)和分布式控制器(distributed controller)四部分。

节点动力学描述了队列车辆的动力学特性。由于包含驱动系统、制动系统、空气阻力二次项等非线性环节,车辆纵向动力学呈现出了强非线性的特性。有研究通过直接采用非线性模型对队列车辆进行建模,更符合实际车辆的动力学特性。其通过控制参数的优化可以保证控制器的渐近稳定性以及队列稳定性,然而,采用非线性模型将难以解析地分析特定队

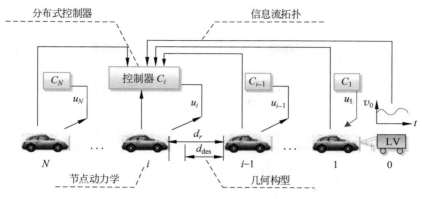

图 7-62　车辆队列控制的四元素架构

列拓扑网络下的队列的性能。更多研究的是采用线性模型对车辆动力学进行描述，以便于理论分析。常见的线性模型包括：单积分模型、双积分模型、三阶模型、单输入单输出模型。表 7-1 为这几种线性模型的对比。单积分器模型把位移作为状态变量，车速作为系统控制变量，极大地简化了控制器设计的理论分析难度。但是该模型与实际车辆纵向动力学偏离较大，不能用于分析队列不稳定的行为。将车辆假设为一个质量块，即可得到双积分器模型。

表 7-1　常用线性模型的对比

模型	方　　程	控制变量	状态变量	特　征
单积分模型	$\dot{p}_i(t) = u_i(t)$	车辆速度	车辆位移	① 简化了控制器设计的理论分析难度； ② 不能用于分析队列不稳定的行为
双积分模型	$\begin{cases} \dot{p}_i(t) = v_i(t) \\ \dot{v}_i(t) = u_i(t) \end{cases}$	车辆加速度	车辆速度、位移	许多重要理论结果都依赖于二阶模型的假设
三阶模型	$\dot{x}_i(t) = \boldsymbol{A}_i \boldsymbol{x}_i(t) + \boldsymbol{B}_i \boldsymbol{u}_i(t)$ $\boldsymbol{x}_i(t) = \begin{bmatrix} p_i \\ v_i \\ a_i \end{bmatrix}$, $\boldsymbol{A}_i = \begin{bmatrix} 0 & 1 & 0 \\ 0 & 0 & 1 \\ 0 & 0 & -1/\tau_i \end{bmatrix}$, $\boldsymbol{B}_i = \begin{bmatrix} 0 \\ 0 \\ -1/\tau_i \end{bmatrix}$ τ_i 是动力系统或者制动系统近似动态特性的时间常数	车辆加速度	车辆加速度、速度、位移	能近似动力系统或者制动系统的动态特性
单输入单输出模型	$p_i(s) = \dfrac{1}{s} v_i(s)$, $v_i(s) = \dfrac{1}{s} a_i(s)$ $a_i(s) = H_i(s) u_i(s)$ $H_i(s)$ 为线性单输入单输出传递函数	车辆加速度	车辆加速度、速度、位移	常用于频域空间分析车辆队列稳定性

该模型中输入变量为车辆加速度,状态变量为车辆的位移、速度。其把队列视为质量-弹簧-阻尼系统,便得到了线性二阶模型。二阶模型仍然不能体现车辆纵向动力学中动力系惯性时滞等特性,但是目前许多重要理论结果都是依赖于二阶模型的假设得出的,如稳定裕度趋势分析、分布式最优控制器设计以及内聚性能分析等。将车辆加速度作为新增状态变量,即得到车辆的三阶模型。新增的加速度状态能够模拟动力系统或制动系统的动态特性。其中,多采用下位控制技术或反馈线性化技术来实现这种近似。单输入单输出模型常用于在频域空间分析车辆队列稳定性,建立车辆加速度与速度之间的线性传递函数关系,这个模型有两个积分环节和一个低阶惯性延时环节。

多车的协同控制依赖于车辆之间车辆间距、速度和加速度等状态信息的共享,信息流网络定义了节点之间信息传递的方式。如图7-62所示,通信获取的信息与车辆传感器感知的信息是各分布式控制器的重要输入,将会对队列性能产生显著影响。信息流网络对车辆队列性能的影响主要在于两个层面:通信网络拓扑结构以及信息流的质量。通信网络拓扑结构主要有前后跟随式(predecessor following,PF)、双向跟随式(bidirectional,BD)、前车-领航者跟随式(predecessor-leader following,PLF)、双前车跟随式(two-predecessor following,TPF)、双向领航者跟随式(bidirectional leader,BDL)、双前车-领航者跟随式(two predecessor-leader following,TPLF)、无向(undirected)拓扑式,以及有限距离(limited range)通信等多种形式。图7-63给出了部分常见通信拓扑形式。无论采用何种通信网络拓扑结构,车辆队列必须首先保证队列内的稳定性。目前已有大量针对不同通信拓扑下闭环内稳定性分析的研究,这里不再展开描述。信息流质量指传感器的测量信息以及通过通信网络传输信息的质量。传感器测量误差、通信时延与丢包等因素对队列的稳健性、安全性和队列控制性能有较大影响。因此,在编队控制中必须考虑信息流质量的影响。无线通信的质量可以通过调度、功率控制、速率控制等机制进行控制,因此考虑无线通信与车辆队列的联合控制十分重要。

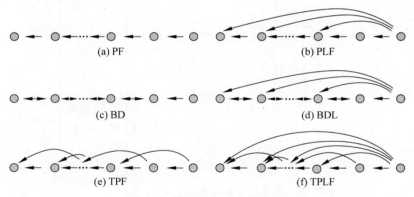

图7-63 部分常见通信拓扑结构

编队控制的目标是跟踪领航车的速度以及保持期望的车辆间距。队列几何构型定义了队列行驶时期望的车辆间距策略。常用的几何构型有固定距离策略、固定车头时距策略、非线性策略。在固定距离策略中,期望车间距与车速无关,能实现较大的交通流密度。车间距 $d_{i-1,i}$ 的表示如下:

$$d_{i-1,i} = d_0, \quad i \in \{1, 2, \cdots, N\} \tag{7-47}$$

其中：d_0 是一个正值常数；N 为队列跟随车辆的数量。固定车头时距策略中期望车间距与速度正相关，符合驾驶人的实际驾驶习惯，但是限制了交通流密度的提升。常用的固定车头时距策略可表示如下：

$$d_{i-1,i} = t_h v_i + d_0, \quad i \in \{1, 2, \cdots, N\} \tag{7-48}$$

其中：t_h 为车头时距。非线性策略中的期望车间距是一个非线性函数。相较于前两种模型，非线性策略在提升交通流密度以及交通流稳定性方面有优势。

依据邻近车辆的信息，分布式控制器能够进行反馈控制，进而实现队列全局的协调目标。按照控制器的类型，目前的相关研究可分为线性控制、分布式稳健控制、自适应控制、滑模控制、模型预测控制和模糊控制等。线性控制不仅易于进行理论分析，而且便于硬件实现，在编队控制中得到广泛应用。许多关于队列性能的研究成果都是基于线性控制理论的实现的。分布式稳健控制是解决动力学建模误差、传感器测量误差、通信时延等因素的可行方法，但是很难适应节点动力学的异质性。采用自适应控制、滑模控制等方法来设计队列纵向控制器，通过控制器参数的整定与优化也能实现队列内稳定性和队列稳定性。模型预测控制是一种基于最优化的控制技术，其根据预测时域内的系统状态变化，选取最优化的控制措施，并且可以显式地处理执行器和状态的约束问题。但是对于一些较复杂的非线性问题，模型预测控制也存计算量大，难以实现硬实时控制的缺陷。

7.4.2　自动驾驶编队控制技术案例

自动驾驶汽车队列控制器设计及性能分析的研究多基于车辆队列四元素架构进行，即车辆节点动力学、信息流拓扑、几何构型和分布式控制器四部分。本节以具有有向无环图通信网络拓扑的车辆队列为例，在四元素架构下分析其系统建模、控制器设计及稳定性能分析，并给出了数值仿真试验。

1. 车辆队列系统建模

1）单车动力学建模

在车辆动力学建模时，为便于理论分析，本节忽略车辆质量分布不均和轮胎滑移带来的影响，同时忽略车辆的垂向运动，并假设车辆具有理想的横向路径跟踪能力，即仅研究车辆的纵向动力学。考虑如下的车辆非线性纵向动力学模型：

$$\begin{cases} \dot{p}_i(t) = v_i(t) \\ \dfrac{\eta_{T,i}}{r_{w,i}} T_i(t) = m_i \dot{v}_i(t) + C_{A,i} v_i^2(t) + m_i g(f_i \cos\alpha_{r,i} + \sin\alpha_{r,i}) \\ \tau_i \dot{T}_i(t) + T_i(t) = T_{\text{des},i}(t) \end{cases} \tag{7-49}$$

其中：$i \in \mathcal{N}$ 表示第 i 辆车，$\mathcal{N}$ 为车辆数目，N 表示正整数集合 $\mathcal{N} = \{1, 2, \cdots, N\}$；$p_i(t)$ 和 $v_i(t)$ 分别为车辆 i 的位移和速度；$C_{A,i}$ 为集总空气阻力系数；m_i 为车辆的质量；g 为重力加速度常数；f_i 为滚动阻力系数；$\alpha_{r,i}$ 为道路坡度；$T_i(t)$ 为实际的驱动力或制动力的力矩；τ_i 为传动系的时滞常数；$\eta_{T,i}$ 为传动系统的机械效率；$r_{w,i}$ 为车轮半径。为表达方便，下文在无歧义的情况下均省略"(t)"。由式（7-49）易得：

$$
\begin{cases}
\dot{p}_i = v_i \\
\dot{v}_i = a_i \\
\dot{a}_i = \dfrac{1}{\tau_i m_i}\left(\dfrac{\eta_{T,i} T_{\mathrm{des},i}}{r_{w,i}} - C_{A,i} v_i (2\tau_i \dot{v}_i + v_i) - m_i g (f_i \cos\alpha_{r,i} + \sin\alpha_{r,i})\right) - \dfrac{1}{\tau_i} a_i
\end{cases}
\tag{7-50}
$$

其中：a_i 为车辆的加速度。

为解决动力学模型（7-50）中的非线性，采用如下精确反馈线性化策略：

$$
T_{\mathrm{des},i} = \frac{r_{w,i}}{\eta_{T,i}}\left(C_{A,i} v_i (2\tau_i \dot{v}_i + v_i) + m_i g (f_i \cos\alpha_{r,i} + \sin\alpha_{r,i}) + m_i u_i\right)
\tag{7-51}
$$

其中：u_i 是反馈线性化后的车辆控制输入，可视为车辆的期望加速度。将式（7-51）带入式（7-50），即得：

$$
\begin{cases}
\dot{p}_i = v_i \\
\dot{v}_i = a_i \\
\dot{a}_i = -\dfrac{1}{\tau_i} a_i + \dfrac{1}{\tau_i} u_i
\end{cases}
\tag{7-52}
$$

其中：第三个方程表明期望加速度到实际加速度为一阶环节，其时间常数为 τ_i。通常，车辆质量越大则时间常数也越大。同时，内燃机车辆的时间常数也比电动车辆的时间常数大。因此实际的队列系统多为成员车时间常数不一致的异质队列。

式（7-52）可进一步整理为如下三阶线性状态空间模型：

$$
\begin{cases}
\dot{\boldsymbol{x}}_i = \boldsymbol{A}_i \boldsymbol{x}_i + \boldsymbol{B}_i \boldsymbol{u}_i, \quad i \in \mathcal{N} \\[2mm]
\boldsymbol{x}_i = \begin{bmatrix} p_i \\ v_i \\ a_i \end{bmatrix}, \quad
\boldsymbol{A}_i = \begin{bmatrix} 0 & 1 & 0 \\ 0 & 0 & 1 \\ 0 & 0 & -\dfrac{1}{\tau_i} \end{bmatrix}, \quad
\boldsymbol{B}_i = \begin{bmatrix} 0 \\ 0 \\ \dfrac{1}{\tau_i} \end{bmatrix}
\end{cases}
\tag{7-53}
$$

其中：$\boldsymbol{x}_i$ 为车辆的动力学状态。线性模型（7-53）形式简单，可以满足车辆运动控制的要求，在队列控制研究中得到广泛应用。

2）车辆队列几何构型建模及控制目标

定义如下恒定距离的期望车辆间距模型：

$$
d_{i0} = i d_0
\tag{7-54}
$$

其中：d_0 为常数。

队列中车辆跟踪误差定义如下：

$$
\begin{cases}
\tilde{p}_i = p_i - p_0 + d_{i0} \\
\tilde{v}_i = v_i - v_0 \\
\tilde{a}_i = a_i - a_0
\end{cases}
\tag{7-55}
$$

相应地，车辆队列的控制目标定义如下：

$$
\begin{cases}
\lim\limits_{t \to +\infty} \tilde{p}_i(t) = 0 \\
\lim\limits_{t \to +\infty} \tilde{v}_i(t) = 0 \\
\lim\limits_{t \to +\infty} \tilde{a}_i(t) = 0
\end{cases}
\tag{7-56}
$$

式(7-56)表示队列控制目标为队列中所有成员车保持期望车间距离的同时,保证队列速度及加速度的一致性。

2. 线性反馈控制器设计及性能分析

1) 线性反馈控制及稳定性区域分析

下面考虑具有有向无环图通信拓扑车辆队列的分布式控制器设计。有向无环图具有良好的性质,可为车辆队列系统的分布式控制设计和分析提供便利。

引理 1　考虑有向无环图 $\mathcal{G}=\{\mathcal{V},\mathcal{E},\boldsymbol{\mathcal{A}}\}$,其中 $\mathcal{V}=\{1,2,3,\cdots,N\}$,对其节点进行重新排列,重排后 $\{1,2,3,\cdots,N\}$ 分别对应 $\{s_1,s_2,s_3,\cdots,s_N\}$,则存在某一重排使得重排后的邻接矩阵 $\bar{a}$ 为下三角矩阵,即其元素 $\bar{a}_{ij}$ 满足 $\bar{a}_{ij}=0,\forall\,1\leqslant i<j\leqslant N$。此重排称为有向无环图的拓扑排序。

证明　由于其为有向无环图,故可按照信息流方向对节点进行排列,使得排在前方的节点的信息流方向均指向后方,则此重排下节点均为单向通信(从前往后),此时 $\bar{a}$ 为下三角矩阵。

证毕。

注:在多车协同系统中,由于每辆车的通信距离不同,因而即使车辆 i 能接收到车辆 j 的消息,也并不一定能保证车辆 j 也可接收到车辆 i 的消息,所以车辆间的通信拓扑多为有向图。$\mathcal{G}$ 的三个要素中,$\mathcal{V}$ 为节点集合,多车系统中每台车辆即可视为一个节点;$\mathcal{E}\subseteq\mathcal{V}\times\mathcal{V}$ 为边集合,若节点 i 到节点 j 存在连接,则称其为一条边 $(i,j)\in\mathcal{E}$,多车协同系统中若车辆间存在通信,即可将该通信连接视作车辆之间的边;$\boldsymbol{\mathcal{A}}=[a_{ij}]\in\mathbb{R}^{N\times N}$ 为邻接矩阵(adjacency matrix),当 $(j,i)\in\mathcal{E}$ 时,$a_{ij}=1$,此处考虑多车系统中无自环,即任一节点 i,有 $a_{ii}=0$。进一步可定义入度矩阵(in-degree matrix)$\boldsymbol{\mathcal{D}}=\text{diag}\{d_{ii}\}\in\mathbb{R}^{N\times N}$,其中 $d_{ii}=\sum_{j=1}^{N}a_{ij}$ 为指向节点 i 的边的个数;拉普拉斯矩阵(Laplacian matrix)$\boldsymbol{\mathcal{L}}=[l_{ij}]\in\mathbb{R}^{N\times N}$,其中当 $i\neq j$ 时有 $l_{ij}=-a_{ij}$,当 $i=j$ 时有 $l_{ii}=\sum_{j=1}^{N}a_{ij}=d_{ii}$。易知 $\boldsymbol{\mathcal{L}}=\boldsymbol{\mathcal{D}}-\boldsymbol{\mathcal{A}},\boldsymbol{\mathcal{L}}\cdot\mathbf{1}_N=\mathbf{0}_{NN}$,其中 $\mathbf{1}_N$ 是元素均为 1 的 N 维列向量。对于跟踪问题,由于并非所有节点均可获取参考信号(或领导者信号),定义牵引矩阵(pinning matrix)$\boldsymbol{\mathcal{P}}=\text{diag}\{p_{ii}\}\in\mathbb{R}^{N\times N}$,其中当节点 i 可获取参考信号时有 $p_{ii}=1$,否则为 0。

图 7-64 为有向无环图的拓扑排序的示例。其中,图 7-64(a)、(b)、(c)为有向无环图,并且图 7-64(b)、(c)为图 7-64(a)的拓扑排序,信息流均是从左而右的;图 7-64(d)不是有向无环图,因为节点 0、1、2 和节点 0、2、3 形成了有向环。其中,图 7-64(b)、(c)中节点顺序 $\{0,3,1,2\}$ 和 $\{0,1,3,2\}$ 均为图 7-64(a)中节点顺序 $\{0,1,2,3\}$ 的拓扑排序,这是因为图 7-64(b)、(c)中信息流均从左向右流动。相应地,按照该拓扑排序为节点重新编号,容易验证,新的邻接矩阵 $\bar{\boldsymbol{\mathcal{A}}}$ 具有下三角结构。

上述引理 1 给出了有向无环图的性质,即其邻接矩阵可以变换为下三角矩阵。基于引理 1,取正交矩阵 $\boldsymbol{Q}\in\mathbb{R}^{N\times N}=[\boldsymbol{e}_{s_1},\boldsymbol{e}_{s_2},\boldsymbol{e}_{s_3},\cdots,\boldsymbol{e}_{s_N}]$,其中 $\boldsymbol{e}_{s_i}$ 为第 s_i 个元素为 1、其他元素为 0 的单位向量,可知:

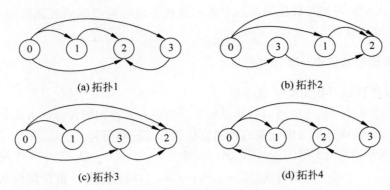

(a) 拓扑1　　　　　　　　　　　　(b) 拓扑2

(c) 拓扑3　　　　　　　　　　　　(d) 拓扑4

图 7-64　有向无环图的拓扑排序

$$[s_1,s_2,s_3,\cdots,s_N]^{\mathrm{T}}=\boldsymbol{Q}[1,2,3,\cdots,N]^{\mathrm{T}} \tag{7-57}$$

$$\overline{\boldsymbol{A}}=\boldsymbol{Q}^{-1}\boldsymbol{A}\boldsymbol{Q} \tag{7-58}$$

同时,对于任意对角矩阵 $\boldsymbol{\Lambda}$,易知 $\overline{\boldsymbol{\Lambda}}=\boldsymbol{Q}^{-1}\boldsymbol{\Lambda}\boldsymbol{Q}$ 仍为对角矩阵。

在有向无环图通信拓扑的条件下,根据成员车可获得其他队内车辆的信息以及队列的控制目标,将领域状态误差定义如下:

$$\boldsymbol{\epsilon}_i=\begin{bmatrix} \sum\limits_{j=1}^{N}a_{ij}(\tilde{p}_i-\tilde{p}_j)+p_{ii}\tilde{p}_i \\ \sum\limits_{j=1}^{N}a_{ij}(\tilde{v}_i-\tilde{v}_j)+p_{ii}\tilde{v}_i \\ \sum\limits_{j=1}^{N}a_{ij}(\tilde{a}_i-\tilde{a}_j)+p_{ii}\tilde{a}_i \end{bmatrix} \tag{7-59}$$

并采用如下线性反馈控制器:

$$u_i=-\boldsymbol{k}_i^{\mathrm{T}}\boldsymbol{\epsilon}_i \tag{7-60}$$

其中: $\boldsymbol{k}_i=[k_{pi},k_{vi},k_{ai}]^{\mathrm{T}}$。注意,依据式(7-59),$\tilde{p}_i$、$\tilde{p}_j$、$\tilde{v}_i$、$\tilde{v}_j$、$\tilde{a}_i$、$\tilde{a}_j$ 的定义均依赖于领航车辆信息,因而这些信息属于全局信息。虽然式(7-60)中的 $\boldsymbol{\epsilon}_i$ 显式地包含了 $\tilde{p}_i$、$\tilde{p}_j$、$\tilde{v}_i$、$\tilde{v}_j$、$\tilde{a}_i$、$\tilde{a}_j$ 等全局信息,但是这些变量相互做差后则仅包含车辆 i 和 j 的相对信息,而不包含领航车辆的信息,如 $\tilde{p}_i-\tilde{p}_j=p_i-p_j+(i-j)d_0$。因此,式(7-60)为分布式控制器。

结合式(7-52)和式(7-55),有:

$$\dot{\tilde{a}}_i=-\frac{1}{\tau_i}\tilde{a}_i-\frac{1}{\tau_i}\boldsymbol{k}_i^{\mathrm{T}}\boldsymbol{\epsilon}_i+\frac{1}{\tau_i}a_0-\dot{a}_0 \tag{7-61}$$

于是,车辆的跟踪误差动力学如下:

$$\begin{cases} \dot{\tilde{p}}_i=\tilde{v}_i \\ \dot{\tilde{v}}_i=\tilde{a}_i \\ \dot{\tilde{a}}_i=-\dfrac{1}{\tau_i}\tilde{a}_i-\dfrac{1}{\tau_i}\boldsymbol{k}_i^{\mathrm{T}}\boldsymbol{\epsilon}_i+\dfrac{1}{\tau_i}a_0-\dot{a}_0 \end{cases} \tag{7-62}$$

定义队列整体跟踪误差:

$$\tilde{\boldsymbol{p}} = [\tilde{p}_1, \tilde{p}_2, \tilde{p}_3, \cdots, \tilde{p}_N]^{\mathrm{T}}$$

$$\tilde{\boldsymbol{v}} = [\tilde{v}_1, \tilde{v}_2, \tilde{v}_3, \cdots, \tilde{v}_N]^{\mathrm{T}} \qquad (7\text{-}63)$$

$$\tilde{\boldsymbol{a}} = [\tilde{a}_1, \tilde{a}_2, \tilde{a}_3, \cdots, \tilde{a}_N]^{\mathrm{T}}$$

于是，队列整体跟踪误差的动力学如下：

$$\begin{cases} \dot{\tilde{\boldsymbol{p}}} = \tilde{\boldsymbol{v}} \\ \dot{\tilde{\boldsymbol{v}}} = \tilde{\boldsymbol{a}} \\ \dot{\tilde{\boldsymbol{a}}} = -\boldsymbol{T}\tilde{\boldsymbol{a}} - \boldsymbol{T}\boldsymbol{K}_p\boldsymbol{\mathcal{L}}_P\tilde{\boldsymbol{p}} - \boldsymbol{T}\boldsymbol{K}_v\boldsymbol{\mathcal{L}}_P\tilde{\boldsymbol{v}} - \boldsymbol{T}\boldsymbol{K}_a\boldsymbol{\mathcal{L}}_P\tilde{\boldsymbol{a}} + \boldsymbol{T}a_0 - \boldsymbol{1}_N\dot{a}_0 \end{cases} \qquad (7\text{-}64)$$

上式整理得：

$$\frac{\mathrm{d}}{\mathrm{d}t}\begin{bmatrix} \tilde{\boldsymbol{p}} \\ \tilde{\boldsymbol{v}} \\ \tilde{\boldsymbol{a}} \end{bmatrix} = \begin{bmatrix} \boldsymbol{0}_N & \boldsymbol{I}_N & \boldsymbol{0}_N \\ \boldsymbol{0}_N & \boldsymbol{0}_N & \boldsymbol{I}_N \\ -\boldsymbol{T}\boldsymbol{K}_p\boldsymbol{\mathcal{L}}_P & -\boldsymbol{T}\boldsymbol{K}_v\boldsymbol{\mathcal{L}}_P & -\boldsymbol{T}-\boldsymbol{T}\boldsymbol{K}_a\boldsymbol{\mathcal{L}}_P \end{bmatrix}\begin{bmatrix} \tilde{\boldsymbol{p}} \\ \tilde{\boldsymbol{v}} \\ \tilde{\boldsymbol{a}} \end{bmatrix} + \begin{bmatrix} \boldsymbol{0}_N \\ \boldsymbol{0}_N \\ \boldsymbol{T}a_0 - \boldsymbol{1}_N\dot{a}_0 \end{bmatrix} \qquad (7\text{-}65)$$

其中：

$$\boldsymbol{T} = \begin{bmatrix} \dfrac{1}{\tau_1} & & \\ & \ddots & \\ & & \dfrac{1}{\tau_N} \end{bmatrix} \qquad (7\text{-}66)$$

$$\boldsymbol{K}_{\#} = \begin{bmatrix} k_{\#1} & & \\ & \ddots & \\ & & k_{\#N} \end{bmatrix}, \quad \# = p, v, a \qquad (7\text{-}67)$$

$$\boldsymbol{\mathcal{L}}_P = \boldsymbol{\mathcal{L}} + \boldsymbol{\mathcal{P}} \qquad (7\text{-}68)$$

对于式(7-65)的系统矩阵，其结构与式(7-53)的系统矩阵 $\boldsymbol{A}_i$ 相似，其与矩阵 $\boldsymbol{T}$ 共同反映了车辆动力学特性对整个车辆队列系统的影响。与此同时，矩阵 $\boldsymbol{K}_{\#}$ 和 $\boldsymbol{\mathcal{L}}_P$ 则分别反映了控制器和通信拓扑对整个车辆队列系统的影响。

由式(7-65)可知，领航车辆的加速度及加加速度(即急动度)均会影响车辆队列的跟踪误差。在实际中，领航车辆并不会一直进行加速度运动，而是会保持在某一稳定的车速附近进行近似匀速运动。为此，这里将领航车辆的加速度及加加速度视为跟踪误差系统的干扰。对于稳定系统，当干扰作用强度低且作用时间短时，系统仍可在扰动消失后回到稳态。为此，这里研究无扰动情况的系统稳定性。下面给出队列控制的常用假设。

假设 1 领航车辆匀速行驶，即 $a_0 = 0, \dot{a}_0 = 0$。

当假设 1 成立时，式(7-65)变为

$$\dot{\tilde{\boldsymbol{x}}} = \tilde{\boldsymbol{A}}\tilde{\boldsymbol{x}} \qquad (7\text{-}69)$$

其中：$\tilde{\boldsymbol{x}} = [\tilde{\boldsymbol{p}}^{\mathrm{T}}, \tilde{\boldsymbol{v}}^{\mathrm{T}}, \tilde{\boldsymbol{a}}^{\mathrm{T}}]^{\mathrm{T}}$；

$$\tilde{\boldsymbol{A}} = \begin{bmatrix} \boldsymbol{0}_N & \boldsymbol{I}_N & \boldsymbol{0}_N \\ \boldsymbol{0}_N & \boldsymbol{0}_N & \boldsymbol{I}_N \\ -\boldsymbol{T}\boldsymbol{K}_p\boldsymbol{\mathcal{L}}_P & -\boldsymbol{T}\boldsymbol{K}_v\boldsymbol{\mathcal{L}}_P & -\boldsymbol{T}-\boldsymbol{T}\boldsymbol{K}_a\boldsymbol{\mathcal{L}}_P \end{bmatrix} \qquad (7\text{-}70)$$

此时，系统的稳定性取决于矩阵 $\tilde{\boldsymbol{A}}$ 的稳定性。特别地，当通信拓扑为有向无环图时，记 $\overline{\boldsymbol{\mathcal{L}}}_P =$

$Q^{-1}\mathcal{L}_P Q$，由于 $\mathcal{D}$ 和 $\mathcal{P}$ 矩阵均为对角阵，故 $\overline{\mathcal{L}}_P = Q^{-1}(\mathcal{D}+\mathcal{P})Q - \overline{\mathbf{A}}$ 为下三角矩阵，其对角元素为 $d_{ii}+p_{ii}$。基于此，给出如下稳定性定理。

定理 1　考虑异质车辆队列，其通信拓扑为有向无环图，车辆动力学为式（7-53），采用恒定距离跟车策略（如式（7-54））和线性反馈控制器（如式（7-60））。当假设 1 成立时，车辆队列渐近稳定当且仅当对于任意 $i \in \{1,2,3,\cdots,N\}$，下式成立：

$$\begin{cases} d_{ii}+p_{ii} > 0 \\ k_{pi} > 0 \\ k_{vi} > \dfrac{\tau_i k_{pi}}{1 + k_{ai}(d_{ii}+p_{ii})} \\ k_{ai} > -\dfrac{1}{d_{ii}+p_{ii}} \end{cases} \tag{7-71}$$

证明　仅需考虑 $\widetilde{\mathbf{A}}$ 的稳定性，分析其特征值：

$$|\lambda \mathbf{I}_{3N} - \widetilde{\mathbf{A}}| = \begin{vmatrix} \lambda \mathbf{I}_N & -\mathbf{I}_N & \mathbf{0}_N \\ \mathbf{0}_N & \lambda \mathbf{I}_N & -\mathbf{I}_N \\ T\mathbf{K}_p\mathcal{L}_P & T\mathbf{K}_v\mathcal{L}_P & \lambda \mathbf{I}_N + T + T\mathbf{K}_a\mathcal{L}_P \end{vmatrix}$$

$$= \begin{vmatrix} \lambda \mathbf{I}_N & -\mathbf{I}_N & \mathbf{0}_N \\ \mathbf{0}_N & \lambda \mathbf{I}_N & -\mathbf{I}_N \\ T\mathbf{K}_p\mathcal{L}_P & T\mathbf{K}_v\mathcal{L}_P & \lambda \mathbf{I}_N + T + T\mathbf{K}_a\mathcal{L}_P \end{vmatrix} \cdot \begin{vmatrix} \mathbf{I}_N & \dfrac{1}{\lambda}\mathbf{I}_N & \dfrac{1}{\lambda^2}\mathbf{I}_N \\ \mathbf{0}_N & \mathbf{I}_N & \dfrac{1}{\lambda}\mathbf{I}_N \\ \mathbf{0}_N & \mathbf{0}_N & \mathbf{I}_N \end{vmatrix}$$

$$= \begin{vmatrix} \lambda \mathbf{I}_N & \mathbf{0}_N & \mathbf{0}_N \\ \mathbf{0}_N & \lambda \mathbf{I}_N & \mathbf{0}_N \\ T\mathbf{K}_p\mathcal{L}_P & T\left(\dfrac{1}{\lambda}\mathbf{K}_p+\mathbf{K}_v\right)\mathcal{L}_P & \dfrac{1}{\lambda^2}T\mathbf{K}_p\mathcal{L}_P + \dfrac{1}{\lambda}T\mathbf{K}_v\mathcal{L}_P + \lambda \mathbf{I}_N + T + T\mathbf{K}_a\mathcal{L}_P \end{vmatrix}$$

$$= |\lambda^3\mathbf{I}_N + \lambda^2(T + T\mathbf{K}_a\mathcal{L}_P) + \lambda T\mathbf{K}_v\mathcal{L}_P + T\mathbf{K}_p\mathcal{L}_P|$$

$$= |Q^{-1}||\lambda^3\mathbf{I}_N + \lambda^2(T + T\mathbf{K}_a\mathcal{L}_P) + \lambda T\mathbf{K}_v\mathcal{L}_P + T\mathbf{K}_p\mathcal{L}_P||Q|$$

$$= |\lambda^3\mathbf{I}_N + \lambda^2(\overline{T} + \overline{T}\overline{\mathbf{K}}_a\overline{\mathcal{L}}_P) + \lambda\overline{T}\overline{\mathbf{K}}_v\overline{\mathcal{L}}_P + \overline{T}\overline{\mathbf{K}}_p\overline{\mathcal{L}}_P|$$

$$= \prod_{i=1}^{N}\left(\lambda^3 + \lambda^2\frac{1}{\tau_i}(1 + k_{ai}(d_{ii}+p_{ii})) + \lambda\frac{1}{\tau_i}k_{vi}(d_{ii}+p_{ii}) + \frac{1}{\tau_i}k_{pi}(d_{ii}+p_{ii})\right)$$

$$\tag{7-72}$$

其中：第二个等式在 $\lambda \neq 0$ 的条件下对第一个等式进行下三角化，第五个等式利用了假设 1 给出的 $\overline{\mathcal{L}}_P$ 为下三角矩阵和 $\overline{T}$、$\overline{\mathbf{K}}_a$、$\overline{\mathbf{K}}_v$、$\overline{\mathbf{K}}_p$ 为对角矩阵的性质。由式（7-72）可知，矩阵 $\widetilde{\mathbf{A}}$ 稳定要求 N 个多项式均稳定，由劳斯-赫尔维兹（Routh-Hurwitz）判据，其进一步等价于：

$$
\begin{cases}
\dfrac{1}{\tau_i}(1+k_{ai}(d_{ii}+p_{ii}))>0 \\[3mm]
\dfrac{1}{\tau_i}k_{vi}(d_{ii}+p_{ii})>0 \\[3mm]
\dfrac{1}{\tau_i}k_{pi}(d_{ii}+p_{ii})>0 \\[3mm]
\dfrac{1}{\tau_i}(1+k_{ai}(d_{ii}+p_{ii}))\cdot\dfrac{1}{\tau_i}k_{vi}(d_{ii}+p_{ii})>\dfrac{1}{\tau_i}k_{pi}(d_{ii}+p_{ii})
\end{cases}
\tag{7-73}
$$

其进一步可化简为式(7-71)。

证毕。

在定理 1 中，$d_{ii}+p_{ii}>0$ 要求每一辆车至少接收一辆其他车辆的信息。将这一条件与有向无环图条件相结合，则等效为要求通信拓扑中存在有向生成树，这是车辆队列渐近稳定的必要条件。$k_{vi}>\tau_i k_{pi}/(1+k_{ai}(d_{ii}+p_{ii}))$ 表明采用正加速度误差反馈后可以减小 k_{vi} 下界，增大 k_{vi} 的可行域。特别地，当无法利用加速度误差进行反馈时，k_{vi} 的下界变为 $\tau_i k_{pi}$。

2) 基于代数黎卡提方程的控制器设计

在实际应用中，可以依据稳定区域给出稳定控制器，但是反馈增益 $\boldsymbol{k}_i$ 包含三个参数，其对系统的收敛性均有影响，不便于设计。在此前的基础上，下面给出一种基于代数黎卡提方程(algebraic Riccati equation，ARE)的控制器设计方法，其通过单个参数来调节系统的收敛率，可以有效地简化控制器的设计过程。

依据有向无环的通信拓扑结构下的线性反馈控制器的稳定区域，可设计其相应的稳健控制器，但是其反馈增益 $\boldsymbol{k}_i$ 包含三个对于系统的收敛性均有影响的参数，设计过程过于复杂。因此，在上一小节的基础上，本小节通过调节各参数的收敛率，基于代数黎卡提方程的控制器设计方法，有效地简化了原有控制器的设计过程。

考虑同一控制器(式(7-60))，反馈增益设计方式如下：

$$
\boldsymbol{k}_i^{\mathrm{T}}=\alpha_i\boldsymbol{B}_i^{\mathrm{T}}\boldsymbol{P}_i
\tag{7-74}
$$

其中：α_i 为待定参数；$\boldsymbol{B}_i$ 为状态空间方程的输入矩阵，见式(7-53)；$\boldsymbol{P}_i$ 为下述代数黎卡提方程的唯一正定解：

$$
\boldsymbol{P}_i\boldsymbol{A}_i+\boldsymbol{A}_i^{\mathrm{T}}\boldsymbol{P}_i-\boldsymbol{P}_i\boldsymbol{B}_i\boldsymbol{B}_i^{\mathrm{T}}\boldsymbol{P}_i+\varepsilon_i\boldsymbol{I}_3=\boldsymbol{0}
\tag{7-75}
$$

其中：$\varepsilon_i>0$ 为待定参数。针对本控制器(式(7-74))，给出如下定理。

定理 2　考虑同心拓扑结构为有向无环图的异构车辆队列，其动力学方程为式(7-53)，采用恒定跟车策略(式(7-54))和线性反馈控制器(式(7-60))，其中反馈增益矩阵为式(7-74)。在假设 1 成立的条件下，若下式对于队列内任意车辆 $i\in\{1,2,3,\cdots,N\}$ 均成立，则车辆队列收敛于渐进稳定：

$$
\alpha_i\geqslant\frac{1}{2(d_{ii}+p_{ii})}
\tag{7-76}
$$

证明　由式(7-72)，系统稳定只需如下多项式稳定：

$$
p_i(\lambda)=\lambda^3+\lambda^2\left(\frac{1}{\tau_i}+\frac{1}{\tau_i}k_{ai}(d_{ii}+p_{ii})\right)+\lambda\frac{1}{\tau_i}k_{vi}(d_{ii}+p_{ii})+
$$

$$\frac{1}{\tau_i} k_{pi} (d_{ii} + p_{ii}) = 0 \tag{7-77}$$

易知，$p_i(\lambda)$ 为如下矩阵的特征多项式：

$$\widetilde{\boldsymbol{A}}_i := \boldsymbol{A}_i - (d_{ii} + p_{ii}) \boldsymbol{B}_i \boldsymbol{k}_i^{\mathrm{T}} \tag{7-78}$$

即：

$$p_i(\lambda) = |\lambda \boldsymbol{I}_{3N} - \widetilde{\boldsymbol{A}}_i| \tag{7-79}$$

因此当 $\widetilde{\boldsymbol{A}}_i$ 稳定时，系统亦稳定。

对于 $\widetilde{\boldsymbol{A}}_i$ 的稳定性分析，采用如下李雅普诺夫方程：

$$\boldsymbol{P}_i \widetilde{\boldsymbol{A}}_i + \widetilde{\boldsymbol{A}}_i^{\mathrm{T}} \boldsymbol{P}_i = -\widetilde{\boldsymbol{Q}}_i \tag{7-80}$$

其中：$\boldsymbol{P}_i$ 为式（7-75）的正定解。在式（7-76）成立的情况下，将式（7-74）、式（7-78）带入式（7-80），求解得：

$$\widetilde{\boldsymbol{Q}}_i = -(1 - 2\alpha_i (d_{ii} + p_{ii})) \boldsymbol{P}_i \boldsymbol{B}_i \boldsymbol{B}_i^{\mathrm{T}} \boldsymbol{P}_i + \varepsilon_i \boldsymbol{I}_3 \geqslant \varepsilon_i \boldsymbol{I}_3 > \boldsymbol{0} \tag{7-81}$$

由此知矩阵 $\widetilde{\boldsymbol{A}}_i$ 为赫尔维茨矩阵。

证毕。

对于式（7-80），其可视为系统 $\dot{x}_i = \widetilde{\boldsymbol{A}}_i x_i$ 的一个李雅普诺夫函数，即 $V_i = \boldsymbol{x}_i^{\mathrm{T}} \boldsymbol{P}_i x_i$，其导数为 $\dot{V}_i = -\boldsymbol{x}_i^{\mathrm{T}} \widetilde{\boldsymbol{Q}}_i x_i$。因此，$\varepsilon_i$ 的增大将会同时增大 $\widetilde{\boldsymbol{Q}}_i$ 的下界，此时李雅普诺夫函数 V_i 会更快收敛至稳定点，这意味着更快的系统误差收敛率。为此，如定理 2 所示的控制器设计方法，在给定 α_i 后，可以通过调整 ε_i 的参数值来调整系统误差的收敛率。应当注意的是，定理 1 所给出的稳定控制器设计结构限定了定理 2 所给出的稳定控制器设计结构，即后者是前者的子集。本案例只考虑了异构队列系统中的内稳定性，但当在实际控制器设计时，队列稳定性同样也需要得到满足，即系统干扰向队列尾部传递过程中不被放大的特性，其将直接影响队列的安全性。

3. 数值仿真验证

如下给出了异构车辆队列控制在 MATLAB 环境中的数值仿真结果，用于验证所提出的相关定理的正确性。该异构车辆队列包含 1 台领航车辆与 7 台跟随车辆，并考虑了四种典型的有向无环式通信拓扑结构，分别为 PF、TPF、LPF 和 TPLF。

仿真中，设定期望队列行车间距 $d_0 = 20\mathrm{m}$，领航车辆的初始位置状态为 $p_0(0) = 0\mathrm{m}$，速度变化轨迹如下：

$$v_0(t) = \begin{cases} 10, & 0\,\mathrm{s} \leqslant t < 3\,\mathrm{s} \\ 10 + t, & 3\,\mathrm{s} \leqslant t < 15\,\mathrm{s} \\ 22, & t \geqslant 15\,\mathrm{s} \end{cases} \tag{7-82}$$

跟随车辆的位置、速度、加速度初始状态分别为 $p_i(0) = -id_0$，$v_i(0) = v_0(t)$，$a_0(0) = 0$。

1）控制器仿真

首先，所述控制器的控制效果需被验证，即定理 1 给出的稳定区域是否可以保证车辆队列的渐近稳定。如表 7-2 所示,车辆队列内各异构跟随车辆均具有不同的时滞参数 τ_i 和其相对应的依据定理 1 所得出的反馈增益。据此,基于四种典型的有向无环同心拓扑结构,可以验证反馈增益 $[k_{pi},k_{vi},k_{ai}]$ 满足定理 1 的条件,而反馈增益 $[k_{pi},\bar{k}_{vi},k_{ai}]$ 不满足定理 1 的条件。其相对应的控制器仿真效果分别参见图 7-65 和图 7-66。

表 7-2　异构跟随车辆的时滞参数与反馈增益

车辆序号	$\tau_i\,[s]$	k_{pi}	k_{vi}	$\bar{k}_{vi}$	k_{ai}
1	0.40	3.00	3.40	0.06	2.00
2	0.55	1.30	3.55	0.09	2.62
3	0.32	2.31	3.32	0.10	2.87
4	0.44	1.65	3.44	0.08	2.97
5	0.38	3.83	3.38	0.07	3.07
6	0.51	2.42	3.51	0.05	3.70
7	0.29	2.91	3.29	0.04	2.79

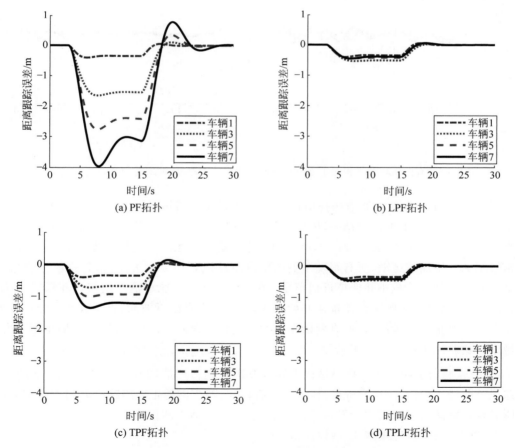

图 7-65　有向无环图下相对于领航车辆的距离跟踪误差(反馈增益 $[k_{pi},k_{vi},k_{ai}]$)

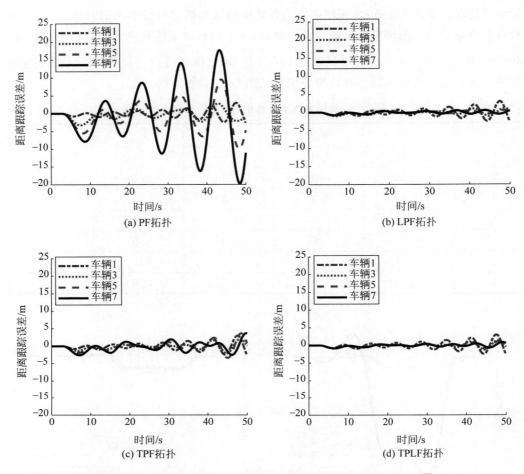

图 7-66 有向无环图下相对于领航车辆的距离跟踪误差(反馈增益 $[k_{pi}, \bar{k}_{vi}, k_{ai}]$)

　　图 7-65 显示了在四种通信拓扑结构下车辆队列在反馈增益 $[k_{pi}, k_{vi}, k_{ai}]$ 下的距离跟踪误差曲线(为更清晰地展示结果,因此只给出车辆 1、车辆 3、车辆 5 及车辆 7 的仿真曲线结果)。由图 7-65 可得,在 $t < 3s$ 内,所有跟随车辆的距离跟踪误差均为零;在 $t = 3s$ 时,由于领航车辆开始加速运动,所有跟随车辆的距离跟踪误差均会变为负值,且幅值持续增大,直至于某一时刻开始减小并保持近似恒定;在 $t = 15s$ 时,领航车辆停止加速并保持匀速行驶,各跟随车辆的距离跟踪误差幅值开始减小,而后在零点附近波动,直至收敛。分析可得,当领航车辆停止加速运动后,所有跟随车辆的距离跟踪误差均渐近收敛,这说明车辆队列渐近稳定。这验证了定理 1 的正确性。

　　图 7-66 展示了四种通信拓扑结构下异构车辆队列在反馈增益 $[k_{pi}, \bar{k}_{vi}, k_{ai}]$ 下的距离跟踪误差曲线。由图 7-66 分析得,在 $t \geqslant 3s$ 后,各跟随车辆的距离跟踪误差均不断扩大,这说明异构车辆队列未能收敛于渐进稳定,同时证明了定理 1 的正确性。

　　2)基于黎卡提方程的控制器设计仿真

　　下面验证定理 2 中所提出的基于黎卡提方程的控制器设计方法。在 MATLAB 仿真环境中,车辆的时滞参数与表 7-2 相同。考虑如下性能指标以度量系统收敛速率:

$$T_{\text{conv}} = \min_{T_1} \left(\max_{i \in \{1,2,\cdots,N\}, t > T_1} | \tilde{p}_i(t) | \leqslant \delta \right), \quad [s] \tag{7-83}$$

其中：$\delta > 0$ 为给定的跟踪误差阈值，这里设 $\delta = 0.1$m。性能指标 T_{conv} 对应于队列中各个车辆的距离跟踪误差幅值均低于 δ 的时刻，同时也代表了车辆队列的收敛速率，性能指标 T_{conv} 数值与车辆队列收敛速率成反比。在式(7-74)中，设 $\alpha_i = 1 + 0.5/(d_{ii} + p_{ii})$。在式(7-75)中，每台车辆所设置的 ε_i 均一致，并通过改变 ε_i 的数值大小研究其对收敛速率的影响。对应于不同 ε_i 取值和拓扑的性能指标 T_{conv} 仿真结果见表 7-3，其中采用 TPLF 拓扑的仿真结果见图 7-67。

表 7-3　不同 ε_i 及通信拓扑下的性能指标 T_{conv}

ε_i	T_{conv}/s			
	PF	PLF	TPF	TPLF
1	23.71	18.27	18.71	18.29
3	21.89	17.42	18.14	17.44
5	20.94	17.07	17.90	17.09
7	19.95	16.85	17.73	16.87

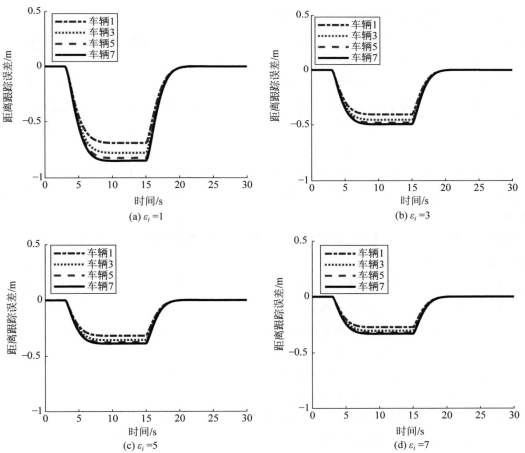

图 7-67　有向无环通信拓扑结构下跟随车辆相对于领航车辆的距离跟踪误差

（代数黎卡提方程控制器，TPLF 拓扑）

图 7-67 展示了基于代数黎卡提方程的稳定控制器的距离跟踪误差曲线。由图 7-67 可知,在 TPLF 通信拓扑结构与不同的 ε_i 取值下,基于代数黎卡提方程的控制器均能满足车辆队列的渐近稳定。通过分析可得,随着 ε_i 的增大,各跟随车辆的距离跟踪误差幅值不断减小,这表明可以通过优化 ε_i 的数值以保证合理的距离跟踪误差范围。

　　由表 7-3 可见,对于相同的 ε_i,不同通信拓扑的 T_{conv} 也满足 PF＞TPF＞LPF≈TPLF,这印证了通信网络拓扑结构对异构车辆队列的稳定性影响。对于同一种通信拓扑而言,ε_i 数值的增大可以有效减小性能指标 T_{conv},即提升队列系统距离跟踪误差的收敛率。当然,ε_i 的增幅往往会导致其代数黎卡提方程计算出更大的反馈增益,使得控制输入的幅值变大,引起控制成本的提升。在实际控制器设计中,需要合理选择 ε_i 的取值,以在收敛速率和控制能量间实现平衡。

习题

1. 自动驾驶控制系统主要包括哪几部分?

2. 系统稳定性的定义是什么?

3. 系统稳定性证明方法一般包括哪些?

4. 简述李雅普诺夫稳定性第一法和第二法原理,并说明两种方法的适用范围。

5. 简述域控制技术的行业应用前景。

6. 简要推导三自由度车辆动力学模型的建立过程。

7. 除三自由度车辆动力学模型外,其他常用模型有哪些? 它们各自的适用条件是什么?

8. 简述车辆纵横向控制原理。

9. 简述 PID 控制原理,并说明影响 PID 控制效果的关键因素及其作用机理。

10. 简述模型预测控制原理,并说明影响模型预测控制效果的关键因素及其作用机理。

11. 查阅文献,说明除 PID、模型预测控制方法外,还有哪些方法被应用于自动驾驶控制领域?

12. 自动驾驶前沿控制技术有哪些?

13. 简述自适应巡航控制系统的工作原理。

14. 简述自动紧急制动控制系统的工作原理。

15. 车路协同控制技术的典型应用场景有哪些?

16. 平面无信号交叉路口的车辆协同控制方法有哪些?

17. 简述自动驾驶编队控制技术的应用前景。

18. 车辆队列控制的性能目标包含哪些?

19. 常用节点动力学模型有哪些? 并简要说明它们之间的差异性。

20. 常见编队通信拓扑结构有哪些?

参考文献

[1]　LI S B,LI K Q,RAJESH R,et al. Model predictive multi-objective vehicular adaptive cruise control [J]. IEEE Transactions on Control System Technology,2011,19(3)：556-566.

[2]　LI S B,JIA Z Z,LI K Q,et al. Fast online computation of a model predictive controller and its application to fuel economy-oriented adaptive cruise control[J]. IEEE Transactions on Intelligent Transportation System,2015,16(3)：1199-1209.

[3]　LI S B,LI K Q,WANG J Q. Economy oriented vehicle adaptive cruise control with coordinating multiple objectives function[J]. Vehicle System Dynamics,2013,51(1)：1-17.

[4]　LI S B,DENG K,ZHENG Y,et al. Effect of pulse-and-glide strategy on traffic flow for a platoon of mixed automated and manually driven vehicles [J]. Computer-Aided Civil and Infrastructure Engineering,2015,30(21)：892-905.

[5]　ZHENG Y,LI S B,LI K Q,et al. Stability margin improvement of vehicular platoon considering undirected topology and asymmetric control[J]. IEEE Transactions on Control System Technology,2016,24(4)：1253-1265.

[6]　ZHENG Y,LI S B,WANG J Q,et al. Stability and scalability of homogeneous vehicular platoon：Study on the influence of information flow topologies [J]. IEEE Transactions on Intelligent Transportation Systems,2016,17(1)：14-26.

[7]　GAO F,LI S B,ZHENG Y,et al. Robust control of heterogeneous vehicular platoon with uncertain dynamics and communication Delay[J]. IET Intelligent Transport Systems2016,10(7)：503-513.

[8]　ZHENG Y,LI S B,LI K Q,et al. Distributed model predictive control for heterogeneous vehicle platoons under unidirectional topologies[J]. IEEE Transactions on Control System Technology,2017,25(3)：899-910.

[9]　鲁光泉,王云鹏,田大新. 车车协同安全控制技术[M]. 北京：科学出版社,2014.

[10]　郑洋. 基于四元素构架的车辆队列动力学建模与分布式控制[D]. 北京：清华大学,2015.

[11]　秦晓辉. 多型通信拓扑下车辆队列分布式控制中的稳定性问题[D]. 北京：清华大学,2016.

[12]　边永刚. 复杂车-网-路条件下的多车系统分布式运动控制[D]. 北京：清华大学,2019.

[13]　郝宁峰. 高速公路卡车队列行驶控制研究[D]. 吉林：吉林大学,2017.

[14]　HEDRICK J K,TOMIZUKA M,VARAIYA P. Control issues in automated highway systems[J]. IEEE Control Systems,1994,14(6)：21-32.

[15]　LIORIS J,PEDARSANI R,TASCIKARAOGLU F Y,et al. Platoons of connected vehicles can double throughput in urban roads [J]. Transportation Research Part C,2017,77：292-305.

[16]　RAHMAN M S,ABDEL A M. Longitudinal safety evaluation of connected vehicles' platooning on expressways [J]. Accident Analysis and Prevention,2018,117：381-391.

[17]　GUVENC L,UYGAN I M C,KAHRAMAN K,et al. Cooperative adaptive cruise control implementation of team mekar at the grand cooperative driving challenge[J]. IEEE Transactions on Intelligent Transportation Systems,2012,13 (3)：1062-1074.

[18]　KIANFAR R,AUGUSTO B,EBADIGHAJARI A,et al. Design and experimental validation of a cooperative driving system in the grand cooperative driving challenge [J]. IEEE Transactions on Intelligent Transportation Systems,2012,13 (3)：994-1007.

[19]　HULT R,SANCAR F E,JALALMAAB M,et al. Design and experimental validation of a cooperative driving control architecture for the grand cooperative driving challenge 2016[J]. IEEE Transactions on Intelligent Transportation Systems,2018,19 (4)：1290-1301.

[20]　PLOEG J,SEMSAR K E,MEDINA A I,et al. Cooperative automated maneuvering at the 2016 grand

cooperative driving challenge [J]. IEEE Transactions on Intelligent Transportation Systems,2018,19 (4): 1213-1226.

[21] LI S E,ZHENG Y, LI K,et al. Dynamical modeling and distributed control of connected and automated vehicles: challenges and opportunities [J]. IEEE Intelligent Transportation Systems Magazine,2017,9(3): 46-58.

[22] MICHAEL J B,GODBOLE D N,LYGEROS J,et al. Capacity analysis of traffic flow over a single-lane automated highway system [J]. Journal of Intelligent Transportation System,1998,4(1-2): 49-80.

[23] THORPE C,JOCHEM T,POMERLEAU D. The 1997 automated highway free agent demonstration [M].[S. l. : s. n.],1997: 496-501.

[24] BROWAND F,MC A J,RADOVICH C. Fuel saving achieved in the field test of two tandem trucks [J]. California PATH research report,2004.

[25] NOWAKOWSKI C,SHLADOVER S E,CODY D,et al. Cooperative adaptive cruise control: testing drivers' choices of following distances[M].[S. l. : s. n.],2010.

第 8 章　自动驾驶测试与评价技术

引言

　　自动驾驶汽车由于其涉及传统汽车电子、信息通信、人工智能多领域,集成车-路-云多系统,耦合人-车-交通多维度,带来了功能与信息安全、环境适应性、人机相容性等新问题,传统汽车的测试方法不能满足自动驾驶汽车开发和认证的需求,需要建立完整的自动驾驶汽车测试评价方法体系,从而支持自动驾驶汽车技术的快速迭代发展。

　　本章从自动驾驶测试评价的定义出发,介绍自动驾驶的相关法律规范,并依据测试场景和测试手段的不同,分别介绍不同的测试方法以及不同评价目的、内容和对象的评价方法,最后简要介绍国内外自动驾驶测试场地的现状等。本章的框架结构如图 8-1 所示。

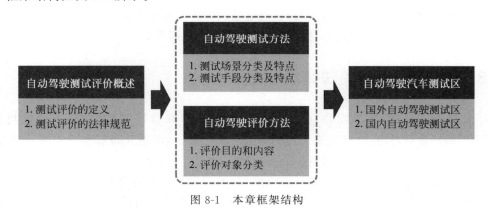

图 8-1　本章框架结构

学习目标

- 了解自动驾驶的测试场景的分类方法。
- 了解自动驾驶的评价依据评价内容和目的分类方法。
- 了解自动驾驶的测试手段及典型的测试技术。
- 了解在环测试和场景库建设的技术要点。
- 了解典型自动驾驶功能和驾驶辅助功能的评价指标。
- 了解自动驾驶汽车整车测试区的分类。

第 8 章学习素材

8.1　汽车自动驾驶测试评价概述

8.1.1　测试评价的定义

汽车的测试评价是在汽车开发和检测过程中,使用特定的标准或统一的方法对汽车各方面性能(如加速性能、制动性能、转向性能等)进行测试,并对测试结果进行数据处理和指标评估。

自动驾驶汽车的测试评价是汽车自动驾驶功能开发过程中的重要验证反馈和迭代改进的环节。自动驾驶汽车测试评价是推动自动驾驶关键技术发展的重要手段,目前国内外对自动驾驶汽车的测试内容和测试方法还没有统一的规范和标准,因此自动驾驶汽车测试评价方法已经成为制约自动驾驶技术发展的关键问题。

自动驾驶汽车的感知、决策、控制和执行等模块在一定程度上决定了自动驾驶汽车在未知环境中的适应能力和应对能力,自动驾驶汽车的智能水平是逐步发展的,这也就需要按照一定的测试评价标准将汽车自动驾驶水平划分为不同等级。

8.1.2　测试评价的法律规范

2016 年年初,为了配合自动驾驶技术的发展,联合国辖下"世界车辆法规协调论坛(WP29)"负责对包括《维也纳公约》在内的一系列国际道路交通安全法规进行调整修改,并制定与汽车自动驾驶相关的世界通用标准。

目前联合国经济委员会和欧盟规则中,明确禁止某些自动驾驶功能。比如,13-H 项规则要求制动必须由人力制动或由驾驶人控制的电动模块制动;79 项规则禁止纯电动转向系统的使用,这也就否定了自动转向的汽车;有规则还禁止在速度超过 10km/h 时使用自动控制系统等。

联合国正在组织对这些规定的修改。例如,其中 1968 年通过的《维也纳道路交通公约》中规定,"驾驶人必须时时刻刻拥有对车辆的控制权"。在某种程度上,这一规定限制了自动驾驶的发展。2016 年 3 月生效的一项修正案对 1968 年版本进行了修订,表示只要自动驾驶技术具备"可以被驾驶人权限覆盖或接管"的特性,并且这一条款与国际法律法规相互统一,就可以明确应用到交通运输中。

该项法规标准也将包括原则部分,例如,限制自动驾驶进入高速公路,以及驾驶人必须为所有事故负责;包括安全条例,如其中一条规定:自动驾驶汽车必须安装防止驾驶人睡着或移开目光的设备,这一设备可利用传感器判断驾驶人状态。

在汽车自动转向功能的安全准则上,则涵盖了一些具体的技术要求,如车辆必须可以实现车道保持,可以实现由驾驶人发起的变道操作和车道保持功能的协调,以及驾驶人认可的变换车道和车道保持;同时加入了报警系统的相关法规,如系统如何被接管、系统运行以及具体操控等,并对定期技术检验也给予了规定。

1. 中国

全国汽车标准化技术委员会(SAC/TC 114,以下简称汽标委)承接了中国智能网联汽车标准体系研究与建设。目前智能网联汽车标准体系方案经过行业多轮讨论,已形成标准框架体系,修改完善以后对外公开发布。标准体系考虑了智能化和网联化两条路径,在智能化中按照 SAE 标准分级,制定标准时以 ADAS 技术和应用为重点,适度考虑高等级自动驾驶技术和功能要求。

标准体系将分为四个方面:①基础:包含术语和定义、分类和编码、表示和符号;②通用规范:包括功能评价、人机界面、功能安全、信息安全;③产品与技术应用:包括信息感知、决策报警、辅助控制、信息交互;④相关标准:包括通信协议、界面接口。

汽标委标准制定从术语和定义开始,在明确 ADAS 技术范畴及相关技术功能界定、分类、分级的基础上,制定共性标准和技术应用。ADAS 及自动驾驶技术标准法规分为两类,包括:汽车及相关行业法律、法规、条例;汽车行业强制性国家标准,细分为纳入政府管理的推荐性国家标准、被强制性国家标准引用的推荐性标准。同时对于原有法规制约智能汽车发展的部分进行调整。

总之,目前 L0 级 ADAS 功能已经在国内市场渐渐普及,L1 级的 AEB、ACC 等功能也已快速推广应用。随着法规助推,成熟技术的 ADAS 功能成本会进一步下降,AEB、ACC、LKS 等已成为主机厂为新车搭载的辅助驾驶功能。同时可以看到,现阶段整个行业还处于摸索阶段。待正式法规出台,将当前概念定义、相关技术和安全标准以及测试要求进一步统一后,ADAS 和自动驾驶的发展将进一步提速。

2. 美国

2014 年,美国交通运输部与美国智能交通系统(ITS)联合项目办公室共同提出《ITS 战略计划 2015—2019》,为美国在智能交通领域的发展明确了方向。战略计划分为网联汽车和自动驾驶两个部分。其中在自动驾驶的项目中指出,主要研究确定自动化的核心要素和性能指标(研究);在测试场地或其他测试工况中测试自动化零部件(开发);政府在推动和鼓励自动化系统应用中应担当重要角色(应用)。2016 年 1 月 14 日,美国政府宣布在未来十年将投入 40 亿美元扶持自动驾驶,这 40 亿美元从美国 2017 年的政府预算中支出。同时隶属于美国交通部的国家公路交通安全管理局(NHTSA)宣布在两年内豁免一部分汽车不遵循现行相关交通安全规定,允许他们在没有配备驾驶人的情况下上路测试。

虽然美国目前没有统一的自动驾驶汽车测试标准,但是各州有各州的规定。汽车厂商将自动驾驶技术的车辆送上公路实验时,需要在符合美国联邦机动车安全标准(FMVSS)相关规定的前提下,并根据各个州的法律办理各种手续。2011 年,内华达州通过了在该州合法测试自动驾驶的相关法律,并在 2012 年颁发了第一张"自动驾驶"汽车牌照,允许谷歌自动驾驶汽车上路测试。紧接着,加利福尼亚州、佛罗里达州、密歇根州等也都通过了相关法律,允许自动驾驶汽车上路测试。

3. 日本

2015 年,日本内阁府发表了关于自动驾驶的战略革新创造的研究计划。对自动驾驶分 4 个等级进行了定义。研究计划里对具体的研究项目和研究内容进行了规划,主要包括 4 方面:①自动驾驶系统的开发;②为减轻交通事故与交通堵塞的基础设施的整备;③国际合作的推进;④下一代都市交通系统的推进。

日本警察厅于 2016 年 4 月 7 日公布了公路自动驾驶实证实验的准则草案。其内容包括驾驶人的职责、车辆装备、事故对策等,明确了自动驾驶汽车公路实验规定。在经过一个月的时间征集民众意见后,正式准则已经在制定之中。但是草案要求以"符合道路运输车辆安全标准(1951 年日本运输省令第 67 号)""驾驶座上有驾驶人""遵守日本道路交通法等相关法规"为前提,规定不允许在车上无驾驶人的情况下进行远程监控的完全自动驾驶。另外,准则中对车上安全员、上路测试条件、"放手驾驶"条件和事故预防与应对提出了要求。

(1) 车上安全员:准则中要求驾驶座上一定要有一名驾驶人,以便在发生紧急情况时控制车辆。同时车上最好再配备一名监控自动驾驶系统的操作员。自动驾驶汽车实验时,还要另外配备一辆一同行驶的车辆来确保安全。

(2) 上路测试条件:上路测试的车辆要符合现有法律的规定(去掉方向盘或节气门的车辆不能进行实验),还必须保证自动驾驶系统能够正常工作,并采取可应对网络攻击的安全措施。日本实施自动驾驶技术公路实车验证实验时不需要办理特别的手续,只要获得国土交通大臣的批准,就能进行公路实车验证。

(3) "放手驾驶"条件:能够满足在发生紧急情况时立即应对的要求。在"视线良好且交通量小的场所",可以完全放手。在"视线不佳或者交通量大的道路"上,驾驶人的手要始终放在方向盘附近。

(4) 事故预防与应对:事故发生后,在采取防范事故再次发生的对策之前,暂时停止实验。为了便于在事故后验证,测试车辆必须配备行车记录仪,保存车辆信息及周边情况的相关记录。并且车辆要求购买保险。

除了积极界定自动驾驶分级、制定新的准则外,日本也在同步修订《道路交通法》和《道路运输车辆法》等相关法规,以便自动驾驶汽车在不久的将来上路。日本经济产业省、国土交通省和日本汽车工业会等在 2016 年 4 月成立了"自动驾驶研究所"(暂称),形成统一掌握联合国和国际标准化组织(ISO)的安全技术和通信标准规则讨论的体制。

4. 欧洲

欧洲合作智能交通系统(cooperative intelligent transport system,Cooperative ITS 或 C-ITS)在 2009 年由欧盟通过 M/253 授权法案推动制定,2015 年正式部署应用。合作式安全应用标准分类中,道路安全的分支包括合作感知、避碰、预警等内容。在新技术应用工作领域下提高 ITS 应用水平任务中,提出要评估应用驾驶人辅助系统(车道偏离警告系统、碰撞预警系统、行人识别系统)的具体措施。

欧盟每 10 年会制订一次道路交通安全战略行动计划。欧盟委员会于 2010 年 7 月向欧洲议会、欧盟理事会、欧盟经济和社会委员会以及欧盟地区委员会递交了《欧盟 2011—2020 年道路交通安全政策取向(草案)》的第四次道路交通安全战略行动计划,成为欧盟 10 年内道路交通安全的政策蓝本和共同行动战略。

瑞典国会已经启动了自动驾驶的相关法律分析工作,在自动驾驶公共道路测试上有比较完善的法规流程。首先需要到瑞典交通局取得正式自动驾驶测试许可后方可进行公共道路测试,测试单位必须递交公共道路申请,提出有可能的安全隐患,并且确保测试数据采集和保存要符合国际相关法规,个人隐私信息要受到保护。瑞典交通局负责监管所有自动驾驶车辆的公共道路测试。测试许可单位车辆如果发生事故,瑞典警察局和相关单位有权要求测试单位提供传感器采集的数据并协助事故调查。测试单位要把测试期间发生的所有事故上交给瑞典交通局,将测试单位提交年度测试情况报告给监管单位。

法国也公布了自己的无人驾驶汽车发展路线图,计划投资 1 亿欧元进行无人驾驶汽车实地测试。法国政府表示将实现全国数千千米的道路联网,并推动道路交通法律法规的修订,满足无人驾驶汽车上路的要求,并且向全球汽车生产商开放道路进行无人车试验。2016 年 8 月,法国政府正式批准外国汽车制造商在公路上测试自动驾驶汽车,在此之前,法国政府只允许本土汽车公司在道路上测试自动驾驶系统技术。

2014 年,荷兰就在审视交通法律,以便在公路上展开大规模的自动驾驶卡车测试,目标是让自动卡车在荷兰公路上送货。2016 年 1 月,全球首辆自动驾驶摆渡车在荷兰上路,使其成为第一个允许自动驾驶巴士上路的国家。2016 年 7 月,芬兰交通安全局批准了无人驾驶公交车在芬兰上路。同期,奔驰自动驾驶大巴在荷兰上路展开测试,该大巴成功完成了 20 km 的行驶路程。

8.2　汽车自动驾驶测试方法

8.2.1　测试场景的分类及特点

1. 实车测试方法

由于对自动驾驶系统的测试是一个系统性问题,为了研究整个驾驶过程中的表现,还需要有足够的评价指标和测试功能所依据的测试标准。驾驶过程中几乎所有的驾驶情况都需要考虑进去,显然,考虑到有限的时间和人力资源,若每种驾驶情况都纳入实车测试的考虑范畴,并进行详细的分析,从工作量和工作难度上都是不可行的。实车测试方法的缺点是,它是一个相当不受控的测试过程,而且实车现场测试工作量极大,但测试结果却很有限。因此,实车现场测试的范围需要限制在可行、可控的范围内,并且只能有所侧重。

对于自动驾驶功能测试,包括基于独立场景和基于连续场景的两类测试方法(见图 8-2)。基于独立场景功能的测试主要在受控环境中进行,如测试路线等。受控环境通常有如下优点:通过某些安全措施,较容易地防止对不涉及的部分(人或物体)造成伤害。测试期间,未

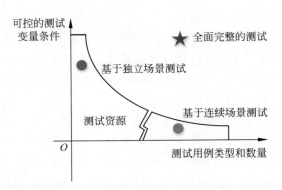

图 8-2　基于独立场景和基于连续场景测试方法的资源对比

参加试验的人员必须与试验车辆保持安全距离。在测试期间,如驾驶人不在车内,应适当增加安全距离;如试验中涉及其他物体(车辆、行人等),应使用可碰撞的虚拟物体代替,以避免造成任何损坏。独立于测试环境的安全测试,驾驶人或任何其他监督人员必须始终能够随时接管车辆,以确保车辆在测试期间的安全性。

　　ADAS 功能测试通常是基于独立场景的方法,可以清楚地描述测试用例的类型和形式,并且测试的工作是有限的。首先根据相关情况确定测试用例,然后基于这些用例进行功能和性能试验。通过改变测试用例的测试变量条件,对自动驾驶功能和性能进行详细的测试分析。因此,测试的工作量很大程度上取决于所涵盖的测试用例数量。如果考虑所有驾驶工况,将导致测试用例数量大幅增加。但随着自动驾驶等级的提升,单纯基于独立场景的测试方法不能满足测试用例多样性的需求,需要基于连续场景的测试方法来弥补。

　　基于连续场景功能的测试一般涉及实际交通环境,用来评价自动驾驶汽车的持续行驶功能,该测试还涉及其他道路交通参与者(其他车辆或行人),因此需要制定更高的安全标准。由于是在开放的道路环境下,基于连续场景功能的测试并不像基于独立场景功能的测试那样能够确保所有环境可控,因此,除了关注被测车辆及被测车辆驾驶人的安全措施之外,还应该更多地关注周围道路交通参与者的安全措施是否到位。

　　对于连续场景的测试方法,难以定义试验的具体测试变量条件,或明确针对某些特定功能用途的测试,因为对于整个自动驾驶系统而言,整个测试过程相当于是一个综合性的测试用例。在此期间,自动驾驶系统会面临各种各样不同的驾驶情况,某一个或几个自动驾驶子功能的功能或性能表现,如自适应巡航、自动变道功能等,都可以反映在对应的某些简单工况下。因此,连续场景的测试对后续评价技术提出了更高的要求,评价技术需要首先关注整个系统的表现,因为用户首先体验到的是整个系统,子功能只能作为其中的一个方面。当然,子功能也可以在此过程中进行评价。

　　1) 基于独立场景的测试方法

　　基于独立场景的测试通常在周围交通影响较小或相对较为安全的封闭场地上进行。这是因为基于独立场景的测试,主要对自动驾驶本身的功能和性能进行技术性和安全性测试,需要在相对独立和无干扰的环境下进行(危急情况或低速运行,如停车、自动紧急制动),而很难或很少能够融入周围交通环境。因此,检验交通环境对自动驾驶性能的影响将更多地依赖于连续场景的测试。

对于基于独立场景的测试,主要用于当前的 ADAS 功能和性能测试,且大多是针对仅在短时间内起作用的 ADAS 功能进行测试。对于基于独立场景的操作功能的测试顺序如图 8-3 所示。

根据基于独立场景的测试项目,首先是确定需要测试的目标对象及其具备的功能。因此,需要对功能描述进行分析,以确定在功能和性能测试期间应该关注哪个方面。在此过程中,确定适当的考察指标和评价项目,相关的测试用例就可以逐一定义出来。测试用例定义的基础,通常是相关场景中(如某些事故情景)分别提炼出来的功能用例。该测试用例的定义还应包括风险评价,以确保行驶的安全性。

```
┌─────────────────────────────┐
│ 定义评估范围                 │
│ • 定义研究的问题、假设、指标 │
└─────────────────────────────┘

┌─────────────────────────────┐
│ 规划评估                     │
│ • 分析系统描述和假设的适应情况│
│ • 测试用例的规划             │
│ • 风险评估                   │
└─────────────────────────────┘

┌─────────────────────────────┐
│ 受控试验                     │
│ • 试验变量数                 │
│ • 测试数据记录               │
└─────────────────────────────┘

┌─────────────────────────────┐
│ 评估测试                     │
│ • 根据测试数据和指标分析假设 │
└─────────────────────────────┘
```

其次是测试的执行。测试通常在受控的区域内进行,通常是在专业的测试跑道或封闭测试车场。在测试过程中测试用例的参数(如速度或相对距离)数量和种类繁多,由于时间和成本限制,并非所有参数都会进行变动设计。因此,需要区分出计划变动

图 8-3　基于独立场景的操作功能的
测试顺序

的参数和保持固定不变的参数。理想情况下,每个测试都具有特定参数集的测试用例,重复多次以确保试验结果统计的有效性。关于测试本身,应该避免在恶劣天气条件下进行测试,除非所设计的测试专门是为了检验系统应对天气的能力。

最后是对测试数据的处理。这一步包括数据处理以及制定评价指标。有些指标是需要通过计算才能获得的参数,这通常是因为在测试期间不能直接获得这些测量信号参数。一个典型的例子是 AEB 测试过程中需要计算的碰撞时间(time-to-collision,TTC),它描述了车辆保持当前运动状态不变的情况下距离碰撞发生所需的时间,这个参数是典型的无法直接测量而必须通过后期计算获得的参数。此外,指标是用来描述以某种方式运行测试的单个值特征,比如最大值、最小值或分别表示导出测量值的特征。测试结果需要通过指标才能进行科学直观的分析,如图 8-4 所示。

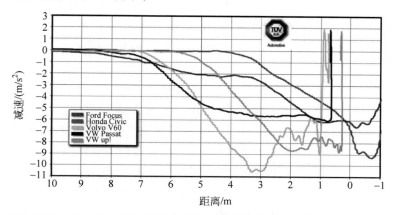

图 8-4　AEB-CCRs 30km/h 试验中不同车辆制动减速度指标和距前车距离指标的关系曲线

2）基于连续场景的测试方法

与基于独立场景的测试方法相比，基于连续场景的测试需要在大范围内的不同驾驶场景中连续进行，因此需要综合考察整个驾驶过程的车辆自动驾驶功能和性能水平。

对于连续运行的自动驾驶功能，技术方面的考察重点略有不同。由于这些测试方法涵盖不同的驾驶情况，所以适用于范围更广泛的测试场景。对于连续运行的自动驾驶功能，重点不是在一定驾驶场景下的表现，而是在于整体驾驶过程中多维度的综合表现，因此，很难为这些自动驾驶功能定义单个测试用例。在测试期间，特定的自动驾驶功能必须能够处理所涵盖的一些标准驾驶工况，但由于无法在测试之前预测哪些驾驶情况和条件会出现，以及这些驾驶情况发生的频率，因此基于连续场景的测试如果仅仅覆盖一些驾驶情况是不够的，需要大量不同驾驶工况的测试积累，从而达到有效的功能和场景覆盖率。

为此，考虑功能和系统的需求，自动驾驶有如下基本要求：

① 自身安全驾驶。

② 对交通无负面影响。

这些基本要求意味着自动驾驶系统需要在驾驶范围内正常运行，至少应该像有人驾驶一样安全。因此，考察的内容和标准通常也对应驾驶人的行为。由于每个驾驶人的驾驶行为不同，只能针对总体概率分布进行描述。驾驶人行为的概率分布需要尽可能准确地获取和评估，为了获得这些分布，可以使用如下两种适应性方法。

① 使用以前的现场测试项目的数据集（例如，已经提交的测试结果，如 euroFOT 项目），这些数据集通常包含了大量不同驾驶人的驾驶行为信息。

② 每条测试路线都会被测试多次，从而确保测试结果的典型特征在正常驾驶的概率分布附近。

用这些分布来确定在测试期间自动驾驶功能的表现是否存在有悖于正常驾驶的情况。同时，自动驾驶行为的相关边界也需要考虑法律约束（如速度限制、路权限制等），以及考虑被测自动驾驶系统是否存在违反交通规定的情况和违反的严重程度。轻微的违规行为可能只会对交通产生很小的影响甚至没有影响，但严重违规行为会造成恶劣的影响，这是对被测自动驾驶系统的一个重要的考察方面。除此之外，过于保守的驾驶方式也是需要考虑的问题（例如，比大多数驾驶人的驾驶速度慢很多），尽管这与超速等违规行为相比不那么严重，但这也是对被测自动驾驶系统的另一个重要的考察方面。图 8-5 描述了基于连续场景的测试方法顺序。

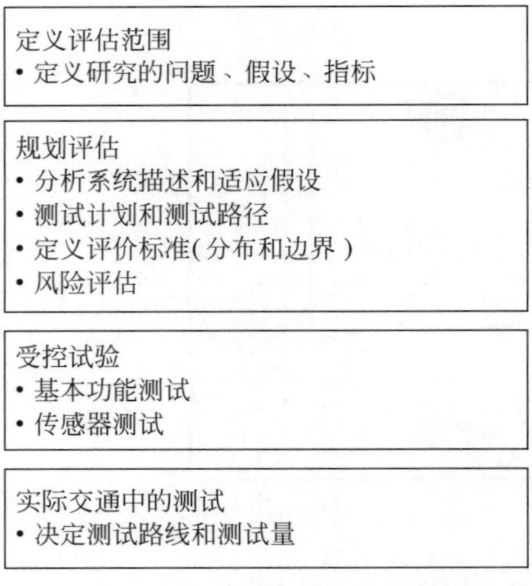

类似于独立场景的测试方法，连续场景的测试方法最开始也需要研究问题、工况定义和指标定义，规划阶段需要分析系统的描述，制订测试计划，准备实际测试时的测试路线选择和测试长度，包括时间长度和里程长度。为了在有限可行的测试工作范围内发挥最大的测试效果，必须以涵盖尽可能多相关驾驶情况的方式选择测试路线。因此，需要基于公共交通中预期的驾驶情景发生的概率和数

定义评估范围
• 定义研究的问题、假设、指标

规划评估
• 分析系统描述和适应假设
• 测试计划和测试路径
• 定义评价标准（分布和边界）
• 风险评估

受控试验
• 基本功能测试
• 传感器测试

实际交通中的测试
• 决定测试路线和测试量

图 8-5　连续场景功能的测试顺序

量,结合先前的现场操作测试中获得的数据和先验知识,评估所需的测试里程长度和持续时间。此外,在实际测试开始之前,还应对可能存在的风险进行防护预案的评估,以确保安全测试。

在最终实际测试之前是预测试,包括基本功能检查和分析涉及的传感器测量精度。这些测试都是在相对封闭的场地内基于独立场景的功能测试时完成的。如果测试已经完成并且功能可正常运行,就可以开始实际道路上的测试。道路上的测试要在预先规定的测试路线上进行。在测试期间,测试路线可能会重复进行多次。尽量在相近的时间范围内进行测试,以尽量减少测试之间的环境差异,同时应尽量避免在交通繁忙的时间测试(如早上和晚上的高峰时段),以免给城市交通带来不便。此外,还应该避免在恶劣的天气条件下进行测试,除非是针对某些明确的天气条件的测试。在测试之后,数据处理过程与基于独立场景测试的过程类似。

2. 基于场景库的加速测试方法

场景数据库是自动驾驶汽车测试验证的重要基础。美国和欧洲依托自动驾驶研究计划、网联汽车研究计划、研发框架计划、地平线 2020 计划(Horizon 2020)等大量政府研发项目,已积累了数千万千米的自然驾驶数据和数十万例事故详细数据。

在不干扰驾驶人驾驶的前提下,使用不引起驾驶人注意的观测手段,记录真实交通环境中车辆数据、交通环境数据和驾驶人行为数据的研究方法已经较为普遍,比较有代表性的如美国的 100-Car 项目、SHRP 2 项目、欧洲 Euro-FOT 项目和中国的 China-FOT 自然驾驶数据项目。自动驾驶汽车的功能定义、功能研发及测试均基于特定场景和工况定义的,自然驾驶的场景定义和应用方法如图 8-6 所示。

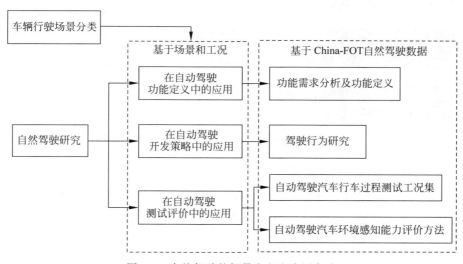

图 8-6 自然驾驶的场景定义和应用方法

大量驾驶场景按照一定的规则或者方式聚类,就形成了场景库。以场景数据库为基础,结合传统汽车的 V 字形开发流程,自动驾驶汽车测试方法由模型在环测试(MIL)、软件在环测试(SIL)、硬件在环测试(HIL)、封闭试验场场地测试及真实社会道路的实车测试等一系列测试方法构成,如图 8-7 所示。

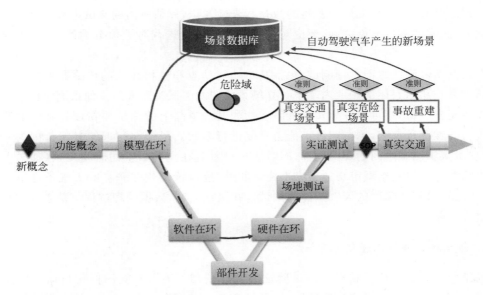

图 8-7　自动驾驶汽车 V 字形开发流程

车辆行驶场景分类是自然驾驶数据应用于自动驾驶开发和进行 XIL 系列化测试的前提,自动驾驶汽车场景库如图 8-8 所示。

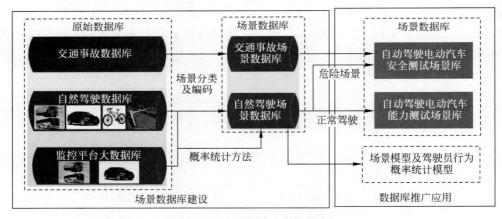

图 8-8　自动驾驶汽车场景库

基于场景库的仿真测试中,连续运行功能的测试需要两种不同类型的输入,即定义的场景(包括汽车模型、行为模型和方案参数三部分)和控制系统模型。测试过程中需要对数据进行统计学的分析,因为覆盖各种驾驶场景,需要大量测试驾驶里程来保证,一种典型的分析方法是蒙特卡洛方法,这种方法克服了诸如高里程成本和测试耗时的弊端。采用蒙特卡洛方法,可以在很短的时间内测试大量不同的场景,其本身由两部分组成,即蒙特卡洛抽样和蒙特卡洛仿真。它依赖于重复随机抽样来推导数值结果,该方法广泛应用于在时间和成本方面自由度较高的场合。图 8-9 描述了用于交通评价的蒙特卡洛方法的概述。

场景数据是由定义行为模型、车辆模型和声景参数模型三部分组成的。行为模型是依赖于驾驶人的,包含驾驶人对某些声景做出应激反应的信息,例如,年龄较大的与较年轻的

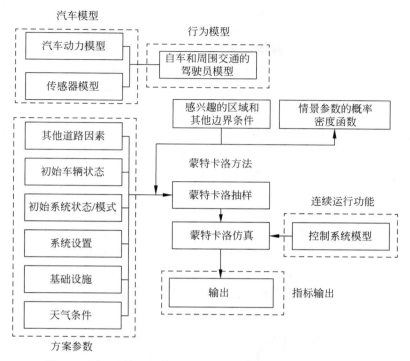

图 8-9 用于连续运行功能的交通评价的蒙特卡洛方法的概述

驾驶人相比,可能反应较慢或不会做出反应。车辆模型分为两部分:车辆动力学模型和传感器模型。车辆动力学模型描述了汽车的驾驶性能,例如汽车加速和制动性能,车辆动力学模型不但受到自车安全功能性能水平的影响,如牵引力控制或防抱死制动系统,也取决于外部因素,如路面条件或风速环境因素。传感器性能信息存储在车辆传感器模型中,测试车辆可以配备多个传感器,如毫米波雷达、相机或激光雷达等,这些传感器的性能可以取决于几个内部因素,如采样率、激光波束和外部恶劣天气条件下的干扰等因素。

场景参数涉及多个变量,需要大量的相关参数作为输入。①道路使用者因素,道路使用者的存在和行为方式,如跟车时紧急制动的变化方式;②初始车辆状态,如位置、速度和加速度;③初始系统状态或模式,如系统未启动或已经运行;④工况设置,如设定速度或相对距离;⑤基础设施,如道路属性、道路几何布局、道路曲率、坡度变化、道路标线等;⑥天气条件(如雨水、温度、能见度等)。这些参数在车辆和系统性能方面都起着重要的作用,因此对定义测试场景来都是至关重要的。

8.2.2 测试手段分类及特点

如今 ADAS 和自动驾驶能力已成为现实量产车辆所具备的重要功能,这些功能将有助于降低由于人为驾驶错误而导致的各种公路和城市道路上的交通事故率。这些功能的验证以及它们所具备的显著复杂性,需要现代化的工具、新的场景和车辆的集成测试。

在汽车行业,自动驾驶测试的目标是研发、标定和验证在场景中能够起作用的自动驾驶算法。为了实现这一目标,在过去几十年中,一些自主车辆的原型算法已经得到了设计和测试。例如,谷歌和特斯拉展示了他们的自动驾驶汽车可以在城区公路和高速公路上行驶。更多的公司声称他们自己的自动驾驶汽车将在未来 5 年内在公路上行驶,那么就出现了一个重要的问题:我们如何证明一辆自动驾驶车辆能够在实际交通环境中行驶?大量因未经充分测试而上路的自动驾驶汽车所发生的事故证明了测试不充分可能带来灾难性的后果。因此,除非能够对自动驾驶汽车及其算法的可靠性和安全性进行彻底的测试和保证,否则自动驾驶车辆将无法投放市场。

为了找到答案,美国国防部高级研究计划局赞助了一系列的自动驾驶汽车比赛。前两次挑战赛是在 2004 年和 2005 年举行的,目的是检查自动驾驶汽车是否能够在越野地形中长距离行驶。第三次挑战赛于 2007 年举行,旨在促进繁忙的城市环境中自动驾驶技术的创新发展。从 2009 年至今,众多中国城市都举办了各式各样的自动驾驶比赛,不少原型车在这些比赛中都有出色的性能表现。

按照测试过程中自动驾驶汽车及其零部件实物参与程度的不同,可以将自动驾驶汽车的测试技术分类,包括:整车场地测试试验技术、驾驶模拟器测试试验技术、车辆在环台架测试试验技术、硬件在环测试试验技术、软件在环测试试验技术、模型在环测试试验技术等,这些测试手段涵盖了典型汽车电子控制系统 V 字形开发流程的各个环节,如图 8-10 所示。

图 8-10　汽车控制系统的 V 字形开发流程示意图

1. 整车场地测试试验技术

在国内,随着自动驾驶汽车自主研发体系及生产配套体系的逐步完善,国内多个地区纷纷启动了自动驾驶封闭测试场地的项目,旨在建立满足未来交通道路测试的模拟环境,为自动驾驶汽车提供各种交通路况和驾驶场景,用于测试和验证自动驾驶汽车的安全性和可靠性。

整车场地测试试验需要在考虑道路设施、路面车辆类型、行人、信号措施等复杂性和特点的基础上,按照自动驾驶车辆的智能化等级的划分进行测试对象划分,再依托现有成熟的基于独立场景的测试方法,从环境感知认知、路径规划、行为决策与控制或综合功能性能等方面进行测试试验。

2. 车辆在环台架测试试验技术

车辆在环台架测试试验中,测试车辆必须置于速度、跟踪距离和交通场景等符合实际工况的模拟驾驶条件下。测试车辆被固定在底盘测功机或转鼓试验台上,通过先进的车辆固定系统可确保汽车进行符合实际工况的水平运动(加速、制动),并可模拟符合真实情况的制动减速度。

车辆在环测试被视为自动驾驶汽车系统设计和开发流程中的重要环节,是用于开发和评价自动驾驶开发方案的一种快速且灵活的试验途径,该测试可处理系统硬件和仿真模块的任意组合,从而创建一个真实和虚拟相结合的系统或交通环境。车辆在环测试中可连接各类仿真软件,以对乘员受伤、预碰撞安全、自动驾驶车辆系统设计和评价,以及当前高级辅助驾驶系统的开发和验证进行仿真测试,测试设备还可模拟真实的交通场景。

　　另外,以轮式移动机器人为代表的设备用以模拟其他道路使用者,也称为移动平台。该平台上可以扩展安置一个类似真实乘用车的虚拟车身,且应具有典型车辆的雷达、激光雷达、视觉系统的反射特征。通过将测功机和移动平台连入在环仿真测试环境中,可实现复杂动态场景下的多交通参与者的车辆在环测试。

3. 驾驶模拟器测试试验技术

　　驾驶模拟测试技术在汽车自动驾驶技术的研发中发挥作用。研发工程师通常使用中等尺寸大小的驾驶模拟器,以便于有足够的空间来安装更多的硬件测试设备。大部分的驾驶模拟装置都是固定底座的,并结合硬件在环试验设备形成驾驶人和传感器/控制器的双在环实验装置,对于固定底座的驾驶模拟器,也可以安装低成本的激振装置,以增加试验所需的运动体感自由度,从而提高测试过程中的驾驶逼真度。

　　自 20 世纪 70 年代开始,部分汽车生产设计企业和科研机构尝试利用驾驶模拟技术来研发和测试汽车新技术,支撑相关联的驾驶人安全特性研究。进入 21 世纪后,随着多种自动驾驶技术的大量涌现,依靠驾驶模拟方案支撑自动驾驶技术研发验证的工作已经得到越来越多汽车企业和高等院校的重视,并已在汽车技术研发工程领域取得了较好的应用效果。

　　汽车研发工程领域内的自动驾驶技术主要包括汽车底盘主动安全技术、驾驶人监测技术和高级驾驶辅助技术等。在这类技术的研发过程中,使用驾驶模拟器测试技术替代实车试验的主要原因包括:①真实试验环境下无法确保被测车辆和车上试验人员的安全,尤其是需要在极端剧烈的工况下完成的测试验证;②试验复现性差,难以获得能够重复使用的试验交通场景和交通流环境;③实车试验周期长、成本高昂、设备安装调试复杂。而驾驶模拟器凭借环境可控、场地固定、场景可设置、可重复、费效比低等优势,很好地解决了实车试验的弊端。

　　驾驶模拟器分为研发用驾驶模拟器和训练用驾驶模拟器。训练用驾驶模拟器主要用于驾驶人技能培训工作。研发用驾驶模拟器可应用于汽车新技术及驾驶人特性研究,在保留驾驶人操作典型特征的同时,完成相关的人车交互试验。使用驾驶模拟器研究自动驾驶技术的过程中,通常把待测自动驾驶系统的硬件嵌入安装到驾驶模拟器上,以实现自动驾驶系统硬件-驾驶人的双在环试验验证,同时开展驾驶人的主观评价及算法验证。此外还可以把诸如眼动仪、驾驶人监测装置等安装在驾驶模拟器中,用于研究智能技术条件下的驾驶人反应特性。

　　在汽车底盘主动安全控制技术研究领域,日本学者 R. Hayama 等在底座可移动的驾驶模拟器上安装了真实的线控转向系统、ESC 系统、牵引力分配控制系统,并研究线控转向系统与其他主动安全装置的协调控制算法,结果证明所设计的线控转向装置具有较高的容错能力,汽车转向过程中的操纵性与稳定性同时得到了提升。

　　在驾驶人行为监测技术研究领域,C. T. Lin 等研究人员通过使用 6 自由度驾驶模拟器研究了基于脑电波分析的驾驶人疲劳检测方法。首先选出了与疲劳相关度最高的两个脑电波信号段作为目标信号,再使用车辆中轴线到车道线中心线之间的距离变化作为驾驶行为误差指数,研究驾驶行为误差与目标信号之间的关联特性,找出脑电波与驾驶行为间的关系,为驾驶人疲劳预警技术的发展提供了方向。2009 年,加州大学伯克利分校的A. Mortazavi 等研究人员使用固定底座卡车驾驶模拟器来检测司机疲劳驾驶状态,通过采集汽车方向盘转角变化等相关参数,根据方向盘转角变化特性,分析驾驶人的疲劳程度。日本学者 K. Adachi 则基于图像识别算法开发出了驾驶人监测视觉辅助系统,用于检测驾驶人是否疲劳与分心,他们把测距雷达、外置摄像头、内置摄像头、主动预警装置等安装在固定底座驾驶模拟器上进行试验研究。驾驶人监测视觉辅助系统可以实时计算前方车辆与本车、侧方车道车辆与本车间的相对横纵向距离,并可检测监视员状态是否疲劳、注意力是否转移等,一旦检测到车辆处于不安全状态或驾驶人意识状态较差,则提供声音与视觉报警。

在高级驾驶辅助技术研究领域,美国内华达大学的 B. Sucu 等人使用驾驶模拟器开发了非可视触觉感知的车道保持转向辅助系统,当驾驶人炫目或在大雾天气下,驾驶人无法根据视觉信息操作方向盘时,方向盘在驾驶人手部位置提供左、右振动信号,给予驾驶人方向盘的转向操作提示,一旦车辆非正常超越车道线,方向盘就会提示驾驶人修正以保证车辆一直处于车道线内行驶。

在交叉口行驶安全方面,驾驶模拟器也有相关应用。2011 年,H. Chen 等使用固定底座的驾驶模拟器验证了应用于交叉口车辆防避撞的专用短程通信技术,该技术可实现交叉口车辆间以及车辆与交通设施间的短程通信。试验设计了交叉口高危场景,以安全停车距离作为主动报警的阈值,一旦与交叉口内其他车辆的安全距离小于阈值,则该主动告警系统提供声光报警。

从上述研究中可以发现,驾驶模拟器技术可以作为各种自动驾驶开发过程中的高效试验验证工具,有助于拓展研究人员的技术思路和研究手段。

4. 硬件在环测试试验技术

硬件在环是一种半实物仿真技术,在汽车整车控制测试中通过将汽车的控制系统放入虚拟环境中进行验证,能够有效地检测汽车整车控制器功能的各项参数。所以,硬件在环测试也被认为是一种可以快速进行系统功能测试的试验技术方式。

硬件在环测试系统是以实时处理器运行仿真模型来模拟受控对象的运行状态,通过I/O 接口与被测的硬件控制器连接,对硬件控制器进行全面系统的测试,大大减少了实车测试的次数,显著缩短了开发时间,在降低开发成本的同时,提高了硬件控制器的软硬件研发质量。从安全性、可行性与合理的成本角度考虑,硬件在环测试已经成为硬件控制器开发流程中一个非常重要的环节。

硬件在环系统主要由三部分组成:硬件平台、实验管理软件和实时软件模型。

(1) 硬件平台。

硬件在环系统硬件平台提供多种实时处理器和 I/O 板卡,基于开放的工业标准,能确保客户将最新的 PC 技术应用于硬件在环测试系统,满足测试系统的要求,是一种典型的低成本可重复配置的控制和采集系统,也可以利用以太网与主控机箱连接,实现对 HIL 系统

I/O 接口进行扩展。

硬件平台主要组成部分有实时处理器、I/O 接口、信号注入单元、通信接口、环境模拟单元、信号调理单元、可编程电源、机柜和分线箱等。

（2）实验管理软件。

硬件在环系统实验管理软件平台，与实时处理器通过以太网连接，配合实时仿真管理软件、FPGA 模块、实时运算模块及其他丰富的功能扩展包，用户可进行：

- 硬件配置管理。
- 自主更新硬件资源。
- 升级系统功能。
- 仿真软件等第三方建模环境中导入控制算法或系统模型。
- 提供测试命令。
- 创建可视化交互界面。
- 灵活修改用户界面。
- 配置生成。
- 事件警报。
- 完成测试自动化。
- 记录数据。
- 自动分析数据和生成报告等。

（3）实时软件模型。

硬件在环系统通常采用开放的硬件平台，支持多种仿真模拟软件，实时软件模型主要包括：发动机模型、电池模型、电机模型、传动系统模型、驾驶人模型、车辆动力学模型、路面及环境模型等。

5. 软件在环测试试验技术

使用先前提到的整车在环测试或硬件在环测试时，如果工作量太大或测试条件不满足，则还可以使用软件在环仿真进行评价。

以在虚拟环境中进行测试为例讲解软件在环测试流程。首先，分析系统描述，并根据测试中的系统/功能调整制定测试方案。然后，选择测试软件，如自研开发的仿真软件，或商业仿真软件产品。选择测试软件后，开始准备虚拟测试，包括驱动程序和环境等设置、测试用例设置、不同仿真模型的参数化，以及各个功能系统模块的集成。

软件在环测试中的软件是指控制策略模型转换成编译代码之后的软件。软件在环测试的目的就是验证自动生成的代码和用于代码生成的模型中的行为是一致的。也就是说，软件在环测试是一种等效性测试，既然是等效性测试，就可以用图 8-11 所示的模型来实现。

很多商业的仿真软件共驾都提供了软件在环仿真模式，所以，可以用更方便的方式实现软件在环测试，通常需要对仿真工具命令进行设置，先将算法模型的仿真模式设置为软件在环模式，然后再对比普通仿真模式和软件在环模式下的输出结果，这样做有助于代码编译和测试过程的自动化，如图 8-12 所示。

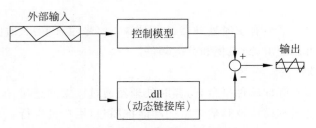

图 8-11　软件在环等效性测试示意图

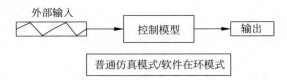

图 8-12　部分商业仿真软件中的软件在环测试方法示意图

6. 模型在环测试试验技术

如图 8-13 所示,如果在仿真软件的模型中,将控制算法模型和被控对象模型连起来形成闭环,并通过接收外部输入,形成可运行闭环控制回路,就是我们常说的模型在环测试(Model-in-Loop,MIL)。顾名思义,在模型层面上实现实时闭环测试。这种测试通常发生在两种场景之下:一种是系统工程师为了验证算法,使用控制算法模型控制被控对象模型;另一种是软件工程师做模型级别的集成测试。当然,MIL 测试的前提是要有被控对象模型,搭建被控对象模型或者采购现有商业软件中的被控对象模型都可以。

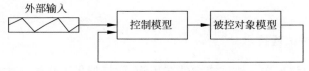

图 8-13　模型在环测试(MIL)

模型在环测试的测试数据可来自测试场景数据库,或来自实际系统的模型数据,后一种情况通常应用于闭环控制系统。可执行规范通常不仅包含功能设计模型和软件逻辑,还包括设备和环境模型、需求链接以及用于自动化仿真结果评价的验证数据。模型在环测试的结果可用于验证软件行为是否正确,并确认开发流程的初始需求。通过仿真结果验证的信息会成为后期代码验证的参考依据。

8.3　汽车自动驾驶评价方法

自动驾驶汽车评价技术是推动自动驾驶关键技术发展的重要手段,目前国内外对自动驾驶汽车的评价内容和评价方法还没有形成统一的规范和标准,因此自动驾驶汽车评价标准体系的构建同样也成为制约自动驾驶技术发展的关键问题之一。

开发汽车自动驾驶评价方法的基础,是建立一个用于评价自动驾驶功能或系统技术性能的一般性评价框架。建立评价框架的主要挑战是如何在有限的测试工作量内保证准确有效的评价结果,并且尽可能确保涵盖多个重要方面,保证评价的完整性。

本小节主要以中关村智通智能交通产业联盟发布的我国首个关于自动驾驶车辆及自动驾驶系统能力的团体标准《自动驾驶车辆道路测试能力评价内容与方法》(T/CMAX 116-01—2018)为参考依据,对自动驾驶汽车测试评价内容、评价操作要求和评价评判标准进行探讨和研究。

8.3.1　评价目的和内容

一般根据自动驾驶评价的内容和目的性的不同,可以分为功能性评价、安全性评价、产品性评价和道路交通适应性评价等几个方面。

1. 功能性评价

对于被测自动驾驶车辆的功能而言,在实际交通环境中进行测试前需要进行预测试。测试期间,应检查车辆实际功能的基本行为与被测系统的功能行为描述是否一致。被测内容必须基于测试系统环境所涵盖的驾驶情况而定。预测试期间,还应对车辆的安全装置进行检查,以确定其是否可正常工作,降低测试风险。

功能性评价中主要涉及的方面是:车辆如何在目标路径上持续行驶、如何保持车速和车道内行驶、前方遇到障碍物时如何及时停车,车辆在不均匀路面上行驶时如何保持车身稳定,以及车辆如何停在停车点或客流集散地等。

2. 安全性评价

就自动驾驶技术评价而言,测试评价期间,自动驾驶系统的安全性始终都是至关重要的,这意味着即使是在测试评价期间,系统也必须能够防止车辆和人员受到伤害,保证人员和设备的安全完好。值得注意的是,由于基于独立场景和基于连续场景功能的测试环境不同,每一种功能类型也需要考虑不同的安全评价要求。

对于公开道路上的安全性评价而言,被测车辆驾驶人必须受过良好训练且始终处于驾驶位上,并且熟悉被测车辆和待测试功能内容,测试驾驶人通常被称为安全驾驶人。在整个测试过程中,安全驾驶人必须能够在测试期间始终具备随时关闭被测车辆自动驾驶功能的能力,以确保在任何时候都能重新接管车辆。此外,更重要的是,安全驾驶人应该参与功能开发人员对于安全性评价的技术讨论,共同设定某一自动驾驶功能的激活和关闭的触发条件等。

以下情况中,安全驾驶人必须能够及时介入。

- 系统行为处于未被激活状态,不符合预期的系统行为;
- 尚不确定系统能否应对当前情况;
- 系统检测到其中任何一个组件(传感器、计算单元、执行器)或整个功能出现故障或车辆发生不当行为。

对于测试评价而言,还必须考虑合法性因素。驾驶人必须持有相应车辆的驾驶执照。此外,还必须购买第三方和个人损害保险。投保范围必须符合法律要求。

3. 产品性评价

自动驾驶相关应用的产品性评价涉及多种问题。举例来说,车辆自动驾驶控制相关的心理问题应该在产品性评价研究中加以考虑,其中包括控制介入时机、驾驶人对自动驾驶系统的信任度、驾驶人的态势感知、对自动驾驶系统的预期表现、与自动驾驶相关的心理和生理负荷、反馈、驾驶人压力等。

- 驾驶人行为相关的问题:在驾驶人-车辆-道路(人车路)系统中,人们将驾驶人行为作为响应来进行调整,重新分配注意力是应对环境变化而做出的反应,车辆的自适应过程是在驾驶人与自动驾驶系统交互的经验基础上不断发展和完善的。
- 自动驾驶理解相关的问题:对于自动驾驶系统,驾驶人的心理预期不足或错误操作可能会导致出错的风险增加。在对早期使用车载技术的调查中发现,系统拥有者(或驾驶人)通常不了解系统和制造商给予的警示信息。
- 信任和依赖相关的问题:对自动驾驶系统的过分信任或缺乏信任,都会对自动驾驶产生重大影响。过分的信任可能会导致滥用自动驾驶功能,导致驾驶人在必要时无法人工接管系统;缺乏信任(即如果用户不相信自动驾驶)可能会导致自动驾驶系统的退化,从而降低了改善驾驶性能的机会。
- 可用性相关的问题:产品的可用性是驾驶人对自动驾驶功能的综合性评价,对于车辆能否赢得潜在用户的青睐至关重要。

4. 道路交通适应性评价

研究道路交通的适应性评价方法,旨在为各种交通环境中自动驾驶功能对环境适应性及影响的评价提供一个通用框架。对于交通适应性评价,应将评价的工况扩展到可以描述正常交通状况变化的场景。就出现频率而言,正常驾驶场景最为普遍,但在评价中,也必须考虑出现概率较低的极端工况的测试场景,甚至包括出现概率极低的碰撞场景。

目前,为了评价公共道路上的自动驾驶功能,原型车需要获得相关道路测试部门的批准,并且需要由专业驾驶人驾驶,以满足大量且复杂的驾驶需求,并验证系统表现。道路交通适应性评价也可使用特定的驾驶场景数据集。

8.3.2　评价对象分类

1. 汽车自动驾驶功能评价

自动驾驶汽车的感知、决策、控制和执行等模块在一定程度上决定了自动驾驶汽车在未知环境中的适应能力和应对能力,自动驾驶汽车的智能化水平是逐步发展的,其能力也是分为不同等级的,这就要求需按照一定的标准来划分自动驾驶汽车的能力。以《自动驾驶车辆道路测试能力评价内容与方法》(T/CMAX 116-01—2018)为参考依据,按照当前的自动驾驶技术的水平,可以把自动驾驶汽车的评价内容分为认知与交通法规遵守能力评价、执行能力评价、应急处置与人工介入能力评价、综合驾驶能力评价、网联驾驶能力评价 5 个方面,涵盖 39 项评价专项内容。其中,认知与交通法规遵守能力 4 项,执行能力 6 项,应急处置与人工介入能力 3 项,综合驾驶能力 26 项。

1) 认知与交通法规遵守能力

自动驾驶汽车对道路、标志标线及附属设施的认知能力以及对交通法规的遵守能力,包括但不限于对交通标志、交通标线、交通信号灯和交通指挥手势等的认知与遵守能力。

2) 执行能力

自动驾驶汽车准确控制车辆运动空间位置的能力,包括但不限于曲线行驶、直角转弯、起伏路行驶、过限宽门、窄路掉头,以及坡道停车和起步等执行能力。

3) 应急处置与人工介入能力

应急处置与人工介入能力包括自动驾驶汽车应对突发事件的处理能力、驾驶人随时随地介入并接管自动驾驶汽车自动驾驶行为的能力,以及自动驾驶汽车在人工介入后车辆系统正常工作等能力。

4) 综合驾驶能力

自动驾驶汽车在指定行驶场景下,执行指定动态驾驶任务时,能自觉遵守交通法规,有效处置动态交通状况,正确操纵车辆的能力。这些能力包含但不限于自动行驶功能、自动变速功能、自动制动功能、自动监视周围环境功能、自动变道功能、自动转向功能、自动信号提醒功能等。

5) 网联驾驶能力

网联驾驶能力是指自动驾驶汽车与其他具备网联通信功能的车辆、人、道路基础设施等交通参与要素进行连接和信息交互,支持实现自动驾驶的能力。

依据评价内容的难易程度、道路测试的场景复杂程度,将自动驾驶汽车能力评价内容分为 1 到 5 级,编号为 Tn,n 取值 1 至 5,其中取值高的包含取值低的评价内容。特别地,TX 表示自动驾驶汽车具备网联驾驶能力。评价内容分为认知与交通法规遵守能力评价、执行能力评价、应急处置与人工介入能力评价、综合驾驶能力评价、网联驾驶能力评价 5 方面。评价内容与评价分级的对应关系见表 8-1。

表 8-1　评价内容与评价分级的对应关系

评 价 内 容			评 价 分 级				
大　　项	专项及编号		1 级 (T1)	2 级 (T2)	3 级 (T3)	4 级 (T4)	5 级 (T5)
认知与交通法规遵守能力	交通标志	RZ01	√	√	√	√	√
	交通标线	RZ02	√	√	√	√	√
	交通信号灯	RZ03	√	√	√	√	√
	交通指挥手势	RZ04					√
执行能力	曲线行驶	ZX01		√	√	√	√
	直角转弯	ZX02		√	√	√	√
	起伏路行驶	ZX03			√	√	√
	过限宽门	ZX04				√	√
	窄路掉头	ZX05				√	√
	坡道停车和起步	ZX06				√	√

评价内容			评价分级				
大　项	专项及编号		1级(T1)	2级(T2)	3级(T3)	4级(T4)	5级(T5)
应急处置与人工介入能力	紧急情况处置	HMI01	√	√	√	√	√
	人工介入后的可操作性	HMI02	√	√	√	√	√
	紧急停车	HMI03	√	√	√	√	√
综合驾驶能力	起步	ZH01	√	√	√	√	√
	停车	ZH02	√	√	√	√	√
	跟车	ZH03	√	√	√	√	√
	变更车道	ZH04	√	√	√	√	√
	直行通过路口	ZH05	√	√	√	√	√
	通过人行横道线	ZH06	√				
	路口左转弯	ZH07		√	√	√	√
	路口右转弯	ZH08		√	√	√	√
	路口掉头	ZH09		√	√	√	√
	靠边停车	ZH10		√	√	√	√
	通过公共汽车站	ZH11		√			
	会车	ZH12		√	√	√	√
	通过环岛	ZH13			√	√	√
	主辅路行驶	ZH14			√	√	√
	通过模拟苜蓿叶式立交	ZH15			√	√	√
	通过学校区域	ZH16				√	√
	通过隧道	ZH17				√	√
	超车	ZH18				√	√
	倒车入库	ZH19				√	√
	侧方停车	ZH20				√	√
	通过雨区道路	ZH21					√
	通过雾区道路	ZH22					√
	通过湿滑路面	ZH23					√
	通过遗撒路面	ZH24					√
	避让应急车辆	ZH25					√
	夜间行驶	ZH26					√

"√"表示该评价专项必须覆盖于对应评价分级中。

对于采用网联通信技术实现自动驾驶的车辆,应进行网联驾驶能力评价,测试评价通过后,应在具备网联驾驶能力的交通环境中(包含车辆、人和道路基础设施等)进行实际道路测试。

2. 汽车驾驶辅助系统评价

自动驾驶的普及,需要主机厂和零部件供应商对市场进行宣传,也依赖政府在政策上的扶持引导。国内中国汽车技术研究中心主导的中国新车评价规程(C-NCAP)正在把驾驶辅助系统放进考评体系。在此之前,欧盟新车安全评鉴协会(Euro-NCAP)、美国国家公路交通安全管理局(NHTSA)等评价机构已经将多个驾驶辅助系统功能纳入评分体系。

根据 Euro-NCAP 公布的路线图,从 2013 年开始,评分规则调整增加了 ADAS 内容。2017 年速度辅助系统(SAS)、自动紧急制动(AEB)、车道偏离预警/车道偏离辅助(LDW/LKD)的加分要求已经设定为系统配置率达到 100%。

C-NCAP 评分体系中,主动安全的评分权重占到了 15%,增加了 AEB 追尾和行人(只考虑白天)评分项目。标准的制定根据中国目前的市场情况有一些调整。因为目前自主品牌部分车型不是全系标配 AEB,所以采用"试验得分×配置系数"的评分方式。又考虑到部分厂家 AEB 传感器(目前主流传感器是摄像头)在夜间可视范围差的情况下灵敏度不高,所以在 AEB 的行人碰撞试验中不考虑夜间工况。C-NCAP 最新评价体系的出台,将会提升国内汽车企业的汽车产品 ADAS 系统配置率。

目前,汽车的驾驶辅助系统(ADAS)通常是指覆盖从 L0 级到 L2 级自动驾驶功能的系统,包括常见的自适应巡航控制(ACC)、自动紧急制动/前向碰撞预警(AEB/FCW)、车道保持系统/车道偏离预警(LKS/LDW)、盲区检测(BSD)等。通常情况下,为了保证对 ADAS 功能和性能评价的准确性,在试验评价前,需要对 ADAS 功能和原理有明确的认识和定义。

ACC 有助于在保持车辆稳定行驶的同时,一定程度上减轻驾驶人的疲劳感。巡航系统会通过不断地调整车辆速度(加速或减速)以达到车辆理想的行驶状态。当车速降低、与前车距离增加时,车辆自动开始平稳加速,并在当前车道上与前车保持适当的距离以避免碰撞。与前车的安全距离是通过巡航控制开关手动设置,且完全由驾驶人自主控制,正常情况下初始的安全距离已经预设好。这部分功能依靠毫米波雷达或摄像头来实现,毫米波雷达传感器位于车辆前方。毫米波雷达可将环境信息发送到控制器,且当前方无障碍物(或与前方车距较远)时,车辆会向节气门发送信号以控制节气门/执行器装置,使车辆发动机转速增加,从而达到提速或缩短与前方目标物之间距离的目的;当车辆前方有障碍物(或与前车的安全距离较小)时,它会发出减速甚至停车的指令来控制制动器,降低车速直至恢复到安全状态为止。

车道保持系统(LKS),是一种通过检测车道线并调整车辆使其自动保持在车道上行驶的系统,使车辆在路面上不会驶出车道线。它所采用的设备通常包括安装在挡风玻璃顶部或两侧的摄像机,用于检测到车道线标记。然后将车道线的识别结果发送给控制器进行分析,并在控制器中确定车辆的转向,以使车辆保持在原车道上。

车道偏离预警(LDW)是在 LKS 运行之前启动的一项重要功能,其目的是在驾驶人未故意转向的情况下,车辆驶离车道时,向驾驶人发出警告,例如,当车辆离开当前车道时,系统会发出警告信号,通常是一个带闪光灯声音提醒。如果驾驶人仍然没有采取任何措施,方向盘和驾驶座上会产生振动提醒信号,最后如果系统还是没有及时做出响应,LKS 将启动,并且自动调整车辆行驶方向,以尽可能避免车辆驶离当前车道。

在了解上述 ADAS 功能描述后,以 AEB、FCW、ACC、LKS 四种典型的 ADAS 功能为例,介绍汽车 ADAS 功能和性能的测试评价方法。

1) AEB 评价工况及评价指标

为避免追尾碰撞,汽车制造商研发了一种能自主提供充足制动力来阻止汽车追尾的技术——AEB。以低速状态运行的系统被归为 AEB 城市系统(AEB-C),以高速状态运行的系统被归为 AEB 高速路系统(AEB-U)。通常情况下,AEB 的测试评价规程规定了 AEB-C 和 AEB-U 的测试流程。这两种系统分别隶属于成人保护系统和安全辅助系统。对于 AEB-C,系统测试时车辆以低速运行,仅仅 CCRs 测试方案是可适用的。

对 AEB-U,系统的测试方案有 CCRs、CCRm 和 CCRb。对于 AEB-U,系统测试评价时必须对 AEB 和 FCW 两者都进行测试评价。

(1) AEB 预试验程序。

如果制造商要求,可以将汽车在有其他车辆和路旁设施的城乡混合路面上驾车行驶最多 100km,以矫正传感器避免不正常的加速和制动。

按照下面的方式调整车辆的制动:

① 从 56km/h 以接近为 $5\sim6m/s^2$ 的平均减速度减速停止 10 次。

② 完成①后,进行下一组试验,从 72km/h 实行三次制动,每次制动都给制动踏板提供足够的踏板力以使 ABS 能达到最大的制动效能。

③ 紧跟上述三次制动后,以 72km/h 的速度驾驶车辆行驶 5min,以充分冷却制动系统。

④ 在制动系统调整 2h 后才能执行第一次测试。

保证轮胎的光泽,按如下方式调整汽车轮胎:

① 在直径为 30m 的圆环路上,以能产生 $0.5\sim0.6m/s^2$ 的侧向加速度的速度先顺时针行驶 3 圈,后逆时针行驶 3 圈。

② 紧跟上述测试,以 56km/h 的速度驾驶车辆行驶 4 段,每段中提供频率为 1Hz 振幅充足、周期为 10 的正弦转向输入,以能产生 $0.5\sim0.6m/s^2$ 的侧向加速度。

③ 最后一段的最后一个周期的方向盘振幅是前面振幅值的两倍。

为了避免正弦驾驶的不稳定性,可以减少方向盘输入振幅到合适的安全区,然后进行 4 次行驶。

在所有测试之前,以系统正常工作的最低车速至多驾驶汽车 10 次,以保证 AEB/FCW 系统功能的正常。

(2) 评价工况。

如图 8-14 所示,通过进行 CCRs(car-to-car rear statonary,前车静止)、CCRm(car-to-car rear moving,前车匀速)和 CCRb(car-to-car rear braking,前车制动)的场景测试来评估测试车辆 AEB 系统的性能。

为达到测试目的,假设这样一条直线路径(即路面的中心线作为测试路径)。为了完成这些测试,需要驾驶人介入或其他的控制系统来调整汽车行驶。

在表 8-2 所示的速度范围内,CCRs 和 CCRm 测试以 5km/h 或 10km/h 的速度增量逐步试验。

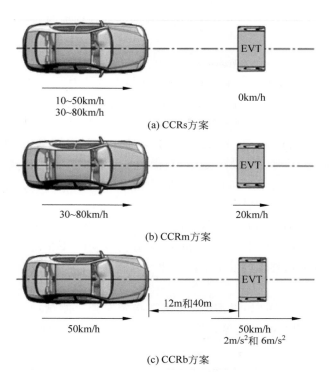

(a) CCRs方案

(b) CCRm方案

(c) CCRb方案

图 8-14   CCRs、CCRm 和 CCRb 测试场景

表 8-2   **CCRs 和 CCRm 测试速度（一）**

	CCRs			
	AEB＋FCW combind		AEB only	FCW only
	AEB	FCW		
AEB City	10～15km/h	—	10～50km/h	—
AEB Inter-Urban	—	30～80km/h	30～80km/h	30～80km/h
	CCRm			
	AEB＋FCW combind		AEB only	FCW only
	AEB	FCW		
AEB Inter-Urban	30～70km/h	50～80km/h	30～80km/h	50～80km/h

CCRb 测试需要将测试车和目标车的车速控制为 50km/h，且在两车间距为 12m 时，分别测试目标车减速度为 $2m/s^2$ 和 $6m/s^2$ 两种工况；在两车间距为 40m 时，再次分别测试目标车减速度为 $2m/s^2$ 和 $6m/s^2$ 两种工况。组合情况如表 8-3 所示。

表 8-3   **CCRs 和 CCRm 测试速度（二）**

AEB Inter-Urban	CCRb	
	AEB＋FCW combind，AEB only & FCW only	
	$2m/s^2$	$6m/s^2$
12m	50km/h	50km/h
40m	50km/h	50km/h

目标车应在 1s 内达到目标减速度,且在试验期间的任何时刻,减速度的浮动范围都不应该超过±0.25m/s²。

（3）试验准备。

在每次测试开始前,以低于 10km/h 的速度在最大直径为 30m 的圆环道路上先顺时针驾驶测试车行驶一圈,后逆时针行驶一圈,然后将车辆牵引到测试路径上。如果制造商要求,测试之前还需要初始化。将测试车辆停止,并从最大制动位置处松开制动踏板。

自动变速器车辆挡位选在 D 挡,手动变速器车辆挡位选在最高挡且最低转速为 1500r/min。如果可能,需要一个限速装置保持测试车辆速度在指定值,除非制造商认定该装置对测试车的 AEB 系统有干扰。可以施加小的方向盘转角以保证测试车辆沿测试路径行驶。

轮胎调整完成后,第一次测试的执行时间最短为 90s,最长为 10min。后续测试执行时间相同。如果连续两次测试的时间间隔超过 10min,需要重新调整轮胎后进行测试。

测试之间,测试车辆最多加速到 50km/h,为避免波动的减加速度,不要将脚放在制动踏板上。确实为保证测试环境的安全条件下才可以制动或转向。

（4）试验过程。

将测试车辆或目标车辆（如果需要）加速到指定车速。测试应在 T0（碰撞时间为 4s 时）,在 T0 到 TAEB/TFCW 的边界条件下,需要满足如下条件,见表 8-4。

表 8-4 测试应满足的边界条件

测 量 参 数	测 量 误 差
测试车辆速度（GPS 速度）	测试速度±1.0km/h
目标车速度（GPS 速度）	测试速度±1.0km/h
对测试路径的侧偏位移	0m±0.1m
测试车和目标车（CCRb）的相对距离	12m 或 40m±0.5m
侧偏加速度	0°/s±1.0°/s
方向盘角速度	0°/s±15.0°/s

当如下情况发生时测试结束:

① 测试车的速度为 0km/h;

② 测试车速度低于目标车辆速度;

③ 测试车辆和目标车辆发生接触。

ADAS 可同时具备 AEB 和 FCW 的功能,也可单独具有 AEB 或 FCW 的功能。

对 AEB 系统测试,当系统能完全避免碰撞,紧接的后续测试的测试速度可以增加 10km/h。当两车发生了碰撞接触,后续测试的测试速度应低于发生接触速度 5km/h 进行测试。当这个测试完成后,以每次增加 5km/h 的测试速度完成剩下的测试。当余下的速度允许增加量低于 5km/h 时停止测试。对手动或自动制动控制,应该确保自动制动不会覆盖系统功能。

对 FCW 系统测试,当系统能完全避免碰撞时,后续测试车速应每次增加 10km/h。当发生接触时,执行一次测试速度低于接触速度 5km/h 的测试。当这个测试完成后,以每次增加 5km/h 的测试速度完成剩下的测试。对于 AEB-U 的 CCRm 和 CCRb 测试,AEB 系统功能测试只需要在测试速度下进行。当速度增加量不足以到 5km/h 时,或相对碰撞速度超过 50km/h 时测试结束。

在测试 FCW 系统时需要制动机器人,模拟人对制动警告 1.2s 的反应时间。在没有威胁的条件下,可以施加制动使制动减速度达 $0.25\sim4\mathrm{m/s^2}$。应用的制动特性(制动踏板的执行速率在 $200\sim400\mathrm{mn/s}$ 和对应的踏板力等)由制造商指定。当制造厂商指定的制动特性使制动效果超过允许时,应该按照规范中的操作来控制制动水平到 $0.25\sim4\mathrm{m/s^2}$。当没有制动特性提供时,可以用默认的制动特性。

2) FCW 评价工况及评价指标

FCW 测试流程操作包括:7 个碰撞报警测试＋4 个抗干扰测试(碰撞报警测试用来比较报警时刻并判断是否通过测试,同时也用来确定 FCW 报警是触发太早或太迟;抗干扰测试用来判断 FCW 功能不会因为设置的干扰场景而发生功能的错误触发,判断 FCW 是否通过测试),如图 8-15 所示。

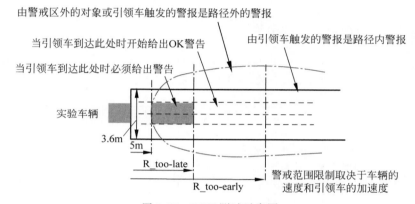

图 8-15　FCW 测试示意图

根据 FCW 测试过程中的测量参数,计算碰撞预警时间要求或建议遵循的客观测试程序。其预警时间计算要求如下。

(1) 数据评价要求。

对于装备有 FCW 系统的车,通过测试必须在三个方面达到要求:①事故警报的及时性;②可接受的正确警报率;③可接受的误报警率。

(2) 评价工况与指标。

评价指标:在对 FCW 功能进行测试时的评价指标包含位置误差、航向角、速度、加速度、车与车相对位置。具体工况如表 8-5 所示。

表 8-5　评价工况说明

序号	FCW 系统测试评价工况描述	试 验 目 的
1	试验车以 100km/h 的速度接近处在本车道中央静止的目标车	探究 FCW 系统触发警报是否符合推荐警报时长
2	一辆以 70km/h 的速度行驶的试验车跟随一辆以 70km/h 的速度行驶的目标车 1,突然目标车 1 变道,前方出现静止的另一辆目标车 2(变道时刻为目标车 1 距目标车 2 为 84m,并且在距目标车 2 为 54～45m 时必须完全离开原车道)	探究 FCW 系统触发警报是否符合推荐警报时长

续表

序号	FCW 系统测试评价工况描述	试 验 目 的
3	1) 在环形车道,试验车(正常以 60km/h 速度)从后方接近一个以 10km/h 速度行驶的目标车 2) 一旦警报触发或者小于最小两车允许距离,试验结束 3) 测试圆环道路的半径范围在 182～367m,超高不应超过 12%,曲线弧度不少于 80°	同上＋该测试还检测系统在足够的距离是否能判断曲线上车在同一车道上,以满足时长要求
4	试验车以 100km/h 的速度接近一辆行驶的摩托车,该摩托车正跟随在以 35km/h 的速度行驶的卡车后,摩托车距离卡车为 20m 一旦警报触发或者小于最小两车允许距离,试验结束	测试要求 FCW 区分不同尺寸的目标
5	试验车以 50km/h 的速度接近一个以 30km/h 的速度行驶的目标车	测试检测 FCW 系统在低速和中等接近速度工况下的性能表现
6	目标车以 100km/h 的速度直线行驶,试验车紧跟其后,然后目标车温和制动 时间间隔为 0.6～5s,0.75s 内,制动强度范围为 0.12～0.18g 实验车一直以 100km/h 的速度行驶,一旦警报触发或者小于最小两车允许距离,试验结束	该试验用来测试当前车温和制动时,FCW 系统提供相应碰撞预警的能力
7	目标车以 100km/h 的速度行驶,试验车跟随其后,然后目标车以中等强度制动 两车之间的距离应该为 69m,时间间隔为 2.5s 0.75s 内,制动强度范围为 0.32～0.38g(平均为 0.35g)	该试验用来测试当前车大强度制动时,FCW 系统提供相应碰撞预警的能力
8	在弯道行驶中,试验车以 100km/h 的速度与邻近内道上的目标车(以 40km/h 的速度行驶)同向会车 曲线半径范围为 214～375m,并且每个车道超高小于 12% 在车道 2m 的边缘上,无固定对象(如护栏、标志等)	试验用来测试 FCW 系统是否会误警报或者是否能判断其他目标车不在测试车所在的主车道上
9	在直道行驶中,试验车以 100km/h 的速度穿过左右两边相邻车道上同时以 35km/h 行驶的卡车 车道宽为 3.5～3.8m,两辆卡车同向并行,其长度误差为 1m 试验车穿过两个卡车后,试验结束	
10	在直道或者是弯道上试验车以恒定速度通过路边标识牌 直线道路长度至少 400m,恒定曲率的道路长度至少为 100m,车道道肩宽度至少 2m	
11	试验车以 100km/h 速度穿越过天桥	

试验 1:试验车以 100km/h 的车速接近处在本车道中央静止的目标车,接近过程中,驾驶人不进行任何减速操作,直至车辆发出预警信息,计算相应的评价指标如表 8-6 和图 8-16 所示。

表 8-6　实验车辆在速度为 100km/h 时接近静止车辆工况的评价指标

开始警报时的范围/m			警告时间窗口/s
太早	推荐参数	太晚	
144	135	69	2.7

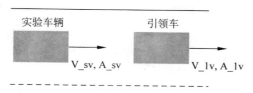

图 8-16　FCW 测试场景

试验 2：一辆以 70km/h 的速度行驶的试验车跟随一辆以 70km/h 的速度行驶的目标车 1，突然目标车 1 变道（变道时刻为目标车 1 距目标车 2 为 84m，并且在距目标车 2 为 54～45m 时必须完全离开原车道），前方出现静止的另一辆目标车 2。评价指标及工况示意图如表 8-7 和图 8-17 所示。

表 8-7　直道 FCW 静止引领车测试工况评价指标

开始警报时的范围/m			警告时间窗口/s
太早	推荐参数	太晚	
91	84	69	1.07

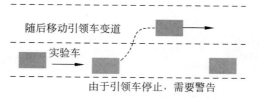

图 8-17　直道 FCW 静止引领车测试工况示意图

试验 3：包含三个工况：①在环形车道，试验车（正常以 60km/h 的速度行驶）从后方接近一个以 10km/h 速度行驶的目标车；②一旦警报触发或者小于最小两车允许距离，试验结束；③测试圆环道路的半径范围在 182～367m，超高不应超过 12%。曲线弧度不少于 80°。评价指标及工况示意图如表 8-8 和图 8-18 所示。

表 8-8　试验 3 实验车辆（60km/h）接近 10km/h 车辆工况下的评价指标

现有曲线 半径/m	实验车辆 速度/(km/h)	名义条件下开始警报的 范围/m			警报时间 窗口/s
182～214	50	54	50	33	1.86
215～247	55	62	58	39	1.89
248～280	60	71	67	45	1.90
281～327	65	81	75	51	1.90
328～367	70	90	84	58	1.90

试验 4：试验车以 100km/h 的速度行驶接近一辆行驶的摩托车，该摩托车正跟随在以 35km/h 的速度行驶的卡车后，摩托车距卡车为 20m；一旦警报触发或者小于最小两车允许距离，试验结束。评价指标及工况示意图如表 8-9 和图 8-19 所示。

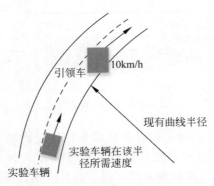

图 8-18　FCW 弯道测试工况示意图

表 8-9　FCW 针对摩托车跟随卡车测试工况

开始警报时的范围/m			警告时间窗口/s
太早	推荐参数	太晚	
99	93	60	2.13

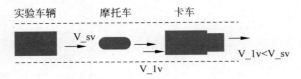

图 8-19　摩托车跟随卡车工况示意图

试验 5：试验车以 50km/h 的速度行驶接近一个以 30km/h 的速度行驶的目标车，评价指标如表 8-10 所示。

表 8-10　实验车辆(50km/h)接近 30km/h 引领车辆工况下的评价指标

开始警报时的范围/m			警告时间窗口/s
太早	推荐参数	太晚	
21	19	12	1.67

试验 6：目标车以 100km/h 的速度直线行驶，试验车紧跟其后，然后目标车温和制动，时间间隔为 0.6～5s，0.75s 内，制动强度范围为 0.12～0.18g，实验车一直以 100km/h 行驶，一旦警报触发或者小于两车最小允许距离，试验结束。评价指标如表 8-11 所示。

表 8-11　实验车辆(100km/h)接近引领车辆轻微制动工况下的评价指标

开始警报时的范围/m			警告时间窗口/s
太早	推荐参数	太晚	
16	15	12	1.52

试验 7：目标车以 100km/h 的速度行驶，试验车跟随其后，然后目标车以中等强度制动，两车之间的距离应该为 69m，时间间隔为 2.5s、0.75s 内，制动强度范围为 0.32～

$0.38g$（平均为 $0.35g$）。评价指标及工况示意图如表 8-12 和图 8-20 所示。

表 8-12　实验车辆（100km/h）接近引领车辆紧急制动工况下的评价指标

开始警报时的范围/m			警告时间窗口/s
太早	推荐参数	太晚	
66	64	62	0.63

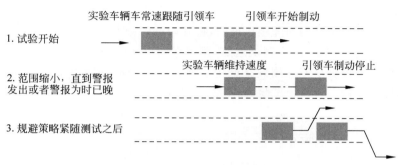

图 8-20　实验车辆（100km/h）接近引领车辆紧急制动工况示意图

试验 8：在弯道行驶中，试验车以 100km/h 的速度行驶与邻近内道上的目标车（以 40km/h 的速度行驶）同向会车。曲线半径范围为 214～375m，并且每个车道超高小于 12%。在车道 2m 的边缘上，无固定对象（如护栏、标志等）工况示意图如图 8-21 所示。在该工况下，FCW 系统不应发出报警。

试验 9：在直道行驶中，试验车以 100km/h 的速度穿过左右两边相邻车道上同时以 35km/h 的速度行驶的卡车。车道宽为 3.5～3.8m，两辆卡车同向并行，其长度误差为 1m。试验车穿越两个卡车后，试验结束。示意图如图 8-22 所示。在该工况下，FCW 系统不应发出报警。

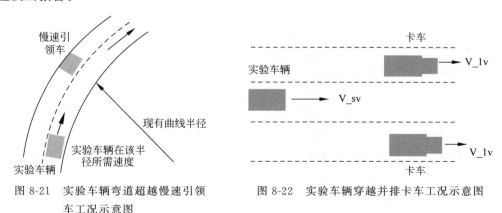

图 8-21　实验车辆弯道超越慢速引领　　　图 8-22　实验车辆穿越并排卡车工况示意图
　　　　　车工况示意图

试验 10：在直道或者是弯道上试验车以恒定速度通过路边标识牌，直线道路长度至少为 400m，恒定曲率的道路长度至少为 100m，车道道肩宽度至少为 2m。测试工况要求如表 8-13 所示。在该工况下，FCW 系统不应发出报警。

表 8-13　实验车辆通过直道和弯道路侧交通指示牌工况

曲线半径/m	实验车数据/(km/h)
124~166	60
167~198	65
199~247	70

3）ACC 评价工况及评价指标

（1）评价工况。

若测试车辆 ACC 系统的跟随距离可调，将其调整到最大。

选择一条足够长的单车道为测试道路，靶车在前以 100km/h 的速度定速行驶，测试车辆在后由 ACC 系统控制车速。测试车辆中心线与靶车中心的距离不超过 0.5m。实时监控车辆速度，待速度稳定后开始试验，如图 8-23 所示。

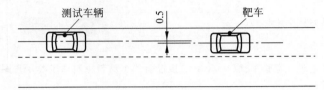

图 8-23　ACC 直道试验工况示意图

① 靶车定速行驶 100m 后，以不超过 $2m/s^2$ 的减速度，制动减速到 80km/h。

② 待测试车辆自主减速并适应前车速度进行跟随，速度稳定到 80km/h 后 5s，靶车以不超过 $2m/s^2$ 的加速度加速到 100km/h 的速度并保持。

③ 待测试车辆自主加速并适应前车速度进行跟随，速度稳定到 100km/h 后 5s，试验完成。

④ 重复进行三次试验，评价 ACC 系统响应的稳定性。

（2）评价策略。

① 计算测试车辆与靶车加速的时间差。

② 计算测试车辆与靶车制动的时间差。

③ 计算车辆前后两次 100km/h 巡航车间距的变化率。将计算结果与下属评价指标进行比较确定 ACC 系统是否合格。

④ 在任意一次试验中，测试车辆在前车制动时，若在两车距离小于 50m 时，相对速度大于 5km/h，则判定 ACC 系统不合格。

⑤ 在任意一次试验中，测试车辆在前车加速时，若在 5s 内测试车辆的速度小于 85km/h，则判定 ACC 系统不合格。

4）LKS 评价工况及评价指标

（1）评价工况。

包括两个测试评价工况：连续白实线低横向速度车道偏离试验和连续黄实线低横向速度车道偏离试验。

① 准备试验。

试验开始前驾驶测试车辆在标有白色车道线的测试路线上，以 72km/h 的速度行驶超过 70m。

将车轮外缘与车道线内侧紧贴,保持直线低速行驶 50m。观察测试仪器上显示的车道线横向距离是否在 0±5cm 的精度范围内。用一个四边形来代表车辆边界,四边形四个点的位置为四个轮胎外边缘与路面的交点。

② 正式试验。

在试验路线的开端设置一个起始位置,具体设置方式如图 8-24 所示,选择四个相同的桩桶,桩桶横向位置为车道中心线两侧车宽的 1/2+10cm,纵向位置间隔为 6m。

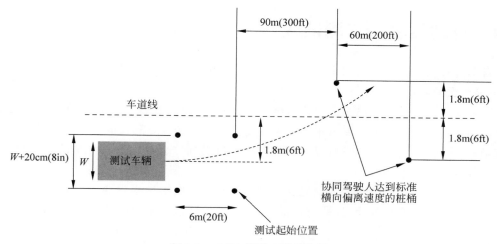

图 8-24　LKS 测试工况示意图

车辆以 72km/h 的速度沿车道方向匀速通过起始位置,车辆前轮通过起始线时,需要驾驶人向方向盘施加足够的输入,使得车辆在车道线内达到 0.5m/s 的横向速度,然后释放方向盘 10s,试验完成。试验过程中要求保持车辆速度不变。

测试工况包括左右两个偏离方向、两种车道标线类型,每种工况重复 5 次,如表 8-14 所示。

表 8-14　LKS 评价工况描述

车道类型	横向速度	车道线类型	偏离方向	试验次数
直道	0.5m/s	黄实线	左	5
			右	5
		白实线	左	5
			右	5

(2) 评价策略。

只有在满足以下条件时,试验数据才被认为是有效可使用的。

- 车辆与桩桶不发生碰撞;
- 测试全程不打转向灯、紧急加速、紧急转向、紧急制动;
- 试验过程车速维持在 72km/h±2km/h 范围内;
- 试验全程横摆角速度不超过 1°/s。

由于 LKS 的测试包括车辆的左侧和右侧试验评价标准,包括:当车辆向左偏离时,采用试验过程中,车辆左前车轮外侧与地面的接触点超过车道线左边缘线的最大距离作为评价的依据。当车辆向右偏离时,采用试验过程中,车辆右前车轮外侧与地面的接触点超过车道线右边缘线的最大距离作为评价的依据。如果该距离数值小于 0.3m,即认为本次测试通过。

单组试验中 5 次有 4 次通过,全部 20 次试验中有 18 次通过,即认为车辆通过该项测试。

8.4　自动驾驶汽车测试区

自动驾驶汽车在公共道路上部署之前,需要在可控的真实环境中进行大量的、可重复的、不同层次的测试试验,以检验是否达到了预期的研发设计目标,保障未来公共交通环境下的行驶安全。自动驾驶测试区包括传统汽车试验场,以及在各种试验道路基础上增加智能化和网联化功能的智能网联汽车封闭测试场。自动驾驶汽车测试区可以通过模拟多种道路和场景,为自动驾驶汽车提供运行和测试环境,研发和完善自动驾驶汽车的试验技术,促进自动驾驶汽车产业的发展。

传统汽车试验场是整车道路试验的场所,重现汽车使用过程中遇到的各种道路条件。主要任务是鉴定汽车产品质量、研发认证新产品、提供路谱采集条件、研究汽车法规标准等,针对汽车的动力传动性、疲劳耐久性、振动噪声、操纵稳定性等方面进行测试,考核车辆与道路之间的相互作用力。

与传统汽车试验场测试不同,自动驾驶汽车测试区的测试重点是考核车辆对交通环境的感知及应对能力,是面向人-车-路-网-云耦合的复杂系统测试。按照测试过程中周围环境的可控程度、参与者的来源不同,自动驾驶汽车测试区可以分为封闭测试区、半开放/半封闭测试区、开放测试区。

8.4.1　国外自动驾驶汽车测试区

1. 美国自动驾驶汽车测试区

美国交通部指定的 11 个自动驾驶试点试验场分布于 9 个州,分别位于美国的东北部、东部、东南部、北部、中西部、南部、西部、西南部,实现了美国交通部希望的各地区平衡发展。这些分布在美国各地的试验场具有差异化的气候条件和地貌特征,使自动驾驶汽车可以在更加丰富的条件下开展测试,美国交通部指定自动驾驶试点试验场及所在州见表 8-15。

表 8-15　美国交通部指定自动驾驶试点试验场及所在州

序号	试验场(英文)	试验场(中文)	所在州
1	City of Pittsburgh and the Thomas D. Larson Pennsylvania Transportation Institute	匹兹堡市和托马斯·拉森宾夕法尼亚州交通学院	宾夕法尼亚州

续表

序号	试验场(英文)	试验场(中文)	所在州
2	Texas AV Proving Groun-ds Partnership	得克萨斯州自动驾驶试验场合作伙伴	得克萨斯州
3	U. S. Army Aberdeen Test Center	美国陆军阿伯丁测试中心	马里兰州
4	American Center for Mobility at Willow Run	美国移动交通中心(ACM)	密歇根州
5	Contra Costa Transportation Authority (CCTA) and GoMentum Station	康特拉科斯塔运输局	加利福尼亚州
6	San Diego Association of Governments	圣迭戈政府协会	加利福尼亚州
7	Iowa City Area Development Group	爱荷华城市发展集团	艾奥瓦州
8	University of Wisconsn-Madison	威斯康星大学麦迪逊分校	威斯康星州
9	Central Florida Automated Vehicle Partners	中佛罗里达州无人驾驶汽车合作伙伴	佛罗里达州
10	North Carolina Turnpie Authority	北卡罗来纳州收费公路管理局	北卡罗来纳州
11	Mcity	美国密歇根车辆试验场	密歇根州

例如,Mcity 试验场位于美国密歇根州的安娜堡市,占地 32 英亩(约 $12.9 \times 10^4 \mathrm{m}^2$),是由密歇根大学和密歇根州交通部共同出资为自动驾驶、车联网技术和电动安全系统的研究开发、测试评价而打造的模拟小镇。Mcity 中建有桥梁、隧道、树木、电杆、路灯、高速公路、不同角度相间而成的交叉路口、环岛和大量建筑物,很快还会增加一条铁路,从 Mcity 中穿过。Mcity 中树木的间隙、路灯的高度、地下停车场的位置都进行了严格的规划。Mcity 主要包括两个测试区域,用于模拟高速公路环境的高速测试区域及用于模拟市区和近郊的低速测试区。试验道路全长 6.8km,包含两车道、三车道和四车道,还有交叉路口、各类交通信号灯和指示牌,以及各类环境路段,如碎石路段、树木路段、乡村路段、高速路段、金属架桥、地下隧道等。Mcity 试验场平面图如图 8-25 所示。

美国通过 Mcity 测试场模拟城镇环境,通过模拟不同场景来测试无人驾驶车辆在各种路况、天气等情况下的性能,并且在测试过程中进行了大量的数据收集,这些数据将是制定无人驾驶车辆上路认证标准的重要参考。Mcity 试验场实景图和设施如图 8-26 所示。

2. 欧洲自动驾驶汽车测试区

瑞典 AstaZero 安全技术综合试验场于 2014 年 8 月正式开放,是全球首个车辆主动安全性能测试场,位于瑞典城市布罗斯郊外,总占地面积约 $2 \times 10^5 \mathrm{m}^2$,总建筑面积约 $2.5 \times 10^4 \mathrm{m}^2$。英文名称中的 Asta 是 active safety test area(主动安全技术测试区)的首字母缩写,Zero 代表了瑞典政府交通事故零死亡的目标。AstaZero 由瑞典 SP 技术研究院和查尔姆斯理工大学共同所有,而沃尔沃公司是 AstaZero 的主要投资和使用方。在占地面积 $2 \times 10^5 \mathrm{m}^2$ 的区域内几乎能够基于任何实际交通场景进行测试,测试重点为自动驾驶技术和制动技术,并对驾驶人注意力分散情况进行研究。

AstaZero 试验场的总体布局为:四周有一条 5.7km 长的乡村道路,设置 4 个 $40\mathrm{m} \times 25\mathrm{m}$ 的活动模块用以模拟城市环境;同时还有一个直径为 240m 的环形高速测试区,通过

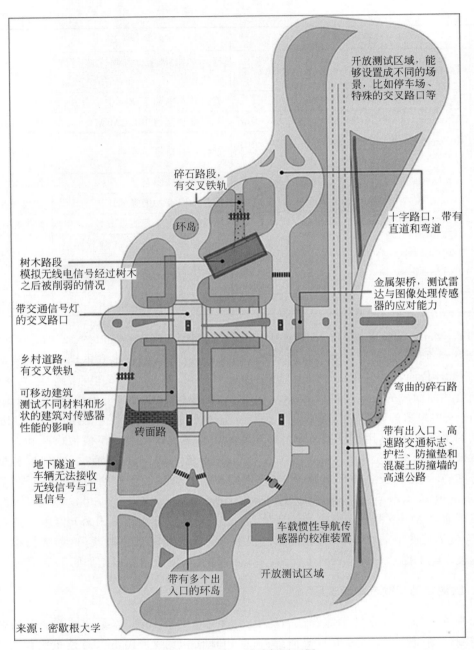

图 8-25　Mcity 试验场平面图

减速带与另一条 700 多 m 长的多车道道路相连。AstaZero 试验场通过模拟城市、乡村、高速路等多种路段供车辆进行主动安全性能测试，AstaZero 试验场总体布局图如图 8-27 所示。

1）城市测试区

城市测试区早期由 4 栋建筑模型构成，现在已增加到 9 栋，涵盖一系列不同场景区域，如拥有宽窄各异的车道、公交车站、人行道、自行车道、街道照明。城市测试区有多种测试环

图 8-26　Mcity 试验场实景图和设施

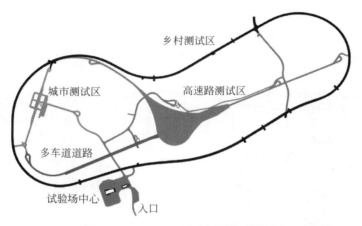

图 8-27　AstaZero 试验场总体布局图

境的道路系统,如环岛、T 字路口、急弯道等,主要用来测试汽车应对周围复杂交通环境的能力,比如避让公交车、骑车人、行人或其他道路使用者。其中一个建筑是控制室和仿制品仓库。

2) 乡村测试区

乡村道路长约 5.7km,一部分道路限速 70km/h,一部分道路限速 90km/h。路面上有两个 T 字路口和一个十字路口,标识牌可变,其语言可以根据需要进行定制。乡村道路有些路段路边长有灌木丛或阔叶树,便于设置隐蔽的障碍物。在乡村路上设置有 10 个隐蔽的障碍物点,在这些点上障碍物会随机出现在汽车前方,测试驾驶人对各种驾驶行为的反应。乡村道路上还设置两处公交车站和紧急停车带。

3) 多车道道路

多车道道路是 4 车道,长 700m,可以设置中心路障和不同类型的道路护栏。多车道道路通过长约 300m、宽约 7m 的加速带与高速区相连,还有一个供尺寸较长的车辆使用的环形回车道。多车道道路上采用了不同国家的道路标线,有瑞典、西班牙和美国。多车道道路上可以测试变道、不同情况的碰撞、横穿道路等多种不同的交通情景。

4)高速路

高速路位于测试场的中央,由两条长约 1000m 的加速道和一个直径为 240m 的圆环构成。车辆可以从 3 个方向(两条加速道＋多车道道路)进入高速测试区。高速路主要是测试车辆的性能,如高速行驶时的避让表现。

5)试验场中心

试验场中心包括接待中心、游客中心、会议室、参观人员的交通控制和独立的工作区,另外还有 10 个(5 个有举升机)汽车间供测试车辆使用。

测试场的主要合作伙伴为沃尔沃、斯堪尼亚、气囊厂商奥托立夫以及一些交通管理机构,自动驾驶汽车测试只是其中的一部分。

3. 日本自动驾驶汽车测试区

日本无人驾驶测试区位于茨城县筑波市的日本机动车研究所(JARI)。2017 年年底,JARI 共有 9 条车辆测试道路,全部位于 $3.02 \times 10^5 m^2$ 的城市测试中心内。日本机动车研究所 J-town 试验场地场景功能如图 8-28 所示。试验场共建设 3 块测试区域进行不同项目的测试,分别是恶劣环境测试区域、城市道路测试区域和多功能测试区域。

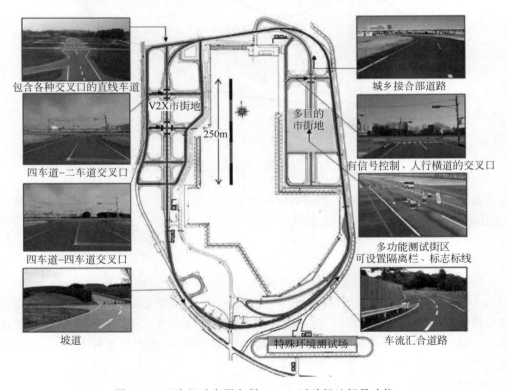

图 8-28　日本机动车研究所 J-town 试验场地场景功能

测试场目前积极参与的行业技术工作包括：①国际相关自动驾驶规则与标准的制定；②加速具有节能效果的自动驾驶技术的研发；③低碳化技术研发验证，降低交通运输过程中二氧化碳的排放量。

4. 韩国自动驾驶汽车测试区

韩国国土交通部在京畿道华城市汽车安全研究院建设自动驾驶汽车试验场地（K-City），如图 8-29 所示，自动驾驶车辆将可以在场地内各种场景和道路环境中重复试验和测试。K-City 覆盖 $3.6 \times 10^4 \, m^2$，包括公交车道、高速公路和自动停车区。该示范区计划配备多个模拟建筑立面、十字路口、交通圈、桥梁、隧道、碎石路，以及大量的场景及障碍，还包括约 8km 长的道路，有交叉路口、交通标志和信号、人行道、长椅、模拟建筑、街灯以及建筑等交通场景元素。

图 8-29　自动驾驶汽车试验场地（K-City）示意图

8.4.2　国内自动驾驶汽车测试区

在国内，工业和信息化部、公安部和交通部负责指导国家整体智能网联汽车道路测试，并于 2018 年 4 月发布《智能网联汽车道路测试管理规范（试行）》，截至 2019 年 9 月，中国已有 20 多个省市允许智能网联汽车道路测试，并颁布地方智能网联汽车道路测试实施细则，地方的智能网联汽车道路测试一般由当地的工业和信息化、公安、交通等主管部门组成的联席工作组或推进工作组负责，同时将道路测试情况按时上报工业和信息化部、公安部和交通部，此外联席小组授权第三方机构负责道路测试过程的具体工作，部分单位及地区颁布测试规范及测试区信息汇总如表 8-16 所示。

截至目前，我国的公开道路测试取得了阶段性的成果，已有 20 多个地区陆续发布智能网联汽车道路测试实施细则，并划定了供智能网联汽车道路测试用的具体路段，建立交通道路的模拟环境，为自动驾驶汽车提供各种交通路况和驾驶场景，用于测试和验证自动驾驶汽车的安全性和可靠性。全国各地划定供智能网联汽车道路测试用的路段里程总计

表 8-16　国内自动驾驶测试规范及测试区列表

序号	单位及地区	发布时间	文件
1	三部委	2018-04-12	《智能网联汽车道路测试管理规范(试行)》
2	北京	2017-12-15	《北京市自动驾驶车辆道路测试管理实施细则(试行)》
3	长春	2018-04-13	《长春市智能网联汽车道路测试管理办法(试行)》
4	天津	2018-06-21	《天津市智能网联汽车道路测试管理办法(试行)》
5	保定	2018-01-02	《保定市人民政府关于做好自动驾驶车辆道路测试工作的指导意见》
6	济南	2018-07-20	《济南市智能网联汽车道路测试管理办法(试行)》
7	上海	2018-02-22	《上海市智能网联汽车道路测试管理办法(试行)》
8	杭州	2018-07-16	《杭州市智能网联车辆道路测试管理实施细则(试行)》
9	长沙	2018-04-16	《长沙市智能网联汽车道路测试管理实施细则(试行)》
10	重庆	2018-03-11	《重庆市自动驾驶道路测试管理实施细则(试行)》
11	平潭	2018-03-28	《平潭综合实验区无人驾驶汽车道路测试管理办法(试行)》
12	深圳	2018-03-16	《深圳市关于规范智能驾驶车辆道路测试有关工作的指导意见(征求意见稿)》
13	广州南沙区	2018-04-25	《广州市南沙区关于推进智能网联汽车道路测试有关工作的指导意见(试行)》
14	广州	2018-06-04	《广州市关于智能网联汽车道路测试有关工作的指导意见》
15	肇庆	2018-04-25	《肇庆市自动驾驶车辆道路测试管理实施细则(试行)》
16	江苏	2018-09-03	《江苏省智能网联汽车道路测试管理细则》

近 2000km,测试路段主要集中在交通场景复杂度相对较低的地区。各地公安机关交通管理部门累计为超过 60 家企业发放超过 200 张道路测试牌照。测试主体类型涵盖整车制造企业、零部件企业、互联网企业、初创企业以及科研机构等。测试车辆类型涵盖乘用车、公交车和卡车等。除普通测试牌照外,我国许多地市和企业积极探索智能网联汽车的商业化应用,长沙、沧州、上海等已发放载人测试牌照,上海为上汽、宝马、滴滴颁发了示范应用牌照;武汉也已发出了首批智能网联汽车商用牌照。

1. 国家自动驾驶汽车与智慧交通(北京)应用示范区

2016 年 1 月 18 日,工业和信息化部、北京市人民政府、河北省人民政府在北京市经济技术开发区共同举办了"基于宽带移动互联网自动驾驶汽车与智慧交通应用示范"合作框架协议签约会,成立了国家自动驾驶汽车与智慧交通(北京)应用示范区,签订了《工业和信息化部、北京市人民政府、河北省人民政府关于基于宽带移动互联网的自动驾驶汽车与智慧交通应用示范合作框架协议》,见证了自动驾驶汽车与智慧交通联合创新中心及未来车联网产业基金的发起成立仪式。部省市共同签订了"基于宽带移动互联网的自动驾驶汽车与智慧交通应用示范"框架合作协议,14 家企事业单位发起设立"北京智能车联产业创新中心"。创新中心将通过在北京经济技术开发区应用示范建设,突破与沉淀一批自动驾驶汽车与智慧交通的关键核心技术,带动汽车制造、移动通信、互联网等相关产业的技术与商业模式创新,推动新产品与新技术的实验验证与成果转化,形成一批有核心技术与行业影响力的龙头企业加创新企业的产业生态。应用示范区将以企业为主体,共享创新资源、开放创新平台,发挥京津冀地区智能交通领域产、学、研、用的资源优势,协同创新,在自动驾驶汽车与智慧交通行业引领和示范,并带动相关产业发展。

国家自动驾驶汽车与智慧交通(北京)应用示范区的最大特点就是根据京冀城市交通及道路特点,集中模拟构建典型的实际交通场景,为自动驾驶汽车的研发测试、试验验证、检测评价提供环境。同时推出首条车联网专用车道。对于联网的测试车辆,盲区提醒、紧急车辆接近、行人闯入、绿灯通过速度提示、优先级车辆让行等 10 多种预警和提醒,将让驾驶变得更安全。

自动驾驶汽车与智慧交通同步进行。政府、车企、互联网公司、科研院校等携手合作,单体车辆与配套道路设施不再"各唱各戏",而是在大数据和云计算技术的支持下,成为一个有机的统一体。车辆之间、车辆与车位或道路信号之间都会有实时通信,通过计算,科学地调配道路资源和车辆通行计划。

国家自动驾驶汽车与智慧交通(北京)应用示范区规划图将开展六大应用示范:绿色用车、智慧路网、智能驾驶、便捷停车、快乐车生活、智慧管理。

1)绿色用车示范

绿色用车示范是大规模地推广电动汽车出行,让"绿"真正走到百姓身边。建成一定规模数量的充电桩及相应车位,并形成"500m 分时租赁服务圈"。同时,再建成一大批无线充电设施,实现无人操作的自助租车出行和异地还车等模式,从根本上解决交通出行的污染问题。

2)智慧路网示范

智慧路网示范工程解决车-车、车-路、车与中心的车联网通信、协同与控制等关键技术,提高出行者的驾驶安全与效率,实现路网的智能感知与精细化管理。

3)智能驾驶示范

智能驾驶示范包括基于车载传感器探测的自主式智能驾驶系统与基于 V2X 通信的网联式智能驾驶系统。通过示范运行,带动智能驾驶相关的技术难题的突破,最终实现规模化生产和应用。

4)便捷停车示范

基于移动通信网络,结合移动互联网,突破停车位与停车场感知、联网、交互等关键技术,研发具有联网功能的智能停车设备,以及具有多种服务功能的停车云平台与停车终端应用,实现管理有序的"一站式"无障碍停车。

5)快乐车生活示范

快乐车生活示范也是智慧交通体系里的新鲜概念。其主要依托于车联网技术,将车辆与周边环境连接成统一体,可以为车辆提供推送新闻娱乐资讯、提供移动办公、同行车友分享以及道路危险预警等功能。利用大数据和云技术,大幅提高道路通行效率和安全性。

6)智慧管理中心示范

智慧管理中心示范针对联网环境下交通参与实体众多而构建的云网端一体化的智慧交通管理、服务与运行评价中心,借助 4G/5G 网络优势,实现对交通大数据的实时收集、处理、存储、挖掘与服务,形成上下游衔接的流式数据处理模型,为车辆管理、信息服务、交通规划等应用提供有效支撑。

国家自动驾驶汽车与智慧交通(京冀)示范区亦庄封闭试验场地位于北京市大兴区瀛海

镇,占地 $4.33×10^3\,\text{m}^2$,将依据 T1~T5 级别测试需求建设,已于 2019 年 7 月 9 日对外开始运营。该封闭试验场地涵盖具有典型京津冀交通特点与华北典型气候特点的高速公路、山路、乡村道路、城市复杂环路、铁路、隧道等多种交通场景,以及多种路面模拟设备和天气模拟设备等。搭载了网联通信(V2X)设备与系统为厂商提供 V2X 设备测试、验证与评价,可支持美国 SAE、欧洲 ETSI ES 标准、LTE-V 标准,覆盖行人监测预警测试、交通信号灯协同场景测试、高速公路 V2X 场景测试、施工/危险路段场景测试、危险路段结冰/湿滑场景测试、交叉路口辅助 MA 场景测试、左转辅助 LTA 场景测试、盲区预警 BSM 场景测试、变换车道预警 LCW 场景测试、车辆合流预警测试等 18 个典型应用场景。亦庄封闭试验场地示意图如图 8-30 所示。

图 8-30　国家自动驾驶汽车与智慧交通(京冀)示范区亦庄基地

2018 年 2 月 9 日,国家自动驾驶汽车与智慧交通(京冀)示范区海淀基地作为北京市首个自动驾驶车辆封闭测试场地成立,该测试场地涵盖京津冀地区城市与乡村复杂道路环境,可构建上百种静态与动态典型交通场景,并搭载了网联通信(V2X)设备与系统,支持网联驾驶研发测试,可为小型客车和小型货车提供 T1~T3 级别自动驾驶研发测试与能力评价服务。目前海淀封闭试验场已投入使用,场地示意图如图 8-31 所示。

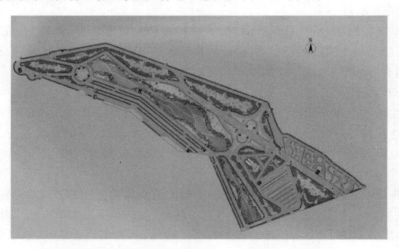

图 8-31　国家自动驾驶汽车与智慧交通(京冀)示范区海淀基地

2. 国家自动驾驶汽车(上海)试点示范区

国家自动驾驶汽车(上海)试点示范区是由工业和信息化部于 2015 年 6 月批准的国内首个国家级自动驾驶汽车示范区,由上海国际汽车城(集团)有限公司承担建设。示范区以服务自动驾驶汽车、V2X 网联通信两大类关键技术的测试及演示为目标,分四个阶段展开建设。第一阶段为封闭测试区与体验区,已经在 2016 年 6 月正式投入运营。

测试区内设有 GPS 差分基站、LTE-V2X 通信基站、路侧单元、智能信号灯以及各类摄像头,道路方面实现了北斗系统的厘米级定位和 WiFi 的全覆盖,场景设计上完成了隧道、林荫道、加油/充电站、地下停车场、十字路口、丁字路口、圆形环岛等交通场景的搭建,可为自动驾驶和 V2X 网联汽车提供多达 29 种场景的测试验证;同时支持自动驾驶避撞能力、行为能力及实效应对能力等方面的综合性全方位的测试评价,并通过昆仑计划形成了软件支撑。封闭测试区已初步完成了商用车测试平台和专用车测试平台的建设,支持不同传感器和算法的开发、测试和验证工作。第二阶段为开放道路测试区,到 2017 年年底,在汽车城核心区道路建设自动驾驶汽车上路实测的基本环境条件,覆盖面积达到 27km^2,测试与示范车辆规达到千辆级。第三阶段为典型城市综合示范区,到 2019 年年底,拓展至安亭镇全区、外冈镇新能源汽车产业基地,覆盖面积达到 100km^2,增加高速公路测试场景,车辆规模达到 5000 辆。第四阶段为城际共享交通走廊,到 2020 年年底,通过嘉闵高架和 G15 沈海高速的智能化改造,形成汽车城和虹桥商务区两个"独立城市"的共享交通闭环,覆盖面积达到 150km^2,测试与示范车辆达到万辆级。

3. 自动驾驶汽车集成系统试验区 i-VISTA

中国汽车工程研究院股份有限公司联合长安、一汽、易华录、中国移动、中国联通、华为、大唐、中国信通院、清华大学等众多单位,建设了具备独特山水城市道路交通及通信特色的重庆自动驾驶汽车集成系统试验示范区。2016 年 11 月,位于重庆两江新区的自动驾驶汽车集成系统试验区一期正式建成开园。该示范区占地 $2.69 \times 10^3\,\text{m}^2$,道路全长 6km,作为一个城市模拟道路测试评价试验区,充分利用了山城重庆独特的地貌特点,包含 11 个交通路口,覆盖十字路口、丁字路口、直道、弯道、隧道、桥梁、淋雨道、低附路面等 10 多种典型道路,可以进行盲区预警、车速诱导、行人预警等 50 多种交通场景测试,为自动驾驶汽车和自动驾驶测试提供全面、严格、真实的模拟城市环境。二期工程将在重庆市垫江汽车试验场建成占地 $2.33 \times 10^4\,\text{m}^2$ 的综合测试试验区,这些区域主要是在封闭的"城市交通环境"和"综合交通环境"中测试自动驾驶汽车相关性能。

i-VISTA 示范区,在搭建多种测试场景的基础上,提出自动驾驶汽车评价体系框架,该框架从安全、体验、能耗、效率四个维度,分别评价智能驾驶产品在避免或减轻交通事故方面的效果、智能驾驶产品甚至整个自动驾驶汽车用户体验的好坏、自动驾驶汽车相比人工驾驶在油耗或电耗方面的优劣,以及自动驾驶汽车在整个智能交通系统中的互联共享效率。

习题

1. 什么是汽车的测试评价?
2. 为什么需要对自动驾驶汽车进行测试评价?

3. 我国自动驾驶测试标准体系主要包括哪四个方面？

4. 我国自动驾驶测试标准考虑了哪两条路径？

5. 自动驾驶的场景测试可以分为几类？

6. 以场景数据库为基础,结合传统汽车的 V 字形开发流程,自动驾驶汽车测试方法由哪些方法构成？

7. 自动驾驶的评价依据评价内容和目的性的不同,可以如何分类？

8. 通常自动驾驶汽车的评价内容包含哪五个方面？

9. 从自动驾驶的测试手段讲,都有哪些典型的测试技术？

10. 使用驾驶模拟器技术替代实车试验的原因是什么？

11. 车辆在环台架测试试验技术和驾驶模拟器测试试验技术的核心区别是什么？

12. 请解释 CCRs、CCRm 和 CCRb 分别是针对哪类 ADAS 功能的什么测试工况？

13. ACC 的全称是什么？其工作原理是怎样的？

14. LKS 和 LDW 分别代表什么含义？其各自的工作原理是怎样的？

15. 自动驾驶汽车整车测试区可以分为哪几大类,分别具有什么样的典型特征？

参考文献

[1] 袁建华,王敏,陆文杰,等.自动驾驶技术解读——国内外自动驾驶测试示范区现状(上)[J].道路交通科学技术,2017,000(005)：3-7.

[2] 袁建华,王敏,陆文杰,等.自动驾驶技术解读——国内外自动驾驶测试示范区现状(下)[J].道路交通科学技术,2018,000(001)：9-13.

[3] 魏朗,田顺,SCHWARZ C,等.驾驶模拟技术在汽车智能技术研发中的应用综述[J].公路交通科技,2017,34(12)：140-150+158.

[4] 盖世汽车网.11 国自动驾驶汽车政策标准大盘点[EB/OL].(2016-11-28)[2020-07-28].https://www.iyiou.com/analysis/2016112835175.

[5] 自动驾驶技术解读：世界各国及组织现行法规政策[J].汽车与安全,2018(3)：34-39

[6] 彭程.基于单电机的混动系统模式切换扭矩协调控制[D].上海：上海交通大学,2018.

[7] 熊宇舟.纯电动客车整车控制器软件开发方法研究[D].上海：西南交通大学,2018.

[8] 盖世汽车网.联合国为自动驾驶汽车发展而进行的法律和技术法规修订[EB/OL].(2016-06-14)[2020-03-09].https://www.evlook.com/news-18309.html.

[9] 郑竹安.基于电动轮汽车的制动踏板行程模拟器及制动平顺性研究[D].长春：吉林大学,2013.

[10] 张亚楠,谢冬红.基于模型设计的嵌入式软件测试技术研究[J].电子世界,2018(9)：66+68.

[11] European New Car Assessment Programme. Euro NCAP Test Protocol — AEB systems Version1. 1[R]. UK：Euro NCAP,2015.

[12] 中国新车评价规程：C-NCAP 管理规则(2021 年版)[R].天津：中国汽车技术研究中心有限公司汽车测评管理中心,2021.

[13] Human factors in forward collision warning systems：operating characteristics and user interface requirements：SAE J2400—2003 [S]. SAE International, Advanced Driver Assistance Systems (ADAS) Committee,2003.

[14] Intelligent transport systems — full speed range adaptive cruise control (FSRA) systems — performance requirements and test procedures：ISO 22179：2009[S]. Technical Committee：ISO/TC 204 Intelligent transport systems,2009.

［15］ Office of vehicle safety，office of crash avoidance standard，lane departure warning system confirmation test and lane keeping support performance documentation No. Dtnh22-08-D-00095［S］. US DOT NHTSA NCAP，2013.

［16］ 自动驾驶车辆道路测试能力评价内容与方法：T/CMAX 116-01-2018［S］.北京：中关村智能交通产业联盟，2018.

［17］ 于胜波，陈桂华，李乔，等.国内外智能网联汽车道路测试对比研究［J］.汽车文摘，2020(2)：29-36.

［18］ 智能车联产业创新中心.国家智能汽车与智慧交通(京冀)示范区整体建设情况［EB/OL］.(2016-01-18)［2020-06-09］.http://mzone. site/index. php/index/index/cid/3/sid/39. html.

［19］ 孟庆丰.部省市共建智慧交通产业创新应用示范区［J］.城市公共交通，2016(2)：6.